KB111622

호서유림의 사상과 민족운동

김상기金祥起

충남대학교 사학과를 거쳐 한국학중앙연구원 한국학대학원에서 문학박사 학위를 받았
다. 일본 와세다대학과 캐나다 UBC 방문교수, 한국근현대사학회 회장, 독립기념관 한
국독립운동사연구소 소장, 국가기록관리위원회 위원 등을 지냈다. 현재 충남대학교 교
수 겸 박물관장으로 재직하고 있다.
저서로는《한말의병연구》,《윤봉길》,《제노사이드와 한국근대》(공저),《한국독립운동의
역사》(공저),《당신이 알아야할 한국인10인》(공저) 등이 있다.

호서유림의 사상과 민족운동

초판 제1쇄 인쇄 2016. 3. 17.
초판 제1쇄 발행 2016. 3. 24.

지은이 김 상 기
펴낸이 김 경 희
펴낸곳 (주)지식산업사
　　　　본사 ● 10881, 경기도 파주시 광인사길 53
　　　　　　　　전화 (031) 955-4226~7 팩스 (031) 955-4228
　　　　서울사무소 ● 03044, 서울특별시 종로구 자하문로6길 18-7
　　　　　　　　전화 (02) 734-1978 팩스 (02) 720-7900
　　　　영문문패 www.jisik.co.kr
　　　　전자우편 jsp@jisik.co.kr
　　　　등록번호 1-363
　　　　등록날짜 1969. 5. 8.

책값은 뒤표지에 있습니다.

ⓒ 김상기, 2016
ISBN 978-89-423-1190-3 (93910)

이 책을 읽고 저자에게 문의하고자 하는 이는
지식산업사 전자우편으로 연락바랍니다.

호서유림의 사상과 민족운동

김상기

머리말

2015년, 우리는 '경술국치' 105주년과 광복 70주년을 맞이했다. 한말부터 일제강점기에 걸쳐 우리는 나라 안팎에서 혈전을 전개하여 해방을 맞이하였다. 그러나 곧이어 동족상잔의 전쟁을 겪고 폐허 위에서 모든 것을 새롭게 시작해야 했다. 그동안 한국인은 시련을 극복하고 경이로운 발전을 이루었다. 그러나 아직도 세계 유일의 분단체제에 살고 있으며, 한국의 경제성장이 마치 식민통치의 결과라는 듯이 식민지근대화론과 같은 터무니없는 주장이 제기되고 있다. 또한 일본은 우경화 정책을 강화하고 있으며, 독도에 대한 침략 야욕을 드러내고 있다.

학창 시절에 내 머릿속을 떠나지 않고 맴돌던 의문은, 우리나라가 왜 일본한테 망했는가 하는 것이었다. 그래서 학자의 길이 얼마나 힘든지도 모르고 역사학도가 되었다. 우리 사회에 갈등이 증폭되었던 유신체제 동안 대학 생활을 보내면서 과연 지식인의 사회적 구실은 무엇인지 혼란스러웠다. 대학원에 진학하여 본격적으로 한국근대사 연구에 뜻을 두었을 때, 그 모범을 찾기 위해 망국에 처한 한말 지식인의 행동 양태에 대해 관심을 갖게 되었다. 처음에는 개화지식인에게서 해답을 찾고자 하였지만, 그들의 친일적 행태를 알게 되면서 실망하였고, 이윽고 유교지식인을 주목하게 되었다. 이들은 '근대화'가 지상과제로 인식되었던 한말에 변화하는 시대에 적응하지 못한 보수적이고 완고한 이들로 비판받기도 한다. 하지만 나라가 망해가고 있을 때 정작 나라를 지키려고 몸을 바쳐 투쟁한 이들은 다름 아닌 이들 유교지식인들이었다. 일제강점기에도 강한 민족 자존의식을 지키면서 항일투쟁을 치열하게 펼친 이들도 그들이었다. 그로부터 유교지식인의 항일운동 연구가 저자의 필생의 연구과제가 되어 오늘에까지 이르렀다.

이 책은 저자가 20여 년 동안 고민하며 써왔던 글들을 수정하고 보완하여 완성한 결과물이다. 재야에서 개화정책을 비판했던 호서지역 유림이 19세기 말부터 20세기 전반까지 민족의 위기와 망국의 상황에 어떤 모습을 보였는지, 그 행동의 동력이 된 정신은 무엇이었는지, 나아가서 그 정신의 토대에는 어떤 사상적 뿌리가 있었는지를 추적한 것이다.

이 연구를 수행하는 데 호서지역 유림의 후손과 지역 인사들의 도움이 컸다. 지금은 대전월드컵경기장으로 변한 유성의 배밭 한가운데 있던 이설의 증손 이인배 선생의 집을 찾아갔던 것도 벌써 30년이 된다. 홍주의병장 김복한과 안병찬의 후손인 김중일, 안선영 선생을 만나 자료를 수집하고 증언을 들었다. 이 분들의 말씀을 들으며 공통적으로 '남당 선생'을 자주 언급하는 것을 주목한 끝에 홍주의병의 정신적 뿌리가 남당 한원진의 호론으로 거슬러 올라감을 알게 되었다. 이를 바탕으로 저자는 홍주 일대의 유림을 '남당학파'라고 명명한 바 있다. 연구의 대상은 점점 확대되어 이남규와 임한주의 사상과 활동에 대한 연구도 진행하였다. 경기·강원지역으로만 알았던 화서학파의 연원이 내포 지역에 뿌리를 내렸다는 사실도 알 수 있었다. 예산 출신의 조종업 교수께서 서산의 직암 이철승한테 한학을 배웠는데, 이철승의 스승이 유중교의 제자인 유진하임을 알려주셨다. 그 결과, 〈호서지역 화서학파의 형성〉이란 글이 나올 수 있었다. 그리고 그 문인들이 당진 대호지 3 · 1운동을 주도하였음도 밝힐 수 있었다. 한월당 김상정의 아들인 서산의 김홍제 선생께서 자료를 제공함은 말할 것도 없거니와, 휠체어를 타고 저자를 찾아 오셨던 것은 잊을 수 없다.

지식인은 대중이 추구하는 역사적 목표의 수호자가 되어야 한다는 점에서 호서유림은 일정한 구실을 하였다. 그러나 여전히 중국 중심의 중화사상을 포기하지 않았던 점에서 이들에 대한 평가는 과제로 남아 있다.

글재주가 없고 천학비재인지라, 그동안의 연구 논문을 모아보니 새롭게 보완해야 할 점들이 많았다. 이미 발표했던 글들을 해체하여 수정하고 목차도 여러 번 고쳤다. 그 과정에서 동료 교수와 동학의 진지한 논찬들을 들을 수 있었다. 이제 책으로 묶어 내려고 하니 여전히 아쉬움이 크다. 그렇지만 이를 계기로 한 걸음 더 나아갔으면 하는 마음으로 상재하기로 하였다.

저자를 항일민족운동 연구자로 성장하게 해주신 윤병석 선생님께 무한한 감사를 드리며 더욱 강건한 모습으로 저자를 깨우쳐주시기를 기원한다. 조선시대 사상사 연구의 길을 인도해주신 이성무 선생님의 가르침에 깊은 감사를 드리며 쾌유를 빈다. 어려운 사정에도 부족한 책을 출간해주신 지식산업사 김경희 사장님을 비롯한 편집부 여러분께도 감사의 마음을 전하고 싶다.

2015년 11월 유성 서재에서

8

차 례

제2부 호서유림의 현실인식과 민족운동

서　장

　19세기 말부터 20세기 초 조선은, 서구 제국주의 국가와 일본의
침략이 자행되는 위협 속에 국가의 운명이 극도로 불안한 상태였
다. 1866년 프랑스의 침략에 대원군은 李恒老와 奇正鎭 같은 위정
척사파 유학자의 건의를 수용하여 철저한 쇄국양이정책을 펼쳤다.
대원군이 물러난 뒤 강화도사건을 계기로 조정은 개화정책으로 선
회하여 서학과 서구 문물을 받아들였다. 1881년 영남유생을 비롯한
각도의 유림들은 위정척사운동을 전개하여 민씨정권의 개화정책을
반대하였다. 그러나 유림들은 오히려 탄압을 받았다. 더욱이 임오
군란으로 대원군이 청나라로 끌려가고 난 뒤에는 더 이상 집단적인
정치 활동이 불가능할 정도였다. 이에 따라 향리에서 후학을 양성
하면서 향약이나 향음례를 실시하는 등 주자학 질서를 수호, 보급
하는 데 힘을 쏟고자 하였다.
　한편 개화파들의 부국강병책은 실효를 보지 못하고 오히려 조선
은 청일전쟁에서 승리한 일본의 제국주의 침략을 받기에 이르렀다.
일제는 갑오경장이라는 미명 아래 조선의 일본화를 강요하였다. 마

침내 일제는 甲午變亂과 乙未事變으로 조선의 조정을 장악하였으며, 개화파는 일본의 세력에 붙어 정권을 유지하기에 급급하였다. 러일전쟁으로 조선의 국권은 위태로워졌다. 1905년 을사늑약에 이어 1910년 일제의 강제병합으로 대한제국은 멸망에 이르고 한국인은 망국민이 되는 처지가 되었다.

유림들은 한말 민족의 위기에 학파를 중심으로 위정척사운동, 나아가 의병항전을 전개하였다. 학파란 대표적인 인물을 중심으로 학문의 내용과 구성원의 활동에서 공통성을 지님으로써 자기 동질성을 유지하는 집단을 말한다. 이 시기 대표적인 유림계의 학파로는 이념과 지역적인 차이에 따라 華西學派, 蘆沙學派, 南塘學派, 定齋學派, 淵齋學派, 艮齋學派, 寒洲學派 등이 존재하였다. 이들 학파는 각기 지역적 기반을 배경으로 형성, 발전된 특징이 있다. 그 중에 화서학파는 경기·강원·충청지역, 노사학파는 전남 일대, 남당학파는 충남의 서부지역, 정재학파는 경북 안동권, 연재학파는 대전과 전라·경상도 일대, 간재학파는 전북과 충남의 일부 지역, 한주학파는 경북 성주 등 남서부 일대를 기반으로 문인이 주로 분포되어 있었다.

이 책에서는 그 가운데 호서[1]지역에 분포된 學派를 중심으로 한말 일제하 성리학의 분포상황과 사상의 특성, 그리고 그들의 민족운동을 살펴보고자 한다. 호서유림을 대상으로 한 이유는 이들이 조선 후기 정치계와 사상계를 지배한 이들의 후예였으며, 일제의 침략에 투쟁적으로 항전한 대표 집단이었기 때문이다. 유림이란 명칭을 사용한 것은 연구의 대상을 재야 유학자 집단으로 상정하였기 때문이다. 항일민족운동을 전개하는 데는 무엇보다도 철저한 비

---

1) '호서'라는 용어는 조선시대 지방행정구역 편제에서 충청도 지방을 달리 부르는 말로 조선 중기부터 사용된 것으로 알려진다. 1871년에는 충청도 각 군현에서 작성한 읍지를 합편하고 책 이름을 《호서읍지》(17책, 1871)라고 할 정도로 조선 말기 이후에는 널리 사용된 것으로 보인다.

밀 유지가 필요했다. 더욱이 의병항전과 같은 무장 투쟁은 특정한 학파를 중심으로 전개된 특징이 있다. 저자가 호서지역 민족운동을 연구하면서 학파에 주목하게 된 이유가 여기에 있다.

호서지역에서 민족운동을 전개한 대표 학파로는 南塘學派, 華西學派, 淵齋學派 등이 있다. 남당학파는 남당 한원진의 학문적 영향을 받은 내포지역의 척사유생들을 말한다. 남당학파 유림들은 홍주의병을 주도하였으며, 일제강점기에도 내포지역에서 3·1운동을 비롯한 항일투쟁을 주도하였다. 호서지역 화서학파는 최익현·유인석·유진하·윤석봉 등이 호서지역으로 이주하면서 형성되었다. 이들 또한 의병에 참여하였으며, 망국 후에도 3·1운동을 주도하는 등 민족운동을 전개하였다. 연재학파는 연재 송병선과 심석재 송병순 형제의 학문을 계승한 문인들을 말한다. 이들은 자결 순국[自靖] 또는 은둔의 방법으로 항일운동을 한 특징이 있다. 호서지역에는 이남규와 같은 기호남인과 안병찬과 같은 소론 집안 출신의 민족운동가도 있다. 이 밖에도 간재 전우의 문인들로 형성된 간재학파가 있다. 이들은 무력투쟁보다는 은둔 또는 자결의 방법으로 항거하였다.

이와 같이 호서유림은 학파라는 공동체 안에서 집단적인 민족운동을 펼친 특징이 있다. 그동안 이들의 학문적 연원이나 특성에 대한 관심보다는 어떠한 행동을 하였는지에 대한 운동사 차원에서의 연구가 많았다. 여기에서는 이들 유학자들이 극단적인 태도를 취하고 심지어는 죽을 줄 알면서 결사항전을 한 원동력인 사상의 측면에 대한 해명도 아울러 시도하고자 한다.

제1부에서는 우선 호서유림의 학파 형성과정과 학파별 사상적 특성을 밝히고자 한다. 이를 위하여 먼저 조선 후기 金長生 이후 宋浚吉과 宋時烈 등 기호유림의 형성 이후 이들의 문인들이 人物性同異論의 논변으로 철학적 성찰을 심화시켜 갔음을 살피기로 한다.

다음에는 근대기 南塘學派, 華西學派, 淵齋學派 등 다양한 학파로 세분되어 가는 과정을 알아보기로 한다. 그리고 이들 학파의 대표적인 인물들의 학문과 사상의 특성을 검토하고자 한다.

남당학파는 충남의 서부 지역에 해당하는 내포지역에 분포되었다. 그동안 이 지역이 조선 후기에 韓元震과 尹鳳九 같은 대유학자를 배출한 지역임에도, 근대기 이들의 영향을 받은 유교지식인에 대하여는 주목하지 않았던 것이 사실이다. 이 글에서는 한원진의 학문이 내포지역의 유학자들에게 어떻게 계승되었는지를 구명하고자 한다. 남당학파의 유림으로는 金福漢·李偰·林翰周·金商悳·金商玎 등이 있다. 호서지역에도 화서학파가 형성되었음을 알 수 있다. 崔益鉉 등의 이주 과정과 이주 후의 문인 양성에 대하여 살피고 이들 사상의 특성을 밝히고자 한다. 연재학파에 대하여는 宋秉璿과 宋秉珣의 학문과 사상에 대하여 밝히고, 그 문인들의 생애와 사상에 대하여도 구명하고자 한다. 그리고 홍주의병에 참여한 일로 일제에 학살된 기호남인 학자인 李南珪의 활동과 사상적 특성에 대하여도 구명하고자 한다.

제2부에서는 호서유림의 현실인식과 민족운동을 살펴보기로 한다. 먼저 호서유림들의 東學에 대한 인식과 東學農民戰爭에 대한 대응에 대하여 검토하고자 한다. 1894년 농민전쟁기 유학자와 일반 백성 사이에 동학에 대한 인식의 차이는 상당히 컸던 것으로 알려진다. 그동안 동학에 대한 연구는 많이 진행되었음에도 유학자의 동학에 대한 인식을 주제로 한 연구는 제대로 이루어지지 못했다. 여기에서는 유학자들의 문집을 분석하여 호서유림의 동학에 대한 인식과 농민전쟁에 대한 대응 양상을 고찰하고자 한다. 이는 진보와 보수로 대표되는 두 세력 사이의 시대 인식과 이념의 차이를 알게 될 것으로 기대한다.

다음에는 호서유림들의 대표적인 민족운동인 의병투쟁에 대하여

살펴보고자 한다. 호서유림은 특히 의병항전에 적극적이었다. 의병
들은 죽을 줄 알면서도 일본군과 항전을 멈추지 않았다. 무기나 훈
련 등 모든 면에서 열악한 수준인 의병이 월등한 무기 체계를 가진
일본군과 전투한다는 것은 실로 무모한 도전이었다. 그러나 이들은
자신들의 행동을 '살신성인'의 의거로 생각하였으며, 성패를 떠나
생사를 초월한 거사를 결행하였다. 여기에서는 남당학파의 김복한
과 이설이나, 화서학파의 유인석과 최익현, 윤석봉 그리고 기호 남
인인 이남규와 소론계인 安炳瓚家의 의병투쟁에 대하여도 살피고
자 한다.

1905년 을사늑약과 1910년 일제의 강제합병에 대한 반대투쟁도
살피고자 한다. 김복한과 이설 등의 상소투쟁은 물론 송병선 송병
순 형제와 金志洙 · 吳剛杓 · 李根周 · 洪範植 등 유림의 자결 순국
투쟁에 대하여 밝힌다. 호서유림들이 서산이나 당진 · 홍성 · 대전
등지에서 3 · 1운동을 전개하였음도 살피고자 한다. 아울러 일제강
점기 호서유림의 대표 민족운동인 파리장서운동에 대하여도 검토
하고자 한다. 파리장서운동에 대해서는 호서지역 유림들이 학파의
범위를 떠나 영남유림과 공동으로 이에 참여하여 투쟁한 것은 말할
것도 없고 이들의 서구에 대한 인식도 살핀다.

유림들이 당진의 桃湖義塾이나 청양의 德明義塾 같은 사숙에서
한학 교육과 민족 교육을 실시하였음도 고찰하고자 한다. 또 홍주
유림들이 儒教扶植會를 설립하여 유교의 진흥과 민족의식 고취에
노력하였는데 이에 대하여도 밝힌다.

그동안 근대기 유림 학파의 형성과 사상적 특성에 대한 연구는
진전이 있었다. 그 가운데 남당학파와 화서학파, 노사학파, 정재학
파의 형성과 민족운동에 대한 공동연구가 이루어졌다.[2] 간재학파

---

2) 김상기, 〈남당학파의 형성과 위정척사운동〉, 《한국근현대사연구》 10, 1999.
　박민영, 〈화서학파의 형성과 위정척사운동〉, 위의 책.
　홍영기, 〈노사학파의 형성과 위정척사운동〉, 위의 책.

와 연재학파, 한주학파의 전개양상과 사상적 특성에 대한 연구도 있었다.[3] 그러나 호서지역 유학사 연구는 주로 조선시대에 집중되어 있었다. 그 가운데서도 김장생과 송시열, 그리고 송준길에 대한 많은 연구 성과가 축적되었다.[4] 근대기 호서유림에 대한 연구는 이들의 의병투쟁 등 민족운동을 중심으로 진행되었으나[5] 이를 사상의 특성과 연계하여 밝히는 연구는 이루어지지 못했다.

이 연구를 수행하기 위하여 유학자들의 문집을 최대한 수집하여 이용하고자 한다. 문집의 내용 가운데 그간 잘 이용하지 못했던 서신류를 집중적으로 분석하고자 한다. 또한 최근 수집된 고문서류와 기존의 연구 성과를 바탕으로 한말 일제강점기 호서유림 학파의 형성 과정과 사상의 특성, 나아가 민족운동을 밝혀 변혁기 호서유림

권오영, 〈정재학파의 형성과 위정척사운동〉, 위의 책.

3) 박경목, 〈연재 송병선의 학맥과 민족운동〉, 《대동문화연구》 39, 2001.
   박학래, 〈간재학파의 학통과 사상적 특징〉, 《유교사상연구》 28, 2007.
   이형성, 〈한주학파 성리학의 지역적 전개와 사상적 특성〉, 《국학연구》 15, 2009.

4) 이봉규, 〈우암 사상과 17세기 한국사상사연구의 과제〉, 《중원문화연구》 10, 충북대 중원문화연구소, 2006.
   우경섭, 〈우암 송시열 연구의 현황과 과제〉, 《한국사상과 문화》 44, 한국사상문화학회, 2008.
   김문준, 〈우암학 연구의 과제와 전망〉, 《유학연구》 24, 충남대 유학연구소, 2011.

5) 박민영, 〈의암 유인석의 위정척사운동〉, 《청계사학》 3, 1986.
   유병용, 〈유인석 제천의병항쟁의 제한적 성격과 역사적 의의〉, 《강원의병항쟁사》, 1987.
   김상기, 〈1895~1896년 홍주의병의 사상적 연원과 전개〉, 《윤병석교수화갑기념 한국근대사논총》, 지식산업사, 1990.
   유한철, 〈홍주성의진(1906)의 조직과 활동〉, 《한국독립운동사연구》 4, 1990.
   김상기, 〈1895~1896년 제천의병의 사상적 연원과 전개〉, 《백산박성수교수화갑기념논총》, 1991.
   김상기, 〈김복한의 학통과 사상〉, 《한국사연구》 88, 1995.
   노관범, 〈19세기 후반 호서산림의 위상과 정학운동〉, 《한국사론》 38, 1997.
   김상기, 〈호서지역 화서학파의 형성과 민족운동〉, 《대동문화연구》 35, 1999.
   김상기, 〈한말 일제하 내포지역 기호학맥의 형성〉, 《한국사상사학》 22, 2004.
   김상기, 〈한말 일제하 홍성유림의 형성과 민족운동〉, 《한국근현대사연구》 31, 2004.
   김상기, 〈1906년 홍주의병의 홍주성전투〉, 《한국근현대사연구》 37, 2006.

의 행동 양태를 밝히고 한국 근대유학사 연구에도 이바지하기를 기대한다.

※이 저서는 2011년 정부(교육부)의 재원으로 한국연구재단의 지원을 받아 수행된 연구임(NRF-2011-812- A00011).

제1부 湖西儒林 학파의 형성과 사상

제1장 호서지역 유림의 형성

1. 조선 후기 호서유림의 형성

조선 초기 성리학은 왕조의 적극적인 유교 숭상 정책에 따라 활발히 보급되었다. 성리학은 불교가 차지했던 권위를 대신하여 중심적인 사상 체계가 되었다. 조선 초기에 鄭道傳(1337~1398)을 비롯하여 金宗直(1431~1492), 金宏弼(1454~1504), 鄭汝昌(1450~1504), 趙光祖(1482~1519) 등 유학자들이 나왔다. 이들의 학문은 도학의 성격이 강했다. 그러나 연산군 4년(1498) 김종직이 '弔義帝文'을 지어 세조를 비방한 일로 일어난 戊午史禍로 김굉필이 김종직의 문인이라는 혐의로 유배에 처해졌다가 사약을 받았다. 정여창 또한 사화에 연루되어 사약을 받았다. 조광조는 중종 14년(1519) 일어난 己卯士禍로 38세의 나이로 사형을 당했다.

16세기 인종과 명종, 선조 때는 출중한 유학자들이 등장하면서 한국 성리학이 전성기를 맞이하였다. 이는 송나라의 학풍의 영향도 있겠지만, 잇따라 일어난 사화로 말미암아 선비들이 멸문의 참화를 당한 것과 연관이 크다. 사화를 당한 이후 선비들은 조정에 나아가는 것을 꺼리고 성리철학의 공부를 업으로 삼고자 하였다. 이들은 '存養'과 '窮理', 즉 선량한 마음을 잡아 보존하고 본래 타고난 본성을 기르는 것을 수양의 목표로 삼았다. 동시에 우주의 근본 원리를 탐구하며 성현을 본받고 배우고자 하였다. 이전의 유학자들이 통치의 이념이 강한 '爲人之學'에 힘썼다면 이제는 자신의 수양을 위한 '爲己之學'에 주력하려 한 것이다.[1] 대표적인 유학자로 晦齋 李彦迪(1491~1553), 花潭 徐敬德(1489~1546), 退溪 李滉(1501~1570), 高峯 奇大升(1527~1572), 栗谷 李珥(1536~1584), 牛溪 成渾(1535~1598) 등을 들 수 있다.

한국 성리학은 16세기 이황과 기대승 사이의 사단칠정에 관한 논변에 이어, 이이와 성혼 사이의 성리논변이 생기면서 이른바 기호학파와 영남학파로 분화되었다. 기호유학의 기점을 조광조로 보기도 하고, 이황과 기대승의 사단칠정 논변에서 찾기도 한다. 또한 서경덕을 기호학파의 원조로 보기도 한다.[2]

그러나 기호학파는 이황과 기대승의 '四端七情 論爭'에 이어 이이와 성혼간의 '人心道心 論爭'이 중요한 계기가 되어 성립된 것으로 보는 것이 일반적이다. 사단칠정 논쟁이란 사단과 칠정에 대한 해석을 두고 李滉과 奇大升 사이에 전개된 논쟁을 말한다. 이황은 理와 氣가 시간과 공간으로 분리되어 발동한다는 理氣互發說을 주장하였다. 이에 대하여 기대승은 리와 기는 시간과 공간으로 분리될 수 없다는 理氣兼發說을 주장한 것이다. 이황이 죽은 뒤 이이가 기대승의 설을 지지하게 되었는데, 사단칠정 논쟁은 성혼이 이황의 학설을 옹호하면서 발단되었다. 성혼은 이황과 기대승의 사단칠정 논쟁에서 기대승의 이론이 타당한 것으로 생각해오다가 주자의 글에 이황의 주장과 같은 구절이 있음을 발견하고 종래의 입장을 버리게 되었다. 이에 대하여 이이는 성혼의 주장을 반박하게 되었는

---

1) 현상윤,《조선유학사》, 민중서관, 1948, 60~65쪽.
2) 이병효,《조선전기 기호사림파 연구》, 일조각, 1984, 29쪽.
　　현상윤, 앞의 책, 98쪽.
　　최완기,《한국 성리학의 맥》, 느티나무, 1993, 158쪽.

데, 이이와 성혼 사이의 논쟁을 흔히 '인심도심 논쟁'이라고 한다.
성혼과 이이는 인심과 도심을 리와 기로 나누어 볼 수 있다는 데는
이견이 없었다. 다만 성혼은 인심과 도심, 사단과 칠정, 본연지성
과 기질지성은 理와 氣, 그리고 理發과 氣發로 연결될 수 있다고 보
았다. 이와 달리 이이는 인심과 도심은 리와 기로 나누어 볼 수 있
으나, 사단과 칠정, 본연지성과 기질지성은 그렇게 나누어 볼 수 없
다고 하였다. 이이는 인심과 도심을 이미 드러난 '已發의 情'으로
보았다. 그리고 모든 것은 氣가 일어나고 理는 이를 탄다는 '氣發
理乘一途說'을 제기한 것이다. 이 과정에서 이이는 리와 기는 '하나
이면서 둘이고, 둘이면서 하나'여서 理氣가 서로 떨어질 수 없다는
'理氣妙合論'을 제기하였다. 이것은 사단은 理發이고 칠정은 氣發이
라는 이황의 '理氣互發說'을 부정하는 것이다. [3]

이이의 학설에 대한 비판은 鶴峯 金誠一(1538~1593)의 제자인 敬
堂 張興孝(1564~1633)의 외손인 葛菴 李玄逸(1627~1704)이 본격화하
였다. 그는 이황의 理發說을 지지하면서 이이의 성리설을 氣學이라
고 평하였으며, 이이를 지지하는 유학자들을 主氣派라고 일컫기에
이르렀다. 퇴계학은 이현일의 아들인 李栽(1657~1730)에게 이어졌
다가 그의 외손인 大山 李象靖(1711~1781)에게로 전해졌다. [4]

조선 후기 호서지역 성리학은 李珥를 종장으로 하는 기호학파의
학설이 본류를 이루고 있다고 할 수 있다. 이이의 문인으로 沙溪 金
長生(1548~1631) · 重峰 趙憲(1544~1592) · 守夢 鄭曄 · 黙齋 李貴 ·
牛山 安邦俊 등이 있다. 이들 가운데 김장생은 충남 연산을 중심으
로 강학하여 호서지역에는 그의 문인들이 집중적으로 분포되어 있
다. 그의 문인으로는 아들인 愼獨齋 金集(1574~1656)을 비롯하여
尤庵 宋時烈(1607~1689) · 同春堂 宋浚吉(1606~1672) · 草廬 李惟泰

---

3) 홍원식, 〈율곡학과 퇴계학〉, 《율곡학과 한국유학》, 예문서원, 2007, 89~95쪽.
4) 황의동, 《기호유학연구》, 서광사, 2009, 14~21쪽.

(1607~1684)·松崖 金慶餘, 그리고 市南 兪棨, 美村 尹宣擧 등이 있다. 이 가운데 송시열은 김장생의 학문을 계승하여 많은 문인을 양성하였는데, 이들을 尤庵學派라고 일컫기도 한다.[5]

송시열은 17세기 중엽 이후 의리정신에 투철하였던 당대의 거유로 사림의 종장이었다. 그의 학문은 기본적으로 주자학에 철저함을 보여준다. 송시열은 모든 경전의 이해는 오로지 朱子의 註說만을 절대적으로 추종한 경향이 있다. 송시열은 스승인 김장생을 거쳐 이이의 성리설을 계승하였다. 이에 따라 그는 이황의 이기론을 비판하였다. 또한 송시열은 조헌의 節義論을 따랐다. 이는 스승인 김집의 영향을 받은 것으로 보인다. 김집이 "호서 사람이라면 조헌에게서 받은 혜택이 얼마인가. 우리를 낳은 이는 부모요, 우리를 살린 이는 조헌이다"[6]라고까지 추숭한 바 있기 때문이다. 이에 따라 송시열의 학풍은 주자학을 절대적으로 신봉하면서 절의론을 강조하는 태도를 취하게 되었다. 이러한 그의 학풍에 대하여 "우암의 학문은 주자를 종주로 삼고, 義를 春秋로 잡고, 절의를 숭상하며, 사설을 물리쳤다"[7]는 한원진의 평은 적절하다 하겠다.

송시열이 절의정신에 투철하였던 것은 그의 부친 宋甲祚와 가풍의 영향도 컸다. 송갑조는 절의를 특히 중시하였다. 그는 광해군 때 서궁에 유폐되었던 인목대비에게 나아가 拜恩함으로서 儒籍에서 삭탈된 일이 있었다. 또한 그의 종형 宋時榮은 강화도에서 순절하였으며, 큰형인 宋時憙는 정묘호란 때 화를 입었던 것이다.[8]

---

5) 이연숙,〈우암학파 연구〉, 충남대 대학원 박사학위청구논문, 2003.

6) 金集,《愼獨齋集》, 권6,〈重峯先生改葬祠宇移建通文〉, 병자 9월. "況湖西士民 受惠爲如何 生我者父母 活我者先生"(조성산,《조선후기 낙론계 학풍의 형성과 전개》(지식산업사, 2007, 138쪽).

7) 송시열,《주자대전》부록 권19, 기술잡록, "學宗朱子, 義秉春秋, 崇節義, 闢邪說"

8) 황의동,〈주기설의 확립과 실천적 경세론〉,《조선유학의 학파들》, 예문서원, 1996, 216~223쪽.

이러한 송시열의 학문적 경향은 주자학 이외의 것을 모두 이단으로 보는 闢異端論과 중화질서를 존중하고자 하는 尊周論으로 귀결되었다. 이러한 그의 주장은 정치색마저 띠어 현실 정치에 적용되기에 이르렀다. 이에 따라 주자의 주석에 의문을 제기하는 것을 사회 질서에 대한 공격으로 인식하였다. 그는 이를 빌미로 윤휴를 제거하였으며, 윤선거와 윤증이 윤휴를 두둔하고 병자호란 때 절의를 지키지 못했다고 비판하였다. 그의 존주론은 大明義理論으로 나타났다. 그는 명나라 마지막 임금 의종의 연호인 崇禎 사용을 고집하였으며, 신종과 의종의 신주를 모시고자 화양동에 만동묘를 건립하였다. 이러한 그의 학풍은 그의 제자들에게 계승되었다.

송시열의 학문은 權尙夏(1641~1721)에게 전수되었다 할 수 있는데, 권상하는 한원진과 이간·윤봉구·최징후 등 강문8학사를 비롯한 많은 학자를 배출하였다. 이 가운데 南塘 韓元震(1682~1751)과 巍巖 李柬(1677~1727)은 人性과 物性의 同異 문제를 중심으로 한 이른바 호락논변으로 성리설을 심화시켜 갔다.[9]

성리학에서는 인간의 본성을 본연지성과 기질지성으로 구분하여 설명했다. 본연지성의 관점에서 보면 모든 사람이 동일한 존재가 되지만, 기질지성에서 보면 사람들이 각각 기질에 따라 구별되는 존재로 이해된다. 그런데 동식물의 본성도 인간과 동일한가 아닌가의 문제가 제기되었다. 이 문제는 송시열의 문하에서 처음 제기되었다. 이에 대하여 장지연은《조선유교연원》에서

> 湖學은 權遂庵에게서 시작하여 韓南塘이 계승한 것이요, 洛學은 金農巖
> 에게서 근원하여 李陶庵이 지켰다. 金三淵昌翕 李陶庵縡 朴黎湖弼周가 洛

---

9) 강문8학사 가운데 梅峯 최징후가 홍주의 梅城출신이고, 岩村 韓弘祚 또한 예산출신으로 알려지나 그에 관해 전해지는 기록이 적어 문인관계는 알 수 없다. 《조선유교연원도》에도 그의 문인에 관한 기록은 없다. 한홍조에 관한 연구로는 이병찬의 〈암촌 한홍조〉(《송자학논총》5, 1998)가 참고 된다.

下에 거주하였기 때문에 洛論이라 하였으며, 韓南塘元震 尹屛溪鳳九 집이
湖西에 있었기 때문에 湖論이라 칭했다.[10]

라고 하여 湖學은 권상하에서, 洛學은 김창협에서 비롯함을 알려주
었다.

인물성이론을 주장하는 한원진을 비롯한 윤봉구 · 김한록 · 崔徵
厚 · 蔡之洪 등이 호서지역에 거주하고 있었기 때문에 이들을 湖學
派라 불렀다. 이와 다르게 이간과 같이 인물성동론을 주장하는 학자
들이 서울 쪽에 거주하였기 때문에 이들을 洛學派라 불리게 되었다.

호락논변은 중용의 첫 장인 '天命之謂性'에서 주자가 '性은 곧 理
(性卽理)'라고 정의한 것에 대한 한원진과 이간의 해석 차이가 드러
나면서 본격화하였다. 한원진은 '性'을 단순한 理로만 보지 않고 '氣
에 내재된 理'(性卽在氣之理)'로 이해해야 한다고 하였다. 그는 또한
《맹자》 '告子' 下에서 고자와 맹자의 '타고난 것이 본성인가(生之謂
性)'라는 논변에 대하여 朱子가 "이치로 말하자면 인의예지를 타고
남에 物이 어찌 완전하게 다 얻을 수 있겠는가. 만물의 一原을 말하
자면 理는 같고 氣는 다르다"라고 주석한 것을 근거로, 物이 타고
난 氣는 완전하지 못하므로 理도 불완전한 것으로 보아 인물성이론
을 주장하였다. 한원진은 사람과 물의 기질지성이 다른 것은 말할
것도 없고, 본연지성도 기의 편벽됨과 온전함으로 말미암아 같을
수 없다고 본 것이다.[11]

이와 달리, 李柬은 '性은 곧 理'라고 이해하였다. 그는 주자의 주
석 가운데 "사람과 사물이 제 각기 타고난 理를 따라서 '健順五常'
의 덕이 되었다. … 사람과 사물의 성은 본래 같지 않을 수가 없다.
기품이 다름이 없을 수 없다"고 한 것에 근거하여 物性도 인의예지

---

10) 장지연,《조선유교연원》 권2, 회동서관, 1922년, 101쪽.
11) 현상윤,《조선유학사》, 민중서관, 1949, 275~277쪽.

신의 5상을 타고 났으니 사람과 사물의 본연지성은 같다고 하였다. 그는 사람과 동물이 다른 것은 기질의 차이 때문이지 본연지성은 모두 같은 것으로 보아 인물성동론을 주장하였다.

또한 낙론자들은 氣는 가지런하지 않기 때문에 기질의 성은 사람과 물이 다르나, 性은 곧 理이기 때문에 본연의 성은 사람이나 동물이나 모두 같다고 보았다. 이에 따라서 호론에서는 미발한 마음의 본체에도 기질의 선악이 있다는 '未發心體有善惡論'을 주장했으며, 낙론에서는 미발한 마음의 본체에는 기질의 선악이 없으므로 '本來善'이라 하여 未發心體本善論을 주장하였다.[12]

낙학파에는 農巖 金昌協(1651~1708)과 三淵 金昌翕(1653~1722)을 비롯하여 黎湖 朴弼周(1665~1748)·杞園 魚有鳳(1672~1744)·陶庵 李縡(1680~1746) 등이 있다.[13] 이후 낙학파는 渼湖 金元行(1702~1772), 三山 金履安(1722~1791), 近齋 朴胤源(1734~1799), 梅山 洪直弼(1776~1852), 鼓山 任憲晦(1811~1876)를 거쳐 艮齋 田愚(1841~1922)까지 연결된다. 그 가운데 任憲晦는, 山林으로서 강학과 후학 양성에만 전심했다. 그는 화이론에 철저하였으나, '大明遺民'으로 자처하면서 재야의 儒學者로서 常道를 지키기를 고집했다. 이러한 그의 입장은 문인들에게 영향을 끼쳐 田愚를 비롯한 임헌회의 문인들은 척사의 방법에서 이항로 학파와는 대립되었다.[14]

이와 달리 한원진의 학문은 대전의 雲坪 宋能相(1710~1758)에게 전수되었으며, 송능상의 학통이 性潭 宋煥箕(1728~1807)에게 계승되면서 호론적 학풍이 아닌 '非湖非洛'적인 학풍이 되었다. 그러나

---

12) 윤사순, 〈인물성론의 동이논변에 대한 연구〉, 《철학》 18, 한국철학회, 1982, 3~16쪽.
    권오영, 〈18세기 호론의 학풍과 사상의 전승〉, 《조선시대사학보》 63, 2012, 300~315쪽.

13) 조성산, 《조선후기 낙론계 학풍의 형성과 전개》, 지식산업사, 2007.

14) 權五榮, 〈任憲晦와 그 學脈의 思想과 行動〉, 《韓國學報》 96, 1999, 70쪽.

한원진의 학문은 서산의 金漢祿, 예산의 尹鳳九, 홍성의 李度中, 보령의 鄭赫臣 등과 그들의 문인인 金日柱 · 鄭龜錫 · 李禮煥 · 白師亨 · 李健運 등을 거쳐 김복한과 이설 등에게 계승되는 학맥을 확인할 수 있다.[15)

이와 같은 호락논쟁은 20세기 초까지 계속되었지만 끝내 귀결을 보지는 못했다. 호락논변은 성리학에서 인간과 자연의 본성에 대한 보편 논쟁으로, 조선 후기 유학사상을 심화시키는 데 이바지한 측면이 있다. 나아가 호락논쟁은 당시 사회에 대한 그들의 정치사회적 관점에 깊이 투영된 결과였다. 더욱이 한원진의 인물성이론은 당시 사회가 중화와 오랑캐의 구별이 없어져 세계가 혼돈에 빠지고, 사람과 금수의 구별이 없어져 인간의 동물화와 같은 도덕적 타락을 경계한 사상이라고 할 수 있다. 이와 같이 華夷와 人獸의 구별을 엄격하게 한 한원진의 학설은 19세기 말 20세기 초 민족적 위기에 내포지역의 이설과 김복한 같은 유학자들에게 전승되어 철저한 항일운동을 전개하는 정신적 기반이 되었다.

2. 근대기 호서유림의 형성

19세기 말 호서지역에는 우암 송시열의 학문을 계승한 淵齋學派와 南塘學派, 華西學派, 艮齋學派, 蘭谷學派, 그리고 기호남인과 소론계열의 유림이 형성되어 있었다.

연재학파는 연재 송병선을 종장으로 하는 유림을 말한다. 송시열에서 권상하를 거쳐 내려온 한원진의 학문은 대전의 雲坪 宋能相(1710~1758)에게 전수되었다. 송능상의 학통은 性潭 宋煥箕(1728~1807)에게 계승되었으니 송시열의 학문이 한원진을 거쳐 대

---

15) 김상기, 〈남당학파의 형성과 위정척사운동〉, 《한국근현대사연구》 10, 1999.

전지역의 은진송씨 후손들에게 전수되었음을 알 수 있다.[16] 송시열의 학문은 가학으로도 전승되었다. 한말 산림으로 순국한 송병선과 송병순 형제가 그의 9대손이다. 이들은 백부인 수종재 송달수와 숙부인 입재 송근수에게 송시열의 直 사상을 가학으로 전수받아 연재학파를 형성한 것이다.

宋秉璿은 1884년 갑신변복령이 내려지자 이를 조선 고유의 의복제도를 변개하는 것이라 하여 반대하는 척사운동을 펼쳤다. 1905년 일제가 을사조약을 강제로 맺자 고종을 알현하고 을사5적을 처형할 것과 기강을 바로 세울 것 등을 내용으로 하는 '十條封事'를 올렸다. 그는 일본 헌병대에 의해 강제로 대전으로 호송되어 용운동 자택으로 돌아온 뒤에 고종과 국민, 그리고 유생들에게 유서를 남겨 놓고 자결 순국하였다.[17] 그의 문인은 충남·호남·영남지역에 많이 분포되어 있었다. 송병순은 1905년 〈討五賊文〉을 지어 5적을 성토하였으며, 경술국치를 당하여는 나라를 위하는 충성과 겨레를 사랑하는 마음에는 순국하는 길 밖에 없다고 자결을 기도하였다. 1912년 그는 은사금을 지급하고 경학사 강사에 임명하는 등의 일제의 회유책을 거절하고 대의를 지키고자 자결 순국하였다.[18] 그 밖에도 진주의병장 노응규와 을사조약 파기운동에 참여한 鄭璣運과 李柄運, 그리고 민족지사의 사적을 정리한 《念齋野錄》의 저자로 자결 순국한 趙熙濟 등이 연재학파의 인물로 확인된다.

남당학파는 김복한을 비롯한 홍주 일대의 유림들을 말한다. 한원진의 학문적 특성인 人物性異論은 華夷의 구별을 엄격하게 하는 斥異端論적 성격을 띠었다. 이러한 그의 학문은 19세기 후반기 김복한을 비롯한 남당학파의 주요한 학풍으로 자리 잡았다. 그 동안 한

---

16) 윤사순, 〈기호유학의 형성과 발전〉, 《유학연구》 2, 1994, 4쪽.

17) 송병순, 〈연재선생연보〉, 《연재집》 권50, 연보.
   박경목, 〈연재 송병선의 위정척사운동〉, 《호서사학》 27, 1999, 59~67쪽.

18) 〈송병순연보〉, 《심석재집》 34, 연보.

원진과 김복한 · 이설 등으로 대표되는 이 지역 유학자들과의 학문적 연결 관계가 분명하지 않았다. 그러나 김복한을 비롯한 이 지역 유림들은 자신들을 '塘門'이라 자칭할 정도로 사숙문인임을 스스로 일컬으면서 한원진의 학풍에 기울어져 있었다. 이들 南塘學派에는 김한록 계의 金商憲 · 金商玎을 비롯하여, 정혁신 계의 李敦弼 · 이설 · 김복한, 백사형 계의 白樂寬 등이 있으며, 이들 외에도 홍주의병에 참여한 임한주 · 林承周 형제와 유호근 · 沈宜德 · 趙龜元 · 金龍濟 · 李禹奎 등이 알려진 인물이다.

華西 李恒老(1792~1868)의 문인들이 호서지역에 이주하여 이항로의 사상을 이식한 것으로 확인된다. 이항로의 문인인 崔益鉉과 柳麟錫, 유중교의 문인인 俞鎭河 · 윤석봉 · 盧正燮 등이 그들이다. 윤석봉이 1890년 무렵 보령의 남포로, 유인석이 1895년 제천으로, 노정섭이 1895년 목천으로, 유진하가 1896년 서산으로, 최익현이 1900년 정산으로 이주하였다. 이들은 유중교가 1889년 제천의 장담으로 이주한 것과 같이 1890년대 개화파가 득세하는 서울 인근을 떠나 호서지역의 산간벽지로 '抱經入山'하고자 한 것이다.

이들은 호서지역으로 이주하여 은거하고자 하였으나 시세가 그들을 자유롭게 놓아두지 않았다. 유인석은 제천의병을 일으켰으며, 유진하는 제천의병을 지원하였다. 최익현은 태인의병장으로, 윤석봉은 홍주의병에 참여하여 국권회복을 위한 투쟁에 나섰다. 노정섭은 유인석이 제천에서 의병을 일으키자 참가하려다가 의진이 패하여 흩어졌다는 소식을 듣고 되돌아왔다. 그는 1900년 천안의 백석리에서 강학하면서 요동으로 망명을 기도하다가 병을 얻어 1902년 작고했다. 이들은 많은 제자를 양성하여 호서지역에 화서학파의 학맥을 심었다. 이들 가운데 李侙 · 文奭煥 · 柳濬根 · 郭漢一 · 白觀亨 · 南相集 등 홍주의병과 태인의병, 독립의군부, 그리고 3 · 1운동과 파리장서운동 등 항일독립운동을 적극 전개한 다수의 인물이 배출되기도 하였으며, 李喆承·閔泰稷·鄭在學·李敎憲 등과 같은 학자를 양성하여 호서지역의 화서학맥을 계승, 발전하게 하였다. 또한 이들의 화이론적 이념적 성향은 문인의 가족에게도 영향을 끼쳐 항일민족운동을 전개하게 하였다.

간재학파는 艮齋 田愚의 문인 집단을 말한다. 간재는 임헌회 문인으로 낙학파 계열이다. 낙학파에는 김창협과 김창흡을 비롯하여 박필주, 어유봉, 이재 등이 있다.[19] 그 가운데 이재의 문인인 渼湖 金元行은 낙론을 철저히 계승하였다. 김원행의 제자로는 三山 金履安과 近齋 朴胤源 등이 있으며, 홍대용과 황윤석 같은 실학파도 배출되었다. 그리고 朴胤源의 문하에서 梅山 洪直弼이 배출되었으며, 홍직필의 학문은 鼓山 任憲晦를 거쳐 艮齋 田愚 등으로 연결되었다. 임헌회는 아산에서 대대로 살아온 유학자이다. 32세 때인 1842년 홍직필의 문인이 되어 산림으로서 강학과 후학 양성에만 전심했다. 그는 화이론에 철저하였으나, 재야 유학자로서 떳떳한 도리를 지키기를 고집했다. 이러한 그의 자세는 문인들에게 영향을 끼쳐 전우를 비롯한 임헌회의 문인들은 척사의 방법에서 이항로 학파와는 대립되었다.[20]

임헌회의 문인인 전우는 전주의 청석동에서 출생하여 1941년부터 충남 아산의 신양으로 임헌회를 찾아가 공부하였다. 1834년 임헌회를 좇아 전의로 이사하였으며, 그 후 진천·음성·상주 등지에서 후학을 양성하였다. 그는 1896년 7월 태안 출신의 문인인 崔明喜(본: 경주, 자: 性範, 1851년생)의 주선으로 태안으로 이주하였다. 그는 최명희의 족친인 崔龍喜의 독서당인 蓮泉書堂에서 강학하였다. 이때 서산 음암 출신의 下根齋 金建周가 태안의 근흥면 안기리 石

---

19) 조성산,《조선후기 낙론계 학풍의 형성과 전개》, 지식산업사, 2007.

20) 권오영, 〈임헌회와 그 학맥의 사상과 행동〉,《한국학보》 96, 1999, 70쪽.

田에 거주하던 전우를 찾아가 문하생이 되었다.[21] 김건주는 1896년
에 2개월 동안 전우한테 소학을 배웠으며, 1898년에는 논어를 배웠
다.

전우는 그 해 10월에 태안의 洙滄으로 이사갔는데, 이는 '浮海'의
뜻을 실현하고자 안면도로 가고자 했기 때문이다. 이때 대산의 金
若濟는 아들 東勳을 전우의 문하에 보냈다. 전우는 끝내 안면도로
들어가지는 못하고 1899년 2월 수창에서 나와 천안의 金谷으로 이
사하였다.[22] 그러나 그가 태안에 있던 2년 반 동안 많은 문인을 배
출하였다. 그는 1912년에는 부안군 界化島로 들어가 中華의 도를
수호하고자 하였다. 이와 같이 그는 실천적인 민족운동보다는 '入
海自靖'의 길을 택했다. 그는 의병 참여를 거부하였으며, 이 일로
후세의 사람들로부터 비판을 받았다.[23]

호서지역에서 전우의 문인들이 여럿 확인되지만, 실천적인 민족
운동보다는 강학에 전념한 특징이 있다. 그러나 오강표나 성기운처
럼 절의정신을 실천했던 인물도 있었다. 오강표(1848~1910)는 1905
년 을사조약의 늑결에 조약을 파기할 것과 5적을 처단할 것을 요구
하는 상소가 받아들여지지 않자 아편을 복용하고 자결을 기도하였
다. 1910년 국망을 당하여는 絕命詞를 지어 공주 향교에 붙이고 강
학루에서 목을 매어 순국하였다.[24]

간재학파는 전우와 김복한 사이의 성리설에 대한 이견으로 말미
암아 남당학파의 유림들과는 불편한 관계였다. 곧, 김복한은 湖論
의 성리설을 견지하면서 한원진의 예론을 비판한 홍직필의 설을 비

21) 이은우, 〈下根齋 金建周 연보〉, 《서산의 문화》 8, 1996, 103쪽.
22) 〈연보〉, 《간재선생문집》 권3, 己亥년조(1899). 전우는 1902년 8월 공주의 薪田
   으로 이거하였다가 1907년 8월에 다시 浮海를 계획하고자 안면도에 가서 망명
   처를 살피고 돌아갔다(〈연보〉, 정미년 8월조).
23) 현상윤, 《조선유학사》, 민중서관, 1949, 410쪽.
24) 김상기, 〈1910년대 지방 유생의 항일투쟁〉, 《대한민국임시정부수립80주년기
   념논문집》, 1999.

판하였다. 그는 전우와의 여러 차례 왕복 서신에서 吳熙常이《老洲
雜錄》에서 송시열을 유현의 대열에서 제외시킴과, 홍직필이《梅山
集》에서 한원진을 이단으로 본 것은 잘못된 것이라고 비판하였다.
이에 전우는 김복한을 비판함은 물론 심지어는 한원진의 심성론마
저 비판하였다.[25] 여기에 전우의 문인인 吳震泳이 김복한을 비판함
으로 말미암아[26] 양 학파 사이의 갈등이 증폭되었다. 한편 悳泉 成
璣運(1877~1956, 자: 舜在)은 전우의 문인이면서도 김복한을 배알하
고 그의 절의를 숭상하였다. 성기운은 청도 출신으로 24살 때 천안
의 금곡으로 전우를 배알하고 문인이 되었다. 국망을 당하여 통곡
하고 1912년 전우를 따라 계화도로 들어갔다. 그는 1917년 호적에
입적하는 것을 거부하여 청도경찰서에 구치되었으나 단식으로 이
에 저항하였다. 그는 창씨개명을 거부하면서 가족과 문인에게 "易
姓은 조상을 팔아버리는 것이니 죽기를 맹세코 지키라"[27]고 하였
다. 그의 이러한 절의 정신은 문인인 성구용에게 전수되었다. 錦巖
成九鏞(1906~1975, 자: 聖韶)은 石農 吳震泳이 김복한을 毁斥한 것
을 이해할 수 없다고 스승인 성기운에게 질정하고 있음을 볼 수 있
다.[28] 또한 그는 김복한이 창의한 것을 '대의'를 천하에 떨쳤으며,
그 공이 청음 김상헌과 우암 송시열 등에 뒤지지 않는다고 평가하
였다. 그는 "尊華攘夷는 萬古의 大義이며, 국모의 복수를 갚는 일
은 인심의 지극한 이치"라고 하면서 이러한 의리를 해치는 자는 '강
상의 죄'를 짓는 것이며 '인심'이 없는 자라고 혹평하였다.[29]

난곡학파는 蘭谷 宋炳華(1852~1915)와 그의 문인들을 말한다. 이

25) 김상기, 〈김복한의 학통과 사상〉,《한국사연구》88, 1995, 91쪽.
26) 成九鏞,《毅齋集》권2, 잡저, 〈悳泉先生語錄〉. 성구용은 같은 艮齋의 문인이면
　　서 吳震泳이 김복한을 毁斥한 것을 오히려 이해할 수 없다고 함을 볼 수 있다.
27) 성구용, 〈덕천선생행장〉,《毅齋續集》人, 권5, 행장.
28) 성구용, 〈덕천선생어록〉,《의재집》天, 권2, 잡저.
29) 성구용, 〈수필〉,《의재집》天, 권2, 잡저.

들은 대전지역을 중심으로 한 학파를 형성하였다. 송병화는 본관이
은진으로 四友堂 國澤의 9대손으로 자를 晦卿, 호를 蘭谷(또는 約齋)
이라 한다. 사한리(현재의 대전 동구 이사동)에서 義學齋를 열고 제자
를 양성하였다. 그는 어려서 梁某 선생으로부터 通鑑 등을 수학하
였으나 그 밖의 특별한 사승관계는 없었던 것으로 보인다. 다만 진
잠의 南溪에 살고 있던 申應朝를 찾아가 가르침을 청하기도 하였
다. 尹榮善은 《朝鮮儒敎淵源圖》에서 그를 洪直弼과 吳熙常의 문하
에서 수학한 趙秉悳의 문인으로 설명하고 있으나 이는 확실하지 않
다.

송병화는 을미사변을 당하여 '擧義'에 참여하지는 못하였으나 경
서를 가슴에 품고 '入山自廢'하고자 하였으며, 이어 단발령이 내리
자 문인들을 데리고 통곡하며 보문산 속으로 들어갔다.[30] 그 뒤 그
는 학문연마와 후학양성에만 힘썼다. 이때 그가 남긴 글 가운데 숙
종연간에 울릉도에서 왜인들과 맞서 우리의 영토임을 확인시켜 준
인물의 전기인 〈安龍福傳〉은 그의 항일의식을 대변해준다.[31] 그는
1910년 국망의 소식에 스스로 죽음을 자처하며 '自銘'을 지어 망국
을 통분하였다.[32]

송병화는 인근의 많은 이들에게 학문과 절의론을 교육하였다.
그의 대표적인 문인으로는 宋炳奎 · 宋獻在 · 宋龍在 · 宋炳瓘 · 金
永杰 · 宋昌在 등이 알려져 있다. 이들은 주로 대전의 이사동 일대
에 거주하던 은진송씨 四友堂派와 광산김씨에서 나왔음을 알 수 있
다. 이들은 스승으로부터 경학을 수학하면서 아울러 절의정신을 계
승하였다. 그 결과 宋龍在 같은 이는 경술국치에 '國亡當死'라 하

---

30) 宋炳瓘, 〈연보〉, 《蘭谷別集》 권6, 傳, 689쪽.

31) 宋炳華, 〈安龍福傳〉, 《난곡별집》 권6, 傳, 668쪽.

32) 송병화, 〈自銘〉, 《난곡별집》 권3, 銘, 594쪽.
  송병관, 〈난곡선생연보〉, 《난곡별집》 권6, 673~707쪽.

며 자결을 기도하기까지 하였다.[33] 문인 가운데 宋炳瓘(1875~1945)
은 특히 스승의 학문과 정신을 존숭하였다. 송병관의 자는 堂叔, 호
는 克齋로 사우당의 8대손인 宋萬植의 아들이다. 그는 단발령이 내
리자 우리의 도가 망했다면서 "목은 잘릴 수 있으나 머리는 깎을 수
없고 몸은 찢을 수 있으나 옷소매는 찢을 수 없다"라고 써붙이고 통
분하며 이를 반대하였다. 을사늑약 직후에는 가족을 이끌고 깊은
산속으로 들어가 칡뿌리와 감자로 목숨을 부지하는 등 은거생활에
들어갔다.[34]

　호서지역의 대표적인 소론 계열의 유림으로는 논산의 윤이병과
청양의 안병찬이 있다. 1623년 인조반정을 계기로 정권을 잡은 西
人은 반정 靖社功臣 김류를 중심으로 한 勳西와 반정에 직접 참여
하지 않고 관망했던 金尙憲이 영도한 淸西로 양분되었다. 양분된
서인 세력은 인조 말에 이르러 훈서파는 元斗杓의 原黨과 金自點의
洛黨으로 분파되었다. 또 청서파도 충청도 사림들이 중심인 山黨
과 한성에 거주하는 漢黨으로 분파되었다. 서인은 효종 때에 이르
러 산당 출신인 송시열을 구심점으로 뭉치게 되었다. 그러나 숙종
때에 서인은 노론과 소론으로 분파되고 말았다. 분당의 계기는 尹
宣擧의 묘지명 사건으로 인한 송시열과 그 제자인 尹拯의 사감으로
발단되었으며, 1680년(숙종 6) 남인인 영의정 許積의 油幄濫用事件
과 이른바 경신대출척 뒤, 정권을 잡은 서인 사이에 남인 숙청에 대
한 의견 대립으로 격화되었다. 이에 송시열을 중심으로 한 노장파
를 노론, 한태동과 윤증을 비롯한 소장파를 소론이라 일컫게 되었
다.

　조선 말기 대전·충남지역의 대표적인 소론으로는 노성을 비롯

---

33) 송병관, 〈庚難日記〉, 《克齋集》 권6 잡저.
34) 宋悌永, 〈극재선생연보〉, 《극재집》 부록 "吾道亡矣 書頭可斷髮不可斷 身可裂
　　袖不可裂之語以自誓"

한 논산 일대에 집단적으로 거주하는 파평윤씨가 있었다. 소론의
영수로 불리는 明齋 尹拯(1629~1714)은 부친 윤선거로부터 가학을
익혔으며, 유계, 권시, 송시열, 김집 등의 문하에 출입하면서 수학
하였다. 그의 이러한 사승 관계는 그의 사상적 성격 역시 다양하
게 하였다. 그는 송시열로부터 성리학을, 부친과 김집, 유계로부터
는 예학을, 부친과 장인 권시로부터는 무실 학풍을 전수받은 것으
로 전한다.[35) 윤증의 학문적 성격은 송시열과 사제의 의를 끊고 나
서부터 이전과 다른 양상을 띠었다. 그는 성리학의 범주를 벗어나
지 않으면서도 내실과 내수에 힘써 무실과 실심을 함양하고 발휘하
는 실천적인 성리학을 강조하였다. 이에 따라 윤증의 학문은 조선
후기 실학으로 평가되기도 하고, 한국 양명학 발전과 일정한 연관
성을 지니고 있거나 양명학의 성격을 지니고 있다는 주장이 제기되
기도 한다.[36)

　윤증의 학문은 후손들에게 가학으로 전승되었다. 후손들은 종중
에서 설립한 宗學堂에서 합숙하면서 교육을 받았다.[37) 종학당은 창
건 이후 많은 인재를 양성하였는데, 파평윤씨 노종파 가문에서 대
과급제자의 대부분이 이곳 출신으로 알려져 있다.[38) 그 가운데 민

---

35) 황의동, 〈윤증 유학사상의 가학적 연원〉,《명재 윤증의 학문 연원과 가학》, 예
　　문서원, 2006, 73~74쪽.

36) 윤사순,《명재 윤증의 성리학적 실학》,《도산학보》4, 1995.
　　지두환, 〈조선후기 양명학의 수용과 전개〉,《국사관논총》22, 1991.
　　김문준, 〈윤증 유학의 성리학적 연원〉,《명재 윤증의 학문 연원과 가학》, 예문
　　서원, 2006, 123~125쪽.

37) 종학당은 尹煌(1571~1639, 호: 八松)의 둘째 아들인 尹舜擧(1596~1668, 호:
　　童土)가 1640년대에 논산의 병사리에 건립한 파평윤씨 집안의 학당이다. 윤황은
　　이이와 성혼의 문하에서 수학하였으며, 특히 성혼의 사위가 되면서 그의 학통을
　　계승하였다. 그는 병자호란 때 척화상소를 올려 유배되었던 척화파였다. 그의
　　아들이 8명 있었는데, 이들은 '8擧'라고 불리기도 한다. 윤증은 다섯째인 宣擧의
　　장자이다.

38) 이해준, 〈17세기 중엽 파평윤씨 노종파의 宗約과 宗學〉,《충북사학》11 · 12합
　　집, 2000, 342~346쪽.
　　윤정중 편,《파평윤씨 魯宗 五房派의 유서와 전통》, 선문인쇄사, 1999, 114~121쪽.

족운동을 전개한 이로는 尹履炳(1855~1921)이 대표 인물이다. 윤이
병은 무과 출신으로 고종의 밀명을 받고 명성황후 시해사건의 진상
을 조사했던 인물이다. 1905년 을사늑약이 체결되자 을사오적의 처
형과 늑약의 파기를 주장하는 격문을 전국에 살포하였으며, 1907년
8월에는 동우회 회장으로 고종퇴위 반대투쟁을 주도했다.

청양지역에 세거한 안병찬가 역시 소론 집안이다. 안병찬의 조부
溶이 成渾의 후손으로 그의 학통을 잇는 果齋 成近默(1784~1852)의
문인인 것을 보아 성혼과 윤증 등 소론계의 유학사상을 수학하였을
것이다. 안병찬가에서는 안창식과 안병찬, 안병림 3부자와 안항식
이 홍주의병에 참여하여 항일투쟁을 전개하였다. 안창식은 1895년
4월부터 박창로 등 지역의 선비들과 의병봉기를 준비하였다. 그는
1896년 명성황후의 시해 소식을 듣고 민병을 모집하여 큰아들인 안
병찬에게 이들을 인솔, 홍주성으로 진입하도록 하였다. 안창식 · 안
병찬 부자는 관찰사의 변심으로 체포되고 말았다. 안병찬은 수모를
당하느니 차라리 죽는다면서 옥중에서 칼로 목을 찔러 자결을 시도
하였다. 안창식은 육순의 나이에 곤장을 맞는 수모를 당해야 했다.
안병찬은 1906년 4월 의병을 다시 일으키고 민종식을 대장에 추대
하였다. 그는 청양의 습川전투에서 체포되어 공주감옥에 수감되었
다. 그는 이남규의 주선으로 석방되자 또다시 참모직을 맡아 홍주
성전투에 참전하였다. 이때 그의 동생인 안병림도 전투에 참전하였
다. 안병찬은 1919년 김복한과 함께 호서지역 파리장서운동에 참여
한 일로 체포되어 옥고를 치렀다. 안항식도 홍주성전투에 참전하였
다가 체포되어 일본 쓰시마에 유배되었다. 안항식은 쓰시마에서 柳
濬根 등 홍주의병과 崔益鉉 등과 함께 유배생활을 하다가 1907년
2월에 풀려났다. 이와 같이 안병찬가는 의병 항전에 이어 1919년
3 · 1운동에 참여하는 등 항일민족운동을 투쟁적으로 전개한 대표
집안이라고 할 수 있다.

　호서지역에는 기호남인에 해당하는 성리학자들도 있다. 기호남
인이란 기호지역에서 퇴계 이황의 학통을 잇고 있으면서 당색으로
는 남인계통의 학자들을 말한다. 퇴계의 학통은 영남에서는 주로
柳成龍과 金誠一, 그리고 鄭逑를 거쳐 이어졌다. 기호지역에는 주
로 寒岡 鄭逑(1543~1620)의 사상이 眉叟 許穆(1595~1682)을 거쳐 전
해진 것으로 보인다.[39] 이로써 허목이 기호남인의 영수가 되었다.
허목의 사상은 星湖 李瀷(1681~1763)으로 내려와 星湖學派를 형성
케 하였다. 星湖의 학맥은 順庵 安鼎福과 下廬 黃德吉(1750~1827)을
거쳐 性齋 許傳(1797~1886)까지 내려왔다.[40]

　허전의 문인으로 호서지역의 대표적인 기호남인으로는 修堂 이
남규(1855~1907)가 있다. 이남규는 토정 이지함의 삼종질인 鵝溪 李
山海의 12세손으로 허전의 문하에서 수학하여 기호남인의 학통을
계승하였다.[41] 그는 어려서 부친으로부터 가학으로 학문을 전수받
았으며, 장성하여서는 당색의 영향으로 허전의 문하에서 수학하였
다. 그가 서울의 충정로 인근의 미동에서 살고 있던 시기에 마침 허
전이 서대문의 냉천동에서 살면서 제자를 양성하고 있었다. 이남규

---

39) 근기 남인이 이황의 학통을 계승하기보다는 서경덕의 학문을 계승한 것으로
　　보는 주장도 있다. 허목은 서경덕의 이기론을 계승 발전시켰다는 것이 주된 이
　　유이다. 즉, 서경덕은 리가 기의 주재임을 인정하면서 리가 기의 바깥에 있는
　　것이 아니라고 하여 理氣가 하나로 이루어져 있다고 주장하였는데, 이러한 서경
　　덕의 이기합일론은 허목에서도 그대로 보인다는 것이다. 또한 허목은 리와 기를
　　하나로 보면서도 리와 기의 선후관계를 설정하였다. 그리하여 形은 理에서 생
　　기고 氣는 理에서 바탕을 두었으며, 理는 氣의 性이고 氣는 理의 才라고 보았다
　　(허목,《記言》, 권1 상편)는 것이다(고영진,《조선시대 사상사를 어떻게 볼 것인
　　가》, 풀빛, 1999, 304쪽).

40) 이우성,《《성재전집》해제》,《성재전집》1, 아세아문화사, 1977.
　　정옥자,〈미수 허목 연구〉,《한국사론》5, 1979.
　　유봉학,〈18세기 남인 분열과 기호 남인 학통의 성립〉,《한신대논문집》1,
　　1983.
　　김준석,〈허목의 예악론과 군주론〉,《동방학지》54·55·56합집, 1987.

41) 김상기,〈수당 이남규의 학문과 홍주의병투쟁〉,《조선시대의 사회와 사상》,
　　1998.

는 허전이 죽은 뒤 그의 문집을 간행하는 데 재정을 부담하는 등 문인으로서 도리를 다한 것으로 알려진다.[42] 그는 문과에 급제한 뒤 성균관 교수로서 申采浩를 비롯한 많은 제자를 양성한 학자이며, 관직이 종2품 가선대부에 오른 양반관료이자 유생이었다. 그는 문장가로서도 평가받는다. 그의 글이 비록 난해한 편이기는 하나, 논리가 명쾌하고 특히 시문의 경우에는 구한말의 대표적인 우국문학이라 해도 손색이 없을 것이다. 그는 이기설에서 이황의 '理發氣隨說'을 추존하였으며, 이황의 생활지침도 이어받고자 하였다. 그는 성호 이익의 예론을 존숭하여 집안의 가례도 이익의 것을 따를 것을 지시하기도 하였다. 이남규는 성리설에서는 영남학파의 퇴계학설을 추종하였으며, 당색 등의 차이로 말미암아 기호지역의 인사들과의 교유는 활발하지 못하였지만 이념적으로는 기호지역의 '화서학파'나 '남당학파'에서 보여주듯이 존화양이론에 철저한 척사론자였다. 이에 따라서 그는 척사론의 견지에서 동학과 서학, 그리고 개화정책을 배척하였으며, 일제의 침략이 노골화되면서 '斥倭' 내지는 對日決戰論을 내용으로 하는 위정척사운동을 전개하였다. 그는 을사조약으로 국권이 상실되어가는 민족의 위기에 처하여 자신의 이념을 실천하여 홍주의병에 선봉장으로 참여하였다. 홍주성전투에서 패한 후 자신의 집에서 민종식을 의병장에 재추대하고 이용규 등과 함께 재기를 계획하던 중 체포되어 옥고를 치렀다. 그는 출옥한 직후 일본군濊에 의해 서울로 압송되어 가다가 일본군의 협조요청을 강력히 뿌리치고 장렬하게 순국하였다. 1906년 홍주성전투에서 전사한 광천의 徐基煥이 그의 문인으로 알려져 있다.

---

42) 1941년에 발행한 《性齋全集》의 〈冷泉及門錄〉에 이남규가 포함되어 있다(〈冷泉及門錄〉,《性齋全集》8, 麗澤堂, 1941, 아세아문화사영인, 624쪽). 이에 의하면 "이남규 字 元八 韓山人 參判 宗秉孫 李朝哲廟 을묘생 文參判 居京"이라 하여 이남규의 이력을 소개하였다. 여기에는 이남규를 비롯하여 500여 명의 문인들에 대한 인적사항이 실려 있다 (이남규, 〈答嶠南士林〉2,《수당집》권3 書, 62~63쪽).

충남 지역에 이익의 숙부인 李明鎭(1641~1696)이 예산의 고덕면 장천으로 이주하면서 성호의 학통이 심어졌다. 이명진은 양근 군수를 역임하다가 1694년 갑술환국으로 벼슬에서 물러나 장천리로 이주하여 생을 마쳤다. 이명진의 양자 李沈 또한 장천리로 이사하여 터전을 잡게 되면서 성호학통이 호서지역에 뿌리를 내리게 되었다. 이침은 廣休·用休·秉休 세 아들을 두었는데, 길휴(1693~1761)는 李潛의 양자로 들어가 길환·정환·삼환을 두었다. 그 가운데 삼환은 삼촌인 이병휴의 양자가 되었다. 이병휴가 안산에서 장천으로 이사함에 이삼환도 장천리로 와서 양부 이병휴를 모시고 살았다. 이들의 가계표를 보면 다음과 같다.[43]

〈표 1〉 여주이씨 李志安계 가계표(강세구 논문 참조)

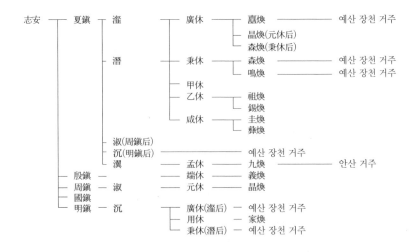

43) 강세구, 〈호서지방 성호학통의 전개〉, 《경기사학》 5, 2001, 280쪽.

충청도 성호학통은 이들 가운데서도 이광휴, 이병휴 형제를 중심으로 이들 자손인 이길환, 이삼환 등이 중심이 되어 전개되었다. 특히 이병휴, 이삼환 부자의 구실이 컸다. 이들 부자는 안산의 李瀷(1681~1763) 문하에서 수학한 성호학파의 문인이다. 貞山 李秉休(1710~1776, 자: 景協)는 이익의 문하에서 수학했으나 노론에게 역적의 양자로 지목되어 관계 진출이 불가능했기 때문에 이익의 학문을 계승, 발전시키는 일로 일생을 보냈다. 그는 양명학을 수용하여 주자학의 결함을 변론해 완성해가야 한다고 주장하였다. 그리하여 성호학파 안의 젊은 층이 그를 따르는 사람이 많았다. 그 가운데 천주교나 양명학에 관심을 보였던 權哲身(1736~1801)과 李基讓(1744~1802), 조카 李家煥(1742~1801) 등이 대표 인물이다.

木齋 李三煥(1729~1813, 자: 子木, 본: 여주)은 李廣休와 해주정씨의 셋째로 태어났으나 이병휴의 양자가 되었다. 이삼환은 1763년 이익이 죽은 뒤 예산의 장천에서 양부 이병휴가 주관한 《성호유고》 교정 작업을 도왔다. 그는 양부인 이병휴와는 달리 1786년 〈양학변〉을 지어 천주교 배척에 앞장섰다. 그는 이익의 '衛正道 闢異端'의 이론을 철저히 계승하여 충청도 성호학통으로 하여금 '闢邪衛正' 노선을 걷는 데 결정적인 구실을 하였다.[44] 이삼환은 이병휴가 죽은 후 온양의 서암에 있는 봉곡사에서 13명이 모여 10일 동안 강학을 하였는데, 이들 가운데는 丁若鏞과 姜世龜의 현손인 姜履寅, 그리고 수당 이남규의 증조 李廣敎 등이 있었다.[45] 이남규는 후일 이삼환의 현손인 李鍾憲의 청으로 이삼환의 묘지명을 지었다. 그는 여기에서 이삼환이 글을 가르칠 때에는 이를 스스로 터득하게 하는 '自得'의 방법으로 후학에게 교육하였다고 기렸다.[46]

---

44) 강세구, 《이삼환의 洋學辨 저술과 호서지방 성호학통》, 《실학사상연구》 19 · 20 합집, 2001, 491쪽.

45) 강세구, 〈호서지방 성호학통의 전개〉, 《경기사학》 5, 2001, 286쪽.

46) 이남규, 《수당집》 권9, 묘지명, 〈木齋先生墓誌銘〉.

호서유림으로 이들 말고도 홍성의 홍북면 출신의 李根周는 국망 직후 "尊華攘夷 斥邪扶正"이란 유서를 쓰고 자결 순국하였다.[47] 逸農 徐承台(1854~1921, 자 : 聖三)는 홍주의병을 지원하고 광천에 덕명학교를 세우고 3·1운동을 주도하였다. 서승태는 1906년 홍주의병이 광천에 들어오자 지방의 부호인 朴冀秉을 설득하여 군량미를 제공하게 하였다. 1908년에는 광천에 사립 덕명학교를 설립하여 '三要論'을 저술하여 민족교육을 시켰고, 1919년에는 광천에서 3·1운동을 주도하고 공주감옥에서 옥고를 치렀다.[48]

이상의 호서지역 유림의 학통을 정리하면 다음과 같다.

〈표 2〉 호서유림의 학맥 계통도

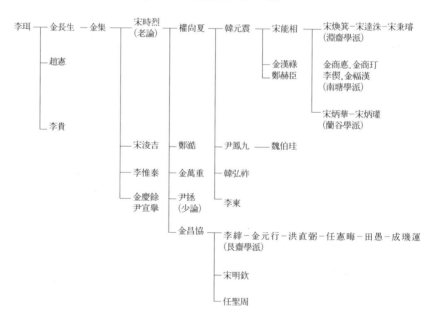

---

47) 김상기, 〈청광 이근주의 삶과 자료〉, 《대한의사 청광자 실기》, 청운대 남당학 연구소, 2015.

48) 徐容黙, 〈故逸農先生事蹟錄〉, 《連山徐氏世譜》 권1(서종철 종친회장 제공).

李珥 ──────────── 宋時烈-李端相-金昌翕-金亮行-李友信-李恒老┬柳重教─┬柳麟錫
　　　　　　　　　　　　　　　　　　　　　　　　　　　　└崔益鉉　├俞鎭河
　　　　　　　　　　　　　　　　　　　　　　　　　　　　　　　　├盧鼎燮
　　　　　　　　　　　　　　　　　　　　　　　　　　　　　　　　└尹錫鳳
　　　　　　　　　　　　　　　　　　　　　　　　　　　　　　　　（華西學派）

徐敬德 ── 李之菡 ┬ 李山甫
　　　　　　　　 └ 徐起

李滉 － 鄭逑 － 許穆 － 李瀷 ┬ 安鼎福　 － 黃德吉 － 許傳 － 李南珪
　　　　　　　　　　　　　　└ 李秉休　 － 李三煥
　　　　　　　　　　　　　　　　　　　　（畿湖南人）

제2장 南塘學派

1. 남당학파의 형성과 사상

19세기 후반 서세동점에 따른 천주교를 포함한 서학의 유입은 성리학적 사고에 젖어 있던 조선 지식인들에게 세계관의 혼란을 초래하였다. 이에 대응하여 개신유학자들은 주자학의 교조적 이념화를 부정하고 사회변혁적 현실인식에 바탕을 두고 실학사상을 키워나가거나 서학을 수용하여 이를 개화사상으로 변모시켜 나갔다.

그러나 대원군 세력과 지방 유생을 중심으로 한 척사론자들은, 서구의 침략성을 통찰하고 학문과 사상은 물론 과학기술에 이르기까지 서양 문물을 철저히 배척하는 반개화·반외세적인 태도를 취하였다. 이들은 향회나 향음주례를 거행하여 지방민의 교화와 사상의 결속을 꾀하면서 상소를 중심으로 한 위정척사운동을 전개하였으며, 일제의 침략정책으로 민족과 국가의 존립마저 위협을 받게 되자 반침략 의병투쟁을 전개하였다.

19세기 후반 호서지역 유생들은 위정척사운동을 이끌었다. 더욱이 충청도 서부지역인 홍주문화권은 위정척사운동과 민족독립운동에 다른 어느 지역보다 적극적이었다. 이들의 배타적 반외세 투쟁의 밑바탕에는 무엇이 있을까? 이 의문과 관련하여 사상적인 연원

으로서 栗谷과 尤菴의 적통을 이은 한원진의 호론적 학풍이 이 지
방에 끼친 영향에 주목하고자 한다. 김복한을 비롯한 이 지역 유생
들의 사상적 바탕에는 동향의 선배이며 조선 후기 대학자인 한원진
의 학풍이 깔려 있음을 발견할 수 있다. 이들은 한원진의 사숙문인
을 자처하며 '塘門'이라 일컬었다. 이 글에서는 한원진의 학문적 영
향을 받은 19세기 후반 홍주문화권역의 척사유생들을 '남당학파'라
호칭하고 학파의 형성과정을 인적, 사상적 측면을 중심으로 구명하
고 19세기 후반 이들의 위정척사운동을 살펴보고자 한다.

1) 남당학파의 형성

남당 한원진

한원진(1682~1751, 자: 德沼, 호: 南塘)은
栗谷, 尤庵, 遂菴으로 이어져 오는 기호
학파의 정맥을 계승한 학자이며, 조선 후
기 기호학파 최대의 학술논쟁이라 할 수
있는 호락논쟁에서 호론을 주창한 호론
의 종장(宗匠)이다. 그의 주장을 추종한
인물로는 屛溪 尹鳳九, 梅峰 崔徵厚, 鳳
巖 蔡之洪 등이 있다. 이들이 호서지역에
살고 있었기 때문에 이들의 주장은 호론
이라 불리어 李柬 등이 주장한 洛論과 대
립하였다.[1]

---

1) 배종호, 《한국유학의 과제와 전개》 2, 범학, 1980.

호론이란 人性과 物性이 다르다는 人物性異論을 말한다. 즉 한원
진은 주리론으로써 만물의 근원을 논하면 人과 物의 性이 고루 갖
추어져 있을 것이나, 실제로는 性은 理만으로 되어 있지 않고 약간
의 氣가 배합된 것이며, 이 氣의 제약으로 人과 物의 性이 같을 수
없다고 주장하였다.[2] 한원진은 사람이 만물 가운데 홀로 바르고 통
한 氣를 얻었기 때문에 그 心이 가장 신령하고 그 性은 가장 귀하
다고 하였다.[3] 한원진의 이러한 주장은 만물 가운데 인간만이 인의
예지라는 도덕적 본성을 가짐으로써 다른 사물과 구별되는 존엄한
존재라는 것이다. 이에 따라 만물이 모두 도덕적인 본성을 가졌다
는 인물성동론의 주장은 인간을 금수의 부류로 떨어뜨리는 학설이
라 하여 비판하였다.[4] 이와 같은 인물성이론은 그의 사상이 儒釋,
人獸 그리고 華夷의 구별을 엄격하게 하는 척이단론적 성격을 띠게
하였다. 한원진이 주장한 인물성이론은 화이론적 세계관과 맥을 같
이 하는 것으로, 19세기 후반 충청도 서부지역에서 전개된 척사운
동의 사상적 바탕이 되었다 할 수 있다.

한원진은 宋能相, 金漢祿, 金謹行, 黃人儉, 洪量海 등 많은 문인
을 배출하였다. 지금까지 조사된 한원진의 문인을 보면 다음의 〈표
1〉과 같다.[5]

2) 현상윤, 《조선유학사》, 민중서관, 1949, 280~283쪽.
3) 권오영, 〈18세기 호론의 학풍과 사상의 전승〉, 《조선시대사학보》 63, 2012, 306~312쪽.
4) 이애희, 〈조선후기의 인성과 물성에 대한 논쟁의 연구〉, 고려대 박사학위논문, 1990, 110~113쪽.
5) 尹榮善, 《朝鮮儒賢淵源圖》, 동문당, 1941.

〈표 3〉南塘 한원진의 門人

이름	본관	호	관력	비고
宋能相	은진	雲坪	執義	문인 : 宋煥箕
權震應	안동	山水軒	諮議	문인 : 鄭得(경주)
金謹行	안동	庸齋	府使,參判	김천군수 재임 시《南塘集》19권 간행, 직지사 보관중 일부소실
金敎行	안동			
金漢祿	경주	寒澗	洗馬	문인 : 金日柱(《小梅稿》참조)
黃仁儉	창원		吏判	평양감사시《南塘集》간행계획, 경상감사시(1761) 經義記聞錄과 朱書同異考 간행,
金若行	안동	仙華子	承旨	
李聖輔				
姜浩溥	진주			
郭能濟				
安 杓				
沈 觀				
邊 佸	황주	遯庵		저서: 三才實記
權泰膺	안동	守先齋		
尹心緯	파평		府使	
沈 潮	청송	靜坐窩		
姜奎煥	진주	存齋	薦參奉	
朴宗彬	충주	康菴		문인 : 朴泰來(본: 충주, 호: 晦堂) 朴泰儉(충주, 粢齋)
尹 淡	남원	退菴	進翊贊	
金奎五	함창	最窩	進士	
韓後樂	청주		翰林	
李東允	전주	敏齋	洗馬	
李命奭	연안	東湖	薦參奉	
朴溥源	밀양	眉谷		
李英八	영천	松潭		
盧泰觀	광산	勉齋	司成	
盧昌垕	함평	華溪		
洪量海	남양	長洲	洗馬	
金鍼基	강릉	三江亭	都事	문인: 李華誠(본: 벽진, 호: 直山) 金漢龜(강릉, 文峯, 郡守) 金漢童(강릉, 雲湖, 進士) 金元植(강릉, 又湖, 參奉) 李昌國(전주, 東農)
李景柱	전의	南浦		
吳學燮	해주	莘齋		

위와 같이 많은 문인이 배출되었으나 그동안 학계에서는 한원진의 문인들에 대하여 그다지 주목하지 못하였다. 이들 가운데 송능상을 비롯하여 심조, 김근행, 권진응 등의 행적을 간략히 살펴보기로 한다.

宋能相(1710~1758, 본: 은진, 호: 雲坪)은 대전 회덕에서 출생하여 18세 때 한원진의 아우 韓啓震의 딸과 혼인하고 한원진을 찾아가 수학하였다. 그는 오늘날 世道에 해로움이 되는 것이 인성과 물성이 같다고 주장하는 학설보다 더 심각한 것이 없다고 하면서 낙론을 비판하였다. 그는 금수는 부자의 친함이 없고 부부의 은혜가 없고 장유의 순서가 없는데 사람의 性이 금수의 性과 같다고 하니 참으로 개탄스러운 일이라고 하였다. 한원진 사후에는 尹鳳九와 權震應을 찾아가 배우면서 도의지교를 맺었다.[6]

沈潮(1694~1756, 본: 청송, 자: 盤龍, 信夫, 호: 靜坐窩)는 김포의 감정동 출신이다.[7] 25세에 황강에서 권상하에게 執摯하고 그 문하에 들어갔다. 40세에는 한원진 집에 40여일간 머물며 수학하였다. 그는 이때 "날마다 듣지 못하던 것을 들어 시원스레 큰 꿈에서 깨어난 듯"했다고 하였다. 그리고 한원진에 대하여 "이 어른은 통철하게 환히 꿰어 막힘이 없었고 정치하고 미묘하며 주밀함은 근세에 없는 바이다. 나의 불민함이 또한 다행스럽게도 그 지도로 말미암아 길을 잘못 들지 않게 되었으니 비록 지극한 은혜라고 이르더라도 괜찮다"고 하였다. 그는 李縡가 한원진의 학설을 비판한 것에 대해, 이재의 5상기질론을 비판하는 등 한원진의 학설을 계승하였다.[8]

---

6) 宋煥箕, 〈從叔父雲坪先生行狀〉, 《性潭集》 권29, 行狀.

7) 김근행, 〈靜坐窩先生行狀〉, 《靜坐窩集》 부록.

8) 沈樂賢, 〈先考靜坐窩府君家狀〉, 《정좌와집》 부록.
   이군선, 〈정좌와의 생애와 지향〉(《남당학의 지향과 학파의 계승양상》, 청운대 남당학연구소 충남대 한자문화연구소, 2014.12).

金謹行(1713~1784, 본: 안동, 자: 仲甫, 호: 庸齋)은 청음 김상헌의 5
세손으로 성균진사 金時敍와 은진송씨의 3남으로 태어났다. 어려서
存齋 姜奎煥(1697~1731)에게 배웠고 이어서 한원진의 문하에 들어
갔다. 김포군수와 인천부사를 역임하였다. 그는 조선의 학술이 주
자학을 종주로 하며, 그 학통이 율곡과 우암에 이르러 별처럼 빛났
다고 하였다. 그 역시 스승 한원진의 성리설을 따랐다. 그는 心에는
虛靈과 淸濁이 함께 있어 허령을 따르면 心體는 순선하다고 할 수
있지만, 청탁이 있어 심체는 선악을 가질 수 밖에 없다고 하였다.
또한 그는 性에는 기질과 본연이 있고 기질의 未發에는 선악이 있
으므로 已發 후에 情意에 선악이 나온다고 주장하였다. 이와 같이
그는 인물성이론과 心體有善惡에 대한 한원진의 관점을 굳게 고수
하였다.[9]

權震應(1711~1775, 본: 안동, 자: 亨叔, 호: 山水軒)은 권상하의 증손
으로 제주목사를 역임한 權定性의 아들이다. 그는 1771년 영조의
탕평책을 반대하는 상소를 올렸다가 제주도 서귀포의 안덕에 유배
되었다. 유배 중에 그는 제주지역의 유생을 가르쳤으며, 송시열이
유배 중에 머물렀던 곳에 유허비를 세우도록 하고 〈尤庵宋先生謫
廬遺墟碑文〉을 썼다. 그는 율곡과 우암에서 이어지는 수암 권상하
와 남당 한원진의 학통을 계승하였다. 그는 한원진이 죽은 후 윤봉
구를 추종하였으나 학설적으로는 윤봉구를 비판하고 한원진의 설
을 변호하였다. 그는 윤봉구가 기질이 未發할 때 순선하다면서 성
인과 범인이 동일시될 수 있다고 주장하는 것에 대하여 이는 미발
할 때 선악이 있으며 성인과 범인이 다르다는 한원진의 심설과 차
이가 있다면서 비판하였다. 이에 따라 그는 윤봉구의 설은 낙론의
인물성동론을 타파할 수 없다고 주장하였다. 그는 한원진에 대한

9) 金義淳, 〈族大父仁川府使墓碣銘〉, 《山木軒集》 권12.
   함영대, 〈김근행의 맹자 해석〉(《남당학의 지향과 학파의 계승양상》, 청운대 남
   당학연구소 충남대 한자문화연구소, 2014.12, 86~87쪽).

제문에서 우암의 뜻을 이어받아 儒彿과 人獸를 구별하여 吾道를 부지하고 횡류에 砥柱가 되었다고 추모하였다.[10]

위 인물들 가운데 송능상의 학문은 집안 조카인 宋煥箕(1728~1807, 호: 性潭)로 이어졌다. 송환기는 송능상으로부터 송시열이 생전에 보던 《주자대전》을 권상하·한원진·송능상을 거쳐 물려받을 정도로 송시열에서 내려오는 한원진의 학통을 이어받았다 할 수 있다. 그러나 그의 호론적 학풍은 문인인 宋穉圭 대에 와서 흐려지게 되었다.

宋穉圭(1759~1839, 본: 은진, 호: 剛齋)는 어려서 송능상에게 수학하였으나 20세 때부터 金正黙(1739~1799, 본: 광산, 호: 過齋)에게 수학하여 剛齋라는 호를 받았다. 김정묵은 부친 金偉材의 영향을 받은 낙론계 학자이다. 김위재는 〈圭刀隨錄〉을 지어 심성과 이기에 관한 한원진의 논설이 이이, 송시열의 본뜻에 위배됨을 변증하여 배척하기까지 한 인물이다.[11] 이처럼 두 스승을 모셨던 송치규는 비록 낙론계로 돌아섰다 할지라도 호론과 낙론이 둘로 나뉘어 다툼이 심하다고 비판하며 이를 안타깝게 여기는 국외자의 자세에 서기도 하였다. 그의 학문은 宋達洙를 거쳐 송병선으로 내려오면서 '非湖非洛的'인 성격을 띠게 되었다.[12]

한편 한원진의 학문은 金漢祿(1722~1790, 본: 경주, 호: 寒澗, 자: 汝綏)을 거쳐 충남 서부지역에, 특히 경주김씨 가학으로 전승되었다. 김한록은 한원진을 찾아가 강론을 듣고 경학의 깊은 뜻을 깨쳤다.

---

10) 권진응, 〈答上林崖韓參議啓震〉(壬午), 《산수헌유고》 권2 書. 《산수헌유고》 권8, 〈祭南塘先生文〉.
   김봉곤, 〈산수헌 권진응의 학통의식과 학문 활동〉(《남당학의 지향과 학파의 계승양상》, 청운대 남당학연구소 충남대 한자문화연구소, 2014.12, 70쪽).

11) 宋穉圭, 〈過齋金先生行狀〉, 《강재집》 권13, 行狀.

12) 송병선은 1881년 〈辛巳封事〉를 내고, 1884년 갑신변복령을 반대하는 상소를 올려 변복령의 부당성을 밝히고 이를 철회할 것을 촉구하였으며, 1905년 을사조약의 늑결 직후 유소를 남기고 자결한 한말 회덕 출신의 山林이었다.

그는 한원진 사후에는 〈中庸戒懼至靜說〉, 〈大學正心說及靜時工夫 說〉 등을 지어 송시열과 한원진의 경전 해석을 일부 보완하였다. 그는 또한 〈巍菴集跋〉을 지어 李柬의 성리설을 통렬히 배척하여 한 원진의 학설을 辨證하였으며, 한원진 사후 그의 묘지명을 짓기도 하였다.[13] 그는 한원진의 묘지명에서 "氣質之性은 善과 惡이 있기 때문에 귀하다고 할 수 없고, 一原의 性은 人과 物이 다 가지고 있 기 때문에 귀하다고 할 수 없다. 사람이 홀로 本然之性과 分殊之性 이 온전하고 物은 온전하지 않기 때문에 저절로 귀하다"[14]라면서 한원진이 이것을 밝힌 것이 큰 공이라고 하였다. 그러나 노론의 벽 파였던 그가 죽은 뒤인 순조 6년(1806) 큰 아들 觀柱를 비롯한 6형 제와 조카들이 誣訴로 말미암아 유배형에 처해짐에 따라 그의 학문 은 널리 전파되지 못하였다. 다만 둘째 아들인 日柱(호: 月潭)를 거 쳐 한말 그의 고손인 商玎에 이르기까지 가학으로 전해졌다.[15] 이 사실을 홍성 유생 李錫泰는 다음과 같이 전해주고 있다.

> 寒月 金公이 恭賢의 誠意로써 15일 朱夫子 생신에 동지를 불러 尙賢會
> 를 만들어 … 紫陽이 沒하고 吾道가 東으로 함에 華陽 宋夫子가 栗谷 沙
> 溪 開創의 統緖를 받아 遂菴 南塘에 전하고 공의 고조 寒澗선생이 塘翁 高
> 足으로서 眞傳에 承接하여 次子에게 전함에 皐音이 위로 들려 登筵啓沃하
> 니 즉 從曾祖 月潭 선생이 그분이시다. 공이 일찍이 春秋大義를 들어 그
> 家學의 門路가 이와 같은 것이다.[16]

이처럼 김한록의 학문은 가학으로 계승되어 한말에 그의 4세손인

13) 김한록, 〈한간선생연보〉, 《한간집》 부록.

14) 김한록, 〈남당선생묘지명〉, 《한간집》 부록.

15) 《경주김씨문정공파세보》 참조.

16) 李錫泰, 〈又和重陽尙賢會韻〉, 《소매고》, 서산문화원, 1997, 36쪽.

商玎대에 와서 민족적 위기가 닥침에 따라 척이단의 이념이 실천적으로 나타나기에 이르렀다.

金商玎(1875~1954)은 고조인 寒澗과 종증조인 月潭의 호를 취하여 자신의 호를 寒月堂이라 하였으니 선대의 훈육을 철저히 계승하고자 하였음을 알 수 있다. 그는 매년 한원진의 생일인 9월 13일과 주자의 생일인 9월 15일에는 尙賢會를 열고 인근의 사민을 초청하여 朱子書와 南塘集, 寒澗集을 펴고 의리를 강론하였다.[17] 1910년 경술국치를 당한 이후에는 산속으로 들어가 두문불출하였으며('窮山杜蟄'), 1918년 고종의 '弒變'을 당하여는 蔽陽笠을 쓰고 허리에 索麻하고 望哭禮를 행하였다. 그리고 왼쪽 가운뎃손가락을 잘라 '復讐大義', '大明義理'라 써 거리에 들고 나가 "君父의 원수와는 의리상 하늘을 함께 할 수 없다"며 복수할 것을 천명하였으며, 격문을 발표하여 고종시해의 일을 성토하였다. 이러한 그의 행동은 민중의 봉기를 촉구하여 서산지역에서 3·1운동이 일어나게 하였다. 그는 또한 자신을 회유하려 하는 일본 경찰을 몽둥이로 때려 구속되었으며, 일체의 세금을 내지 않기로 함은 물론 총독을 꾸짖는 글을 혈서로 써서 세금통지서와 함께 발송하였다.[18] 또한 그는 왼쪽 귀를 스스로 자르고 "왼쪽 귀를 자른 것은 왜놈의 소리를 듣기 싫어서이고, 오른쪽 귀는 광복의 소리를 듣기 위하여 남겨두노라"라 할 정도로 민족자존의식에 철저한 배일주의자였다.[19] 이와 같이 그가 절의론에 바탕을 둔 항일활동을 보여줌에 인근의 인사들은 〈寒月金公義烈碑〉를 세워 그의 공적을 기리고 아울러 그를 '열사'라 호칭하기까지 하였다.[20]

---

17) 이석태, 〈寒月堂金公墓碣銘〉, 《소매고》, 335~336쪽.
18) 金商玎, 〈倭總督齋藤實見〉, 《한월빙설》, 회상사, 1984, 20쪽. "無道爾王何其貪暴犯上滅分食我疆土 有志匹夫心有堅固 義不共天萬世必報"
19) 김상정, 위의 책, 372~373쪽.
20) 이석태, 〈寒月金公義烈碑銘〉, 《소매고》, 330쪽.

김상정의 종형인 金商悳(1852~1924, 본: 경주, 호: 韋觀) 또한 한원
진을 사숙하였다. 그는 보령 주포면 보령리 출신으로 문과에 급제
하여 규장각 직각, 대사성, 인천감리사 등의 관직을 거쳐 1896년 2
월 이승우의 후임으로 홍주관찰사에 임명되었다. 그러나 그는 홍주
의병 19명을 석방시키고 그해 5월 사직하였다. 이로 말미암아 그는
3년 징역형을 받고 고군산도에 유배되었다. 풀려난 뒤 1906년에는
홍주의병의 군사장과 참모장으로 활약하였다. 홍주성전투에서 체
포된 그는 10년 유배형을 받고 다시 고군산도에 유배되었다.[21] 석
방된 뒤에는 보령 천북면 용천으로 이사하여 후학을 양성하였으며
강당의 옆에 임금을 사모한다는 의미의 천일대를 쌓고 매일 서울을
향해 재배하였다. 이 마을은 바로 한원진의 문인인 洪量海가 강학
하던 곳이므로 천일대란 이름도 홍양해의 〈丹書〉에서 비롯된 것으
로 알려지니 홍양해의 학문과 정신을 흠모한 그는 이를 계승하고자
하였음을 알 수 있다. 이처럼 한원진의 학문은 김한록과 김일주를
거쳐 김상정으로, 또한 김한록과 홍양해를 거쳐 김상덕으로 계승되
어 갔음을 알 수 있다.

한편 한원진의 학문은 평생 사숙문인임을 자처하며 湖學을 존숭
한 보령의 性堂 鄭赫臣(1719~1793, 본: 경주)을 거쳐 보령지역에 전
수되었다. 정혁신은 보령의 道朗里(현, 보령시 주포면 보령리)에서 출
생하였는데, 그의 증조 鏑은 尤庵의 문인으로 스승을 위하여 〈辨誣
疏〉를 올린 유생이었다. 그의 祖 世東과 父 彦柱를 거쳐 가학을 전
수한 그는 과거제도의 폐단을 직시하고 과거응시를 거부하였으며,
1764년 가족을 이끌고 오서산(현, 보령시 청소면 성연리) 속으로 들어
가 養性堂이라는 서재를 짓고 평생을 '自靖'의 태도를 견지하면서

_____

김상기, 〈한월당 김상정의 생애와 학문〉,《충북사학》11 · 12합집, 충북대학교
사학회, 2000.
21) 독립운동사편찬위원회,《독립운동사》1, 1970, 357~358쪽.

후진을 양성하였다. 그러한 그에게 조정에서 1780년(정조4) 학행이 뛰어나다 하여 광릉 참봉을 제수하고, 1790년 元子 탄생을 기념하여 그에게 통정대부첨지중추부사를 특제하였으나 그는 일절 관직에 부임하지 않았다.

그는 〈南塘記聞錄〉을 항상 옆에 두고 한원진의 心性論을 존신하여 이를 후학에게 전수하였다. 그는 "心은 氣요, 氣는 陰陽이다. 음양이 이미 나누어진 즉 능히 청탁의 가지런하지 않음이 없을 수 없으니 선악이 분명하다. 心이 발하지 아니하니 또한 純善하고 악이 없다고 말할 수 없다."라는 성리설을 주장하였다.[22] 그의 문인으로는 李健運・李禮煥・趙鎭祜・李文福(호: 茗溪)・朴道煥・李時德(호: 象隱)・李相文・白師亨(본: 남포, 호: 淸溪) 등이 알려진다.

그 가운데 蘭菊齋 李禮煥(1772~1837, 본: 경주, 자: 致和)은 남포현 고읍면 수안리(현, 보령시 웅천읍 수부리 수안) 출신으로 정혁신이 한원진을 사숙하고 있다는 말을 듣고 오서산 속으로 그를 찾아가 수학하였다. 이예환의 후학 金勉根은 〈蘭菊齋集 後序〉에서 다음과 같이 그 사실을 알려주고 있다.

> 공은 시골 벽지 가난한 집안에서 태어나 어린 나이에 학문에 뜻을 두고 性堂 처사 鄭公이 南塘 韓先生을 사숙하여 오서산 속에 살고 있다는 말을 듣고 그를 찾아가 수학하고 지성으로서 책을 지고가 배워 졸업하였으므로 공의 性理는 南塘大義에 의하였다.[23]

이예환은 스승이 죽은 후 동문 선배인 이문복, 이시덕과 친구인 이상이 정리한 《性堂集》을 교정하고 〈性堂集跋〉을 지어 제자로서

---

22) 金博淵, 〈鄭赫臣行狀〉, 《성당집》 권5, 행장.

23) 金勉根, 〈蘭菊齋集後序〉, 《蘭菊齋集》.

의 도리를 다하였다.[24] 그 역시 "도의 근원까지 친히 그 경력을 밟은 분은 … 우리 동녘은 栗谷·尤菴·南塘 제 선생 뿐이시리다"[25] 그리고 "栗谷 尤庵 兩 先生은 동방 수천 년 아래에서 비로소 밝히셨으며 그 뒤에 이를 보아 터득한 이는 오직 南塘 선생이시니 외연히 높게 드러남이 더불어 짝할 이가 없다"[26]고 한원진의 학문을 평하였다.

이예환의 문인으로는 보령 주산 출신의 李鼎榮(호: 尤可軒, 본: 경주)과 李學榮(호: 善濂齋, 본: 경주)이 있다. 이들은 주산면에 세거한 경주이씨로 이정영은 고종조 동몽교관을, 이학영은 고종 22년(1885) 사헌부 감역에 증직되었다. 이정영의 문집으로 《尤可軒遺稿》가 있으며 그 서문을 김복한이 썼다. 김복한은 《우가헌유고》의 서문에서 그를 일러 평생 '爲己務實' 4자를 줄기로 삼아 학문에 정진하였다고 평하였다.[27]

보령의 白師亨 역시 정혁신의 문인이었으니 그의 학문적 영향으로 백낙관과 같은 철저한 척사파가 나타나게 되었다. 백사형 (1768~1808, 본: 남포, 호: 淸溪)은 영조 44년 보령에서 출생하여 일찍부터 정혁신의 학식이 높음을 듣고 찾아가 공부하였다.[28] 그는 학문의 요체를 전습 받고 鹿門 任聖周(1711~1788, 본: 豊川)를 비롯하여 三山齋 金履安, 성담 송환기, 강재 송치규 등과 사귀었다. 그의 학문에 대하여 동문 이예환은 "지금의 학자는 한쪽은 향인의 길에 서있고, 한쪽은 성인의 길에 서있는데, 성인의 길에서 능히 양쪽에

---

24) 李禮煥, 〈性堂集跋〉, 《성당집》 권4.

25) 이예환, 〈祭性堂鄭先生文〉, 《난국재집》 권4, 제문.

26) 이예환, 〈與任德淵洙〉, 《난국재집》 권2.

27) 김복한, 〈尤可軒遺稿序〉, 《지산집》 권5, 서.

28) 그의 가계는 다음과 같다. 白仁함(호군, 임진왜란시 전사) …允哲(호:久菴, 병자호란시 척화상소)…時殷(중추부사)-兌佑-尙賢-師亨(白樂寬, 〈淸溪處士行狀〉, 《秋江集》 참조).

서있는 자는 오직 공뿐이다"라며 그의 덕이 서민에게까지 이르렀다고 칭송하였다. 또한 백낙관의 스승인 蕙山 白奎洙는 자신의 족조인 백사형에 대하여 "清溪의 자질과 성품이 높아 넉넉히 쓸 만한 재주가 있었으되 세상에 전해지지 않았다"고 안타깝게 여겼다.[29]

임오군란 때 구군인들에 의해 '白忠臣'으로 칭송되던 白樂寬이 백사형으로부터 직접 가르침을 받지는 못하였으나 족조인 그의 덕과 절의정신이 깊음을 흠모하였으며 행장을 써 이를 세상에 전하고자 하였다.

秋江 白樂寬(1846~1883, 본: 남포)은 병조참판 弘洙의 아들로 1882년 남산에서 봉화를 올리고 척사상소를 썼다가 투옥되어 다음 해 사형에 처해진 보령의 대표적인 척사유생이다. 그는 어려서 족조인 白奎洙의 문하에서 수학하였는데, 백규수(1827~1868, 본: 남포, 호:蕙山)는 비록 사승관계는 뚜렷하지는 않지만 율곡과 남당을 宗正으로 삼아 연찬을 한 이였다. 백낙관은 그의 스승인 백규수의 행장을 쓰면서 "선생이 聖學을 講明하기를 天人性命의 원리에서부터 털이나 티끌 같은 미세함까지 諸家의 說을 서로 참고하여 窮究하지 않음이 없건마는 종국에는 塘翁(한원진, 필자)의 뜻에 돌아갔다"[30]고 하여 백규수가 韓元震의 학문을 존신하였음을 알려준다. 따라서 백낙관은 족숙인 백규수에게 수학하면서 한원진의 척이단적인 호학의 영향을 받게 되었다 할 수 있다.

다음에 정혁신의 문인으로 李健運이 있다. 그의 생애와 학문에 대하여는 아직 자료의 부족으로 정확히 알 수는 없다. 다만 그가 작성한 정혁신의 제문이 《性堂集》에 남아 있는데, 그는 여기에서

　　　주자가 죽음에 도가 천하에 떨어지고 하늘이 우리 동으로 돌아 순유 潭

---

29) 白樂寬, 〈清溪處士行狀〉, 《추강집》 권2.

30) 백낙관, 〈蕙山先生行狀〉, 《추강집》 권2.

溪(石潭 李珥와 沙溪 金長生, 필자)를 낳아 정학이 제방과 강을 건너 크게
흘러 그 진원이 南塘에 흘렀다. 그 덕이 이제 저물어 우리 도가 다시 떨어
짐에 누가 이를 미리 깨닫고 이를 진실로 열어감이 있으리오. 아! 선생은
우뚝 선 씨앗이요 가까이는 塘論을 스승으로 멀리는 紫陽을 배워 올올히
窮格하고 자세히 養心을 길러…[31]

라 하여 김장생, 송시열의 正學이 한원진에 이어졌으며 스승인 정
혁신은 한원진의 학문인 '塘論'을 배워 이를 학문과 처신의 기본으
로 삼았다고 하였다. 이처럼 이건운 또한 한원진의 학문을 '당론'이
라 하며 존신하였음을 볼 수 있다. 이건운이 바로 한말 홍주의병장
김복한과 이설의 스승이었던 이돈필의 증조부가 된다.

김복한은 1871년(12세) 신미양요로 척사론이 비등할 때에 덕산 출
신의 유학자 李敦弼의 가르침을 받기 시작했다. 이돈필(1834~1902,
호: 農隱, 자: 輔卿, 본: 咸陽)은 宣祖朝에 대사간과 이조참판을 지낸
이효원의 후손이다. 이돈필의 부친은 성균진사 李達緖로 유학적 소
양이 깊었던 것으로 알려진다.[32] 이로써 이건운의 학문이 손자인
이달서를 거쳐 증손인 이돈필까지 전승됨을 볼 수 있으며, 또한 이
돈필을 거쳐 한원진의 '塘論'이 김복한과 이설에게까지 계승되었음
을 볼 수 있다.

이돈필은 조선 말기 정치의 문란상을 보고 과거에 응시하지 않았
으며 벼슬이라고는 만년에 홍주부교원을 맡은 것밖에 없다. 그러나
대원군의 정책 가운데 서원을 철폐한 일, 토목공사를 일으킨 일, 그
리고 세금을 재촉하여 거두어들인 일과 강화도가 침략당한 일에 분

31) 李健運, 〈祭文〉, 《성당집》 부록.
32) 김복한, 〈農隱李公敦弼墓誌銘〉, 《지산집》 권12, 墓誌. 이돈필 집안은 그의 7대
    조 義吉 때부터 한원진과의 관계가 시작되었다. 즉 정부에서 義吉에게 음직으로
    참봉을 제수하였으나 의길이 부임하지 않자 한원진이 그의 학문을 높이 사 그를
    '正學'으로 추대하였던 것이다.

개하여 대원군에게 서한을 보내어 비판하면서 내수외양책을 진언
하였다. 1881년에는 김홍집의《조선책략》사건 이후 전국이 척사론
으로 들끓고 있을 때 그 또한 華夷를 분별하고 邪敎를 배척할 것을
밝히는 글을 정부에 바치고자 하였으나 주위의 만류로 그친 적이
있었다. 이와 같은 이돈필의 철저한 척사론은 제자인 김복한과 이
설에게 영향을 끼쳤을 것으로 보인다.[33]

金福漢(1860~1924, 자: 元五, 본: 安東)은 홍주군 朝暉谷(현 홍성읍 소
향리)에서 태어나 문과에 급제한 뒤 승지로 고종을 측근에서 모셨던
관료유생이다. 동시에 1894년 일제의 노골적인 침략이 가해지자 관
직을 사직하고 홍주로 낙향하여 홍주의병을 일으킨 의병장이기도
하다. 그는 을사늑약의 무효를 주장하는 상소를 올렸으며, 1919년
파리장서사건을 일으켜 옥고를 겪은 민족지사였다. 이와 같은 그
의 절의론과 존화양이론의 정신은 병자호란 때 척화파였던 그의 선
대 金尙憲 · 金尙容 형제의 절의론이 가학으로 이어진 바도 있으나,
스승인 이돈필을 거쳐 전해진 한원진의 호론 학풍의 영향이 컸다고
할 수 있다. 그는 이러한 호론적 학풍을 자신만이 아니라 이설과 함
께 철저히 계승하고자 하였다. 이에 따라 그의 훈도를 받은 인근의
유생들 또한 그의 영향을 받아 한원진의 학통을 계승한 것으로 자
처하여 스스로가 '塘門'이라 일컫기까지 하였다.

김복한은 한원진을 주자에 버금가는 선생으로 존모하였으며, 한
원진이야말로 율곡과 우암을 잇는 군자임을 역설하였다.[34] 그는 임
한주 · 임승주 등과 함께 1897년 4월에 한원진의 묘에 참배하고 고
유문을 바쳤다. 그 이듬해에도 유호근 · 金商憙 · 趙龜元 · 沈宜德
등과 연명하여 한원진의 묘에 告諭文을 바쳤다.[35] 그리고 1901년에

---

33) 김상기, 〈김복한의 학통과 사상〉,《한국사연구》88, 1995.

34) 김복한, 〈與田民齋〉,《지산집》권3, 서.

35) 유호근, 〈告南塘韓先生墓文〉,《四可集》권4, 告祝.

는 이설 · 유호근 · 趙龜元 · 金龍濟등과 〈남당연보〉를 간행하였으며[36] 한원진의 묘비가 없어 누구의 묘인지 알 수 없다고 인근의 유생들에게 글을 띄워 묘비 건립을 위한 의연금을 모아 비석을 세웠다.[37] 이때 그는 임한주에게 보낸 편지에서 자신들을 한원진의 사숙문인으로 자처하며 한원진의 학문적 위치를 '栗尤(율곡 · 우암, 필자)가 장애가 되나 주자 이후 한분 뿐이다'[38] 또는 1921년 한원진의 墓에 바친 '告墓文'에서 "성리설을 밝힌 공이 공자 · 주자와 더불어 우주간 3인이라 할 것이다"[39]라고 밝힌 사실에서 김복한의 한원진 尊崇의 정도를 짐작하기에 충분하다.

이와 같은 김복한의 학문적 경향에 대하여 그의 둘째 아들인 魯東은 "선생은 韓文純公(한원진, 필자)을 道學의 귀결처로 尊信하여 道義를 講明하였다"[40]고 밝히고 있다. 또한 그의 고향 후배이면서 홍주의병 동지이기도 한 임한주 역시 김복한이 1895년 이후 30년간 '衛正斥邪論'을 높이 세웠다고 하면서[41] "公은 한번 塘書를 보면 보던 것을 버리고, 일단 존신함이 마치 친히 그 문하에서 수업을 받은 자와 같았다"[42]라 평하고 있다. 이러한 후배와 제자들의 태도에 대하여 김복한은 "塘翁의 지극한 가르침은 어찌 우리 黨의 행복이 아니겠는가"[43]라고 하여 南塘學派임을 자부하고 있다.[44]

李敦弼의 또 다른 제자로 이설이 있다. 이설(1850~1906, 본: 연안,

36) 〈남당선생연보속편〉, 《남당선생문집》 하, 양곡사유회, 1992, 1379쪽.
   이설, 〈告南塘韓先生墓文〉, 《복암집》, 권11, 告文, 214~215쪽.

37) 김복한, 〈與諸士友〉, 《지산집》 권4, 서.

38) 김복한, 〈答林公羽〉, 《지산집》 권4, 서.

39) 김복한, 〈告南塘先生墓文〉, 《지산집》 권7.

40) 金魯東, 〈跋〉, 《지산집》 권15, 부록.

41) 임한주, 〈제문〉, 《지산집》, 권15.

42) 임한주, 〈志山金公福漢行狀抄〉, 《성헌집》 권4 하, 행장.

43) 김복한, 〈與林公武承周〉, 《지산집》 권3, 서.

44) 김상기, 〈김복한의 학통과 사상〉, 《한국사연구》 88, 1995.

호: 復菴, 자: 舜命)은 인조반정을 일으킨 靖社功臣 李貴의 10대 후
손이다. 그는 1888년에 알성시에, 그 다음 해는 전시에 급제하여
1894년 승지에 이르렀다. 그러나 1894년 6월의 甲午變亂, 1895년
3월 變服令 등 일련의 개화정책과 일제의 침략에 저항하여 사직소
를 올리고 고향인 홍주부 결성군으로 낙향하였으며, 다음해 홍주의
병에 참여하였다. 이설은 이돈필로부터 율곡에서 尤庵 宋時烈을 거
쳐 韓元震으로 내려오는 기호학파의 학통을 계승한 유학자라 할 것
이다. 이설은 韓元震의 주요사상인 人物性異論에 영향받은 바 크
다. 이에 따라서 그의 학문적 성격은 '斥異端的 華夷論'과 節義論이
강하게 나타났다.

이설이 한원진을 존신하게 된 데에는 그의 族祖 중에 新齋 李度
中의 영향도 컸다. 이도중은 한원진의 제자로, 한원진 사후 1823년
연기의 유림들이 高亭祠를 짓고 한원진을 배향할 때[45] 〈高亭祠記〉
를 지어 孔子와 朱子의 맥이 동방에 이르러 栗谷, 沙溪, 尤庵, 寒水
로 내려와 그 嫡傳을 남당이 이어받았음을 밝혔다.[46] 그는 한원진
의 학문을 철저히 존숭하여 사후에 南塘影堂에 배향되었다.[47] 이에

---

45) 한원진을 배향한 사우로는 홍성의 暘谷祠, 예산의 集成祠, 남포의 新安祠, 성
   주의 老江祠, 고양의 杏洲影堂, 연기의 高亭祠, 회인의 後聖堂, 문의의 集成堂,
   청주 낭성의 梨亭祠, 삼척의 道東祠 등이 있다. 대원군의 훼철령에 의해 모두
   훼철되었다. 양곡사는 1843년(헌종9) 건립되어 1988년 복건되었다. 율곡 사계
   우암 수암 남당 등 5先生과 雲坪 宋能相과 寒澗 金漢祿을 제향하고 있다. 고정
   사 역시 5선생을 모셨으며, 회인의 후성당은 주자 율곡 우암 남당 4선생을, 문
   의의 집성당은 포은 율곡 사계 우암 남당을 모셨다. 청주의 梨亭祠는 남당과 惺
   菴 朴冑淳, 素堂 金濟煥을 모셨으며, 삼척의 도동사는 율곡과 남당을 모셨다(《
   南塘先生연보續編》,《南塘先生文集》下, 暘谷祀儒會, 1992, 1379쪽). 남당을 배
   향한 사우와 남당학파의 형성과의 관련성을 추적하는 작업도 의미가 있을 것으
   로 보이나 관련 자료의 부족으로 이를 밝히기는 어렵다. 단지 홍성과 예산, 보
   령의 양곡사, 집성당, 신안사는 밀접한 관련이 있을 것이며, 청주의 梨亭祠는
   박주순이 비록 省齋 柳重敎의 문인이지만 남당의 학문을 극히 존모했던 것과 관
   련이 있을 것이다.

46) 李度中, 〈高亭祠記〉,《남당선생문집》하, 양곡사유회, 1992, 1390쪽.

47) 이설, 〈謾錄〉,《복암집》권14, 275〜279쪽.

따라서 이설은 개인적으로 한원진의 사숙문인임을 자처하기를 주
저하지 않았으며 사숙문인으로서의 도리를 다하고 있음을 볼 수 있
다. 홍주의병에 참여하여 1개월 이상의 옥고를 치르고 1896년 2월
사면, 석방되어 고향에 돌아온 그는 맨 먼저 한원진의 묘소를 참배
하고 제문을 바치고 있다. 그리고 이 제문에서 그는 한원진이 말한
儒釋과 華夷의 분별이 없어졌음을 통탄하고 있다. 이와 같이 한원
진의 사상은 이설의 사상형성에 큰 영향을 끼쳤으니, 김복한이 이
설을 "栗老塘翁之忠臣"이라 함은 적절한 평이라 하겠다.[48]

이상에서 살펴본 바와 같이 한원진의 학문은 사숙문인인 정혁신
과 이예환·백사형·이건운을 거쳐 한말 이 지역 대표적 척사 유생
인 이돈필, 백낙관, 이설, 김복한에게 전승되었음을 알 수 있다.

한원진을 사숙한 이로 정혁신 외에도 鄭龜錫(1790~1865, 본: 광주,
호: 石塘), 李度中(1763~1830, 본: 연안, 자: 時中, 호: 新齋), 李正文(생몰
년 미상, 본: 전주, 호: 忍齋) 등이 알려진 이들이다.

정구석는 그의 5대조 時亨이 공주목사를 역임한 뒤 화를 피해 부
여의 林川으로 낙향한 집안에서 태어났다. 그의 고조가 遂菴 權尙
夏의 문인인 鄭五奎(호: 老學齋)이며,[49] 부친 坊이 久菴 尹鳳九의 문
인인 것으로 보아[50] 그 역시 尤庵 - 遂菴 - 南塘의 학통을 계승한
것으로 보인다. 그가 쓴 한원진의 遷葬文에서 "朱子 이후 1백 년에
선생(한원진, 필자)이 우리나라에 나옴은 斯文을 위한 多幸이었으며,
선생이 후학을 버린 지 이제 1백 년이 되어 大義가 이미 이지러지
고 異論이 하나가 아니며 俗學이 넘친다"[51]라고 한원진 사후 유림
계에 尊華論이 약화되어 감을 지적하였다. 동향의 후학인 김복한은

48) 김복한, 〈복암선생묘지명〉, 《지산집》 12, 묘지명.
49) 鄭龜錫, 〈高祖考老學齋府君墓誌〉, 《石塘集》 권4, 墓誌.
50) 정구석, 〈先考東渚府君墓誌〉, 《석당집》 권4, 墓誌.
51) 정구석, 〈祭南塘韓先生遷葬文〉, 《석당집》 권4, 잡저.

그의 행장을 쓰면서

> … 오직 선생은 굽히지 않는 한뜻으로 존신하되 오직 세 선생(栗谷, 尤庵, 南塘: 필자)이 있을 뿐이니 종신토록 이를 지켜 잊지 않고 무너지는 거센 파도의 지주로 삼았음을 石塘(石潭과 南塘, 필자)이란 두 자를 書齋에 걸었음을 보아 평생의 그의 뜻을 알 수 있다. … 선생이 죽은 지 이미 50여 년이되, 뒤를 이음이 미미하여 저술이 散逸되고 가르친 절도와 도학을 논한 글을 상세히 얻어 볼 수 없으니 어찌 후학의 통한이 아니리오. 비록 백세의 뒤에 보더라도 선생이 세 선생의 도학을 尊慕함이 죽음에 이르러도 불변하고 尼尹의 간사하고 미혹함을 배척하여 法門을 지켰으니, 반드시 이를 미루어 南塘을 私淑한 모든 이가 그를 존경하는 것이다. 福漢이 아득한 후생이요, 학식이 얕음이 족히 선생이 이른 경지를 알기에 부족하지만 능히 南塘先生을 존모함이 栗谷 尤庵 후 한 사람으로 한 즉, 선생에게 일찍이 높은 산을 우러러보는 흠모함이 있었다. [52]

라 하여 정구석이 율곡과 한원진을 존신하여 '石塘'이라 自號하였음과 김복한 역시 한원진을 사숙한 정구석을 흠모하고 있음을 알려주고 있다.

李度中은 이설의 족조로 한원진의 문인이다.[53] 李正文은 白坡 金駿根의 문인이나 한원진의 성리설에 연원을 두는 학자이다.[54]

다음에 뚜렷한 사승관계는 없지만 한원진의 학문을 존신한 학자들이 다수 발견된다. 유호근과 趙龜元, 임한주·林承周 형제, 李禹奎·金龍濟·李應珪·沈宜德 등을 들 수 있다. 이들은 스스로를 '塘門'이라 하였으니 한원진의 사숙문인이라 할 수 있다. 이들 또한

52) 김복한, 〈石堂鄭先生行狀〉, 《지산집》 권14, 행장(《석당집》 부록 참조).

53) 이설, 〈謾錄〉, 《복암집》 권14, 傳.

54) 편찬위원회, 《보령군지》, 1991, 606쪽.

1896년 홍주의병에 참여하거나 또는 지원한 이들이다.

유호근(생몰년 미상, 본: 전주, 호: 四可)은 보령 출신의 유학자로 김복한·이설 등과 교유하였으며, 홍주의병 유병장 柳濬根의 재종형이다. 그리고 1906년 민종식 의진이 홍주성을 점령하자 蔡光黙 등과 함께 입성하여 의진에 참전한 인물이다.[55] 그는 1895년 변복령과 단발령을 비판하였으며, 특히 단발령에 대하여는 "머리털 한 올이 떨어지면 이는 사람이 금수가 되는 것이다"[56]라 하여 단발은 곧 금수화라는 인식을 가지고 있었다. 그는 1897년 김복한·김상덕 등과 함께 한원진의 묘에 고유문을 바쳐 사숙문인임을 고하였는데, 여기에서 그는 한원진이 율곡, 우암의 적통을 이었음을 내세우고 있다. 또한 그는 〈南塘韓先生贊〉을 지어 "人性에서 귀천을 구별함과 의리에서 화이를 엄정히 하는 것"(性別貴賤 義嚴華夷)은 공자, 주자를 이어 만세의 스승이라고 칭송하였다.[57] 또한 그는 보령의 선학인 정혁신의 유허와 《性堂集》을 찾아보고 시를 지어 정혁신의 학문을 기리기도 하였다.[58] 이러한 그를 일러 임한주는 "한원진을 尊信함에 득실을 계산하지 않았다"(尊信塘老 不計得失)라고 기리고 있다.[59]

趙龜元(1851~1912, 본: 한양, 호: 靑農) 역시 보령 청라 출신으로 특별한 사승관계 없이 한원진을 사숙하였다. 유호근이 작성한 그의 행장에 따르면 그는 1894년 농민전쟁과 1895년 단발령을 거치면서 한원진의 학설에 감화되었으며 인물성동론의 주장이 사람과 금수의 구분이 없음을 확연히 알게 되었다는 것이다.[60] 그는 1897년 김

---

55) 독립운동사편찬위원회, 《독립운동사》 1, 1970, 357~358쪽.

56) 유호근, 〈修惡錄〉, 《四可集》 권6, 잡저.

57) 유호근, 〈南塘韓先生贊〉, 《사가집》 권3, 贊.

58) 유호근, 〈性堂遺墟次性堂集韻〉, 《사가집》 권1, 詩.

59) 임한주, 〈祭四可柳公浩根文〉, 《성헌집》 권3, 제문.

60) 유호근, 〈靑農趙公龜元行狀〉, 《사가집》 권6, 행장.

복한 · 김상덕 · 심의덕 등과 함께 한원진의 묘에 고유문을 바치고 사숙문인의 예를 갖추고 1901년에는 김복한 · 김용제 · 유호근 등과 함께 〈남당연보〉를 간행하였다.

임한주(1871~1954, 본: 평택, 호: 惺軒)는 청양 출신의 유학자로 홍주의병에 참여하고 〈洪陽紀事〉를 써 홍주의병의 진실을 알린 이로 유명하다. 또한 그는 1919년 김복한 등과 파리장서운동에 가담하여 옥고를 치르기도 한 애국지사이다. 그는 방대한 《琶邊集》 15권과 《惺軒集》 6권을 남겼으며, 자신을 포함하여 김복한 등을 '塘門'[61]이라고 언급하면서 송시열과 한원진의 학설을 존신하였으며, 낙론을 배척하였다.[62] 이에 그의 문인인 李炳純은 그를 일러 "율곡과 남당 제현을 마음으로 기뻐 진실로 따랐으며, 斥邪衛道는 筆舌로 하고 義와 利를 구별함에 毫釐같이 분명히 하였다"고 평하고 있다.[63]

李禹奎(1838~1898, 본: 서천, 호: 梅谷)는 홍성 궁경(현, 광천읍) 출신으로 그의 조부인 挺俊(호: 退川, 石溪)과 부친 敏政(호: 梅湖)이 평생을 성리학에 전심한 학자로, 가학을 전수받았다. 그러면서 직접적인 사승관계는 없으나 그 역시 한원진의 학문을 존모하였다. 특히 그는 한원진의 의리론을 높이 샀으며 그 영향으로 그의 아들 錫晉(호: 梅庭)과 錫泰(1885~1967, 호: 小梅)도 이를 가학으로 삼아 일제 식민지 치하에서 '自靖'의 태도를 견지하였다. 이석태는 부친 사후에는 김상덕의 知己인 遂谷 李鍾淳으로부터 경학의 要訣을 수학하였으니, 이로써 이석태 대에 와서는 한원진의 학문적 경향을 더욱 띠게 되었다.[64] 이에 그의 문인인 吳浣根은 "孔子와 朱子의 道學과

임한주, 〈祭靑農趙公龜元文〉, 《성헌집》 권3, 제문.

61) 임한주 〈祭大司成志山金公福韓文〉, 《성헌집》 권3, 제문.

62) 임한주, 〈잡기〉, 《성헌집》 권2 하 記.

63) 李炳純, 〈제문〉, 《성헌집》 권5, 부록.

64) 李錫泰, 〈上遂谷李丈鍾淳〉, 《소매고》, 서산문화원, 1997, 170~171쪽.
　 "塘翁之正嫡 龜老之坎름 人物性同異 朝野史典故 皆爲後生初學 諄諄開喩之不倦

班馬(班固와 司馬遷: 필자)의 문장은 선생이 즐거워했던 바요, 尤庵과 南塘의 緖業, 父祖의 학문은 선생의 業이었던 바입니다"라고 이석태의 학문을 기렸다.

한편 한원진의 학문은 그의 동생과 조카 등을 거쳐 가학으로 전승된 점도 간과할 수 없다. 그의 동생인 啓震(1789~1753, 호: 退修堂, 林埴, 숙부인 宗箕의 아들로 입양됨) 또한 형과 함께 수암 권상하의 문하에서 수학하고 문과에 급제하여 숙종과 영조연간에 호조참의 등을 역임한 관료출신이다. 그는 문집《林埴遺稿》5책을 남겼는데, 그가 올린 여러 상소문들이 문집에 남아 있다. 그는 1726년(병오년)에 올린〈陳情乞免疏〉와〈乞免本職兼陳所懷疏〉에서 사직을 청하면서 그 이유로 君父를 위하여 난적을 토벌하여 대의를 밝힐 수 없는 때문이라고 하였다. 이 밖에도 그가 올린 상소문으로는〈論時務疏〉,〈辭持平疏〉,〈陳戎疏〉등이 있는데, 시무를 아뢰면서 "충직하고 적확한 언사로 大志를 세워 規模를 정하고 聖學에 힘써 德業에 나가고 義理를 밝혀 朋黨을 없앨 것"을 주청하였다.[65] 그는 정파에 휩쓸리지 않으려고 관직을 사직하고 낙향하여 한원진의 학문을 충실히 계승하고자 한 측면이 엿보인다. 한원진의 아들과 조카들 또한 그의 훈육을 받았다. 그의 장자인 後殷(1762~1828, 호: 牛山)이 문집을 남겼으며, 조카인 後遂(1761~1839, 호: 靜修堂, 明湖)의 문집《明湖遺稿》6권이 전해진다. 後遂는 한원진 사후에 병계 윤봉구의 훈육을 받았으며 그가 작성한〈氣質說〉또는〈人物之性同異辨〉등을 볼 때 철저히 호론적 학풍을 계승하고 있음을 알 수 있다.[66]

이들 말고도 한원진의 후손 중에 문집이 있는 이로는 그의 손자

而門外 雪已盈尺矣"

65) 韓啓震,《林埴遺稿》(한동묵 선생 소장) 권3, 疏.
宋貢鎬,〈戶曹參議林埴韓先生墓碑銘〉(개천4320년).

66) 明湖遺稿刊行所,《明湖遺稿》권3, 說, 개천4324년, 114~115쪽.

인 顯世와 현손인 壽仁이 있다.[67] 문집이 현재 남아 있지 않아 그 내용을 알 수는 없으나 한원진의 학문이 이들에게 가학으로 전승되었을 것으로 보인다.[68] 한원진의 8대종손인 東黙 역시 가학으로 호론을 견지하고 있음을 보아 이를 알 수 있다. 한동묵은 공주중학교 재학시 창씨개명을 반대하여 퇴학당하였으니 선대의 의리정신을 실천하였다 할 수 있다.[69]

그 밖에도 조선 말기에 충청 서부지역에서 한원진의 학문을 존모했던 이로 金龍濟(?~1909, 호: 可田), 李應珪(1873~?, 본: 한산, 호: 健堂),[70] 沈宜德 등이 알려지고 있다. 김용제는 1901년 이설 등과 함께 남당연보 간행에 참여했다.[71] 이상의 남당학파의 계통도를 정리하면 다음과 같다.

---

67)《청주한씨청절공파족보》, 회상사, 1985, 113쪽.

68) 만해 한용운 또한 한원진과 같은 청주한씨로, 홍성의 양반가문에서 출생한 것으로 보인다. 부친 應俊이 都事 출신으로 1894년 동학농민군의 홍주성 공격시 湖沿招討營의 參謀官으로 활동한 바 있다(《東學黨征討人錄》참조). 한응준의 유품 가운데《남당집》필사본이 소장되어 있음을 보아 그 역시 남당 한원진의 학문을 존숭했던 것이 아닌가 한다. 또한 한용운의 조부 永祐는 선략장군행훈련원 첨정, 증조부 光厚는 가선대부로 용양위부호군을 역임했으며 이들의 호구단자가 남아 있는데, 이에 따르면 한영우는 홍성군 州北面 남관리에 거주하면서 7명의 솔거노비를 거느렸던 것으로 보인다(홍성의 한수만씨 소장).

69)《공주중학교60년사》, 1982, 287쪽.

70) 임한주, 〈答車惺菴鳳大〉,《성헌집》권1, 서.

71) 이설, 〈告南塘韓先生墓文〉,《복암집》권11, 告文.
임한주, 〈祭可田金公龍濟文〉, 〈성헌집〉, 권3, 제문.

〈표 4〉南塘學派 系統圖

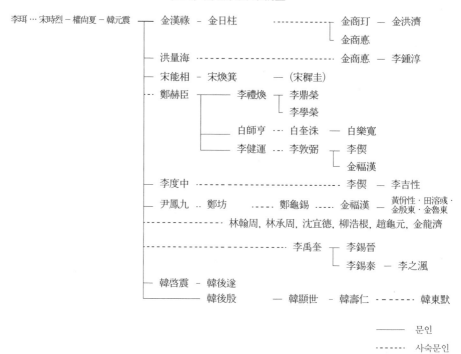

2) 사상적 특성

　1876년 강화도조약 이후에 개화파들은 서양 서적을 일본이나 중
국을 거쳐 유입하고 더 나아가 일본에의 시찰 등을 통하여 개화사
상을 형성, 전파시켜 나갔다. 이러한 추세에 화이론적 세계관을 가
지고 있던 척사 유생들은 이에 대항하면서 위정척사운동을 전개하
였다.
　내포지역에서 한원진의 사상적 영향을 받은 유학자들은 서세동
점의 민족적 위기에 위정척사론을 확립 발전시켰다. 조선 말기의

위정척사론은 邪學을 배척하여 정학인 주자학 또는 주자학 질서를 지키고자 하는 이론으로, 보수 유생들의 중심 논리 체계였다. 특히 율곡 이이와 우암 송시열의 학통을 잇는 기호 계열의 유생들은 나머지 다른 지역에 견주어 지속적이고 강력한 위정척사론을 확립, 발전시켜 갔으며, 그 결과 일제의 침략으로 말미암은 민족 존망의 위기에 의병투쟁을 전개하여 자신들의 이론을 실천하는 데에도 적극적이었다.

남당학파 위정척사론의 핵심은 존화양이론이라 할 수 있다. 존화양이론이란 위정척사론의 핵심이론으로 "尊中華 攘夷狄"을 의미한다. 여기에서 중화(또는 소중화)는 문화적으로는 주자학 질서를 유지하는 기본 이념인 5倫을 의미하며, 정치적으로는 주자학질서가 유지되고 있는 조선사회를 의미한다. 夷狄은 초기에는 洋夷를 의미했으나 강화도조약 이후 왜양일체론적 논리가 형성되면서 19세기 말에 와서는 오히려 倭夷을 의미하게 되었다.

김복한의 스승인 李敦弼은 김홍집의 《조선책략》사건 이후 전국이 척사론으로 들끓고 있을 때 華夷를 분별하고 邪敎를 배척할 것을 밝히는 글을 작성하였다. 비록 주위의 만류로 정부에 제출하지는 않았으나 이러한 철저한 척사론은 제자인 김복한 등에게 영향을 끼쳤을 것으로 보인다.[72] 김복한의 존화양이론은 확고하였다 할 수 있다. 김복한은 어려서부터 《주자강목》을 즐겨 읽었다. 그는 강목의 주요 이념인 존화양이론에 따라 홍주부 관찰사 李勝宇에게 "唐太宗이 천하를 얻기 위하여 죄없는 晉陽令을 베어 종묘사직에 중화의 명맥을 이었다"라고 의병에 참여할 것을 권유하였다. 김복한이 화이론에 경도된 정도는 이설이 지은 김복한 추도 輓詞에서 "만년을 내린 화이 전통이 그대 한 사람에 힘입어 지켜지도다"[73]라고 한

---

72) 김복한, 〈祭農隱李公敦弼文〉, 《지산집》 권6, 제문.
73) 임한주, 〈洪陽紀事〉, 《성헌집》, 권2, 記.

대목에서도 여실히 드러난다.

이와 같이 배타적인 자주성을 강조하는 김복한의 존화양이론은 말년까지 거의 변함없이 견지되었다. 비록 그가 1919년 3월 파리장서운동에 참여하였다고 할지라도 그의 기본적인 서양배척론은 변함이 없었던 것으로 보인다.[74]

이설 또한 서세동점의 민족적 위기에 주자학을 철저히 신봉하였으며, 천주교를 포함하는 이단을 사학으로 보았다. 그는 한원진이 말한 儒釋과 華夷의 분별이 없어졌음을 통탄하였으며, 불교에 대하여는 '위정척사'라는 용어를 사용하면서까지 이를 비판하였다. 그의 사상의 기조는 '衛小中華, 斥邪學'라고 할 수 있다.[75]

이들 외에도 유호근이나 임한주, 그리고 조구원 등 남당학파들은 한결같이 철저한 존화양이론자라고 말할 수 있다. 유호근의 경우는 1884년의 변복령에 대하여 비록 정부에서 이를 취소하였다 하더라도 의리를 알지 못하는 죄를 범했다고 비판하였으며, 1895년의 단발령에 대하여는 "머리털 한 개가 떨어지면 이는 사람이 금수가 되는 것이다"[76]라 하여 철저한 존화양이론을 편 척사파였다.

이와 같이 존화양이론은 중화의 명맥을 보전하여 동포들이 금수가 되는 것을 막고자 한 것이며, 우주의 중심이 화맥을 계승한 조선에 있다는 민족자존적 문화의식의 소산이라 할 수 있다.

남당학파 위정척사론의 두 번째 특성은 주자학의 의리관에 바탕을 둔 절의론에 따르고 있는 점이다. 이설의 경우에 그가 남긴 330여편에 달하는 시에서 절의론에 따른 충군애국사상이 함축되어 표현되고 있는 것을 다수 발견할 수 있다. 그 가운데서 三學士, 忠武公, 圃隱, 安規堂(안병찬) 등을 주제로 한 시들이 대표적이다. 그는

---

74) 김상기, 〈김복한의 학통과 사상〉, 《한국사연구》 88, 1995.

75) 김상기, 〈복암 이설의 항일민족운동에 대한 고찰〉, 《우강권태원교수정년기념논총 민족문화의 제문제》, 1994.

76) 유호근, 〈修慝錄〉, 《사가집》 권6, 잡저.

망국으로 치닫는 조선의 앞날을 蜀에 비유하여 뼈아픈 망국의 심정을 두견새를 소재로 한 시로 읊기도 하였다.

　한편 김복한 또한 절의론에 철저하였다. 이는 그가 〈自輓〉에서 자신이 道學 다음으로 '節義'을 숭모하였다고 밝히고 있음에서도 알 수 있다.[77] 또한 김복한은 국망에 순절한 金奭鎭 · 洪範植 · 李學純 · 李根周 등을 기리고 있으며, 安重根의 偉勳을 '大忠'이라고 높이 평하고 있다. 또한 피를 토하며 우는 두견새를 망국에 처하여 죽지 못한 자신에 비유하고 나라 잃은 뼈아픈 심정을 토로하면서 유비를 도와 한을 회복하고자 한 제갈량과 장비 등의 의리정신을 추앙하였다.[78] 김복한을 비롯한 남당학파 인물들은 이와 같은 사상적 그리고 학적 바탕 위에서 국가의 위기에 대처하여 의병투쟁, 상소운동, 파리장서운동 등을 실천에 옮기는 데 적극적이었다 할 수 있다.

　남당학파 위정척사론의 세 번째 특성으로 斥倭論을 들 수 있다.

　충청도 서부지역에서의 척사운동은 백낙관에서부터 시작되었다 할 정도로 그의 상소운동은 적극적이었다. 白樂寬은 강화도조약이 체결됨에 동래의 왜관을 찾아가 일본 관리와 필담으로 일본이 통상을 내세울 뿐 실은 침략에 야욕이 있음을 설파하였다. 그는 1879년 12월에는 〈斥和疏〉를 올려 지금 일본이 겉으로 통화를 주장하나 안으로는 조선에 침입하여 곡식과 금을 채취하고 종국에는 우리의 백성을 저들의 백성으로 만드려는 야욕을 가지고 있다("我民을 招하여 渠衆을 加하고")고 일본의 침략성을 일찍이 간파하였다. 그리고 이어서

　　倭賊은 我國百世讐라. 殿下 壬辰事를 不聞呼이까. 何由로 倭賊에게 狼
　　心虎欲을 生케하여 修信通貨하고 借廳入室하여 往年에 東來를 借하고 今

---

77) 김복한, 〈自輓〉, 《지산집》 권1, 詩.
78) 김복한, 〈聞杜鵑有感〉, 《지산집》, 권1, 詩.

> 年에 德源을 借하니 明年에 何地를 又借할지 未可知라[79]

라 하여 고종에게 임진왜란의 일을 들어 일본의 침략적 의도를 상
기시키고 있다.

백낙관의 척사운동은 1881년 재개되었다. 1880년 겨울 김홍집이
들여온 황준헌의 《조선책략》에서 천주교는 양명학과 같은 것으로
배척해서는 안 된다는 것을 강조하고 정부에서 이를 유생들에게 배
포하기까지 하였다. 백낙관은 1881년 1, 2월 두 차례에 걸쳐 도내
에 통문을 발송하여, '用夏攘夷', '扶正斥邪'의 논리를 펴 청주 유생
한홍렬 등 5백여 명의 연명상소를 올리게 하였다. 자신도 별도의
상소를 작성하였으나 주위의 만류로 올리지는 못하였다. 그는 1882
년 봄에 상경하여 남산에서 봉화를 올리고 상소를 올렸다.[80] 이때
조정에서는 상소를 올린 이에게 혹형을 가하여 이미 洪在鶴은 사
형당했으며, 李晩孫을 비롯하여 충청도 유생 黃載顯·洪時中·申
㰒·韓洪烈 등이 모두 유배당한 직후였다. 백낙관은 상소문 첫머리
에서 "신은 나라에 대하여 죽어야 할 이유는 없습니다. 그러나 감
히 망령스러운 말을 올리며 처단을 피하지 않는 것은 어찌 다른 뜻
이 있겠습니까"라 하면서 시작하고 있으니 그는 죽음을 각오한 상
태에서 척사 상소를 올렸다 할 수 있다.

이설 또한 1878년 작성한 〈擬上斥洋倭疏〉에서 강화도조약은 수
호조약이 아니라 일본에 대한 '降伏條約'이라고 하며 이를 통박하
였다. 이어서 일본군을 마땅히 물리칠 것을 주장하였다. 개항이후
그의 위정척사론은 척사의 대상이 '禁邪學'에서 '斥倭'로 전환함을
볼 수 있으며 동시에 단순한 반대의 뜻만을 표시하는 것이 아니라
일본군을 몰아내야 한다고 주장한 것이다. 이러한 그의 '척왜론'은

---

79) 白樂寬, 〈斥倭和初疏〉, 《추강집》 권2, 14~16쪽.
80) 《고종실록》 권19, 고종 19년 5월 4일조.

1894년 이후 일본의 침략에 직면하여 더욱 강화되었다.

　동학농민군의 전주성 점령으로 조선 정부는 청나라에 원병을 요청하기에 이르렀다. 그 결과 청병뿐만 아니라 일본군의 침입이라는 큰 파문을 초래하였다. 일제는 6월 초 군사를 서울로 입성시키고 무력을 앞세워 조선에 내정개혁을 강요하였으며, 6월 21일 새벽 '갑오변란'을 일으켜 경복궁을 무력으로 점령하기에 이르렀다.[81]

　이설은 이와 같은 일제의 침략 행위에 상소를 올려 위정자들의 각성을 촉구하였다. 이설은 6월 15일자로 올린 〈論倭寇仍辭司諫疏〉에서 일본이 경복궁을 포위하고 내정개혁을 강요함에 상소를 올렸음을 밝히고, 일본의 내정개혁안을 거부할 것을 주청하였다. 또한 일본이 요구하는 27개조는 무력으로써 우리를 위협하면서 우리 先王의 법을 무너뜨리고 일제 오랑캐의 습속을 따르도록 하고자 한데 저의가 있다고 날카롭게 지적하였다. 또한 그는 내부의 친일개화파를 물리칠 것을 임금께 진언하였다.[82] 그는 6월 20일 또 조선이 小中華를 버리고 오랑캐로 변하게 되면 중화의 맥이 끊어지게 될 것이라며, 간세배에 현혹되지 말고 엄한 칙령을 내려 그들을 배척할 것을 진언하였다.[83] 이러한 그의 의식은 그가 우부승지를 사직하고 낙향한 뒤 을미사변을 당하여 고향인 洪州에서 의병을 일으키는 정신적 뒷받침이 되었던 것이다. 그의 '척왜론'은 이제는 일본과 전쟁을 벌일 것을 주장하는 대일결전론으로 발전하였다. 그는 1894년 6월 20일 올린 상소에서 우리나라가 小中華의 맥을 지키기 위해서는 군신 상하가 맹세하여 일본과의 전쟁을 벌일 것을 주장하였다. 이후 그는 고향인 홍주군 결성으로 내려와 척사상소를 올리는 것 이외에도 척사운동의 발전적 형태인 의병투쟁에 참여하여 그의 사상

---

81) 김상기, 〈갑오을미의병과 갑오경장〉, 《국사관논총》 36, 1992.

82) 이설, 〈論倭寇仍辭司諫疏〉, 《복암집》 권4, 소, 73~75쪽.

83) 이설, 〈請勿背中國斥絕倭寇疏〉, 《복암집》 권4, 소, 75~77쪽.

을 실천했다.[84]

1895년 8월 일본군이 을미사변을 일으키자 홍주지역에서는 유생들의 항일의병 기운이 들끓었다. 이설과 김복한을 비롯한 남당학파 유생들은 홍주을미의병을 주도하였다. 이설은 상소를 올려 을미사변을 '역적의 변란'으로 규정하고 성토하였으며[85] 단발령이 내리자 김복한·홍건과 관찰사 이승우를 찾아가 창의할 것을 권하였다.[86] 이들은 이승우가 끝내 반대하자 독자적으로 거의하기로 하고 12월 1일 尊華復讐의 기를 조양문 위에 세우고 관내에 창의소를 차렸다. 김복한이 창의대장에 추대되었으며, 이설은 각국 공사관에 보내는 장계와 격문을 작성하는 임무를 맡았다.[87]

일제는 을사조약을 강제 체결하기 1년여 전인 1904년부터 이미 한국의 주권을 빼앗기 위한 일련의 조치를 취하기 시작하였다. 이에 따라 일본공사 林權助(하야시 곤스케)는 1904년 6월 한국 정부에 황무지개척권을 요구하였다. 이는 50년 동안 한국 전국토의 3할에 해당되는 陳荒地의 개간 및 정리, 척식 등 일체의 경영권과 기타의 모든 권리를 넘기라는 것이었다. 일본의 이러한 요구에 전직 관리와 유생들은 격문을 붙이고 상소를 올려 항의하였다.

이설은 이 소식에 분개하여, 곧 바로 〈斥倭借地通告文〉을 발표하여 일본이 요구하는 '借地'는 곧 '망국'이라며, 이를 기필코 막아야 한다고 역설하였다. 1905년 을사조약이 강제 체결되자 이설은 식사마저 못할 정도의 중병을 앓고 있었으나[88] 12월 2일 상소

---

84) 김상기, 〈복암 이설의 항일민족운동에 대한 고찰〉, 《우강권태원교수정년기념논총》, 1994, 651쪽.

85) 김복한, 〈洪陽記事〉, 《지산집》 권6, 잡저.

86) 임한주, 앞의 글, 213쪽.

87) 김상기, 〈1895~1896년 홍주의병의 사상적 연원과 전개〉, 《윤병석교수화갑기념 한국근대사논총》, 지식산업사, 1990.

88) 이설, 〈與外弟金元五書〉, 《복암집》 권5, 서, 111쪽.

를 올렸다. 이 상소에서 그는 매국적을 顯戮할 것과, 애통의 조서를 내려 충의군을 모집하고 각도 관찰사에게 명령을 내려 군량을 준비케 하고 백만의 군사를 모을 것을 주청하였다. 또한 비록 일이 이루어지지 못하면 사람이 죽고 나라도 망하니 말뿐이라도 끝까지 무력 항전할 것을 주장하였다.[89] 그는 2월 1일(음력,1월 8일) 석방되어 고향에 돌아왔다. 귀향한 뒤 안병찬 등과 협의하여 閔宗植을 영수로 한 제2차 홍주의병을 일으키도록 하였다. 이설은 거의할 것을 묻는 안병찬의 편지에 답신을 하여 擧義를 독려하였다.[90] 또한 그는 민종식에게 편지를 보내어 안병찬, 임승주 등이 민종식을 영수로 하여 거의하고자 하니 후회하는 일이 없도록 책임질 것을 권하였다.[91]

김복한 역시 을사조약이 강제 체결되자 이설과 함께 상경하여 을사5적의 매국행위를 성토하는 상소를 올렸다. 그는 12월 4일 경무청에 체포되어 옥고를 치렀으며, 다음 해 풀려난 뒤에도 보행이 불편한 관계로 행동에 나서지 못할 망정 인근의 사민들에게 의병을 일으킬 것을 독려하였다. 홍주성전투 후에 그는 민종식과 더불어 의병을 계획했다는 혐의로 일본군에 체포되어 한성경무청에 구금되었다가 공주 감옥으로 이송되었다.

김복한은 3·1운동이 일어났을 때 민족대표에 유림계가 빠진 것을 알고 長書를 작성하여, 일제가 신의를 버리고 국모를 시해한 일과 그 후 일제에 의한 잔악한 침략상을 성토하고 전세계에 조선의 독립을 호소하는 내용을 담아 만국강화회의가 열리고 있는 프랑스의 파리로 보낼 것을 추진한 파리장서운동을 펼쳤다. 그는 이 장서 사건 때문에 그해 7월 공주 감옥에 구속되어 3개월 남짓 옥고를 치

89) 이설, 〈請討賣國諸賊疏〉, 《복암집》 권4, 疏.

90) 이설, 〈與安稚珏書〉, 《복암집》 권6, 서, 120쪽.

91) 이설, 〈與閔允祖書〉, 《복암집》 권5, 서, 104쪽.

렀는데 이 장서운동에 유호근 · 임한주 · 李吉性(이설의 문인) · 田穰
鎭(김복한 문인인 전용욱의 부친) 등 남당학파의 문인들이 다수 참여한
것으로 알려져 있다.[92]

金商悳 역시 철저한 척왜론자였다. 그는 비록 1893~1894년 인천
감리사로 근무한 적이 있어 개화파 관리로 오인될 수 있으나, 그렇
지 않다. 그의 고향 후배였던 李錫泰의 기록에 따르면, 그가 1894
년 인천감리사로 주재했을 때 일본군 3천 명이 강제 입국하려 했는
데 그가 끝까지 입국을 불허하였으며, 일본군이 강제로 서울로 들
어가 궁성을 포위하였다는 것이다.[93] 이는 바로 1894년 경복궁점령
사건인 갑오변란 때의 일인 것으로 보인다. 그는 이때 사직 상소를
올리고 고향인 보령으로 낙향하였으니 김복한과 이설이 사직한 이
유와 시기가 비슷하다.

남당학파 위정척사론의 네 번째 특성으로 反開化論과 反東學論
을 들 수 있다. 이들은 서구의 학문과 과학기술이 주자학 질서를 해
치는 것으로 판단하여 이를 배척하였으며, 개화는 곧 일본으로 예
속되는 것이니 자주권을 상실하여 망국에 이르게 한다는 개화망국
론의 논리를 가지고 있었다. 이처럼 일부 개화파 지식인들은 개화
라는 말을 문명화 또는 변혁과 진보의 개념으로 받아들였을지 몰라
도, 척사유생들은 오히려 "왜국화", 나아가 "망국"의 의미로 받아들
였던 것이다.

김복한을 비롯한 이설 등 남당학파 유생들은 한결같이 反開化論
者라 할 수 있다. 김복한은 신학문에 대하여 "인심을 물에 빠뜨리
고 世道를 壞敗시킴이 심하고 어버이와 임금이 없고 어른과 아이의
순서가 없으며 삼년상을 모시지 않는다"는 등의 이유를 들어 비판

---

92) 허선도, 〈3 · 1운동과 유교계〉, 《3 · 1운동50주년기념논집》, 1969, 동아일보사,
　　296쪽.
93) 이석태, 《소매고》, 서산문화원, 1997, 3~4쪽.

하였다. 그는 애국계몽운동에 대하여도 애국을 부르짖는 자들은 국가만 알지 중화의 도를 알지 못하여 결국은 개화라는 구실 아래 서양화한다고 지적하였다.

백낙관 또한 1882년 봄에 올린 다음의 상소에서 정부의 개화정책을 비판하였다.

> 전하, 前朝의 역사를 보지 못했습니까. 여말에 공민왕이 不君하여 백성을 도탄에 빠뜨리고 승려들이 궁중에 출입함에 太祖가 의기를 들어 사방을 차지하고 전장법도를 새로이 하였습니다. 전하, 위로는 조종의 부탁을 생각하고 아래로는 億兆蒼生을 살피어 삼가고 두려워해야 할 것이로되, 다만 일신을 보호할 계책으로 선왕의 법도를 폐하고 백성의 피를 고갈하여 있는 자에 후하고 없는 자에 박하고 外寇를 불러 내란을 준비하니 그 계책이 또한 소루합니다. 전하, 안으로 부모를 모시지 못하고 천하만국을 교역하고자 하면 平陽, 臺城, 巴蜀, 漠北 등의 환란이 몇 년 안 가 일어나게 됨을 보실 것입니다. 얼마 안가 조정대신이 義質을 위하여 頌德하고 義質을 청하여 섭정하라 하리니 이때에 전하는 단지 일신을 보호코자 하나 가능하겠습니까. 전후좌우가 모두 적의 사람이라 이를 허락하면 國亡이요, 물리치면 몸이 위태하리니 강화의 해독이 이 지경에 이름을 누가 알겠습니까. 그러한 즉 강화는 전하의 복이 아니라 廷臣의 利요, 廷臣의 利가 아니라 一國의 禍니 전하, 千乘之國을 잃으면 千乘之國으로 전하에게 다시 대우할 이가 누구이겠습니까.[94]

또한 이들은 崔濟愚가 창도한 東學에 대하여도 분명한 배척의 태도를 취하였다. 김복한의 반동학론은 그 가운데서도 뚜렷하다. 그는 동학에 대하여 '東匪' 또는 '東賊'등으로 표현하면서 배척하였다. 그는 1910년 국망 후 耆老金을 거절하며 순절한 李學純이 '동비'를

---

94) 白樂寬, 〈再疏〉, 《추강집》 권2, 16~17쪽.

물리친 것과 신학문의 보급을 배척한 것을 큰 공으로 치켜세우고 있다.[95] 또 동학군을 물리치다가 예산전투에서 전사한 홍주군의 中軍 李秉暾의 만사를 쓰면서 그의 행동이 '忠'이 되었음을 기리고 있다.[96] 또 16살에 자원 출진하여 동학군과의 전투에서 전사한 韓基慶과 申泰鳳이 어린 나이에 사람들을 놀라게 하여 가문을 빛냈으며,[97] '東賊'이 창궐하는 국난을 맞아 죽음으로써 이를 실천하였다고 칭송하였다.[98] 이와 같이 김복한은 동학을 이단으로 여겼으며, 이에 따라 그를 포함한 홍주지역 유생들은 1894년 동학농민군이 치성할 때 유회군을 편성, 홍주목사 李勝宇를 지원케 하여 홍주성을 동학군으로부터 보위하는 데 힘썼다.

이설 또한 이승우에게 여러 차례 서신을 보내 동학을 물리칠 대책을 제시하였다. 그는 동학군이 크게 떨침에 "적은 많고 우리는 적으니 걱정하지 않을 수 없다. 먹어도 맛을 알지 못하고 밤이 되어도 잠을 잊었다"[99]며 노심초사하였다. 이승우는 이들의 힘으로 홍주성전투에서 승리하여 많은 동학군을 격퇴할 수 있었으며, 그 공으로 홍주부 관찰사로 승진할 수 있었다. 김복한 등 유생들은 이승우와 동학군에 대한 상호간의 동맹자적인 관계로 다음 해 그를 찾아가 의병에 동참할 것을 협의할 수 있었던 것이다.

이설은 반동학의 태도를 취하면서 동시에 조정의 정책에 대하여도 날카로운 비판을 서슴지 않았다. 그는 1894년 동학농민군의 봉

---

95) 김복한, 〈晦泉集序〉, 《지산집》 권5, 서. 〈挽李晦泉〉, 《지산집》 권1, 詩.

96) 김복한, 〈挽本州土中軍秉暾〉, 《지산집》 권1, 詩.

97) 김복한, 〈挽韓基慶〉, 《지산집》 권1, 詩. 韓基慶이 전사한 다음 해인 1895년 정부에서 그의 집에 '忠烈韓基慶之門'이라는 정려문을 세우게 하였음을 알 수 있다 (《홍양사》, 179쪽 참조).

98) 김복한, 〈申泰鳳傳後跋〉, 《지산집》 권5, 跋.

99) 이설, 〈與洪牧李勝宇書〉 9, 《복암집》 권8, 서. 이설의 동학농민군에 대한 태도와 처신에 대하여는 김상기, 〈복암 이설의 항일민족운동에 대한 고찰〉, 《우강 권태원교수정년기념논총》, 1994. 참조.

기로 전라도 충청도 일대가 대혼란에 빠짐에 상소를 올려 전라감사 金文鉉을 비롯하여 고부군수 趙秉甲 등 지방관들이 백성들에게 부당한 부역을 시키는 등 탐학을 일삼고, 성을 버리고 도망한 죄를 열거하며 그들을 탄핵하였다.[100]

이러한 현실비판적인 태도의 극치는 그가 1906년 죽기 직전에 작성한 遺疏에서 볼 수 있다. 그는 이 유소에서 고종이 재위한지 40년이 지났으나 칭송할 만한 정사가 한 가지도 없으며, 이로 말미암아 결국은 망국의 임금에 지나지 않는다고 하여 망국의 책임을 묻는 등[101] 매우 과격한 언사를 동원하여 고종의 실정과 부덕을 비판하였다.

이상에서 살펴보았듯이, 한원진은 조선 후기 율곡과 우암의 학통을 이어받은 기호학파의 대표적인 학자이다. 한원진의 학문 특성은 인성과 물성이 같을 수 없다는 人物性異論(湖論)으로 그의 학풍은 화이의 구별을 엄격하게 하는 斥異端論적 성격을 띠었다. 이러한 그의 학풍은 문인들을 거쳐 홍주문화권 지역에 계승되어 19세기 후기 이 지역 유림계의 주요한 학풍으로 자리잡게 되었다.

한원진의 문인 가운데 대전의 회덕지방에 거주한 宋能相은 그의 문인으로 내려오면서 학문의 특성이 오히려 洛論的인 경향을 띠기도 하였다. 그러나 홍성, 예산, 서산, 보령 등 홍주문화권 지역의 문인들은 호론을 철저히 계승하여 한말에 이 지역에서 위정척사운동과 의병투쟁을 주도했다. 그 동안 한원진과 김복한, 이설 등으로 대표되는 이 지역 유학자들의 학문적 연결 관계가 분명하지 않았음이 사실이다. 그러나 한원진의 학통은 서산의 金漢祿, 예산의 尹鳳九, 홍성의 李度中, 보령의 鄭赫臣 들과 사승관계인 金日柱·鄭龜錫·李禮煥·白師亨·李健運 등을 거쳐 김복한 등에게 계승되는

---

100) 이설, 〈論南擾陳所懷疏〉, 《복암집》 권4, 疏, 69~73쪽.
101) 이설, 〈遺疏〉, 《복암집》 권4, 소, 80~81쪽.

사상적 맥락을 알 수 있게 되었다.

김복한을 비롯한 이 지역 유림들은 사숙문인임을 자처하면서 자신들을 '塘門'이라 스스로 일컬을 정도로 한원진의 학풍에 기울어져 있었다. 따라서 이러한 一群의 학자들을 '남당학파'라고 호칭할 수 있을 것이다. 이들 남당학파에는 金漢祿 계의 金商憲 · 金商玎을 비롯하여, 鄭赫臣 계의 李敦弼 · 이설 · 김복한, 白師亨 계의 白樂寬 등이 있으며, 이들 외에도 홍주의병에 참여한 임한주 · 林承周 형제와 유호근 · 沈宜德 · 趙龜元 · 金龍濟 · 李禹奎 등이 알려진 인물이다.

이들의 위정척사론의 기본 이념은 존화양이론이라 할 수 있다. 이에 따라서 開化亡國論, 斥倭論, 反東學論을 주장하였으며, 주자학적 의리관에 바탕을 둔 절의론에 철저하였다. 또한 이들의 현실 인식은 매우 비판적인 특성을 띠었으니 정부의 실정은 말할 것도 없고 고종이나 민비마저도 비판하였다. 이들은 강화도 조약 체결을 전후하여 상소를 통한 위정척사운동을 적극 전개하였다. 1881년 신사척사운동에 적극적으로 참여하였으며, 을미사변 후의 홍주의병 투쟁, 을사조약의 강제 체결에 상소를 통한 반대투쟁과 1906년 홍주의병투쟁 등에 참여하였다. 국망 후에는 自靖의 태도를 견지하면서 식민통치를 거부하였으며, 1919년 3 · 1운동과 파리장서운동에 참여하는 등 철저한 민족자존의 의식 아래 항일민족운동을 이끌어 갔다.

2. 金福漢의 생애와 사상

김복한은 여러 대를 충청도 홍주목에서 살아온 재지사족 출신으로 문과를 거쳐 정3품의 품계에까지 오른 전도양양한 양반관료였다. 그러나 그는 1894년 우부승지로 고종을 보필하고 있다가 조정이 무력으로 점령되고 친일 내각이 조직되자 조정 내에서 활동의 한계를 절감하고 사직하였다. 그 후 그는 국권을 회복하고자 하는 상소운동, 홍주의병투쟁 그리고 파리장서운동 등 가능한 모든 방법으로 항일투쟁을 전개하였다. 방대한 양의 문집을 남겼으며 호서지역에서 많은 제자들을 배출하여 조선 후기 사상계에 끼친 영향은 아직까지도 그 문인들을 통하여 전해지고 있다.

그간 필자는 그의 문집인 《지산집》을 검토하여 생애를 정리하였으며, 홍주의병의 봉기 원인을 밝히는 과정에서 그의 사상적 특성을 남당 한원진과 관련하여 논술한 바 있다.[102] 이 글에서는 김복한의 학문적 연원과 학통, 그리고 그의 사상을 위정척사론을 중심으로 구명하고자 한다. 개인의 사상은 사승관계를 통하여 자연스럽게 후세에 전달되고 또 그 사상이 시대정신과 끊임없이 대화와 갈등을 반복하면서 새로운 사상으로 변한다고 생각한다. 따라서 김복한 사상의 특성을 해명하는 것 말고도 그의 문인들의 학문과 그 특성을 동시에 고찰하여 김복한의 사상이 어떻게 전수되었는지 그 과정과 내용을 살펴보고자 한다.

---

102) 김상기, 〈지산선생문집 해제〉, 《지산선생문집》 건, 경인문화사, 1990.
　　김상기, 〈1895~1896년 홍주의병의 사상적 연원과 전개〉, 《윤병석교수화갑기념 논총》, 지식산업사, 1990.
　　김상기, 〈조선말 홍주을미의병의 문화적 기반과 전개〉, 《한국민족운동사연구》 5, 1991.

1) 가계와 생애

김복한은 철종 11년(1860) 7월 24일 충청도 홍주군 조휘곡(현, 충남 홍성군 갈산면 소향리 조실)에서 부친 金鳳鎭과 모친 연안이씨 사이에서 장남으로 태어났다.[103] 그의 자는 元吾, 호는 志山이며, 본관은 안동, 당색은 노론이다. 문충공 金尙容이 그의 12대조이며, 안동김씨 水北公派의 시조인 光炫이 그의 11대조가 된다. 김상용(명종 16, 1561~인조15, 1637)은 병자호란 때 우의정의 직임을 띠고 빈궁과 원손을 수행, 강화도에 피난갔다가 강화성이 함락되자 순절하며 화의를 반대한 인물이다.[104] 또한 〈표5〉에서 볼 수 있듯이, 좌의정으로 척화파의 거두였던 文正公 金尙憲(1570~1652, 호: 淸陰)이 그의 친동생이니 이들의 절의정신과 척화정신은 후손인 김복한의 의병정신으로 계승되었다 할 수 있다.

김복한의 선대가 홍주에 정착한 것은 그의 11대조 광현 때부터이다. 광현은 홍주목사를 거쳐 이조참판을 역임하고는 홍주로 내려와 거주하여 그의 후손들이 그곳에서 세거하게 된 것이다. 이후 그의 후손들은 그의 호를 따서 안동김씨 수북공파라 하였으니, 김복한은 수북공파의 대종손이 된다.[105]

---

103) 김복한의 모친 연안이씨는 이설의 부친 祖益의 여동생이다.

104) 金尙容의 호는 仙源 자는 景澤이다. 그는 임진왜란시에도 강화도 仙源村에서 난을 피했다. 그의 호 仙源은 이 지명을 딴 것으로 보인다. 김상용의 순절을 기리는 〈仙源金先生殉義碑〉(경기도 유형문화재 제25호)가 강화읍 관청리에 세워져 있다.

105)《지산집》권15, 부록, 世系.

〈표 5〉 김복한의 家系表(직계)

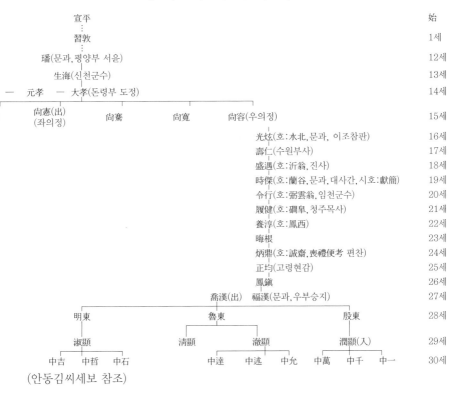

(안동김씨세보 참조)

위 〈표 5〉에서 볼 수 있듯이 수북공 광현(이조참판)을 비롯하여 그후 김복한까지 12명 가운데서 문과 급제자가 3명, 실직을 역임한 이로는 김복한의 10대조 壽仁(수원부사), 9대조 時傑(대사간), 8대조 슝行(임천군수), 7대조 履健(청주목사), 그리고 그의 조부 正均(고령현감)이 있다. 그의 9대조 時傑(1653~1701)은 전라도 관찰사와 대사간을 역임하고 獻簡이란 시호까지 받았으니 그의 집안은 대대로 혁혁한 양반가문임에 틀림없다 하겠다.

그러나 김복한은 개인적으로 불운한 가정에서 성장하였다. 그가 6살의 어린 나이에 부친을 여의었으며 1년도 채 안되어 모친마저 잃고 말았다. 또 다음 해에는 그를 아껴 주던 조부마저 타계하고 말았다.[106] 그러나 다행히 어린 나이에 천애고아가 된 그를 종조부인 小竹 金民根이 여러 해 동안 훈육해 주었으며 가산까지 돌보아 주었다. 후일 김복한은 '내가 문리를 깨우치고 전택을 보전한 것은 小竹의 힘이 아닌 것이 없다'[107]고 그에게 감사의 뜻을 잊지 않고 있음을 볼 수 있다.

김복한은 12살 때인 1871년부터는 예산군 덕산의 송애에 거주하던 農隱 李敦弼의 문하에 들어가 科文을 중심으로 수학하였다. 15살 되는 1874년부터는 내종형 이설의 가르침을 받았다. 그 뒤 이설과는 관직에 앞뒤를 다투며 나갔으며 홍주에서 을미의병을 일으킨 동지가 되기도 하였다.

김복한(1924년 채용신 그림)

김복한이 관계에 진출한 것은 그가 31살 때인 1890년 9월 음직으로 선릉참봉에 제수되면서부터이다. 이 직임을 1개월 동안 맡은 그에게 右侍直이 제수되었으며 그해 12월부터는 書筵에 참여하여 그 뒤 2년 남짓 걸쳐 뒤에 순종이 된 왕세자의 교육에 전력을 기울였다. 그가 서연에서 왕세자에게 교육한 내용은 맹자와 중용이 중심이었다. 1890년 12월 16일 시작된 서연은 1892년 3월 7일까지 총 37회에 걸쳐 진행되었다.[108]

서연은 차기 국왕이 될 왕세자에

---

106) 김복한이 이처럼 불과 2년 사이에 부모와 조부를 연이어 잃고 만 것은 당시 유행하던 호열자(콜레라)에 전염되었기 때문으로 보인다(金天漢씨 증언).

107) 김복한, 〈祭小竹金公民根文〉, 《지산집》 권7, 제문.

108) 김복한, 〈書筵說〉, 《지산집》 권2, 筵說.

게 경사를 강론하여 왕세자로 하여금 유교적인 소양을 쌓게 하고자 실시되는 교육제도를 말한다. 따라서 김복한에게 2년에 가까운 서연을 베풀 기회가 주어졌다는 것은 그의 경사에 대한 해박함과 뛰어난 경륜이 널리 인정된 것을 의미한다. 또한 개인적으로 왕세자를 시종하면서 정치 도의를 강학하였으니 그의 정치적 입지는 크게 강화된 셈이었다. 김복한이 서연을 베푸는 과정인 1892년 2월 특별시인 慶試가 열렸으며, 이 과거에서 그는 문과 병과에 급제하는 영예까지 누리게 되었다.[109] 문과에 급제한 뒤인 그해 3월까지 서연을 계속하였으며 왕세자를 모시고 皇壇의 제향에도 참석하였다. 3월의 서연은 4회에 걸쳐 진행되었으며, 그전까지의 《맹자》를 끝내고 《중용》을 강학하였다. 그러나 5월에 홍문관 부교리 겸 경연시독관, 춘추관기주관, 사간원 정언에 제수되면서 이제는 경연관으로서 왕에게 강학할 수 있는 자격이 주어졌다. 6월에는 사헌부 지평이 되어 신정왕후의 제향에 玉册官으로 참여하였으며 10월에는 홍문관 부수찬지제교 겸 경연검토관, 춘추관기사관에 제수되었다. 이때 고종의 명에 따라 〈權尙夏致祭文〉을 지어 올렸으며, 11월에는 또 명에 따라 〈朴性陽致祭文〉을 지었다.[110]

김복한이 왕에게 경연을 베푼 것은 11월 18일 하루뿐이었던 것 같다. 그는 이 귀중한 기회에 그가 즐겨 읽던 《자치통감강목》에서 후한의 〈靈帝紀〉章을 골라 강독하였다. 이어서 상주하기를 "이로 말미암아 보건대 예로부터 장수는 明君과 賢相을 만나지 않고서는 능히 공이 있는 자가 있을 수 없습니다"[111]라 하여 왕도정치에서 밝은 군주(明君)와 현명한 재상(賢相)의 중요성을 피력하였다. 이 달에 그는 친군통위군사마 겸 서학 교수에 제수되었으며, 그 다음 해인

---

109) 《지산집》 권15 부록, 년보. 〈국조방목〉.

110) 김복한, 〈文純公權尙夏賜祭文〉, 〈參判朴性陽賜祭文〉, 《지산집》 권6, 제문.

111) 김복한, 〈경연설〉, 《지산집》 권2, 筵說.

1893년 2월에 홍문관 부교리, 5월에 홍문관 부수찬, 사간원 헌납, 7월에 홍문관 수찬, 9월에 시강원 사서지제교, 홍문관응교지제교 겸 경연 시강관, 춘추관 편수관, 시강원 사서, 통례원 상례 겸 시강원 사서지제교 등에 제수되었다. 10월에는 정3품 통정대부에 올라 승정원 동부승지 겸 경연 참찬관, 춘추관 수찬관, 형조 참의, 부호군, 성균관 대사성 등을 차례로 제수받았다.[112] 1894년 3월에는 우부승지에 올라 왕을 측근에서 보필하였다. 그러나 그해 6월 일제의 침략이 노골화되자 그는 관직을 버리고 낙향하였으며 이후 일절 관직을 받지 않았다.[113] 그는 왕세자와 왕에게 유교 정치이념에 바탕을 둔 통치 철학을 강론하여 왕정을 굳건히 하고 나아가 국가를 반석위에 올려놓고자 노력하였다. 그러나 끝내 통치자들은 유약하였으며 정권을 장악한 개화파 관료들은 외세를 끌어들였으니 그는 이를 국망을 자초하는 것으로 여기게 되었다. 이처럼 그는 부일개화파들의 개화를 빙자한 망국적 행위를 더 이상 조정에서는 억제할 수 없다고 판단하였다. 또한 그가 민족과 국가의 위기에 국왕을 끝까지 보위해야 할 중책에 있었으나 이미 그의 주장과 이념이 조정에서는 받아들여질 여지가 없어지게 되었음을 절감하게 되었다. 따라서 그러한 조정에 그대로 남아 국록을 축내는 것은 국가의 죄인이라 여기고 낙향하여 다른 방도를 찾고자 하였다. 이후 그의 생애는 항일 민족운동가로서 험난한 길의 연속이었다.

　김복한은 낙향하자마자 예상되었던 갑오변란의 소식을 접했으며, 그는 이 사건을 국망의 시초로 여겨 두문불출하였다. 그러나 다음해 8월 을미사변과 11월 단발령의 공포에 그는 침묵이나 시위 형태가 아닌 무력 투쟁의 노선을 택하여 반개화 반침략의 의병투쟁을

---

112) 《지산집》 권15 부록, 년보.

113) 송상도, 〈김복한〉, 《기려수필》, 국사편찬위원회, 1974, 43~44쪽.
　　趙熙濟, 〈김복한〉, 《念齋野錄》, 금강서원 영인, 1990, 59~60쪽.

전개하기 시작하였다. 이미 이때는 文錫鳳 의병의 거의 소식이 이 지역에도 전해진 바 있었다.[114] 그는 단발령 공포 직후 홍주지역 유생들과 접촉하기 시작하였다. 이미 홍주와 청양의 安昌植 · 朴昌魯 같은 선비들은 1894년 여름부터 의병봉기를 계획하고 있었기 때문에[115] 김복한의 거의 선포는 곧 군사 활동에 옮겨질 수 있었다. 홍주향교의 전교 안병찬과 청양의 선비 李世永 · 蔡光黙 · 朴昌魯 등이 12월 2일 민병 수백 명을 이끌고 홍주성에 집결하였다. 또한 청양의 선비 李彰緖는 청양군수 鄭寅羲의 명령에 따라 수백 명의 의병을 인솔하여 왔다.

12월 3일 관찰사 이승우도 거의에 참여하여 홍주부 내에 창의소가 설치되기에 이르렀다. 김복한은 창의총수에 추대되었으며, 곧 홍주부 관하 22개 군과 홍주군 내 27개 면에 통문을 띄워 의병에 동참할 것을 요청하였다. 또한 정인희와 이세영에게 공주부 공격의 명령을 내리고 鄭濟驥 등에게는 대흥의 임존산성의 수리를 명하는 한편 宋秉稷 등을 소모장으로 임명하여 의병의 모집을 독려케 하였다. 그러나 다음날 관찰사 이승우는 김복한을 배신하여 擧義의 뜻을 번복하고 김복한 등 의병지도자 23명을 체포하고 말았다. 결국 김복한은 이설 안병찬 등과 함께 1896년 1월 17일 서울로 압송되어 구속되었으며, 2월 25일 유배 10년형을 선고받았다. 다행히 고종의 특지로 석방되어 귀향한 그는 그해 4월 보령의 吉峴(현, 충남 보령군 청라면)으로 이사하여 후학 지도에 전념하였다. 5월에는 성균관장을 제수 받았으나 부임하지 않고 상소를 올려 문물제도를 바로잡고 일제의 침략 무리와 개화파 역당들을 물리칠 것을 주청하였다. 다음 해 중추원 의관에 제수되었으나 역시 나가지 않았다. 1898년

---

114) 김상기, 〈조선말 문석봉의 유성의병〉,《역사학보》제134 · 135합집, 1992.

115) 김상기, 〈1895~1896년 홍주 을미의병의 사상적 연원과 전개〉,《윤병석교수 화갑기념 한국근대사논총》, 지식산업사, 1990.

3월 그는 인근 유생 100여 명이 참석한 가운데 향회를 실시하였으며, 이해 9월과 1899년 4월에는 주자와 우암을 모신 보령 남포의 집성당에서 유호근 등 인근의 유생들과 향음례를 개최하기도 하였다.[116] 이와 같이 그는 후학 지도에 힘쓰는 한편 향음례등을 실시하여 주자학의 심화와 풍속 교화를 위하여 노력하였다.[117]

김복한은 1904년 일제가 長森藤吉郎을 내세워 이른바 황무지개척권을 요구하자 송병선을 비롯한 인근의 유림들과 이에 대한 대책을 세우고자 하였다. 그는 송병선에게 글을 보내 "요즈음 저 원수들이 산림천택을 저들 것으로 만들려는 것은 우리의 땅을 모두 저들의 것으로 하려는 뜻"이라고 일제의 저의를 지적하였다. 이어서 그는 이에 대하여 민종식, 이설 등과 함께 의론하고자 하니 참석하여 좌장이 되어줄 것을 송병선에게 요청하였다.[118]

1905년 을사조약이 강제 체결되자 그는 이설과 함께 상경하였다. 을사5적의 매국행위를 성토하기 위한 상소를 올리기 위함이었다. 김복한은 이 상소로 12월 4일 경무청에 체포되어 옥고를 치렀다. 다음 해 풀려난 뒤 홍주로 내려가 자신은 보행조차 불편한 관계로 행동에 나서지 못할망정 인근의 사민들에게 의병을 일으킬 것을 고무하였다. 드디어 1906년 3월 안병찬 등에 의해 광수장터에서 의병의 기치가 올려졌으며, 5월 19일에는 홍주성이 의병에 점령되었다. 그러나 5월 31일 새벽 일본군의 기습으로 많은 희생자를 내고 성마저 빼앗기고 말았다.[119] 민종식 의병장이 이남규의 도움으로 재기를 꾀하다가 체포되자 김복한도 이때 민종식과 더불어 의병을 계획했다는 혐의로 일본군에 체포, 공주감옥에 구금되어 11월에는

---

116) 유호근, 〈藍浦集成堂兩丁祝文〉, 《사가집》 권4, 告祝.

117) 《지산집》 권15 부록, 연보.

118) 《지산집》 건, 권22 서, 〈上淵齋宋先生〉.

119) 김상기, 〈조선말 홍주의병의 봉기원인과 전개〉, 《수촌박영석교수화갑기념 한민족독립운동사논총》, 1992.

한성경무청으로 이송되어 구금되었다. 그해 11월 말 풀려났으나, 다음 해 10월 또 다시 체포되어 보령군의 官奴廳에 구금되었다. 죄명은 민심 선동죄였다. 더욱이 일인 순검들에 의해 공주 감옥으로 이송하는 도중 槽峴에 이르러 의병의 소재지를 대라며 구타하고 끝내는 총을 쏘기까지 하였다. 다행히 한인 순검의 도움으로 탄환이 빗겨 가 목숨은 건질 수 있었다.[120] 10월 22일 풀려난 뒤 그는 12월에 홍주군 결성면 산수동으로 이거하여 自靖의 길로 들어섰다.

1910년 8월 국망의 소식에 그는 통곡하며 죄인으로 자처하였다. 음식을 물리치고 모든 가사는 장자인 殷東에게 맡기고 빈객도 만나지 않는 생활로 들어갔다. 그러나 1919년 거족적인 3·1운동이 일어난 뒤 민족대표에 유림계가 빠진 것을 알고 호서지역 유생이며 과거 의병의 동지들인 金德鎭·안병찬·金鳳濟·임한주·田穰鎭·崔仲式 등과 長書를 작성하여 일제가 신의를 버리고 국모를 시해한 일과 일제에 의한 잔악한 침략상을 성토하고 전 세계에 조선의 독립을 호소하고자 하였다. 또 그는 제자인 黃佾性 등을 서울로 보내 만국강화회의가 열리고 있는 프랑스 파리로 이 장서를 보낼 것을 추진하고자 하였다. 이때 영남 지역 유생들도 곽종석을 수반으로 하여 장서를 작성함에 김복한은 황일성 등에게 이들과 연락을 취하여 영남본과 합쳐 영남 호서유생 137명이 서명하여 파리로 장서를 발송케 하였다. 그는 이 장서사건이 드러나 그해 7월 공주 감옥에 구속되어 3개월 남짓 병에 시달리면서 옥고를 치렀다.

김복한은 파리장서 건으로 주위에서 그의 척사론에 대한 문제 제기를 받았다.[121] 사실 그가 비록 주자강목을 들면서 자신의 척사론

---

120) 《지산집》 권15 〈연보〉 참조.

121) 김복한은 박주순과 신태구 이외에 徐斗益에게서도 같은 내용의 질의를 받았던 것으로 보인다. 그는 서두익에게 보낸 답신에서도 역시 朱子綱目을 들어 후세의 '君子'들에게 죄를 짓는데 이르지는 않을 것이라고 답변하였다. 《지산집》 권3, 서, 〈答徐斗益〉 경신).

을 견지하고 서양을 거부하고자 하였으나, 서양의 힘을 빌려서라도 독립을 쟁취하려는 장서운동에서 이미 자신이 서양문명을 인식하고 있었음과 서양의 실력 우위를 인정한 셈이 된다. 그러나 이에 대하여 그는 주자강목의 예를 들면서 자신의 행위가 결코 ‘夷狄’에 항복한 것이 아니라 국난을 구하는 방략이었음을 역설하였다. 또한 그는 영남본의 내용을 나중에 보고서 ‘大位’나 ‘大明’등의 표현이 지나치다고 지적하였다. 이로 보아 그가 서양의 힘을 빌리고자 하기는 하였으나 그의 척사론의 기본은 변함이 없었다고 보아야 할 것이다. 오히려《주자강목》의 ‘變例’를 들면서까지 오랑캐와 손잡을 수밖에 없었던 그의 심정에서 그의 절박한 구국의지를 엿볼 수 있겠다. 그의 이러한 태도는 영남 유림들이 探西論적인 입장에서 서양에 대한 인식론의 변화를 보이는 점과는 분명한 차이를 보인다.

출옥 후 그는 홍성의 서부면 이호리에 仁智書齋를 짓고 白鹿洞書院의 규약으로 課程을 만들어 후학을 지도하였다. 그는 이때 의리정신을 가르치기 위하여 李恒老의 글을 중심으로 한 華西學派 유생들의 의병 격문과 상소문 등을 편집하여《主邊錄》이란 교재를 발간하였다. 그는 1924년 3월 29일 산수동에서 한 많은 항일애국의 일생을 마칠 때까지 제자들에게 “초학자가 時義를 알지 못하면 쇠망해 가는 세상에 서기 어렵다”면서 이 책을 읽히며 의리정신을 고취시켰다.

김복한의 제자로서 현재 알려진 인물로는 그의 아들인 殷東 · 魯東 · 明東이 있으며《志山集》출간의 노역을 자임했던 田溶彧 · 申海澈이 있다. 그 밖에 알려진 이로는 덕산의 李喆承, 공주의 金澤, 그리고 金佐鎭 등이 있다.

장남 은동(1888~1945, 자: 聖八, 호: 柳田)은 부친 김복한의 옥바라지를 도맡아 했으며 옥고를 치른 뒤에는 가사를 거의 책임졌다. 따라서 학문적으로 대성하거나 문집을 남기거나 하지는 못하였으나,

1927년 일제 치하에서 儒敎扶植會[122]를 조직하여 "유교사상을 부흥하고 시대에 적합한 충의심을 앙양하여 새로운 윤리관을 확립하고자"[123] 노력하였다. 또한 人道社의 총무로 월간지《인도》의 간행 업무를 총괄하는 한편, 신간회 활동에도 참여하는 등 홍성지역에서 민족운동가로 큰 활약을 하였다.

차남 노동(1899~1958)의 자는 聖九, 호는 杳海이다. 그는 세 아들 중에서 부친의 학문적 영향을 가장 많이 받았다 할 수 있다. 비록 그가 유교부식회의 기관지《人道》의 논설위원 등으로 활동을 하기는 하였으나 그 밖의 일체의 정치적 활동은 피했으며 거의 학문에만 힘쓴 것으로 보인다. 이에 따라 김복한의 수제자라 할 정도로 그의 사후에는 문집 간행은 말할 것도 없고, 문인들의 학문적 중심체 구실을 수행하였다. 그는 1945년 보령의 오서산 속으로 들어가 尙古山房이라는 서재를 차리고 후진 양성에만 몰두하였다. 그러한 그에게 해방 직후 정부에서는 그의 학문과 일제하에서의 활동을 평가하여 성균관장에 제수하고자 하였다. 그러나 그는 이를 사양하였으니, 이는 김복한이 을미의병 후에 조선 정부에서 제수받은 성균관

---

122) 유교부식회는 1927년 홍성에서 조직, 전국에 지회를 둔 전국적인 단체였다. 발기인은 김은동을 비롯하여 吳錫禹, 田溶彧, 崔仲軾, 黃佾性, 李泳珪, 金魯東, 崔鳴鏞, 金敬泰, 李禹稙, 鄭泰復, 金益漢 등이었으며, 회장으로는 홍주의병에 참여하였던 李相麟을 추대하였다. 주요 활동으로는 정기강연회 실시와《人道》의 간행, 그리고 태안 청양 공주 등 각지에 지회를 설치하여 유교사상의 보급과 충의정신의 고양에 힘썼다.《人道》는 유교부식회의 기관지로 1928년 5월 창간되었다. 사장에는 한병창, 간부에 심상직 최명용 등을 두고, 논설위원에 김노동 외에 김익한 전용욱씨가 있었다. 매월 월간지로 5천부씩 발행하였으며 전국 각지의 지회를 중심으로 배포되었다. 그러나 창간호부터 일본 경찰의 검열로 원고의 일부가 삭제당하는 등 탄압을 받다가 1930년 12월호를 끝으로 종간하고 말았다(《홍양사》참조).

123) 홍양사편찬위원회,《홍양사》, 동화당인쇄사, 1969.
손재학,《홍성군사회운동소사》(필사본). 손재학선생은 홍성군 초대 제헌국회의원으로 일제 통치하 홍성군에서 홍성청년회 무공회 신간회등 민족청년운동에 참여했던 인물이다. 따라서 그가 작성한 위 책은 홍성지역사 연구에 중요한 사료적 가치를 지닌다 할 수 있다. 위 책은 손 선생의 손자 손규성 기자(한겨레신문사)가 소장하고 있다. 자료를 제공해준 손 기자에게 감사드린다.

장을 물리친 것과 무관하지 않을 것이다. 그의 학문적 성격은 그가
남긴 4권의 문집《杏海集》과 그의 왕복 서한을 모아 편집한《杏海
尺牘》2권을 통하여 알 수 있는데, 스승의 학문 체계인 湖學에 기초
하여 이를 발전시켜 나갔다. 그는 또한 여러 제자를 양성하였으니,
그 가운데서도 그의 장자인 澈顯(호: 又松)은 평생을 保髮한 상태로
한학 연구와 교육에만 전념하였다.[124] 물론 그 역시 할아버지 김복
한의 학문을 그대로 전수받았다 할 수 있다.[125] 그 외의 그의 제자
가운데는 한원진의 종손이며 명동의 처남이 되는 韓東黙, 金澤의
아들 金枸,《杏海集》을 인쇄한 金貞壽 등이 있다.[126]

삼남 명동(자: 聖萬)은 한학을 수학한 뒤 주로 정치활동에 주력한
것으로 보인다. 1927년 신간회 창립의 발기인이자 35명의 간사 가
운데 한 명이었으며, 홍성지회와 공주지회를 설립하는데 주도적 활
동을 한 것으로 알려진다. 또한 그는 해방 후 공주에서 제헌국회 의
원으로 선출되어 특히 반민특위 활동에 주력하였다. 반민특위 충청
남도 대표로 선임된 그는 그의 모든 정치력을 친일파 숙청을 위한

---

124) 1989~1990년에 걸쳐서 필자는 서울시 신대방동에 있는 金澈顯氏의 한옥을
여러 차례 방문, 김복한의 학문을 비롯한 많은 사실을 전해들을 수 있었다. 또
한《지산집》과《행해집》등 자료를 제공받은 바 있다. 1991년 작고하시고 말았
으나 이 자리를 빌어 감사드린다.

125) 김철현씨는 대전에 거주하던 성구용씨의 딸과 결혼을 하였다. 즉 김노동씨는
성구용씨와 사돈 관계를 맺은 것이다. 成九鏞씨는 자를 聖韶, 호를 錦巖(또는
毅齋, 그의 문집으로《毅齋集》5권 3책과《毅齋集》續集 2권 1책이 있다. 成河珠
씨 소장)이라 하는 간재 전우의 문인인 成璣運(자:舜在, 호:惠泉, 1877~1954)
의 제자이다. 이 사실은 당시의 혼인이 집안간의 결정으로 이루어지는 관례가
성행했던 것으로 미루어 보면 쉽게 이해가 안된다. 그러나 김노동씨는 공주에 살
면서 인근 지역의 유생들과 교유를 두터이 하였으며, 그 중에서도 성구용씨는
《지산집》을 발간하는데 경제적인 도움은 물론 장소까지 제공해 줄 정도로 상호
간에 친분이 두터웠다. 성구용씨는 간재학파의 학자였다. 그러나 평생을 절의정
신으로 일제에 항거한 스승 성기운의 영향으로 의리론에 철저하였다. 따라서 일
제 말기에 비록 학파는 다를지언정 지산 김복한의 절의정신에 경복하고 그 자제
인 김노동과 의기가 투합되었던 것이다(성구용의 장자 成河珠씨 증언). 당시 일
부 지역에서는 학문적인 대립으로 자손들 간의 혼인을 금지하기까지 한 경우와
비교가 된다.

126) 김노동,《행해집》, 우문당인쇄사.

반민특위 활동에 집중시켰으나 이승만 정권의 친일파 비호 속에서
반민특위가 해체되고 오히려 그 자신은 옥고를 치러야 하는 민족적
비극을 체험하였다.[127]

田溶彧은 홍성 출신으로 어려서부터 김복한 문하에서 한학을 철
저히 수학한 수제자 중의 한 명이다. 김복한이 그를 친자식처럼 아
꼈음은 그의 자를 聖從이라 하여 그의 자식들과 같이 '聖'자를 붙여
준 데에서도 알 수 있다. 그는 김은동 등과 함께 유교부식회를 창
립하였으며 유교 진흥을 위한 사업을 전개하였다. 그는 특히 유교
부식회의 강학부를 맡아 많은 제자를 양성하였다. 그 가운데 상해
의거를 감행한 尹奉吉(1908~1932)은 유교부식회의 회원으로서 그의
가르침을 받은 것으로 알려진다.[128] 유교부식회에서 민족의식을 깨
우치고 상해임시정부의 존재를 알게 된 윤봉길은 1930년 3월 큰 뜻
을 품고 고향을 떠나 1932년 4월 상해에서 거사를 감행한 것이다.

申海澈(1900~1941)의 자는 汝宗, 호는 友石으로 본관은 평산이다.
그는 청주에서 태어나 어려서 韓星履(호: 少雲), 朴魯雲(호: 松溪)등
에게서 한문의 기초를 수학한 뒤 홍성으로 김복한을 찾아가 執贄하
고 사제의 관계를 맺었다. 신해철은 오랜기간 김복한에게 가르침을

---

127) 오익환, 〈반민특위의 활동과 와해〉, 《해방전후사의 인식》, 한길사, 1979.
    김상기, 〈식민잔재의 청산문제와 '친일파 99인'〉, 《쟁점 한국근현대사》 제3호,
    1993.

128) 윤봉길은 충청남도 덕산에서 梅谷 成周錄에게서 한학을 수학하였다. 성주록
    은 윤봉길에게 한학을 가르친 뒤에 윤봉길을 홍성으로 데리고 가 유교부식회에
    입회시켰다. 이는 김복한의 문인들이 중심이 되어 조직한 유교부식회를 통하여
    한학에 대한 깊은 소양은 물론 충청남도 서부지역의 중심지라 할 수 있는 홍성
    지역에서 새로운 사상을 습득시키고자 한 때문이었다. 이때 김복한의 수제자인
    전용욱이 강학부의 책임을 졌으며 자연히 윤봉길과 관계가 두터웠던 것 같다.
    전용욱은 해방된 뒤 윤봉길의 유해가 돌아오고 충의사가 설립되자 충의사에서
    윤의사를 추모하며 〈尹義士奉吉忠義祀有感〉이란 시를 지어 영전에 바쳤다. 이
    시는 "전일에 그대 위해 강을 했던 일을 회상하니 흐르는 눈물 금할 수 없어 스
    스로 肅敬하네"라고 끝맺고 있으며, 후미에 "尹君曾以儒敎扶植會員陪其師成周
    錄氏來講於會館來句及之"(윤군은 일찍이 유교부식회원으로 그 스승 성주록씨를
    따라 회관에 와서 강하였기에 읊는다)라고 윤봉길이 유교부식회 회원이었음을
    알려주고 있다(이상재선생 제공).

받을 수는 없었으나《지산집》간행 등 평생을 스승을 위한 사업에 힘썼으며 스승의 학문을 철저히 계승하였음을 볼 수 있다. 그는 김복한 사후에도 호론의 입장에서 철학적 사유를 진전시켜 갔다. 그의 학문은 그의 문집인《友石稿》에 잘 정리되어 있다.《우석고》에 따르면 그는 宋毅燮에게 보낸 서신에서 전우가 老洲 吳熙常의 의견을 따르는 것을 비판하고 있다.[129] 또한 그는 惺菴 朴胄淳에게 보낸 서신에서 "華西와 省齋가 理로써 明德을 본 것은 經旨에 위배되지 않습니까"라고 화서학파의 이기론이 낙파적 경향을 보인다고 염려하면서, 또한

> 中庸 22장의 주자 주에 말하기를 '人物之性亦我之性'이라고 하였으니 이것은 첫장의 '天命之性'과 무엇이 다릅니까. 이것이 같다면 두렵건대 洛儒의 확증이 되어 그자들을 배격하기가 어렵고 이것이 같지 않다면 주자께서 이 두 구절을 주를 낼 적에 어찌하여 첫 장의 뜻을 잊고 이같이 하였습니까.[130]

라 하여 중용의 주자 주에 나타난 洛論系의 주장을 배격할 이론적 근거를 찾기까지 하고 있음을 알 수 있다. 주지하듯이 한원진과 이간 간의 이른바 호락논쟁에서, 낙론자들이 인물성동론을 주장하는 근거로 바로 신해철이 지적한 중용의 첫장 天命之性章句에 대한 주자 주에 "人과 物이 生함에 각기 그 부여한 바의 理를 얻으므로 인하여 健順五常의 德이 되니, 이른바 性이다"라는 부분을 들고 있다. 이에 대해 호론 즉 인물성이론을 역설하는 자들은 맹자의 '生之謂性章'에 대한 주자 주에 "理로써 말하면 인의예지의 稟賦를 어찌 物이 全得한 바리오"라 한 것에 따라 인성과 물성은 그 氣의 偏全의

---

129) 申海澈, 〈上宋春溪毅燮〉, 《友石稿》권1, 서.

130) 신해철, 〈上朴惺菴胄淳〉, 《우석고》권1, 서.

차이 때문에 선천적으로 상이하게 되었다고 주장하고 있다. [131]

한편 이들 외에 李喆承, 金澤, 金佐鎭 등이 있다. 이철승 (1879~1951)은 덕산출신으로 자를 重吉, 호를 直菴이라 한다. [132] 그의 경우는 김복한의 문인이면서 동시에 유중교의 문인인 유진하한테도 배웠다. [133] 김택(1898~1954)은 김복한한테 직접 배운 것은 아니지만 은동 노동 등 김복한의 아들들과 교유하면서 유교부식회에 감찰의 직임을 맡아 참여하였다. 김택은 또한 이철승과 마찬가지로 서산에 거주하던 성재 유중교의 제자인 閔宗植한테 가르침을 받았다. 이에 따라 그는 유중교의 학문과 사상을 존모하기를 주자 섬기듯 할 정도였다. [134] 또한 청산리전투를 대첩으로 이끈 김좌진 (1889~1930)은 김복한의 종숙으로 항렬은 높지만 그 역시 김복한한테 배웠다. [135] 참고로 김복한의 문인 계보를 표로 제시하면 다음과 같다.

---

131) 배종호,《한국유학의 과제와 전개》2, 범학사, 1980.

132) 李喆承의 문집으로《直菴集》이 전한다. 이철승은 南相赫 趙鍾業을 비롯하여 예산 서산 당진 천안 일대에 많은 제자를 배출하였다.

133) 유진하(1846~1906)는 경기도 고양군 벽제면 출신으로, 자를 千一, 호를 存齋라 한다. 1899년에는 서산군 운산면 거성리로 이사하여 몰년 때까지 이곳에서 많은 제자들을 양성하였다. 이철승도 이때 이곳으로 와 수학하였다 한다(조종업 교수 증언). 문집으로《존재집》이 있다(경인문화사 영인본).

134) 김택에 대하여는 그의 장자인 김순 씨에게서 증언을 들을 수 있었다(충남 공주 시내 거주)

135) 金徹顯 金天漢씨 증언. 현재 仁智書齋(충남 홍성군 서부면 이호리 秋陽祠내 소재)에 거주하고 있는 김천한씨의 증언에 따르면 "좌진장이 항렬은 위이나 지산 문하에서 글을 읽었는데 좌진씨가 갈산 개울 건너마을인데 당시 상여군 그러면 상민보다도 천하게 알 때인데 16세시인데 상여를 메었답니다. 그 말을 들은 지산장이 불러서 종아리를 때렸답니다"라고 김좌진이 김복한한테 글을 배울 때 상여를 메어 혼난 일화를 전해주었다(1994년 10월 20일자 서신).

〈표6〉김복한의 문인계보

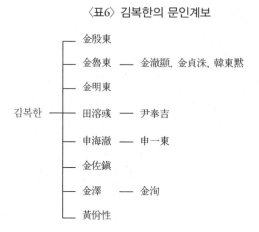

이상에서 살펴보았듯이, 김복한은 1894년 부일개화파가 정권을 장악하고 일제가 노골적인 침략정책을 펴자 사직한 뒤, 낙향하여 나머지 전 생애를 항일투쟁에 바쳤다. 그는 1895년 을미사변의 비보와 단발령의 공포에 '살신성인'의 정신으로 반개화, 반침략의 홍주의병을 일으켰으나, 관찰사의 배반으로 투옥되어 옥중에서 얻은 각기병으로 평생 걷기 어렵게 되었으니 그의 항일민족운동의 출발은 결코 순탄하지 않았다. 출옥 뒤에는 후학 양성에 힘쓰는 한편, 향음례를 실시하고 향약을 베풀면서 주자학 보급에 주력하였다. 1905년 을사조약이 늑결되자 그는 내종형인 이설과 함께 상경하여 5적 처벌과 일제를 몰아낼 것을 요구하는 상소를 올렸다. 비록 그는 자신이 건강상의 이유로 의병을 일으킬 수는 없었으나 안병찬 등에게 의병봉기를 고무하였다. 민종식이 체포되자 그 역시 체포되어 서울 경무청에 구속되었으며, 풀려난 뒤 공주감옥에 다시 구속되었으나 그의 구국의지는 옥고를 치르면서 더욱 굳건해졌다.

1910년 국망과 함께 그는 自靖의 생활을 하고자 하였으나 1919년 거족적인 3·1운동이 발발하자 노년의 나이에 건강이 극도로 악화된 상태임에도 파리강화회의에 조선의 독립을 청원하는 장서운동을 추진하였다. 그가 주도한 장서운동은 영남지역에서 추진되던 장서운동과 통합되어 하나의 장서를 파리에 발송하기에 이르렀다. 학파와 당색이 서로 다른 호서와 영남지역 유림의 장서운동의 통합은 민족운동사에서 일대 쾌거라 하겠다. 그의 국권회복의 정신은 민족의 위기에 문인들의 적극적인 민족투쟁을 가능하게 한 기반이 되었다. 그 결과 그의 문하에서 일제 통치하 김좌진 김명동과 같은 걸출한 민족지사는 물론, 그의 遺命으로 유교부식회가 설립되어 유교의 개혁과 아울러 민족의식 고취에 힘써 윤봉길과 같은 혁명운동가가 배출되기까지 하였다. 이와 같이 김복한은 19세기말 조선사회의 전환기를 실천적으로 극복하고자 고투했던 學人였으며, 일제의 침략에 위정척사운동, 의병투쟁 그리고 파리장서운동 등 다양한 방법으로 국권을 회복하고자 항일투쟁을 주도했던 민족지사였다. 그의 이러한 근왕적이며 배타적인 척사론은 그의 문인들에게 전수되어 보수적인 학풍을 형성하게 한 면이 있다. 그러나 그의 의리정신과 민족수호 정신은 민족의 위기에 그를 비롯한 문인들이 적극적으로 민족투쟁을 가능하게 한 이론적 기반이 되었으며 그의 문인들에게 각인되어 현재에 이르고 있는 등 우리에게 시사하는 바가 크다.

2) 學統과 사상

김복한의 학통을 구명하기 위하여 우선 상정할 수 있는 것은 김상용, 김상헌으로 이어져 내려오는 가학적 학풍을 이어 받았다는 사실이다. 김복한은 김상용, 김상헌 등 선대의 문집들을 접하고, 대대로 구전되어 오는 이야기를 들으면서 그들의 절의정신과 척화정신을 전수받을 수 있었다. 그는 1905년 을사조약이 강제로 늑결되자 상경하여 올린 〈請討賣國諸賊疏〉에서 그들의 정신을 계승하고자 하였으나 지금이야말로 그 길을 얻었다고 다음과 같이 밝히고 있다.

> 신의 선조 文忠公 신 尙容은 종묘사직이 멸망하는 것을 차마 볼 수 없다 하여 애착없이 자신을 희생하였사옵고, 방조 文正公 신 尙憲은 통곡하며 국서를 찢어 버리고 구금되어 나오지 않았사온 즉, 신이 비록 불초하오나 매양 두 조부의 만 분의 하나라도 배우고자 하였던 것이온데 지금이야말로 그 길을 얻었다고 생각하옵니다.[136]

김복한의 둘째 아들이며 수제자이기도 한 노동은 "선생은 어려서부터 仙源 淸陰 二祖의 가르침을 익히고"라 하여 김상용과 김상헌의 영향이 컸음을 방증하고 있다.[137] 김복한은 특히 그의 방조되는 김상헌을 흠모하여 "尊周大義가 당당하고 일월같이 밝았다"[138]라고 시로 칭송하기까지 하였다.

이와 같은 가학적 학풍은 그의 종조부 되는 金民根으로부터 전수되기 시작하였다. 김복한은 부친과 조부를 일찍 여의었으나 종족인 김민근에게 한문의 기초를 배울 수 있었다. 김민근은 김복한의 조부가 사망한 다음 해, 즉 김복한이 8살 때부터, 김복한의 집에서 머물면서 그에게 한문을 가르쳤다. 김복한은 이때를 회고하며 '信心'과 '直行'의 정신으로 자신의 '敎督'과 '家務'를 돌보아 주었다고 그 은혜를 잊지 못하고 있다. 또한 1892년 3월 자신이 과거에 급제하고 낙향하였으나 자신을 반겨줘야 할 김민근이 이미 사망했음에 낙담하며 '잊을 수 없는 것이 (선생의) 情이요, 보답하기 어려운 것이

---

136) 김복한, 〈請討賣國諸賊疏〉, 《지산집》 권2, 소.
137) 김노동, 발문, 《지산집》 권15, 부록.
138) 김복한, 〈淸陰傍祖〉, 〈三學士〉, 《지산집》 권1, 시.

(선생의) 德'이라고 애석해 하고 있다.[139]

김복한은 12살 때인 1871년 이돈필 문하에 들어가면서 본격적인 학업을 쌓기 시작하였다. 이돈필(1834~1902, 호: 農隱, 자: 輔卿, 본관: 함양)은 덕산의 송애(현, 충남 예산군 덕산면 내나리)출신으로 선조때 대사간과 이조참판을 역임한 李孝元의 후손이다.[140] 이돈필의 부친은 성균진사 李達緖로 유학에 대한 소양이 깊었던 것으로 알려져 있다.[141] 그의 증조부 李建運 역시 성균진사로 한원진의 사숙문인인 性堂 鄭赫臣(1719~1793, 자: 明峻, 본: 경주)의 문인이다. 정혁신은 보령의 道朗里 출신으로 고향에서 학업에만 주력한 인물이었다. 그러한 그에게 조정에서 1780년(정조 4) 학행이 뛰어나다 하여 광릉참봉에 제수하고, 1790년 元子 탄생을 기념하여 그에게 통정대부 첨지중추부사를 특제하였으나 그는 일절 관직에 부임하지 않았다. 그후 그는 청양의 오서산 속에 養性堂이란 서재를 짓고 후진을 양성하면서 평생을 '自靖精義'한 생활을 꾸렸다. 한편 그는 〈南塘記聞錄〉을 항상 옆에 두고 한원진의 心性論을 존신하여 이를 후학에게 전수하였다.[142] 이로써 이돈필은 부친 이달서와 증조 이건운 그리고 정혁신 등을 거쳐 그 학문의 연원이 한원진까지 올라감을 알 수 있다.[143]

---

139) 김복한, 〈祭小竹金公民根文〉, 〈祭小竹金公遷葬文〉, 《지산집》 권7, 제문.
　　金民根(1816~1892)은 문과 출신자로 종2품 지돈녕부사를 역임한 인물이다. 그의 부친은 濟淳으로 이조참판을 역임하였으며 문집이 있을 정도로 학자이며 관리 집안이었던 것으로 보인다(안동김씨 족보 참조).

140) 이효원(명종4, 1549~인조7, 1629)은 광해군 폐위 음모에 연루되어 14년 동안 유배되었다가 인조반정 후 풀려난 인물로 송시열이 이 일로 그를 큰 절개가 있다고 칭송한 바 있다.

141) 김복한, 〈菊史遺稿跋〉, 《지산집》 권5, 跋.

142) 金博淵, 〈鄭赫臣行狀〉, 《성당집》 권5, 행장.

143) 이돈필 집안은 그의 5대조 義吉 때부터 한원진과의 관계가 시작되었다. 즉 정부에서 의길에게 음직으로 참봉을 제수하였으나 의길이 부임하지 않자 한원진이 그의 학문을 높이 사 그를 '正學'이라 추대하였던 것이다. 필자는 이돈필의 후손을 찾기 위하여 덕산일대에 여러 차례 수소문해 보았으나 아직 확인할 수가

이돈필은 이처럼 가학을 전수받았으나 또 한편으로는 김복한의 종조부가 되는 金養根(1805~1874)에게 한학을 수학하였다. 김양근의 자는 德元, 호는 菊史로 善工監役에 임명되었으나 부임하지 않고 학문에만 힘썼던 인물로 전한다.[144] 김양근의 학문적 성격은 아직 자료가 부족해 알 수 없으나 이돈필은 그의 스승이 죽자 글을 모아 《菊史遺稿》라 하여 유고집을 펴냈다. 김복한은 이때 스승인 이돈필을 도와 이 유고집을 발간하게 하였으며 발문을 써 위 사실을 밝히고 있으니[145] 김복한 집안과 이돈필이 이처럼 학문적으로 밀접히 연관되어 있음을 볼 수 있다.

없었다. 단지 김복한이 쓴 〈農隱李公敦弼墓地銘〉(《지산집》 권12, 묘지명)에 따르면 다음과 같은 이돈필의 가계를 알 수 있을 뿐이다.

```
        彦(始)
         ⋮
      莊襄公
         ⋮
      孝元(대사간)
         |
      義吉(參奉, 不就)
         |
      坰(현령)
         |
      建運(성균진사,性堂문인)   증조
         |
      儒洛                   조부
         |
 창원황씨—達緒(성균진사)   부
         |
      敦弼
         |
      周憲
```

144) 《안동김씨세보》 참조(김영한 선생 제공). 김양근의 생부는 能淳이고, 양부는 愚淳이다. 愚淳의 자는 吾與, 호는 小石으로 문집이 있다. 양근의 아들로 炳胄 (1935년 사망)가 있다. 병주는 음직으로 都事를 역임한 인물로 김복한이 죽은 뒤 제문을 바쳐 김복한을 추모하고 있음을 알 수 있다(《지산집》 권15 祭文 참조).

145) 김복한, 〈菊史遺稿跋〉, 《지산집》 권5, 跋.

이돈필은 조선말기 정치의 문란상을 보고 과거에 응시하지 않았으며 벼슬이라고는 만년에 홍주부교원을 맡은 것밖에 없다. 그러나 국사를 염려함이 커 1864년 이후 대원군의 정책 가운데서 서원을 철폐한 일(毁院宇), 토목공사를 일으킨 일(興土木), 그리고 세금을 재촉하여 거두어 들인 일(急聚斂) 등과 강화도가 침략당한 일에 분개하여 대원군에게 서한을 내어 비판하면서 자신의 내수외양책을 진언한 것이 수만 자였다고 한다. 1882년에는 김홍집의 조선책략사건 이후 전국이 척사론으로 들끓을 때 그 또한 화이를 분별하고 사교를 배척할 것(辨華夷 斥邪敎)을 밝히는 글을 작성하여 정부에 바치고자 하였으나 주위의 만류로 그친 적이 있었다. 한편 그는 남의 잘못을 절대 용인해 주는 법이 없었다고 한다. 제자인 김복한은 이러한 성품 때문에 그를 싫어하는 자가 있었다고 회고하면서, 그러나 "耿介(지조가 굳고 변하지 아니함)하고 식견이 깊고 넓었다"고 그를 평하고 있다.[146] 이와 같은 이돈필의 타협을 모르는 성품과 철저한 척사론은 제자인 김복한의 절의론과 척사론 형성에 영향을 끼쳤을 것으로 보인다. 김복한은 이돈필한테 주로 科文을 배웠으며, 그 밖에 〈歷代得失〉, 〈國朝典故〉, 〈黨論原委〉, 〈氏族派系〉 등을 수학하였다고 술회하고 있다.[147]

김복한은 15살 되던 1874년부터는 그의 외종형인 이설의 가르침을 받기도 하였다.[148] 비록 이들이 나중에 앞뒤를 다투며 관직에 나

---

146) 김복한, 〈祭農隱李公敦弼文〉, 《지산집》 권6, 제문. 이설 또한 〈代人祭農隱李公文〉(《復菴私集》, 제문)(한국정신문화연구원 도서관 소장)에서 이돈필을 지조가 굳고 마음이 청민하다고 평하고 있다. 이 《복암사집》은 필사본으로 되어 있으며 《복암집》의 원본으로 보인다.

147) 김복한, 〈農隱李公敦弼墓誌銘〉, 《지산집》 권12, 묘지. 이돈필의 문하에는 김복한 이외에 이설도 출입하였다. 김복한은 자신이 쓴 이돈필묘지명(김복한, 〈農隱李公敦弼墓誌銘〉, 《지산집》 권12, 墓誌.)에서 그 문하에서 문과급제자가 2명 나왔다고 쓰고 있는데 자신과 이설을 가리키는 것으로 보인다.

148) 김복한의 모친이 이설의 조부인 이규의 딸이다. 즉, 김복한의 모친은 이설의 고모에 해당한다. 김복한의 부인 역시 연안이씨 毅翼의 딸이니 양가의 연혼 관계를 알 수

아가고, 홍주의병투쟁과 을사5적 처단을 주청하는 상소운동 등 항
일애국투쟁의 동지로 활동하였다 하더라도 10년 연하인 김복한은
이설의 가르침과 영향을 받았을 것으로 보인다. 그런데 이설의 학
문적 성격이 한원진의 사숙문인이라고 할 수 있을 정도로 그의 영
향이 컸음은 이미 밝혀진 바 있다.[149] 김복한의 학문은 이처럼 김민
근 이돈필 이설의 가르침으로 성숙되어 갔다. 그리고 호서지역에서
일가를 이룬 한원진의 학풍을 전수받아 호론의 종장이란 칭호를 얻
기까지 하였다.

한원진의 학문과 사상은 주자와 율곡의 '心法學'에 기반을 두고
있으며, 우암 송시열의 '直'의 心學을 계승 발전시킨 것으로 알려져
있다. 한원진은 심학의 요체를 설명하면서 道體는 直으로 宗을 삼
는다고 논하고 있다.[150] 한원진의 동학인 尹鳳九 역시 그가 작성한
〈南塘韓公行狀〉에서 '그의 심법은 直으로 主를 삼았으며, 덕행은
溫恭으로 本을 삼았다'[151]라고 한원진의 直철학을 잘 알려주고 있
다. 이와 같은 한원진의 사상과 학문은 멀리는 병계 윤봉구,[152] 가
깝게는 이돈필 이설 등을 통하여 그가 죽은 지 1세기나 지난 뒤에
태어난 김복한에게 전해지기에 이르렀다. 김복한의 한원진에 대한
존신의 태도는 그가 홍주을미의병을 일으키고 옥고를 치르고 난 뒤

있다.

149) 김상기, 〈복암 이설의 항일민족운동에 대한 고찰〉,《우강권태원교수정년기념
논총》, 1994.

150) 김길환,《조선조유학사상연구》, 일지사, 1981, 208~215쪽.

151) 尹鳳九, 〈남당한공행장〉, 한국정신문화연구원 도서관 소장 마이크로필름 참조.

152) 김복한은 23살 때인 1882년 덕산에 있는 병계 윤봉구의 묘를 참배한다. 그가
송시열 묘를 참배한 것이 그뒤 5년 뒤인 1887년, 한원진의 묘를 찾아 간 것이 그
가 38살 때인 1897년인 것으로 보아 그는 한원진의 사상에 심취하기 전에는 아
마도 덕산 출신인 이돈필을 통하여 그는 윤봉구의 사상을 흡수한 것이 아닌가 유추된
다. 김복한이 지은 〈贊〉으로는 한원진의 찬문인 〈南塘韓先生畵像贊〉,〈南塘先
生贊〉이외에는 유일하게 〈屛溪尹先生畵像贊〉,〈屛溪先生贊〉을 지어 한원진과
함께 선생으로 섬기고 있음을 알려준다(《지산집》 권5 贊 참조).

부터 더 강하게 나타난다.

　김복한은 1897년 4월에 한원진의 묘에 참배하고 고유문을 바쳤으며, 그 이듬해에도 유호근, 金商悳, 趙龜元, 沈宜德 등과 연명하여 한원진의 묘에 告諭文을 바쳤다.[153] 김복한은 이때 한원진의 사숙문인을 자처하며 그의 학문적 위치를 '栗尤(율곡 우암, 필자 주)가 장애가 되나 주자 이후 한 분 뿐이다'[154] 또는 "성리설을 밝힌 공이 공자 주자와 더불어 우주간에 3인이라 할 것이다"[155] 라고 하면서 주자 다음으로 한원진을 존숭하고 있음을 볼 수 있다. 이와 같은 김복한의 학문적 경향에 대하여 김복한의 둘째 아들이며 수제자이기도 한 魯東은 "선생은 韓文純公(한원진, 필자 주)을 道學의 結局으로 尊信하여 道義를 講明하였다"[156]고 《志山集》의 跋文에서 밝히고 있다. 또한 그의 고향 후배이면서 홍주의병 동지이기도 한 임한주 역시 김복한의 행장을 쓰면서 "公은 한번 塘書를 보면 보던 것을 버리고, 일단 존신함이 마치 친히 그 문하에서 수업을 받은 자와 같았다"[157]라 평하고 있으며 더 나아가 임한주는 자신을 포함하여 김복한 등을 '塘門'[158]이라고 언급하고 있다. 이러한 후배와 제자들의 태도에 대하여 김복한은 "塘翁의 지극한 가르침은 어찌 우리 黨의 행복이 아니겠는가"[159]라고 하여 塘門임을 자부하고 있다.

　이에 따라서 김복한은 호론의 성리설을 견지하면서 낙론의 설을 비판하였다. 그는 洪直弼이 《梅山集》에서 한원진의 예론을 비판함

153) 유호근, 〈告南塘韓先生墓文〉, 《사가집》 권4, 告祝.
154) 김복한, 〈答林公羽〉, 《지산집》 권4, 서.
155) 김복한, 〈告南塘先生墓文〉, 《지산집》 권7, 고유문.
156) 金魯東, 〈跋〉, 《지산집》 권15, 부록.
157) 임한주, 〈志山金公福漢行狀抄〉, 《성헌집》 권4 하, 행장.
158) 임한주, 〈제문〉, 《지산집》 권15, 부록.
159) 김복한, 〈與林公武承周〉, 《지산집》 권3, 서.

에 "사람을 분개하고 탄식케 한다(令人慨嘆)"[160]라고 홍직필의 설을
비판하고 있다. 또한 낙론계의 대표적 유학자였던 艮齋 田愚와의
여러 차례의 서신 왕래에서 老洲 吳熙常이 그의 〈老洲雜識〉에서
송시열을 儒賢의 대열에서 제외시킴과 아울러 홍직필이 한원진을
이단이라고 배척한 것은 옳은 판단이 아니었다고 낙론계의 선학들
을 비판하였다.[161] 이와 같은 김복한의 한원진 추존태도는 급기야
田愚로부터 '(김복한의) 남당 추존이 過當하다'[162]는 지적과 함께 한
원진의 심성론까지 비판받기에 이르렀으니,[163] 이로써 제2의 호락
논쟁이 펼쳐짐을 볼 수 있다. 이처럼 한원진과 이간이 죽은 지 100
여년이 지난 19세기 말 20세기 초에 걸쳐서 그들의 사숙문인들이
라 할 수 있는 김복한 등 호론계 유학자들과 田愚로 대표되는 낙론
계 유학자들과의 이른바 제2의 호락논쟁이 치열하게 벌어짐을 볼
수 있다.

김복한은 1901년에는 이설 등과 함께 〈남당연보〉를 간행하였
다.[164] 또한 한원진의 묘비가 없어 누구의 묘인지 알 수 없다고 인
근의 유생들에게 글을 띄워 묘비 건립을 위한 의연금을 모아 비석
을 세우는 등 사숙문인으로서 도리를 다하고 있음을 볼 수 있다.[165]
따라서 김복한의 사상은 이상에서 논급한 것처럼 여러 갈래를 통하
여 형성되었으나 종국에는 한원진으로 올라감을 볼 수 있다.

김복한의 사상은 위정척사론이 그 핵심을 이룬다고 볼 수 있다.
그는 위정척사론 외에도 이기론과 예론, 그리고 교육사상 등에 대
하여도 관심을 갖고 글을 남겼다. 따라서 이에 대한 종합적인 검토

---

160) 김복한, 〈答林公羽〉, 《지산집》 권4, 서.

161) 김복한, 〈與田艮齋〉, 《지산집》 권3, 서.

162) 김복한, 〈與田艮齋〉(7), 《지산집》 권3, 서.

163) 김복한, 〈與金敎奭〉, 《지산집》 권4, 서.

164) 이설, 〈告南塘韓先生墓文〉, 《복암집》 권11, 告文.

165) 김복한, 〈與諸士友〉, 《지산집》 권4, 서.

가 요구되나, 여기에서는 그의 민족운동과 밀접히 관련된 위정척사론을 중심으로 살펴보고자 한다. 조선 말기 위정척사론은 邪學을 배척하여 정학인 주자학 내지는 주자학 질서를 지키고자 하는 이론으로, 보수 유생들의 중심적인 논리 체계였다. 특히 율곡 이이와 우암 송시열의 학통을 잇는 기호 계열의 유생들은 다른 지역에 비하여 지속적이고 강력한 위정척사론을 확립, 발전시켜 갔다. 그 결과 일제의 침략으로 말미암은 민족 존망의 위기에 의병투쟁을 펼쳐 자신들의 이론을 실천하는 데에도 적극적이었다. 김복한 역시 기호학파의 학통을 계승하였으며 더욱이 이단을 배척하는 데 강력한 논리를 편 한원진의 사숙문인이니 그의 위정척사론은 확고하였다 할 수 있다. 이와 같이 김복한의 사상은 위정척사론이 그 핵심을 이룬다고 볼 수 있다. 그는 스스로 지은 만사에서 "… 道는 暘谷(양곡리, 필자 주)의 韓夫子(한원진, 필자 주)를 존모하였고"[166]라고 하여 자신은 中華의 道(正學 즉, 衛道闢邪論에서의 도를 말함)를 평생의 신념으로 삼았음을 술회하였다.

그의 위정척사론은 일찍 형성되었던 것으로 보인다. 그가 23살 때인 1882년 전국이 임오군란으로 들끓고 있을 때 그는 가평의 大報山에 올라 大統壇을 찾아갔다. 그는 朝宗巖에 새겨져 있는 명나라 毅宗의 '思無邪', 선조의 '萬折必東再造藩邦', 송시열의 '日暮道遠至痛在心'이라는 22자의 글씨를 확인하였다. 그리고 심양에 구금되었던 봉림대군이 효종이 되어 이곳을 참배하고 존화양이의 정신으로 "눈물을 흘리며 굴복한 아픔"(泣弓之痛)을 잊지 않게 하기 위해 제사를 지낸 뜻을 기렸다.[167] 그는 또한 송시열을 존모하였으니 그가 28세 때인 1887년 송시열 묘와 만동묘를 참배하고 그의 '존화양

---

166) 김복한, 〈自挽〉, 《지산집》 권1, 詩.
167) 김복한, 《지산집》 권1, 詩, 15쪽.

이론'에 바탕을 둔 척사론을 심화시켜 갔다.[168]

김복한은 어려서부터 《朱子綱目》을 즐겨 읽었다. 주자강목이란 주자가 공자의 춘추필법에 따라 《춘추》를 계승해서 그 이후의 사서를 정리한 것을 말한다. 강목의 정신은 '尊中華 攘夷狄'이 중요 이념으로 알려져 있다.[169] 이 이념이 김복한의 중요 사상인 위정척사론으로 발전하였다. 김복한은 이중에서 특히 '衛正'을 못하여 국가가 망하게 되었음을 통탄하였다. 즉 그는 주자학 세계가 서학인 邪學에 침해당하여 도가 지켜지지 않게 되었으며 이로 말미암아 국가가 쇠약하게 되었다고 하여 국망의 원인으로 正學의 쇠퇴를 들고 있는 것이다.

이에 따라 김복한은 1895년 12월 2일 홍주관찰사 이승우에게 의병에 동참할 것을 권하면서 "당 태종이 천하를 얻기 위하여 죄 없는 진양령을 베어 종묘사직과 중화의 명맥을 이었다"[170]라고 주자강목의 대의관을 바탕으로 그를 설득하여 결국 의병에 참여하게 하였다. 또한 그는 파리장서사건으로 피체되어 옥고를 치르고 풀려난 뒤 건강이 악화된 상태에서 둘째 아들인 魯東을 한원진의 묘에 보내 대신 제문을 바쳤다. 이 〈고유문〉에서 그는 "… 선생이 人獸 儒釋 華夷의 구분이 없음을 심히 걱정하고 통탄하셨는데, 지금에 이르러 징험되고 있습니다"[171]라고 하여 '척이단론'이 그의 사상의 바탕이 됨을 피력하고 있다.

이와 같이 그는 위정척사론을 바탕으로 주자학이 아닌 어떠한 사상이나 이론 체계도 비판하였다. 그는 불교를 "이른바 과거의 업보라는 것은 가소로운 것"이라 하여 비판하고 있다. 신학문에 대하여

---

168) 김복한, 〈萬東廟〉,《지산집》권1, 詩.

169) 조종업, 〈홍주의병의 정신사적 배경〉, 홍주의병사학술대회 주제발표논문, 광복회, 1987.

170) 임한주, 〈洪陽紀事〉,《성헌집》, 권2, 記.

171) 김복한, 〈告南塘先生墓文〉,《지산집》권7, 告由文.

도 "인심을 물에 빠뜨리고 世道를 壞敗시킴이 심하고 어버이와 임금이 없고 어른과 아이의 순서가 없으며 삼년상을 모시지 않는다"는 등의 이유를 들어 비판하였다.[172] 한편 그는 국권회복운동의 또 다른 방략 가운데 하나인 애국계몽운동에 대하여

> 이른바 애국을 말하는 자는 단지 조국이 있는 것만 알지 임금을 섬기되 끝내는 성현의 말을 업신여기게 되고, 오랑캐의 풍속을 따르게 됨을 알지 못한다. … 梁啓超같은 자는 실로 천지에 얼굴을 들 수 없는 적이다. 주자를 물리치는 것이 부족하여 만고에 대성인인 우리 부자[孔夫子]를 비방하니 머리를 자르고 배를 찢을 놈이다.[173]

라 하여 애국을 부르짖는 자들은 국가만 알지 중화의 道를 알지 못하여 결국은 개화라는 구실 아래 서양화한다고 지적하면서, 심지어는 중국의 계몽사상가 梁啓超가 공자를 비방하였다 하여 '머리를 자르고 배를 찢을 놈'이라고 혹평을 하고 있다.

그는 동학에 대하여도 '東匪', '東賊' 등으로 표현하면서 적대적인 태도를 보여주고 있다. 그는 1910년 국망 후 耆老金을 거절하며 순절한 李學純의 문집인 《晦泉集》 서문에서 "능히 東匪가 치성할 때 이를 물리쳤고, 또 이미 설치한 신학교를 허물었으니 이 두 가지 일로써 족히 불후의 업적이다"[174]라 하여 이학순이 '동비'를 물리친 것을 신학문의 보급을 배척한 것과 함께 큰 공으로 치켜세우고 있다. 또 동학군을 물리치다가 예산 전투에서 전사한 홍주군의 中軍 李秉曒의 만사를 쓰면서 '충혼의 늠름함이 아직도 살아 있는 듯하다'[175]

---

172) 김복한, 〈與林公羽〉, 《지산집》 권4, 서.
173) 앞과 같음.
174) 김복한, 〈晦泉集序〉, 《지산집》 권5, 서;〈挽李晦泉〉, 《지산집》 권1, 詩.
175) 김복한, 〈挽本州土中軍秉曒〉, 《지산집》 권1, 詩.

라 하여 그의 행동이 '忠'이 되었음을 기리고 있다. 또 16살에 자원 출진하여 동학군과의 전투에서 전사한 韓基慶을 어린 나이에 사람들을 놀라게 하고 가문을 빛냈다고 기리고 있다.[176] 또 〈申泰鳳傳後敍〉에서 역시 어린 나이의 신태봉이 동학군과의 예산 전투에서 사망한 것을 기리면서 비록 한미한 집안에서 태어났으나 군신간의 의리의 중대함을 깨닫고 '東賊'이 창궐하는 국난에 처하여 죽음으로써 이를 실천하였다고 칭송하였다.[177]

이와 같이 김복한은 위정척사론에 따라 동학을 이단으로 취급한 것이다. 이에 따라 그는 1894년 동학농민군이 치성할 때 인근의 유생들과 유회군을 편성하여 홍주목사 李勝宇를 지원하게 하여 홍주성을 동학군으로부터 보위토록 하는 데 힘썼다. 이승우는 이들의 힘으로 홍주성전투에서 승리하여 많은 동학군을 격퇴할 수 있었으며, 그 공으로 홍주부 관찰사로 승진할 수 있었다. 또한 김복한 등 유생들은 이러한 동학군에 대한 상호간의 동맹자적인 관계로 1년 남짓 뒤 이승우를 찾아가 의병에 동참할 것을 협의할 수 있었던 것이다.

이설은 김복한에 대하여 "만년을 내린 華夷 전통이 그대 한 사람 힘입어 지켜지도다"[178]라고 평하고 있으며, 임한주 또한 김복한의 제문에서, 1895년 이후 30년 동안 '衛正斥邪論'을 높이 세웠다[179]고 김복한의 학문적 성격을 '위정척사론'이라고 규정하였다. 김복한의 제자이며 스승의 문집을 간행하는 데 노역을 맡은 신해철도 스승에 대한 만사에서

---

176) 김복한, 〈挽韓基慶〉, 《지산집》 권1, 詩. 한기경이 전사한 다음 해인 1895년 정부에서 그의 집에 '忠烈韓基慶之門'이라는 정려문을 세우게 하였음을 알 수 있다(洪陽史, 179쪽 참조).

177) 김복한, 〈申泰鳳傳後敍〉, 《지산집》 권5, 跋.

178) 임한주, 〈홍양기사〉, 《성헌집》 권2, 記.

179) 임한주, 〈제문〉, 《지산집》 권12, 부록.

존화양이 하는 의리가 커서 적을 토벌함에 충성을 다하셨네. 파리장서
에는 원통하고 분한 것을 호소하고, 홍주의병들에게는 의리의 격문을 뿌렸
네. 외로운 충성은 일월같이 빛나고 큰 의리는 금석에 맹세하셨네.[180]

라 하여 존화양이론에 바탕을 둔 스승의 충의정신을 기렸다.

한편 김복한은 그의 위정척사론을 펼치는 데 화서학파의 '존중화
양이적'의 이념을 채택하고 아울러 이를 널리 보급하기까지 하였음
이 발견된다. 이 사실은 그의 말년에 해당하는 1921년에 편찬한 교
재인 《主邊錄》의 내용으로 확인된다. 이 《주변록》에는 총 22편의
글이 수록되어 있는데, 그중 대표적인 글로는 이항로가 1866년 올
린 〈辭同副承旨李恒老上疏〉 등 4편의 상소문과 최익현이 1876년
병자조약의 체결을 반대하며 올린 〈前戶曹參判崔益鉉上疏〉, 1881
년 홍재구가 올린 〈代京畿江原兩道儒生論洋倭情迹仍請絕和疏〉, 유
중교가 변복령 등 정부의 시책을 반대하며 올린 〈改服令甲(申)後示
書社諸子〉, 김평묵의 〈與崎南疏廳書〉, 〈鎭將問答〉, 유인석이 을미
의병을 일으킨 뒤 倡義의 정당성을 밝힌 〈柳麟錫倡義後陳情疏〉 등
이 있다.[181]

---

180) 申海澈, 〈志山先生挽〉, 《우석고》, 권1, 詩.
181) 김복한 편, 《主邊錄》(필사본), 1921.
　　《주변록》에 대한 언급은 《지산집》 권15의 김복한 연보에 기록되어 있을 뿐이었
　　다. 그러던 가운데 홍주향토연구회 회장이신 배동순 선생님이 홍성일대를 답사
　　하여 이 책을 발굴하기에 이르렀다. 필자는 배 선생님에게서 이 책을 구해볼 수
　　있었다. 배 선생님의 노고에 감사드린다. 22편의 글과 필자는 다음과 같다.
　　1. 同副承旨李恒老上疏(李恒老), 2. 再疏(李恒老), 3. 三疏(李恒老), 4. 四疏(李
　　恒老), 5. 華西先生事狀(金平黙), 6. 判書李是遠遺疏(李是遠), 7. 李判書臨命詩
　　(李是遠), 8. 李監役喜遠日記(李喜遠), 9. 前戶曹參判崔益鉉上疏(崔益鉉), 10.
　　代京畿江原兩道儒生論洋倭情迹仍請絕和疏(洪在龜), 11. 嶺南儒生李萬孫等上疏
　　(李萬孫), 12. 與崎南疏廳書(金平黙), 13. 傳敎, 14. 綸音, 15. 關東儒生洪在鶴
　　等上疏(洪在鶴), 16. 上閔輔國台鎬書(勵志齋), 17. 司憲持平柳重敎上疏(柳重敎),
　　18. 柯亭書社論同講諸子文(柳重敎), 19. 鎭將問答(金平黙), 20. 改服令甲後示書
　　社諸子(柳重敎), 21. 前戶曹參判崔益鉉上疏(請討逆服衣制)(崔益鉉), 22. 柳麟錫
　　倡義後陳情疏(柳麟錫)

당시 대표적인 척사 상소들임을 알 수 있다. 김복한은 제자들에게 이 책을 교재로 강독하였으니 간접적으로 화서학파의 학문을 전수한 것이다.

그런데 이미 이 시기는 서산, 예산 등 충청남도 서부지역에 화서학파의 학문이 일부 지역이나마 전수되기 시작한 때였다. 물론 김복한이 화서학파의 학자들과 교유 또는 사제의 의를 맺었다는 증거는 없다. 그러나 이설의 경우는 비록 어려서 잠시나마이지만 김평묵과 관계가 있었던 것으로 보인다. 이설이 15살 때 상경하여 족형이 李偉의 문하에 들어가 유교 경전을 수학한 적이 있었다. 이위는 바로 김평묵의 친구이다. 유호근이 작성한 〈復菴行狀〉에 따르면 이설이 1867, 1868년 생부와 양부의 연이은 사망에 3년 동안 술과 고기를 끊고 슬퍼하여 수척해지자, 김평묵은 이것이 병이 될까 염려하여 서신을 보냈다고[182] 한다. 또한 유중교의 문인인 유진하가 을미의병 때 피해 온 곳이 서산이었다. 경기도 고양군 벽제 출신인 유진하는 26살 때인 1871년 유중교의 漢浦書社에 입문하여 수학한 유학자였다. 그는 1894년 3월 변복령 공포 직후 유인석에게 창의를 권하였으며 1895년 12월에는 다시 유인석에게 선전관 鄭昌鎔을 추천하면서 창의를 고무하였다. 그러던 그는 1896년 9월 거처를 서산군 대산면 대로리로 옮겼다. 아마도 난세를 피해 산골로 들어간 것으로 보인다. 1899년 서산의 운산면 거성리로 이사간 그는 이때부터는 본격적으로 후진을 양성하면서 '瑞寧鄕約'을 중수하는 등 교화에도 힘썼다.[183] 이때 유진하는 많은 제자를 양성하였는데 예산군 덕산 출신의 李喆承이 그 가운데 한명이었다. 그런데 이철승은 김복한에게 나아가 수학하기도 하였으니 김복한은 이설, 이철승 등을 통하여 화서학파의 위정척사론을 이해하고 있었다 할 수

---

182) 유호근, 〈復菴行狀〉, 《복암집》 권15 부록.
183) 미상, 〈先生略系及遺事〉, 《존재집》 권7.

있다. 이와 같은 관계로 1896년 유인석은 의병을 일으킨 뒤 홍주창
의소에 통문을 보내어 掎角之勢로 서로 버티어서 왜적을 물리칠 것
을 권할 수 있었다.[184] 또 김복한이 죽은 뒤 유인석의 문인이었던 이
정규도 제문을 보내어 죽음을 애도하고 있음을 볼 수 있다.[185] 이와
같은 배타적인 자주성을 강조하는 김복한의 위정척사론은 말년까지
거의 변함없이 견지되었다 할 수 있다. 비록 그가 1919년 3월 파리
장서운동에 참여하였다고 할지라도 그의 기본적인 서양인식론은 변
함이 없었던 것으로 보인다. 파리장서운동은 3·1운동의 연장선으
로서, 또한 유림계의 국권회복운동으로서 주목되고 있다. 동시에 이
운동은 유림계의 대서양 인식의 변화라는 점에서도 큰 관심을 불러
일으키는 것으로 알고 있다. 즉 척사론을 펴던 유림들이 비록 일제
를 구축하기 위한 방편일지라도 서양의 지원을 받으려고 하였다는
것은 採西觀 또는 서양문명론을 전제로 한다고 보기 때문이다. 실제
로 이 장서에 서명한 郭鍾錫이나 金昌淑 등 영남 유림들은 이 시기
를 전후하여 이미 서양 문화를 인정하고 우리나라도 세계의 일원이
라는 세계관을 펴기 시작하였다.[186] 그러나 김복한은 비록 파리장서
에 서명을 하기는 하였으나 이는 일제를 토벌하여 원수를 갚는 것이
더 중요하고 급하기 때문에 부득이한 결정이었다고 다음과 같이 밝
히고 있다.

> 파리에 장서를 보낸 일로 오랑캐와 일을 같이 한다는 꾸지람이 있는 것
> 을 알고 있다. 그러나 나 역시 朱子의 綱目에 근거한 바가 있다. 夷狄이 중
> 국을 侵陵할 때 중국은 반드시 '入寇'라고 쓰는 것이 '正例'이다. 그러나 隋
> 楊堅이 주를 멸할 때에 돌궐이 와 (주를) 침략하였으되 千金公主 때문에

184) 유인석, 〈홍주창의소에〉, 《호서의병사적》, 수서원, 1993.《湖西義兵事蹟》에는
    이 외에도 김복한의 서찰(1916년분)과 홍주부공사 등의 자료가 실려 있다.

185) 李正奎, 〈祭金承旨福漢文〉, 《恒齋集》 권13.

186) 남부희, 《유림의 독립운동사 연구》, 범조사, 1994, 232~239쪽.

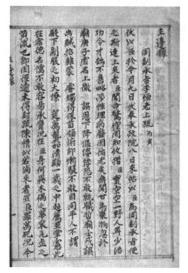

김복한이 편찬한 《주변록》

'伐'이라고 쓸 수 있었으며, 거란이 후주를 공격하였으나 北漢 때문에 역시 '伐'이라고 썼으니, 대개 토적복수에 급할 적에 이러한 '變例'가 특별히 허락됨이 있다. 그러한 즉 나의 행동이 혹 주자의 법문에 심히 어긋남이 아닌 것은 가히 알 수 있지 않는가.[187]

즉 오랑캐인 거란과 돌궐이 周와 隋를 공격한 것은 '入寇'라고 써야 마땅하나 千金公主와 北漢의 요청으로 침공한 것이라고 하여 이를 '伐'이라고 썼으니, 이와 마찬가지로 일제를 구축하기 위해 서양을 끌어들이기 위한 장서운동이 비록 '正例'는 아니나 주자의 강목에 따른 '變例'로서 강목의 정신에 어긋나지 않는다는 것이다. 또한 김복한은 영남본을 위주로 한 장서에 서명을 하기는 하였으나 그 내용에서 서양을 '大明', 또는 '大仁武' 등으로 칭송하고 있음에 이의를 제기하는 등 전통적인 척사론을 고수하였음을 알 수 있다.

이상에서 살펴 보았듯이 그의 배타적인 척사론의 궁극적인 목표는 왕조 복구에 있었다. 즉 그는 근왕적 또는 충군애국적 국가관으로 일관하면서 국왕을 전제로 한 국가의 독립을 추구하였다 할 수 있다.

한편 김복한은 주자학의 의리관에 바탕을 둔 절의론에도 철저하였다. 이는 그의 〈自輓〉에서 道 다음으로 절의('節')를 숭모하였다고 밝히고 있음에서도 알 수 있다.[188] 김복한은 〈哭族叔判書公奭鎭〉,

---

187) 김복한, 〈答申允宗泰九〉, 《지산집》 권4, 서.
188) 김복한, 〈自輓〉, 《지산집》 권1, 詩.

〈哭青狂李文若根周〉, 〈挽錦山守洪君範植〉, 〈挽李晦泉學純〉 등의 글을 발표하여 국망에 순절한 김석진, 홍범식, 이학순, 이근주 등을 애도하고 그들의 절의정신을 기렸다. 그리고 〈聞安重根事有感〉, 〈次四可柳善直浩根韻以哀安重根〉 등의 시에서 안중근의 위훈을 '大忠'이라고 기리고 있으며, 〈聞杜鵑有感〉에서는 피를 토하며 우는 두견새를 망국에 처하여 죽지 못한 자신('未死孤臣')에 비유하여 나라 잃은 망국의 뼈아픈 심정과 유비를 도와 한을 회복하고자 한 제갈량과 장비 등의 의리정신을 추앙하였다.[189]

이와 같은 그의 정신은 제자들에게도 각인되었던 듯하다. 그의 제자 申海澈은

> 先師(김복한, 필자)께서 前輩들의 의리가 있는 자에게는 누구를 높이 우러러보지 아니하였을까마는 桐溪(鄭蘊, 필자)선생을 존모함이 특히 깊은 것은 그 의리에 처하는 醇精함이 다른 儒賢들이 미쳐 따르지 못하기 때문입니다. 평일에 존모하심이 이같이 지극하되 그 문집을 얻어 보지 못한 것을 항상 한스럽게 여기시더니 저번에 執事에게 한 질을 인쇄해 줄 것을 부탁하였을 적에 다행히 집사께서 허락하시어 조만간에 보내주시려니 하였으나 갑자기 돌아가시게 되어 가슴 아프고 한스러움이 끝이 없습니다. 생각건대 한 권 책을 얻어 선사의 靈筵 곁에 받들어 두어서 선사의 숙원에 부응하고자 하오니 이것은 소자들이 뜻한 바일 뿐 아니라 평소 선사의 유훈일 것입니다.[190]

라고 하여 김복한이 생전에 鄭蘊(선조2, 1569~인조19, 1641, 호:桐溪)의 의리를 존경하여 그의 문집인 《桐溪集》을 구해 보기를 원했으나 미처 열람하지 못하고 죽음에 이를 안타까이 여겨 제자들이 스승의

---

189) 김복한, 〈聞杜鵑有感〉, 《지산집》, 권1, 詩.
190) 신해철, 〈與全道植〉, 《우석고》, 권1, 서.

영전에 《桐溪集》을 바치고자 하였음을 알려주고 있다. 정온은 영남 지역의 대학자로 병자호란 때 이조참판으로 있으면서 화의를 적극 반대하였으나 끝내 항복이 결정되자 자결을 기도하였던 척화론자였다. 김복한은 정온 사상의 온축물이라 할 수 있는 그의 문집을 구해 보고자 하였던 것이다. 여기에서 김복한의 의리론에 대한 열정의 깊이를 짐작할 수 있으며 아울러 제자들의 스승에 대한 학문적 존모의 지극한 모습을 살필 수 있다. 김복한은 이와 같은 사상적·학적 기반 위에서 국가의 위기에 대처하여 의병투쟁, 상소운동, 파리장서운동 등을 실천에 옮길 수 있었다.

이상에서 살펴본 바와 같이, 김복한은 양반가문에서 출생하여 왕세자에게 서연을 고종에게 경연을 베푸는 대학자로 성장하였다. 그는 어려서부터 병자호란 때 척화파의 거두였던 金尙容 金尙憲 형제의 의리론과 척화론을 가학으로 전수받았으며, 이이 송시열에 연원을 둔 기호학파의 성리학을 수용, 자신의 위정척사론을 발전시켰다. 또한 그는 한원진으로부터 내려오는 湖學의 적통을 이돈필과 이설을 통하여 이어 받았으며, 화서학파의 존중화양이론을 수용하는 등 독특한 학풍을 형성하였다. 그는 이를 魯東, 田溶彧, 申海澈 등 여러 제자들에게 전하여 그들로 하여금 철저한 湖論의 입장에서 이단을 배척하는 위정척사론을 펼쳐 나갈 수 있게 하였다. 이에 따라 김복한의 위정척사론은 의리론과 이단론이 포함된, 배타성이 강한 특성을 보여준다. 불교의 윤회설을 一喝하고 동학을 이단으로 철저히 배척하여 반동학투쟁을 전개하기까지 하였다. 신학문과 심지어는 계몽운동마저도 중화의 도를 알지 못한다고 배척하는 등 전형적인 위정척사론을 보여주었다. 이러한 사상체계는 민족의 위기에 그로 하여금 스스로 홍주지역에서 항일의병을 일으켜 민족운동의 선도적 역할을 수행하게 하였다.

3. 李偰의 생애와 사상

이설은 남당 한원진의 사상을 철저히 추종하였던 것으로 보인다. 그의 이러한 학문적 성격은 1895년 홍주의병장에 추대되었던 김복한의 사상 형성에 일정한 영향을 끼치는 등 이설의 학문적 위치는 주목할 만하다. 또한 그는 1905년 을사조약이 강제 체결되자 김복한과 함께 상경하여 매국적을 처단하고 일본과 전쟁을 치를 것을 골자로 하는 상소를 올리는 등 '斥倭論'을 실천에 옮긴 관료이자 현실비판적인 유학자이기도 하였던 점에서 항일민족운동사에서 차지하는 위치가 크다.

이 글에서는 이설의 사상적 연원과 특성을 검토하고자 한다. 이를 구명하기 위하여 이용한 주요 자료로는 이설의 《復菴集》과 《福堂唱酬錄》[191]을 비롯하여, 김복한의 《志山集》, 임한주의 《惺軒先生文集》,[192] 안병찬의 《規堂日記》, 홍건의 《乙坎日記》, 그리고 그 밖의 관찬자료가 있다.

1) 생애와 학문

이설은 철종 원년(1850) 1월 24일 결성군 화산면(현 충남 홍성군 구항면 오봉리)에서 부친 祖益과 모친 광산김씨 사이에 출생하였다. 그의 자는 舜命(또는 舜徒)이고, 호는 復庵이며[193] 본관은 연안으로 인

---

191) 《복암집》과 《福堂唱酬錄》의 간행과 내용에 대하여는 김상기의 〈《복암집》 해제〉(《복당창수록》, 향지문화사, 1992) 참조.

192) 《성헌집》은 5권 5책의 임한주의 문집이다. 그중 〈홍양기사〉는 제2권 '記'에 실려 있다. 또한 《성헌집》의 원본으로 《芭邊集》 15권 15책이 있다.

193) 이설의 號 '復菴'은 '復我舊居'의 뜻으로 그가 과거에 급제한 이후에 사용한 것이다. 복암 이외에 그가 사용한 호로는 亞孔, 淸沙, 綠一, 仙華子, 黙湖, 省夢齋, 華陽, 隴西子, 雲愛, 雲逮子, 敬齋 등이 있다(〈복암집자서〉 참조).

조반정 때 공을 세운 靖社功臣 李貴의 10대손이다. 당색은 노론이
다. 이설은 어려서 백부인 祖謙(氷庫別檢)의 양자로 들어갔다. 이설
의 가계표를 소개하면 다음과 같다.[194]

<h3 style="text-align:center">〈표 7〉 이설 가계표</h3>

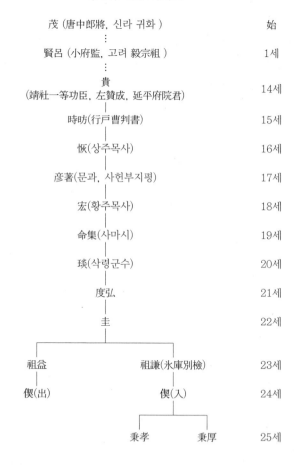

茂 (唐中郞將, 신라 귀화)	始
⋮	
賢呂 (小府監, 고려 毅宗祖)	1세
⋮	
貴 (靖社一等功臣, 左贊成, 延平府院君)	14세
時昉(行戶曹判書)	15세
恢(상주목사)	16세
彦著(문과, 사헌부지평)	17세
宏(황주목사)	18세
命集(사마시)	19세
琭(삭령군수)	20세
度弘	21세
圭	22세
祖益 祖謙(氷庫別檢)	23세
偰(出) 偰(入)	24세
秉孝 秉厚	25세

194)《延安李氏判小府監公派大譜》(延安李氏判小府監公派 大宗會, 回想社, 1983) 참
조.이설은 만년에 자신의 이름 偰자 밑부분의 大자 대신에 犬자를 사용하여 '偰'
이라고 썼다. 이는 국왕에 대한 충성을 나타냄이었다(〈복암집자서〉 참조).

시조 茂는 唐의 中郞將으로 蘇定方과 함께 원군으로 건너온 뒤 신라를 도와 백제를 멸망시키는 데 공을 세운 것으로 알려져 있다. 그러나 그 뒤의 계통은 족보를 잃어 전해지지 않는다. 이에 따라 고려 의종조의 判小府監 知茶房事를 역임한 賢呂를 제1세로 삼으니 연안이씨 判小府監公派의 제1대조가 된다. 이설은 24世에 해당된다. 위 가계표는 이설의 직계만을 나타낸 표이다. 24명 가운데 문과 출신자가 이설을 포함하여 여러 명이며 좌찬성으로 연평부원군에 봉해진 李貴를 비롯하여 그 후손들이 호조판서와 목사, 군수 등 높은 관직을 역임한 누대에 걸친 문신가문임을 알 수 있다. 이설의 생거지인 홍주의 결성에 선대가 세거하기 시작한 것은 이설의 9대조 時昉(1594~1660)부터이니 그의 집안은 누대에 걸친 홍주지역의 명문가였음을 알 수 있다. 그러나 표에서 볼 수 있듯 이설의 증조·조부·생부 3대가 벼슬을 하지 않고 더욱이 그의 생부 祖益은 그가 13살 때인 1862년, 양부인 祖謙마저 19살 때 사망하여 가세가 크게 기울었다.[195]

이설은 7살부터 천자문과 동몽선습을, 9살 때부터는 族祖인 李壎에게 소학을 배웠다.[196] 그는 이후 이돈필의 문하에 나아가 수학하였다. 김복한이 쓴 이돈필의 묘지명에 따르면, 이돈필의 문하에서 문과급제자가 2명 나왔다고 쓰고 있는데 자신과 이설을 가리키는 것으로 보인다.[197] 이설 역시 자신이 지은 이돈필의 제문에서 다음과 같이 이돈필을 기리고 있다.

> … 내가 어려서부터 공(이돈필)을 좇아 다녔으며 공이 나를 동생으로 돌보아 주고 나는 공을 형처럼 공경하였습니다. 이제 흰머리가 되어 여생동

---

195) 이설의 증손인 李麟培씨의 증언에 따르면 외거노비 몇 명이 집안을 돌보아 주어 생계가 유지되었다고 한다.

196) 李壎(1804~1868)의 자는 稈和, 호는 溪菴이며,《溪菴遺稿》가 있다.

197) 김복한,〈農隱李公敦弼墓誌銘〉,《지산집》권12, 墓誌.

안 어디에서 서로 찾겠습니까. 松崖에서 독서할 때 蓮寺에서 시를 짓던 일
이 어제와 같이 역력합니다. 공이 이제 나를 버리고 갔습니까. 아! 정말 슬
프옵니다. 淸敏한 식견을 어디서 다시 보리오. 介耿한 지조를 어디서 다시
보리오. 나를 알아주고 나를 아껴주던 사람을 어디서 다시 보리오. 아! 슬
프다.[198]

이설은 위 제문에서 어려서부터 이돈필 문하에 출입하였으며 석
련사에서 시를 짓던 일을 회고하고 있다. 그리고 이돈필을 일컬어
'淸敏'하고 '耿介'하다고 추모하고 있다. 아울러 자기를 아껴 주던
스승이며 지인이었던 이돈필의 죽음을 애석해하고 있음을 잘 보여
주고 있다.[199]

이설은 15살 때인 1864년 양부가 관직을 받고 상경하게 되어 족
형인 李偉[200]의 문하에 들어가 유교경전을 중심으로 수학하였다.
그는 1866년 병인양요 때 조정에서 방책을 널리 구하자 〈凝上冬雷
箚〉를 지었다. 일본에 의해 강제 개항된 직후인 1878년 그는 〈擬上
斥洋倭疏〉를 올렸다. 이 역시 관직이 없어 등철되지 못하였다. 그
러나 이 상소에서 이설은 1876년 개항 이후 일본인들이 점차 득세
하고 척화하는 자들은 도리어 화를 입게 됨을 지적하였다. 이어서
왜는 서양의 앞잡이[前導]임을 밝히고 이러한 왜와의 화친을 주장함
은 곧 매국행위임을 천명하였다.

그 후 이설은 과거 공부에 치중하였다. 그러나 그의 관계 진출은

---

198) 이설, 〈代人祭農隱李公文 壬寅〉, 《復菴私集》(한국학중앙연구원 도서관 소
장).

199) 蓮寺는 이설의 증손 이인배 선생의 증언에 따르면, 石蓮寺를 말하는 것으로
보인다. 석련사는 홍성군 구항면 오봉리에 있는 작은 암자로 이설의 집 뒤편에
있다. 이 암자는 이설의 문인들이 講契를 조직하여 지은 것으로 이설은 여기에
서 후학을 훈육하였다. 이에 대하여는 이설의 문인인 李炳良의 〈石蓮庵講契序
拔〉, 《是石遺稿》참조(〈시석유고〉는 이병량의 손자인 李春培씨 소장).

200) 李偉(1830~1872)의 자는 幼文, 호는 養素齋로 《養素齋集》 5권이 있다.

그의 학문에 견주어 늦은 편이었다. 33살 때인 1882년 생원시 복시에 합격하였다. 1888년 겨울에 시행된 알성과 응제시에 합격하고 다음 해인 1889년 12월 17일 비로소 식년시 전시에 병과로 합격하였으니 이때 그의 나이 40세였다.[201] 비록 과거에는 늦게 합격하였으나 발표 당일 홍문관 부수찬(종6품)에 특제되었으며, 다음해 수찬(정6품), 사간원 정언(정6품)에 제수되었다. 이어서 홍문관 교리(정5품)에 제수되었으나 건강이 좋지 않아 상소를 올려 교리직을 사직하였다.[202]

이설의 문과급제 교지 홍패

1891년 정월 홍문관 수찬에, 6월에는 서학교수가 되었다. 1893년 9월에 수찬·중학교수·장령에 제수되었으나 부임하지 않았으

---

201) 같은 홍주 출신으로 후에 홍주 관찰사를 역임하고 1906년 홍주의병 때 거의에 참여한 金商悳이 이설보다 1년 빠른 1888년 8월에, 내종제인 김복한이 1892년 3월에 문과에 급제하였다.

202) 이설, 〈辭校理仍陳實病乞退歸疏〉, 《복당창수록》 부록, 37~41쪽.

며, 11월에는 교리에 제수되었으나 병으로 사임하였다. 1894년 봄에는 부응교·사복시정을 거쳐 응교에 올랐다.[203] 얼마 뒤에 사간에 임명되었으나 일본이 조선의 내정개혁을 강요함에 사임하였다. 동학농민군의 봉기로 조선 정부는 청국에 원병을 요청하기에 이르렀다. 그 결과 청병의 진주만이 아니라 6월 초 일본군이 서울로 입성하여 무력을 앞세워 조선 내정개혁을 강요하였던 것이다.[204]

이설은 이와 같은 일제의 침략행위에 상소를 올려 위정자들의 각성을 촉구하였다. 이설은 6월 15일자로 올린 〈論倭寇仍辭司諫疏〉에서 일본의 내정개혁안을 거부할 것을 주청하면서 일본이 요구하는 27개조는 무력으로써 우리를 위협하여 우리 선왕의 법을 무너뜨리고 일제의 오랑캐 습속을 따르도록 하고자 한 데 있다고 날카롭게 지적하였다. 또한 그는 "저 도둑놈들이 春秋交隣의 법으로 책망한다고 복종하겠는가! 선왕께서 오랑캐를 배척하던 의리로 타이른다면 時輩들이 비웃을 것이니"라고 비탄하면서 이들의 침략에 대응할 방법으로 "오랑캐를 물리치는 방법은 다른 데 있는 것이 아니라 먼저 내부의 음흉하고 사악한 적을 없애는 것이다. 그런 연후에야 왜적을 소멸시킬 수 있다"고 내부의 친일 개화파를 물리칠 것을 임금께 진언하였다.[205] 이 상소를 올리고 사간 직은 체직되었으나 오히려 우부승지로 중용되었다. 이에 그는 6월 20일 또 다른 상소인 〈請勿背中國斥絕倭寇疏〉를 올렸다. 그는 이 상소에서 이전보다 더욱 강력한 항일 논조를 펴고 있음을 볼 수 있다. 즉 그는 조선이 소중화를 버리고 오랑캐로 변하게 되면 중화의 맥이 끊어지게 될 것이라며, 간세배에 현혹되지 말고 엄한 칙령을 내려 그들을 물리칠 것을 진언하였다. 그는 이어서

---

203) 유호근, 〈행장〉,《복암집》권 15 부록. 이설의 교지 참조.

204) 김상기, 〈갑오을미의병과 갑오경장〉,《국사관논총》36, 1992.

205) 이설, 〈論倭寇仍辭司諫疏〉,《복암집》권4, 소, 73~75쪽.

> 그러한 연후에 君臣 上下가 힘을 다해 맹세하여 死戰한 즉, 원병이 도착할 것이요, 義旅도 일어날 것이니, 적이 어찌 두려워하지 않겠습니까.[206]

라면서 일본과 一戰을 벌일 것을 임금께 주청하기까지 하였으며 아울러 항일의병의 봉기를 예견하였다. 상소를 올린 다음날인 6월 21일 갑오변란이 일어나 일본군이 궁궐을 점령하고 친일내각이 조직되는 등 점차 반식민지상태에 빠짐에 그는 관직을 버리고 통곡하며 낙향하였다. 그는 고향으로 낙향하기 직전에 〈上政府書〉라는 글을 써서 정부당국자들에게 보냈다. 그는 이 글에서 "왜적이 내정을 간섭하여 법령을 바꾸게 함은 나라가 있은 이래 없었던 수치"라고 통분하면서 "많은 병사들이 대궐을 침범하면서 궁궐 문을 불사르고 임금을 협박함에 신하된 자가 차마 할 말을 잃었다"고 하였다. 그리고 비록 자신이 임금 곁을 떠나 있기는 하나 여러 대신들에게 諸葛武侯가 죽은 뒤에도 여러 사람의 마음을 격려했듯이, 임금을 위해 힘써 줄 것을 부탁하였다. 그러나 이미 그는 조정 안의 친일적 분위기에 자신의 역할이 소용없게 됨을 알았으며, 낙향하여 후일을 도모하고자 하였다.[207] 여기에서 그는 관료지식인으로서 민족의 위기에 처하여 취할 수 있는 모범을 보여주었다. 특히 일본과의 전쟁을 주장한 것은 당시로서는 파격적인 주장이었으며 임금께 올린 구국을 위한 충언이었다 할 수 있다.

갑오변란 직후 사직하고 낙향한 이설은 곧이어 홍주부 일대에서 일어난 동학농민전쟁에 휩싸이게 되었다. 일제는 6월 21일 조선왕궁을 점령하고, 이틀 뒤인 6월 23일에는 豊島 앞바다에서 청나라

---

206) 이설, 〈請勿背中國斥絕倭寇疏〉, 《복암집》 권4, 소, 75∼77쪽.

207) 낙향한 뒤 그는 집의 북쪽 높은 곳에 望拜壇을 설치하고 朝服을 입고 北向再拜하였다. 孤松壇이라 불린 이 단은 흰돌에 푸른 이끼가 덮혀있고 한 그루 靑松이, 홀로 추위에도 변함없는 것이 孤臣의 외로움과 같았다고 임한주는 〈孤松壇記〉를 저술하여 이설의 충군애국정신을 전하고 있다(임한주, 〈高松壇記〉, 《성헌집》 권2하, 記).

군함 濟遠號와 廣乙號에 기습적인 포격을 가하여 선전포고도 없이
청일전쟁을 일으켰다. 동학농민군은 이와 같은 일제의 만행에 맞
서, 일본군을 몰아내기 위해 재기하였다. 충청도의 이른바 북접도
재기 항일전에 참여하였다. 충청도의 동학군이 예산을 거쳐 홍주성
을 공격한 때가 1894년 10월 28일이었다. 이때 동학군은 朴寅浩·
朴寅熙의 지휘 아래 약 3만 명의 군사가 있었으며, 이들에 대항하
여 홍주지방병은 유생들 중심인 儒會軍이 赤松國封 소위가 이끄는
일본군의 지원을 받아 동학군을 물리칠 수 있었다. 동학군은 결국
해미와 서산방면으로 후퇴하였다. 홍주성 혈전이 있은 지 10일 뒤
에 관군을 이끌고 입성한 李斗璜은

> 홍주를 떠나 병사를 이끌고 동문을 나서니 좌우 민가가 모두 불에 타버
> 리고 보기에 참혹하여 사람들에 물어보니, 지난달 28일 東徒가 성을 포위
> 하고 싸울 때 그들이 불을 질러 이렇게 되었다고 하였다. 백여 보 쯤 나가
> 니 적의 시체가 길가에 널려있고 덤불 숲속에 산더미처럼 쌓여 있었다.[208]

라고 홍주성 전투의 처절함을 보고하였다.

　동학군의 재기에 이설은 홍주목사 이승우에게 여러 차례 편지를
보내어 동학을 배척할 대책으로 병사를 보충할 것과 산성을 수축할
것 등의 대비책을 건의하였다. 그가 보낸 서신 한 통을 소개하면 다
음과 같다.

> 우리 조선이 임진년 난리에 처하여 창졸간에 전국이 다 함락되었으되
> 끝내 光復할 수 있었던 효험은 城堡의 견고함에 많이 의지한 바 있다. 선
> 배의 논의에 나라 지키는 방도로는 山城의 이점만한 것이 없다. 금일의 계

책은 첫째로 選兵이요 둘째로는 修堡 뿐이다.[209]

여기에서 그는 유생이면서 무인 이상의 군사대비책을 제시하였음을 알 수 있다. 또한 그는

지금 이 형세로 1개 省의 보장이 아니라 一國의 보장이요 국가 존망이 관계되는 중차대한 일이다. 적은 많고 우리는 적으니 걱정하지 않을 수 없다. 먹어도 맛을 알지 못하고 밤이 되어도 잠을 잊었다.[210]

라며 동학군의 홍주성 공격에 노심초사하는 모습을 잘 보여주고 있다.

1896년에는 홍주의병에 참여하여 자신의 논리인 '척왜론'을 실천에 옮겨 민족을 보전하고자 하였다. 그 뒤 일절 관직을 사양하고 향리에서 후진양성에 힘썼다.

이설은 1904년 일제의 황무지개척권 요구에 대한 반대투쟁을 하였다. 일제는 을사조약을 늑결하기 1년여 전인 1904년부터 이미 한국의 주권을 빼앗기 위한 일련의 조치를 취하기 시작하였다. 이에 따라 일본공사 林權助는 1904년 6월 한국 정부에 황무지개척권을 요구하였다. 이는 50년 동안 한국 전국토의 3할에 해당되는 陳荒地 개간 및 정리, 척식 등 일체의 경영권과 기타의 모든 권리를 넘기라는 것이었다. 일본의 이러한 요구에 이상설을 비롯한 전직 관리와 유생들은 격문을 붙이고 상소를 올려 항의하였다.[211]

이설 역시 이 소식에 분개하여, 곧바로 〈斥倭借地通告文〉을 발표하여 일본이 요구하는 '借地'는 곧 '亡國'이라며, 이를 기필코 막아

209) 이설, 〈與洪牧書〉 제7·8,《복암집》권8, 서, 147~150쪽.
210) 이설, 〈與洪牧李勝宇書〉 9, 〈복암집〉 권8, 서, 141~143쪽.
211) 윤병석, 〈일본인의 황무지개척권 요구에 대하여〉,《역사학보》22, 1964.

야 한다고 역설하였다. 그는 이어서

> 만약 이를 좇는다면 살아서는 발을 붙일 곳이 없을 것이요, 죽어서는 뼈
> 를 돌려보낼 곳이 없을 것이다. 나라는 그 나라가 아니어서 사람과 귀신이
> 의지할 수 없을 터이니 국가와 국민이 다 같이 망하는 때이다.[212]

라면서 전 국민이 대궐문에 나가 반대 항쟁할 것을 주장하였다. 이
러한 그의 행동에 내부대신 이용태가 '포창할 만하다'라며 고종에게
주달하여 안주군수를 제수하였으나 그는 두 차례나 장계를 올려 이
를 거절하였다.[213]
  1905년 을사늑약의 소문을 듣고 그는 병든 몸을 이끌고 김복한
과 함께 상경하여 또 다시 상소를 올려 매국적을 토벌할 것을 주청
하였다.[214] 이로 말미암아 경무청에 수감되었으며 1개월 남짓 옥고
를 치르고 1906년 2월 석방되었다. 그는 병이 악화되자 〈遺疏〉를
작성하여 문인인 李秉良에게 올리게 하고[215] 홍주의진이 홍주성을
점령하여 기세를 올리고 있던 1906년 5월 22일(음, 4월 29일)[216] 일
제를 내쫓아 국권을 회복하고자 하는 뜻을 이루지 못하고 병사하고
말았다.

---

212) 이설, 〈斥倭借地通告文〉, 《복암집》 권10, 잡저, 198~199쪽.

213) 이설, 〈辭安州郡守呈內部狀〉 〈再呈內部狀〉, 《복암집》 권4, 狀, 81~82쪽.

214) 이설, 〈請討賣國諸賊疏〉, 《복암집》 권4, 소, 77~80쪽.

215) 임한주, 〈洪陽紀事〉, 《성헌집》 권2, 記.

216) 홍주의진이 홍주성을 점령한 것이 1906년 5월 19일이다. 이후 의진은 31일
   새벽에 성을 빼앗기기 전까지 12일간 기세를 올린 바 있다(김상기, 〈조선말 홍주
   의병의 봉기원인과 전개〉, 《수촌박영석교수화갑기념논총》, 1992, 80~83쪽).

2) 사상

이설은 문신이자 의병장으로 많이 알려져 왔다. 그러나 기호지역 유학자로서 그의 위치 또한 뛰어남을 그의 글을 통하여 살필 수 있다. 조선조 성리학은 퇴계 이황의 四七理氣論과 율곡 이이의 人心道心論으로 이론의 바탕이 구축되었으며, 조선 후기에 들어 南塘 韓元震과 巍菴 李柬의 인물성동이론을 중심으로 호락시비가 전개되는 등 학문적으로 발전했다. 이설은 그 가운데서 율곡에서 송시열을 거쳐 한원진으로 내려오는 기호학파의 학통을 계승한 유학자라 할 것이다.

이설은 율곡 이이를 기호학파의 종장으로서, 나아가 자신의 학문의 先師로서 추존하였다. 이에 따라 이이의 학설을 추종하였으며, 그에 대한 비판을 묵과하지 않는 적극적인 태도까지 보여주었다. 그가 장성의 유학자 奇正鎭(1798~1879, 호:盧沙)을 비판함은 이러한 그의 학문적 입장을 대변하는 구체적인 사실이 된다. 즉 기정진이 〈納凉私議〉와 〈猥筆〉을 지어 자신의 학문이 '主理之學'임을 자처하며, 이이의 '主氣之學'을 이단이라 하여 비판하자, 이를 '가련하고, 슬프고, 위태롭다'고 비판하며 김복한 등과 함께 통문을 작성하여 인근의 유림들에게 돌려 이를 통박하였다.[217] 더욱이 최익현이 기정진을 이이보다 더 현명하다고 기정진의 설을 옹호하자 '우리의 입으로 崔某라는 이름 석 자를 다시는 올려서는 안 된다'며 그를 성토하였다.[218] 定山에 거주하던 최익현이 1906년 홍주의병에 참여하지 못하고 전라도 태인에서 의병을 일으킨 이유에 대하여 그간 설명이 불분명한 점이 있었으나, 이와 같은 홍주지역 유생들과 최익현과의 학문적인 견해의 차이가 그 이유 가운데 하나가 될 수 있을 것이다.

---

217) 이설, 〈斥奇正鎭通文〉, 《복암집》 권10, 잡저, 197~198쪽.

218) 이설, 〈答長兒書 別紙〉, 《복암집》 권7, 서, 138~139쪽.

이설은 한원진의 주요사상인 인물성이론에 영향받은 바 크다. 이에 따라서 그의 학문적 성격은 '斥異端的 華夷論'과 절의론이 강하게 나타났다. 이설과 한원진은 동시대 인물은 아니다. 그러나 같은 홍주군 출신으로 한원진의 학문적 위치로 보아 홍주문화권 안에서 한원진이 끼친 학문적 영향은 지대하였던 것으로 보인다.[219] 더욱이 이설의 族曾祖인 新齋 李度中(1763~1830)은 한원진의 문인이었으니,[220] 이설은 개인적으로 한원진의 사숙문인임을 자처하기를 주저하지 않았다. 그는 한원진과 이도중의 관계를 다음과 같이 밝히고 있다.

> 율곡은 주자의 충신이요, 南塘은 율곡의 충신이다.
> 우리 族祖 新齋 선생은 곧 南塘의 충신이다.
> 寒澗(金漢祿, 필자)은 塘門의 晩進으로 증자가 得宗한 것과 같고
> 新齋가 塘門의 사숙임은 맹자가 衛道함과 같다.
> 그리하여 이 두 선생을 南塘의 영당에 철향하였다.[221]

이도중은 사후에 남당영당에 배향되었다. 이 사실은 한원진의 문인 가운데 차지하는 이도중의 위치를 알게 해준다. 아울러 이설이 한원진의 사숙문인이 됨을 계통적으로 알려준다. 또한 한원진을 존숭한 이설은 사숙문인으로서 도리를 다하고 있음을 볼 수 있다. 홍주의병에 참여하여 1개월 이상 옥고를 치르고 1896년 2월 사면, 석방되어 고향에 돌아온 그는 먼저 한원진의 묘소에 참배하고 제문을 바치고 있다. 그리고 이 제문에서 그는 한원진이 말한 儒釋과 華

---

219) 南塘 한원진은 홍성군 서부면 출신이다. 서부면 양곡리에 南塘을 모신 暘谷祠란 사당이 현존한다. 이설이 서부면에 인접한 결성면 출신이며, 김복한은 서부면 이호리에 거주하였다.

220) 李度中의 자는 時中, 호는 新齋이며, 문집 12권이 있다.

221) 이설, 〈謾錄〉, 《복암집》 권14, 275~279쪽.

夷의 분별이 없어졌음을 통탄하고 있다.[222] 이설은 또한 1901년 김복한 · 유호근 · 趙龜元 · 金龍濟 등과 함께 〈남당연보〉를 간행하여, 사숙문인임을 자처하며 문인으로서 도리를 다하고 있는 것이다.[223]

이와 같이 이이와 특히 한원진의 사상은 이설의 사상형성에 큰 영향을 끼친 것으로 보인다. 김복한이 〈復菴先生墓誌銘〉에서 자신의 내종형이며 동시에 동지이기도 하였던 이설을 "栗老塘翁之忠臣"이라고 함은 적절한 평이라 하겠다. 이설과 같이 한원진을 추종했던 인물은 김복한 이외에 임한주 · 임승주 형제 등이 있다. 이들은 스스로를 '塘門'이라 하였다. 이들이 홍주의병을 일으킨 주도자들이니 홍주의병의 사상적 원류로서 척사론이 한원진의 인물성이론에까지 올라감을 알 수 있다.[224]

남당 한원진의 사상적 영향을 받은 이설은 서세동점의 민족적 위기에 위정척사론을 확립 · 발전시켰다. 일반적으로 위정척사론은 正學(朱子學)을 지키고 邪學을 배척함을 의미한다. 이설은 주자학을 철저히 신봉하였으며, 천주교를 포함하는 이단을 사학으로 보았다. 또한 불교는 '위정척사'라는 용어를 사용하면서까지 비판하였다.[225] 이러한 그의 위정척사론의 연원은 고려 말기 정몽주까지 올라간다. 그는

華夷의 구분이 그대 힘입어 지켜졌는데
5백 년이 지난 지금 人獸는 구별이 없네[226]

222) 이설, 〈告南塘韓先生墓文〉(1), 《복암집》, 권11, 告文, 212~213쪽.
223) 이설, 〈告南塘韓先生墓文〉, 《복암집》, 권11, 告文, 214~215쪽.
224) 이에 대하여 자세한 설명은 김상기의 〈조선말 홍주을미의병의 문화적 기반과 전개〉(《한국민족운동사연구》, 1991, 124~127쪽, 189~201쪽) 참조.
225) 이설, 《釋氏眞贓說》, 《복암집》 권10, 잡저, 199~200쪽.
226) 이설, 〈讀圃隱先生神道碑有感〉, 《복암집》 권3, 詩, 56쪽.

라며 정몽주에 의해 지켜진 華夷의 구분이 없어짐을 한탄하였다.

그러나 그의 위정척사론은 시기에 따라 약간의 변화를 보이면서 전개되었음을 알 수 있다. 그가 1866년 작성한 〈병인소〉는 그의 초기단계의 위정척사론의 내용을 알려준다. 아직 어린 나이였으며 관직도 없었기 때문에 상소가 주달될 수는 없었으나 당대 최고의 유학자인 이항로와 奇正鎭이 앞다투어 척사 상소를 올리던 이때에 그역시 나라를 다스리고 백성을 편안하게 하는 요점을 들어 상소를 지은 것이다. 여기에서 그는 1) 復皇廟, 得人心, 2) 禁邪學, 3) 停土本, 4) 開言路, 5) 戒逸樂, 6) 勉聖學과 같은 내수외양책을 논리적으로 제시하였다. 첫째 조목이 '復皇廟 得人心'이다. 이는 바로 대원군이 철폐한 만동묘를 복원시켜 송시열 이후 유생들의 강력한 지도이념의 하나인 소중화론을 수호하자는 것으로 이는 그의 '衛正論'의 요체라 하겠다. 또한 제2조에서 '禁邪學'이라 하여 서양학문과 사상을 금지시켜야 한다는 외양책인 '척사론'을 주장하였다. 여기에서 바로 그의 "위정척사론"의 기조는 '衛小中華, 斥邪學'임을 볼 수 있다. 이와 같이 그는 일찍부터 위정척사론을 그의 사상체계로 확립하였으며 이러한 의식은 그의 평생의 지도이념이 되었다.

그러나 병자수호조약이 체결되고 민씨정권 주도 아래 개화정책이 전개되자 그의 척사론은 약간의 변화를 보여주었다. 즉 유생들이 척사상소를 올려 和議를 배척하였으나 오히려 정부에 의해 이들이 배척되어 유배에 처해지는 형세에 그는 척사의 대상을 일본에 집중시켜 '척왜론'을 주창하였다. 그는 1878년 작성한 〈擬上斥洋倭疏〉에서

> 지금 和議를 주장하는 자는 修好일뿐이지 講和가 아니라고 말하나, 신이 생각컨대 이는 講和도 아니며 또한 修好도 아닙니다. 이는 降伏과 다를

것이 없습니다.[227]

라면서 강화조약은 수호조약이 아니라 일본에 대한 '降伏條約'이라고 이를 통박하였다. 이어서 일본군은 마땅히 물리쳐야 하며 그 이유로써 첫째, 적이 우리를 무고히 억압하고 있으며, 둘째, 한두 명의 신하를 제외하고 저자의 부녀자와 아이들까지도 분노하고 있음을 들었다. 또한 그는 일본을 격퇴해야 하는 또 다른 이유로

우리는 正이요 저들은 邪이며	我正彼邪
우리는 順하고 저들은 逆하며	我順彼逆
우리는 주인이고 저들은 객이며	我主彼客
우리는 많고 저들은 소수이며	我衆彼寡
우리는 편하고 저들은 지쳐있다	我逸彼勞

라는 5조목을 들었다. 1876년 이후에는 이와 같이 그의 위정척사론은 척사의 대상이 '禁邪學'에서 '斥倭'로 바뀐 것을 볼 수 있다. 동시에 단순한 반대의 뜻만을 표시하는 것이 아니라 위와 같은 구체적인 이유들을 들면서 일본군을 몰아내야 한다고 주장한 것이다. 이러한 그의 '척왜론'은 1894년 이후 급속하게 침략해 오는 일본세력에 직면하여 더욱 강화되어 갔다. 그의 '척왜론'은 이제는 일본과 전쟁을 벌이자는 주장으로까지 발전한 것이다. 1894년 6월 20일 올린 〈請勿背中國斥絶倭寇疏〉에서 그러한 면이 극명하게 드러난다. 여기에서 그는 우리나라가 소중화의 맥을 지키기 위해서 군신상하가 맹세하여 일본과 전쟁을 치를 것을 주장하였다. 이후 그는 고향인 홍주군 결성으로 내려와 척사 상소를 올리는 일 외에도 척사운

---

227) 이설, 〈擬上斥洋倭疏〉, 《福菴唱酬錄》-復菴續集-(향지문화사, 1992), 부록, 22~37쪽.

동의 발전적 형태인 의병투쟁에 참여하여 1896년과 1905년 두 차
례의 옥고를 치렀으니 사상을 실천에 옮긴 유학자라 할 것이다.

　이설의 두 번째 사상적 특성은 충군애국사상이다. 이설의 이러한
의식은 그가 남긴 詩에서도 잘 나타난다. 모두 330여 편에 달하는
시에서 그의 華夷論과 節義論에 바탕을 둔 충군애국사상과 심지어
는 민족운동의 모습마저 살필 수 있다. 그 중에서 〈題三學士〉, 〈題
三學士傳〉, 〈謹次塘翁和魏庵韻示明眞〉(二), 〈過忠武李公墓下〉, 〈過
李忠武公墓感吟〉, 〈讀圃隱先生神道碑遺憾〉, 〈拜圃隱先生墓感吟〉,
〈聞安友規堂自勁可歎有作〉, 〈聞洪陽再擧義旗欣感有作〉 등이 그 대
표적인 것들이다. 이 가운데 〈過忠武李公墓下〉를 소개하면 다음과
같다.

> 姓을 일컫고 이름을 부르지 않으니 霍光과 같고
> 충성은 諸葛亮과 같고 무예는 郭汾陽과 같도다
> 한 몸으로 세 어진 이의 일을 겸비하였으니
> 만인이 입으로 비를 세워 백세에 길이 전하리[228]

　이 시는 그가 홍주의병에 참여한 뒤 체포되어 서울로 압송되어
가다가 1896년 1월 15일에 아산의 충무공 묘소 아래를 통과하며 지
은 것이다. 그는 충무공의 위국충정을 前漢의 霍光, 촉의 諸葛亮,
汾陽王에 봉해진 당의 명장 郭汾陽(郭子儀)에 비유하며 찬양하였다.
또한 그는 〈杜鵑吟〉, 〈杜鵑〉과 같은 시에서 두견새를 소재로 하고
조선의 앞날을 蜀에 비유하여 뼈아픈 망국의 심정을 읊었다.

　한편 이설의 사상적 특성은 현실비판적이었으며, 그의 비판 대
상은 심지어 고종에게까지 미쳤다. 1891년 동궁이 남쪽을 바라보
고 하례를 받으라는 명에 대하여 전 참판 李容元이 상소를 올려 그

---

228) 이설, 〈過忠武李公墓下〉, 《복암집》 권3, 시, 66쪽.

명령의 불가함을 주달하고 絶島에 유배된 일이 있었다. 이설은 이
때 사헌부 수찬이었는데 사헌부와 사간원에서 이용원을 극형에 처
하도록 연명상소 하였으나 그는 병을 핑계로 불참하였다. 오히려
그는 이용원을 위해 변명하여 유배의 명을 환수하여 줄 것을 주청
하였다.[229] 그는 이 일로 말미암아 관직을 박탈당하기까지 하였다.
또한 그는 1894년 동학농민군의 봉기로 전라도, 충청도 일대가 대
혼란에 빠지자 상소를 올려 전라감사 金文鉉, 안핵사 李容泰, 고부
군수 趙秉甲, 영흥군수 閔泳壽, 균전관 金昌錫, 전운사 趙弼永 등
이 지방민들에게 부당한 부역을 시키는 등 탐학을 일삼고, 성을 버
리고 도망한 죄를 열거하며 그들을 탄핵하였다.[230] 당대 정부 관리
들 가운데 탐학을 일삼는 이가 많고, 동학을 '匪徒'라고 인식, 무력
진압해야 한다고 주장하던 것과 견주어 그의 주장은 파격적인 면
이 있다. 물론 그 역시 유생의 관점에서 동학을 파악하고 있기는 하
다. 그러나 그는 동학군이 일어날 수밖에 없었던 책임이 정부 쪽에
도 있음을 지적, 서민의 처지에서 이를 비판하고 있는 것이다. 아울
러 그는 이 상소문에서 정부의 대처방안을 제시하였는데, 그 내용
은 다음과 같다.

  1) 애통조를 내려 후회함을 보이고 輿情을 위무할 것

  2) 진휼책을 조속히 베풀어 散亡者를 편안케 할 것

  3) 궁실을 엄히 지켜 得民에 힘쓰고 奸細輩를 물리칠 것

  4) 의견을 널리 구하여 群策을 모을 것

  5) 원병의 도움에 기대지 말고 武備를 갖출 것[231]

---

229) 이설, 〈擬請還收李容元安置之命疏〉, 《복암집》 권4, 소, 68~69쪽.
    《고종실록》 권28, 고종 28년 신묘 2월 14일조.
    황현, 《매천야록》 권1, 112~113쪽.

230) 이설, 〈論南擾陳所懷疏〉, 《복암집》 권4, 소, 69~73쪽.

231) 위와 같음.

여기에서도 그는 제일 먼저 애통조를 내릴 것과 진휼책을 강구하여 민심을 얻을 것을 임금에게 주청하고 있다. 그의 이러한 현실비판적인 태도의 극치는 그가 1906년 죽기 직전에 작성한 〈遺疏〉에서 볼 수 있다. 그는 이 〈유소〉에서

> 성상의 자질이 총명하지 못한 것이 아니며, 성덕이 슬기롭지 않음이 아니나, 재물에 마음을 쓰시고 학문에는 마음을 쓰시지 않은 결과, 재위 40년간 한 가지라도 칭송할 만한 것이 없고 한 가지 정사도 기록될 만한 것이 없습니다. 미루어 나가다가 퇴폐하여 시들어 버리고, 어둡고 막히어 祖宗께서 이루어 놓으신 제도를 땅에 떨어져 없어지게 하고, 느즈막 오늘에 이르러 亡國의 임금에 불과하니 한탄스럽습니다.[232]

라고 高宗이 재위한지 40년이 지났으나 칭송할 만한 정사가 한 가지도 없으며, 이로 말미암아 마침내는 망국의 임금[亡國主]에 지나지 않는다고 망국의 책임을 묻는 등 매우 과격한 언사를 동원하여 고종의 실정과 부덕을 비판하였다.

이설의 《복암집》

---

232) 이설, 〈遺疏〉, 《복암집》 권4, 소, 80~81쪽.

　이상에서 본 바를 정리하면 다음과 같다. 이설은 문신의 가문에서 출생하였다. 그는 40세에 비로소 문과에 급제하였으나 발표 당일 홍문관 부수찬에 임명되었으며 이후 그의 관계 진출은 비교적 순조로워 1894년에 정3품 통정대부 우부승지에 이르렀다. 그러나 그는 건강상 이유로 여러 관직을 사임하였으며 그때마다 상소를 올려 정국의 문제점과 방향을 비판적으로 지적하였다. 그러한 그의 혜안을 높이 사 정부에서 계속하여 관직을 제수하였으나 그는 역시 상소를 올려 이를 거절하였으니 실질적으로 맡은 것은 홍문관 수찬, 동학 교수 등 극히 일부에 지나지 않았다.

　이설의 신분은 양반이었으나 생활수준은 서민 정도밖에 되지 않는 처지였다. 따라서 그는 서민의 실상을 이해, 수용하고자 애쓴 것으로 보인다. 그의 이러한 태도는 동학농민전쟁이 일어났을 때, 비록 유생의 처지를 벗어날 수는 없었으나, 농민군이 봉기하지 않을 수 없게 한 실정의 책임을 조정의 고관에게 묻게 했다. 또 그가 죽기 직전에 올린 유소에서는 임금의 부덕과 실정이 국망을 초래하였다며 고종마저 원망하고 있음을 볼 수 있다.

　이설의 사상은 위정척사론에 바탕을 두고 있다. 다만 급변하는 정세와 민족적 위기의식 때문에 척사의 대상과 방향이 바뀜을 볼 수 있다. 그는 17세 때인 1866년 이미 우암 송시열 이래 이어온 소중화를 지키고 사학을 물리쳐야 한다는 "衛小中華 斥邪學"의 이론을 형성하였다. 병자수호조약을 체결할 때 그는 이를 '수호조약'이 아닌 '항복조약'이라고 통박하면서 '척왜론'을 주장하였다. 1894년 갑오변란에 즈음하여 그의 척왜론은 일본과 '決戰'을 벌이자는 '대일항전론'으로 확대되었으니, 당시로서는 파격적인 주장이었다. 이러한 그의 위정척사론은 의병투쟁의 이론적 바탕을 제공할 수 있었다.

  이설의 위정척사론 형성에 크게 영향을 끼친 이론은 기호학파의
종장이라 할 수 있는 율곡 이이의 주기론이다. 그러나 직접적으로
는 조선 후기 최대의 성리학 논쟁이라 할 수 있는 호락논쟁의 호론
주창자인 남당 한원진의 '인물성이론'이다. 인물성이론 즉, 호론은
'人'과 '獸'의 구별을 엄격하게 하여 '척이단' 의식이 강한 것으로 알
려져 있다. 이설은 이러한 호론의 학통을 잇고 있는 것이다. 또한
이설 이외에도 김복한 유호근 임한주 등이 스스로를 塘門(남당문인)
이라 할 정도로 호론의 영향을 받고 있음도 알 수 있다. 이들이 바
로 홍주의병을 일으킨 주도자들이니 홍주의병의 사상적 요인으로
호론의 '척이단론'이 제기될 수 있는 것이다. 이로써 이설을 비롯한
홍주지역 유생들이 철저히 척사적인 태도를 가지고, 나아가 강력한
의병투쟁을 전개할 수 있었던 사상적 요인을 볼 수 있었다.

  한편 이설은 화서학파의 주요이론인 존화양이론에 대하여도 이
해하고 있었다. 15세에 상경하여 족형인 李偉의 문하에 들어가 유
교경전을 수학하였는데, 李偉와의 관계로 보아 이설이 화서학파의
학문적 특성인 화이론에 대하여도 공감하고 있었을 것으로 추측되
는 것이다.

  또한 그는 과거시험을 준비하던 1880년대는 잠시 동도서기적인
태도를 보이기도 한다. 1880년 올린 '對策'을 보면 그러한 면이 나
타난다. 이와 같이 그의 학문적 성격은 다양한 모습을 지니고 있다.
이 문제에 대하여는 별도의 연구가 요구되나 이 글에서는 그의 사
상의 요체라 할 수 있는 위정척사론에 국한하여 서술하였음을 밝힌
다.

4. 林翰周의 생애와 사상

임한주는 청양 출신의 남당학파 계열의 유학자로,《洪陽紀事》를 저술하여 홍주의병의 史實을 알린 이로 유명하다. 그는 1919년 김복한 등과 파리장서운동에 가담하여 옥고를 치르기도 한 애국지사이다. 또한 청양군 화성에 평택임씨의 宗學인 德明義塾을 설립하고 한학 교육을 통한 인성 교육은 말할 것도 없고 문중 자제를 비롯한 인근의 청년들에게 민족교육을 실시하여 항일독립운동으로 나아가게 하였다.

그는 문장에도 뛰어나 이설과 김복한의 가르침을 받으면서 성토문이나 고유문 등을 그들을 대신하여 기초하기도 하였다. 그의 문집으로《笆邊集》과 이를 편집한《성헌집》이 있다.[233] 또한 그는 1894년부터 1942년까지 48년 동안의 일기인《雨暘漫錄》을 남겼으며, 어린이들을 위해 천자문을 대신하여《簡肄新編》도 편찬하였다.

1) 가계와 생애

임한주(1872~1954)는 고종 9년(임신년, 1872년) 2월 충남 청양군(당

---

233) 1) 임한주의 문집으로《笆邊集》15권과《笆邊集 별집》건곤 2책:《笆邊集 속집》7권(喜怒哀懼愛惡欲)과 이 중에 선별, 편집한《성헌집》(5권)이 있다. 그리고《雨暘漫錄》과《簡肄新編》도 편찬하였다.
《우양만록》은 1894년 1월부터 1942년 1월까지 48년 동안 기록한 임한주의 일기로 '漫錄과 雨暘과 時事'에 대한 것을 기록하였다. 1894년 동학을 민란이라 평하고 있으며, 홍주의병에 대한 기록도 있다. 1919년 파리장서에 서명한 뒤 체포된 내용도 있다. 그 외에 유교부식회나 덕명학교와 관한 것을 기록하였다. 날씨나 지진 등 天氣에 관한 내용도 자세하다. 그는 1942년 절필하면서 "공자가 71세에 절필했고, 나의 만록은 陰晴의 역사와 猥雜한 말에 불과하고, 각 신문사를 저들이 모두 금지시키고 오직《매일신보》만이 있으나 근일 그 말이 또한 믿을 수 없으니 어떤 근거로 시사를 기록하랴. 내 나이 이제 71세이니 드디어 절필한다"라고 절필의 이유를 밝히고 있다.

시는 홍주군, 필자) 화성면 수정리 576번지에서 부친 魯直과 김해 김
씨 사이에 태어났다.[234] 자는 公羽, 公儀이며 호는 惺軒이다. 초명
은 冕周이다. 조부 相斗(1803~1871년, 자: 汝星)는 孝와 공경('孝悌')을
위주로 하여 집안을 이끌어갔다. 부친 魯直(1823~1914, 자: 聖養, 호:
忍齋)은 여러 차례 명경과에 응시했던 재야 유학자였다. 가형 承周
(1867~1939, 자: 公武, 호: 景塘)는 1895년 안병찬 등과 홍주의병에 참
여하여 옥고를 치른 항일지사이다.

임한주의 본관은 평택으로, 忠貞公 林彦修의 20세손이다. 임언수
는 고려 말 平章事와 門下侍中을 역임하고 平城府院君에 오른 인물
이다. 그의 아들 成味 역시 忠簡이란 시호를 받았다. 임한주의 11대
조 松坡公 林植(1539~1589)은 조선 선조 대에 문과에 급제하고 이조
좌랑·병조정랑·홍문관교리·예조정랑 등을 지냈으며, 외직으로
구성부사와 강계부사를 지냈다. 그는 파직당하여 고향인 결성에 돌
아온 뒤 조정에서 여러 번 불렀으나 나아가지 않고, 浮海亭이라는
정자에 은거하며 일생을 마쳤다. 그는 시문에 능하였으며, 서북 지
방의 명승지를 읊은 시가 전한다. 저서로는 《松坡遺稿》가 있다.[235]
정철의 사위가 된 그의 동생 觀海公 林檜(1562~1624)는 문과 출신으
로 廣州목사가 되어 이괄의 난을 진압하다가 전사하였다. 그의 숙
부 錦湖公 林亨秀(1514~1547) 역시 문과 출신으로, 제주목사에 재임
중에 을사사화로 죽음을 당하였다.[236]

임식의 아들로 林得仁과 林得義가 있다. 임득의(1558~1612)는 선
조 29년(1596) 李夢鶴이 충청도 홍산에서 僧俗軍을 이끌고 반란을
일으키자 홍주목사 홍가신을 도와 난을 평정하는 데 공을 세워 清

---

234) 〈임한주 호적〉 참조.

235) 임동철, 〈송파 임식의 생애와 시 세계〉, 《개신어문연구》 33, 2011. 임식의
《송파유고》는 충북대 우암연구소에서 《역주 송파유고》로 번역하여 2010년 충
북대 출판부에서 간행하였다.

236) 임동철, 〈임회와 관해유고〉, 《역주 관해유고》, 지식과 교양, 2012, 3~7쪽.

難功臣에 추대되고 平城君에 봉해졌다. 그의 형인 임득인이 임한주의 10대조이다. 임득인의 아들인 林巘은 沙溪 金長生의 문인으로 그 역시 이몽학의 난을 평정한 공으로 原從功臣에 올랐다. 그러나 그는 광해군의 폭정에 名利의 뜻을 끊고 오서산에 은거하였다. 그는 李時昉 등이 인조반정에 동참할 것을 요구함에도 이를 거부하고 물고기 잡고 밭가는 '漁耕' 생활을 즐겼다. 이후에 임한주의 집안은 누대로 결성과 화성 일대에서 은거하였다. 임한주의 조부 相斗의 호가 稼隱이며, 백부 魯淵의 호 역시 蘭隱이라 하여 숨길 은(隱)자를 취하고 있음에서도 그러한 가풍이 엿보인다.[237]

임한주는 1896년 홍주의병에 참여하였다. 홍주의병은 홍성의 김복한과 이설, 홍주향교 전교 안병찬, 청양향교 전교 李彰緖 등이 주도하여 일으킨 의병이었다. 이들은 단발령이 공포된 뒤인 1895년 11월 28일 홍주군 화성에서 향회를 실시하고 의병을 모집하여 다음날 홍주성에 입성하였다. 김복한은 창의대장에 추대되고 조양문 위에 '존화복수'의 기를 세웠다. 관찰사 이승우도 처음에는 의병에 참여하였다. 김복한은 통문을 띄워 의병에 응모하기를 호소하고 송병직 등을 의병 초모와 산성 수리를 위하여 각지에 파견하였다. 그러나 관찰사가 실패를 두려워하는 이서배들의 회유에 의병의 뜻을 번복하고 김복한과 이설을 비롯한 23명을 구금시킴에 따라 홍주의병은 강제 해산되고 말았다. 이때 임한주의 형인 임승주도 이들과 함께 결박당한 채 서울로 압송되던 도중 아관파천이 있게 되자 다시 홍주감옥에 구금되었다가 석방되었다.[238]

임한주는 이때 임승주와 함께 창의소에 들어가 의병의 추진 상황

---

237) 《평택임씨충정공계대동세보》권8.

238) 김상기, 〈1895~1896년 홍주의병의 사상적 연원과 전개〉, 《윤병석교수화갑기념한국근대사논총》, 1990. 林承周는 1906년 홍주의병 당시에는 안병찬과 함께 민종식을 찾아가 의병장에 추대하는 등 의병 활동을 재개하였다(이설, 〈答李言之庸信書〉《복암집》권6, 서).

을 협의하는 데 참여하였다. 전용욱은 이에 대하여 다음과 같이 알
려주고 있다.

　　이때에 志山 김 선생이 復庵 이공과 規堂 안공과 더불어 홍주에서 의병
　을 일으키니 공이 곧 백씨 景塘공 承周씨를 따라 창의한 장소로 달려가서
　協模하고 設計하여 각 군에서 병사를 모으니, 백성들이 모두 의병을 즐겁
　게 여겨 기일에 모이려고 했는데, 관찰 李勝宇가 反覆하여 패배를 당하고
　말았다.[239]

　홍주의병이 3일천하로 끝나고 해산되어 임한주가 활동할 여지는
없었다. 그는 가형인 임승주가 체포된 뒤에 홍주부의 감옥에서 옥
바라지를 하였다.[240] 그리고 자신이 직접 보고 들은 것들을 토대로
1915년 그의 나이 42세 때 1895년과 1906년의 홍주의병의 사적을
상세히 기록한 《홍양기사》를 편찬하였다. 그는 이 글의 서문에서
자신을 비롯한 홍주지역 인사들이 의병을 일으킨 뜻을 다음과 같이
밝히고 있다.

　　이로부터 20년간에 당화와 난리가 함께 시작되어 마침내 갑진 을사년의
　변고를 불렀은 즉 하늘이 멸망시키려고 드는 바에야 그 누가 일으킬 수 있
　으랴. 비록 그러나 중화의 일맥을 하늘이 영영 끊어버릴 것인가. 선왕이
　끼친 덕택을 백성이 영영 잊어버릴 것인가. 시국이 어찌할 수 없음을 모르
　는 바 아니고, 내 힘이 약하고 적은 강하다는 것을 모르는 바 아니나, 오직
　앉아서 망하기만 기다리는 것보다 한번 싸우는 것이 낫지 않겠는가. 불행
　히 실패하여 죽을지라도 역시 대의를 천하에 떨치는 것이 되지 않겠느냐.

239) 전용욱, 〈惺軒林公翰周墓表〉.
240) 임승주는 1990년 건국훈장 애족장을 추서받았다.

창의한 여러분의 뜻도 역시 이와 같을 따름이리라.[241)]

여기에서 그는 비록 우리가 힘이 약하고 시국이 불리하지만, 대의를 위하여 죽음을 불사하고 의병을 일으켰음을 분명히 하였다. 그는 또한 이 글에서 김복한 등이 1895년 일으킨 홍주의병의 조직 과정과 주도자들이 관군에 체포되어 옥고를 겪는 내용 등을 상세히 기술하였다. 1905년 을사늑약 이후 1906년에 재기한 홍주의병에 대하여도 기록하였다. 홍주성전투 후 의병의 재기 과정과 체포된 의병 가운데 9명이 쓰시마에 유폐되었다가 돌아온 내용도 기술하였다. 공주 보조원과 순검이 김복한을 경무청으로 압송한 것과 경무청에서 문초당한 내용을 소개하고 있다. 또한 홍주성전투 뒤에도 의병 참여자를 탄압하여 이남규 부자가 일본군에게 살해당한 것과 1907년 10월 초하루(음)에 안병찬, 안병림 형제를 비롯하여 尹蘭秀·李彌漢·趙光熙 등 5명을 홍주군의 일본 순사가 다시 공주부로 압송해 간 것도 기술하였다. 그리고 1910년 결국 일제가 한국을 멸망시켰다면서 글을 맺고 있다.

그는《홍양기사》말미에 '外史氏曰'이라 하여 자신이 이 글을 쓴 이유를 밝히고 있다. 그는 "지난 십 수년간 충신과 의사가 혹은 자결하고 혹은 自靖한 자가 적지 않지만, 자신이 보고 들은 홍주 지역의 일만을 상세히 기록하였다"면서 국가를 일으키고 회복하고자 일어난 의병의 거사를 성패에 따라 따져서는 안 된다면서 이들을 열렬한 대장부라고 칭송하였다.[242)]

---

241) 임헌주, 〈洪陽紀事〉(乙卯) 서문,《성헌집》권2 상, 記.
242) 임헌주, 〈洪陽紀事〉(乙卯),《성헌집》권2 상, 記.

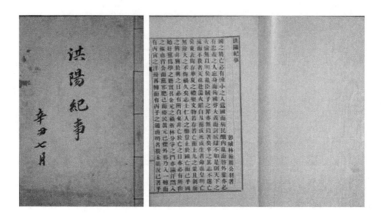

임한주가 지은 홍주의병 기록인 《홍양기사》

임한주는 인근의 문중에서 훈장으로 초빙되어 한학을 강의했다. 그는 30대 젊은 나이에 李氏 집에 초빙되었다. 이설은 임한주의 형인 임승주에게 보낸 글에서 이를 다음과 같이 말하고 있다.

> 어제 한 사람의 선비가 와서 말하기를 洪天李友家에서 근일 한 사람 글방 스승을 맞이하여 와서, 化城 학자라고 하는데 그 같은 것은 林字요, 字는 公某라고 하니 자상하지 않다고 하거늘 듣고 마음에 그윽히 의심하였는데, 지금 홍천 사람을 만나 물은 즉 그 말이 역시 그러하였다. 현자의 옛말씀과 두 사람이 전하는 말로 참작해 본다면 우리 公儀(임한주의 字, 필자)가 한 것이 틀림이 없도다.[243]

이설의 말년에 해당하는 시기에 보낸 서신으로 1905년 무렵의 일로 보인다. 이설은 임한주의 학문을 인정했던 인물로 임한주의 성장을 크게 기뻐한 듯하다.

임한주는 홍성 서부면 판교리의 成汝古 집에도 훈장으로 초빙되

---

243) 이설, 〈與林公儀冕周〉, 《복암집》 권6, 서.

었다. 언제부터였는지는 확인이 안된다. 임한주가 작성한 〈板橋書塾記〉에 따르면, 성여고는 판교에서 세거한 집안으로 子姪들과 인근의 수재들을 위하여 서숙을 세운 지가 43년이 되었다 한다.[244] 그가 공주감옥에서 작성한 〈재소자신분카드〉에 따르면 직업이 '서당교사'로 나와 있는 것으로 보아 그가 1919년 파리장서운동을 전개할 당시에는 이 판교서숙에서 거주하고 있었던 것으로 보인다.[245]

1910년 국망 후 은거하고 있던 그는 1919년 호서지역의 파리장서운동에 참여하여 옥고를 치렀다. 파리장서운동은 1919년 프랑스 파리에서 열린 만국평화회의에 한국의 독립을 요구하는 장서를 보낸 유림들의 독립운동으로 영남과 호서지역에서 동시에 진행되었다. 호서지역에서의 파리장서운동은 홍주의병장 김복한의 주도로 전개되었다. 그는 파리에서 제1차 세계대전 승전국들이 강화회의를 개최하고 있음을 전해 듣고, 과거 의병의 동지들과 연명하여 강화회의에 글을 보내 독립을 요구하는 장서운동을 계획하였다. 그 과정에서 영남의 선비들도 같은 뜻으로 움직이고 있음을 알게 되었다. 김복한의 제자인 임경호는 영남의 김창숙 등과 서울에서 만나 두 지역의 운동을 통합하기로 하고 문서는 영남본을 취하기로 합의하였다.[246]

김복한은 장서운동을 시작하기 전에 먼저 임한주를 만나 서명을 권하였다. 임한주는 "저와 같은 자는 이미 우매하고 천하여 그 사이에 경중을 가릴 바가 아닙니다. 오직 뜻대로 행하실 뿐입니다"라고 자신의 뜻을 밝혔다.[247] 임한주는 서명한 뒤에 전국의 '士民'과

---

244) 임한주, 〈板橋書塾記〉,《성헌집》권2 하, 記.

245) 〈임한주 재소자신분카드〉에 따르면, 출생지는 '충청남도 청양군 화성면 수정리'로 되어 있고, 본적이 '충청남도 홍성군 서부면 판교리'로 되어 있다. 신분은 '양반'이요, 직업은 '서당 교사'라고 되어 있다.

246) 김상기, 〈김복한의 홍주의병과 파리장서운동〉,《대동문화연구》39, 2001.

247) 김상기, 위 글.

'市廛', 그리고 '학교'에 보내는 글을 작성하였다.[248] 임한주가 작성한 포고문이 그의 문집에 실려 있어 그 내용을 알 수 있다. 여기에서 그는 관직이 있고 없고를 떠나 모든 인민이 궐기하여 역신들을 토벌할 것을 촉구하였다. 그러나 일제에게 밤낮으로 감시를 받는 처지여서 이를 배포하지는 못했다.[249]

파리장서운동은 1919년 4월 초 일경에 탐지되었다. 호서지역에서는 6월 초부터 체포되기 시작하였다. 임한주는 이때 홍성의 서부면 板橋里에 거주하고 있었다.[250] 6월 6일(음, 5월 10일) 아침 일찍 일본인 순사 比良田이 그의 판교리 집에 조사할 일이 있다고 와서 그를 홍성경찰서로 연행해갔다. 13일(음, 5월 17일) 靑武헌병주재소로 이송되었다. 14일 공주경찰서에 이송되었으며, 15일 검사의 심문을 받았다. 검사가 김복한의 권유로 했는지, 자의로 했는지를 묻자, 임한주는 김복한은 하기 싫은 것을 강요하는 사람이 아니고, 나 역시 사람의 강요에 의해 내 뜻이 아닌 것을 하는 사람이 아니라며 자신의 뜻에 따라 서명했음을 분명히 밝혔다.[251] 이어서 검사가 "오늘날 정치가 어떠한데 인심은 이와 같은가?" 라고 물었다. 이에 대하여 그는 우리 조선이 단군 이래 4천 년의 역사를 가진 민족으로 인심에 원한과 분함이 있는 것은 나라가 망한 때문이지 정치를 잘하고 못하는 문제가 아니라고 조선인의 민족자존의식을 역설하였

---

248) 임한주, 《雨暘漫錄》(권2 하, 18쪽) 1919년 3월 2일조.
 "(전략) 而若其募人往來及前後行費 皆出於志山 其布告全國士民 及各市廛各學校 三度文字 則汝方强病草定(후략)".

249) 임한주, 〈布告全國士民文〉(己未), 《성헌집》권5, 상, 잡저. 이 글에 따르면, "시기가 좀 늦었고 중론이 일치되지 못해 배포하지는 못하였다(以時機差晩 衆論 不一 不果傳布)"라고 하였다.

250) 임한주의 〈대구지방법원 판결문〉(1919년 7월 29일)에 따르면, 그의 주소를 '홍성군 서부면 板橋里', 직업은 '農', 나이는 '48'로 적혀있다. 그가 언제부터 판교리에서 거주했는지는 확인이 안된다.

251) 임한주, 〈被拘顚末記〉(기미) 5월 19일조, 《성헌집》권2 하, 記.

다.[252]

임한주는 6월 24일(음. 5월 27일) 대구감옥으로 이감되었다. 7월 29일 제1심 판결에서 이른바 보안법 위반으로 6개월 징역형에 집행유예 2년을 선고받았다. 7월 31일 상소를 포기함에 판결이 확정되었다.[253] 임한주는 옥고를 치르다가 8월 8일(음. 7월 13) '板橋書塾'으로 귀가하였다.[254]

1920년부터는 덕명의숙의 훈장으로 유학을 강의하였다. 평택임씨 충정공파 종중에서는 청양군 화성면 난정과 화창마을의 중간에 山泉齋를 짓고, 그 안에 德明義塾을 개설하였다. 임한주는 덕명의숙이 설치되면서 판교리에서 고향인 이곳으로 와서 문중 자제와 인근의 자제들에게 강의한 것으로 보인다. 이때 그는 周興嗣의 천자문 대신에 《簡肄新編》을 편찬하였다. 이 밖에도 그는 김복한과 이설·전양진·이상구·이식·안항식 등 홍주의병을 비롯한 민족지사들의 행장이나 묘지문 등을 편찬하여 그들의 행적을 후세에 전하였다.

그는 집으로 배우러 오는 이들에게 한학을 가르쳤다.1934년 2월에는 雲樵 文奭煥(1870~1925)의 손자인 榮斗와 榮甲이 와서 수학했다고 한 것을 보아 이를 유추할 수 있다.[255] 문석환은 희당 윤석봉과 면암 최익현에게서 의리지학을 공부한 인물로 홍주의병에 참여하고 체포되어 쓰시마에 유폐되었던 민족지사이다.[256] 임한주의 강

---

252) 임한주, 〈被拘顚末記〉(기미) 5월 19일조,《성헌집》권2 하, 記.

253) 임한주 〈재소자 신분카드〉참조. 이에 따르면 그의 주소는 '충남 홍성군 서부면 판교리'로, 직업은 '서당 교사'로 나와 있다.

254) 임한주, 〈피구전말기〉(기미) 7월 13일조 "13日 還板橋書塾",《성헌집》권2하, 記. 임한주,《우양만록》기미(1919년) 5월 10일, 7월 13일자.〈임한주 判決文〉(정부기록보존소, 형사판결원본). 김복한은 이들 가운데서 가장 중형인 징역1년형을 선고받고 7월 31일 형이 확정되었다. 崔中軾·田穰鎭은 8개월형에 2년 집행유예를 선고받았다.

255) 임한주,《우양만록》권4 하, 1쪽, 1934년 2월 9일조.

256) 문석환은 쓰시마의 유폐생활을 기록인 《마도일기》를 남겼다. 독립기념관 한

의 내용이 문집에 일부 실려 있다. 〈家塾講說 壬寅〉에서 제자 林敬鎬와 李錫龜 등이 논어와 예기 구절 가운데 질문한 것들에 답을 한 문답 형태의 강의록이 전해진다.[257)]

그의 철저한 훈육으로 그의 제자 가운데는 林敬鎬와 林兢鎬 같은 독립운동가들이 배출되었다. 임경호는 파리장서를 중국에 전달하는 임무를 맡았으며, 임시정부의 국내 특파원으로 군자금 모금운동을 하였다. 그는 동아흥산사의 국내책으로 활동하다가 체포되어 해방 직전인 1945년 2월 대구감옥에서 옥사하였다. 임긍호는 임시정부에 참여하여 韓血團 단원으로 활동하였으며, 국내에 파견되어 군자금 모금운동을 하다가 옥고를 치렀다. 이들 외에도 林相悳 등 그의 가르침을 받은 청양군 화성면 일대의 청년들이 화성지역에서 만세운동에 참여하는 등 민족독립운동에 앞장섰다.

그는 1927년에 김복한의 문인들이 홍성에서 조직한 儒教扶植會에 참여하여 청양의 화성에 설립된 聖東지부 지부장을 맡았다. 그는 회를 대표하여 만주 군벌 張作霖을 성토하는 글을 작성하기도 하였다.

임한주는 《洪陽紀事》를 비롯해 민족지사의 행적에 대한 여러 문장을 남겼다. 홍주의병장 김복한의 행장을 썼으며 파리장서에 서명하고 옥고를 치른 秋城 田穰鎭의 행장을 썼다. 홍주의병장 안병찬의 아들인 安奭老의 행장에서는 자신과 안석로가 홍주감옥에서 자신의 형인 임승주와 안병찬의 옥바라지한 것을 기록하였다.[258)] 가형인 임승주의 묘비문과, 1910년 국망에 자결한 '淸狂 李根周, 홍주의병으로 체포되어 쓰시마에서 고초를 겪은 '靜觀 李相龜, 그리고 홍주의병에 참여하여 지도에서 유배생활을 하였으며, 파리장서

국독립운동사연구소에서 2006년에 이를 국역하여 간행하였다.

257) 임한주, 《성헌집》권5, 잡저, 〈家塾講說 壬寅〉.

258) 임한주, 〈志山金公福漢行狀草〉, 〈紹軒安君奭老行狀〉, 〈秋城田公穰鎭行狀〉, 《성헌집》 권4, 行狀.

에 서명하고 옥고를 치른 樂溪 金德鎭의 묘갈명을 썼다. 또한 그는 홍주지역 항일지사들의 죽음에 제문을 바쳐 그들의 위업을 기렸다. 그가 쓴 제문으로는 復庵 李偰, 龜淵 蔡光默, 勉庵 崔益鉉, 俛宇 郭鍾錫, 可田 金龍濟, 菖山 沈宜德, 靑農 趙龜元, 嶧堂 鄭寅熙, 友鹿 柳濬根, 韋觀 金商悳, 志山 金福漢, 申輔均, 四可 柳浩根, 規堂 安炳瓚, 幼常 李侙, 艮湖 安昌植, 華農 安恒植, 景明 金德鎭, 錦樵 俞致奎, 李根周, 그리고 가형 임승주와 조카 임경호 등의 것이 있다.

　이상에서 본 바와 같이, 임한주는 신체가 허약했음에도 철저한 위정척사론을 바탕으로 의병과 파리장서운동 등을 펼치고 옥고를 치렀던 투쟁적인 민족지사였으며, 항일의 역사를 글로 남긴 역사가였다. 그리고 후학들에게 한학 교육을 하면서 민족의식을 일깨워 준 민족 교육가였다 할 수 있다.

　2) 사상

　임한주는 어려서 부친에게 한학을 수학하였다. 그의 부친은 1871년 부친상을 당한 이후 과거 응시를 포기하고 후진 양성에 힘썼다. 이에 대하여 志山 김복한의 문인인 田溶彧은

　　그가 처음 忍齋 先公에게 학문을 시작할 적에 번거롭게 가르침을 감독하게 아니하고 스스로 부지런히 읽고 기억하는 성질이 무리 중에서 뛰어났다. 듣기만 하면 곧 잊지를 않아 글과 말이 날로 새로워져서 絢爛함이 비단으로 수를 놓은 듯하니 先進과 長德들이 낯빛을 고치고 欣賞하지 않음이 없었다.[259]

---

259) 田溶彧, 〈惺軒林公翰周墓表〉.

라고 그가 어려서 부친으로부터 학문을 전수받았으며, 기억력이 뛰어났음과 동시에 학업에도 부지런했음을 알려준다. 이어서 전용욱은 다음과 같이 그의 심성론과 학업에 대하여 알려주고 있다.

> 그가 心性의 論에 대해서는 백씨 景塘 옹의 뜻을 따랐고 從遊에도 방향이 있어서 그가 친할 만한 사람은 잃지를 아니했고 만약 어긋나고 더러운 사람이면 마음으로 더럽게 여겨 멀리 했으니 사람들이 혹 공을 일러 대쪽 같다고 했다. 그럼에도 불구하고 자주 志山 金 선생과 復庵 李公 두 옹의 문하에 자주 찾아가 따르면서 道義를 講磨하여 忠逆과 華夷와 人獸의 구분을 엄하게 하였다. 비록 몸에 베옷을 걸쳤으나 愛君과 憂國의 정성이 피부에 젖어 들어 있어서 …[260]

그는 형인 임승주의 心性論을 따랐다. 그의 9대조 임헌이 沙溪 金長生의 문인인 것으로 보아 그의 집안에는 기호 유학의 성리설이 가학으로 전해졌을 것이다. 또한 전용욱은 그가 장성하면서 이설과 김복한의 문하에서 수학하였음을 알려준다. 이설이 1903년 임승주에게 보낸 편지에 따르면, 이설은 자신의 집에서 임한주에게 《華西雅言》을 강독했던 것으로 보인다.

> 다행히 季方君(임한주를 말함, 필자)과 서로 있은 지가 지금 열흘 남짓하여 왕왕 昏暗한 것을 열어주고 막힌 것을 인도해주는 효과가 있으니 그대들 두 형제는 참으로 나의 義士입니다. 계방은 정신과 기백이 비록 약하게 타고났으나 침착하고 고요하니 充養을 잘 하면 약간의 外邪와 客氣는 종당 물러갈 날이 있을 것이니 모름지기 과려하지 않는 것이 어떠합니까. 근일 계방과 더불어 華西雅言 약간 조를 보는데 과연 蘆(蘆沙 奇正鎭을 말함, 필자)와 더불어 합하는 곳이 없지 아니하니 다행히 덕이 같다는 말이

---

260) 전용욱, 앞의 글.

있는 것이 거짓말이 아닌 實辭입니다.[261]

임한주가 32세 때의 일이다. 그는 이때 이설을 찾아가 열흘 이상
을 함께 있으면서 《화서아언》을 읽었다 하니 숙식을 하면서 수학한
것으로 보인다.[262] 이설은 이때 임한주를 "정신과 기백은 비록 약하
게 타고났으나 침착하고 고요"하다고 그의 체질과 성품을 알려주었
다. 이설은 또한 임한주의 학문을 인정했으니, 그가 "왕왕 혼암한
것을 열어주고 막힌 것을 인도해 주는 효과가 있다"고 함은 이를 알
려준다.

한편 이설은 임한주에게 기정진과 최익현을 성토하는 글의 기초
를 잡게 하였다. 기호 지역의 유생들은 기호학파의 정통을 자임하
였으며, 따라서 율곡에 대한 비판을 묵과하지 않았다. 그런데 장
성의 유학자 기정진이 〈納凉私議〉와 〈猥筆〉을 지어 자신의 학문이
'主理之學'임을 자처하며 율곡의 '主氣之學'을 이단이라 하였다. 그
러자 최익현이 기정진을 율곡보다 더 현명하다고 하면서 기정진의
설을 옹호한 것이다. 1903년의 일이다. 이때 홍주향교 전교가 이설
을 찾아와서 위 사건과 관련하여 서신을 발송한다고 하자, 이설은
그 서신을 임한주에게 작성하도록 하였다. 이설의 이름으로 발표한
통문을 임한주가 기초한 것이다.[263] 이설이 임한주의 형인 임승주
에게 보낸 글에서 이를 다음과 같이 알려주고 있다.

---

261) 이설, 〈答林公武承周〉, 《복암집》 권6, 서.

262) 이설(1850~1906, 본: 연안, 호: 復菴, 자: 舜命)은 인조반정을 일으킨 靖社
功臣 李貴의 10대 후손이다. 그는 문과에 급제하고 승지를 역임하였다. 1894년
사직하고 고향으로 내려와 김복한과 함께 홍주의병을 일으켰다. 이설 역시 尤庵
宋時烈을 거쳐 韓元震으로 내려오는 기호학파의 학통을 계승한 유학자이다. 이
설에 대하여는 김상기의 〈복암 이설의 항일민족운동에 대한 고찰〉(《우강권태원
교수정년기념논총》, 1994) 참조.

263) 이설, 〈斥奇正鎭通文〉, 《복암집》 권10, 雜著; 〈答長兒書 別紙〉, 《복암집》 권
7, 서.

일전에 홍양 泮任(향교의 전교를 말함, 필자) 李友가 와서 斥崔之事의 말에 미쳐서 장차 서신을 발송하여 성토한다 하니 이성을 잡은 양심은 사람이 다 같이 얻은 것을 여기에서도 더욱 증험하겠습니다. 서간은 公儀(임한주의 자, 필자)로 하여금 기초를 하게 하였으니 금일 명일 간에 발송하여 경내에 사는 縉紳章甫에게 서명을 받을 계획이니 明者(임승주를 말함, 필자)도 역시 사람을 만나거든 가히 서명을 아니해서는 안된다는 의리를 말하는 것이 무방할 것입니다.[264]

이설은 임한주의 문장을 인정하여 서신을 기초하게 한 것이다. 임한주의 문집 《파변집》에도 그가 〈斥奇蘆沙通文〉이란 글을 洪州 校任을 대신하여 지었다고 나와 있다.[265]

임한주는 또한 김복한을 스승으로 모셨다. 임한주가 파리장서의 일로 체포되었다가 풀려난 직후에 김복한에게 보낸 편지에서 "門下가 피체되신 날이 한주가 쫓겨 나온 날이요, (門下께서) 풀려나신 날에 미쳐서는 (한주가) 와병 중인 날이었습니다. 처음부터 끝까지 면배하지 못하였습니다"[266]라고 김복한에게 '門下'라는 경칭을 쓰고 있다. 이로 보아 임한주가 언제 김복한의 문하에서 수학했는지는 알 수 없으나, 문하에서 김복한을 선생으로 모셨던 것으로 보인다.

임한주는 김복한을 수시로 배알하고 학문의 요체를 수학한 것으로 보인다. 특히 그는 김복한에게 한간 김한록과 남당 한원진 등의 성리론은 말할 것 없고, 혼례와 제례 등 예론에 대하여도 가르침을

---

264) 이설, 〈答林公武承周〉, 《복암집》 권6, 서.

265) 임한주, 〈斥奇蘆沙通文〉(代洪州校任 作, 癸卯), 《파변집》 권7, 잡록, 36~39쪽.

266) 임한주가 김복한에게 보낸 편지(〈上志山金公福漢〉, 《성헌집》권1하, 서). 참고로 임한주가 대구 감옥에서 풀려나온 날이 7월 13일이고, 김복한이 체포된 날이 윤7월 10일이다. 김복한이 풀려난 날이 10월 25일인데, 임한주의 《우양만록》의 이 날자에 "(10月) 二十五日聞 志山放出之報 病不能往候 蓋自十九日痛臥 天時人事不省者多矣"라고 적혀 있다.

받았다.[267] 김복한이 임한주에게 보낸 서신의 내용을 보면, 율곡과 우암의 계통을 이은 이는 남당뿐이라며 남당의 '闢異端'을 높이 평가하고 있다. 이 밖에도 신학문과 불교에 관련된 답변이 들어 있는 등 김복한의 가르침이 상세했음을 알 수 있다.[268] 임한주가 1924년 서산의 유학자 直庵 李喆承에게 예론에 대한 질의를 받고 이에 대하여 토론을 함은 이러한 훈도의 영향이라 할 것이다.[269]

임한주는 1897년 4월에 김복한의 지시로 김노동과 함께 한원진의 묘에 참배하고 고유문을 바치기도 하였다.[270] 임한주는 김복한을 위한 제문에서 "1895년 이후 30년간 위정척사론을 높이 세웠다"[271]고 평가하였다. 또 그는 김복한의 행장을 작성하여 문인으로서의 도리를 다하였다. 여기에서 그는 "公은 한번 塘書를 보면 보던 것을 버리고, 일단 존신함이 마치 친히 그 문하에서 수업을 받은 자와 같았다"[272]고 김복한의 학문이 남당 한원진의 학풍에 경도됨을 말하고 있다.

임한주는 김복한과 이설의 호론 학풍을 계승하고 있다.[273] 임한주는 자신을 포함하여 김복한 등을 남당의 문인, 곧 '塘門'[274]이라고 언급하면서 한원진의 학설을 존신하였으며, 洛論을 배척하였다.[275]

267) 김복한, 〈答林公羽〉, 《지산집》 권4, 서.

268) 임한주의 《성헌집》 권1하를 보면 그가 김복한에게 보낸 편지(〈上志山金公福漢〉)가 12편이나 있다. 또한 김복한의 《지산집》에는 임한주에게 보낸 답신이 14편 들어있다.

269) 李喆承, 〈與林惺軒〉, 《直菴集》 권3, 서. 임한주, 〈答李博士喆承〉, 《성헌집》 권1 하, 서.

270) 김복한, 〈告南塘先生墓文〉, 《지산집》 권7, 告祝.

271) 임한주, 〈제문〉, 《지산집》, 권15.

272) 임한주, 〈志山金公福漢行狀抄〉, 《성헌집》 권4 하, 行狀.

273) 김상기, 〈김복한의 학통과 사상〉, 《한국사연구》88, 1995.

274) 임한주 〈祭大司成志山金公福漢文〉, 《성헌집》 권3, 祭文.

275) 임한주, 〈잡기〉, 《성헌집》 권2, 하, 記.

심지어 그는 이항로의 성리설이 낙론에 가깝다고 이를 비판하기까지 하였다. 그는 〈화서아언을 읽고(讀華西雅言)〉란 글에서

> 華西 李公이 奮起하여 학문을 敦篤히 하여 人獸가 혼돈인 세상에 尊攘의 大義를 높이 들었으니 이는 성대한 德業이다. 그가 性理를 논한 것 역시 홀로 얻은 견해가 많다. 다만 그 가운데 의심할 바가 있다.[276]

라고 하여 화서 이항로가 존화양이론으로 大義를 펼친 업적을 평가하였다. 그러면서도 의문이 있다면서 이항로의 성리설을 두 가지 측면에서 비판하였다. 첫째는 이항로가 주리적 견해를 가지고 氣에 대한 언급을 하지 않았다는 것이다. 즉, 《화서아언》의 제1권 理氣說에 대한 글에서 "지금 氣字를 제외하고 단지 그 理만을 말하고자 한 즉, 단지 一原의 논리로만 말할 뿐이다"라면서 이는 "그 半을 버리는 것을 면하지 못하니, 어찌 온전함을 얻을 것인가 (후략)"라고 주리론적 성리설을 비판하고 있다. 또 한편 임한주는 이항로가 湖洛의 異論과 同論에 대하여

> 모두 한쪽만을 본 것으로 이는 마치 어리석은 사람이 꿈 이야기를 하는 것 같고, 맹인이 코끼리를 더듬는 것 같다. 甲은 진실로 전체를 얻지 못하고, 乙 역시 반드시 전부를 잃지는 않을 것이다.[277]

라고 湖洛 양쪽을 모두 비판하고 있으나, 결국 이항로의 입장은 낙론 편이라고 다음과 같이 말하고 있다.

---

276) 임한주, 〈讀華西雅言〉, 《성헌집》, 권5 잡저(이항로, 〈九德第三〉, 《화서선생아언》권1 '이기' 참조).
277) 임한주, 〈독화서아언〉, 《성헌집》, 권5 잡저.

> 湖洛에 대한 李恒老의 말이 湖論인 것 같기도 하고 아닌 것 같기도 하
> 고, 洛論 같기도 하고 아닌 것 같기도 하나, 결국 그 요체를 궁구한 즉, 분
> 석을 싫어하고 혼돈을 즐김에 불과하니 끝내는 낙론 쪽에 가깝다.[278)]

즉, 이항로가 인물성동이론에 대하여 양쪽을 모두 비평하나 결국
은 호론보다는 낙론 쪽에 가깝다고 이를 비판하고 있다.[279)]

임한주는 남당 한원진의 학문을 높이 평가하였다. 그는 靜庵 趙
光祖와 退溪 李滉이 성리학을 倡明하여 율곡에 이르러 대성하였다
고 하였다. 그리고 한원진의 이론이 나와서 더 이상 보탤 것이 없게
되었다고 하였다. 물론 이에 대하여 남당의 재주가 율곡보다 나은
것이 아니라 그 후에 나온 것이 더욱 엄밀해졌기 때문이라고 하였
다.[280)]

임한주는 남당 한원진의 湖學에 반대하는 이들이 모두 서울 쪽의
대가들로 이들이 낙론에 쏠리기를 무려 2백 년을 하루처럼 했다면
서, 그러나 끝내는 호론이 옳다고 자신의 호론적 입장을 분명히 하
였다.[281)] 나아가 그는 한원진이 성리설만이 아니라 禮說에서도 '周

---

278) 임한주, 〈讀華西雅言〉, 《성헌집》, 권5 잡저.

279) 이항로가 인물성동이론에 대하여 그동안 절충적인 입장을 취했다고 알려져
    왔었다(배종호, 《한국유학사》 연세대출판부, 1974, 287~290쪽, 유초하, 〈화서
    이항로의 사회사상〉, 《민족문화연구》 13, 1978, 147쪽). 그러나 박성순은 이에
    대한 재고를 요구하며 낙론계로 규정하였다(박성순, 《조선후기 화서 이항로의
    위정척사사상》, 경인문화사, 2003, 166~175쪽). 이에 대하여 김근호는 洛論의
    학문 풍토에서 성장한 이항로가 낙론적 학문 성향을 갖게 되는 것은 당연하다
    면서 "이항로의 心論이 '湖洛의 절충'이라는 학계의 일반적 평가는 재고되어야
    한다"라고 평하였다(김근호, 〈화서 이항로의 호론 심설에 대한 비판〉, 《공자학》
    14, 한국공자학회, 2007), 김근호, 〈낙론의 심설에 관한 화서 이항로의 비판적
    검토〉, 《한국사상과 문화》 47, 2009).

280) 《성헌집》 권2하, 잡기, "我朝靜退實倡明理學而至栗谷而大成 南塘之論出而更
    無餘蘊 非其才塘勝於栗 而後出者盆密故也"

281) 위의 글, "南塘實湖學之首 而反對者皆洛中大家 故靡然從之者皆爲洛論 迄今
    二百年如一日 然畢竟湖論爲是也"

公의 儀禮의 本旨를 劈破'했다고 높이 평가하였다.[282]

한편 임한주는 호론의 관점에서 위정척사론을 펼쳤다. 그는 新學을 비판하기를 서양의 학술과 기예가 동양보다 낮다는 것은 가소롭다고 하였다. 동학을 '甲午東亂' 또는 '민란'이라고 하여 반동학적 태도를 분명히 하였다. 또한 불교에 대하여도 "지금의 崇佛하는 이들이 모두 그 도로써 천하와 국가를 다스리기 족하다고 하나 이는 妄言이다"라고 혹평하였다.[283]

이와 같은 임한주에 대하여 그의 문인인 李炳純이

> 栗谷과 南塘 제현을 마음으로 기뻐 진실로 따랐으며, 斥邪衛道는 筆舌로 하고 義와 利를 구별함에 毫釐같이 분명히 하였다.[284]

라고 함은 임한주의 사상에 대해 적절한 평이라 할 것이다.

이상에서 살펴본 바와 같이, 임한주는 충남 청양 출신으로 어려서는 부친에게서 한학을 수학하였으며, 장성하여 이설과 김복한을 찾아가 성리설과 예론을 수학하였다. 이에 따라 그의 학문은 남당 한원진의 호론적 학풍을 잇게 되었으니 남당학파 계열의 유학자라 할 수 있다. 그는 湖論의 입장에서 洛論을 배격하였으며, 화서 이항로의 성리설을 낙론계에 기울었다고 비판하기까지 하였다. 그는 또한 新學과 東學, 그리고 불교를 비판하는 등 위정척사론에 철저한 사상적 특성을 보인다. 홍주의병장 이설과 김복한은 그의 학문을 높이 평가하였다. 특히 이설은 1903년 홍주향교의 전교를 대신하여 그에게 기정진을 배척하는 통문을 작성하게 하였다. 임한주는 이들 스승들의 사후에는 인근 유림계의 巨擘으로 많은 저술을 편찬

---

282) 위의 글. "南塘之學不惟性理爲然其禮說亦甚明透直 將周公儀禮本旨劈破下來 考其書可知已"

283) 위의 글.

284) 李炳純, 〈제문〉, 《성헌집》 권5, 부록.

하면서 후학 양성에 심혈을 기울였다. 그의 문인으로는 李炳純, 李
應珪, 李永九, 趙在基 등이 알려져 있다.

5. 金商悳의 생애와 사상

1) 생애

金商悳(1852~1924)은 충남 보령군 주포면 보령리 출신으로, 자는
正斯, 호는 韋觀, 본관은 경주로 鶴洲 金弘郁(1602~1654)의 8세손이
다. 부친 昌載와 안동권씨 사이에 장남으로 철종 3년(1852년) 출생
하였다.[285] 가학으로 한학을 수학하였다. 남당 한원진의 문인인 寒
澗 金漢祿(1722~1790)이 종증조로 그의 湖論 학풍을 계승하였다.

김상덕은 상경하여 초기에는 민영환의 막빈으로 있었다.[286] 그
는 고종 23년(1886) 7월에 내무부의 부주사로 등용되어 관직의 길로
들어섰다.[287] 33세 되던 고종 25년(1888)에는 문과 별시에 응시하여
병과로 급제하였다.[288] 그해 8월에 지평이 되었으며, 11월에는 부
수찬이 되었다. 1889년 8월에는 駐津督理 金明圭의 종사관이 되어
중국 천진에 파견되어 공관에 근무하게 되었으나 1890년 병으로 귀
국하였다. 1890년 10월에 규장각 直閣이 되었고,[289] 이듬해 7월에
사간원의 사간이 되었다.[290] 1891년 10월에는 식년시 복시의 시관
으로 있던 중 남정철 등 다른 시관들과 함께 유배형에 처해져 장흥

---

285) 김윤환, 《경주김씨학주공파세보》, 회상사, 2000, 480~484쪽.
286) 황현, 《매천야록》 권1 하, 기축년 참조.
287) 《일성록》, 고종 23년 1886년 7월 12일자(음).
288) 《국조방목》, 규장각 한국학연구원 소장.
289) 《일성록》, 고종 27년 1890년 10월 9일자(음).
290) 《일성록》, 고종 28년 1891년 7월 21일자(음).

으로 유배되었다가 그해 11월 풀려났다.[291] 고종 29년(1892) 1월에
는 춘추관 교리에 임명되었다.[292] 그해 6월에는 성균관대사성이 되
었다.[293] 이듬해인 1893년 7월에는 인천부사 겸 監理仁川港通商事
務에 임명되었다.[294]

　1894년 동학농민전쟁이 일어났다. 조정에서는 농민군 진압에 실
패하자 청나라에 원군을 요청하였다. 그러자 일본도 군대를 파견하
여 인천 앞바다에는 청일 양국 군대가 정박하여 언제 전투가 벌어
질지 모르는 일촉즉발의 상황이었다. 인천부사 겸 인천감리로 있던
김상덕은 일본공사 오토리 게이스케(大鳥圭介)가 3천여 명의 일본군
을 이끌고 입국을 요청하자 "내 머리를 친다해도 입국할 수 없다"
면서 끝까지 일본군의 입국을 거부하였다.[295] 그러나 일본군은 김
상덕의 지시를 무시하고 무력을 앞세워 서울로 들어갔다. 이 군대
는 6월 21일(양, 7월 23일) 경복궁을 무력으로 점령한 갑오변란을 일
으켰다. 갑오변란으로 조선의 실권을 일본에게 빼앗기고 일본식 근
대화 정책인 갑오경장을 추진하게 된 것이다.

　김상덕은 일본군의 무력 진입을 막지 못하자 사직 상소를 올렸
다. 갑오변란 이후 고종의 권위가 실추된 상황에서 그는 일본공사
의 요구에 따라 인천감리직에서 파직되었다. 1894년 9월 3일 재인
천 일본 이등영사 노세 다츠고로(能勢辰五郎)는 조선공사 오토리 게
이스케에게 다음과 같이 김상덕이 갑오변란 이후에 비밀리에 영국
영사와 민씨정권의 요인들과 내왕하고 있다고 보고하고 있다.

---

291) 《일성록》, 고종 28년 1891년 10월 6일자(음).
　　《일성록》, 고종 28년 1891년 11월 28일자(음).
292) 《일성록》, 고종 29년 1892년 1월 27일자(음).
293) 《고종실록》, 고종 29년 1892년 6월 7일자(음).
294) 《고종실록》, 고종 30년 1893년 7월 19일자(음).
295) 홍주향토문화연구회, 《천일대의 사적연구》, 1991, 63쪽.

　　지난번 室田 總領事가 말씀드렸던 이곳의 감리 경질 문제가 오늘에 이르도록 시행되지 못하고 있습니다. 監理 金商悳은 京城事變(갑오변란을 말함, 필자) 10여일 전부터 병을 핑계로 仁川府에 칩거하여 監理署의 사무도 보지 않았는데, 실은 비밀히 英國領事와 稅關長, 기타 淸國黨 일파와 내왕하고 있었다고 합니다. 원래 이 사람은 閔泳駿의 문하생 출신으로 전임 감리 成岐運과 함께 天津에 주재했었고 민영준의 추천으로 閔氏一族의 세력을 빌려서 現職으로 영전한 사람이므로 그 부하들도 모두가 같은 무리의 인물뿐입니다.[296)]

　　그로부터 7일 뒤인 9월 10일에 인천영사는 일본공사에게 다음과 같이 김상덕의 인천 부사직마저 파직시킬 것을 요구하였다.

　　仁川府使 兼 仁川港監理通商事務 金商悳이 淸國黨 여러 사람과 결합하여 敵國과 통하기 때문에, 이곳에서의 여러 조치가 거의 우리 군대(일본군)에게 불리한 형편이라는 것은 지금까지 누차 보고하였습니다. 그렇지만 이번에 조선 정부가 專任監理를 이곳에 파견해 金監理를 파직한 것은 앞으로 이 항구에서 군무는 물론이고 상업에도 매우 좋은 영향을 줄 것으로 생각하고 있습니다. 그러나 이번 仁川港 감리는 전임관으로 파견되더라도, 김상덕은 여전히 仁川府使의 관직을 가지고 이곳에 유임할 것이라고 합니다. 이렇게 되면 모처럼 경질을 실행하더라도 감리의 행정사무상 매양 이 府使의 간섭을 받아야 하는 두려움이 있을 뿐 아니라, 이 부사가 이곳에 재임하는 이상 자기가 파직된 원한 때문에 백방으로 더욱 손을 써서 우리 군대의 정형을 살피고 英國領事 稅關官吏 등 淸國黨과 접촉하여 적국에 도움을 청하게 될 것은 뻔한 일입니다. 그러므로 더욱 숙고하셔서 꼭 김상덕을 開港場 부근의 지방으로 駐任시키지 않도록 조선 당국자에게 권고하

---

296)《주한일본공사관기록》 2권, 기밀 제17호 〈인천항 조선관리의 동정과 의견상신〉(1894. 9. 3).발신자: 재인천 이등영사 노세 다츠고로, 수신자: 특명전권공사 오토리 게이스케.

는 것이 가장 적당하지 않을까 생각합니다.

　이상 참고로 특별히 보고하는 바입니다.[297]

　김상덕은 감리직을 파직당했으나, 인천부사직은 유임되어 신임 감리가 부사인 김상덕의 간섭을 받게 된다면서 인천 부사직 역시 파직시키기를 인천영사는 일본 공사에게 건의하고 있는 것이다. 그 이유는 김상덕이 영국 영사와 세관 관리 그리고 '청국당'과 접촉하여 일본의 적국인 청나라에 도움을 청할 것이기 때문이라는 것이다. 마침내 김상덕은 한 달 뒤인 9월 12일(음) 인천 부사직마저 파직되고[298] 10월 11일(음) 궁내부 참의로 전보되었다.[299]

　김상덕은 1896년 2월에는 홍주관찰사 이승우의 후임으로 홍주부 관찰사에 임명되었다.[300] 1895년 12월 김복한 등이 홍주의병을 일으켰는데, 관찰사 이승우가 비록 의병을 배신했지만, 처음에 의병에 동참했던 일이 있어 해직되었던 바가 있었다. 김상덕은 이승우의 후임으로 홍주부 관찰사에 임명된 것이다. 그러나 관찰사로 부임한 김상덕은 오히려 홍주의병을 석방시켰다. 그는 이 일로 그해 5월 관직에서 해임되고[301] 6월에는 전라도 智島郡 古羣山으로 2년 유배형에 처해졌다.[302]

　홍주부 관찰사 金商悳을 智島로 流 2년 정배케 하다. 김상덕은 지난 2月 24日에 홍주부관찰사에 임명된 이후 여러 번 사직을 고집하다가 補外

297) 敬具. 《주한일본공사관기록》 2권, 임기밀공제14호 〈仁川府使兼監理인 金商悳의 경질에 관한 具報〉(1894. 9. 10). 발신자: 재인천 이등영사 노세 다츠고로, 수신자: 특명전권공사 오토리 게이스케.

298) 《일성록》, 고종 31년 1894년 9월 12일자(음).

299) 《일성록》, 고종31년 1894년 10월 11일자(음).

300) 《일성록》, 고종33년 1896년 1월 16일자(음).

301) 《일성록》, 건양1년 1896년 4월 15일자(음).

302) 《승정원일기》, 고종 33년 1896년 5월 3일자(음).

로 징계처분을 받았던 바 이 날 고등재판소에서 재판을 열고 대명률 〈對制上書詐不以實條〉의 〈對制 及 奏事上書詐不以實者律〉에 照하여 태 100, 징역 3년으로 판결 선고하고 이를 상주한 바 대군주가 하칙하여 감량할 것이 없지 않다 하고 유 2년 하게 한 것이다.[303]

그는 1896년 8월에 유배에서 풀려났다.[304] 그 뒤의 행적은 밝혀지지 않지만, 낙향하여 향리인 보령 천북면 용천에 강당을 세우고 후학을 양성하였다. 강당의 옆에 天一臺를 쌓고 매일 서울을 향해 재배하면서 自靖의 생활을 하였다. 천일대는 남당 한원진의 문인인 堅窩 洪量海(1724~1778, 자: 道叔, 호: 剛齋)가 도학을 강론했던 곳인데, 김상덕이 그의 정신을 기리고자 다시 쌓은 것이다. 천일대란 말은 소동파의 적벽부 가운데 '望美人兮 天一方'(미인을 바라봄이여, 하늘 저 한쪽이라네)에서 '天一'을 따온 것으로 임금을 사모한다는 뜻이다.[305]

1905년 을사조약이 강제 체결되자 김상덕은 1905년 11월 25일(음) 민종식과 함께 상경하였다. 상소를 올려 을사늑약의 취소와 을사오적의 처벌을 주청하고자 한 것이다. 이때 김복한과 이설도 상경하여 상소를 올렸으나 체포 · 투옥되었다. 민종식과 김상덕은 상소를 올리기 전에 김복한 등의 체포 소식을 듣고 상소를 포기하고 낙향하였다.

---

303) 《일성록》, 건양1년 1896년 5월 3일자(음).

304) 《일성록》, 건양1년 1896년 6월 25일자(음).

305) '天一臺'는 작자 미상의 〈天一臺記跋〉(《천일대의 사적연구》, 홍주향토연구회, 1991, 27~28쪽)에 따르면 "其臺曰天一 蓋取坡翁賦 天一方之意"라 하여 蘇軾의 적벽부의 "미인을 바라봄이여 하늘 저 한쪽이라네"(望美人兮天一方)의 '天一方'에서 따온 臺의 이름이다. 소식이 1079년 李澤 등의 모함으로 東坡라는 곳에서 옥살이를 했다. 그때 지은 적벽부에서 '天一方'이란 美人, 즉 임금이 계신 곳을 가리킨다. 또한 이 〈천일대기발〉에서는 "臺之所以名之記 而謂之日洪公以丹書"라 하여 이 천일대란 명칭을 洪量海의 《丹書》라는 책에서 따왔다고 하였으니 홍양해의 책에 인용되어 있는 蘇軾의 글을 참고한 것으로 보인다.

민종식은 다음 해인 1906년 3월 안병찬 등의 추대로 예산의 광시에서 홍주의병장에 올랐다. 홍주의병은 홍주성을 공격하고, 청양의 화성에서 합천전투를 치렀으나, 관군과 일본군의 급습으로 패산하였다. 민종식은 이용규의 모군에 힘입어 5월 9일(음, 4월 16일) 부여의 지치에서 재봉기하였다. 홍주의병은 남포 전투에서 승리하고 5월 20일 홍주성을 점령하였다. 김상덕은 이때부터 의병에 합류한 것으로 보인다. 민종식은 새로 조직한 편제에 김상덕을 '군사장'으로 임명하였다. 일본군은 5월 20일부터 홍주성을 공격하였다. 의병은 굳건한 성벽을 이용하여 일본군의 공격을 격퇴하였다. 5월 21일에도 일본군의 공격이 있었으나, 일본 순사 사타케(佐竹)가 부상을 당하여 서울로 호송되었으며, 5월 27일에는 경부 히지카타 겐노스케(土方源之助) 등 일본인 3명과 일진회원 2명이 체포되어 처형되었다. 일본군의 연이은 패퇴에 이토 히로부미(伊藤博文)는 주차군사령관 하세가와 요시미치(長谷川好道)에게 군대파견을 명령하였다. 이에 따라 일본군 보병 제60연대의 대대장 다나카(田中) 소좌가 보병 2개 중대와 기병 반 개 소대 그리고 전주수비대 1개 소대를 이끌고 5월 30일 홍주성을 공격하였다. 결국 31일 새벽에 홍주성이 일본군에게 점령되었다. 의병은 격렬하게 저항하였으나 3백여 명의 희생자를 내고 패산하였다.[306)

김상덕은 이 전투에서 일본군의 공격에 밀려 민가에 숨어 있다가 자진 체포되어 그해 11월 10년 유배형을 받고 고군산도에 유배되었다.[307) 그는 재판정에서 다음과 같이 그간의 의병 활동과 자진하여 체포된 뜻을 밝혔다.

---

306) 김상기, 〈1906년 홍주의병의 홍주성전투〉,《한국근현대사연구》37, 2006.

307)《황성신문》, 1906년 6월 16일, 잡보, 〈洪州後報〉와 6월 18일자 〈義擾調査〉에 따르면, '軍隊長 金商悳은 戰死'라고 하여 홍주성전투에서 전사하였다고 보도하고 있다. 그러나 6월 25일자 〈被害虛報〉에서 그 보도가 허보임을 게재하였다.

저는 불행하게도 지난해 10월에 새 조약의 변을 당하여 쓰리고 아픈 마음을 금치 못하여 곧장 자결하려고 한 것이 오래였습니다. 올해 4월에 전참판 閔宗植이 일본을 반대하는 뜻으로 의병을 일으켜 홍주성에 들어왔는데, 죽기를 맹세하고 나라에 보답하자는 내용으로 신에게 편지를 보내왔습니다. 의리상 사양할 수가 없어서 즉시 가보았으나 신은 병들고 못난데다 본래 의병이 될 역량이 없어서 단지 한번 죽기를 맹세했을 뿐입니다. 얼마 뒤 그 무리들이 흩어지자 저는 난민들에게 밀려나 성 밖으로 나가 여기저기 숨어 다녔는데, 하루를 사는 것이 하루의 욕을 보는 것이었으므로 본원에 자수하였습니다. 폐하에게 보고되어 속히 처단을 받음으로써 일본 감옥의 귀신이 되는 것을 면하도록 해 주신다면 신은 죽어서 영예를 얻을 뿐 아니라 실로 나라의 체모가 바로잡히게 될 것입니다.[308]

이때 그의 문인인 최상하가 김상덕의 체포 소식을 듣고 홀로 편히 있을 수 없다면서 함께 갇혔다.[309] 평리원에서는 1906년 9월 김상덕에게는 유 10년, 최상하는 유 5년을 선고하였다.

홍주군 居嘵犁 전참판 金商惠氏가 義兵에 干連이 유嘵다고 평리원에 自現就囚嘵얏더니 유십년에 照律處辦嘵얏고 그 제자 崔相夏氏犁 師傅의 道를 顧念嘵야 亦爲就囚嘵얏더니 該氏犁 流五年에 처嘵얏더라.[310]

김상덕은 제자 최상하와 함께 그해 11월 고군산으로 유배되었다.[311] 그는 다음 해인 1907년 4월에 제자인 최상하와 함께 석방되

---

308) 《고종실록》, 고종 43년 1906년 10월 25일자(음).
  《황성신문》, 1906년 8월 30일, 잡보, 〈陳疏待命〉.
309) 《황성신문》, 1906년 8월 31일, 잡보, 〈隨師同義〉.
310) 《황성신문》, 1906년 9월 17일, 잡보, 〈宣告流配〉; 1906년 10월 18일, 잡보,
  〈兩氏處流〉.
311) 《황성신문》, 1906년 11월 9일, 잡보, 〈各人發配〉.

었다.[312] 석방된 뒤에는 보령 천북면 용천에서 '江湖退士'라 스스로
일컫고 自靖의 생활을 하였다.[313]

2) 사상

김상덕은 한원진의 학풍을 지켰다. 김복한은 1913년 4월 지은
〈天一臺銘〉에서

> 이 고을은 堅窩 洪公이 도학을 講한 곳인데 화를 만나서 남긴 자취가 없
> 어짐에 공이 이를 슬퍼하였다. … 먼 옛날 견와 선생이 비로소 문풍을 열
> 어 도학을 여기에 펼쳤으니 暘翁(暘谷의 韓元震을 말함. 필자)의 높은 제
> 자로다. 우리의 사풍을 일으켜 민속을 크게 바꾸었으나 홀연히 부당한 형
> 벌을 당함에 원통함이 지금까지 깊었네. 누가 그 자리를 지키겠는가. 풀과
> 나무만이 무성하구나. 나의 친구 韋觀은 중년에 벼슬에 올라 金銅으로 만
> 든 龍馬처럼 임금의 은총이 빛났도다. 국운이 날로 위태하나 부지할 방책
> 이 없으니 去守의 마음으로 은둔하며 지냈도다.[314]

라고 김상덕이 한원진의 문인인 堅窩 洪量海의 학덕을 기려 천일대
를 쌓았으며, 위태로운 국운을 부지하고자 투쟁하였으나 형벌을 당
하고 중화의 도를 지키고자 '去守'의 마음으로 은둔하고 있음을 알
려주고 있다. 홍양해(1724~1778, 자: 道叔, 호: 堅窩, 剛齋)는 정조 2년
영조의 비 정순왕후의 오빠인 金龜柱의 黨與라 하여 사사된 호론계

---

312) 《황성신문》, 1907년 3월 21일, 잡보, 〈因赦得放〉 "智島郡古臺山流十年罪人
    金商悳氏와 流五年罪人 崔相夏氏를 今番 赦典에 放釋嘲얏더라."
313) 김상덕이 쓴 〈江湖退士自序〉가 있다(홍주향토문화연구회, 《천일대의 사적연
    구》 1992, 34~35쪽).
314) 김복한, 《지산집》 권5, 銘, 〈天一臺銘〉.

의 유학자로《堅窩遺稿》가 전한다. 유호근은 〈천일대기〉에서 김상덕이 집의 동쪽에 땅을 다듬어 돌을 높이 쌓고 곁에는 잔디를 입혀 날마다 대에 올라 임금을 위하여 눈물을 흘렸는데 턱수염이 더부룩하였다고 알려주고 있다. 아산 출신의 李鍾淳은 〈天一臺記後敍〉를 써서 홍양해의 도덕과 충심이 살아있던 곳이 폐하여 실전되었던 것을 김상덕이 계승하였음을 기렸다. 임한주도 〈題天一臺記後〉를 남기고 있으며, 작자 미상의 〈天一臺記跋〉이 있다.[315]

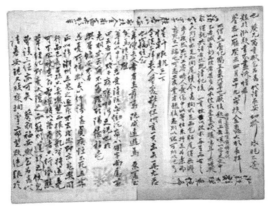

김상덕이 임한주에게 보낸 편지

그는 척사론에 철저하였다. 그가 1906년 홍주의병의 군사장으로 참여한 뒤 체포되어 10년 유배형을 받고 나서 집에 보낸 祠堂文이 있는데, 여기에서 그는 '人獸雜蹂 天地飜覆'이라고 당시의 시세를 표현하였다. 사람과 짐승의 구별이 혼잡하게 짓밟혔다는 것이다. 그리고 천지가 뒤집히는 간난의 처지에 이르렀다면서 오장이 찢어지는 심정이라고 하였다. 사당문의 전문은 다음과 같다.[316]

315) 홍주향토문화연구회,《천일대의 사적연구》, 1992, 23~28쪽.
316) 위의 책, 1992, 39쪽.

불초 상덕은 간난의 시기를 만나	不肖商惪 遭時艱難
인수가 혼잡하게 짓밟히고 천지가 번복되었습니다.	人獸雜蹂天地翻覆
망령되이 적의를 본받으려 죽기를 맹서했으나 죽지 못했습니다.	
	妄效翟義 決死未死
10년 유배라니 어찌 임금의 뜻이겠습니까.	豈眞聖旨 十年島流
신하로는 불충이요, 자손으로 불효입니다.	爲臣不忠 爲子不孝
감히 이를 대신 고하니 오장이 갈기갈기 찢어집니다.	敢此替告 五中崩催

김상덕은 충의사상에 바탕을 둔 항일사상의 소유자이다. 체포된 홍주의병을 석방시킨 일로 유배되었다가 풀려난 그는 보령으로 내려가 '강호퇴사'를 자처하였는데, 이때 그가 쓴 〈江湖退士自序〉에서

> 갑오, 을미년 무렵 국가가 퇴하고 황실이 무너지며, 정든 땅이 멀어지매 오직 돌아갈 것을 결심했다. 개천과 골이 끊어지고 육지가 절단되는 형상을 여실히 깨닫게 되었다. 그토록 허물어진 뒤라도 가히 不報의 報復을 할 것이다.

라고 하여 1894~1895년 국가는 쇠퇴하고 황실은 무너졌다고 하였다. 그리고 이에 대한 보복을 할 것이라고 다짐하였다. 그는 1906년에는 직접 홍주의병에 군사장으로 참전하였으니 이는 다짐했던 일제에 대한 보복의 실천이었다.

김상덕은 천일대를 세우고 은거하면서 인근의 학자들과 교유하였는데, 그 가운데 한 명이 고군산도에 함께 유배되었던 이건창이다. 寧齋 李建昌(1852~1898)은 1895년 9월(음) 명성황후의 시해에 〈討賊復疏〉를 올려 역적을 토벌할 것을 주청한 일로 고군산도에 유배되었는데, 이때 김상덕과 함께 유배 생활을 했었다. 이건창이 천일대를 방문하고 다음의 시를 남겨 고군산도에 유배되었던 일을 추

억하면서 천일대를 건립한 김상덕의 충심을 기렸다.[317)

고군산 때 함께 했던 詩句를 이미 지워버렸네	古郡聯句已削除
지금도 역시 머물러 다음 글만 생각하네	今亦仍停次韻詩
천일대의 忠憤을 누가 안다 하리	臺上忠憤誰有知
홍잠산에 거한 사람 갈수록 슬픔만이 도사려	興岑居者甚行悲
미인을 바라 구태여 천년 살기를 헤아리나	望美敢凝千秋在
오직 안면의 구레나룻만이 알려주네	惟應顔面兩鬚時
홍양의 그대 옷엔 내 눈물만이 끼치고 말거야	洪陽君衣齋我淚
시공의 가는 곳마다 서로 따라야만 하겠지	時空到底得相隨

이건창 외에도 김상덕과 교유한 인물로는 위에 든 김복한, 유호근, 임한주, 이종순이 있으며, 홍주의병에 참여하여 쓰시마에 유배되었던 申輔均·柳濬根·申鉉斗, 그리고 강화도에 유배되었던 尹炳日, 덕명학교 설립자 徐承台, 이설의 문하생으로 3·1운동에 참여한 李吉性, 유교부식회 설립에 참여한 金益漢, 퇴천산에 은거한 李鍾厚, 대한매일신보사 부사장을 역임한 崔益 등이 있다. 이들이 천일대를 방문하고 시를 써놓았다.

김상덕의 학문과 처신은 4종제인 寒月堂 金商玎에게 큰 영향을 주었다. 김상정은 1919년 고종이 독살당했다는 소식을 듣고 혈서투쟁을 전개한 애국지사이다. 그 역시 가학으로 남당의 호론을 계승하였는데, 김상덕의 학문적 영향을 크게 받았다. 그는 김상덕을 경주김씨 문중의 표준으로 여겼으며, '杜門自靖하고 憂國愛君 넉자를 가슴에 새겨 晩節을 지키고 있는 조선 선비의 依望'이라고 숭앙하였다. 김상덕은 1919년 옥고를 치르고 있던 김상정에게 편지를 보내 절의를 지킴을 칭찬하였다.

---

317) 홍주향토문화연구회,《천일대의 사적연구》1992, 32쪽.

6. 金商玎의 생애와 사상

1) 생애

金商玎은 한원진의 문인인 金漢祿의 玄孫으로 서산에서 누대에
걸쳐 가학으로 湖學을 계승해 온 유학자이며, 세금납부거부투쟁을
이끄는 등 일제의 침략과 탄압에 굳게 항거한 민족지사였다. 지금
까지 그에 대하여는 행적을 정리한 〈略史〉가 나왔으며, 항일투쟁이
신문과 잡지에 소개된 바 있다.[318]

김상정(1875~1954)은 강화도 사건이 일어난 해인 고종 12년(1875)
9월 충청남도 예산군 봉산면 마교리에서 출생하였으며, 6·25전쟁
을 겪은 직후인 1954년 8월 서산군 성연면 고남리 象峴에서 타계하
였다. 그의 자는 明玉이요, 호는 寒月堂이니 이는 선대 한간 김한록
과 月潭 金日柱의 호에서 취한 것이다.[319]

---

318) 金商玎에 대한 자료로는 그의 아들인 金洪濟가 번역, 편집한 《寒月氷屑》(回
想社, 대한민국 66년 甲子, 1984, 388쪽)가 있다. 그리고 김홍제가 찬술한 〈寒
月堂金先生略史〉(4쪽)가 있으며, 그의 생애가 《중도일보》 1977년 3월 10일자의
〈喊聲半世紀〉, 《週刊京鄕》 1977년 4월 17일자의 〈倭놈말 듣기 싫다 귀 잘라낸
항일투사〉, 《한국의 얼》(저축추진위원회, 1979년 9월)의 〈슬기의 열매〉 등에 소
개된 바 있다.

319) 김상정의 가계 직계표는 다음과 같다(《경주김씨문정공파세보》 참조).

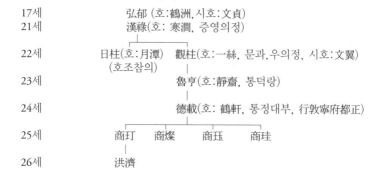

김상정은 4살의 어린 나이에 부친을 잃었다. 그는 부친의 60주기를 맞이하여 어버이를 모시고 싶어도 기회를 얻지 못하였다 하여 선친을 위한 상복을 입었다. 그가 64세이니까 1938년의 일이다. 그는 옥고를 치르면서 상한 몸이었지만 생전의 부모를 섬기는 정성으로 하루도 거르지 않고 3년상을 예법대로 지켰다. 直菴 李喆承은 그의 이러한 행동을 다음과 같이 칭송하였다.

> 어려서 73세의 어버이를 잃었네
> 홀연히 64세에 돌아왔구나
> 追哀가 정례가 아님을 말하지 말라
> 다만 정성과 효도가 終身토록 사모하는 것을 부러워 할 뿐이다.
> 저물면 號哭하고 아침이면 가슴을 치며 어버이를 잊지 못하네
> 사모하는 것을 견디어 머리가 흰 사람인데
> 세상일을 가르치는 책임이 중하고 지고 있는 짐도 무거운데
> 날로 수척하니 내 몸만 위태롭게 하지 마시오[320)]

충신을 찾으려면 효자의 집에서 찾으라는 말이 있듯이 1910년 경술국치를 당하여 망국민이 된 그는 철저히 의리론에 따르는 항일투사로서의 삶을 살았다.

1910년 국망 후 궁벽한 시골에서 두문불출 은거하여 나무와 돌을 이웃하면서 울분을 달래던 그는 1918년 고종의 시해사건인 '戊午弑變' 소식을 듣고 해방 때까지 항일투쟁에 나서게 되었다.

총독부의 사주로 독이 든 식혜를 마시고 고종이 시해되었다는 소식을 접한 것은 그가 45세되던 1919년 1월 27일(음, 1918. 12. 26)이었다. 그는 이 소식을 듣고 '君父의 원수와는 의리상 하늘을 같이 할 수 없다'하고 면사무소의 게시판에 '擧哀發喪文'을 지어 붙이려

320) 이철승, 〈李直菴先生喆承送追服詩〉,《한월빙설》(회상사, 1984), 386쪽.

다가 관리들의 제지로 뜻을 이루지 못하였다. 2월 1일, 즉 음력으로 기미년 정월 초하룻날이었다. 그는 머리에는 폐양립을 쓰고 허리에는 삼띠를 매고 혼자 부석면에 있는 望登山에 올라가 義旗를 꽂고 望哭을 계속하였다. 그리고 격문을 발표하여 일본의 고종시해를 성토하였다. 격문의 내용은 다음과 같다.

> 檄
>
> 일본이 大韓國을 弑奪함에 어진 용맹을 분발하여 천하에 대의를 펴고자 한다. 億萬生靈이요 삼천리 강토라 공포하고 천하만국에 성토하자. 더운 피와 붉은 창자에 품은 한이 지극하여 황하가 오히려 얕고 태산이 가벼운데 왜적이 대한을 弑逆한 일을 크게 써서 번개와 우레같이 만국에 소리치자.
>
> 기미 정월 1일 大韓遺民 寒月堂 金商珏 血誠布告[321]

그는 2월 14일(음. 1. 14)에는 왼쪽 무명지를 끊어 솟아나는 피로 '復讐大義'라 혈서하여 높은 대에 걸어놓고 민족의 봉기를 촉구하는 혈서투쟁을 전개하였다. 1백여 장의 혈서를 쓰는 동안 피가 마르자 가슴살을 칼로 베고 피를 내어 손가락으로 피를 적셔 태극기를 만들었으며, 다음날 산 위에 기를 세우고 望哭의 예를 행하였다.

그는 3월 7일(음. 2. 6) 고종의 장례식에 참석하고 온 이에게 고종이 독살당하여 서거한 적나라한 소식을 전해듣고 항일의 뜻을 더욱 굳히게 되었다. 며칠 뒤 그는 가운뎃손가락 한 마디를 칼로 잘랐다. 종신토록 일본에 굴하지 않겠다는 의지의 표시였다. 그리고 '大明義理'라 써 내걸었다.[322] 그는 잘려나간 손가락을 '부모의 遺體'라며 소금에 절이고 말려서 자신이 죽어 가는 날에 같이 묻어 달라고 家人에게 부탁하면서 다음과 같이 잘려 나간 손가락을 위로하는 시를

---

321) 김상정, 〈檄〉,《寒月氷屑》詩, 10쪽.
322) 김상정, 〈書戊午事〉, 위책, 111쪽.

읊었다.

> 한칼에 둘로 끊어 義를 결심하니
> 죽은 자는 슬프지 아니하되 산 자만 슬프구나
> 지금 生死로 이별한다 원통해하지 말라
> 나무하늘 다음 날에는 맹세코 같이 가리다.[323]

그가 혈서한 글은 모두 227자에 달하였는데 그 가운데 4폭의 192자는 일경에게 빼앗겼다.[324] 이러한 그의 혈서투쟁은 인근 士民에 영향을 주었음이 틀림없다.

그는 세금납부거부 투쟁을 비롯한 항일투쟁을 펼쳤다. 1919년 곳곳에서 3·1운동이 일어나자 서산에서는 3월 23일(음. 2. 22) 재무주임 坂垣巖治와 통역을 부석면에 보내 소위 총독부의 고유문을 발표하여 주민을 진정시키려 하였다. 그는 그들의 발표가 끝나기를 기다려 면사무소에 모인 주민들에게 을미사변과 경술국치 그리고 '戊午弒變'의 일을 들어 일본의 죄를 성토하였으며, 이제부터 왜왕에게 복종하지 않고 세금도 납부하지 않을 것을 맹세하였다고 하면서 이에 동참할 것을 호소하였다.[325]

다음 날 그는 한인 순사 印宗煥과 일본순사 島化에 의해 그의 집에서 압송되어 서산경찰서에 구속되었다. 한인 警部 鄭俊澤이 그를 심문하였다. 혹 때리기도 하고, 비웃기도 하면서 그를 회유하려 했으나 그는 여전히 '3대 사건'(을미사변, 경술국치, 무오시변을 말함: 필자)을 들어 뜻을 굽히지 않았다. 25일에는 일본인 경찰서장인 中村千太郎의 심문을 받고 15일간 구류처분을 받았다. 감옥에서 그는 큰

---

323) 김상정, 〈弔慰指節〉, 《한월빙설》, 4쪽. "一刀兩斷決心義 死者不悲生者悲 莫恨從今生死別 木天他日誓同歸"
324) 김상정, 〈書戊午事〉, 《한월빙설》서, 憂國, 111~112쪽.
325) 김상정, 위의 책, 112~114쪽.

소리로《大學》을 외우니 서장이 와서 금지시켰으나 더욱 소리를 높여 외웠다. 28일 아침에는 포승줄로 묶여 경찰서 사무실로 나가니 군수 池熹悅이 효유하기 위해 와 있었다. 그는 다시 3대 사건을 들어 힐책했다. 군수가 그의 납세거부에 대하여 협박하자 그는

> 우리 왕께서 서거하시어 주인 없는 강산이 되었는데 어디에다 세금을 바치겠느냐. 비록 도끼와 톱을 머리에 댄다 하더라도 맹세코 세금을 물지 않겠다.[326)

라며 납세를 거부할 뜻을 분명히 하였다.

4월 1일(음. 3. 1)에는 옥중에서 北向하고 머리를 조아리며 통곡하였다. 그러자 왜경이 몽둥이로 그를 수없이 구타하였다.[327) 이때의 심정을 그는 다음과 같이 읊었다.

> 다름없이 단단한 한 寒士로다
> 不屈의 고함소리는 서릿발 같은 가을인데
> 당돌한 倭奴가 가벼이 손을 범하여
> 좌편 뺨 우편 갈비뼈를 치고 머리를 우므러뜨리네[328)

대호지면장 李寅正이 천의시장에서 3·1운동을 주도하고 체포되어 그의 옆 감방에 투옥되었다.[329) 그는 다음과 같은 시를 지어 그의 안부를 걱정하면서 옥중에 있어 함께 만세투쟁에 참여하지 못했음을 아쉬워했다.

---

326) 김상정, 위의 책, 115쪽.
327) 김상정, 위의 책, 117쪽. 김상덕,〈書明玉事〉,《한월빙설》, 331쪽.
328) 김상정,〈獄中望哭時倭奴稱以違令毆打故感吟〉,《한월빙설》詩, 6~7쪽.
329) 독립운동사편찬위원회,《독립운동사》3, 1970, 154~155쪽.

> 獄中의 괴로움을 말하지 말라.
>
> 苦樂은 옳은 것과 그른 것 사이에 있다.
>
> 人情은 물이 천자나 되고
>
> 세상일은 만겹의 산과 같다.
>
> 창 사이로는 주고 받을 수 있지만
>
> 벽을 사이에 두었으니
>
> 얼굴을 볼 수가 없네.
>
> 지척이 천리 같으니
>
> 말이나 전하여 안부를 묻노라.[330]

韋觀 金商悳이 그에게 글을 보내 끝까지 美名을 남길 것을 권면하고 아울러 옥중 식사를 염려하여 1백 전을 보냈다. 평소에 존경하고 있던 4종형인 金商悳의 염려에 그는 종신토록 대의 앞에 서서 굽히지 않을 것을 하늘에 맹세하였다.[331]

그는 4월에 풀려났으나, 2년 뒤인 1921년 5월 26일(음) 또 다시 투옥되었다. 일본 순사 橫田가 "쓸데없는 일 하지 말고 협조하라"고 회유하자 그를 몽둥이로 내리쳐 투옥된 것이다.[332] 그해 9월 12일(음)은 그의 47번째 생일이었다. 마침 이날 〈戶稅告知書〉를 받은 그는 망국민의 분한 마음을 이기지 못하고 손가락을 잘라 그 피로 일왕과 총독에게 글을 써 세금을 낼 수 없음을 통지하였다. 여기에서 그는 倭王 大正을 한국의 큰 원수라고 하면서 비록 힘으로는 대적할 수 없지만 의리는 펼 수 있다면서 한국에는 죽어도 변치 않는 逸民이 있음을 알렸으며, 齋藤實 총독에게도 만 년 뒤라도 반드시

---

330) 《한월빙설》 시, 7쪽.

331) 《한월빙설》 시, 9쪽.

332) 김상정, 위책, 375쪽.

보복할 것을 통고하였다.[333]

1924년에는 전매령이 내려 입담배 경작이 규제를 받게 되었다. 농민들은 생계에 타격을 받지 않을 수 없었다. 김상정은 인근의 농민들에게 "大韓遺民 寒月堂金商玎種不屈草○○○本"라 크게 쓴 팻말을 만들어 나누어주고 팻말을 꼽아 놓고 계속 경작하라고 하였다. 그러자 왜경은 서둘러 이를 뽑아 버렸다. 그리고 전매령을 위반하였다 하여 그를 위협하였다. 화가 난 그는 스스로 왼쪽 귀를 자르고 왜적의 추악한 소리를 듣지 않겠다고 맹세하였다. 다음 시는 당시 그가 지은 시로 그의 심정이 잘 나타나 있다.

> 죽기를 맹세하고 처음 마음으로 왼편 귀를 잘랐네
> 악한 소리가 賊邊으로부터 들어오지 말라고
> 사람이 있어 君親의 義를 말한다면
> 오른편 귀로 들어주겠네.[334]

그는 1932년 9월 15일(음, 8월 15일) 전매령 위반과 세금불납 등의 혐의로 체포되어 공주감옥에 투옥되었다. 입소 즉시 일경들은 그의 상투를 자르려 하였다. 일본의 정책에 철저히 반대하는 그를 잡아 의기를 꺾으려는 속셈이 있었던 것이다. 일경 몇 명이 그를 붙잡고 강제로 상투를 자를 기세였다. 그는 힘으로 감당하지 못하게 되자 자신의 오른편 새끼손가락을 물어뜯어 피를 입에 물고 일경의 얼굴을 향해 뿜어대며 저항하여 버텨낼 수 있었다. 며칠 뒤 손가락이 썩

---

333) 김상정, 〈倭王見〉·〈總督齋藤實見〉, 《한월빙설》시, 20쪽. 그 중에 〈倭總督齋藤實見〉의 내용은 다음과 같다. "無道爾王何其貪暴 犯上減分食我疆土 有志匹夫心 有堅固 義不共天萬世必報" 김상덕, 〈續書明玉事〉(壬戌年, 1922), 《한월빙설》, 334~335쪽.

334) 《한월빙설》, 22쪽.

고 구더기까지 나자 일경이 풀어주었다.[335)]

1937년 2월에는 경기도 여주에서 체포되었다. 한식 차례를 지내기 위하여 여주군 흥천면 외사리에 있는 증조부 觀柱 公의 묘를 참배하고 位土 관계로 며칠 머물고 있었는데, 누군가의 신고로 일경에 체포되어 여주경찰서로 끌려갔다. 일경은 사상이 나쁘다고 상투를 자르고 상복을 벗기려 하였다. 완강히 거부하자 당시 63세였던 그에게 일경은 갖은 고문을 다해 허리를 크게 다치고 말았다.[336)]

그는 중일전쟁이 일어나자 격문을 발표하여 일본을 위한 전쟁에 도움을 주지 말 것을 호소하였다. 그는 일본의 총동원이라는 이름 아래 강제되는 징병과 창씨개명을 반대하였다.[337)] 또한 제기까지 공출케 하여 사람을 죽이는 탄환을 만드는 일제를 '惡類'라 부르며 이들과는 같이 하늘을 이고 살수 없으니 전 세계인이 모두 義軍을 일으켜 공격할 것을 주장하였다.[338)]

그는 해방을 맞이하고서도 원수인 일제와 친일매국노를 토벌할 것을 주장하였다. 그는 1945년 동짓날(음, 11.18) 임시정부 주석 金九에게 진정하고자 상경하였다. 김구를 만난 그는 혈서로 쓴 〈請討讐賊文〉을 소매에서 꺼내 올리고 이완용 같은 매국노는 부관 참시하여 분함을 씻고 대의를 천하에 펴줄 것을 건의하였다.[339)] 이 글 말고도 〈再次進言〉, 〈稟目〉 등의 글을 계속하여 보내어 하늘을 대신하여 천명을 받들어 天討를 행하고 亂逆의 괴수의 목을 베기를 청하였다.[340)] 김구는 이에 襃獎狀을 써서 죽음을 무릅쓰고 나라의 복수를 맹세하여 한결같이 이를 게을리하지 않은 것을 칭송하

---

335) 《한월빙설》, 23~24쪽.

336) 《寒月氷屑》 詩, 26~29쪽.

337) 김상정, 〈雷檄〉(132쪽), 〈覓詘俚白談〉(136~137쪽), 위의 책.

338) 김상정, 〈檄〉, 위의 책, 154쪽.

339) 김상정, 〈乙至錄〉, 〈請討讐敵文〉, 《한월빙설》, 139~140, 273~277쪽.

340) 김상정, 〈再次進言〉, 〈稟目〉, 《한월빙설》, 141~142쪽.

였다.[341] 또한 그는 해방정국의 소용돌이에서 신탁통치의 문제가
제기되자 통분하여 "血心으로 싸우겠다"며 이를 반대하였다.[342]

한편 74세 때인 1948년, 그는 정부와 성균관에서 孔子의 제사를
폐철하고 그 대신 8월 27일에 生日祭를 한다는 소식을 듣고 이를
통탄하여 성균관장 金昌淑과 법무장관 李仁, 국회, 대통령 李承晚
에게 글을 보내어 그 잘못됨을 지적하고 시정을 요구하였다. 그는
대통령에게 보낸 글에서

> 우리 大成至聖文宣王은 백성이 생긴 이래로 더 성한 자가 없는데 하물
> 며 우리 동방예의의 나라에 종교의 祖宗이십니다. 종묘에 祭享하고 上帝께
> 질서를 보여주어 장차 만세에 갈리지 않도록 하여야 할텐데 金昌淑은 東
> 西廡에 배열된 여러 성현들까지도 제사를 폐지하여 위패를 묻어버리고 또
> 각 도와 각 군에 그 잘못을 본뜨라고 하였으니 陰陽이 剖判된 이후로 처음
> 보는 대변입니다. … 저 昌淑 같은 무리를 아직도 하늘과 땅 사이에 살게
> 한단 말입니까. 그윽이 생각해보니 각하를 위하여 애석할 뿐입니다.[343]

라 하여 성균관장의 잘못을 지적하고 전례를 회복할 것을 청하였
다. 그 이후에도 그는 〈通告儒道會席上士友諸氏〉(己丑8월), 〈答儒道
會本部委員〉(庚寅2월), 〈通告政府要人〉(壬辰7월), 〈書釋尊廢祭及十哲
四賢埋安事〉(庚寅2월) 등 글을 통하여 지속적으로 그 부당성을 주장
하였다.

---

341) 김상정, 위의 책, 142쪽. 포장장의 내용은 다음과 같다. "金寒月堂先生은 品
    行이 篤實하고 誠意가 있는 선비이다. 나라의 위기를 만나 죽기로 나라를 위해
    복수할 것을 맹세하고 깨끗하고 지극한 정성으로 한결같이 게을리하지 않았으
    니 가히 몸을 베어 혈서를 한 것을 보아도 그 감정을 알겠더라. 이 거친 말로 그
    특행을 기록하노라. 大韓民國 28년 1월 1일 臨時政府 主席 金九"(金寒月堂先生
    踐履篤誠之士也 生丁陽九矢死報國 皭然至忱一貫匪懈 可感於轄體血書 綴此蕪辭
    以誌特行 大韓民國二十八年一月元旦 臨時政府主席金九)

342)《한월빙설》詩, 35~36쪽.

343) 김상정, 〈上大統領李承晚〉(기축12월),《한월빙설》, 205~208쪽.

이와 같이 그는 민족자존의식에
철저한 민족지사였다. 그가 절의론
에 바탕을 둔 항일활동을 보여 준 것
에 대해 그의 사후인 1960년 서산군
민들은 〈寒月堂先生義烈讚頌碑〉를
세워 "西山의 맑은 바람이요, 동녘
바다의 밝은 달 일러라"고 그의 인
품과 공적을 기리고 아울러 그를 '烈
士'라 부르기까지 하였다.[344]

한월당 김상정

이상에서 살펴본 바와 같이, 김상
정은 1910년 국망 후 自靖의 태도를
견지하였다. 1918년 고종의 시해사
건인 '戊午弑變'을 당한 뒤에는 '大韓遺民'임을 자처하면서 혈서투쟁
을 중심으로 한 항일투쟁에 나섰다. 그는 격문을 발표하여 일본의
고종 시해를 규탄하였으며 血書를 총독에게 보내거나 깃대에 걸고
시위하는 등 혈서투쟁을 통해 민족의 봉기를 촉구하였다. 또한 군
중집회에서 항일투쟁의 방법으로 납세거부투쟁을 제시하면서 동참
할 것을 호소하는 등 항일투쟁을 선도하여 瑞山지역에서 3·1운동
을 일으키게 하였다. 이러한 그를 왜경은 가혹하게 탄압했다. 그는
모두 다섯 차례 옥고를 치렀다. 일제는 상복 차림의 그를 체포하여
강압적으로 회유하려 하였으나 그는 손가락을 자르고 왼쪽 귀를 자
르는 등의 행동으로 이에 대항하였다.

또한 그는 일제에 의해 단행된 담배전매 제도를 반대하여 농민
의 생계를 보호하려는 투쟁도 전개하였으나 체포되어 뜻을 이루지
못하였다. 중일전쟁 후에는 격문을 발표하여 일제의 총동원령과 창
씨개명 정책을 반대하였다. 김상정은 일제의 온갖 회유와 탄압에도

344) 李錫泰, 〈寒月堂先生義烈讚頌碑〉, 《한월빙설》, 363쪽, "西山淸風 東海明月".

절의정신과 의연한 민족적 자존심을 몸소 보여주어 민족의 독립과 한국인의 자유로운 삶을 가능하게 하는데 한몫했다.

2) 학문과 사상

김상정은 가학으로 한원진의 학문을 계승하였다. 한원진은 권상하의 高弟로 조선 후기 기호학파 최대의 학술 논쟁이었던 호락논쟁의 중심에 서서 湖學을 주창한 유학자이다.

김상정은 고조인 김한록을 통해 한원진의 학문을 전수받았다. 김한록은 한원진을 찾아가 강론을 듣고 경학의 깊은 뜻을 깨쳤으며, 한원진의 사후에는 〈中庸戒懼至靜說〉, 〈大學正心說及靜時工夫說〉 등을 지어 송시열과 한원진의 경전해석을 일부 보완하였다. 그는 또한 〈巍菴集跋〉을 지어 李柬의 성리설을 통렬히 배척하여 한원진의 학설을 辨證하였다.[345] 그러나 노론의 벽파였던 그가 죽은 뒤, 순조 6년(1806) 큰아들 觀柱를 비롯하여 6형제와 조카들이 誣疏로 유배형에 처해짐에 따라[346] 그의 학문은 널리 전파되지 못하였다. 다만 둘째 아들인 日柱(호: 月潭)를 거쳐 한말 그의 고손인 商玎에 이르기까지 가학으로 전해졌다.

김상정은 어려서 부모를 여의고 심히 빈곤하여 스승을 모시고 수학할 형편이 못되었다. 단지 독학으로 경서를 수학하고 寒澗과 月潭으로부터 이어져 내려오는 가학을 전수하여 湖論的 學風을 지켰다. 그는 고조부인 金漢祿이 尤庵 – 遂菴 – 南塘의 嫡傳임을 다음과 같이 밝히고 있다.

345) 〈한간선생연보〉, 《한간집》 부록.

346) 이성무, 《조선왕조사》, 동방미디어, 1998, 930~931쪽.
　　《경주김씨문정공파세보》 권3. 김상정의 《滄桑錄》(1923) 참조.

遂菴은 尤翁의 嫡傳이요, 南塘은 寒水의 嫡傳이다. 澗翁이 南塘을 스승으로
섬겼으니 塘翁의 嫡傳은 곧 寒澗이시다.[347]

홍성의 유생 李錫泰 역시 김상정의 학문적 연원관계를 다음과 같
이 전해주고 있다.

紫陽이 沒하고 吾道가 東으로 향함에 華陽 宋夫子가 栗谷 沙溪 開創의
統緖를 받아 遂菴 南塘에 전하고 公의 고조 寒澗선생이 塘翁 高足으로서
眞傳에 承接하여 次子에게 전함에 皐音이 위로 들려 登筵啓沃하니 즉 從
曾祖 月潭 선생이 그분이시다. 공이 일찍이 春秋大義를 들어 그 家學의 門
路가 이와 같은 것이다.[348]

이처럼 김상정은 金漢祿의 학문을 가학으로 계승하여 민족적 위
기가 닥치자 斥異端의 이념을 실천하기에 이르렀다.

이에 따라 그는 매년 韓元震의 생일인 9월 13일과 朱子의 생일인
9월 15일에 尙賢會를 열고 인근의 사민을 초청하여《朱子書》와《南
塘集》,《寒澗集》을 펴고 의리를 강론하였다.[349] 또한 그는

寒澗 先祖께서 南塘先生을 스승 삼아 독특히 전함을 받았고 또 전수하
기를 絲田과 月潭에게 하였으며 兩公은 繼述하여 靜齋 梧齋 두 선조께 전
하였다. 인하여 家庭之學이 되었다.[350]

---

347)《한월빙설》, 40쪽.

348) 이석태, 〈又和重陽尙賢會韻〉,《소매고》, 서산문화원, 1997, 36쪽.

349) 이석태, 〈寒月堂金公墓碣銘〉,《소매고》》, 335~336쪽. 이석태, 〈又和重陽尙
賢會韻〉, 위책, 36쪽. "寒月 金公이 恭賢의 誠意로써 15일 朱夫子 생신에 동지를
불러 尙賢會를 만들어 (중략)"

350)《한월빙설》奉先, 시, 44쪽.

라고 김한록의 학문이 絲田(휘: 觀柱)과 月潭(휘: 日柱)을 거쳐 靜齋 ·
梧齋에 와서 家學이 되어 자신에게 전해졌다고 말하고 있다.

김상정의 학문에 영향을 끼친 인물로는 그의 4종형인 김상덕과
홍주의병장 김복한을 들 수 있다. 김상정은 종형인 김상덕을 경주
김씨 문중의 표준으로 여겼으며, "杜門自靖하고 憂國愛君 4자를 가
슴에 새겨 晩節을 지키고 있는 조선 선비의 依望"이라 할 정도로 존
경하였다. 그러한 김상덕이 1919년 옥고를 치르고 있는 그에게 편
지를 보내 절의를 지킴을 칭찬하고 돈을 보내주자 그는 감격하여
종신토록 대의의 뜻을 굽히지 않겠다고 하늘에 맹세하였다.[351] 김
상덕은 1919년 10월에는 김상정의 혈서투쟁을 글로 기록하여 후세
에 전하였으니 〈書明玉事〉와 〈續書明玉事〉가 그것이다. 여기에서
그는 김상정을 烈士라 하면서 君子의 盛德大業을 위하여 더욱 학
문에 힘쓰기를 권하였다.[352] 또한 그는 1919년 동짓날 김상정을 위
하여 〈寒月堂記〉를 써 寒澗과 月潭에서 堂號를 취함이 지나친 면
이 있다고 하면서도 항상 마음으로 두 선생을 모신 것처럼 정성을
다하여 조상을 욕보이지 않도록 당부하였다.[353] 이후에도 김상덕은
집안의 어른으로서 김상정으로 하여금 寒澗 이하 선대의 祠板을 모
셔 제향하도록 하는 데도 앞장서주었다.[354]

홍주의병장 김복한 역시 김상덕이 쓴 〈寒月堂記〉에 後記를 써주
면서 1919년 그의 혈서투쟁을 치하하였다. 여기에서 그는 尤庵과
南塘의 글을 인용하면서 "忠厚한 것을 근본으로 삼아 학문을 부지

351) 《한월빙설》 시, 9쪽.

352) 김상덕, 〈書明玉事〉(己未10월, 石居氏書), 《한월빙설》, 331~333쪽. 김상덕, 〈
續書明玉事〉(壬戌之春分前七日書), 《한월빙설》, 334~335쪽(이 글에서의 '石居'
는 金商憲의 別號임).

353) 김상덕, 〈寒月堂記〉, 《한월빙설》, 335~336쪽.

354) 김상덕, 〈跋三從叔都正公責長子商珪文〉, 《한월빙설》, 328쪽.

런히 하여 선조의 遺緖를 이어받을 것"을 부탁하였다. [355]

김상정과 교유한 주요 인물로는 李錫泰와 李喆承, 그리고 김복한의 장자인 金殷東 등이 있다. 李錫泰(1885~1967, 자: 亨九, 호: 小梅, 본: 서천)는 李禹奎(1838~1898, 호: 梅谷)의 둘째 아들로 홍성 궁경(현, 광천읍)에서 출생하였다. 이석태의 증조부인 挺俊(호: 退川, 石溪)과 조부 敏政(호: 梅湖), 그리고 부친 이우규는 평생을 성리학에 전심한 학자이다. 이에 따라 그는 가학을 전수받아 湖學을 존모하면서 일제 식민지 치하에서 '去守'의 태도를 지켰다. 부친 사후에는 김상덕의 知己인 遂谷 李鍾淳에게 道學의 要訣을 수학하였으니, 이로써 이석태 대에 와서는 한원진의 학문적 경향을 더욱 띠게 되었다. [356] 이에 그의 문인인 吳浣根은 "孔子와 朱子의 도학과 班馬(班固와 司馬遷: 필자)의 문장은 선생이 즐거워했던 바요, 尤庵과 南塘의 緖業, 父祖의 학문은 선생의 業이었던 바입니다"라고 스승의 학문을 기렸다.

이석태는 김상정과 平生知己였다. 그는 김상정의 의열적 행동을 〈義烈讚頌碑銘〉을 찬술하여 기렸으며, [357] 김상정이 타계하자 〈寒月堂金公墓碣銘〉을 찬하여 그의 삶을 추모하였다. [358]

李喆承(1879~1951, 자: 重吉, 호: 直菴, 본: 연안)은 서산의 음암면 탑곡리 출신으로 省齋 柳重敎의 문인인 유진하한테 수학한 당대의 유학자였다. 그는 당진 대호지면의 의령남씨 집안에서 설립한 桃湖義塾과 보은의 宣政薰(1888~1964, 본: 보성)이 설립한 교육기관인 觀善

---

355) 김복한, 〈書金君明玉寒月堂記後〉, 《한월빙설》, 336~337쪽.

356) 이석태, 〈上遂谷李丈鍾淳〉, 《소매고》, 1997, 170~171쪽. "塘翁之正嫡 龜老之坎壈 人物性同異 朝野史典故 皆爲後生初學 諄諄開喩之不倦 而門外 雪已盈尺矣"

357) 이석태, 〈寒月堂先生義烈讚頌碑〉, 《한월빙설》, 363쪽. 이석태의 《소매고》 (330쪽)에는 〈寒月金公義烈碑銘〉라 되어 있다. 南相赫, 〈寒月堂先生讚頌碑銘〉, 《한월빙설》, 364~365쪽.

358) 이석태, 〈寒月堂金公墓碣銘〉, 《한월빙설》, 340~346쪽〉.

亭에 초빙되어 많은 제자를 양성하였다.[359]

이철승은 김상정이 64세가 되어 부친의 60週忌를 기려 3년상을 치르자 치하하였으며,[360] 〈不忘園記〉를 지어 그의 항일정신을 기렸다.[361] 원래 김상정은 '孤念'의 뜻이 '不忘'이라 하여 집 앞에 고염나무를 두 그루 심고 원수를 잊지 않는다는 뜻에서 사방으로 돌담을 쌓아 이를 不忘園이라 했던 것이다. 또한 김상정은 아들인 金洪濟 (1915~. 호: 畊南)를 이철승에게 보내 수학하게 하였으며, 이철승은 김홍제의 字詞를 지어주는 등 각별한 사이였음을 알 수 있다.[362]

김복한의 장남인 金殷東(1888~1945. 자: 聖八)은 부친인 김복한이 자주 투옥되자 가사를 책임지고 옥바라지를 도맡아 하였다. 그는 김복한의 뜻으로 설립한 人道社의 총무 직을 맡아《人道》지의 간행 업무를 총괄하는 한편, 1927년에는 부친의 문인들과 함께 유교부식회[363]를 조직하여 "유교사상을 부흥하고 시대에 적합한 충의심을 앙양하여 새로운 윤리관을 확립하고자"[364] 노력하였다. 그는 신간회 활동에도 참여하는 등 홍성지역에서 민족운동가로서 크게 활약했다. 김상정은 김은동의 선배로서 서로 서책을 돌려보면서 학문을 토론하였던 사이였다.[365]

---

359) 李喆承의 문집으로《직암집》이 전한다. 이철승은 南相赫 金洪濟와 趙鍾業 교수를 비롯하여 예산, 서산, 당진, 천안, 보은 일대에 많은 제자를 배출하였다.

360) 이철승, 〈李直菴先生喆承送追服詩〉,《한월빙설》, 386쪽.

361) 이철승, 〈不忘園記〉,《한월빙설》, 337~340쪽.

362) 이철승, 〈金洪濟字詞〉,《직암집》 권5.

363) 유교부식회는 1927년 홍성에서 조직, 전국에 지회를 둔 전국적인 단체였다. 발기인은 김은동을 비롯하여 吳錫禹 田溶彧 崔仲軾 黃佾性 李泳珪 金魯東 崔鳴鏞 金敬泰 李禹植 鄭泰復 金益漢 등이었으며, 회장으로는 홍주의병에 참여하였던 李相麟을 추대하였다. 주요 활동은 정기강연회 실시와《人道》지 간행, 그리고 태안 청양 공주 등 곳곳에 지회를 설치하여 유교사상 보급과 충의정신 고양이었다.

364) 홍양사편찬위원회, 〈홍양사〉, 동화당인쇄사, 1969. 손재학, 〈홍성군 사회운동 소사〉(필사본).

365) 김상정, 〈寄東旭〉(경인8월),《한월빙설》, 295쪽.

　김상정은 위정척사론에 투철하였다. 그의 위정척사론의 핵심은
존화양이론에 있었다. 존화양이론이란 '尊中華攘夷狄'을 의미한다.
여기에서 尊中華는 문화적으로는 주자학 질서를 유지하는 기본 이
념인 5倫을 지키고, 정치적으로는 주자학 질서가 유지되고 있는 조
선사회를 수호하자는 의미이다. 따라서 중화양이론은 중화의 명맥
을 보전하여 조선인이 금수가 되는 것을 막고자 한 것이며, 우주의
중심이 華脈을 계승한 조선에 있다는 민족자존적 문화의식이라 할
수 있다.

　그는 일제의 창씨개명 정책에 대하여 "일찍이 華夏가 오랑캐를
변하게 하였다는 말은 들었지만, 이제는 오랑캐가 중화를 핥아 먹
는 큰 변괴를 보게되니 통분하여 죽으려 해도 땅이 없구나"라고 '倭
夷'가 문화국인 조선의 자주권을 박탈해 감을 통분하였다.[366] 그는
또한

　　　夷狄의 세상에 살고 있으니 이적이 될 수밖에 없다는 것을 거론한다면
　　春秋에 尊攘의 義理가 어디에 있으리오. 그러한 즉 夷狄은 차치하고 萬古
　　大聖人 武王과 周公의 시대에도 伯夷와 叔齊의 百世淸風을 아직도 칭송하
　　는 일이 있지 아니한가.[367]

라 하여 춘추의 존양론을 적극적인 항일의 논리로 수용하고 있음
을 볼 수 있다. 즉, 그는 성인으로 칭송되는 무왕과 주공의 시대에
도 절의를 지키던 백이와 숙제가 있었는데, 비록 세상이 일본 오랑
캐의 것이 됐다할지언정 절대로 '倭夷'의 편에 설 수 없음을 춘추의
尊攘論을 들어 논리적으로 주장하였다.

366) 김상정, 〈乙卯至臘之間聞有倭賊變改吾人姓名云故痛嘆而書〉, 《한월빙설》,
　　130~131쪽.
367) 김상정, 《한월빙설》, 131~132쪽.

그는 또한 철저한 척왜론을 주장하였다. 이에 따라 그는 1895년 명성황후가 시해된 일, 1918년 고종이 시해된 일을 들어 토적복수론을 주장하였다. 그가 작성한 〈討賊復讐檄告文〉, 〈檄告〉, 〈請討復讐文〉 등에 이러한 이념이 잘 나타나 있다. 이 가운데 〈請討復讐文〉은 해방된 해인 1945년 11월 임시정부 주석 金九에게 제출한 글이다. 그는 이 글에서 倭奴는 물론 친일매국노 처단을 주장하였으니 독립된 뒤일지라도 친일파를 처단하여 민족정기를 회복해야 한다고 건의하였다.

이상에서 살펴 본 바와 같이, 김상정은 척이단적 성격을 강하게 띠는 남당학파의 유학자로, 김한록과 김일주 등을 거쳐 내려온 호론적 학풍을 가학으로 계승하였으며, 김상덕과 김복한 등 호서지역 척사유생의 영향을 받아 위정척사론에 철저하였다. 이에 따라서 그는 尊華攘夷論과 討賊復讐論, 그리고 척왜론을 주장하였으며, 춘추의 존양론을 항일 논리로 채택하여 적극적인 항일투쟁을 전개하였다.

제3장 華西學派

1. 화서학파의 형성

1) 호서지역 화서학파의 형성

화서학파는 경기도 양평과 포천, 그리고 강원도 춘천과 충북 제천, 충주 일대에 널리 분포되어 활발한 민족운동을 펼쳤다. 최근에 충청남도 내포지역에도 화서학파의 문인들이 집단적으로 분포하였음이 확인되었다. 여기에서는 그동안 주목받지 못하였던 호서지역 화서학파의 형성과정을 살펴보고자 한다.

호서지역의 화서학파는 최익현을 비롯하여 유인석, 유진하, 윤석봉, 盧正燮 등 화서학파의 대표적인 유학자들이 호서지역으로 이주하면서 형성되었다.

최익현이 충청도 정산(현, 충남 청양군 목면 송암리)에 이주한 것은 그가 68세 되던 1900년 4월의 일로, 서울 근교를 떠나 벽지에서 은거하기 위해서가 아닌가 한다. 이후 그는 고종이 密諭를 내리면서까지 의정부 찬정 등의 관직을 내렸으나 일체의 관직을 사양하였다. 그는 1905년 을사조약이 강제 체결되자 5적을 토벌할 것을 요청하는 상소를 올리고, 이어서 8도의 士民에게 1) 五賊을 토벌할 것, 2) 5적이 일본의 공신이 되고자 국왕을 포로로 삼고자 할 것이니 모든 士民이 禍患을 예방할 것, 3) 결세를 납부하지 말고, 일본제품을 쓰지 말 것 등을 호소하였다.[1] 그해 12월에는 노성의 闕里祠에서 강회를 열고 1906년에는 태인에서 의병을 일으켜 쓰시마에 유배되었다. 그는 그해 11월(음)에 유배지에서 생애를 마쳤다.[2]

최익현은 1906년 태인에서 의병을 일으키기 전까지 정산에 거주한 6년 남짓 동안 많은 제자를 양성하여 화서학파의 맥을 호서지역에 심었다. 호서지역에서 그의 제자로 알려진 인물로는, 보령의 白觀亨 · 金寬濟 · 白弘均 · 柳濬根, 청양의 黃圭琮 · 金在喆 · 崔祐鉉 · 韓魯洙 · 崔永祚 · 崔元植 · 任明宰 · 宋珏憲 · 李仛 · 宋秉稷 · 安恒植, 공주의 尹兢周 · 姜漢老 · 崔載昌 · 吳仁植 · 吳元植 · 崔永福 · 崔龍植 · 李相斗, 아산의 郭漢一, 부여의 李敎憲, 연기의 郭漢紹, 대전의 崔濟泰 · 崔殷相 등을 들 수 있다.[3] 이들 가운데는 곽한일과 이식 · 백관형 · 이교헌 · 곽한소 등 정산에서 직접 가르침을 받은 이도 있으며, 유준근 같이 쓰시마 유배 중에 가르침을 받은 이도 있다. 또한 이식 · 곽한일 · 이교헌 · 송병직 같이 홍주의병에 참여한 이도 있으며, 윤긍주 · 최은상 · 최영복처럼 태인의병에 참여한 이도 있다. 백관형 · 유준근 등은 1919년 파리장서운동에 참여하여 옥고를 겪기도 하였다.

그의 문인 가운데 곽한일과 이식이 특히 두드러진 활동을 하였다. 郭漢一(1869~1936, 호: 壯庵, 자: 元佑, 본: 청주)은 원래 경기도 양주에서 태어나 최익현의 가르침을 받은 것으로 알려져 있다. 그가 언제 아산으로 이사를 했는지는 확실하지 않으나 최익현이 정산에 거주할 때 그는 아산에 거주하고 있었으며 측근에서 스승을 모셨던

---

1) 최익현, 〈布告八道士民〉, 《면암집》 잡저.
2) 홍영기, 〈한말 태인의병의 활동과 영향〉, 《전남사학》 11, 1997.
   김상기, 〈최익현의 정산 이주와 태인의병〉, 《충청문화연구》 7, 2011.
3) 《茛薇淵源錄》 권下, 〈門人錄〉

것으로 보인다. 李侙(1873~1936, 호: 愼懼堂, 자: 有常, 본: 연안)은 정산의 남천리 출신으로 정산에서 최익현의 가르침을 받았다. 1905년에 金東弼 등 26명과 함께 13도 유약소를 설치하여 외국공사관 등에 일제의 침략상을 폭로하였으며, 포고문을 전국에 발송하는 등 활동을 하다가 체포되어 서울 경무청에 구금되었다. 1906년 3월 출옥한 뒤 최익현의 명으로 곽한일과 함께 홍주의병에 참여하여 참모사로 활동하였으며, 홍주성전투에서 체포되어 쓰시마에 유배되었다. 그는 또한 1912년 임병찬을 만나 독립의군부를 조직하게 하고 임병찬과 함께 주도적으로 활동하였다. 그 이후에는 '未死人'이라 자칭하면서 은거하였다.[4]

유준근 · 문석환 · 최상집 · 신보균 · 남규진 · 안항식 · 신현두 · 이상두 등 홍주성전투에서 체포되어 쓰시마에 유배되었던 인사들은 유배지에서 최익현의 가르침을 받았으며 그의 사후에도 追崇하기를 그치지 않았다. 홍주의병 유병장 柳濬根(1860~1920, 호: 友鹿, 자: 舜卿, 본: 전주)은 보령의 녹문리(현, 대천읍 내항리)에서 태어나 1906년 홍주의병에 유병장으로 참여하였다. 그의 '友鹿'이란 호는 쓰시마에서 최익현에게 받은 것이다. 그는 유배에서 풀려나 아들을 낳고 민적에 올리지 않아 고초를 겪을 정도로 항일의식이 철저하였다. 그 또한 1912년 임병찬과 함께 독립의군부를 설립하여 장서투서운동을 전개하였으며, 1919년에는 김복한 등과 함께 파리장서운동에 참여하여 옥고를 치렀다.[5] 文奭煥(1870~1925, 호: 雲樵, 자: 英伯, 본: 남평)은 어려서 希堂 윤석봉에게 수학하였으며, 쓰시마에서 최익현을 사사하게 되었다. 李相龜(1859~1926, 호: 靜觀, 본: 단양, 이명: 相斗)는 공주 우성 출신으로 을미홍주의병에 참여한 晩悟 李相

---

4) 이식은 1917년 당진의 南相赫에게 보낸 글에서 자신을 '未死人李侙'으로 호칭하고 있음을 볼 수 있다(조종업 교수 제공).

5) 김복한, 〈友鹿柳公濬根墓誌銘〉, 《지산집》 권11, 墓誌.
   임병찬, 《의병항쟁일기》.

麟의 동생이다. 그는 1906년 홍주의병에 좌익장으로 참여하였으며, 쓰시마에 유배되어 최익현의 가르침을 받게 된 것이다. 그는 쓰시마에서 風疾을 얻어 귀국하였다.[6]

보령 출신의 白觀亨(1861~1928, 호: 玉齋)은 어려서 윤석봉한테 수학하였으며, 최익현의 정산 거주 이후에는 그에게서 가르침을 받은 것으로 알려져 있다. 그는 1906년 유준근과 함께 홍주의병에 참모로 참여하였으며, 1916년에는 만동묘에서 항일 연설을 하고 체포되어 3개월의 옥고를 치르기도 하였다. 1919년 3·1운동 때는 파리장서에 서명하여 옥고를 치렀다. 백관형의 문인으로 金智貞·白彰均·白明均 등이 있는데, 金智貞(1889~1948)은 파리장서운동에 참여하여 옥고를 치렀다.

연기지역 최익현의 문인으로 郭漢紹(1882~1927, 호: 敬菴, 자: 允道, 본: 청주)가 있다. 그는 연기 발산 출신으로 최익현이 정산에 이주한 직후인 1900년 3월에 정산으로 들어가 수학하였다. 그는 스승을 수행하여 남도 여행을 하면서〈師友錄〉을 남겼으며, 1906년 태인의병에도 동참하였다. 최익현 사후에는 1907년 7월 高石鎭·尹恒植·梁在海 등과 함께 문집간행소를 설치하고 간행통문을 발송하여 문집을 간행케 하는 등《勉菴集》제작에 진력하였다.[7] 곽한소의 문인으로는, 연기의 康仁植·郭漢綺·郭海根·安基德(호: 蓮堂)·安濟衡(호: 白峰)·安鍾萬·安喆相·李元求·林百喆(호: 浦山)·鄭蘭植(호:翠谷) 등과 공주의 安基璇(호: 信齋)·吳夢植(호: 農隱)·吳春植 등이 있다.[8]

홍산 출신의 최익현 문인으로 李敎憲(1862~?, 자: 호: 寬溫齋·艮淸, 汝章, 본: 전의)이 있다. 이교헌은 홍산 장항리 출신으로 정산으로

---

6) 李允玉 찬,〈李相龜墓碑銘〉참조.

7) 郭進鍾,《勉菴先生文集刊行所日記》참조.

8) 장삼현 편,《蘖溪淵源錄》, 양평문화원, 1999.

최익현을 찾아가 수학하였으며 1906년 홍주의병에 참여한 뒤 향리에서 은거하며 후학을 양성하였다. 그의 훈육을 받은 이로는 부여의 李康國(호: 儒隱)·李勉鎬·李龍鎬·李漢國·吳在燮·趙炳烈·趙善元(호: 淸窩)·趙禧衍(호: 守堂), 서천의 李侙珏(호: 芝隱)·韓憲敎(호: 松崗)·金容錫(호: 月潭)·盧義鎬(호: 竹汀)·朴東鎭·朴在淳·朴在春(호: 勤堂), 보령의 李性宰, 청양의 張錫圭(호: 玄菴) 등이 알려져 있다.[9]

　유인석은 이항로 문하에서 수학한 유학자로 보수 유림의 전형적인 운동 형태인 위정척사운동과 의병투쟁을 펼쳤다. 그는 1866년 25살때 스승 이항로를 따라 상경하여 척화소를 올리는데 참여하여 척사론을 실천에 옮기기 시작하였다. 1876년 불평등 조약이 강제로 체결되기 직전 스승 유중교, 김평묵 등 화서문인 50인과 함께 〈伏閤儒生斥洋疏〉를 올렸다. 이 50인의 병자연명유소는 이항로의 병인년 상소 이후 화서학파 최초의 집단적 정치운동으로 개국의 부당성을 항의 상소한 것이다. 이 연명유소는 김평묵이 작성한 것으로 알려지고 있으며[10] 倭洋一體論이 주요 내용이라 할 수 있다. 이에 따르면 왜는 서양의 앞잡이라는 것인데 이는 이미 왜가 서양과 결탁하여 양선을 타고 양포 등 양기를 사용하고 있음을 보아 알 수가 있다는 것이다.

　그가 충북 제천의 長潭(현 충북 제원군 봉양면 공전리 장담)으로 이사한 것은 1895년이다. 그는 '長潭書社'를 열고 화서학파의 도맥 보존과 후진양성에 힘썼다.[11] 이곳에서 그는 문인 사우들과 윤5월 2일부터 의병 봉기 직전까지 강회를 실시하였다. 이 강회는 매월 상, 중, 하순에 실시했던 것으로 보인다. 그리고 한 달에 2~3회 정기적

---

9) 장삼현 편, 앞의 책.

10) 權五榮, 〈金平黙의 斥邪論과 聯名儒疏〉, 《韓國學報》 55, 1989.

11) 이정규, 앞의 글.

으로 장담서사에 모여 화서학파의 요체라 할 수 있는 '尊攘論'과 의리정신을 논하였다. 강회 의장은 유인석이 맡았으며 유인석은《大學》,《易學》 등을 강론하였다. 유인석이 참석하지 못하는 경우도 있었으나 문인들 스스로 강회를 실시하였다.

1895년 8월 을미사변에 이어 그해 11월에 단발령이 내렸다. 그는 사우들에게 "의병을 일으켜 적당을 쓸어버릴 것(擧義掃淸), 떠나서 옛것을 지킬 것(去之守舊), 목숨을 바쳐 뜻을 이룰 것(致命守志)"이라는 處變三事를 제시하였다.[12] 이 세 가지 행동방안은 문인들에게 행동 준거를 제공해주었다. 유인석은 그 가운데 제2안을 취해 요동으로 들어가 守義하는 길을 취하였다. 이때 안승우를 비롯한 이필희, 이범직, 서상렬 등은 擧義의 방안을 택하고 의병을 일으켰다.

유진하가 서산으로 이주한 것은 그가 54세 때인 1899년의 일이다. 유진하(1846~1906, 호: 存齋, 자: 千一, 본: 杞溪)는 경기도 고양군 벽제에서 태어나 24세 때인 1869년 과거장의 부패상을 보고 두문불출하고 학업에만 열중하였으며, 1871년 가평의 漢浦書社로 柳重敎를 찾아가 문하생이 되어 화서학파에 입문하였다. 1881년 진천으로 이주하였으며 이후 '汶陽先生'이라 불렸다. 그는 1896년 1월 유인석의 의병 격문을 보았다. 그는 유인석에게 글을 보내 命에 따라 동문인 盧正燮과 함께 의병소에 나갈 것이라 밝혔다. 그러나 그는 의병에 직접 참전하지는 못했던 것 같다. 단지 노정섭과 함께 전선전관 鄭昌鎔(이명, 鄭寅㒷)을 유인석에게 추천하여 대장 종사가 되게 하는 등 의병을 지원했다.[13] 정창용은 공주 출신으로 유회군을 조직하여 동학군을 진압했던 인물이다. 정창용은 제천의병의 소모장으로 임명되어 내포지역에서 의병을 모집하여 음성전투에서 대장진을 구

---

12) 李正奎, 앞의 책, 17쪽, 연보 을미년 11월 15일조.

13) 유진하, 〈與柳毅菴書〉,《존재집》권2, 서. 유진하, 〈告三義士文〉,《존재집》권 6, 제문.

원하기도 하였다.[14]

유진하는 이후 아산 錦屛山에 은거하다가 1899년 서산시 운산면 거성리 秋溪마을로 이사하여 후진을 양성하였다. 그리고 김복한·김상덕 등 인근의 유생들과 교유하면서 척사론을 펼쳤다.[15] 1901년에는 瑞寧鄕約을 중수하는 등 향풍 진작에 힘썼으며, 1905년에는 최익현을 대신하여 격문을 짓기도 하였다.[16] 말년인 1906년에는 당진 대호지면에 의령남씨들이 설립한 桃湖義塾에 초빙되어 강의를 하였다. 유진하의 문인으로는 李喆承·沈遠聲·閔泰稷·鄭在學·鄭在華·閔泰瑢·朴榮遠·李順一·李麟孫·韓厚澤 등이 알려져 있다.

盧正燮(1849~1902, 호: 蓮谷, 자: 大中, 본: 광산)은 경기도 개풍군 豊德 출신이다. 9세때 광주군 蓮谷으로 이주하였으며, 23세 되던 1871년부터 가평으로 가서 김평묵과 유중교의 가르침을 받았다. 그는 1876년 개항에 반대하는 연명유소를 올렸다. 그가 목천현의 書林山 아래에 은거한 것은 1889년이다. 그는 원래 속리산으로 들어가려 했으나 동학이 치성하다는 말을 듣고 동문인 尹秉綬(호: 念庵)의 주선으로 목천으로 들어간 것이다. 이후 그는 목천과 진천 사이에 옮겨 살면서 강학과 저술에 전념하였다.[17] 단발령이 내려지자 난국에 대처하는 세 가지 방책을 제시했는데, 上策으로 '抱經入山', 中策으로 '擧義致討', 下策으로 '從風隨俗'을 들고 자신은 학문을 하면서 절의를 지키기 위해 抱經入山을 택했다.[18] 그는 1896년 유인

---

14) 김상기, 《한말의병연구》, 일조각, 1997, 199~200쪽. 구완회, 《한말 제천의병 연구》, 집문당, 1997, 599~600쪽.

15) 유진하, 〈答金正史商惠書〉 을사 정월7일, 권3, 서.

16) 유진하, 〈代崔勉菴檄告〉, 《존재집》 권5, 잡저.

17) 《蓮谷集》 권20, 〈연보〉, 盧正燮은 〈三綱錄〉, 〈廣見雜錄〉, 〈爲學自考〉, 〈心字說〉, 〈孟子浩然章記疑〉, 〈太極圖說標考〉, 〈論語記疑〉, 〈明德說略〉, 〈讀易漫筆〉, 〈訓民正音略〉 등 다수의 저서를 출간하였다.

18) 금장태, 〈蓮谷集解題〉, 《연곡집》 上.

석이 의병을 일으키자 유진하와 함께 전선전관 정창용을 유인석에
게 추천하여 공을 세우게 하는 등 의병을 도왔다. 그는 서학과 동학
을 배척하는 척사의 태도를 견지하였으나 유학의 쇠퇴와 士類의 타
락에 대하여는 크게 비판하였다. 그의 문인으로는 金箕浩 등이 있
다.[19]

　이들 외에도 호서지역 화서학파 인물로 李世永(1869~1938, 호: 古
狂, 자: 佐顯, 본: 덕수, 이명: 李天民)은 아산 출신으로 1894년 정산으
로 이주하여 제1, 2차 홍주의병에 참여하였으며, 1906년 체포되어
종신유배형을 받기도 하였다. 국망 후에는 독립의군부에 참여하였
으며, 만주로 망명하여 신흥무관학교의 교장을 역임하는 등 독립투
쟁에 진력하였다.[20]

　이상으로 호서지역에 화서학파가 형성된 과정을 최익현, 유인석,
유진하, 윤석봉, 노정섭 등을 중심으로 살펴보았다. 이들은 포천,
춘천, 고양, 양주 등 경기, 강원 출신으로 이항로나 김평묵, 유중교
의 가르침을 직접 받은 인물들이다. 최익현은 68세 되던 1900년 定
山으로, 유인석은 54세 되던 1895년 제천으로, 유진하는 54세 되던
1899년 서산으로, 윤석봉은 49세 되던 1890년 비인으로, 노정섭은
41세 되던 1889년 목천으로 이주하였다. 이 지역들은 《鄭鑑錄》의
十勝地에 포함되거나 아니면 산간벽지이다. 즉 柳重敎가 1889년 제
천의 長潭으로 이주한 것과 같이 이들 역시 1890년대 개화파가 득
세하는 서울 인근을 떠나 산간벽지로 '抱經入山'하고자 한 것이다.
특히 이들 가운데 최익현과 유진하, 윤석봉 등은 호서지역으로 이
주하면서 충남 서부지역을 택했다. 이는 이 지역이 산간벽지인 동
시에 '홍주문화권역'에 해당하는 곳으로 韓元震의 湖論的 學風이 지

---

19) 금장태, 앞의 글.《연곡집》권20, 연보.
20) 김상기, 〈조선말 홍주의병의 봉기원인과 전개〉,《박영석교수화갑기념논총》,
　　1992, 83쪽.

배하고 있는 사실과 관련이 있을 것으로 보인다. 또한 이곳의 김복한과 이설 등 남당학파 유생들은 이항로, 유중교 등의 상소문을 중심으로 교재를 제작하여 강의할 정도로 화서학파와 이념적 공통성이 있었으니 이들의 이주를 기꺼이 받아들일 수 있었다.

이들은 호서 지역으로 이주하여 은거하고자 하였으나 시세가 그들을 자유롭게 놓아두지 않았다. 유인석은 제천의병을 일으켰다. 유진하와 노정섭은 직접 참전하지는 않았으나 제천의병을 지원하였다. 최익현은 태인의병장으로, 윤석봉은 홍주의병에 참여하여 국권을 회복하고자 투쟁에 나섰던 것이다. 또한 이들은 많은 제자를 양성하여 호서지역에 화서학파의 학맥을 심었다. 이들 가운데 李侙 · 文奭煥 · 柳濬根 · 郭漢一 · 白觀亨 · 郭漢紹 · 南相集 등 홍주의병과, 독립의군부, 그리고 3 · 1운동과 파리장서운동 등 항일독립운동을 적극적으로 펼친 여러 인물이 배출되기도 하였으며, 李喆承 · 閔泰稷 · 鄭在學 · 李敎憲 같은 학자들은 호서지역의 화서학맥을 계승, 발전시켰다.

2) 호서지역 유림과 화서학파

19세기말, 20세기 초 호서지역의 유학적 경향은 크게 충남 서부지역을 중심으로 한 남당학파와 대전지역을 중심으로 한 연재학파, 그리고 공주 · 논산 · 연기지역을 중심으로 한 간재학파로 나눌 수 있을 것이다. 이들 학파 가운데 남당학파와 연재학파는 율곡과 우암의 학문을 존숭하고 있는 점에서 사상적 차이는 그다지 크지 않았다. 이에 따라 남당학파의 종장이라 할 수 있는 홍주의병장 김복한은 연재 송병선의 학문과 절의정신을 존모하였다. 그러나 인물성론에서 異論(湖論)과 同論(洛論)으로 입장을 달리했던 남당학파와 간

재학파 사이에는 알력이 존재하고 있었음을 발견할 수 있다.[21]

호서지역 재지유생과 화서학파와의 관련성을 알아보기 위해서는 이 세 학파와 화서학파와의 관계를 살펴보아야 할 것이다. 그러나 화서학파로서 호서지역으로 이주한 최익현과 유진하·윤석봉 등은 1890년대에 남당학파의 유생들이 살고 있는 충남 서부지역으로 이주하였다. 한편 화서학파의 종장이 된 柳重敎는 1889년 제천의 九鶴山 아래 長潭으로 이주하였다.[22] 따라서 여기에서는 남당학파와 이들과의 관계를 중심으로 살펴보기로 한다.

'홍주문화권'이라고도 불리는 충남 서부지역은 1, 2차 홍주의병을 비롯하여 반침략 항일투쟁이 강렬하였으며, 많은 민족지사가 배출된 지역이다. 그 이유를 여러 측면에서 찾을 수 있겠지만 우선 사상적인 측면에서 한원진의 호론적 학풍이 주목된다. 인물성이론에 바탕을 둔 척이단적 논리가 강렬한 척사론으로 발전되어 척사운동과 항일민족운동을 활발히 전개할 수 있게 한 것이다. 대표적인 인물은 김복한·이설·임한주·유호근·白樂寬·金商憲·金商玎 등으로, 이들은 비록 한원진에게 직접 가르침을 받지는 않았으나 스스로를 '塘門'이라 하였으니 이들을 남당학파라 명명할 수 있을 것이다.[23]

이들은 지역적으로 떨어져 있어 화서학파에 입문할 수는 없었으나, 화서학파의 인사들과 교유하였다. 이설은 15세 때에 상경하여

---

21) 김상기, 〈김복한의 학통과 사상〉, 《한국사연구》 88, 1995, 91쪽. 김상기, 〈대전지역 항일독립운동의 사상적 배경과 전개〉, 《대전문화》 6, 1997. 특히 김복한은 전우와의 여러 차례 서신에서 吳熙常이 〈老洲雜識〉에서 송시열을 유현의 대열에서 제외시킨 것과, 홍직필이 한원진을 이단이라고 배척한 것이 옳은 판단이 아니었다고 하며 낙론계의 선학들을 비판하였다. 이에 대하여 전우 또한 김복한은 물론 한원진의 심설론까지 비판하고 있다.

22) 이에 따라 청풍의 徐相烈, 포천의 洪淳恒, 양구의 朱庸奎, 강릉의 鄭華鎔 등이 모두 장담으로 들어와 화서학파의 집단 강학처가 되었다(〈柳重敎 연보〉, 《省齋集》 권58, 부록).

23) 김상기, 〈남당학파의 형성과 위정척사운동〉, 《한국근현대사연구》 10, 1999.

족형인 李偉의 문하에서 경학을 수학하기도 하였는데, 이위는 바로 중암 김평묵의 친구였다.[24] 이러한 관계로 보아 화서학파에 대한 이설의 이해는 깊었을 것이다. 화서학파에 대한 김복한의 이해는 더욱 깊었다. 그는 1919년 파리장서운동으로 옥고를 겪은 후에 홍성의 서부면에 仁智書齋를 열고 후학지도에 전념하였는데, 이때 《주변록》을 편찬하여 제자들에게 강의하였다.[25] 《주변록》이란 책명은 이항로가 1866년 올린 척사상소문에서 따온 것으로 보인다. 즉 이항로가 상소문에서

> 금일 나라에 두 주장이 다투고 있는데, 洋賊을 일러 공격해야 될 자라고 일컫는 것이 國邊人의 주장이요, 양적을 강화할 수 있는 자라고 일컫는 것이 賊邊人의 주장이다. (중략) 국변인의 논리를 주장함에 또 두 주장이 있다.[26]

라고 척사론을 폈는데, '主邊'이란 '國邊人의 論理를 主張함'(主國邊之論)을 의미한다.

남산에서 척사 상소를 올렸으며, 임오군란 때 군인들에 의해 풀려나 '白忠臣'으로 숭앙받았던 白樂寬은 白奎洙(호: 蕙山) 문하에서 수학하였다. 그가 젊은 시절 관동지역을 유람하고 돌아오자 스승인 백규수에게 "華西先生께 問候를 드렸는가"라는 말을 듣고는 곧바로 되돌아가 이항로를 뵙고 김평묵·유중교·최익현 등과 節義에 대하여 논변하고 돌아와 학업에 자신을 갖게 되었다 한다.[27] 김상덕 또한 화서학파의 학풍에 경도되어 있었음을 알 수 있다.

---

24) 김상기, 〈복암 이설의 항일민족운동에 대한 고찰〉, 《우강권태원교수정년기념논총》, 1994, 650쪽.

25) 《지산집》 권15, 〈연보〉, 김복한, 〈主邊錄〉(필사본), 1921.

26) 李恒老, 〈辭同副承旨兼陳所懷疏〉, 《일성록》 병인년 9월 12일조.

27) 李玄圭 撰, 〈行狀〉, 《추강집》 권3, 부록.

그가 아산에 거주하고 있던 유학자 이종순[28]에게 보낸 편지에서 유중교의 문인인 연곡 노정섭(1849~1902)이 천안에 거주하고 있으니 찾아가 "계수나무의 그윽한 향기를 손으로 부여잡기를" 권유하고 있다. 이로 보아 남당학파라 할 수 있는 김상덕이 화서학파의 학풍에도 경도되고 있음을 알 수 있다. 이와 달리 간재 전우의 학풍에 대하여는 비판적이었다. 1914년 3월 18일 이종순에게 보낸 편지에서는《誄辨》의 저자가 누구인지 알려주기를 청하기도 하였다. 《誄辨》은 임헌회의 문인인 간재 전우가 김평묵이 쓴 '任憲晦祭文'이 스승을 은근히 헐뜯었다 하여 되돌려 보낸 뒤에 일어난 논쟁을 정리한 글이다. 김상덕은 이종순에게《誄辨》을 구해보라고 권하고 있다. 그로부터 10년 뒤인 1924년 동짓달에 그는 다시 이종순에게 편지를 보내 "誄辨을 간행한다는데 정말 그렇습니까. 이는 아무개의 불행일 뿐 아니라 사림의 불행이 될 듯합니다"라면서 뇌변의 정리자인 石華 정윤영을 거론하며 신중히 해야 할 것이라고 질정하고 있다.[29]

호서지역 유생들과 화서학파의 이같은 관계로 1896년 유인석은 의병을 일으킨 뒤 홍주창의소에 통문을 보내 자신들은 충주를 점령하고 홍주의병은 조령을 막아 기각으로 서로 버티어서 세력을 펼칠 것을 권할 수 있었다.[30] 또 김복한이 죽은 뒤 유인석의 종사였던 李正奎는 제문을 보내어 그의 죽음을 애도하고 있음을 볼 수 있다.[31]

---

28) 이종순의 호는 遂谷, 본관은 전주, 천안 풍세면 용정리 출신으로 보인다. 그는 1913년 12월 김상덕의〈天一臺記〉에 대한〈天一臺記後序〉를 썼다.〈천일대기〉의 발문은 지산 김복한과 사가 유호근, 성헌 임한주가 썼다.

29) 김상기,〈김상덕간찰 해제〉,《김상덕간찰집》, 독립기념관 한국독립운동사연구소, 2013.

30) 유인석,〈홍주창의소에〉,《호서의병사적》, 수서원, 1993.《호서의병사적》에는 이외에도〈畿湖에 보내는 通文〉, 김복한의 서찰, 김복한·이설·洪楗·宋秉稷·안병찬·이상린의 供辭 내용이 실려 있다.

31) 李正奎,〈祭金承旨福漢文〉,《항재집》권13.

이와 달리 호서지역 유생들과 최익현은 학문적인 입장 차이 때문에 불편한 관계였던 것 같다. 이 지역의 유생들은 기호학파의 정통을 자임하였으며, 따라서 율곡에 대한 비판을 묵과하지 않았다. 장성의 유학자 기정진이 〈納凉私議〉와 〈猥筆〉을 지어 자신의 학문이 '主理之學'임을 자처하며 율곡의 '主氣之學'을 이단이라 하였다. 이에 대하여 이설과 김복한 등이 통문을 돌리면서 이를 통박하였는데, 이는 최익현이 기정진을 율곡보다 더 현명하다고 옹호하였기 때문이었다.[32] 송병선 또한 1902년 7월경 최익현에게 기정진의 신도비명을 회수하라고 요구하였다. 기정진의 신도비명은 최익현이 기우만의 청탁으로 지은 것이다. 송병선이 최익현이 지은 신도비명을 문제 삼은 것은 정주의 도통을 조광조와 이황, 이이, 송시열을 건너뛰어 오직 이항로와 기정진만이 계승한 것처럼 주장했고, '斥邪明理'에서 척사의 대상을 '氣'로 보았다는 것 때문이었다. 송병순 또한 1902년 장문의 〈奇蘆沙猥筆辨說〉을 지어 기정진의 주장을 통박하면서 그의 〈猥筆〉이 주자와 이이의 학설을 비판했다고 규정하였다.[33] 이와 같이 호서유림들이 최익현을 성토했음을 알 수 있는데, 이는 정산에 거주하던 최익현이 홍주의병장에 추대되지 못한 이유로 작용했을 것으로 보인다.

---

32) 이설, 〈斥奇正鎮通文〉, 《복암집》 권10, 잡저; 〈答長兒書 別紙〉, 《복암집》 권7, 서.

33) 송증헌, 〈송병순연보〉, 《심석재집》 35, 연보, 임인년 8월조.
   김봉곤, 〈노사학설에 대한 연재학파의 비판〉, 《한국사상사학》 33, 2009, 298~307쪽.

2. 崔益鉉의 생애와 사상

1) 생애

崔益鉉(1833~1907)은 화서 이항로의 고제자로 척사계열의 대표적인 유학자이다.[34] 그는 순조 33년(1833) 12월에 경기도 포천현 내북면 가채리에서 芝軒公 岱의 아들로 태어났다. 본관은 경주로 신라 말기의 巨儒 崔致遠의 후예이다. 그의 字는 贊謙이고 호는 勉庵이다. 4살 때 단양으로 이사하였으며, 9살에 인근의 유학자 金琦鉉을 초청하여 한학의 기초를 익혔다. 11살 때인 1843년 경기도 楊根의 두덕골(厚谷, 양평군 서종면 서후리)로 이사하였다. 3년 뒤 그는 양근의 蘗溪에 거주하던 당대의 거유 화서 이항로의 문하에 들어가 격몽요결, 大學章句, 論語集註 등 성리학의 기본을 수학하면서 이항로의 '愛君如父 憂國如家'의 정신을 익혔다. 이항로는 최익현에게 '洛敬閩直'과 '存心明理'란 글을 써 주어 정자의 '居敬窮理'와 주자의 '敬以直內' 가르침을 따르고 마음을 보존하며 도리를 밝히는 데 힘쓸 것을 권면하였다. 이항로는 최익현이 15살 때 그에게 '勉庵'이란 호를 지어주었다. 그는 22세 되던 1854년 포천 가채리로 돌아왔다.[35]

이항로 문하에서 충의정신을 익힌 최익현은 다른 문하생과는 달리 관직에 나가기를 주저하지 않았다. 1855년(철종 6) 春到記 明經科에 丙科로 급제하였다. 최익현은 과거에 급제한 후 스승인 화서 이항로를 찾아갔다. 이항로는 그에게

---

34) 홍순창, 〈면암 최익현의 위정척사론에 대하여〉, 《대구사학》 1, 1969.
   금장태, 〈면암 최익현의 성리설과 수양론〉, 《대동문화연구》 34, 1999.
   오석원, 〈면암 최익현의 의리사상〉, 《동양철학연구》 31, 2002.
   박성순, 〈면암 최익현의 심주리설 연구〉, 《한국사학보》 27, 2007.
35) 《면암집》 부록 권1, 〈연보〉.

그대가 문과에 급제하여 벼슬을 시작하니 곧 부모에게 효도하던 마음으로 임금에게 충성할 때이다. 이로부터 재상이 되는 것도 예사이니 모름지기 더욱 경전을 읽어 후일 수용의 기초가 되게 하는 것이 좋겠다.[36]

라고 권하였다.

그는 재임하면서 청렴한 정치로 백성들의 칭송을 받았고 고관의 부정에 항거하는 강직함을 보여주었다. 그는 승문원 부정자에 제수되었으며, 1862년에는 신창현 현감, 1864년에는 예조좌랑, 1866년에는 사헌부 지평에 임명되었다. 이해는 병인양요가 일어난 해로 그의 스승인 이항로가 전라도 장성의 기정진과 앞을 다투어 척사상소를 올렸음은 익히 알려진 사실이다. 이때 최익현은 34세의 장년이었다. 그는 시폐6조를 주요 내용으로 한 척사상소를 준비하였다.

1868년에는 사헌부 장령에 임명되었다. 이해 윤4월에 죽은 이항로의 장례를 모시고 모친의 3년 상을 벗고 10월에 시폐4조를 올렸다. 그는 여기에서 (1) 토목의 역사를 정지하고 (2) 취렴하는 정치를 금하고 (3) 당백전을 혁파하고 (4) 4대문세를 금지할 것을 주청하였다. 이 상소로 관직을 삭탈당하였으나 그의 명망은 이때부터 나라에 널리 퍼졌다.

1873년(고종 10) 올린 〈계유소〉는 유명한 '대원군탄핵소'로 왕도정치사상에 따라 집권층의 부패와 시정의 문란상을 지적한 것이다. 홍순목 등 대신들은 최익현을 탄핵하는 등 크게 반발하였으나 고종은 그의 상소를 받아들이고 그를 호조참판에 임명하였다. 대원군은 그의 상소로 하야하였으나, 최익현도 1873년 12월 제주도에 유배되어 위리안치되었다. 그는 1875년 3월 유배에서 풀려났다. 그는 1876년 1월 강화도에서 일본과 수호조약이 추진된다는 소식을 듣고 도끼를 메고 광화문에 나아가 '5불가소'로 알려진 '持斧伏闕疏'를

---

36) 《면암집》 부록 권1, 〈연보〉, 을묘년 2월조.

올렸다. 그는 이 상소로 또 다시 흑산도에 유배되었다.

　1895년 6월에는 갑오경장의 일환으로 추진된 변복령에 대하여 장문의 상소를 올렸다. 그는 이 상소에서 박영효와 서광범, 유길준 같은 개화파를 역적으로 규정하여 이들을 단죄해야 한다고 주장하고, 우리 전통 문화의 자존을 상징하는 전통 복제를 변경한 변복령을 철회하라고 강력히 요구하였다.[37]

최익현 상소문 '청토역복의제소'(충남대학교 도서관 소장)

　1898년에는 의정부 찬정, 궁내부특진관에 임명되었으나, 사직하고 다음의 시무12조를 올렸다.[38]

　　1) 경연을 열어 輔導할 것,

　　2) 음식을 조심하여 성체를 보호할 것,

　　3) 사사로이 모시는 이를 물리치어 宮禁을 엄숙히 할 것,

　　4) 쓰고 버림을 살펴 조정을 바르게 할 것,

---

37) 최익현, 〈請討逆復衣制疏〉, 《면암집》권4, 소.

38)《면암집》부록 권1, 〈연보〉.

5) 백관을 감독하여 실제 일에 힘쓰게 할 것,

6) 법률을 바로잡아 기강을 세울 것,

7) 민당(만민공동회)을 혁파하여 변란의 계제를 막을 것,

8) 祈福을 금하여 풍속을 바로 잡을 것,

9) 헛 비용을 절약하여 국가의 용도가 펴도록 할 것,

10) 군법을 정돈하여 武備를 닦도록 할 것,

11) 원수와 역적을 토죄하여 대의를 밝힐 것,

12) 중화와 이적의 구분을 엄격히 하여 큰 한계를 정할 것

　그는 68세 되던 1900년 4월 충청도 정산(현, 충남 청양군 목면 송암리)으로 이주하였다. 서울 근교를 떠나 벽지에서 은거하기 위해서가 아닌가 한다. 최익현은 정산으로 이주한 직후 5월부터 관향인 경주 등을 유람하고 8월에 정산으로 돌아와 《南征錄》을 썼다. 그는 그해 10월에 龜洞精舍에서 강학하였다. 다음 해인 1901년에는 호서지역 선비들을 방문하였다. 그는 청양에서 이용원, 남포에서 希堂 윤석봉, 보령에서 志山 김복한, 서천에서 竹軒 申泰鎭을 만나 향음례를 행했다. 1902년에는 궁내부특진관에 제수되었으나 사직하였다. 1904년에 의정부 찬정에 제수되었으나 사직하였다. 1904년 8월에는 정산에서 향음례를 행하였다. 1905년에 을사조약이 강제 체결되자 포고문을 발표하여 총궐기할 것을 호소하였다.

　그의 인생은 철저한 척사론에 바탕을 둔 위정척사운동의 연속이었으며 1906년에는 74세의 노구를 이끌고 항일의병을 일으키기에 이르렀다. 1876년 올린 이른바 〈5不可疏〉에서 1906년 의병 檄文에 이르기까지 그가 발표한 상소문을 보면 다음과 같다.

1) 持斧伏闕斥和議疏(1876)

2) 請討逆復衣制疏(1895)

3) 宣諭大員命下後陳懷待罪疏(1896)

4) 辭議政府贊政疏(1898)

5) 재소(1896)

6) 辭宮內府特進官疏(1898)

7) 재소(1898)

8) 삼소(1904)

9) 사소(1904)

10) 漱玉軒奏箚(1904)

11) 闕外待命疏(1904)

12) 재소

13) 삼소

14) 사소

15) 請討五賊疏(1905)

16) 재소

17) 倡義討賊疏(1906)

18) 布告八道士民(1906)

19) 奇日本政府(1906)

1906년 1월에는 노성의 궐리사에서 강회를 열고 일제의 침략에 대항할 방책을 지시하였다. 그해 6월에는 태인의 무성서원에서 의병을 일으켰으며, 일제에 체포된 그는 1907년 1월 1일 유배지인 쓰시마에서 순국하였다.

2) 사상

최익현은 스승 이항로의 성리설인 心主理說을 계승하였다. 그가
18세 때 지은 〈恒陽漫錄〉을 보면, 그의 성리설의 기본은 이때 이미
형성되었던 것으로 보인다. 최익현의 이기 개념은 氣없는 理나 理
없는 氣는 성립할 수 없다는 '理氣不相離'의 원칙에 근거한다. 이
점에서 그는 율곡 이후 기호 성리학의 전통을 계승하고 있다. 그러
나 그는 율곡의 理通氣局만이 아니라, 퇴계의 理先氣後, 理主氣客,
理帥氣卒의 개념을 받아들여 주리론의 관점을 보였다. 여기에서 그
가 이항로의 심주리설을 계승하고 있음을 볼 수 있다. 이항로는 理
氣가 서로 떨어질 수도 합칠 수도 없다는 주자의 '理氣不相離'와 '理
氣不相雜'의 관점을 균형있게 유지하면서도 理의 主宰性을 강조하
여 '心主理'의 관점을 견지하였다. 이항로는 理가 主가 되고 氣가
役이 되면 理가 순수해지고 氣가 바루어져 만사가 다스려지고 천하
가 안정될 것으로 보았다. 이와 달리 氣가 主가 되고 理가 役이 되
면 氣가 강성해지고 理가 숨어서 만사가 어지러워지고 천하가 위태
로워진다고 보았다.[39]

최익현 또한 이항로의 '理氣不相離'와 '理主氣客'을 전제하면서
구체적 존재를 인식하는 과정에서 이기를 구분하여 설명한다. 즉,
그는 심성의 양상을 理氣로 분석하여 설명한다. 그는 心은 氣로 인
식하면 氣의 精靈이요 오장의 하나인 심장이지만, 理로 말하면 몸
의 主宰이며 '萬化의 綱領'이라고 하였다. 또한 性에 대하여는 氣로
말하면 기질지성이요, 理로 인식하면 본연지성이라고 보았다.[40] 이
처럼 최익현은 理가 주체의 역할을 하고 있으며, 氣도 理에 포섭되

---

39) 이항로, 〈이기문답〉, 《화서집》 권25, 잡저.

40) 금장태, 〈면암 최익현의 성리설과 수양론〉, 《대동문화연구》 34, 1999,
332~337쪽.

어 있다 하여 심주리설을 주장하고 있다.

그는 자신의 성리설에 기초하여 스승인 이항로의 심주리설을 철 저히 계승하였다. 화서학파 내에서 이항로의 심주리설을 두고 중 암 김평묵과 성재 유중교 사이에 심설 논쟁이 일어났을 때도 그는 김평묵의 입장에서 유중교의 '이항로심설보조론'에 대하여 비판하 였다. 유중교는 스승인 이항로의 심설에 오해의 소지가 있다 하여 〈調補華西先生心說〉을 지었다. 유중교의 〈調補華西先生心說〉은 이 항로가 심설에서 心을 物로, 性을 則으로 구분(心物性則)했지만, '形 氣神理' 중에 '神'과 인의예지의 '理'를 物과 則으로 구분한 적이 없 다고 이를 보태고자 한 것이다. 이에 대하여 김평묵은 〈華西李先生 心說本義〉와 〈華西先生雅言心說考證〉 등을 저술하여 이항로가 '物' 과 '則'의 구별에 어둡지 않았음을 〈화서아언〉을 통하여 논증하였 다. 즉, 김평묵은 스승인 이항로가 神과 心을 형이하의 物로 언급하 였으며, 이 가운데서 物 이면을 지적할 때는 '道'라고 했다고 유중 교를 반박하고 있다.[41] 김평묵은 또한 '明德' 내지 '本心'은 理를 위 주로 이해해야 心의 능동적 주재성을 확인할 수 있다는 심주리설을 재천명하였다.

최익현 역시 이항로의 심주리설을 옹호하는 데 적극적이었다. 그 는 유중교에게 보낸 편지에서

> 先師의 심설은 근래 儒賢들의 大同한 의론을 정밀히 분석하여 斯文과
> 세도에 공이 있으니 모름지기 앞 사람이 발명하지 못한 것을 발명하였다
> 고 하여도 좋을 것입니다. 그러므로 만일 총명하고 뛰어난 자질을 지니고
> 格物致知와 涵養의 공부를 쌓은 것이 선사보다 한층 뛰어난 사람이 아니
> 면 결코 망령되이 이동하여 스스로 '吳楚僭王의 誅'에 빠져서는 안되는 것

---

41) 김근호,〈김평묵과 유중교의 심설논쟁에 대한 소고〉,《한국사상사학》27,
2006, 268~274쪽.

이 분명합니다. … 만약에 형께서 주리의 화가 주기보다 심함을 확실히 보고 부득이 그렇게 하지 않을 수 없는 것이라면 어찌 이런 말씀을 하였겠습니까. 진실로 이와 같다면 〈雅言〉 가운데 심설 한편을 훼판하여야 할 것입니다."[42]

라고 유중교를 격렬하게 비판하였다. 즉, 선사인 이항로보다 학문이 못한 자가 감히 이를 비판함은 춘추시대에 오나라와 초나라의 왕이 왕을 참칭한 일과 같다면서 유중교에게 참람함에 빠지지 말 것을 주문한 것이다. 그리고 진실로 그러하다면, 이항로의 〈雅言〉 가운데 심설 부분을 삭제해야 할 것이라고까지 하였다.

최익현은 이와 같이 자신의 성리설을 밝혔지만, 이기론보다는 명분론에 더 큰 관심을 가지고 있었다. 그가 익힌 학문은 조선 말기의 역사적 현실에 바탕을 둔 실천성을 지니고 있었다. 그의 사상적 특성은 존화양이론을 바탕으로 한 위정척사론이 핵심이라 할 수 있다. 그는 자신의 의견을 상소로 제시하였는데, 그의 척사론은 1866년에 제시한 '시폐6조'에서부터 잘 나타난다. 1866년(고종 5) 병인양요가 일어나자 스승인 이항로가 전라도 장성의 巨儒 기정진과 앞을 다투어 척사상소를 올렸음은 익히 알려진 사실이다. 그는 시폐6조를 주요 내용으로 한 척사상소를 준비하였다. 비록 모친이 위독하여 부득이 올리지는 못하였으나, 그는 이 상소문에서 (1) 開言路 (2) 保聖躬 (3) 勉聖學 (4) 務儉約 (5) 復皇廟 (6) 掃洋氣의 內修外攘策을 제시하였다. 그중에서 제6조목인 '掃洋氣'에서 그는 洋賊에 대한 대비책을 밝히고 있다. 그는 '西洋之族'을 '이적'의 단계보다 아래인 금수로 단정하고 그들과 교류하면 人間에게 화만 미칠 뿐이라고 적

---

42) 최익현, 〈答柳樨程〉, 『면암집』권7, 서, 무자(1888).
박성순, 〈면암 최익현의 심주리설 연구〉,《한국사학보》27, 2007, 97∼101쪽.

대시하고 있다.[43] 그는 이미 禦洋策으로 外攘에 앞서 내수를 통한 자강책을 강조하고 있는 것이다.

그의 위정척사론은 일본이 강화도를 침략한 운요호사건 이후 왜양일체론적인 성격을 띤다. 이는 그가 1876년 1월 올린 '持斧伏闕斥和議疏'에서 잘 나타난다. 병자조약체결을 위한 회담이 진행되는 동안 최익현은 도끼를 메고 광화문에 나아가 노숙하면서 조약체결이 불가하다고 외쳤다. 그는 여기에서 기존의 '斥洋論'과 달리 '왜양일체론'이라는 새로운 인식 위에서 '왜'를 배척의 대상으로 상정하였다. 그는 이 상소에서 왜와 강화하는 것이 亂亡의 禍를 일으킬 것이라고 피력하였다. '5불가소'라고도 하여 널리 알려진 상소이다. 그 내용을 요약하면 다음과 같다.[44]

1) 和議는 우리가 약함을 보이는 데서 나오면 주도권이 저들에 있어서 도리어 저들이 우리를 제압할 것이니 그 화의는 믿을 수 없다. 우리의 물자는 유한한데 저들의 요구는 끝이 없으니 한번이라도 부응하지 못하면 이리의 분노를 일으켜 침략하여 전공도 없어질 것이다.

2) 우리 백성의 생명을 의존하는 유한한 津液과 膏腴로 저들의 무궁하고 기묘하여 마음을 좀먹고 풍속을 무너뜨리는 것과 교역한다면 몇 년 안에 온 나라가 황폐해져 의지할 것이 없어질 것이다.

3) 저들이 비록 이름은 倭人이나 실지는 洋賊이다. 화의가 한번 이루어지면 곧 邪學書와 天主像이 교역 속에 섞여 들어올 것이다. 장차 집집마다 邪學을 하고 사람마다 사학을 하여 그 자식이면서 그 아비를 아비로 여기지 않고 신하이면서 그 임금을 임금으로 여기지 않으며, 衣裳은 거름더미에 빠지고 인류는 금수가 될 것이다.

4) 화의가 성립한 뒤에 저들은 우리 땅에 들어오고자 할 것이다. 만약 막을

---

43) 최익현, 〈丙寅擬疏〉, 《면암집》 권3, 소.

44) 최익현, 〈持斧伏闕斥和議疏〉, 《면암집》 권3, 소.

수 없어 맡겨 둔다면 재물과 부녀자를 겁탈하고자 할 때 누가 막을 수 있겠는가.

5) 저들은 財貨와 女色을 알 뿐 털끝만한 의리도 없으니 곧 금수일 뿐이다. 사람과 금수가 어울려 살면서 근심이 없다는 것은 말이 안 된다.

그의 위정척사론은 1905년 이후 '5적처단론'과 '항일결전론'으로 바뀌는 것을 볼 수 있다. 그는 1905년 을사늑약이 체결되자 일제 침략에 대항할 방책을 제시하면서 이를 맹세하는 다음 글을 발표하였다.

아, 원통하도다. 오늘날의 변은 천하 만고에 없었던 것입니다. 斯文은 이미 망하였고 皇統은 이미 끊어졌으며, 宗社는 폐허가 될 것이고 生靈은 멸망하게 될 것입니다. 縉紳과 士庶人의 義에 처함이 각각 정해져 있겠지만, 오늘날에는 임금이 없는 邪說이 사람에게 젖어 들어 고질을 이루었고, 나라를 팔아먹는 흉악한 역적들이 임금을 빙자하여 위세를 부리니, 만일 몸과 다리를 곧게 세우며 마음을 밝히고 눈을 크게 뜨지 않는다면 저들에게 휘둘리지 않을 사람이 거의 없을 것입니다. 모름지기 會盟하여 약속을 하나로 맺고 하나로 합하여 뜻을 정해서 어리석은 백성들에게 포고하여 격려를 보여준다면 조금이라도 점점 물드는 것을 구원할 수 있을 것입니다.[45]

또한 최익현의 5적 처단론은 그가 1906년 6월 4일(음, 윤4월 13일) 태인 무성서원에서 발표한 다음 격문에서 잘 나타난다.

모든 우리의 종실, 대신, 공경, 문무, 사농공상, 서리, 하인들까지 무기를 가다듬고 마음과 힘을 한 군데로 모아서 逆黨을 죽이고 그 고기를 먹고

---

45) 최익현, 〈魯城闕里祠講會時誓告條約〉,《면암집》잡저.

그 가죽을 깔고 자며, 원수들을 모조리 죽이고 그 씨를 없애고 그 소굴을 두들겨 부수자. 천운은 다시 돌아오지 않는 법이 없으니, 국세를 반석 위에 올려 놓고 위험한 고비를 바꾸어 편안하게 만들어서 인류를 도탄에서 건져 내자. 믿는 바는 軍士이니 다만 적이 힘센 것을 두려워하지 말라. 감히 이에 격문을 돌리니 함께 나라를 구하기에 힘쓰자.[46]

그는 '역당'을 죽이고 그 씨를 말리자며 격한 언사로 역적을 처단하자고 주장하였다. 아울러 믿을 것은 '軍士'의 힘이라면서 의병에 나서 나라를 구하자고 역설하였다. 그는 또한 의병을 일으키면서 다음과 같이 항일결전론을 펼쳤다.

왜적이 나라를 도둑질하고 역신이 작난을 하여 5백 년 종사와 삼천리 강토가 이미 망할 지경에 이르렀다. 임금은 우공의 욕을 면치 못하시고, 생민은 모두 어육의 참화에 빠졌다. 나는 구신의 한 사람으로 정말로 차마 볼 수가 없다. 종사와 생민의 화가 이 지경에 이르렀으니 힘을 헤아리지 않고 대의를 천하에 펴고자 하니 성패와 이해는 예견할 수 없으나 진실로 내가 전심으로 나라를 위하여 죽음을 생각하고 살 생각을 하지 않는다면 천지신명이 도와서라도 어찌 성공하지 못하겠소. 나를 따르는 제군은 나와 생사를 함께 할 수 있겠소?[47]

그는 왜적의 침략으로 삼천리 강토가 망할 지경에 이르렀다면서 의병에 참여하여 왜적과의 항전에 생사를 같이하자고 호소하였다.

---

46) 최익현, 〈창의격문〉, 《면암집》권2 잡저.
47) 《면암집》부록 권4, 〈연보〉, 1906년 윤4월 13일(기묘)조.

3. 柳麟錫의 생애와 사상

1) 가계와 수학과정

柳麟錫(1842~1915)은 헌종 8년(1842) 1월 춘천 가정리 愚溪에서 부친 重坤과 고령신씨 사이에서 태어났다. 초명은 承獜이며 자는 再新, 汝聖이며, 호는 毅菴이다. 본관은 고흥이다. 14세 때인 1855년 2월 같은 우계에 살고 있는 柳重善에게 양자를 갔다. 양모는 덕수이씨이다. 고조부는 璟은 호조참판에 증직되었으며, 증조부 柳榮五(1777~1863)는 문과에 급제하고 병조참판을 지냈는데, 省齋 柳重敎(1832~1893)의 큰할아버지가 된다. 그리고 다음 달 양근 벽계리에 있는 華西 李恒老(1792~1868) 문하에 들어갔다. 이항로는 그를 보자 "仁을 이루 다 사용할 수 없겠다" 하고 자신을 극복하여 예를 회복한다는 '克己復禮'를 써주며 仁을 행할 것을 권했다.[48] 유중교도 5세 때인 1836년 이항로의 문하에 들어갔는데, 이는 모두 유영오가 주선한 것이다. 유영오는 유배에서 돌아와 潛江(현, 가평군 설악면) 栗里에 '書館'을 짓고 자리 잡았는데, 양근 벽계(현, 양평군 서종면 노문리)에 있는 이항로를 만나보고 당대의 '大儒'임을 알고 자손들과 친인척의 자제들을 그에게 입문시켰다.[49] 유영오는 자손들이 이항로와 가까운 곳에 살면서 가르침을 받게 하려고 잠강에서 5리 남짓 떨어진 漢浦(현, 가평군 설악면 선촌리)로 터를 옮겼다.

1866년 병인양요가 일어나 스승 이항로가 척사 상소를 올리려고 상경하는 것을 수행하였다. 2년 뒤인 27세 때 스승을 잃고 心喪 3년을 마친 뒤 화양동으로 가서 만동묘를 참배하였다. 1876년 일본의 강화도 포격으로 조정이 강화조약을 맺을 즈음 홍재구 등 문인

---

48) 〈유인석 연보〉, 《의암집》 권55 부록 을묘조.

49) 〈유중교 연보〉, 《성재집》 권58 부록. 병신조.

들과 왜와의 화친을 반대하는 척화상소를 올렸다. 그해 여름에 유
중교를 따라 가평의 옥계로 이사했다. 1884년 유중교를 따라 춘천
가정리의 旺洞으로 돌아왔다. 1892년 김평묵, 1893년 유중교를 연
이어 잃었다. 유중교는 1889년 8월 제천 장담으로 이거한 바 있다.
춘천은 서울과 가까워 매일 오랑캐('異類')들이 왕래함을 보고 산천
이 깊은 장담으로 이거한 것이다. 청풍의 徐相烈을 비롯하여 포천
의 洪淳恒, 양구의 朱庸奎, 강릉의 鄭華鎔 등 많은 이가 장담으로
이거하여 조석으로 수업을 받았다.[50]

그는 1894년 6월 21일의 갑오변란을 '소중화'의, 나아가 국가의
위기로 파악하였다. 여러 사우들에게 보낸 글에서 "나라의 변고에
통곡하고 통곡합니다"라고 이를 국가의 변고로 인식하였다. 나아가
"우리들은 편안히 앉아 글만 읽을 처지가 아닙니다"라고 하여 행동
에 나서기로 선언하였다.[51] 1895년 조정에서 의복 색깔을 흑색으로
바꾸는 변복령을 발표하였다. 이에 대하여 "애통하고 가슴 아프다"
라면서 "4천 년 華夏正脈과 2천 년 孔孟大道와 조선 5백 년 禮樂典
刑과 家家數十世 慣常法度가 여기서 단절되었다"[52] 고 이를 변란으
로 인식하였다. 그리고 변복령에 처하여 죽음만이 있을 뿐이라면서
목숨을 들어 반대하였다.[53] 그는 이를 곧 '오랑캐화'로 인식하여 조
선의 자주성을 해치는 문화망국 행위로 파악한 것이다.

1895년 5월에 제천 장담 건너편 마을인 구탄으로 이사하였다. 이
곳에서 그는 문인 사우들과 윤5월 2일부터 의병 봉기 직전까지 사
서삼경,《근사록》,《소학》,《동몽선습》,《華西雅言》,《격몽요결》그
리고 朱子, 程子, 重菴, 省齋의 글을 내용으로 한 강회를 실시하였

---

50) 〈유중교 연보〉, 위의 책, 기축조.
51) 〈유인석 연보〉, 위의 책, 갑오년 6월조.
52) 유인석, 〈乙未毁服時立言〉,《의암집》권35, 잡저.
53) 〈유인석 연보〉, 위의 책, 을미년 1월조.

다. 이 강회는 유인석 문인이 중심이 되어 참석자가 많을 때는 윤 5월 2일과 같이 150여 명에 이르기도 하였다. 그리고 한 달에 2, 3 회 정기적으로 장담서사에 모여 화서학파의 요체라 할 수 있는 '尊攘論'과 의리정신을 논하였다. 강회 의장은 유인석이 맡았으며,《대학》,《易學》,〈宋子己丑封事尊攘條〉,〈朱子戊午黨議序〉,〈朱子行宮便殿〉,〈朱子王梅溪文集序〉 등을 강론하였다.[54]

2) 사상

유인석은 이항로 이하 두 고제인 김평묵과 유중교를 차례로 스승으로 모시면서 화서학파의 사상을 철저히 계승하였다. 그의 사상 가운데 핵심은 尊華攘夷論이라고 할 수 있다. 그가 1913년 요동에서 작성한《宇宙問答》에서

> 조선은 唐堯 시대에 나라를 시작했고 塗山의 會盟을 함께 했으며, 기자가 東來한 뒤, 임금이 되어 九疇를 펴 보였고, 八條의 가르침을 베풀어서 소중화가 되었다. 이로부터 대를 이어 오다가 약간 쇠퇴하여 오랑캐에 조금 물들었으나, 고려말에 이르러 鄭圃隱 선생이 元明 교체기를 당하여 오랑캐를 물리치고 의를 존중하자고 주장하여 원을 물리치고 명을 섬기기로 의논했다. … 中華를 높이고 夷賊을 물리침은 천지의 떳떳한 법도를 다하는 것이니 서로 저수하고 또 南明의 삼황제를 받들어 정통으로 하고 영력 연호를 썼다. 이에 중국이 망한 뒤에 사천년의 華夏一脈이 조선에 있게 되고, 이천 년 공맹이 남긴 법도가 조선에 있지 않음이 없게 되었다. 이것이 바로 소중화의 실상이 확연하다는 것이다.

---

54)《장담강록》참조.

라고 하여 중국과 조선은 각기 삼황과 단군 그리고 기자의 정통을 이어 중화와 소중화의 맥을 계승해오다가 명나라가 망한 뒤 그 화맥이 중국에서는 없어지고 조선에만 남게 되었다는 것이다. 여기에서 '華'라는 것은 주자학 중심의 '중화문화'를 의미하는 것으로 보인다.

그는 개항을 전후하여 倭洋一體論을 주장하였다. 주자학을 신봉하지 않는 '倭洋'은 곧 '夷'로서 격퇴시켜야 할 대상으로 보았다.[55] 1876년 불평등 조약인 강화도조약이 강제로 체결되기 직전 그는 스승 유중교, 김평묵 등 화서문인 50인과 함께 〈伏閤儒生斥洋疏〉를 올렸다. 이 50인의 병자연명유소는 이항로의 병인년 상소 이후 화서학파가 행한 최초의 집단적인 정치운동으로 개국의 부당성을 항의 상소한 것이다. 이 연명유소는 왜양일체론이 주요 내용이다. 이에 따르면 왜는 서양의 앞잡이이며 이는 이미 왜가 서양과 결합하여 양선을 타고 양포(洋砲) 등 양기를 사용하고 있음을 보아 알 수 있다는 것이다.

그의 왜양일체론은 을미사변과 단발령 공포 뒤에 倭賊討伐論으로 바뀌었다. 그는 춘추대의는 '적을 토벌하여 복수하고 중화를 높이며 오랑캐를 물리친다'는 것이라며

> 난적의 변고는 어느 시대인들 없겠습니까마는 어느 때에 지금의 倭賊 같은 이적이 있었겠습니까. 麟錫은 布衣로 의병을 일으켜 장차 공자의 春秋大義를 시행하겠다고 단단히 다짐하였습니다. … 근래에 임금과 나라를 팔아먹는 무리들이 정부에 발을 들여놓고 만국이 개화한다고 하면서 대대로 원수인 오랑캐와 수호조약을 체결하여 점점 화근을 얽어매어 결국 우리 國母를 시해하고 우리 지존인 임금을 욕보이고 우리 선왕의 백성들을 몰아서 금수로 만들었으며, 우리 선정의 제도를 더럽혀서 시궁창으로 빠지게

---

55) 유인석, 〈小中華論〉, 《의암집》 권51, 〈宇宙問答〉.

하였습니다. … 이러한 때에 저들을 討伐하여 복수하고 존화양이를 하여
춘추대의를 밝히는 것이 옳겠습니까? 하지 않는 것이 옳겠습니까?[56]

라고 을미사변으로 국모를 시해하고 단발령으로 임금의 머리를 훼
손한 왜적을 토벌하여 춘추대의를 밝히고자 의병을 일으켰음을 분
명히 하였다.

그는 또한 왜적은 '선왕의 제도를 더럽힌 원수'요, '임금을 욕보인
원수', 그리고 '국모의 원수'라면서 "이러한 원수를 잊어버리고 시간
만 보낸다면 왜적이 우리를 더욱 경시하고 모욕하여 재앙이 미치지
않는 것이 없을 것"이라고 하였다. 나아가 그는 조정의 관원들이
"백성이 짐승의 먹이로 맡겨져도 근심할 줄 모른다"면서 원수를 토
벌하지 않게 되면 일본이 우리를 모욕함이 끝이 없고 마침내는 백
성들이 그들의 먹이로 유린당할 것이라면서 의병은 '匪徒'가 아니라
민족의 멸망을 막기 위한 것임을 천명하였다.

또한 그는 反開化論, 나아가 開化亡國論의 태도를 분명히 하였
다. 유인석은 철저한 反開化論의 처지에서 1894년 이래 개화파가
주도한 갑오경장을 친일적 반민족적 정책으로 인식하였다. 나아가
그는 개화망국론을 주장하였다. 개화란 용어는 일본으로 파견한 유
학생이 귀국한 뒤 1890년대 개화파 관리들이 사용했다. 그러나 그
에게 '開化'는 곧 '倭化' 나아가 '亡國'의 의미로 파악되었다. 그는 개
화파들에 의한 외국과의 통상이 망국의 근원이 된다고 논파하였다.
그리고 의병의 목적은 남의 노예가 되는 수치를 면하고자 함에 있
음을 다음과 같이 주장하였다.

아! 원통하다. 뉘 알았으랴, 외국과 통상한다는 꾀가 실로 망국의 근본
이 될 것을. 문을 열고 도적을 받아들이어 이른바 世臣이란 것들은 달갑게

---

56) 유인석, 〈再檄百官文〉,《의암집》권45, 檄.

왜적의 앞잡이 노릇을 하는 데 목숨을 바치니, 仁을 이루려는 이 선비들은 남의 노예가 되는 수치를 면하자는 것이었다.[57]

그는 1894년 6월 일본군이 경복궁을 점령한 갑오변란이 일어나자 이를 국가의 자주권 훼손이자 亡國의 시작이라고 인식하였다. 이는 그가 1895년 의병을 일으키고 발표한 격문에서 '마침내 갑오년 6월 20일 밤에 이르러 우리 조선 삼천리강토가 없어졌도다'라고 함에서 잘 알 수 있다.[58]

한편 그는 復讐保形論을 강하게 주장하였다. 을미사변으로 시해된 국모의 원수를 갚고자 하였다. 그리고 변복령과 단발령의 철회를 주장하였다. 그는 1895년 변복령이 반포되자 중화의 정맥과 조선의 예법이 단절되었다면서 다음과 같이 성토하였다.

> 오호라, 애통하다. 4천 년 華夏正脈과 2천 년 孔孟大道와 조선 5백 년 禮樂典型과 家家數十世 冠裳法度가 여기서 단절되었도다. 이제 글 읽는 선비는 어떻게 처신해야 옳겠는가. … 이것은 天地, 聖賢, 先王, 父祖에 죄를 지은 것이니 살아서 장차 어찌 하리오. 이제 성토하다 죽고 거의하다 죽으리니 선왕의 도를 수호하다 죽는 것은 선비의 의리이다.[59]

그는 여기에서 "성토하다 죽고 擧義하다 죽으리니"라고 하여 이때부터 의병 봉기를 유념하고 있었던 것으로 보인다.

그는 단발령에 대하여도 변복령과 같이 화이론적 가치관을 바탕으로 아래와 같이 통박하였다.

---

57) 유인석, 〈檄告內外百官〉, 《의암집》 권45, 격.

58) 유인석, 〈檄告八道列邑〉, 《의암집》 권45, 격.

59) 유인석, 〈을미훼복시입언〉, 《의암집》 권35, 잡저.

> 천지간 華夷綱常과 禮儀大道는 반드시 人身에 있으니, 이 몸이 華人되고 夷獸됨은 계발과 圓袂에 달려 있다. 이 상투와 원메의 存, 不存에 따라 華夷人獸의 判, 不判과 綱常大道의 保, 不保가 달려 있으니, … 머리는 만 번이라도 갈라질지언정 상투는 한 번도 잘릴 수 없고, 몸은 만 번이라도 찢길지언정 원메는 한 번도 찢길 수 없다.[60]

여기서 그는 상투와 '圓袂'(둥근 소매)의 수호 여부에 따라 華夷와 人獸가 결판난다고 보았다. 그리하여 단발 강요에 대한 반감은 개화 그 자체를 증오하는 감정으로 발전하였고, 개화라는 것을 일본화로 받아들였다. 그 결과 그는 의병을 봉기하여 이를 회복하고자 한 것이다.

한편 그의 중화중심의 척사론은 말년에 서양과 일본의 무력을 인정하는 태도로 변화를 보인다. 이를 동도서기론적인 採西論,[61] 또는 그가 점진적인 개혁을 제창하였다 하여 '自主開化論'[62]으로 이해하기도 한다. 이와 달리 그가 동서 문명을 성리학의 체용 논리로 구분하여 이해하였기 때문에 동도서기론을 수용할 수 없었다는 주장도 있다. 즉, 유인석은 體가 서야 用이 행해지는데, 외국은 체를 버리고 용만 힘쓴다고 비판하였다는 것이다.[63]

유인석이 서양에 대하여 비판적인 인식과 태도를 유지하고 있었음은 사실이다. 그러나 말년에 서양 문화를 이해하고 또한 서양의 기술 가운데 특히 병기의 우수성을 인정하고 이를 취해야 한다고 하였다. 이에 대하여 그는

---

60) 유인석, 〈贈言金仲一還國〉, 《의암집》 권38, 잡저.
61) 김도형, 〈의암 유인석의 정치사상연구〉, 《한국사연구》 25, 1979, 127~129쪽.
62) 박성수, 〈구한말 의병전쟁과 유교적 애국사상〉, 《대동문화연구》 6집, 1969, 180~181쪽.
63) 오영섭, 〈의암 유인석의 대서양인식〉, 《이기백선생고희기념 한국사학논총 (하)》, 1994,

　　지금 중국이 옛날의 극성했음을 채용해서 長技를 얻으면 강성해질 것이
다. 저 외국의 장기 또한 권세를 부림에 반드시 소용되는 것이지만, 이것은
중국이 극성했던 옛날에 이미 쓰지 않은 적이 없던 것들이다. 이제 외국의
장기를 모두 채용해서는 안 되고, 그 가운데 없어서는 안될 급한 것만 써
야 한다. 이미 우리의 장기를 두터이 하고 또 저들의 장기를 이용하면 우
리는 더욱 강해질 것이다. 이렇게 하면 되겠지만, 어떤 이는 '중국의 道로
體로 삼고, 외국의 法으로 用으로 삼는다'고 한다. 이것은 이치에 닿지 않
는 말이다. 체와 용이 본래 하나의 바탕인데, 어찌 이것과 저것을 섞어 하
나가 되겠는가. 저들을 대적하기 위해 저들의 것을 취할 뿐이니 근본에 벗
어남은 부득이한 일이다.[64]

라고 하여 서양의 장기라는 것이 중국이 번성했을 때 이미 사용했
던 것들로, 외국의 장기 중에서 급한 것만 채용해야 한다면서 일부
에서 주장하는 中體西用論을 비판하였다. 그리고 서양의 것을 취하
는 것이 근본을 벗어나 부득이한 일이지만, 그들과 대적하려면 취
해야 한다고 하였다.

　　이처럼 그가 일반적인 채서론의 입장에 섰다고 볼 수는 없으며,
일부 병기의 경우에 수용하는 것을 인정한 것으로 보인다. 이는 지
산 김복한이 1919년 파리장서에 서명한 일로 화서학파 일부가 비판
하자, 이는 '正例'는 아니나 일제를 몰아내기 위한 '變例'라면서 일
제를 토벌하는 것이 더 중요하고 급했기 때문에 부득이한 결정이었
다[65]고 한 것과 같은 맥락으로 보인다. 즉, 김복한이 말년까지 존화
양이론의 태도를 지켰듯이, 유인석 또한 화이론에 대한 인식의 변
화는 없었던 것으로 보인다.

---

64) 유인석, 〈우주문답〉, 《의암집》 권51(국역 《의암집》 6, 193쪽).
　유한철, 〈우주문답을 통해 본 유인석의 국권회복운동론〉, 《오세창교수화갑기념
　한국근현대사논총》, 1995.
65) 김상기, 〈김복한의 학통과 사상〉, 《한국사연구》 88, 1995, 98쪽.

4. 尹錫鳳의 생애와 사상

19세기 말 조선이 서구 제국주의 국가와 일본의 침략에 위협을 받고 있던 가운데, 주자학을 지도 이념으로 삼고 있던 유교지식인은 서양과 일본을 배척하는 위정척사운동을 전개하였다. 위정척사운동은 김홍집이 황준헌의 《조선책략》을 들여온 이후 영남지방을 비롯하여 경기도와 충청도, 전라도 등 전국적으로 확대되었다. 정부에서는 이러한 움직임을 반정부 운동으로 인식하고 주도자들을 체포·처벌하였다.

유교지식인들은 상소투쟁의 성과도 없이 오히려 정부의 대대적인 탄압을 받게 되자 處世를 고민하게 되었다. 이들 가운데 경서를 안고 산에 들어가('抱經入山') '自靖'의 길을 가고자 한 이들도 있었다. 華西學派의 柳重敎 등이 집단적으로 제천 공전리로 들어간 것이 이러한 경우이다. 화서학파 가운데는 이들 말고도 충청도지역으로 이주하여 정착한 유학자가 여럿 있다. 개풍 출신의 盧正燮이 목천으로, 양주 출신의 尹錫鳳이 비인(庇仁)으로, 고양 출신의 俞鎭河가 서산으로, 포천 출신의 崔益鉉이 정산으로 이주한 것이다.[66] 이 글에서는 그 가운데 尹錫鳳에 대하여 고찰하고자 한다.

윤석봉은 경기도 양주 출신으로 重菴 金平默과 省齋 柳重敎한테 수학한 華西學派 유학자이다. 그는 가족과 함께 1890년 양주를 떠나 충청도 비인의 율리로 이주하였다. 얼마 안 가 보령으로 이주한 그는 지역 유림들과 集成堂을 건립하는 등 학풍 진작에 힘쓰면서 自靖의 길을 걷고자 하였다. 그러나 1905년 을사늑약 이후 시세가 그를 가만히 두지 않았다. 을사늑약 반대 상소를 올렸으며, 1906년

---

66) 김상기, 〈호서지역 화서학파의 형성과 민족운동〉, 《대동문화연구》 35, 1999.
　　김상기, 〈최익현의 정산 이주와 태인의병〉, 《충청문화연구》 7, 2011.

에는 민종식의 권유를 받아들여 홍주의병에 참여하기에 이르렀다.

이 글에서는 그의 修學 과정과 사상적 특성을 검토하고자 한다. 그리고 화서학파 유학자인 그가 보령지역으로 이주하여 趙龜元 등 南塘學派 유학자들과 교유한 행적을 추적하고, 지역 유학자들과 연명으로 상소를 올려 투쟁한 일, 홍주의병 참가와 항일투쟁에 대하여도 살펴보고자 한다.

그의 문집으로《三希堂集》23권 3책이 남아 있다. 이 문집은 황의천이 윤석봉의 후손을 찾아가 발굴한 것으로,[67] 2009년 대천문화원에서 간행하여 세상에 빛을 보게 되었다.[68] 이덕영은 이 가운데서 을사조약에 항거하여 올린 상소문을 번역 소개하였다.[69] 또한 윤석봉이 옥고를 치르고 나서 정리한《홍경일기》가 있다.[70] 1925년에 문인 李承旭이 쓴〈三希堂尹先生行狀〉이 있으며, 尹秉源이 작성한〈處士三希堂公家狀〉이 남아 있다.[71]

1) 修學과 생애

윤석봉(1842~1910)은 경기도 양주의 西山(현, 양주시 장흥면 부곡리)에서 부친 義五와 능성구씨 사이에 태어났다. 자는 雲瑞, 호는 希

67) 황의천,〈발굴후기〉,《三希堂集》상, 대천문화원, 2008.

68) 윤석봉,《三希堂集》상·중·하, 대천문화원, 2008.

69) 李惠寧,〈윤석봉 선생의 을사조약 저항 상소문〉,《보령문화》22, 2013, 193~228쪽.

70) 황의천 편,《丙午洪州義兵과 洪京日記》, 대천문화원, 2004.
   윤석봉의《洪京日記》는 가로 18센티미터, 세로 28센티미터의 한지에 해서와 반초서체로 38쪽 분량으로, 홍주의병에 참여한 뒤 석방될 때까지의 과정을 1906년 음력 6월 7일에 기록한 일기이다. 겉표지는《洪京日記》라고 했으나, 일기 처음 부분에는《洪獄京部兩處合記 丙午》라 썼다. 말미에는〈洪州倭兵所供辭〉가 있다.

71) 李承旭의〈三希堂尹先生行狀〉을 비롯해 윤석봉과 집성당 관련 자료를 묶어 2007년 대천문화원에서《집성당지》(황의천, 오현규 편)를 간행하였다.

堂 또는 三希堂이며 본관은 파평이다. 그의 고조부 淰은 성균관 생
원으로 벼슬에 나아가지는 않았다. 증조부 仁植은 동생인 義植 孝
植과 함께 정조대 임자년(1792) 사마시에 합격하였다. 조부 顯箕는
통덕랑을 지냈다. 부친 義五의 자는 嘉衍, 호는 老西齋이다.[72] 윤석
봉은 어린 시절 집에서 한학을 수학하였으며, 33살인 1874년 徐應
淳(1824~1880, 자: 汝心, 호: 絅堂)과 朴弘壽(1814~1901, 자: 大直, 호: 鎭
菴)의 문하에 나아가 성현의 학문을 깨우쳤다. 37세인 1878년에는
가평 嘉陵山으로 김평묵을 찾아가 비로소 인격 수양을 위한 爲己之
學을 수학하였다.[73]

金平黙(1819~1891, 자: 穉章, 호: 重菴)은 경기도 포천 출신으로 화
서 이항로의 문인이다. 그는 스승이 죽은 뒤에 화서학파를 이끌어
가는 중심적 구실을 하였으며, 벼슬을 사양하고 평생을 가난하게
살았다. 1845년 3월에는 경기도 양근의 柳榮五 집에 초빙되어 14세
된 유중교를 가르쳤다. 유중교가 1866년 가평군 설악면 篤大谷(속칭
독골, 陶谷里)에 개설한 大谷書堂과 1869년 개설한 漢浦書社에 초빙
되어 강학하였다. 윤석봉은 한포서사로 김평묵을 찾아갔던 것으로
보인다.

김평묵은 윤석봉에게 '三希堂'이란 호를 지어주었다. '三希'란 周
子가 말한 '希天', '希聖', '希賢'에서 취한 말로,[74] 하늘을 숭배하고
성인과 현인을 본받으라는 의미이다. 윤석봉은 김평묵이 죽자 몸져
눕게 되어 친구 徐相圭를 대신 보내 제문을 바쳤는데,

오로지 人獸의 구별을 생각하였으며 士氣를 격려하였다. 正學과 邪學, 현

---

72) 《파평윤씨대동보》 '府尹公后 齊度公派' 참조(윤인희 선생 제공).
73) 李承旭, 〈三希堂尹先生行狀〉, 1925(《집성당지》, 대천문화원, 2007, 105~106
쪽). 尹秉源, 〈處士三希堂公家狀〉(황의천 선생 제공).
74) 윤석봉, 〈三希堂自號記〉, 《삼희당집》 중, 권16, 記, 630~632쪽.

> 명함과 그렇지 못함을 發明하였으며, 華夷의 큰 분별을 엄정히 하였다.[75]

라고 김평묵이 오로지 華夷論에 따라 人獸 구별에 엄격하였음을 기렸다.

윤석봉은 省齋 柳重敎(1832~1893, 자: 穉程, 호: 省齋, 본: 高興)의 문하에도 나아가 수학하였다. 유중교는 이항로의 고제로 김평묵의 도통을 계승하였다. 유중교는 이항로의 강학 방법을 계승하여 학풍을 일으키는데 진력하였다. 유중교는 1882년(51세)에 강원도 춘성군 남면 가정리에 柯亭書社를 열어 후학을 양성하였으며, 1889년 충북 제천군 장담의 공전리로 이거하여 長潭書社에서 강학하였다. 윤석봉은 〈성재선생 묘에 고하는 글〉에서 "(유중교의) 학문은 오로지 居敬으로 그 본을 세웠고, 窮理로써 앎에 이르렀으며, 反躬으로 실천하였다"[76]고 하여 항상 삼가고 조심하는 '敬'의 태도와 이치를 깊이 연구하는 '窮理致知'의 자세, 그리고 자신을 스스로 돌이켜 반성하는 '反躬'의 태도를 지녔다고 평가하였다. 이어서 이 3가지를 '평생의 사업'으로 삼았다고 하였다. 또한

> 處義에 이르러서는 性命을 버리고 氣力을 내었으며, 人獸 구별은 그 도를 문인에게 전수하여 의암 유인석의 한 부대가 거의하여 나라를 방위하게 하였다.[77]

라고 목숨을 다하여 의리에 처했으며, 화이론에 철저하여 제자인 毅庵 柳麟錫이 의병을 일으켜 나라를 지키게 하였다고 하였다. 또한 그는 유중교의 제문에서

---

75) 윤석봉, 〈祭重菴金先生文〉, 《삼희당집》 하, 권20, 제문, 199~203쪽.
76) 윤석봉, 〈告省齋先生墓文〉, 《삼희당집》 하, 권19, 銘, 195~197쪽.
77) 위와 같음.

선생께서는 비록 이 동방 작은 나라에서 나셨으나 능히 천하의 대도를 맡으셨으니 한 나라의 선비가 아니라 천하의 선비요, 단지 우리 당의 스승이 아니라 장차 백세의 스승이 되실 겁니다.[78]

라고 유중교가 천하의 선비요 백세의 스승이라고 하였다.

윤석봉은 자신이 朱子-尤庵-華西-重菴-省齋의 학통을 계승한 것으로 자처하였다. 이에 따라 송시열을 존모하였다. 그는

공자가 춘추를 지어 그 뜻은 존중화양이적을 한 점에서 막대하다. 맹자는 7편을 지어 그 뜻이 역시 淫邪를 막은 점에서 막대하다. (중략) 주자와 송자의 의의 역시 다르지 않다.

라고 하여 공자의 '尊中華攘夷狄'과 맹자의 '防淫邪'를 우암 송시열이 계승한 것으로 보았다.

경기도 양주 출신인 윤석봉이 서천군 비인면 율리의 石谷村으로 이거한 것은 1890년이다.[79] 율리를 낙향지로 정한 것은 1881년 신사척사운동 때 경기도 유생 대표로 척사 상소를 올린 申櫶(1838~1899)의 결정이었다.[80] 신섭은 상소를 올린 일로 전라도 진도에 딸린 金甲島에서 4년 동안 유배생활을 했다. 1884년 유배에서 풀려난 뒤에는 시골에 들어가 살기로 마음먹었다. 낙향 지역은 그가 유배지에서 풀려 귀가 중에 마음에 둔 비인현 율리 일대로 정했다. 이곳에는 신섭 집안만이 아니라 다섯 집안이 집단으로 이주하였다. 신섭을 비롯하여 尹建五(을미생, 자: 聖極)·閔泳完(신해생, 자: 德卿)·李奎昌, 그리고 尹錫鳳 집안이 그들이다. 이들은 서로 인척

---

78) 윤석봉, 〈祭省齋柳先生文〉, 《삼희당집》하, 권20, 제문, 210~218쪽.

79) 윤석봉, 〈華汀卜居說〉, 《집성당지》, 대천문화원, 2007, 130~131쪽.

80) 윤석기, 〈栗農申先生事實記〉, 《집성당지》, 대천문화원, 2007, 134~138쪽.

관계였다. 신섭과 윤건오는 사돈 사이였으며, 이규창은 윤건오의
진외가, 민영완은 윤건오의 고종사촌이었다. 윤석봉의 부친인 尹義
五와 윤건오는 6촌간이었다.[81]

　윤석봉은 지역 유림들과 율리에 石谷書社를 세우고 후학을 양성
하였다. 1892년 尹錫棋가 작성한 〈石谷書社講規〉의 발문이 있고,
'座目'에 윤석봉의 거주지가 '庇仁 石谷'으로 나와 있는 것을 보아
1892년까지는 율리에 거주했던 것으로 보인다. 그러다가 그곳의 집
이 이롭지 않고 물과 흙이 안 맞는다면서 충남 남포군 신안면 한천
리의 花汀으로 이주하였다. 이곳은 주자를 비롯하여 이제현, 송시
열, 권상하, 한원진 등 5현을 모신 新安祠가 멀지 않은 곳이었다.[82]

　그는 1898년에 유림들과 집성당을 건립하여 춘추로 제향을 올
리면서 향풍을 진작시키고 후학을 양성하였다.[83] 집성당에는 주자
와 우암 송시열의 영정을 모셨다. 특별히 이들 두 명의 영정을 모
신 것은 그들의 '攘夷'와 '斥邪' 정신으로 천하의 대세에 대적하여
하나의 바른 맥을 굽히지 않기 위해서라고 하였다.[84] 당시 집성당
건립 취지에 동의하여 社友錄에 등재된 이가 158명에 달했다. 대
부분 충청지역 유학자와 화서학파 인물들이었다.[85] 또한 을미사변
과 단발령 공포를 '천지개벽 이후 大變'이라면서 주자와 우암 송시
열의 영정을 모셨는데, 송시열의 영정은 청주에 있는 송시열 종가
의 유상을 본떠서 제작하였다. 이에 대하여 그는 宋秉璿에게 다음
과 같은 편지를 보내 遺像 제작을 도와달라고 부탁하였다.

　　　지난 國變은 차마 말할 수 없습니다. 시해하여 불태우고 용안을 毁削함

---

81) 尹麟熙, 〈集成堂 遺憾〉, 《보령문화》 21, 보령문화연구회, 2012, 182~184쪽.
82) 윤석봉, 〈華汀卜居說〉, 《집성당지》, 대천문화원, 2007, 130~131쪽.
83) 윤석봉, 〈答盧蓮谷正變〉, 《삼희당집》 중, 권12, 서, 336~338쪽.
　　尹命五, 〈答張載厚書〉, 丙子年(1936) 8월 7일(김효기 선생 제공).
84) 윤석봉, 〈集成堂營建有司懸板記〉, 《삼희당집》 하, 권17 기, 15~17쪽,
85) 윤인희, 〈집성당 유감〉, 《보령문화》 21, 보령문화연구회, 2012, 186쪽.

은 천지개벽 이후 비할 수 없는 대변입니다. … 주자와 송자 양 부자의 眞
像을 모시고 遺書를 講誦하고자 합니다. 또 直字의 眞訣을 굳게 지키고자
합니다. 그림의 상태가 극히 중요하고 어렵고 신중하여 만약 한 털이라도
닮지 않은 즉 다른 분이 될까 두렵습니다. 선생께 원하노니 청주 종손 댁
에 통고하여 일찍이 新安祀의 구본을 봉안한 바 다시 봉안하고자 합니다.
마땅히 이와 같은 즉 선생의 은혜가 크고 많은 선비들의 소원이 마치게 됩
니다. 천만 앙축합니다.[86]

윤석봉은 요순 이후에 여러 성인들이 있었으나 대성한 이가 孔子
이며, 공자 이후 博學과 約禮를 양면으로 온전히 하며 여러 현인들
의 말씀을 집대성한 이가 朱子라 하였다. 그리고 주자 이후 明과 誠
에 모두 도달하여 儒者들의 말씀을 집대성한 이가 宋子라고 하였
다. 그러한 즉 "주자는 공자 이후에 제1인이요, 송자는 주자 이후에
제1인이다"[87]라고 송시열을 추앙하였다.

1895년 을미사변과 단발령이 공포되자 김복한을 비롯한 홍주 일
대의 선비들이 의병을 일으켰다. 이들은 12월 3일(양, 1896년 1월 17
일) 홍주부내에 창의소를 설치하고 김복한을 의병장으로 추대하였
다.[88] 윤석봉은 이때 의병에 참여하지는 않았다. 단지 그는 동문
인 유인석이 의병을 일으키고 제천에 대장소를 두고 활동하고 있던
1896년 2월 15일(양, 3월 28일) 趙容淳, 趙琮淳, 沈宜悳, 趙龜元, 柳
浩根, 李冕植 등과 연명으로 글을 보냈다. 그는 이 글에서

---

86) 윤석봉, 〈上淵齋宋祭酒 別紙〉, 《삼희당집》상, 권6, 서, 434~436쪽.
87) 윤석봉, 〈集成堂記〉, 《삼희당집》하, 권17, 기, 17~21쪽.
88) 김상기, 《한말의병연구》, 일조각, 1997, 228쪽.

다행히 천도가 다시 정상으로 돌아와 노형이 관동에서 한번 대의를 외
치자 각 고을에서 의병이 형세를 떨치고 흉한 무리의 기운이 꺾였으니 아,
사람에 대한 하늘의 사랑이 과연 대단하다 하겠습니다. 미리 난리를 그치
게 할 사람을 내어 이 민생들로 하여금 영영 멸망의 지경에 이르게 않게
한다는 그 인물이 노형이 아니고 누구이겠습니까.[89]

라고 유인석을 난세에 멸망의 지경에서 구해줄 하늘이 낸 인물로
평하였다. 이어서 '한 나라의 다행만이 아니라 실로 천하 만세의 다
행입니다'라면서 천만 번 노력해줄 것을 당부하고 있다. 그리고 보
령의 黃載顯이 의병을 일으키고 구속되어 혹독한 벌을 받고 있다
면서 적을 토벌하고 옥을 부수어 황재현을 구원한 뒤 장수로 쓰라
고 했다.[90] 이때 황재현이 홍주의병에 참여한 일로 보령 관아에 체
포되어 옥에 갇혀 있었다. 그는 향촌 사람들을 대표하여 그를 석방
하라는 글을 군수에게 보내는 등 황재현 석방운동을 펼치기도 하였
다. 그는 이 글에서 황재현이 의병을 모아 총을 쏜 것은, 국모가 시
해되고 임금이 머리를 깎임에 '討賊復讎'하고자 한 것이며, 이미 체
포되어 중형을 받았으니 풀어주기를 바란다고 하였다.[91]

그는 이와같이 제천에서 동문 유인석이, 인근 홍주성에서는 김복
한 등이 의병을 일으킴을 보고 자신의 처세에 대하여 고민이 컸던
것으로 보인다. 그는 1895년 12월 1일(양, 1896년 1월 15일) 조구원에
게 보낸 편지에서

---

89) 윤석봉 등, 〈上湖左義兵將書〉, 《독립운동사자료집》 1, 649~652쪽.
90) 윤석봉 등, 위의 글.
91) 윤석봉, 〈代鄕人與本倅〉, 《삼희당집》 중, 권13, 서, 378~381쪽.

복수를 이루지 못하고 毁形이 우리나라 3천리에 미침에 억만 생령이 죽음을 잊고 討賊하고자 함은 하나는 국치를 설욕하자 함이요, 하나는 聖制를 붙들어 堯 임금 이래 서로 전한 大統을 잃지 않고 箕聖 이후 지켜온 禮俗을 잃지 않고자 한 것입니다. 지난 세대를 돌아보건대 진실로 분통해하는 사람이 없으니 어찌해야 합니까. 이 수치를 어찌해야 합니까. 단지 서책을 끼고 깊이 들어가 죽을 때까지 변함없이 오직 조물주의 처분을 기다릴 뿐입니다. 이외에 어떤 길이 있습니까. 金仁山과 許白雲 양현의 고사를 행하지 못할 것이 두렵습니다.[92]

라면서 중국 송나라 말기의 '金仁山과 許白雲'이 산에 들어가 절의를 지킨 고사를 행하지 못할까봐 염려하고 있다. 이어서 몸 전체에 부황기가 있어 병상에 누워 죽으려는 것은 본심이 아니지만, '머리를 깎지 않고 죽을 뿐'('不削而死')이라고 하였다. 1897년 3월 5일(음) 조구원에 보낸 편지에서도 自靖의 길을 가야 하는데 도무지 좋은 방책이 없다고 한탄하고 있다.[93] 이로 보아 그는 이 시기 의병에 참여하는 대신에 自靖의 길을 택한 것으로 보인다. 이후 그는 집성당에서의 강학 규약을 정한 〈花汀講規序〉(1898년)를 비롯하여 〈興學契序〉(1900), 〈昭義新編序〉(1900), 그리고 〈藍浦面約序〉와 〈城洞鄕約序〉 같은 글을 작성하여 지방 예속을 교화하려 하였다.[94]

---

92) 윤석봉, 〈答趙靑農〉, 《삼희당집》중, 권9, 書, 65~67쪽.
93) 윤석봉, 〈與趙靑農〉, 《삼희당집》중, 권9, 書, 67~68쪽.
94) 《삼희당집》중, 권15, 序, 518~612쪽.

윤석봉이 최익현에게 보낸 편지(1888년, 충남대학교 도서관 소장)

1899년 면암 최익현이 정산으로 이주하자 이를 무척 반겼다. 그리고 보령지역 선비들에게 이는 '우리들만의 다행이 아니고 실로 호서인의 복입니다'[95]라고 환영하였다. 1900년에는 의암 유인석의 의병기록인《소의신편》서문을 작성하여 보냈다. 그는 이 글에서 김평묵과 유중교의 문인들이 유인석을 의병대장으로 추대하여 '復讐保形'의 기를 세우고 '智謀의 長短'과 '형세의 大小'를 떠나 항전한 것을 적었다고 높이 평가하면서, '義聲'이 천하에 만세토록 길이 남게 되어서 의미있다고 하였다.[96]

그는 1905년 을사늑약이 강제로 체결되자 1906년 1월 19일(음, 1905년 12월 21일) 최익현이 주관한 궐리사 강회에 참석하였다. 그는 이곳에서 최익현과 '處義方略'을 협의하였으며, 동시에 상소로 항의하고자 하였다.[97] 보령으로 돌아온 그는 보령지역 유생들과 함께

---

95) 윤석봉, 〈與保寧鄕中諸友〉,《삼희당집》중, 권12, 서, 325~328쪽.

96) 윤석봉, 〈昭義新編序 庚子〉,《삼희당집》중, 권15, 序, 566~571쪽.

97) 李承旭, 〈三希堂尹先生行狀〉, 1925(《집성당지》, 대천문화원, 2007, 122쪽).
최익현의 문인인 곽한소의 기록에 따르면, 윤석봉은 1903년 4월에도 최익현을 찾아가 '講討疑義'했다고 한다. 그리고 자신을 심히 정성스럽게 돌봐주었다고

상소를 올려 5적에게 죄를 주고 조약을 윤허하지 말 것을 주청하였다.[98]

1906년 그는 민종식의 요청으로 홍주의병에 참전하였다.[99] 그는 민종식 옆에서 글을 작성하는 참모 역할을 했던 것으로 보인다. 홍주의병의 홍주성전투는 치열하였다. 의병은 처절한 시가전을 벌이면서 방어하였으나 일본군 화력에 밀려 막대한 희생자를 내고 성을 빼앗겼다. 윤석봉은 체포되고 경성감옥에 송치되어 옥고를 치렀다.

그는 국망 직후인 1910년 8월 16일(음) 문인 백관형을 시켜 주자와 우암의 영정이 모셔져 있는 집성당에 고유문을 바쳤다. 그는 여기에서 삼천리 백성이 금수가 되고 5백 년 종사가 무너졌다면서, 중국 漢 고조 劉邦을 도와 한나라를 세운 張良 같은 이가 나타나주기를 빌었다.[100] 그리고 문묘를 폐한다는 소식을 듣고 통곡하면서 "문묘가 철향된 즉 선비가 생존할 뜻이 없다, 내가 마땅히 죽으리라"며 통곡하였으며, 그런지 얼마 안 되어 그해 11월 6일 세상을 떠났다.[101]

그는 보령지역 유학자들과 학문적 소통을 하며 좋은 관계를 유지하였다. 그는 보령의 유학자 가운데서 "가장 나은 이는 靑農 趙龜元, 四可 柳浩根, 莒山 沈宜惪, 志山 金福漢"이라고 하였다. 그리고 復庵 李偰에 대하여는 가장 늦게 알았지만 한 번 보고 오래된 벗 같이 느꼈다고 친근감을 표시하였다.[102]

그의 문인으로는 白觀亨과 文奭煥, 李應復, 尹錫祺, 金寬濟, 李

하였다(郭漢紹,〈師友從友錄〉,《敬菴全集》4책 권18, 1996년 영인).

98) 윤석봉,〈疏 을사12월〉,《삼희당집》상, 권4, 소, 259~264쪽.

99) 李承旭,〈三希堂尹先生行狀〉, 1925(《집성당지》, 대천문화원, 2007, 122쪽).

100) 윤석봉,〈庚戌合邦後告集成堂文〉,《삼희당집》하, 권19, 고유문, 187~189쪽.

101) 李承旭,〈三希堂尹先生行狀〉, 1925(《집성당지》, 대천문화원, 2007, 126쪽).

102) 윤석봉,〈與柳毅菴 별지〉,《삼희당집》중, 권9, 서, 5~9쪽.

敎憲, 李承旭 등이 있다.[103] 白觀亨(1861~1928, 호: 玉齋)은 병자호란
때 척화파인 白珩의 후손으로, 어려서 윤석봉의 가르침을 받았다.
최익현이 정산으로 이주한 뒤에는 최익현에게도 가르침을 받았다.
1906년 홍주의병에 참모로 참여하였으며, 1919년에는 파리장서운
동에 참여하여 옥고를 치렀다.[104] 그의 문인으로 파리장서운동에
참여한 金智貞과 白彰均, 白明均 등이 있다. 文奭煥(1870~1925) 역
시 윤석봉에게 수학하고 최익현의 가르침을 받기도 하였다. 李應復
(1880~1955, 본: 전주, 호: 敦庵)은 남당 한원진의 학통을 이어받은 그
의 증조 李正文의 영향을 받아 남당학파에 속한 유학자이나, 윤석
봉의 문인이 되어 화서학파의 학풍도 수용하게 되었다.[105] 尹錫祺
(1860~1926, 호: 芝山)는 양주에서 파평윤씨 일가를 이끌고 보령으로
내려온 尹建五(1835~1918, 호: 華汀)의 아들이다. 문집으로 《芝山遺
稿》가 있다. 金寬濟(1864~1930)의 본관은 경주, 호는 栗齋, 자는 樵
隱이다. 문집으로 《栗齋稿》와 《栗齋雜稿》가 있다.[106] 李敎憲은 스
승과 함께 홍주성전투에 참전하였다.[107] 李承旭은 1925년 〈三希堂
尹先生行狀〉을 써 스승의 행적을 기렸다.

---

103) 장삼현 편, 《蘗溪淵源錄》, 양평문화원, 1999.

104) 김상기, 〈호서지역 파리장서 참여자와 '호서본'의 성격〉, 《한국근현대사연구》
73, 2015, 61쪽.
백관형은 《藍浦白氏事行實錄》을 작성하여 의암 유인석에게 가서 '後序'를 부탁
하여 이 책 뒤에 실었다. 유인석이 쓴 〈書藍浦白氏先世繼志錄後〉는 《의암집》 권
44에 실려 있다.

105) 吳顯圭 편, 《敦庵李先生文集》, 은광문화사, 2003.

106) 오현규, 〈율재 김관제 선생의 유고〉, 《보령문화》 17, 보령문화연구회, 2008,
212~217쪽.

107) 李承旭, 〈三希堂尹先生行狀〉, 1925(《집성당지》, 대천문화원, 2007, 122쪽).

2) 사상

윤석봉은 일본과 서양 문물을 철저히 배척하는 척사론을 강하게
주장하였다. 그는 조정에서 개화정책의 한 가지로 시행한 변복령과
단발령이 사람을 금수로 만드는 것이라면서 입장을 분명히 하였다.
그는 1884년의 변복령에 대하여

> 사람이 사람 되는 이유는 예의가 있기 때문이다. 예의는 한 번 잃으면
> 이적이 되고 두 번 잃으면 금수가 된다. 갑신년 일로 의복을 훼손하여 오
> 랑캐가 되었으니, 금수가 되는 것이 어찌 멀지 않으리오.[108]

라고 의복을 훼손하여 오랑캐가 되었으므로 금수가 되는 것이 멀지
않았다고 하였다. 또한 그는 1895년의 단발령에 대하여 조선이 머
리를 깎고 서양화하여 금수가 되었으니, 우리의 道가 망할 것이요,
후일 역사가들이 日本은 小洋國, 朝鮮은 小日本으로 직필할 것이라
고 다음과 같이 통탄하였다.

> 머리를 서양처럼 깎고 옷을 서양처럼 입고 서양 말을 배우고 서양 책을
> 읽고 서양 물건을 쓰고 서양 정치를 행하여 이미 서양으로 화하였으니 금
> 수가 아니리오. 乙未년 겨울 우리 머리를 깎고 저들의 옷을 입었으니 우리
> 道는 장차 망할 것이다. 후세의 사가들이 반드시 직필하여 가로되, 日本은
> 小洋國, 朝鮮은 小日本이라 할 것이다.[109]

윤석봉은 척사론의 관점에서 왜와 서양과의 교통을 반대하였으
며, 청나라와의 관계도 끊자고 주장하였다. 그는 1887년 올린 상소

---

108) 윤석봉, 〈壬午之變云云〉, 《삼희당집》 중, 권12, 302~304쪽.
109) 윤석봉, 〈擬疏 갑진6월〉, 《삼희당집》 상, 권4, 소, 236쪽.

에서 가장 급하고 절실한 '3가지 불가론'을 주청하였다.

첫째는 서양과의 通和不可論이다. 그는 서양을 '西鬼'라고 칭하면서, 서귀와 通和할 수 없다고 하였다. 그는

> 西鬼는 同軌, 同文, 同倫의 밖에 있어 본래 交隣의 情誼가 없습니다. 또 皇上과 祖宗의 원수입니다. 순조, 헌조 양조에 邪學을 잠입시켰으며 또 江都의 役에 대군을 일으켜 兇醜를 떨쳤습니다. 丙子년 通和하여 甲申 여름 毁服의 청을 허락하고, 丙戌 겨울에 洋學을 허락하는 교서를 내려 우리 道는 끝났습니다. 이것이 西鬼와 통화할 수 없는 한 가지 까닭입니다.[110]

라고 1876년 일본, 1886년 프랑스와 통상조약을 체결하여 우리 道가 끝났다면서 구체적인 사실에 근거하여 서양과 통교하면 안된다고 진언하였다.

그의 두 번째 주장은 왜와의 교통 불가론이다. 왜는 이웃 나라였지만 지금의 왜는 '仇賊'이라면서 왜를 끌어들이는 일은 불가하다고 하였다. 그는

> 우리 병력이 부족하고 약하여 장차 완악한 무리가 마음대로 하면 제어할 수 없습니다. 어찌 이들을 나라의 수도에 끌어들여 궁정에 출입케 하고 우리의 허실을 보이고 나라 안을 遊歷하여 산천을 그리고 험한 곳을 알게 하여 후일 예측할 수 없는 환란을 열어 놓았습니까.[111]

라면서 일본을 끌어들여 나라의 지리와 허실을 염탐하게 하니 후일 환란이 일어날 것을 크게 우려하고 있다. 실제로 그의 예상대로 일본은 궁정에서 왕비를 시해하고 얼마 안 가 조선을 삼켜버리고 만

---

110) 윤석봉, 〈斥洋擬疏〉, 《삼희당집》 상, 권4, 소, 215~233쪽.
111) 윤석봉, 〈斥洋擬疏〉, 《삼희당집》 상, 권4, 소, 215~233쪽.

것은 모두 아는 사실이다.

그의 세 번째 불가론은 북쪽 오랑캐, 즉 청국과의 교통이 불가하다는 것이다. 그는 청국은 "우리 부모 같은 大明의 원수"라면서 "우리 부모의 은혜를 잊고, 우리 부모의 원수를 잊는 것이 가하냐?"면서 청과의 관계를 끊자고 주장하였다.

또한 그는 척사론의 입장에서 異敎를 철저히 배척하는 이교배척론을 펼쳤다. 1893년 5월 보령의 사우들에게 보낸 글에서는 "人獸가 자리를 잃고 있다. 모두가 강상의 큰 마디를 扶植하기 바란다"[112]라고 하였다. 그리고

> 소위 異敎라는 것은 無父無君의 가장 저명한 것인 즉, 그 죄는 난적이 거병하여 시역하는 것보다 더욱 심합니다. 왜냐하면 난적자는 그 죄가 父君을 시역하고 나라가 망함에 그치지만 지금의 소위 난적자는 그 죄가 하늘을 업신여기고 성인을 모욕함('慢天侮聖')이니 道가 따라서 망할 것입니다. 그러한 즉, 道가 망하는 禍는 국가가 망하는 것보다 크니 어찌 죽이지 않겠습니까. … 일종의 邪氣가 당을 지어 마을마다 가득 차고 敎堂을 설치하니 貴鄕이 더욱 치성합니다. 우리 인민의 무지가 점차 적어들고 행패와 독의 흐름이 그치지 않을 것입니다. … 諸公은 위로는 임금을 위하고 아래로는 민생을 위하여 性命을 버리고 기력을 내어 소굴을 타파하고 巨魁를 섬멸하여 우리의 당당한 大義를 보이기 바랍니다.[113]

라고 이교의 폐단이 심함을 역설하였다. 그는 보령 지역에 교회당에 들어서는 것을 보고 그 행패와 해독이 그치지 않는다고 유림계에 각성을 촉구하였다.

그는 國家보다 '道' 중심의 세계관을 피력하였다. 그는 위 글에서

---

112) 윤석봉, 〈與保寧鄕中諸友 癸巳午月〉,《삼희당집》중, 권12, 321~323쪽.
113) 윤석봉, 〈與保寧儒中〉,《삼희당집》중, 권9, 36~39쪽.

보듯이, "道가 망하는 禍는 국가가 망하는 것보다 크니 어찌 죽이
지 않겠습니까"라고 하여 道를 지키는 것이 나라를 지키는 것보다
우선해야 한다고까지 하였다. 그의 도 중심 세계관은 그가 작성한
〈집성당현판기〉에 더욱 극명하게 드러난다. 그는

> 천지와 더불어 끝과 처음을 함께 하는 것은 道이다. 세상이 혹 亂이 극
> 심한 즉 도 역시 멸망하나 理인 즉 不息한다. 이 때문에 불행히 이러한 때
> 를 만난 즉 하늘은 반드시 도를 扶植하는 사람을 낳아 그로 하여금 滅息에
> 이르지 않게 한다. 이에 하늘과 인간이 一理가 되어 道와 떨어지지 않는
> 다. 아! 서양의 鬼神이 횡행한 이래 天理가 人道를 없애 금수로 화하게 하
> 였으니 이 어찌 하늘의 본심이며 사람의 본 뜻이리오.[114]

라고 하여 道를 天地 그 자체로 보았다. 그는 도가 망하면 천지가
망하기 때문에 하늘은 도를 멸망하지 않게 하려고 도를 지키는 사
람을 낳는다고 하였다. 그러면서도 서양의 침입으로 도가 멸실되어
가니 이것이 어찌 하늘의 본뜻이겠느냐며 한탄하고 있다.

그는 중국 중심의 중화주의를 탈피하지 못한 측면이 크다. 그는
고종의 황제 즉위에 대하여도 비판적이었다. 그는 고종이 1897년
황제를 칭하고 국호를 조선에서 대한제국으로 개칭한 것은 참람한
행위라고 비판하였다.

> 甲午년 天位를 칭하고 國號를 개칭한 것은 大擧措입니다. 이는 僭稱이
> 고 濫號입니다. 이는 中華 義主의 칭할 바요, 결코 外夷 추장이 감히 본뜰
> 바가 아닙니다. 국호인 朝鮮 二字는 檀君 이래 시작하여 箕聖이 사용하였
> 으며, 우리 大明太祖가 朝鮮이란 국호를 주어 우리 열성조들이 계승하였습
> 니다. 大明의 우리나라에 대한 字小의 은혜와 再造의 덕은 억만년이라도

---

114) 윤석봉, 〈集成堂營建有司懸板記〉,《삼희당집》하, 권17, 15~17쪽.

잊을 수 없습니다.[115]

또한 그는 조선이란 국호는 단군 이래 사용된 국호임을 강조하였다. 그리고 명나라 태조가 조선이란 국호를 주었으며 명나라가 우리에 베푼 은덕을 잊을 수 없다면서 국호를 바꾸는 것은 참람된 일이라 하였다. 여기에서 明을 지나치게 받들어 사대주의에 빠진 인식의 한계를 볼 수 있다.

윤석봉은 보령에서 지내면서 많은 글을 썼다. 문집에 그의 학문적 진수를 담은 글들이 권23에 18편, 권24에 36편 실려 있다. 여기에는 '處義說', '出處論', '科業致害說' 같이 출처관에 대한 글이 있지만, 대부분은 척사론에 바탕을 둔 이단배척론과 '論心說主理', '陰陽論', '人心辨', '道字說' 등 그의 철학적 관점을 제시하는 글이어서 주목된다.

5. 俞鎭河의 생애와 사상

1) 생애

俞鎭河(1846~1906, 자: 千一, 호: 存齋)의 본관은 기계인데 선조 때 우의정과 좌의정을 지낸 충목공 泓(1524~1594)의 11대손이며, 고조부 漢禹(호: 文峯)는 遺稿 2권이 있다. 그는 헌종 12년(1846년) 경기도 고양군 벽제에서, 향리에서 주경야독하는 선비인 致暹과 전주이씨 사이에 태어났다. 어려서 부친에게 한학을 공부한 그는 처음에는 과거에 뜻이 있었으나, 24세 때인 1869년 정치판의 타락함을 보고는 두문불출하고 학업에만 열중하였다. 이때 서산의 大山 출신

---

115) 윤석봉, 〈擬疏 甲辰6월〉, 《삼희당집》 상, 권4, 소, 234쪽.

校理 金若濟(1856~1910, 호: 靑愚)를 만나 알고 지낸 인연으로 후일 서산으로 거처를 옮기게 되었다.

유진하는 26세인 1871년 가평의 漢浦書社로 省齋 柳重教(1832~1893)를 찾아가 문하생이 되어 화서학파에 입문하였다. 그는 이곳에서 자신의 인격 수양을 목적으로 하는 '爲己之學'이 있음을 알게 되었으며 과거 공부를 포기하였다. 36세인 1881년에 진천 文白面 봉암리로 이주하였는데 汶水가 남쪽에 정사를 짓고 거주하였기 때문에 제자들이 그를 '汶陽先生'이라 불렀다. 인근에는 松江 鄭澈(1536~1593)의 祠堂인 松江祠가 있는데 그가 《송강집》범례와 발문을 쓴 연유가 거기에 있는 듯하다.[116]

1889년에는 동문 盧正燮(1849~1902, 호: 蓮谷)이 인근 서림산에 은거하고자 '抱經入山'하였다. 노정섭은 경기도 개풍 출신으로 김평묵과 유중교 문하에서 수학하였다. 1876년 개항 반대 상소에 연명하였으며, 1889년 동문 尹秉綏(호: 念庵)의 주선으로 목천현에서 동으로 30리 떨어진 속으로 들어왔다. 이곳은 윤병수의 부친 尹行恁이 퇴거하여 살던 곳으로, 유진하의 거처 진천에서 멀지 않다.[117] 45세 때인 1890년 스스로 호를 '存齋'라 하였는데, 이는 잠시라도 '存心의 道'를 잊지 않고 항상 '敬畏'하는 마음을 간직하겠다는 의미였다.[118]

그는 1893년 3월 스승 유중교의 죽음을 맞아 큰 충격에 빠졌다. 그는 갑자기 세상 근심이 없어지고 한탄스러워 죽고 싶어졌다고 한다. 이때 모친의 병이 오래되고 어린 조카가 설사로 죽음을 넘나드는 지경이어서 번민이 컸던 듯하다.[119] 이러한 지경에 스승의 부음

---

116) 俞鎭河, 〈송강집범례〉, 《存齋先生遺稿》(경인문화사 영인) 권5, 잡저. 〈송강집발문〉, 《존재선생유고》 권6, 발.

117) 《蓮谷集》, 연보. 1889년조. 書林山은 천안과 진천의 사이에 있는 지금의 徐林山으로 보인다.

118) 朴宗和, 〈先生略系及遺事〉, 《존재선생유고》.

119) 유진하, 〈答鄭宣傳昌鎔書 계사 7월〉, 《존재선생유고》 권4, 서.

을 듣고 그는 실성한 듯했고, 오장이 찢어지는 슬픔이 있었다고 하였다.[120]

그는 1895년 9월(음) 서산시 대산면에 사는 전 교리 김약제에게 통지하고 대산면 대로리로 가족을 데리고 이사하였다. '포경입산'하고자 한 것이다. 이곳에서 그는 1896년 1월 유인석이 제천에서 의병을 일으켰다는 소식을 들었다. 그는 유인석에게 글을 보내 동문 盧正燮과 함께 의병소에 나가겠다고 밝혔다. 그러나 그는 의병에 직접 참여하지는 못했다. 단지 노정섭과 함께 전 선전관 鄭昌鎔(이명: 鄭寅高)을 유인석에게 추천하여 대장 종사가 되게 하는 등 의병을 지원했다.[121] 정창용은 공주 출신으로 유회군을 조직하여 동학군을 진압했던 인물이다. 정창용은 제천의병 소모장으로 임명되어 의병을 모집한 뒤 음성전투에서 의병진을 구원하기도 하였다.[122]

유진하는 유인석을 비롯한 동문들이 '擧義'의 길을 택한 것에 반하여 '抱經入山'의 길을 택했다. 그는

> 우리나라가 上九의 운세로 오늘날의 象은 坤이니 純陰의 境界에 빠졌다. 다만 絶島 중에 배가 통하지 않는 곳에 孔孟程朱의 책을 가지고 가서 쌓아둔 陽을 양성하여 '不遠之復'을 기다린 즉 천지의 마음을 다시 회복할 수 있을 것이다. 商山(진천의 옛 이름, 필자)은 평지여서 그러한 땅이 아님이 두렵고 한탄스럽다.[123]

라고 하여 우리나라의 운세가 坤卦로 '純陰'에 빠져 있어 위태로운 지경에 있다면서, 陽을 양성하면 머지않아 회복할 것이라는 '不遠

---

120) 유진하, 〈祭省齋先生文〉, 《존재선생유고》 권6, 제문.

121) 유진하, 〈與柳毅菴書 을미 12월 17일〉, 《존재선생유고》 권2, 서.

122) 김상기, 《한말의병연구》, 일조각, 1997, 199~200쪽.
     구완회, 《한말 제천의병연구》, 집문당, 1997, 599~600쪽.

123) 유진하, 〈答盧蓮谷書 乙未 至月 23일〉, 《존재선생유고》 권2, 서.

之復'을 기대하였다. 그리고 자신이 거주하는 진천이 평지여서 두렵다면서 入山하려 하였다.[124] 그는 동문 사우들이 의병에 참여하여 희생되는 참상을 진나라에서 선비들을 구덩이에 파묻고 한나라에서 선비들을 금고형에 처한 '秦坑漢錮'보다 더 심하다고 보았다. 그는 비록 자신이 의병에 참여하지는 못하였지만, 자신의 '抱經入山' 또한 '陽'을 보존하는 방책으로 의로운 처신인 '義諦'라고 여겼다.

> 지금 천지가 飜覆하여 華夏와 聖賢이 서로 전하는 脈이 없어지니 애통하다. 우리 門下 士友들이 모두 10월 전쟁터에 죽은 자가 얼마이며, 산 자 또한 얼마인지 알지 못하니 그 화가 秦坑漢錮의 참상에 그치지 않는다. 오직 우리 두 사람이 한편에 떨어져 흰 머리를 서로 바라보며 힘을 쓰지 못하고 단지 抱經入山하여 하나의 陽으로 하여금 모두 없어지지 않게 하고자 하니 이 또한 하나의 義諦이다.[125]

그는 1896년 1월에는 문인 沈遠聲을 보내 景武 李鍾烈의 영전에 제문을 바쳤으며, 4월에는 鄭藍浦의 의뢰를 받아《송강집》범례와 발문을 대신 작성하였다.[126]

그는 대산에 오래 있지 못하였다. 영춘의 만수동 계곡이 인적 끊긴 곳으로 몸을 숨겨 독서하기 좋은 곳이라 여겼으나 그것이 여의치 않자 1897년 아산 송곡의 금병산 아래로 이사하였다.[127] 그는

---

124) 유진하,〈답노연곡서 을미 至月 23일〉,《존재선생유고》권2, 서.

125) 유진하,〈답노연곡서 병신 3월 8일〉,《존재선생유고》권2, 서.

126) 유진하,〈祭亡友李景武鍾烈文〉,《존재선생유고》권6. 이종렬은 포천의 雲潭 출신이다. 유진하, <宋江集凡例 代鄭藍浦樞澤, 병신 4월 15일>,《존재선생유고》권5, 잡저. 유진하,〈宋江集跋 代鄭藍浦作, 병신 4월 15일〉,《존재선생유고》권6, 跋.

127) 유진하,〈답노연곡서 을미 至月 28일〉,《존재선생유고》권2, 서. 朴宗和가 1981년 작성한〈先生略系及遺事〉정유년 조에 의하면, "復遷于天安

후한의 江革(자; 次翁)이 난리를 당하자 모친을 업고 산속으로 피신한 것처럼 산속으로 은거하여 노모를 모시고자 한 것이다.[128]

1897년 아산시 염치읍에 있는 松谷으로 이사하였다.[129] 1898년 5월 4일(음)에는 금병산 집에서 제천의병에 참가하여 일본군과 전투하다가 순국한 동문 서상렬, 주용규, 안승우를 추모하는 글을 작성하였다. 그는 이 글에서 서상렬의 '열렬한 의기'와 주용규의 '德學'과 격문을 초하여 의리를 밝힌 공적, 그리고 안승우의 '氣節'을 높이 기렸다.

1898년 오랫동안 병중에 있던 모친이 죽자, 다음 해인 1899년 그는 가족과 함께 서산시 운산면 거성리 秋溪마을로 이사하였다. 이곳은 운산과 해미의 중간 지역으로 주위에 문수사와 개심사 같은 고찰이 있는 깊은 산중 마을이다.

그는 이곳에서 서당을 차리고 생계를 꾸렸다. 김상덕을 비롯하여 博士 金泰濟, 三水 李秉世, 山淸 閔載鼎 등 인근의 유생들과 교유하였으며, 음암 출신의 直庵 李喆承을 비롯하여 絅庵 閔泰稷, 勇庵 沈遠聲 등 많은 문인들을 양성하였다.[130]

1901년에는 瑞寧鄕約을 중수하는 등 향풍 진작에 힘썼다.[131] 1902년에는 백록동서원의 제도에 따라 銅巖講會를 열고 강의하였

松谷"이라 하여 천안의 송곡으로 이사하였다고 되어 있는데, '천안의 송곡'은 현 아산시 염치읍 송곡리로 보인다. 다음해인 1898년 그가 〈告三義士文 무술 5월 4일〉을 지으면서 '금병산'에 거처하고 있다고 하였는데, 금병산은 염치에 있는 금병산으로 보인다.

128) 유진하, 〈與柳毅菴書 을미 12월 17일〉, 《존재선생유고》 권2, 書. "鎭河可謂哀此人生矣. 蟄伏漆室晝屑商量 不過一個江革負母逃難之計(후략)".

129) 박종화가 작성한 〈先生略系及遺事〉 정유년 조에 따르면, "復遷于天安松谷"이라 하여 천안의 송곡으로 이사하였다고 되어 있는데, '천안의 송곡'은 현 아산시 염치읍 송곡리로 보인다. 다음해인 1898년 그가 〈告三義士文 무술 5월 4일〉을 지으면서 '금병산'에 거처하고 있다고 하였는데, 금병산은 곧 염치에 있는 금병산으로 보인다.

130) 유진하, 〈答金正史商惠書〉 을사 정월7일, 《존재선생유고》 권3, 書.

131) 유진하, 〈서령향약중수의〉, 《존재선생유고》 권5, 잡저.

다.[132)

1906년 1월 19일(음, 1905년 12월 21일)에는 최익현이 주관한 노성 궐리사 집회에 참석하지 못하고 대신 문인들을 보냈다. 유진하가 문인 편에 글을 보낸 날이 바로 궐리사 집회일인 1월 19일이었다. 최익현은 이날 궐리사에서 강회를 열고 일제의 침략에 대항할 방책 7조목을 제시하였다. 이 중에는 세금납부 거부투쟁을 벌일 것과 진위에서의 복합 상소투쟁 등이 포함되었다.[133)] 유진하는 최익현에게 보낸 서신에서 이 집회에 도맥과 국가 경영과 백성의 생명이 달렸다면서 시국 대처 방안에 대한 의견을 제시하였다.

> 이 거사는 천지간에 위급한 정상으로 광명정대한 의로움이요, 애통 참담한 논의이니 그 사이에 어떤 의론이 있으리오. … 지금 도맥과 國計, 백성의 생명이 이 거사에 있으니 만약 일이 이루어지지 못하면 선생 한 몸의 낭패만이 아닙니다. 死生禍福을 비록 계획할 수 없지만 우환을 방지함은 신중하지 않을 수 없고 成敗利鈍을 거스를 수 없지만 일을 함이 비밀하게 해야 합니다.[134)]

그는 일을 추진할 때 주밀하게 할 것과 궁벽한 곳에서 긴밀하게 토론하여 모임의 장소를 정할 것 등 세세한 의견을 제시하였다. 그리고 병법의 첫째는 지형을 얻는 '得地形'이라면서 금강과 계룡산의 험함을 의지하고 홍주와 청주성을 점거하여 근거지로 삼을 것과 강화영과 완주영을 前鋒과 後鋒으로 하여 서로 응원하게 하는 방책을 제시하였다. 그리고 지금 청나라와 러시아가 병력을 움직이고 있고

---

132) 유진하, 〈동암강기〉, 《존재선생유고》 권6, 부록.

133) 김상기, 〈최익현의 정산 이주와 태인의병〉, 《충청문화연구》 7, 2011, 33~34쪽.

134) 유진하, 〈上崔勉菴益鉉書 을사 12월 21일〉, 《존재선생유고》 권2, 서(권1, 71~78쪽).

일본에 내란이 일고 있음을 들었다는 정보도 알려주고 있다.[135] 그는 이때 최익현을 대신하여 격문을 짓기도 하였다. 그는 최익현의 집회가 의병을 일으키고자 하는 것으로 판단하고 참석 못하는 대신에 격문을 지어 보낸 것으로 보인다.[136]

말년인 1906년에는 당진의 대호지면에 의령남씨들이 설립한 桃湖義塾에 초빙되어 척사론에 바탕을 두고 강학하였다. 이즈음 그는 《童子敎略》이란 아동교육서를 저술한 것으로 보인다. 이 책은 모두 9개 장으로 편성되었다. 제1장 '事親章'에서는 부모를 모시는 것이 백 가지 행동의 근원이며, 만 가지 善의 기초라는 가르침을 담고 있다. 제2장 '敬長章'에서는 어른을 공경함을 부형과 같이 하라고 가르치고 있다. 제3장 '隆師章'에서는 스승을 높이라고 말하면서 조선이 율곡과 우암의 학문과 정자 주자의 正學, 춘추의 大用, 위정척사와 扶陽抑陰 등의 전통을 가지고 있으며, 입으로는 책을 읽고 마음으로는 사상을 체득하라고 강조하였다. 제4장 '親友章'에서는 친구들이 서로 착함을 권하여 인덕을 쌓으라고 언급하였다. 이외에도 제5장 '讀書章', 제6장 '愼行章', 제7장 '警戒章', 제8장 '接人章', 제9장 '事君章'에서 동자들이 알아야할 독서법과 조심하고 경계해야 할 행동, 사람 접대, 그리고 임금을 섬기는 일에 대해 서술하였다.[137]

유진하는 1906년 8월에 역질로 세상을 떠났는데, 작고하기 전달인 7월에 유인석에게 글을 보내 자신의 심정을 다음과 같이 토로하였다.

> 지난 10월의 변(을사늑약을 말함. 필자)은 오히려 말을 참을 것인가. 天經地義가 추락하고 빠졌으며 인류가 멸망하였습니다. … 오늘날 천지의 남

---

135) 위와 같음.
136) 유진하, 〈代崔勉菴檄告〉, 《존재선생유고》 권5, 잡저(권1, 450~452쪽).
137) 유진하, 〈童子敎略〉, 《존재선생유고》 권5, 잡저(권1, 366~383쪽).

은 陽脈이 毅翁 한 사람에 있습니다. 형의 布告士友文을 읽고 기백이 백배로 용솟음쳐 채찍을 잡고 바람을 뒤로 하고 달리고 싶었으나 스스로 돌아보건대 병으로 쇠약하여 河陽에서 새벽에 밥 짓는 부녀의 일도 못할까 두렵고 단지 어두운 방에서 나라 걱정만 하고 있을 뿐입니다. 나라의 興廢와 백성의 死生, 道의 存亡이 이 거사에 달려 있으니 이 일의 어렵고 무거움은 당연합니다. 우리 형께서 힘을 써 뜻을 더욱 견고히 하고 樞機를 신중히 하고 긴밀히 하며 만전을 도모하여 一脈을 지탱하기를 빕니다.[138]

유진하는 을사늑약으로 정당하고 변할 수 없는 도리인 '天經地義'가 땅에 떨어졌다고 보았다. 그는 자신의 병이 깊어 거사에 참여할 수 없다면서, 의암 유인석에게 국가의 흥망과 백성의 생사, 그리고 道脈의 존망을 지탱하는 소임을 다해주라고 청하고 있다. 그리고 9월 6일(음) 세상을 떠났으니 이 편지는 그가 유인석에게 준 마지막 유언이 되었다. 동시에 그가 나라와 백성과 유학을 걱정하는 심정이 잘 나타나 있다.

그의 문인인 鄭在華가 그의 글을 수집, 편집하여 3권의 문집을 엮었다. 문인 沈遠聲의 제자 朴宗和가 1981년 문집의 발문과 '遺史'를 정리하였다.[139]

---

138) 유진하, 〈與柳毅菴書 병오 7월〉,《존재선생유고》권2, 서(권1, 103~105쪽).

139) 박종화, 〈先生略系及遺事〉,《존재선생유고》권7. 발문을 작성한 것이 "皇明永曆 335年歲次辛酉殷春望前日"이라 하여 1981년 문집을 간행하였음을 알려준다.

2) 학문과 사상

유진하는 송시열의 학문을 존숭하였다. 그는 제자들에게 "우옹이 큰 성인임을 아는 자는 비로소 도에 들어갈 수 있다"고까지 말하였다. 또한 송시열을 '정대 광명'하고 '높고 깨끗하고', '강하고 확실하다'면서 "천지가 번복한 뒤에까지 大義를 밝힌 이"라고 찬양하였다. 또한 그는 송시열의 발언과 행동하는 태도까지 추종하였다. 그는 송시열을 '宋子'라고 칭하면서 다음과 같이 그의 언행 하나 하나를 마음으로 따랐음을 알 수 있다.

> 지금의 학자는 한번 움직이고 한번 고요하고 한번 말하고 한번 말하지 않는 것을 마땅히 우옹에게 배워야 한다. 우옹은 오백 년의 운수를 응하여 나오신 분이다. … 말씀마다 모두 옳고 일마다 모두 옳은 이는 송자이시다.[140]

그는 송시열의 존주론에 바탕을 둔 존화양이론에 철저하였다. 이러한 그의 학문 형성에는 화서 이항로와 그 스승 성재 유중교의 영향이 큰 것으로 보인다.

이에 따라 그는 단발령을 반대하였다. 1895년 단발령 공포 소식이 전해지자 목천현 서림산 아래에서 은거하고 있는 盧正燮에게 편지를 보내 "내 머리를 자를 수 있으나 내 머리털을 깎을 수 없으며, 내 배를 가를 수 있으나 내 뜻을 빼앗을 수 없다"[141]고 단호히 반대의 뜻을 밝혔다. 나아가 그는 단발령 때문에 중화의 맥이 끊어졌다면서 다음과 같이 애통해하였다.

---

140) 이철승, 〈존재선생어록〉, 《직암집》 권8 雜識, 594쪽.
141) 유진하, 〈答盧蓮谷書 乙未 至月 22일〉, 《존재선생유고》 권2, 서.

이달 15일에 일어난 變亂은 禽獸가 일으킨 재앙으로 더 할 수 없이 참혹한 일이었습니다. "양이 다 없어지는 이치는 없다"라고 누가 말했습니까? 가문의 존망은 오히려 애석해 하기에 부족하고, 국가의 흥망도 오히려 염려하기에 부족합니다. 오직 복희씨 이래로 서로 전해주고 전해 받아 내려온 이 華夏의 한 가닥 명맥이 지금 여기에서 끊어졌으니 어찌 해야 합니까? 어찌해야 합니까? 너무나 애통하고 절박하여 하늘을 우러러 피를 토하고 저런 류들을 끊어버리고 싶지만, 또한 그리하지도 못합니다. 구차하게 한목숨 이어가며, 아직도 이처럼 한을 품고 견디자니 더욱 분할 뿐입니다. … 근래 洋夷와 倭夷의 變亂에 대해서는 오직 우리 華西 · 重菴 · 省齋 세 先師만이 목숨을 돌보지 않으시고 정도를 지키고 斯道를 막아서 세 聖賢의 뒤를 이으셨습니다.[142]

그는 또한 최익현이 주최한 궐리사 강회에 참석하지 못하는 대신에 격문을 지었는데, 중화론에 따라 이적과 반역자를 토벌해야 한다고 피력하였다. 이에 따르면,

대개 이적이란 중화의 적이요, 반역자는 임금의 적이니, 이를 토벌하지 않으면 그 무리가 아니며 원수를 갚지 않으면 그 당이 아니다. 이로써 반드시 보복하는 것은 천지 불변의 이치요 춘추의 대의이다. … 의병을 일으켜 이를 공격하되 위로 경대부와 읍장부터 아래로 농민과 상인, 졸병까지 합심, 합력하고 같은 기운으로 함께 소리 내어 맹수 같은 장수와 구름을 나는 용기 있는 병사가 비 오듯이 모여 붉은 기치를 세우고 …[143]

라고 하여 우선 오랑캐를 토벌하고 원수를 갚는 것은 불변의 이치이며, 곧 춘추대의임을 밝히고 있다. 이어서 공경대부부터 농민,

---

142) 유진하, 〈與柳毅菴別紙 을미 지월 20일〉, 《존재선생유고》 권2, 서.
143) 유진하, 〈代崔勉菴檄告〉, 《존재선생유고》 권5, 잡저(권1, 450~452쪽).

상인, 졸병까지 모두 합심 합력하여 의병을 일으키자고 호소하였
다.

한편 그의 성리설은 華西 李恒老의 주리설을 계승한 것으로 보인
다. 이항로는 理가 주인이 되고 氣가 일꾼이 되면 理는 순수하고 氣
가 바르게 되어 만사가 다스려지고 천하가 편안해지지만, 반대로
氣가 주인이 되면 만사가 어지럽고 천하가 위태롭다는 '理尊氣卑'의
논리를 펼친 바 있다.[144] 유진하 또한 주리론적 입장에서 주기론을
이단으로 여겼다. 그는 理는 '純善하고 無惡'하나 氣는 '有善 有惡'
이라고 하였다. 또 '主理'를 正學이라면서 '主氣'는 이단이라 하였
다. 또한 그는

> 儒者의 學은 理가 氣를 제어하고 氣가 理의 명령을 듣는 고로 행동이 道
> 에 맞지 않음이 없다. 異端의 學은 氣로써 理를 없이 여기고 理가 오히려
> 氣의 명령을 듣는 고로 所行이 猖狂되고 방자해짐에 이른다. 理는 순선하
> 고 氣는 淸濁과 粹駁이 있어 만물이 가지런하지 못하다. 氣의 바탕을 변화
> 시킨 연후에야 性의 처음을 회복할 수 있다.[145]

라고 理가 氣를 제어하고 氣가 理의 명령을 들어야 本性을 회복할
수 있다고 주리론적 의견을 분명히 하였다.

이에 따라 그는 호서지역 일부 유학자들이 최익현이 기정진의 성
리설을 지지했다고 비판하자 최익현을 비호하였다.

호서 지역 유생들은 기호학파의 정통을 자임하였으며, 따라서 율
곡에 대한 비판을 묵과하지 않았다. 장성의 유학자 기정진의 문집
인 《노사집》이 간행되자 이를 본 호서지역 유학자들이 이를 비판한
것이다. 李偰은 〈기정진을 배척한 통문〉에서

---

144) 李恒老, 〈理氣問答〉, 《華西集》 권25.
145) 유진하, 〈正學異端說 신축〉, 《존재선생유고》 권5, 잡저.

　　노사 기정진의 문집이 근일 세상에 간행된 것을 보니 이른바 〈納凉私議〉와 〈猥筆〉이라는 등등의 편은 차마 바로 보지 못하게 되었다. 오직 先正(율곡을 말함, 필자)을 능멸하고 문호를 스스로 세우는 데 있는 것이다.[146]

라고 하여 기정진이 〈納凉私議〉와 〈猥筆〉을 지어 선정인 율곡을 능멸하였다고 비판하였다. 또한 이설은 이 통문에서 최익현을 동시에 비판하고 있다.

　　더욱 분개하여 비통할 일은 최참정 익현이 일찍이 벽산의 문도로 자못 근일의 인망이 있었는데, 그 소견의 어긋남이 하나같이 여기에 이르렀는가. 처음 그 사람의 비문을 찬술한 것은 비록 혹 망발이라고 핑계할 수 있으나 그 손자에게 답한 서찰은 참으로 기탄함이 없는 자이다. … 邪를 배척하고 理를 밝혀 程子가 아니고 朱子가 아니면 내가 돌아갈 곳이 없었는데 다행히 덕이 華山과 같이 우뚝 솟았다는 말로 그 사람을 추존하여 이천과 주자 위에 올려놓았는데 …[147]

　　즉, 최익현이 기정진의 비문에서 망발을 한 것은 물론, 그 손자인 기우만에게 보낸 편지에서도 기정진이 '邪'를 배척하고 '理'를 밝힌 공이 정자나 주자의 반열이라면서 기정진을 중국 5岳 가운데 하나인 '華山'과 같이 우뚝하다고 추존하는 태도에 대하여 분개하였다. 이설은 이어서

　　아! 우리 동방의 모든 선정이 과연 다 이단의 학문이고 기정진과 최익현 두 사람만이 홀로 우리 유학의 종주가 되는 것인가. 그런 것인가. 어찌 그

---

146) 이설, 〈斥奇正鎭通文〉, 《복암집》 권10, 잡저.
147) 위와 같음.

런 것이겠는가! 이것이 이른바 인간 만사가 참으로 있지 아니하는 것이 없
는 것이라는 것이다.[148]

라면서 한탄하였다. 송병선 또한 이기이원론적 입장에서 기정진의
성리설을 비판하였다.[149] 송병순도 1902년〈奇蘆沙猥筆辨說〉을 지
어 기정진의 주장을 자세히 반박하였다.[150]

　이와 같이 호서유림들이 최익현을 성토했음을 알 수 있는데, 이
와 달리 유진하는 최익현을 비호하는 태도를 보였다. 즉, 그는 최익
현이 비록 학문을 하는 사람이 아니고 유가의 법문으로는 이미 말
할 것이 없다고 하면서도 "(면암이) 만 길 위에 높고 높게 벽처럼 서
서 한줄기 양맥을 땅에 떨어지지 않게 하여 오늘까지 이르게 한 것
은 이 늙은이의 힘"이라면서 그가 양맥을 지탱하는 데 힘썼다고 평
가하였다. 이어서 "이 한 늙은이를 쳐서 꺼꾸러뜨리는 일이 무엇이
마음이 쾌하겠는가. 저 사람 공격하는 것을 즐거워하는 자는 어찌
율곡선생을 높이고 호위한단 말인가"라면서 그를 공격하는 일이 율
곡을 높이는 일이 아니라고 하였다. 나아가 그는 최익현이 기정진
의 주리설을 높이고 따른 것은 대개 그 이론이 화서의 이론과 다르
지 않기 때문이라고 하였다.[151]

　이러한 최익현에 대한 유진하의 변호는 그의 제자인 직암 이철
승에게로 이어졌다. 이철승은 1929년 11월 그의 족숙인 지당 李敬
宰에게 보낸 서신에서〈존재선생어록〉의 위 부분을 그대로 인용하
고 있다.[152] 민태직 또한 "후세에 안목이 있는 사람은 蘆沙에게 죄

---

148) 위와 같음.

149) 송병선,〈答權公立 問目〉,《연재집》권11.

150) 송증헌,〈송병순 연보〉,《심석재집》35, 연보, 임인년 8월조.

151) 이철승,〈존재선생어록〉,《직암집》권8 雜識.

152) 이철승,〈上族叔志堂〉(기사 11월),《直庵集》권2 서.

가 되는 단서가 없다고 볼 것"[153]이라면서 스승과 같은 태도를 보였다.

이와같이 노사에 대한 최익현의 평가는 남당학파와 연재학파의 이설, 김복한, 송병선, 송병순 형제 등 호서 유학자들이 있을 수 없는 일이라면서 호되게 비판하는 데 견주어 화서학파인 유진하는 동문이라 차마 비판하지 못하고 있음을 볼 수 있다.

한편 그는 人物性同異 문제로 야기된 湖洛論爭에 대한 의견도 제시하였다. 그는 제자 李秉在에게 中庸 제1장의 '하늘이 명하심을 성이라 이름이요'라는 '天命之謂性'에 대해 강의하면서 호락 양론이 분분함을 개탄하였다. 그는 湖論은 "理는 같되 性이 달라 本然之性이 偏全한다는 설"이며, 洛論은 "性은 같되 氣가 달라 氣質이 偏全한다는 설"이라고 함축적으로 설명하였다. 그러면서 양설을 모두 다음과 같이 비판하였다.

> 대개 性이 다르다고 주장한 논자(호론, 필자)는 단지 萬殊의 다름만을 보아 一原의 같음을 알지 못하여 이를 미루어 理에서 같아진다고 본다(歸同於理). 성이 같다고 주장하는 논자(낙론, 필자)는 단지 일원의 같음만을 보고 만수의 다름을 알지 못하여 한단계 내려 기에서 다름으로 돌아간다고 본다(歸理於氣).[154]

유진하는 위와 같이 호론과 낙론의 문제를 지적하고 "모두 百世 不易의 定論을 얻을 수 없다"고 비판하였다. 그러면서 자신의 주장을 다음과 같이 펴고 있다.

> 나는 일찍이 華西李先生의 가르침을 들었다. … 하나의 性은 같음(同)과

---

153) 閔泰稷, 〈奇蘆沙是非論〉, 《絅庵集》권4, 雜著.
154) 《존재선생유고》부록, 〈銅巖講記〉, '李秉在誦中庸首章'.

다름(異)의 양면으로 나누어져 있다. 天命으로 말한 즉, 一原 속에 萬殊가 포함되고, 物性으로 말한 즉, 萬殊에 一原이 보인다.[155]

즉, 性은 같음과 다름이 모두 존재하며, 天命으로 보면 하나의 근원 속에 만 가지 다름이 있고, 物性으로 보면 만 가지 다름 속에 하나의 근원이 보인다는 것이다. 이로 보아 유진하 또한 이항로 같이 호론, 낙론 모두 한 측면만을 고집하고 있다고 양쪽을 비판하고 있다. 그의 문인인 민태직이 그의 제문에서 "洛論의 同論과 湖論의 異論에서 이를 절충하여 항상 말씀하시기를 性命은 存養으로써 爲主해야 함을 논했다"[156]고 함은 적절한 평이라고 할 수 있다.

6. 李喆承의 생애와 사상

李喆承(1879~1951, 호: 直菴, 자: 重吉, 본: 연안)은 月沙 李廷龜의 후손으로 서산시 음암면 탑곡리에서 출생하였다. 유진하가 추계로 이사하여 '성리지학'을 강의하자 그 문하에 들어가 수학하였다.[157] 그는 스승인 유진하의 후임으로 도호의숙에 초빙되어 후학을 양성하였다. 제자들에게 "삼강오륜이 학문의 근본이요, 사서오경이 학문의 도구요, 거경, 궁리, 역행이 학문의 법이다"라면서 유학의 중요성을 역설하였다. 또한 존화양이론에 철저한 척사론을 교육하였다. 그의 문인으로는 南相赫(호: 克齋)을 비롯하여 南相瓚(호: 絅齋)·南天祐(호: 毅齋) 등이 있다. 이들 역시 대호지 3·1운동에 적극 참여하였다. 이들 외에도 그의 문인으로는 예산군 봉산 출신의 趙鍾業

---

155) 위와 같음.

156) 민태직, 〈祭俞存齋先生文〉, 《絅庵集》 권5, 제문.

157) 남상혁, 〈直菴先生文集序〉, 《직암집》

(호: 鶴山)과 田玉鎭, 서산의 金洪濟(호: 畊南), 그리고 柳基喆·李丙哲·李在承·李學洙·鄭中鈺·崔鳳煥·韓東壁·韓元愚 등이 있다.[158]

한편 이철승은 1935년에 觀善亭의 講長을 맡았다. 관선정은 보성선씨 宣政薰(1888~1964, 호: 南軒)이 朱子가 武夷山에 설립한 '觀善齋'를 본받아 속리산 아래에 설립한 교육기관이다. 이철승은 이곳에서 1년간 講長을 역임하면서 보은의 宣炳國·金堅九·李東聖·金鳳基·金永基·柳晒斗·任昌宰 등과 서산의 漢湛, 대전의 魚泳海 등에게 儒學經傳과 詩文, 國史, 古禮 등을 가르치면서 항일의식을 배양하였다.[159]

유진하의 훈도를 받은 그는 존화양이론에 바탕을 둔 철저한 척사론을 펼쳤다. 이철승은 〈위정척사론〉이란 글에서

사람에게 '邪'와 '正'이 있는 것은 하늘에 陰陽이 있어 이것들이 병립함을 용납할 수 없는 것과 같다. 正이 소멸하면 邪가 장성하고 邪가 소멸하면 正이 장성하니 그 消와 長에 따라 人事의 시비와 득실이 판별되고, 治亂興衰가 관계된다.[160]

라고 하여 위정과 척사는 서로 병립할 수 없다 하면서 양자 간의 병

---

158) 〈문인록〉, 《직암집》 부록.

159) 觀善亭은 선정훈이 선친 愚堂 宣永鴻이 전남 고흥에서 '蓮沼齋'를 운영하던 뜻을 기려 1926년 보은의 외속리 화개리에 설립한 교육기관이다. 觀善이란 주자가 설립한 觀善齋란 말에서 따온 말로 《禮記》의 "士相觀而善耳"에서 유래한다. 관선정은 1926년 설립된 이래 14년간 유지되었으며, 講長으로는 李喆承 외에 金愼圭(1926~1929), 尹命學(1927~1929), 黃健秀(1927), 洪致裕(1927~1934, 1936~1938, 호: 兼山), 宋運會(1934~1936) 등이 초빙되었다. 졸업생으로는 宣炳黙·宣炳國 등 선씨 자제와 任昌淳(1914~1999, 호: 靑溟, 본: 豊川)을 비롯하여 1백여 명에 달한다(崔秉心 撰, 《觀善亭紀蹟》, 1943(宣炳翰 선생 제공) 참조). 任昌淳의 〈觀善亭紀蹟碑〉(1973. 4. 觀善亭學友會 세움) 참조.

160) 이철승, 〈衛正斥邪論〉, 《직암집》 권5, 산록.

존과 타협을 철저히 비판하였다. 그는 이어서

> 위정척사는 군자의 큰 의리이니 이 의리가 있으면 人道가 있고, 이 의리
> 가 망하면 인도가 식으니 가히 경계하고 두려워 하지 않겠는가.[161]

라고 위정척사는 곧 군자의 의리임을 강조하였다. 이로 보아 그는
존화양이론을 철저히 지킨 척사계열의 유학자임을 알 수 있다.

그는 또한 화서학파의 문인으로서 艮齋 田愚의 학설과 언행에 대
하여 강하게 비판하였다. 이는 전우가 의병에 참여하는 것을 기피
하고 오히려 화서학파를 비판한 때문으로 보인다. 그는 제자인 남
천우에게 보낸 〈答南誠之〉(1921)에서 자신이 당진 牛峴에 거주하는
方山 李邦憲(1857~1923)을 만나 전우에 대해 대담한 것을 다음과 같
이 편지로 전해주었다.

> 방산이 말하기를 艮齋가 무슨 큰 죄가 있습니까? 내가 이르기를 전씨의
> 죄는 어진 이를 속이고 神을 업신여기니 또한 작은 것이 아닙니다. 또한
> 학문으로는 양명학의 신에게 잘 하는 것이고 時義로는 개화의 주인입니다.
> 그러므로 화서를 헐뜯고 배척하며 절의를 교묘하게 꾸짖는 것이 이에 그
> 일생의 능사입니다.[162]

그는 전우가 어진 사람을 속이고 신을 업신여긴다고 비판하였다.
이어서 전우가 양명학과 개화를 주장하고, 특히 화서 이항로를 교
묘하게 헐뜯었다면서 매우 신랄하게 비판하고 있다.

이철승은 위정척사론에 따라 철저한 의리론과 항일독립론을 교
육하였다. 그가 도호의숙에서 남상혁(호: 克齋)을 비롯하여 남상찬

---

161) 이철승, 위와 같음.
162) 이철승, 〈答南誠之〉, 《직암집》 권4, 서.

(호: 絅齋)·남천우(호: 毅齋) 등 다수의 문인을 양성하였는데, 이들 중에 다수가 대호지 3·1운동에 적극 참여하였다.

대호지 만세운동이 있은 다음 해인 1920년 3월 16일 이철승이 제자 남상혁에게 보낸 편지가 《직암집》에 실려 있다. 이철승은 '答南汝欽'에서

> 천도가 돌아오길 좋아해서 영백씨 등 여러분이 무사히 돌아와 모신다 하니 바람을 따라 나누고, 나뉘어 벗을 듯이, 깊은 병이 몸에서 떠난 듯할 것이니 여러 군자들이 기뻐하심이 더욱 마땅하니 어떠합니까. 이로 말미암아 그윽이 생각건대 족하의 덕성이 순수하고, 조예가 정심하여 지금 세상에 비교가 됨이니, 그 성현이 서로 전하신 은미한 말씀과 그 의리를 얻었으니 진실로 호걸의 선비입니다.[163]

라고 하여 만세운동에 참여하여 옥고를 겪은 집안 어른들이 무사히 풀려나온 것을 다행으로 여긴다고 말하고 있다.

이철승은 이어서 남상혁에게

> 그동안 세상 일이 머뭇거려 새로운 것을 알고 예를 숭상함을 극진히 알아 사모하지 못하였으니 어찌 탄식하지 않겠습니까. 최근 네 성인의 양을 세우고 음을 억제하는 '扶陽抑陰'과 두 성인의 '尊華攘夷'의 말씀은 큰 일이니 어려움을 통과하지 못하면 진실로 천만 번이라도 적게 할까 두려우니 스스로 헤아리지 못하고 감히 작은 정성을 드립니다. 원컨대 우리 克齋는 毅齋, 絅齋 두 현명한 사람과 더불어 절목을 가르치고 정하여 대역 춘추 강목의 글을 가지고 엄하게 과정을 세워서 절차에 따라 나아가서 빠른 우뢰와 태산이라도 총명이 어지럽지 아니하면 일년 반년 정도면 아마도 정

---

163) 이철승, 〈答南汝欽〉, 《직암집》 권4, 서.

한 뜻이 신명한테 들어가서 쓰임을 이룰 지경이 될 것입니다.[164]

라고 주역과 춘추의 강목을 과정을 세우고 절차에 따라서 반년 또는 1년 정도 공부하면 정밀한 뜻을 이해할 수 있을 것이라고 공부 방법에 대하여 당부하고 있다. 남상혁의 문집인 《극재유고》에 이철승에게 보낸 편지가 실려 있지 않아 남상혁이 이철승에게 무엇을 질의하였는지는 알 수 없으나, 위와 같이 이철승이 답장을 보낸 것으로 보아 아마도 학문의 방법에 대하여 질의를 한 것이 아닌가 생각된다.

이철승은 도호의숙에서 스승 유진하와 마찬가지로 경사 위주로 교육시키면서 製述 공부를 시켰다. 그의 문인인 남상혁이 1914년 이철승한테 배운 내용을 기록한 것이 그의 문집인 《극재유고》에 남아 있다. 제목을 〈夏課〉(여름 공부)라고 하였는데, 여기에는 자신이 지은 논설과 서문을 비롯하여 발문, 잠, 명, 찬 등이 여럿 있다. 이를테면, 〈制田里說〉, 〈흥학교설〉, 〈心統性情說〉, 〈周公致辟管叔論〉, 〈舊學新學同異論〉, 〈袁總統世凱論〉 같은 것들이 그것들이다. 이 가운데 〈舊學新學同異論〉의 내용을 소개하여 그의 신구학에 대한 생각을 알아보기로 한다.[165] 그는

구학의 조목은 네 가지가 있으니, 삼강과 오상은 학문의 근본이요, 사서와 육경은 학문의 도구요, 궁리 거경 실천은 학문의 법이요, 천지를 위하여 마음을 세우고 생민을 위하여 극을 세우고 지나간 성인을 위하여 학문을 이어가고 만세를 위하여 태평을 여는 것은 학문의 용이다. 신학의 조목에 다섯이 있으니 소리와 빛과 무게는 이른바 기학이요, 여러 경서와 정치

164) 이철승, 〈答南汝欽〉, 《직암집》 권4, 서.

165) 이철승의 문하에서 수학한 조종업 충남대 명예교수가 최근 《鶴山夏課選》(문진, 2006)을 간행했다. 이 글은 그가 1948~1950년 동안 이철승한테 수학한 내용을 모은 것으로, 이철승의 유학 사상이 잘 나타나 있다.

> 와 법은 이른바 국가학이요, 지리, 역사, 통역, 수학은 이른바 고거학이요, 철학, 윤리, 생물은 이른바 이학이다. 가로되 그러면 이른바 신학이라는 것은 한갓 물질의 밝은 것만 알고 천리를 빠뜨리며 재예의 응용에만 자세하고 강상의 대도에는 어두우니 어찌하여 그 같음을 볼 수 있겠는가?
>
> 가로되 태서 제국들은 본래 성의의 도가 없으니 위에서 말한 같다는 것은 이것을 말하는 것이 아니다. 다만 사람 가르치는 차서와 순서로 점진하는 것은 구학과 서로 비슷하다.[166]

라고 하여 新學은 물질을 다루고 재예의 응용에만 자세하여 강상의 대도를 알지 못한다고 여기고 舊學이라 하는 유학과는 근본적으로 다르다고 주장하였다. 그는 서양 학문인 新學은 선왕의 전장문물을 없애고 서양의 사특하고 추하고 막된 설로써 민중을 현혹하여 인간의 심성과 윤리를 바꾸어 천리를 거역한다고 비판하였다. 그는 신, 구학이 가르치는 순서에서만은 같다고 하였다. 그리고 글의 끝 부분에서 "같지 않다고 하는 것은 한갓 부국강병만을 알기 때문이다"라고 하여 신학이 '부국강병'만을 안다고 비판하였다.

또한 '중화민국치발론(중화민국이 머리를 깎은 것에 대한 논)'에서 중화민국이 성립되어 머리를 깎은 것은 의리를 해친 것이라고 비판하였다. 또한 그는 이 글에서 세계 각국이 모두 머리를 깎는데 우리 홀로 보존하여 업신여김을 당할 수 있겠지만, 스스로 생각하여 옳으면 다른 사람의 업신여김에 구애받지 말아야 한다고 하였다. 그리고 그들은 부국강병만 알고 있다면서 이제 人道는 거의 없어질 것이라 염려하였다.

도호의숙 학생들이 유진하와 이철승 같은 유학자들에게서 철저한 척사론을 수학하였다고 짐작하는 것은 그리 어렵지 않을 것이다. 그의 문인들이 문집 《직암집》을 발간했는데 그 서문에서

---

166) 남상혁, 〈구학신학동이론〉, 《극재유고》夏課.

> (선생께서는) 경서에 돌아가 연구하시면서 양의 기운이 한 가닥 맥이라
> 도 배양하고 사문에 한 오라기 줄이라도 붙들어 심으실 것으로 믿으시며
> 말년에 필생의 계교로 삼으셨다.[167]

라고 이철승의 학문적 태도를 회고하고 있음은 이를 잘 말해준다.
또한 남상혁이 쓴 〈楓谷書舍三牓記〉에 따르면, 도호의숙에서는
1914년에 흙벽을 수리하고 성현들의 글씨를 모사해서 문설주 위
에 붙였는데, 명나라 의종의 글씨인 '非禮不動'은 마루 가운데, 우
암 송시열의 글씨 '闢人'은 동쪽 협실에, 주자의 글씨 '鳶飛'는 서쪽
협실에 붙였다 한다. 남상혁은 이에 대하여 '鳶飛'는 주공이 문왕의
덕을 형용한 '鳶飛魚躍'의 줄임말로 도의 본체이며, '闢人'은 이단을
물리치고 '사도'에 들어간다는 '闢異端 入斯文'에서 따온 말로 도의
用이고, '비례부동'은 수신의 근본이요, 경학의 근본이 되는 뜻이라
면서 자신들이 서당에서 놀고 배우면서 이를 보고 마음에 공경하지
않음이 없었다고 밝히고 있다. 이처럼 이철승은 훈장으로 초빙되어
문설주에 명 의종, 주자, 송시열 등의 친필을 모사하여 붙이는 등
의숙의 학풍을 쇄신하고자 하였음을 알 수 있다.
　이철승의 가르침을 받은 도호의숙 학생들이 서구를 이해하지 못
하고 있었던 것은 아니었다. 남상혁이 쓴 〈20세기 태평양론〉이라는
글은 이미 세계의 변화상을 꿰뚫고 있음을 알 수 있다. 영국을 비롯
한 서양 여러 나라가 지중해를 지배하고 다시 대서양으로 세력권을
넓혔으며, 20세기에 들어서는 태평양으로 치닫고 있다고 보았다.
서구 열강들이 태평양을 가지고 주도권 다툼을 하고 있다는 것이
다. 이어서 우리 황인종이 이를 살펴야 한다고 주장하고 있다. 또한
남상혁은 〈만국통상조약서〉에서 통상조약이 '나라를 멸망시키는 새
로운 법'이라는 飮氷子(중국의 梁啓超를 말함)의 말을 인용하면서 서구

---

167) 남상혁, 〈직암선생문집서〉, 《직암집》

제국의 이른바 차관이라는 것이 결국은 토지를 담보로 나라를 멸망
시킨다고 피력하였다.

제4장 淵齋學派

1. 연재학파의 형성

연재학파는 宋秉璿(1836~1905) 문하에서 수학한 유학자들을 일컫는다. 송병선은 송시열의 9대손으로 송시열 이후 遂菴 權尙夏, 남당 한원진으로 내려오는 기호학통의 정맥을 계승하였다. 송시열의 학통은 그의 4대손인 能相(1710~1758, 호: 雲坪)으로 내려왔다. 능상의 학문은 조카인 煥基(1728~1807, 호: 性潭)로 내려왔으며, 다시 환기의 조카인 穉圭(1759~1838, 호: 剛齋)에게 계승되었다. 송병선은 치규의 문인인 백부 宋達洙와 숙부 宋近洙를 통하여 송시열의 학문을 가학으로 계승하였다.

송병선은 9살부터 백부인 송달수(1808~1858, 호: 守宗齋)한테 수학하였다. 23살부터는 숙부인 송근수(1818~1903, 호: 立齋)의 가르침을 받으면서 가학으로 내려온 춘추의리정신과 '直'사상을 전수받았다. 송시열에서부터 이어져 내려오는 송병선의 학맥을 정리하면 다음과 같다.

宋時烈-權尙夏-韓元震-宋能相-宋煥箕-宋穉圭-宋達洙 · 宋近洙-宋秉璿 · 宋秉珣

그는 숙부 송근수의 영향을 많이 받았다. 송근수는 1848년 증광시 문과에 급제한 뒤 홍문관 부수찬 · 병조참의 · 이조참의 · 좌부승지 · 우부승지 · 형조판서 등을 역임한 관료 유생이다. 송근수는 대원군의 신임을 받아 대사헌에 이어 1867년에는 이조판서로 승진하였다. 그럼에도 그는 사직상소를 올리면서 만동묘 철폐를 반대하였다. 1870년에도 서원 철폐 반대 상소를 올리는 등 대원군의 서원 철폐 정책에 대하여는 반대의 태도를 분명히 하였다. 그는 1882년 5월 정부의 조미수호통상조약 체결 교섭에 반대하여 〈再辭職名兼陳所懷疏〉를 올렸다. 이 소에서 그는 군사제도와 기술, 領選使에 관한 것 등 여섯 가지 조목으로 의견을 펼쳤다. 그 내용은 洋敎 즉 기독교의 폐해를 지적하고 일본 이외의 외국과 조약 체결을 반대하는 한편, 청나라에 파견된 영선사의 撤還도 주장하였다. 또 1884년 甲申變服令이 발표되자 〈請還收衣制變改之令疏〉를 올렸다. 이 상소에서 그는 옛부터 이어 내려오는 복제를 함부로 바꿀 수 없음을 역설하여 의복제도 변개를 반대하였다. 1890년(고종 27)에는 정치 폐단을 논의한 상소를 올려 당시 백성들이 안고 있는 조세 부담과 當五錢의 폐해 등을 지적하여 조세 정책을 시정하고 개선하자고 주장하였다. 그는 또한 1895년 을미사변 직후에 진잠에 거주하고 있던 申應朝와 함께 유성의병장 문석봉을 후원하기도 하였다.[1] 이러한 그의 위정척사사상과 항일 의식은 조카 송병선에게 영향을 끼쳤다.

송병선은 30세 때인 1865년 만동묘가 훼철되자 이를 춘추의리 정신의 파괴로 보고 다음 해인 1866년 옥천의 梧山으로 이사하였다가 1874년 만동묘의 제사가 다시 시작되자 회덕으로 돌아왔다. 1877년 경연관과 서연관, 다음 해에 빙고별제, 1880년에는 사헌부 지평, 이조참의, 성균관좨주 등에 제수되었으나 관직을 사양하면

1) 김상기, 《한말의병연구》, 일조각, 1996, 166~168쪽.

서 10여 차례의 상소로 척사론에 바탕을 둔 내수외양책을 펼쳤다. 1881년 황준헌의 《조선책략》이 유포되자, 〈신사봉사〉를 발표하여 신사척사운동에 참여하였다. 그는 1882년에 공조참판, 사헌부 대사헌, 특진관, 1883년에는 대사헌을 제수 받았으나 일절 관직에 나가지 않았다. 1884년 갑신변복령이 내려지자 이는 조선 고유의 의복제도를 바꾸는 것이라 하여 반대하는 척사운동을 전개하였다. 그는 아무런 비답이 없자 가족과 함께 영동 遠溪에 먼저 정착한 송병순의 집으로 이주하였다.

이후 송병선은 동생인 송병순과 함께 문인 양성에 치중하여 연재학파를 형성할 정도로 많은 문인을 양성하였다. 그는 1889년부터 1905년까지 자주 강회를 실시하였는데, 원계 이외에도 대전 杞菊亭(1889년 8월)과 영동 冰玉亭(1891년 4월), 영동 영산 楓川堂(1893년 4월), 금산 龍江書堂(1898년 9월), 임피 樂英堂(1901년 4월), 경남 거창 屏山書齋(1901년 9월), 경상도 지례 洗心臺(1901년 9월), 考巖書堂(1905년 3월) 등지에서 강론하였다. 1886년에는 무주에 棲碧亭을 건립하고 매년 봄, 가을로 선비들을 모아 강학하였다. 무주군수 趙秉瑜는 그를 초청하여 강론을 청하기도 하였다. 그는 강학 말고도 서천 風玉軒(1901년 4월)과 星州 老江(1901년 9월) 등지에서 향음례를 실시하여 위정척사론 확산에 힘썼다.[2] 이후 1905년까지 충청도는 물론, 전라와 경상지역 등 곳곳에서 강학함으로써 이 지역에서 많은 문인들이 나왔다. 그는 이와 같은 활동으로 충청도 지역은 말할 것도 없고 임피, 금산, 영동, 무주 등 전라도 지역과 거창, 성주, 지례 등 경상도 지역의 문인들까지 규합하여 위정척사론 보급에 힘썼다.

《溪山淵源錄》에 따르면, 송병선과 송병순의 문인은 1,100여 명에 달한다. 이들은 주로 충청도와 전라도 지역에 분포되어 있으며, 경상도 인물도 다수 포함되어 있다. '溪山'이란 송병선과 송병순이 강

---

2) 〈연재선생연보〉, 《연재집》 권50, 부록 '연보' 참조.

학했던 영동군 학산면의 '遠溪'(범화리 원계마을)와 '活山'에서 따온 말
로, 이 책에는 송병선과 송병순 형제가 교유했던 인물과 문인들의
명단이 기록되어 있다.[3] 송병선과 송병순의 후손과 문인들은 1966
년 3월 '계산연원록 간행소'를 차리고 각 지역별로 유사를 두어 명
단을 작성한 것으로 보인다. 〈溪山淵源錄刊行任司錄〉에 따르면, 총
책임을 졌던 도유사는 남원 출신의 金種嘉였으며, 부유사는 鄭準源
(창평), 盧珍永(광주), 吳鴻洙(광산)였다. 총무는 孫澔翼(월성), 朴忠輔
(영동), 沈翰求(광산)였다. 지방유사로 39명을 두었는데, 전라도지역
에 28명, 경상도 지역에 9명, 서울과 대전에 1명씩 두었다.[4]

이 책은 〈從遊錄〉, 〈門生錄〉, 〈及門錄〉, 〈尊慕錄〉으로 나누어 편
집되었다. 〈從遊錄〉에는 송병선과 송병순이 교유했던 인물 143명
의 자와 호, 본관, 관직, 거주지, 淵源 등이 기재되었다. 여기에는
노사 기정진과 그의 문인인 吳駿善을 비롯하여, 화서의 문인인 김
평묵, 최익현, 유중교, 그리고 퇴계의 후손으로 경술국치에 자결
순국한 李晚燾, 경술국치에 순국한 金志洙와 趙章夏(임헌회 문인),
그리고 홍직필의 문인인 申應朝 등이 기재되어 있다.

〈及門錄〉은 문하에 출입하였으나 제자의 예를 갖추지 않은 인물
214명이 기록되었다. 홍주의병장 김복한을 비롯하여 전우의 문인
으로 1917년 일제의 호적령에 반대하여 옥고를 치른 悳泉 成璣運
(1877~1956), 영정을 그린 蔡龍臣(호: 石芝) 등이 기재되어 있다. 尊
慕錄은 문하에 출입하지는 않았으나 평소 추앙의 마음을 가진 이들
로 충남 도지사와 충남대 총장을 지낸 成樂緖(1905~1988, 호: 芸庭)
등 총 1,318명이 수록되었다.

〈門生錄〉은 사제의 예를 치르고 受業을 받은 사람들의 명단이니

3) 〈溪山淵源錄 범례〉, 《溪山淵源錄》(《연재집》 하권, 용동서원, 1981, 736쪽).

4) 〈溪山淵源錄刊行任司錄 丙午 3月 日〉, 《계산연원록》(《연재집》 하권, 龍洞書院,
   1981, 795쪽).

실질적인 문인록에 해당한다. 여기에는 총 1,100명의 인물이 기록되어 있다. 생년과 본관, 출신지, 처음 선생과 대면한 일자까지 기재되어 있다. 이들의 지역별 분포를 보면 충청, 전라, 경상지역이 중심이지만, 경기(3명), 강원(12명), 함경(75명), 황해(27명), 평안도(6명) 등 전국적으로 분포되어 있다. 특이한 것은 충청도(81명) 보다 전라도(572명)와 경상도(318명)가 더 많은 점이다. 충청도에는 영동(41명)과 옥천(13명) 지역이 많다. 전라도에는 무주(40명), 장흥(44명), 무안(35명), 남원(31명), 임피(27명), 광산(20명), 나주(21명), 고창(21명) 등지에 20명 이상의 문인 명단이 있다. 경상도에는 거창(47명), 삼가(42명), 지례(20명) 등지에 318명이 보인다. 이러한 지역별 분포는 그의 강학 활동지와 연관이 있어 보이며, 다른 한편으로는 이 지방에 유사를 많이 배치하여 면밀하게 조사한 때문이 아닌가 한다.[5] 그리고 함경도 안변에는 52명에 달하는 인원이 기재되어 있는데, 강원 이북지역을 유람할 때 영향을 받아 강학에 참여한 이들로 보인다.[6] 따라서 문생록에 수록되어 있는 이들을 연재학파의 범주에 넣어도 무방할 것이다.

---

5) 전라도 지역의 지방유사 명단을 보면, 광산(3명), 진안 남원 장성 무안 강진 창평(이상 각2명), 그리고 완주, 전주, 고산, 고창, 나주, 담양, 정읍, 장흥, 순천, 함평, 고흥, 영암, 영광에 1명씩 두었다. 경상도지역은 청도, 합천, 김천, 거창, 성주, 의령, 산청, 김해, 밀양에 각1명씩 두었다(〈溪山淵源錄刊行任司錄 丙午 3月 日〉,《계산연원록》).

6) 《계산연원록》 상편.
박경목, 〈연재 송병선의 학맥과 민족운동〉,《대동문화연구》39, 2001, 264~266쪽.

2. 宋秉璿의 생애와 사상

1) 가계와 생애

宋秉璿(1836~1905)의 자는 華玉, 호는 淵齋로 은진이 본관이다. 헌종 2년(1836) 8월에 회덕현 석남리(현 대전시 석남동)에서 宋勉洙와 완산이씨 사이에 장자로 태어났다. 그의 선대가 대전에 세거하게 된 것은 시조 大原의 증손 明誼가 회덕 토정리에 거주하면서부터이다. 그의 집안은 명의의 손자인 雙淸堂 愉(1398~1446) 때부터 번성하기 시작하였다. 쌍청당 송유는 벼슬에 나아가지 않고, 회덕 배달촌에 기거하였다. 이곳 배달촌에서 은진송씨 자손들이 번창하여 후인들이 '송씨마을'이라는 의미로 '宋村'이라 부르게 되었다. 송유는 7칸의 堂을 지어놓고 당의 편액을 朴堧에게 부탁하여 雙淸이라 하였고, 박연의 시에 안평대군이 시로 화답하기도 하였다.[7]

〈표 8〉 송병선의 가계

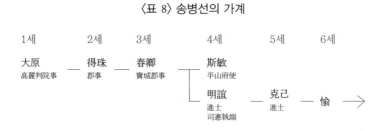

1세	2세	3세	4세	5세	6세
大原 高麗判院事	得珠 郡事	春卿 寶城郡事	斯敏 平山府使		
			明誼 進士 司憲執端	克己 進士	愉 ⟶

---

7) 쌍청당은 대전 대덕구 중리동 71번지에 있으며 〈대전광역시유형문화재 제2호〉로 지정되었다. 건물은 앞면 3칸, 옆면 2칸 규모로 왼쪽 1칸은 온돌방, 오른쪽 2칸은 대청마루로 꾸며졌다.

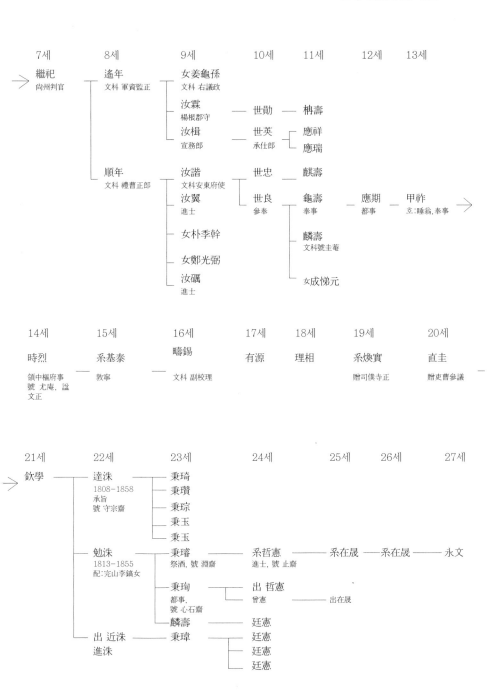

송유는 繼祀와 繼中 두 아들을 두었다. 계사는 송시열의 7대조로 세조 1년(1455)에 主簿로서 靖難原從功臣 3등에 녹훈되었고, 벼슬은 尙州判官에 이르렀다. 계사의 配位는 判典農寺事를 지낸 順天金宗興의 딸인데, 김종흥은 육진을 개척하였던 金宗瑞의 아우이다. 순천김씨는 95세까지 장수하였고, 은진송씨의 경제적 기반을 확충하는데 기여하였던 것으로 보인다.[8] 계사가 순천김씨와 혼인하였으나 계유정난으로 은진송씨가 영향을 받지는 않았다. 이는 계사가 정난원종공신 2등에 책록된 것으로 보아 알 수 있다. 계중은 벼슬이 司直에 이르렀으며, 배위는 예문관 제학을 지낸 안동권씨 權遇의 딸이다. 권우는 조선전기 학자이면서 정치가로 유명한 陽村 權近의 아우이다. 이처럼 15세기에 은진송씨 가문이 조선전기의 대표적인 명문이었던 순천김씨 김종서가와 안동권씨 권근가와 혼인을 하였다는 것은 이미 상당한 사회적 기반을 가지고 있었다는 증거이며 이러한 혼인을 통해서 그 기반을 더욱 확고히 하였던 것으로 보인다. 7세 계사는 瑤年과 順年 두 아들을 두었다. 장자 요년은 쌍청당 유의 손자이며, 송준길의 5대조이다. 요년은 단종 1년(1453)에 동생 순년과 함께 사마시에 입격하였고, 성종 10년(1479)에 사위 姜龜孫과 함께 문과 별시에 등과하였다. 외직으로는 西原ㆍ沔川ㆍ洪州ㆍ尙州ㆍ善山郡守와 목사ㆍ부사 등을 거쳐 軍資監正에 이르렀다. 요년은 成俔ㆍ李石亨ㆍ洪貴達ㆍ徐居正ㆍ曺偉ㆍ金宗直 등과 교류하였다. 요년 배위는 判官을 지낸 나주 김양의 딸이고, 대학사 臺卿의 후손이다.

8세 순년은 幼學으로 단종 1년(1453)에 사마시에 입격하고, 예종 1년(1469)에 문과에 급제하여 예조정랑을 지냈다. 배위는 직제학을 지낸 안동 김맹헌의 딸이다. 김맹헌의 조부 김구용은 고려말 공민

---

8) 계사의 배인 순천김씨가는 세거지가 공주군 장기면 월곡리였다. 그리고 "天性嚴恕 居家有法度 雖不規規産業 而貨財累鉅萬(《恭人金氏 墓表》木溪 姜渾撰)"에서처럼 은진송씨의 경제적 기반을 확충하는 데 역할을 한 것으로 보인다.

왕 때에 시로 유명하였으며, 정몽주·이숭인 등과 성리학을 일으키는데 기여한 인물이다. 순년은 汝諧·汝翼·汝礪 등 아들 셋과 딸 둘을 두었는데, 2녀의 사위는 중종 때 영상을 지낸 守夫 鄭光弼로 중종의 묘정 및 회덕 숭현서원에 배향된 인물이다.

9세 여해는 성종 3년(1472)에 사마시에 입격하였고, 성종 25년(1494)에 문과에 급제하여 관직이 안동대도호부사에 이르렀다. 여해의 배위는 세조조 유명한 문관이었던 연성부원군 이석형의 딸이었다. 여해는 世忠·世良 등 아들 둘과 딸 둘을 두었다.

10세 세량은 건원릉 참봉을 지냈고, 龜壽·麟壽 등 아들 둘과 딸 하나를 두었다. 인수는 중종 16년(1521)에 문과에 급제하고 사헌부 대사헌을 지냈으며, 을사사화 때 화를 입었다. 11세 구수는 봉사를 지냈고, 12세 응기는 都事를 지냈다. 응기의 배위는 광주이씨 이윤경의 딸이다. 광주이씨는 창녕성씨와 더불어 조선전기 대표적 문벌로 꼽히는 가문이다. 이와 같이 광주이씨 집안과 은진송씨 집안은 중첩된 혼인을 하였다. 13세 갑조는 광해 9년(1617)에 司馬 양시에 합격하고, 사계 김장생의 천거로 사옹원 봉사를 지냈다. 갑조는 時熹·時黙·時烈·時燾·時杰 등 아들 다섯과 딸 둘을 두었다.

갑조의 셋째인 宋時烈(1607~1698)이 효종 때 서인의 영수로서 춘추대의를 천명함으로써 은진송씨는 조선조 대표적인 사족으로 자리 잡았다. 송시열은 사계 김장생과 신독재 김집에게 사사하였다. 그는 계자 基泰와 세 딸을 두었는데, 장녀는 탄옹 권시의 아들인 權惟와 혼인하였다. 외손 유회당 권이진은 조선시대 최고의 호조판서로 꼽히는 인물이다. 3녀는 석호 윤문거의 아들 尹搏과 혼인하였다. 기태는 殷錫·疇錫·茂錫·淳錫·晦錫 등 아들 다섯을 두었다. 宋疇錫은 홍문관 교리를 지냈고, 송시열 사후 孔子-子思의 관계에 비유될 정도로 가학의 성취를 인정받았으나 일찍 세상을 떠났다.

그 후 주석계는 宋有源와 宋直圭가 감역에 천거된 일을 제외하고, 벼슬을 하지 못하였다.[9]

송병선은 주석의 7대손이다. 송병선은 어린 나이에 부모를 잃고 백부 宋達洙와 숙부 宋近洙, 외숙 李世淵에게서 한학을 수학하였다. 그는 30세 때인 1865년 만동묘가 훼철되자 이를 춘추의리 정신의 파괴로 보고 다음 해인 1866년 옥천의 梧山으로 이거하였다. 1874년 만동묘가 복향되자 회덕으로 돌아왔다. 1877년 경연관, 서연관, 다음 해에 빙고별제, 1880년에는 사헌부 지평, 이조참의, 성균관좨주 등에 제수되었으나 관직을 사양하면서 10여 차례의 상소로 자신의 의견을 펼쳤다. 1881년 황준헌의 《조선책략》이 유포되자, 〈신사봉사〉를 발표하여 신사척사운동에 참여하였다. 그는 1882년에 공조참판, 사헌부 대사헌, 특진관을 제수 받고, 1883년에는 대사헌을 다시 제수 받았으나 일절 관직에 나가지 않았다. 1884년 갑신변복령이 내려지자 그는 조선 고유의 의복제도를 바꾸는 것이라 하여 이를 반대하는 척사운동을 벌였다. 그는 아무런 비답이 없자 가족과 함께 영동 遠溪로 이주하였다. 1894년 석남의 본가로 돌아온 그는 1895년 11월 단발령이 내려지자 천마산에 은거하고 가족들은 원계로 보냈다. 그는 1905년 을사늑약에 상소를 올려 조약을 파기해야 한다고 주청하고 고종을 독대하여 시책을 건의하였으나 아무런 답변도 듣지 못하자 遺疏를 남기고 음독 순국하였다.

---

9) 성봉현, 〈연재 송병선가 고문서 해제〉, 《문충사 고문서》, 충남대학교 충청문화연구소, 2011, 18~24쪽.

2) 사상

(1) 위정척사론

연재 송병선

송병선은 동생 송병순과 함께 문인들을 규합하면서 淵齋學派를 형성하여 위정척사사상을 심화시켜 갔다. 1866년 옥천의 오산으로 이거하여〈벽사설〉(1870)과《근사속록》(1874)을 저술하였다. 그는〈벽사설〉에서 '楊墨의 學'을 비롯한 불교, 천주교 등의 허실을 지적하고 이를 이단으로 배척하였으며, 주자학만이 수호되어야 할 이념 체계라고 밝혔다. 그는《근사속록》에서 위정척사론을 체계화하였다.[10]

송병선은 1880년 김홍집에 의해 黃遵憲의《朝鮮策略》이 유포되고 1881년 신사유람단이 일본에 파견되는 등 개화정책이 시행되자, 두 차례의 상소와 한 차례의 '封事'를 통해 국정운영에 대한 건의와 함께 척사론을 펼쳤다. 1881년 10월에 올린〈辭召命兼陳所懷疏〉에서는 뜻하지 않게 외국 선박이 출입하는 지경에 이르렀고, 마침내 통상 조약을 체결하기에 이르는 위급한 지경이 되었다고 하면서, 국가 보전과 '自治自强'을 위하여 군대를 갖추어 훈련시키자고 주장하였다. 뒤이은〈擬疏〉(1881년 12월)에서는 구체적으로 3가지 대책을 개진하고 있다. 첫째는 궁궐 문을 엄하게 지켜 간신배들의 출입을 끊고, 둘째는 武衛營을 없애고 鎭撫를 설치하여 변방을 수비하며, 셋째는 廟院을 복원하여 사림을 위로하자고 주장하고 있다. 그

---

10) 박경목, 위의 글, 256~258쪽.

가 주장하는 궁궐 내부의 단속과 묘원 복원은 유림의 기반을 확보
하기 위함이었고, 진무 설치는 국방력을 강화하기 위함이었다. 전
자는 성리학적 정통성을 회복하기 위한 衛正의 표현이었으며, 후자
는 외침에 대응하기 위한 斥邪의 방략이었다.

그는 송시열이 올렸던 예에 따라 다음과 같은 '辛巳封事 8조목'을
올렸다.[11]

> 1) 聖學에 힘써서 心志를 바르게 하는 것입니다 (懋聖學 正心志)
>
> 2) 言路를 열어서 과실을 듣는 것입니다 (開言路 聞過失)
>
> 3) 世子를 보좌함으로써 나라의 근본을 견고히 하는 것입니다 (輔元良 固國本)
>
> 4) 상과 벌을 미덥게 하여 기강을 세우는 것입니다 (信賞罰 立紀綱)
>
> 5) 검소한 덕을 밝혀서 재용을 절약하는 것입니다 (昭儉德 節財用)
>
> 6) 名器를 중시하여 백성들의 뜻을 안정시키는 것입니다 (重名器 定民志)
>
> 7) 貢物 진상을 정지하여 일의 체모를 보존하는 것입니다 (停進貢 保事體)
>
> 8) 倭와 화의를 배척해서 邪敎를 단절해야 합니다 (斥倭和 絕邪敎)

위에서 볼 수 있듯이, 그는 聖學, 言路, 世子輔佐, 賞罰, 財政,
人事, 稅制, 和議排斥 등에 관한 사항을 지적하고 시정책을 제시하
였다. 제1조와 8조에서 위정척사의 대의를 분명히 밝히고 있다. 제
1조에서는 임금의 마음이 바르지 않으면 천하의 일이 되지 않고,
이러한 이치 때문에 임금은 聖學에 힘써 마음을 바로잡아야 한다고
주장하였다. 서양과 왜의 침투에 대처하기 위한 방책으로 우선 주
자학을 기본으로 해야 한다고 강조한 것이다. 여기에서 그는 주자
학 질서 유지를 가장 큰 덕목으로 여겼음을 알 수 있다. 제8조에서
는 일본과의 화친을 배척하고 사교인 천주교를 끊어야 한다고 밝히
고 다음과 같이 부연하였다.

---

11) 송병선, 〈辭召命兼陳所懷疏〉, 《연재집》 권4, 소.

이웃 나라와의 교류는 나라의 큰일이지만 지금 말하는 이웃 나라란 바
로 오랑캐일 뿐입니다. 우호를 맺는 것은 물론 나쁜 일이 아니지만 다만
기미를 살피지 않는다면 한갓 스스로 어리석은 데 귀결되어 마침내 나라를
망치게 됩니다.[12]

즉, 일본은 오랑캐에 지나지 않으며, 일본과 우호 조약을 맺게
되면 마침내 나라가 망할 것이라며 일본과의 화친을 반대하였다.
그는 제2조부터 7조까지 내수책을 밝혔는데, 내수책의 특징으로는
국가 재정 확보와 백성의 생활 안정을 중요하게 제시한 점, 言路를
개방하라고 요구한 점을 들 수 있다.
1884년 갑신변복령이 반포되자 그는 〈辭大司憲仍請勿改衣制疏
〉(1884년 6월)를 통해서 그 부당함을 주장하였고, 조선 고유의 의
복제도를 바꾸는 것이라 하여 이를 철폐하자고 주청하였다.

삼가 듣건대, 요즘 의복 제도를 변경하는 일로 명을 내리고 절목을 이
미 결정하였다고 합니다. 전하께서는 어찌하여 이처럼 인심을 거스르고 듣
기에 놀라운 천만뜻밖의 지나친 일을 하시는지 모르겠습니다. 신은 감히
많은 말을 하지 못하겠습니다만, 대개 제왕의 정사를 보면 沿革하고 損益
하는 경우가 있긴 하지만 거기에는 모두 곡절이 있어서 혹은 옛것을 가지
고 오늘의 것을 바꾸기도 하고, 혹은 中夏의 문명으로 오랑캐의 풍속을 바
꾸기도 하며, 혹은 等威를 밝게 보이기도 하고, 혹은 쓸데없는 비용을 절
감하게 하기도 하였을 뿐인데, 지금의 조치는 이 네 가지 가운데 해당되는
게 과연 있습니까?[13]

여기에서 그는 우리 의복이 明나라의 제도이니 바꿔서는 안 된다

12)《고종실록》권18, 고종18년(신사) 11월 30일자.
13)《고종실록》권21, 고종21년(갑신) 6월 25일자.

는 중화사상에 젖어 있음을 알 수 있다. 그러나 한편으로는 조정에서 바꾸려는 의복 제도는 하필 일본의 제도라면서 이를 다음과 같이 비판하였다.

> 또 듣건대, 새로 제정한 절목이 저 사람들의 복식과 거의 유사하다고 하니, 전하께서는 어찌하여 저들에게서 그것을 취하셨는지 내심 의아스럽습니다. 넓은 소매의 옷과 늘어뜨린 띠는 여유 있고 위엄 있는 모습이 저들의 몽땅한 것에 견주어 편리함과 겉보기가 천지 차이입니다. 더구나 貴賤과 尊攘의 뜻이 그 가운데 있는 데야 더 말할 것이 있겠습니까? 생각하건대, 옛날 高麗朝에 世子가 元나라 서울에서 돌아왔는데 나라 사람들이 그가 머리를 땋아 늘이고 오랑캐의 복장을 입은 것을 보고 눈물을 흘리는 자가 있었다고 하니, 여기에서 인정은 예나 지금이나 다름 없다는 것을 알 수 있습니다. 지금 왕래하는 저들의 차림새는 우리 도성 사람들의 의상 속에서 가라지와 쭉정이 같이 눈에 거슬려서 나라 사람들이 원래 미워하고 있는데, 더구나 저들의 복식을 본떠서 만백성이 원치 않는 것을 억지로 입게 한다면, 신은 匹夫의 뜻은 필시 빼앗지 못할까 염려스러우며 야만의 땅이 될 것이라 했던 伊川의 한탄이 당장에 있게 될 것 같습니다.[14]

그는 1886년 5월 사교 금지를 주장하는 〈辭召命仍請禁洋人設教主堂疏〉를 올려 천주교 교세가 확장되는 것을 우려하고 이를 물리치자고 주장하였다. 여기에서 그는 서양인들의 방자한 행위가 심해지고, 사교가 나라를 금수의 지경에 빠뜨린다고 경고하면서, 주자학 질서를 회복하여 이들을 물리치고 국가를 안정시키자고 호소하였다.

송병선은 위와 같은 상소 이외에도 《浿東淵源錄》(1881), 《武溪謾輯》(1889) 등을 저술하여 유교 질서를 회복하고자 하였으며, 〈長噎

---

14) 《고종실록》 권21, 고종21년(갑신) 6월 25일자.

說〉(1897), 〈繼開論〉(1898), 〈警世說〉(1899) 등을 지어 화이와 인수를 구별하지 못하고, 풍속이 피폐해지며, 예의와 염치가 없어지는 세태를 비판하였다.

또한 그는 나라가 없어지면 道도 망한다는 신념을 가지고 있었다. 이에 따라 그는 나라를 구하려면 화이와 인수를 구별해야 한다고 보았다. 이에 대하여 그는 다음과 같이 말하고 있다.

> 무릇 華夷人獸의 구분은 비유하면, 음양과 밤낮이 상반하는 것과 같으니, 華가 夷狄과 다른 까닭은 道가 있기 때문이다. 이 道는 上天이 준 바의 衷을 받은 것으로 법도로는 인의예지가 되고, 넓혀서는 부자, 군신, 부부, 장유, 붕우가 되며, 이를 닦기를 몸으로써 하고, 징험하기를 가정에서 하고, 베풀기를 四海에 하여 그 쓰임이 다할 수 없는 것이다. 五帝三王이 천하를 바르게 한 것도 이 道로써 하였으며, 공맹정주가 미래의 학문을 연 것도 이 도로써 하였으며, 폐하가 天과 祖宗의 무거운 부탁을 크게 계승한 것도 또한 이 道 때문입니다. 이 도가 한번 없어지면 천지가 없어지고 해와 달이 어둡게 되고 華夷人獸가 저절로 짓밟아 나라가 될 수 없는 것입니다.[15]

송병선은 화이와 인수의 구분을 道로써 한다고 보았다. 또한 이 道가 없어지면 인간이 인간다울 수 없고, 나라가 나라다울 수 없다고 보았다.

(2) 성리설

송병선의 성리설은 이기이원론적 입장을 취하고 있다. 그는 '형이상'의 理와 '형이하'의 氣는 원래 떨어져 있지 않다고 보았다.

---

15) 송병순, 〈연재 행장〉, 《연재집》 권53, 행장.

대개 이기는 원래 떨어져 있지 않다. 主宰와 性情의 妙用이 비록 理라고
할지라도 氣가 그 가운데에 있다. 形體鬼神은 비록 氣라고 할지라도 理가
그 가운데에 있다.[16]

송병선은 또한 주자의 '理氣不相離不相雜'을 인용하여 이기의
불가분성과 함께 이기의 구별을 말하였다. 그는 이러한 입장에서
노사 기정진의 성리설을 비판하였다. 기정진은 뚜렷한 사승관계
없이 독학으로 학문을 연구한 호남지역의 대표적인 성리학자로
초야에 묻혀 강학과 저술에 전념하였다. 그의 성리설은 리일원론
적 특징을 지닌다.[17] 그는 〈납량사의〉와 〈외필〉을 지어 자신의 학
문이 '主理之學'임을 자처하며 율곡의 '主氣之學'을 이단이라 하였
다. 이에 대하여 이설과 김복한 등이 통문을 돌리면서 이를 통박
하였는데, 이때 송병선은 다음과 같이 기정진의 이기론을 비판하
였다.

理가 높아 상대할 것이 없다고 하는데, 이것이 비록 진실로 그러하더라
도 그것을 상대하여 논하면 氣로써 상대하지 않을 수 없다. 그러므로 공자
가 形而上下의 說로 시작하여 程朱에 이르기까지 理와 氣로써 대거해 말
하지 않음이 없는 것은 사람들이 道器의 변별에 어둡지 않게 하고자 한 것
인데, 쉽게 깨닫는 바가 있다. 하늘이 비록 높아 상대할 것이 없다 하더라
도 대거해 논하면 天地라고 말하지 않을 수 없고, 임금이 비록 높아 상대
할 것이 없다 하더라도 대거해 논하면 君臣이라 말하지 않을 수 없다. 그
러하니 理氣 또한 이와 같다. 그런데 지금 대거해 말하기를 성인의 말이
아니라 하여 여지없이 타파하고 시비를 논하기를 栗翁을 오로지 배척하니

---

16) 송병선, 〈答李景莊(圭錫) 問目〉, 《연재집》 권10.
17) 기정진의 이기설에 대하여는 박학래의 〈리 일원론에 기초한 개혁론자 노사학
   파〉(《조선유학의 학파들》, 한국사상사학회, 예문서원, 1996, 534~571쪽 참조).

程朱와 함께 모두 背馳되었다.[18]

송병선은 기정진의 주리론을 이기이원론의 입장에서 비판하고 있다. 이로 보아 송병선은 주자나 이이, 그리고 송시열의 성리설을 충실히 계승한 것으로 보인다.[19]

한편 송병선은 이기심성에 대한 사변적인 논쟁에 대하여는 비판적이었다. 그는 선학들이 주리, 주기로 분열하여 있는 것을 큰 병폐라고 우려하였다. 그는 성현의 글을 반복하여 자세히 읽으면서 스스로 마음을 다스리고 몸을 닦는 공부에 힘쓰면 저절로 진리를 깨닫게 된다고 보았다.[20]

---

18) 송병선, 〈答權公立 問目〉, 《연재집》권11.

19) 황의동, 《기호유학연구》, 서광사, 2009, 317쪽.

20) 송병선, 〈答宋文甫(憲植) 瑞中(憲達) 問目〉, 《연재집》 권15

3. 宋秉珣의 생애와 사상

1) 학문과 생애

송병순은 헌종 5년(1839) 회덕현 석남(현, 대전광역시 석남동)에서
태어났다. 자는 東玉, 호는 心石齋이다. 어려서 3년 연상의 송병선
과 함께 백부인 守宗齋 宋達洙한테 경학을 배웠다. 따라서 그의 학
통은 연재 송병선과 그 뿌리가 같다고 할 수 있다.

그는 일찍부터 학문에 뜻을 두고 온 마음을 다했다. 어린 시절의
학문 태도에 대하여《연보》8세조에 "번거롭게 가르치고 독려하지
않아도 날마다 앉아서 뜻을 오로지 하여 탐구하고 한 자 한 구절도
놓치지 않아 문리가 통달했다"[21]라고 하였다. 12세 때부터 작문에
도움이 되는 시문을 익혔으며, 15세 때는 이미 경서에 통달하였다.
그해 겨울에 백부가 경서를 외우게 하자 한 자도 틀리지 않았다 한
다. 20세에는 수종재 송달수가 주관하는《鳳谷遺稿》교정에 참여하
였다.[22] 23세 때 옥천의 梧山으로 이사하여 학업에 더욱 열중하였
다. 그는 이곳에서《朱子語類》를 비롯한 주자의 책과 우암 송시열
의 문집인《宋子大全》을 읽었다. 그리고 송시열의 학문을 '주나라를
존중하여 오랑캐를 배척하고, 천리를 밝혔으며, 인심을 바르게 하
였다(尊周攘夷 明天理 正人心)'라고 규정하기에 이르렀다.

26세 때인 1864년에는 嶠堂 李象秀(1820~1882, 본: 全州, 자: 汝人,
호: 嶠堂)와 경전의 뜻을 강론하였다. 이상수는 成岐運, 徐應淳, 任
憲晦 등과 교유한 노론 계열 학자로 달아난 마음을 찾아와야 한다
는 '求放心'을 학문의 요체로 삼았다. 이상수는 한원진의 학통을 이
은 호론계 학자로 충청도 회인과 공주에 거주하며 朴文鎬 등 여러

---

21) 宋曾憲, 〈연보〉,《심석재집》34, 부록 연보, 병오년조.
22) 宋曾憲, 〈연보〉,《심석재집》34, 부록 연보, 무오년조.

제자를 양성하였다. 그는 송병순의 백부 송달수와 契를 함께 하면서 집에도 자주 출입하였는데, 송달수가 죽은 뒤에는 영동의 송병순 집에도 찾아와 경서와 역사 인물에 대하여 토론하였다 한다.[23] 고종 3년(1866) 8월에는 송병순과 함께 금오산을 유람하였으며, 10월부터는 송병순 가족을 집으로 맞아들여 함께 살았다. 그리고 다음 해에는 송시열의 증손자 宋有源(1671~1747)의 문집인《宗菴遺稿》를 함께 편찬하였다.[24] 송유원은 한원진, 이간 등과 교유하였는데, 인물성동론인 낙론을 편 것으로 알려져 있다.

송병순은 학문에 힘쓰되 과거 시험을 보거나 관료가 되려는 것은 반대하였다. 그가 42세 때인 1880년 외사촌 金元玉에게 글을 보내어 과거는 집안을 등에 업고 출세하려 안달하는 이들의 경쟁장이 되었다면서, 식견 있고 행실 바른 선비에게는 함정이 될 뿐이라고 하였다.[25] 벼슬에 나아가기를 꺼리던 그에게 조정에서는 1888년 3월 의금부도사의 직첩을 내렸으나 나아가지 않았다.[26]

송병순은 스스로를 경계하고자 '自警詩'와 '自警箴'을 지어 학문 수련의 지침으로 삼았다. 22세 때인 철종 11년(1860) 대전 회덕에 있는 비래암에 들어갔다. 이곳에서 그는 독서를 하는 외에 학자들과 토론하면서 학문을 심화시켜 나갔다. 이때 그는 〈자경〉 시를 남겨 다음과 같이 다짐하였다.[27]

---

23) 宋曾憲, 〈연보〉,《심석재집》권34, 부록 연보, 갑자년조.

24) 위의 글, 정묘년조.

25) 위의 글, 경진년조.

26) 승정원일기, 고종 25년 무자(1888, 광서14) 3월 24일조.
　　宋曾憲, 〈연보〉,《심석재집》권34, 부록 연보, 무자년조.

27) 宋曾憲, 〈연보〉,《심석재집》권34, 부록 연보, 경신년조.
　　위 自警詩의 내용이 그의 문집인《심석재집》권1 시에는 앞의 2행인 "人間爾幸作男兒 爲聖爲賢在自期"은 같으나, 뒤의 2행이 "富貴갈(去曷) 來難力致 爾當爲處必孳孳"라 하여 연보의 기록과 상이함이 보인다.

다행히 남자로 태어났으니   人間爾幸作男兒
성인이 되고 현인이 됨은 자신이 하기 나름일세   爲聖爲賢在自期
몸을 소중히 하면 군자의 덕을 이루지만   身重乃成君子德
뜻을 가벼이 두면 소인을 면하기 어렵네   志輕難免小人歸

그는 여기에서 '君子의 德'을 이루겠다고 다짐하였다. 1869년에
는 自警箴을 지었는데, 현인이 되고 성인이 되는 것은 진실로 誠과
敬에 말미암는 것이라면서 '誠敬'사상을 강조하였다. 誠이 아니면
설 수 없으며, 敬이 아니면 바르게 될 수 없다고 하면서 그 요체를
알고자 하면 반드시 이치를 끝까지 찾아야 한다고 '窮理'정신도 강
조하였다.[28]

그는 53세인 1891년《學問三要》를 지어 학문의 요체를 밝혔는데,
그는 이 책의 범례에서

> 학자의 앎에 이르는 방법은 讀書로써 뜻을 세우는 방법과 存省으로써
> 몸을 삼가는 방법, 그리고 踐履하는 것 만한 것이 없다.[29]

라고 하여 학문의 방법으로 뜻을 세우는 '독서', 타고난 본성을 보
존하고 자기를 성찰하는 '存省', 그리고 이를 실천하는 '踐履'의 세
가지 덕목을 들었다.

---

28) 송병순, 〈自警箴〉, 《심석재집》 권22, 銘.
29) 宋曾憲, 〈연보〉, 《심석재집》 권34, 부록 연보, 신묘년조.
    송병순, 《學問三要》.

2) 사상

송병순은 조선을 '小華의 舊邦', 조선인을 '大明의 遺民'이라 표현하며, 명에 대한 의리를 '大義'라고 여길 정도로 중화사상에 철저한 면을 보여준다.[30] 그는 1865년 4월에 대원군의 만동묘 철폐에 대하여 상소를 올려 복설해야 한다고 청하였다. 이 상소에서 만동묘 제향은 "하늘의 태양이 쉽게 보이는 것과 같으니 조금이라도 (이익과 손해가) 어렵게 나뉘는 것이 아닙니다"라고 국가의 大義에 이롭다고 피력하였다. 그는 그 근거로 임진왜란과 정묘호란 때 명나라의 신종과 의종이 군사를 보내 조선을 구해준 일을 들면서 그는 이 대의가 밝혀지지 않으면, 人道가 금수의 지경에 떨어지고 천하가 夷狄에 빠져든다고 하였다.[31]

그는 1884년의 변복령에 대하여도 '人道가 牛馬로 돌아갔도다'라고 통탄하였다.[32] 그는 선왕의 法服은 중국의 주례에 따른 것으로 소홀히 할 수 없고 변혁할 수 없는 것으로 보았다. 이에 따라 그는 소매를 좁게 하는 '窄袖'는 오랑캐 제도인 '胡制'라면서 반대하였다.[33]

송병순은 철저한 존화양이론에 바탕을 둔 항일사상의 소유자라고 할 수 있다. 그가 38세 되던 1876년 병자수호조약이 체결되었다. 그는 이에 대하여

> 倭奴는 불공대천의 원수이다. 어찌 祖宗을 잊고 동맹을 맺어 교린이라 일컫는가. 그 형세가 기필코 장차 우리로 하여금 臣僕으로 삼아 나라가 나

---

30) 송병순, 〈自誓銘〉, 《심석재집》 권22, 銘.

31) 송병순, 〈擬請復萬東廟疏〉, 《심석재집》 권4, 소.

32) 송병순, 〈甲申變衣制後漫吟一節〉, 《심석재집》 권1, 시.

33) 송병순, 〈上叔父先生-갑신 칠월〉, 《심석재집》 권5, 서.
   宋曾憲, 〈연보〉, 《심석재집》 권34, 부록 연보, 갑신년 6월조.

라로 되지 않을 것이다. 참으로 한심 통곡할 일이 아닌가.[34]

라고 일본이 장차 우리나라에게 신하가 되라고 요구할 것이라면서 일본과의 강화를 반대하였다. 그는 1884년 갑신정변 같은 사건이 일어난 것도

> 흉역한 행위는 秦檜나 彌遠이 오랑캐를 끼고 나라를 욕보인 것과 같다. 당초에 일본과 강화한 것은 이러한 화근을 빚은 것으로 씻기 어려운 치욕을 받아들인 것과 같다.[35]

라면서 일본과 강화한 것을 씻기 어려운 치욕이라 여겼다.

4. 문인들의 활동과 사상

송병선, 송병순의 순국은 문인들에게 큰 영향을 주어 연재학파 유학자들 가운데 일제에 항거하여 투쟁한 민족지사가 적지 않다. 그 가운데 대표적인 인물로 스승과 같이 자결 순국의 길을 택한 李學純과 朴炳夏가 있다. 盧應奎는 의병투쟁을 전개하였으며, 鄭璣淵과 李柄運은 을사조약 폐기운동에 참여하였다. 念齋 趙熙濟는 민족 지사의 행적을 수집, 정리하여 《念齋野錄》을 작성하고 자결 순국하였다. 趙鏞昇은 광복회 운동에 참여하였다. 安圭容 등 대부분의 문인들은 은둔하여 일제에 항거하였다.

李學純(1843~1910, 호: 晦泉, 자: 敬實, 본: 전주)은 김장생과 송시열의 학통을 잇는 기호 유림으로 연재 송병선의 문인이다. 공주 대장

---

34) 宋曾憲, 〈연보〉, 《심석재집》 권34, 부록 연보, 병자년조.
35) 宋曾憲, 〈연보〉, 《심석재집》 권34, 부록 연보, 갑신년조.

리(현, 공주시 계룡면 하대리)에서 李順濟와 광산김씨 사이에 둘째 아들로 태어났다. 그는 이성계의 셋째 아들인 益安大君 李芳毅의 후손이다. 이학순 집안이 이 지역에 세거하게 된 것은 이방의의 증손으로 金叔滋의 문인인 李賢童이 연산의 조령에 은거하면서부터이다. 이현동은 세조가 왕위를 찬탈하자 조령으로 내려와 은거했다 한다. 이학순은 金長生의 후손과 院儒들이 돈암서원에 신식학교인 燦明學校를 세우려고 계획하자 이를 강력히 반대했다. 김장생을 숭모하고 돈암서원의 임원을 역임한 그는 그곳에서 신식학문을 교육하는 것을 묵과할 수 없었다. 그는 학교가 설립되자 곳곳의 향교와 서원에 학교 설립이 부당하다고 알리는 서한을 보냈다. 그는 서한에서 "옛 학교는 예의를 相先했으나 지금의 학교는 예의를 剝喪하고, 옛 학도는 성현을 思慕했으나 지금의 학도는 성현을 毁斥한다"며 학교를 세우려는 이들을 '斯文亂賊'이라고 비판했다. 이어서 그는 학교를 철폐시켜 "중화의 도를 잃지 말고, 외국의 업신여김을 잉태하지 말자"고 주장하며 유학자들의 동참을 호소했다.[36]

이학순은 1910년 한국이 강제 병합되자 처음에는 자결보다는 재야에 있으면서 '衛正의 道'를 지키는 '處而扶持'의 길을 가고자 하였다. 그런데 은사금이 내려왔다. 그는 원수 나라의 의리 없는 돈을 받을 수 없다며 거절하였다. 결국 그는 이 일로 투옥되었다. 그는 옥중에서 단식하며 저항했다. 일제는 아들 來洙와 來俊에게 부친을 설득해 은사금을 수령하게 만들라고 강요했다. 두 아들도 거부했다. 이내준은 "내 머리와 너희 왕의 머리를 바꾼다면 가능한 일이지만 그렇지 않으면 받을 수 없다"고 강하게 힐책하였다. 손자 李旭도 "할아버지께서 비록 돌아가신다 하더라도 의로운 일이다. 내가 어찌 그 돈을 받아 조부께 누를 끼치겠는가"라고 항변하였다.

36)《대한매일신보》1909년 2월 23일, 광고, 〈上太學及各道各邑鄕校書院書〉.
　　이성우, 〈이학순 이내수 부자의 민족운동〉,《한국사연구》166, 2014, 310쪽.

헌병대는 이학순의 병이 위중해지자 잠시 읍에 있는 客店에서 치료
하게 하였다. 그는 이날 밤 오랑캐에게 구차하게 삶을 구걸하지 않
겠다는 절명시를 남기고 조용히 음독 자결하였다. 1910년 12월 7일
(음)의 일이었다.[37] 그의 아들 李來修 또한 부친의 영향으로 항일투
쟁을 전개하였다. 그는 군자금을 모으다가 1917년 체포되어 유배되
었으며, 1919년에는 파리장서운동에 참여하여 옥고를 치렀다.[38]

朴炳夏(1847~1910, 자: 文赫, 호: 可軒, 본: 밀양)는 전남 흥덕 출신으
로 전북 고부에 거주하였다. 그는 사대부 집안 출신으로 보인다. 그
의 13대조인 駱村 박충원은 이조판서를 지냈고 시호가 文景이다.
조부 박준민은 효성으로써 정려를 받고 좌승지에 추증되었다. 박
병하는 아버지 박명수와 어머니 김해 김씨 사이에 헌종 13년(1847)
전남 흥덕현 백운리에서 출생하였다. 조부에게 한학을 수학하였으
며, 1900년 송병선을 배알하고 수학하였다. 스승이 죽은 뒤에는 60
의 나이에 艮齋 田愚를 찾아가 제자의 예를 갖추고 배알하였다.[39]
1910년 8월 경술국치 소식을 전해 듣고 통분하여 단식투쟁에 들어
가 挽詩를 지어 놓고 8일 만에 순국함으로써 일제의 한국침략에 대
한 국민들의 각성을 촉구하였다. 송상도는 《기려수필》에서 이때의
정황을 다음과 같이 기록하였다.

> … 이날, 박병하는 동지들에게 이별을 고하는 편지를 쓰고, 목욕하고 손
> 톱을 깎고 머리를 빗고서 음식을 끊었다. 집안사람들이 크게 놀라서 음식
> 을 가져다주었지만 끝내 듣지 않았다. 18일에 "포경통곡 입산고사(抱經痛

37) 김복한, 《지산집》 권9, 묘갈명, 〈晦泉李公學純墓碣銘〉.
   김복한, 《지산집》 권5, 서, 〈晦泉集序〉.
   이철영, 《성암집》 권3, 행장, 〈晦泉李公行狀〉.
38) 이성우, 〈이학순 이내수 부자의 민족운동〉, 《한국사연구》 166, 2014, 321~328
   쪽.
39) 金駿榮, 〈可軒記〉, 《炳菴集》 권3, 記.

哭 入山枯死)" 여덟 글자를 외워서 집안사람들에게 경계하며 다음과 같이 말하였다. "내가 죽고 나서 너희들이 상례대로 하려면 무슨 변고가 있을지 모르니, 곧바로 매장하여라. 무덤에 봉분을 하지 말고 평평하게 하고 또 불사(佛事)를 하지 말아라" 19일에 마침내 조용히 운명하였는데 절식한 지 8일째였다.

전우는 그의 순국 소식을 듣고 다음의 시를 지어 그를 애도하였다.[40]

狷介在人間	이 세상에 굳건한 절개 지킨 이 있으니,
七旬一布衣	70세 평생을 포의로 살았네.
童年養母疾	어려서 아프신 어머니를 봉양하여,
誠孝世所稀	지극한 효성 세상에 드물었어라.
父喪哀戚幾毁性	아버지를 잃고 슬픔에 거의 죽을 뻔하니
鄕里剡薦告自沮	향리에서 효성으로 추천하자 스스로 막았지.
及遭東亂益守正	동학 난을 만남에 더욱 바름을 지켜
閉戶讀書感軍旅	문을 닫고 독서하니, 군사들이 감탄했도다.
晩與臼山相觀善	만년에 나와 함께 선을 권하면서
虛心服義出流輩	마음을 비우고 의를 따르니, 무리 중에 뛰어났지.
自從邦國多亂後	나라에 변란이 많은 뒤로
幽憤滿腔常叵耐	마음속에 가득 찬 울분들을 항상 참고 견디었지.
孟秋叩枻涉滄溟	초가을에 노를 저어 푸른 물결 건너와
師生相對心恐傷	사제로 만나 서로 마음으로 아파하였도다.
歸來忽聞山河改	돌아가서 조국의 산하가 합병되었다는 소식을 듣고
懷裏舊藥盡一觴	품속에 오랫동안 독약을 품어 한 잔에 털어 마셨네.
告訣同志義森嚴	동지에게 이별을 고하니, 의로움 엄중하고

---

40) 《艮齋先生文集別編》 권1, 시, 〈朴君炳夏, 聞變, 仰藥自盡〉.

氣殺讎賊意一快　원수를 죽일 뜻이 통쾌하였도다.

過中近名莫謾說　중도를 어겨 명예를 드높인다 함부로 말하지 말라

朱魏二老俱有解　주자와 위간재가 모두 말한 뜻이 있도다.

賢者所長著力行　현인의 훌륭한 점은 힘써 행한 것에 보이니,

夫人避嫌孰爲善　모든 사람이 감추고 꺼린다면 누가 선행을 하겠는가.

匍匐賊庭誰家子　적의 조정에서 포복하는 이 뉘집 자식인가.

視之不啻豚與犬　살펴보니, 개와 돼지만도 못한 이라네.

靑邱一域等浮漚　우리나라 온 지역이 부질없이 위태로운데,

世皆如君何難復　세상 모두 군과 같이 하면 어찌 회복하기 어렵겠나.

今我癃病那當死　지금 내가 병이 심하여 죽을 것인데,

獨立西風淚盈斛　서풍에 홀로 서서 눈물 한 가득 흘리네.

　전우의 문하에서 함께 수학한 炳菴 金駿榮도 "道와 學은 사람이 잠시도 뗄 수 없는 것이다"라면서 "우리 黨에서 전날 '失學'을 후회하고 분개하여 '知'를 추구하여 통하게 된 이는 오직 내 친우 朴處士 文赫 뿐이다"[41]라고 박병하의 학문을 추앙하였다.

　鄭璣淵(1877~1952, 자: 衡七, 호: 琢窩, 본: 초계)은 경북 경산의 玉谷里 출신으로 족숙인 守堂 鄭華述에게 수학한 뒤 20세 되는 1896년 가을에 원계로 찾아가 송병선의 문인이 되었다. 그는 송병순에게도 수학하였는데, 송병순이 "옥은 갈지 않으면 물건이 될 수 없고, 사람은 배우지 않으면 도를 알 수 없다"라면서 정기연이 태어난 마을 이름에 '玉'자가 들어 있는 것을 따서 옥을 다듬는 집이란 뜻의 '琢窩'란 호를 지어주었다. 22세 때인 1898년에는 중용과 대학을 수학하였다. 1905년 12월에는 澤窩 禹夏轍, 重齋 尹奉周, 默齋 李柄喆 등과 함께 을사오적 처단을 요구하는 상소를 올리고자 상경하는 스승을 배종하였다. 서울에 도착하여 廣淸橋에 있는 여관에서 문인들

41) 金駿榮, 〈可軒記〉, 《병암집》 권3, 기.

이 스승의 상소 건에 대하여 말하기를

> 선생께서 한번 나아가 여러 적들을 도륙하고 거짓 조약을 파기하게 한
> 즉 백세의 영광일 뿐 아니라 宗祀의 행복일 것이다. 그렇지 않으면 오히려
> 나아가지 않음만 못하다. 만약 저 역적들한테 피체되어 욕을 당한 즉 또한
> 죽을 곳을 얻었다 말할 수 있겠는가. 죽지 않고 산에 들어가 自靖하면 또
> 한 하나의 도가 될 것이다.[42]

라고 말했다. 이때 정기연은

> 오늘 선생께서 한번 나아가 간하다가 죽을 곳에 처해있다. 어찌 自靖으
> 로써 자처하겠는가. 나는 일찍이 微子의 自靖이 죽음으로써 간하다가 이루
> 지 못하고 행했다고는 듣지 못했다. 또 선생께서는 평일에 여러 차례의 부
> 름에 일어나지 않다가 지금 이에 일어나셨으니 어찌 마음에 확정한 것이
> 없이 행동거지를 가벼이 하시겠는가.[43]

라고 송병선이 여러 차례 임금의 부름에 나아가지 않다가 상경하여
상소를 올림은 이미 마음속에 죽음을 결심하고 임금께 간하려 한
것이라 피력하였다.

　송병선은 여러 차례 상소를 올렸으나 강제로 기차에 태워져 대전
의 집으로 돌아오게 되자 음독 순국하였다. 정기연은 스승의 죽음
에 "오호, 나라에 누가 죽는 이가 없으랴마는 이와 같은 죽음이 있
단 말인가"라고 슬퍼하였다. 1908년 최익현이 쓰시마에서 순국한
뒤 시신을 운구할 때 제문을 지어 조문하였으며, 1909년 안중근의

---

42) 鄭相健, 〈(정기연) 가장〉, 《琢窩先生文集》 권22, 부록.
43) 鄭相健, 〈(정기연) 家狀〉, 《琢窩先生文集》 권22, 부록.
　　微子는 중국 殷나라의 紂王의 형으로 주왕이 충신들의 간언을 듣지 않고 폭군이
　　됨에 은나라를 떠나 宋나라를 세운 인물이다. 이때 比干은 諫하다가 죽었다.

하얼빈 의거에는 시를 지어 칭송하였다. 1910년 국망을 당하여 두문불출하고 오로지 강학에만 전념하였다. 〈毁儒辨說〉을 지었는데, 그 대략은 다음과 같다.

> 우리나라가 소중화로 일컬어져 천하에서 중망을 받은 것은 예의가 있기 때문이었다. 하루아침에 開明의 주장이 나와 5백 년 예의의 풍속이 없어졌다. 예의의 풍속이 없어지자 중화에서 오랑캐가 되었다. 중화가 오랑캐로 내려옴에 사람과 짐승의 구별이 없어졌다. 人獸의 구별이 없어짐에 우리 도가 망하게 되었다. 우리 도가 망함에 천지가 캄캄하게 막히게 되었다. 이에 오히려 이를 開明이라 칭하니 나는 모르겠다. 소위 개명이라는 것이 바른 길을 막아 사악한 길을 열고, 천지를 막아 사람의 욕심을 밝히는 것인가![44]

그는 인수의 구별이 없어져 우리의 도가 망하고 천지가 막히게 되었다면서 이를 오히려 '開明'이라 칭하는 자들과 개화사상을 비판하였다.

1912년 심석재 송병순이 자결 순국함에 제문을 바치고 조문하였다. 그리고 恥齋 李德夏와 함께 선생의 유고를 교정하는 일에 참여하였다. 1919년 10월에 〈習禮局圖說〉을 저술하여 예학을 정리하였으며, 이후 향리에 은둔하면서 후학을 양성하였다.

李柄運(1858~1937, 자: 德七, 호: 兢齋 蒼溪, 본: 인천)은 철종 8년 (1858) 경북 달성군 성북면 無怠里에서 태어났다. 7살 때 동몽교관을 맡고 있던 조부 學愚軒 李錫麟한테 《천자문》과 《격몽요결》을, 8살부터는 《통감》을 배웠다. 37세 때인 1894년 동학군이 치성하자 그는 "時事가 이 지경에 이르러 抱經入山함만 못하다"고 남쪽으로 내려가 다음 해인 1895년 부친이 강학하던 곳에 日新亭을 짓고 文

---

44) 鄭相健, 〈(정기연) 가장〉, 《琢窩先生文集》 권22, 부록.

會契를 만들었으며 매년 會講을 하였다. 그는 41살 때인 1898년 부친의 뜻에 따라 송병선의 문하에 들어갔다. 송병선은 그에게 '兢齋'란 호를 주면서 "兢兢이란 우리 유학자들이 도를 행하는 根基이다"라고 굳고 강하되 삼가고 두려워하는 마음을 가지라 권하였다. 그는 송병순의 가르침도 받으면서 立齋 宋根洙의 문집 교정에 참여하였다. 1900년에는 면암 최익현이 와서 묵으면서 여러 날 尊華攘夷論에 대한 강의를 하자 수강하고 시를 지어 화답하였다. 1902년에는 송병선이 화양동에서 향음례를 베푼 다음 巖棲齋에 올라 春秋를 강의하고, 鶴泉亭에 올라 大學을 강의하는 데 모시고 참석하였다. 1905년 송병선이 상경하여 상소를 올리고 끝내 자결 순국하자 잘 모시지 못함을 슬퍼 하였다. 1910년 경술국치를 당하여 통곡하며 입산하고 自靖하였다. 이후 그는 문인을 양성하는 외에 宋子大全 重刊과 대구향교를 移建하는 일 등에 참여하였다.[45]

安圭容(1873~1959, 자: 敬三, 호: 晦峯, 본: 죽산)은 전남 보성의 옥평리에서 부친 豊煥과 밀양박씨 사이에 출생하였다. 1893년 고향의 玉坪書堂에서 수학하였는데 다른 이들과는 달리 '時文'을 공부하지 않았다. 1894년 동학이 일어나자 그들이 창궐할까 염려하여 문장으로 배척하였다. 그는 이 일로 동학군한테 체포되어 위협을 받았으나 뜻을 꺾지 않았다. 다행히 구해주는 이가 있어 화를 면할 수 있었다. 1895년 겨울에 '削髮之令'이 내리자 그는 서당의 동지들에게 "화이의 분별은 왕의 명령보다 엄하다. 차라리 머리가 없는 귀신이 될지언정 머리카락이 없는 사람은 될 수 없다"라고 화이론 편에 서서 단발령을 반대하였다.[46]

그는 29세 때인 1901년 3월 원계에 있는 송병선의 문하에 나아가

---

45) 宋曾憲, 〈(이병운) 행장〉, 《兢齋文集》 권14. 부록.
　　李昌熙, 〈(이병운) 가장〉, 《兢齋文集》 권14. 부록.

46) 鄭毅鉉, 〈(안규용) 행장〉, 《晦峯遺稿》 부록 권1. 행장.

수학하였다. 그의 초명은 '圭鏞'이었는데, 송병선이 이를 '圭容'으로, 會中이란 字도 敬三으로 바꿔주었다. 그는 스승을 모시고 임피의 樂英堂 강회나 서천 豊玉軒에서 향음례 등에 참여하였다.

그는 활산으로 가서 송병순에게서도 수학하였다. 1905년 송병선이 죽자 제문을 바쳐《朱門旨訣》과《근사속록》으로 자신을 이끌어준 선생의 도가 오늘날 용납이 안 되었다면서 애통해했으며, 두문불출하고 自靖하였다.[47] 1910년 경술국치를 당하여 의관과 서적을 묶어 두고 들과 숲을 울면서 다녔으며, 만동묘에서 제사를 지내고 적상산에 올라 國朝의 璿源과 國史를 보고 울면서 활산으로 송병순을 찾아갔다. 송병순은 그러한 그에게 "천지가 飜覆되어 萬事가 끝이 났다. 그대는 오히려 이러한 행동을 하였는가"라고 하였다. 이에 대하여 안규용은 "한 조각의 괴로운 마음을 쏟을 곳이 없어 兩皇帝의 영전에 호소하고 싶었습니다. 운명이 끝나 구렁텅이입니다"라고 하자 송병순이 "그대의 지금 행동은 학문에 의지하는 바라 할 수 없다. 때에 맞는 의리에 힘써라"[48]고 권했다. 1912년 송병순이 자결 순국하자 3개월 복상을 하고 마을 사람들과 함께 집 뒷산에 올라 통곡하였다. 1921년 보성 眞鳳의 竹谷山에 집을 짓고 竹谷精舍라 한 뒤 제자를 양성하였다. 1934년에 총독부에서 '서당령'을 근거로 서당을 탄압하자 학생들을 돌려보내고 표연히 지리산 문수동으로 들어가 초가를 짓고 살았다.

그러나 총독부는 그를 조용히 살게 하지 않았다. 1936년 8월 그는 아들 安鍾宣과 함께 구례경찰서에 체포되어 9월 광주경찰서로 이송되었다. 일경이 제자 朴奎鉉을 체포하여 조사하는 과정에서 스승인 그를 연루자라 하여 체포한 것이다. 그는 전후 3개월 동안 협박받는 등 고초를 겪었지만, 안정된 자세로 이치에 맞게 처신하였

---

47) 안규용, 〈祭淵齋先生文〉,《회봉유고》권7. 제문.

48) 정의현, 〈(안규용) 행장〉,《회봉유고》부록 권1, 행장.

다. 그들이 박규현의 일기에 "선왕의 國都가 이적과 금수의 장이 되었다. 차마 눈으로 볼 수 없구나"(先王國都爲夷狄禽獸之場 目不忍見)란 글귀가 있다면서 "한국이라는 나라가 없어진 지 이미 오래되었는데 지금 이러한 사상을 갖는 것이 옳은가?"라고 말하자, 그는

> 진실로 사람의 마음이 있다면 오래될수록 더욱 잊을 수 없다. 예전에 까치 집이 마당 앞 나무에 있었는데 이웃집 아이들이 부수자 큰 소리로 울면서 죽을 듯이 부딪히고 날았다. 비록 다른 나무에 집을 지었지만, 이전 가지를 잊지 않고 때때로 와서 방황하니 저 까치들이 나뭇가지 하나에 보금자리를 빌린 것도 오히려 이와 같으매 하물며 사람으로 옛 나라가 황폐해짐에랴.[49]

라고 파괴된 까치집에 빗대어 망국의 심정을 토로했다.

안규용은 호남의병장 安圭洪의 의병 일지인 〈殉義事實〉과 부장들의 활동사실을 기록한 《澹山實記》를 편찬하여 안규홍의병의 활동상을 전하였다.[50] 또한 《鄕禮合編》,《朱門旨訣》,《童蒙須知》 같은 책을 저술하였으며, 鄭毅鉉과 朴元在 등 많은 후학을 양성하였다.[51] 또한 그는 조선시대를 이끌어 왔던 선비의 이념과 위상을 확립하고자 하였다. 그는 〈士說〉이란 글에서 도학이념을 계승해 군건히 우주의 주체로 살아가는 선비상을 다음과 같이 분명히 하였다.

> 선비는 귀한 것도 천한 것도 큰 것도 작은 것도 없다. 귀하고 크다고 꼭 선비가 되지도 않으며 천하고 작다하여 꼭 선비가 되지 않은 것도 아니다.

---

49) 위와 같음.

50) 안규용, 〈記安義士圭洪事跡〉,《회봉유고》 권5. 잡저.
안규용, 〈殉義事實〉,《澹山實記》(《독립운동사자료집》 3, 독립운동사편찬위원회, 1972. 319~372).

51) 《晦峯遺稿》부록 권2,〈言行摭錄〉참조.

선비는 도덕과 인의를 밝혀서 진실로 크게 꿰뚫어 보며 굳세게 뜻을 세우
고 값지고 특별한 뜻을 품어서 우주 가운데 우뚝하게 서는 것이니 귀함이
敵이 없으며 큼이 비할 바가 없다.[52]

  안규용은 〈事天說〉, 〈明德說〉, 〈九容九思說〉, 〈人獸辨〉 등 성리
설에 관해 여러 글을 썼다. 그는 성리설의 '心統性情'에 대한 우암
송시열의 "마음이란 광명 속에 있는 物로 性과 情을 겸하여 통할하
나 실은 하나이다(心是光明低物 而兼統性情 其實一)"라는 해석을 따랐
다. 이에 따라 그는 마음이 본성과 감성을 통합한다고 해석하면서
이를 등불이 열과 빛을 모두 가지고 있는 것에 빗대었다.[53] 따라서
그는 田愚가 본성과 마음을 스승과 제자에 비유한 것(性師心弟說)은
마음의 통합적 전체성을 보아 넘긴 것이라 비판하고 李恒老가 마음
과 성품을 임금과 백성에 비유한 것(心君性兆民說)은 성품이 본성을
벗어난 것이라 비판하면서 자신의 입장을 지켰다. 그는 중년 이후
에는 '理氣' 문제를 언급하고 싶어하지 않았다. 그는 이른바 성리학
이란 '성품을 따르고 이치를 따르는 것('率性循理')이라고 하여 구구
번잡한 분석보다 일상적 도리 실천을 강조하였다.[54] 이로보아 그는
현실적 실천성을 회복하고자 했다고 할 수 있다.

  張基洪(1883~1956, 자: 禹範, 호: 學南齋, 본: 홍덕)은 고종 20년(1883)
전남 동복의 학당리에서 부친 聲容(호: 愚汀)과 밀양박씨 사이에 태
어났다. 그는 23살 때인 1905년 2월 송병선의 문인이 되어 학문을
하는 요체와 出處의 대의를 배웠다. 그해 스승의 장례를 치르고 다
음 해 5월에 송병순의 문하에 들어가 학업을 계속하였다. 송병순
은 그에게 學南齋란 호를 주어 학문에 힘쓰라고 권하였다. 그는 스

---

52) 안규용, 〈士說〉, 《회당유고》 권5, 잡저.
53) 안규용, 〈明德說〉, 《회당유고》 권5, 잡저.
54) 정의현, 〈(안규용) 행장〉, 《회봉유고》 부록 권1, 행장.

승이 순절하자 제문을 바쳐 "중화가 오랑캐 되고 인간이 짐승 되는 날을 맞아 강상이 무너지지 않게 떠받치다가 끝내 殉道하여 후세에 요순, 공맹의 道를 알게 하였다"라고 스승의 殉道를 기렸다.[55] 1906년 면암 최익현이 순창에서 의병을 일으키자 그는 동복의 사우들을 거느리고 달려가 임병찬 등과 함께 방어책을 협의하였다. 체포되어 쓰시마에 유배되는 일은 면했다. 이후 그는 산속에 숨어 지내며 주자서나 근사록 그리고 성리론에 이르기까지 연재학파의 정론을 한결 같이 따라 탐구하였다.[56]

趙鍾悳(1858~1927, 자: 性薰, 호: 滄菴, 본: 옥천)은 철종 9년(1858) 順天府 住巖坊 九龜山 아래에서 부친 亨奎와 풍천任씨 사이에 태어났다. 무과 응시를 권하는 이가 있었으나 이를 거부하고 42세의 나이인 1899년 송병선을 찾아가 문인이 되었다. 율곡의《聖學輯要》를 읽으라고 지시받고 부모를 모시면서 두문불출하고 공부하였다. 1895년 변복령과 단발령을 거부하였으며, 1905년 스승이 순절하자 1년간 心喪하면서 스승의 유고 간행에 참여하였다. 1910년 경술국치에 스스로 소중화의 은자라는 뜻의 '小華遯人'으로 자처하고 은둔하였다.[57]

이들 외에도 진주의병장 盧應奎, 자결 순국한 趙熙濟, 금산유회군 대표 高濟學, 대한광복회 회원인 趙鏞昇 · 趙百泳 · 曺在學 · 金容鎬 · 宋柱憲 · 李來修 등 많은 제자를 양성한 것으로 알려져 있다.

盧應奎(1861~1907)는 경남 안의 출신으로 송병선을 비롯하여 許傳과 崔益鉉 등 여러 문하에 출입한 것으로 알려져 있다. 그는 1896년 안의에서 의병을 일으켜 승려 徐再起를 선봉장으로 삼고 진주성을 점령한 뒤 일본군과 김해 전투를 치르고 부산항을 점령하고

55) 張基洪, 〈祭淵齋先生文〉, 《學南齋遺稿》권6. 제문.

56) 宋在晟, 〈(장기홍)행장〉, 《학남재유고》권8. 부록.

57) 洪溫, 〈滄庵趙先生행장〉, 《滄庵集》권10. 부록.
　　閔丙承, 〈滄庵趙公墓碣銘〉, 《창암집》권10. 부록.

자 하였다. 그러나 정한용의 배신과 일본군의 공격 때문에 광주로
탈출하여 기우만과 재기를 기도하였다. 1906년 황간에서 재차 기병
하였으나 체포되어 1907년 옥사하였다.[58]

高濟學(1838~1915)은 금산의 재지사족(在地士族)으로, 금산 제원
에 거주하던 宋來熙(1791~1867)한테 수학하였으며, 그가 죽자 송병
선 문하에 출입하였다. 그는 비록 2년 연상이지만 송병선을 선생으
로 모셨으며, 그가 순절하자 만장과 제문을 지었는데, 제문에서 선
생은 華陽 正脈으로 天賦 洵美하고 德音 孔碩"이라면서 스승을 추
모하였다. 그는 1894년 동학농민군과 대적하려고 의회군을 조직하
고 義會將에 추대되어 동학군과 여러 전투를 치렀다.[59]

趙熙濟(1873~1938)는 전북 임실 출신 유학자로 송병선과 기우만
에게 수학하였다. 그는 1895년 의병봉기에 직접 참여하지는 않았으
나 이때부터 절의 있는 이들의 실적을 기록하였으며, 특히 1905년
을사조약 늑결과 스승의 자결을 보면서 국난을 극복하려 애썼던 애
국지사들의 사적을 정리하였다. 1934년에 완성하여 이를 《念齋野
錄》이라 하였는데, 1938년 이것이 발각되어 임실경찰서에 구속되
었다. 풀려난 뒤에도 머리를 깎으라는 협박을 받게 되자 "저들에게
모욕을 당하면서 구차하게 사느니, 차라리 조용히 죽는 것이 낫다"
며 극약을 마시고 자결하였다.[60]

曺在學과 金容鎬 · 宋柱憲 · 李來修 등은 1919년 파리장서운동에
참여하였다. 조재학(1861~1943, 본: 창녕, 자: 公翌, 元敎, 호: 迂堂, 小金
華山人)은 경상남도 의령 출신이다. 포천으로 가 최익현의 문하생이
되어 화서학파의 척사론을 수학하였다. 1888년에는 원계로 송병선
을 찾아가 가르침을 받았다. 1905년 송병선의 순국에 장례를 치루

---

58) 박민영, 〈신암 노응규의 진주의병항전 연구〉, 《박성수교수화갑기념논총》,
    1991.

59) 양승률, 〈1894년 금산지역 의회군의 조직과 활동〉, 《충남사학》 10, 1998.

60) 조희제, 《念齋野錄》, 금강서원, 1990년 영인.

고, 윤철규를 규탄하고자 상경하였으나 응하는 자가 없었다. 그는 최익현이 태인에서 의병을 일으켰다는 소식을 듣고 참여하고자 갔으나 이미 최익현은 체포되었다.[61] 그는 쓰시마에 유폐된 최익현을 찾아가 버선 한 켤레와 일본돈 20냥 등을 차입하고 돌아왔다. 최익현은 돌아가는 그에게 시를 써 주었다.[62] 1913년에는 遯軒 林炳瓚과 함께 獨立義軍府를 조직하여 활약하였다. 그러나 독립의군부의 조직이 탐지되어 울릉도로 유배되었다. 1919년 3·1운동이 발발하자 만세운동에 가담하였으며 巴里長書에 유림대표로 서명하였다.[63]

金容鎬(1853~1924, 본: 김해, 자: 元琚, 호: 一菴)는 경북 달성 출신으로 1898년 송병선과 송병순의 문인이 되었다. 1902년 송병선의 용강서당 강회에 배종하였다. 1905년 송병선이 순국함에 3년 동안 극진하게 시묘하였다. 송병순은 그의 시묘살이에 감동되어 '一菴說'이란 글을 썼는데, 여기에서 그의 스승을 위한 3년 동안의 시묘를 子貢의 공자를 위한 '心喪 3년'에 비유하였다.[64] 그는 또한 송병순을 극진하게 모셨는데, 1910년 송병순이 西山 危巖에 올라 자결하려 함에 이를 저지하였으며, 그 바위를 '통곡암'이라 불렀다. 1912년 스승인 송병순이 자결 순국함에 너무나 애통해하는 것이 살고자 하지 않는 것과 같았다.[65] 1919년 유림의 독립운동인 파리장서운동에 참여하였다.[66]

宋柱憲(1872~1950, 본: 여산, 자: 允章, 호: 三乎齋)은 전남 고흥사람이다. 1891년 옥천의 원계로 가서 송근수, 송병선, 송병순을 모시고 수학하였다. 송근수는 그에게 '直'자를 송병선은 '淸心寡慾'을 송

61) 李教宇, 〈(조재학)행장〉, 《迂堂遺稿》부록, 행장.
62) 최익현, 〈贈曺迂堂在學〉, 《遯軒遺稿》권1, 시.
63) 李教宇, 〈(조재학) 행장〉, 《迂堂遺稿》부록, 행장.
64) 송병순, 〈一菴說〉, 《一菴文集》권7. 부록.
65) 宋曾憲, 〈(김용호) 행장〉, 《일암문집》권7. 부록.
66) 경북경찰부, 《고등경찰요사》, 247~251쪽.

병순은 '정성을 다하고 삼가라'는 뜻의 '誠恪'을 글로 주어 경계하도록 하였다. 그는 송병선이 순국하고 1910년 국치를 당하자 華陽洞과 東鶴寺에 몸을 의탁하고 옛 나라를 사모하는 마음(風泉之思)으로 《御製詩集》, 《圃隱年譜》, 《東鶴誌》 등을 편찬하였다.[67] 그는 1915년 총독부가 만동묘를 철폐하자 이직현과 함께 이를 강력히 반대하다가 괴산경찰서에 수감되기도 하였다.[68] 1919년 3월 5일에는 유준근·백관형·고석진 등과 함께 고종의 返虞祭를 지내고 돌아오는 순종에게 상소를 올리다가 체포되었다. 이때 소수는 유준근이었고, 문안 崔永禼이 기초를 잡은 것으로 알려져 있다.[69] 이 해에 송주헌은 파리장서운동에 참여하였으며, 같은 해 11월 6일 경성지방법원에서 이른바 출판법 및 보안법 위반으로 8개월 동안 수감되었다가 무죄 방면되었다.[70]

劉秉淇(1882~1910)는 전남 구례의 양반가문 출신으로서 宋秉璿 문하에서 수학하였다. 1907년 봄 白樂九 등과 함께 함평군 나산에서 의병을 일으켰다. 그는 나산을 거점으로 담양·영광·장성·창평·광주·동복 일대에서 크게 활약하였다. 특히, 창평전투에서 많은 일본군을 사살하였다. 1907년 9월 중순 흥덕군 사진포에 있는 일본인 가옥 3동을 소각하였으며, 11월에 함평 읍내의 일본인 가옥 3동도 불태웠다. 12월 동복 신평에서 일본군과 접전하여 3명을 사살하였다. 1908년 2월 2일 창평군 무등촌에서 교전하여 일본군 수명을 사살하고, 쌍안경 한 개·단총 한 개·군도 한 자루를 노획하였다. 2월 21일에는 장성군 남이리에서 일본군과 교전하여 큰 피해

---

67) 金潤東, 〈(송주헌) 행장〉, 《三乎齋集》 권5. 부록.
　　李直鉉, 〈華陽日記〉, 《是菴文集》 권10.
68) 김윤동, 〈(송주헌) 행장〉, 《삼호재집》 권5. 부록.
69) 송주헌, 《조선유림기미독립운동사》, 병술년(1926) 4월.
70) 경북경찰부, 《고등경찰요사》, 247~251쪽. 《독립운동사자료집》 5, 128~131쪽.
　　《매일신보》 1919년 11월 8일자.

를 입혔으나 본인도 오른쪽 팔다리에 총상을 입었다. 3월 14일에는 영광군 봉산면에서 접전하여 일본군 기병 중위 관정(管井) 외 한 명에게 중상을 입혔다. 3월 나주군 용진산에서 격전을 벌여 큰 타격을 입혔다. 4월 중순에는 순창 산막에서 교전하여 큰 전과를 올렸으나 접전 중에 후군장 백낙구가 전사하였다. 5월 30일 창평 龍興寺에서 접전하였으나 참패하였다. 이때 기포장 조기영이 전사하고, 유병기는 왼쪽 팔과 왼편 복부에 다시 총상을 입었다. 총상을 입은 뒤 치병에 힘쓰다가 후에 다시 梁相基 의진의 참모로 활약하였다. 그러나 양상기와의 견해 차이로 의진을 탈퇴하였다. 그 뒤 재거를 꾀하다가 일본군에게 체포되어 1910년 3월 29일 광주지방재판소에서 '내란죄'로 교수형을 선고받고, 공소하였으나 5월 17일 대구복심법원에서 기각되었다. 다시 고등법원에 항소하였으나 1910년 6월 16일 기각되고 그대로 형이 확정되어 순국하였다.[71]

李來修(1860~1933)는 논산 출신으로 홍주의병에 참여한 것으로 알려져 있다. 1916년 7월 連山 漢陽里 자신의 집에서 홍주의병 출신인 李容珪 · 李晚植 · 尹炳日 등과 함께 擧義를 결심하고 동지를 규합하는 한편 자금을 모았다.[72] 그러나 계획이 배신자의 밀고로 사전 발각되어 1917년 4월에 체포된 뒤 전남 箕子島로 1년 동안 유배되었다. 1919년 3 · 1독립운동이 일어나자 이용규 등과 함께 국민대회를 추진하는 한편 유림대표가 파리강화회의에 조선 독립을 요구한 파리장서에 서명하였다. 1921년 논산을 거점으로 군자금을 모금하여 상해 임시정부에 보내는 활동을 하다가 체포되어 1923년 10월 경성복심법원에서 징역 2년형을 선고받고 옥고를 치렀다.[73]

71) 판결문 (대구공소원, 1910. 5. 17). 국사편찬위원회, 《한국독립운동사》, 1965. 편찬위원회, 《독립운동사자료집》 별집1, 1974.

72) 〈의사이용규전〉, 《독립운동사자료집》 2, 347쪽.

73) 〈대정12년 형공 제252호〉, 《독립운동사자료집》 9, 1119~1124쪽.
이성우, 〈이학순 이내수 부자의 민족운동〉, 《한국사연구》 166, 2014, 321~328쪽.

제5장 李南珪

1905년 11월 일제가 을사조약을 늑결하면서 한민족은 외교권마저 빼앗기는 민족적 치욕을 겪었다. 일제는 12월 통감부를 설치하고 조선의 정치·경제·군사를 비롯해 모든 통수권을 장악하였으며, 주요 도시에는 이사청과 이사청 지청을 설치하고 본격적으로 조선통치를 시작하였다.

국권을 회복하기 위한 민족독립운동은 여러 방면에서 펼쳐졌지만, 일제의 침략정책에 큰 타격과 두려움을 안겨준 것은 유생과 농민을 비롯한 민중들이 벌인 의병투쟁이라 할 수 있다. 의병 가운데서도 을사조약 강제 체결 후에 최초로 조직적이고 강력한 항쟁을 벌인 의병으로는 洪州義兵이 있다. 홍주의병은 1906년 3월 봉기하여 일본군과 관군을 격퇴하고 홍주성을 점령하였으며, 통감 伊藤博文의 명령으로 급파된 일본군과 싸워 수백 명의 희생자를 내면서 일제의 한국 침략에 강력하게 저항한 대표적인 의진이었다 할 수 있다.[1]

---

1)1906년의 홍주의병에 대한 주요 연구는 다음과 같다.
　강병식, 〈한말 홍주성의병에 대하여〉,《민족사상》2, 1984.
　송용재,《홍주의병실록》, 홍주의병유족회, 1986.
　유한철, 〈홍주성의진(1906)의 조직과 활동〉,《한국독립운동사연구》4, 1990.
　김상기, 〈1906년 홍주의병의 홍주성전투〉,《한국근현대사연구》37, 2006.

이남규는 홍주의병에 선봉장으로 참여하였으며, 홍주성전투에서 패한 뒤 자신의 집에서 閔宗植을 의병장에 재추대하고 李容珪 등과 함께 재기를 계획하다가 체포되어 옥고를 치렀다. 출옥한 직후 일본군에 의해 서울로 압송되어 가다가 일본군의 협조요청을 강력히 뿌리치고 장렬하게 순국한 애국지사이다.

이남규에 대한 연구는 1973년 《수당집》이 간행된 이후,[2] 1977년에 洪以燮 등이 주도하여 그 결과가 《나라사랑》제28집에 갈무리되었다. 여기에서 이남규의 가계와 학통, 사상을 비롯하여 정치적 경륜, 문학사적 위치 등 그의 생애와 학문이 다양하게 검토되었다.[3] 이번 장에서는 그 후 새로이 발견된 자료로 이남규의 학문과 민족운동을 살펴보기로 한다.[4]

1. 학문과 생애

이남규는 철종 5년(1855)에 서울 미동에서 東部都事를 역임한 李浩植과 청송심씨의 아들로 태어났다. 그의 자는 元八, 호는 修堂(또는 汕左)이며, 본관은 韓山인데 여말 선초에 문장과 학문으로 일세를 풍미했던 稼亭 李穀과 牧隱 李穡의 후손이다. 조선조에 들어와 이남규의 집안은 그의 17대조 季甸 대에 크게 번창하였다. 계전은 세종 때 親試 을과에 급제하여 임금의 신임이 두터웠는데 집현

---

2) 이우성, 《《수당집》 해제》, 《수당집》, 성균관대 대동문화연구소, 1973.

3) 《나라사랑》제28집(외솔회, 1977)에 실린 논문은 다음과 같다.
〈수당 이남규의 생애〉(윤병석), 〈수당의 민족정신과 사상〉(천관우), 〈수당의 정치적 경륜〉(강주진), 〈수당 이남규와 홍주성 전투〉(홍이섭), 〈수당가의 충효 윤리〉(정순목), 〈수당 이남규의 사상과 문학〉(이가원), 〈수당과 한문학〉(임창순), 〈수당의 문학사적 위치〉(전규태), 〈목은과 수당〉(조국원).

4) 이남규가 남긴 기록으로는 1973년 성균관대학교에서 영인된 《수당집》이 있다. 그리고 후손이 소장하고 있는 〈갑오을미일기〉(필사본, 1894. 5. 6 ~ 1895. 4. 19)와 성리설을 밝힌 〈仁, 仁義〉(필사본)가 있다.

전 직제학, 동부승지, 우부승지 등으로 세종을 측근에서 시종했다.
문종 때에는 병조판서와 집현전대제학을, 세조 때에는 성균관대사
성을 역임하였다. 세조 5년 그가 죽자 임금은 2일 동안 停朝하고 文
烈이란 시호를 내렸는데 이로 말미암아 그는 한산이씨 문열공파의
파조가 되었다. 그의 후손들은 그 뒤에도 대대로 문한과 관직이 끊
이지 않았으니 鵝溪 李山海는 선조 대에 관직이 영의정에 이르렀으
며, 이산해의 삼종숙 이지함은 《土亭秘訣》의 저자로 유명하다. 이
남규의 11대조 慶全(호:石樓) 역시 문과 출신으로 좌참찬을 역임하
여 부친 이산해와 함께 耆老社에 들어가는 영예를 누렸다. 그 뒤에
도 그의 7대조 德運이 문과에 급제하였으며, 5대조 秀逸(호:龜湖) 역
시 문과에 급제하고 동부승지를 역임하였다. 고조 宇濬은 성균 생
원이었으며, 증조 廣敎는 성균진사, 조 宗秉(호: 榮亭)은 문과 출신
으로 병조 참판을 역임했고, 부 浩稙(호:大岡)은 도사를 증직받았다.
이처럼 이남규는 조선조에 여러 명의 문과 급제자와 영의정을 비롯
한 고관을 배출한 명문가에서 출생하였다.[5]

---

5) 이남규의 가계표는 다음과 같다.
  允卿-仁幹-孝進-昌世-自成-穀-穡-種善
  (1세) |

       3 季甸(친시을과, 집현전대제학, 병판, 성균관
            대사성 시호: 文烈, 1404-1459)   9세
                              |
       1 塏(문과, 성균관대사성, 1432~1467)   10세
                              |
       1 長潤(봉화현감,1455~1528)   11세
                              |
       2 穉(수원판관, 1477~1530)   12세
                              |
       2 之蕃(내자시정, 청풍군수, 1508~1575)   13세
                              |
       1 山海(중종 34-광해군 1, 문과, 성균관
            대사성, 영의정, 1539~1609)   14세
                              |
       2 慶全(문과, 형조판서,韓平君, 1567~1645) 15세
                              |
       2 久(예문관검열, 시강원설서, 1586~1609)16세

　　이남규는 許傳의 문하에서 科文을 중심으로 수학하였다. 그는
21세 때인 고종 12년(1875) 사마시에 급제하였으며,[6] 고종 19년
(1882) 4월의 정시 문과에 응시하여 병과 제2인으로 급제하였다.[7]
다음 해에 승문원 副正字를 제수받으면서 관리의 길로 들어섰다.

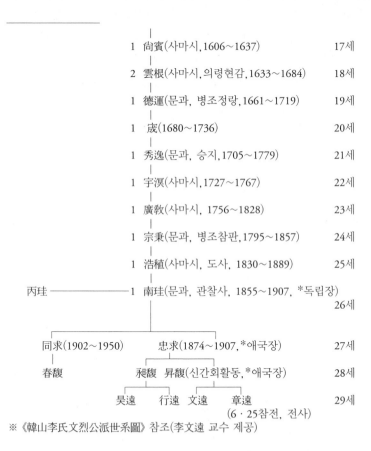

1	尙賓(사마시, 1606~1637)	17세
2	雲根(사마시, 의령현감, 1633~1684)	18세
1	德運(문과, 병조정랑, 1661~1719)	19세
1	宬(1680~1736)	20세
1	秀逸(문과, 승지, 1705~1779)	21세
1	宇溟(사마시, 1727~1767)	22세
1	廣敎(사마시, 1756~1828)	23세
1	宗秉(문과, 병조참판, 1795~1857)	24세
1	浩稙(사마시, 도사, 1830~1889)	25세

丙珪───────1 南珪(문과, 관찰사, 1855~1907, *독립장)
26세

同求(1902~1950)　　　忠求(1874~1907, *애국장)　　27세

春馥　　　　　　昶馥　昇馥(신간회활동, *애국장)　　28세

　　　　　昊遠　　行遠　文遠　　章遠　　29세
　　　　　　　　　　　　(6·25참전, 전사)

※《韓山李氏文烈公派世系圖》참조(李文遠 교수 제공)

6) 당시의 試官은 행호군 韓敬源, 부호군 權膺善, 부사과 尹致聊이었다. 試題는 '賢
　人所過之地山川草木皆有精彩'였다(《한산이씨문열공파세보》참조, 이문원교수 제
　공).

7) 이때 춘당대에 임금이 친히 거동하여 과거를 보였는데 시관은 판부사 金炳國
　이었으며, 賦題는 '極天下之孝'였다. 《韓山李氏文烈公派世譜》(이문원교수 제
　공).

고종 21년(1885) 10월에 승문원 부박사·홍문관 교리, 12월에는 선
전관, 고종 22년에는 성균관 서학교수·사간원 정언·홍문관 부
수찬을 제수받았다. 이해에 부수찬으로 玉堂聯箚를 올렸다.[8] 고종
23년 정월에는 동학 교수에 제수되었다. 이후에도 성균관 교수에
여러차례 제수되었으며, 이곳에서 申采浩를 비롯하여 李章稙·姜
驥善·卞榮晚 등을 가르친 것으로 알려져 있다.[9] 고종 26년(1891)
에는 사헌부 장령과 지평을 거쳐 수찬·교리 등을 맡았다. 이해에
도 수찬으로 옥당연차에 참여하였다.[10] 이듬해 3월에는 통정대부에
올라 공조참의를 제수받고 왕세자가 皇壇에서 春享을 지내는데 執
尊으로 참여하였다.[11] 이해 6월에 첨지중추부사에 올랐고, 다시 동
부승지를 제수받았다. 이와 같이 이남규는 문과에 급제한 뒤 요직
을 두루 거치면서 왕실의 측근에서 國事를 담당하는 막중한 책임을
졌다.

이남규는 1894년 갑오정권이 들어선 이후에도 영흥부사나 안동
관찰사 같은 관직을 받았다. 이때 그의 태도는 많은 관리들이 김홍
집내각에 있는 것을 수치로 여겨 사직한 뒤 낙향한 것과 대조적이
다. 어쩔 수 없이 관직을 받기는 하였으나 부임한 뒤에는 최대한
'愛民論'의 입장에서 양민들의 생활을 향상시키려 힘썼다. 그가 영
흥부사로 있으면서 올린 〈因鑛稅自劾疏〉에 이러한 면이 잘 나타나
있다. 그는 영흥 금광이 이익은 적으면서 일하는 鑛徒들이 주민들
에게 폐해를 끼치자 폐광을 명령하였으나, 광무감리라는 관리가 내
려와 밀린 세금을 독촉하는 등 의견이 엇갈리자 사직 상소를 올린

---

8) 《고종실록》 권23, 고종 23년 병술 11월 30일.

9) 이가원, 〈수당 이남규의 사상과 문학〉, 《나라사랑》 28, 1977, 68쪽. 이남규는 이
   장직에게 보낸 서신에서 신채호를 "明敏하고 志操가 있다"고 평하고 있으며, 쉽
   게 얻을 수 없으니 그와 더불어 사귐에 마땅히 유익할 것이라면서 친구로 지낼
   것을 권하고 있다(〈與族叔公－章稙〉, 《수당집》 권3 서, 95쪽).

10) 《고종실록》 권28, 고종28년 신묘 10월 12일.

11) 《고종실록》 권29, 고종 29년 임진 3월 7일.

것이다.[12] 영흥에서 일한 것은 겨우 1년 남짓이었지만 그는 금광 문제를 처리하며 보여주었듯이 주민의 어려움을 덜어주려는 목민관으로서 임무를 수행하였으며, 영흥 지역민들을 교화하고자 향약 보급에도 힘썼다.[13]

1894년 동학농민전쟁이 일어났다. 이남규는 척사론의 입장에서 동학과 서학, 그리고 개화정책을 배척하였다. 고종28년(1893) 2월 12일 동학교도 朴光浩 등이 교조 崔濟愚를 신원해달라며 광화문 앞에서 3일 동안 복합 상소를 하는 사건이 일어났다. 이때 그는 상소를 올려 동학을 서학과 함께 배척하자고 제시하였다. 그는 "동학의 무리들이 방자하게 대궐 앞에서 그들 괴수의 원통함을 부르짖은 지 며칠이 되었는데 이를 힐문하거나 성토하는 이가 없다"고 하면서 "동학의 疏頭를 엄히 조사하여 … 그 뿌리를 뽑고 붙좇는 자를 다스릴 것"을 주장하였다. 아울러 기독교 선교를 금하여 우리의 도를 밝히자고 주청하였다.[14] 고종은 이에 "마땅히 異端을 물리치고 正道를 수호하며 백성을 교도하고 整齊하는 방책을 강구해야겠다"는 비답을 내렸으며 의정부에 동학교도들을 법에 따라 엄벌하라 명하였다.[15]

동학교도들은 고부민란을 계기로 동학농민전쟁을 일으켜 호남 지역을 장악하였다. 조정은 이를 진압할 힘이 없자 청나라에 군사 지원을 요청하였으며, 이를 빌미로 일본 측에서는 오히려 청군보다 많은 수의 군대를 파견하였다. 이로써 조선은 청일 양국에 전쟁터를 빌려준 셈이 되었다. 일본은 청일전쟁을 일으키기 이틀 전인 1894년 6월 21일에 경복궁을 무력으로 점령하였다. 이른바 경복궁

---

12) 이남규, 〈因鑛稅自劾疏〉, 《수당집》 권2, 疏, 39쪽.

13) 이남규, 〈永興鄕約序〉, 《수당집》 권5, 서, 134~135쪽.

14) 이남규, 〈斥東西邪學疏〉, 《수당집》 권2 소, 32~33쪽.

15) 《고종실록》 권30, 고종30년 계사 2월 21일, 2월 28일.

수당 이남규(이문원교수 제공)

점령사건이라고 하는 甲午變亂은 일본의 노골적인 침략사건이었다. 일제는 고종의 권력을 빼앗고 친일파들로 내각을 조직하기에 이르렀다. 그리고 이들이 친일 개화정책인 갑오경장을 추진시켜 나갔다.

이남규는 개화파의 이른바 개화를 '倭化'로 보았으며, 결국은 일제에게 종속되지 않을까 경계하였다.[16] 1894년 이후 일제의 조선침략이 노골화하자 척사의 대상이 '倭'로 바뀌었으며, 민족의 자주독립을 위해 對日決戰論을 주장하였다.

이남규는 갑오변란 이틀 뒤인 1894년 6월 23일 상소를 올려 동학군 진압과 일본군 궁궐 점령 후의 정부 시책을 비판하였다. 그는 동학군이 전주를 점령하였으나 관군을 보내 되찾은 것은 '社稷의 洪福'이요 '전하의 이목을 새롭게 한 것'이라고 칭송한 뒤, 동학군이 봉기한 이유였던 수령과 전운사 · 안핵사 · 균전사 등을 처리하면서 처벌하지 않고 불문에 붙이거나 직을 옮겨주는 정도에 그쳤다고 비판하면서 이러한 처리는 크게 잘못되었다고 지적하였다. 그리고 일본군의 경복궁 점령사건에 대하여는 애초에 우리가 중국에 구원을 청했던 것이 현명하지 못했다고 비판하였다. 이어서 "다른 나라 군대가 도성안에 들어와 있는데, 우리가 편안히 앉아 있을 수 있단 말입니까"라면서 갑옷을 수선하고 병기를 손질하여 일본군의 침략에 대비하자고 주청하였다.[17]

---

16) 이남규, 〈請絶倭疏〉, 《수당집》 권2, 소.

17) 이남규, 〈論匪擾及倭兵入都疏〉, 〈수당집〉 권2 소, 33~36쪽.
《고종실록》 권31, 고종31년 갑오 6월 23일조.
황현, 《매천야록》 권2, '刑曹參議李南珪上疏略曰' 참조.

이남규는 위 상소를 올린 뒤 〈請絕倭疏〉라는 더 강력한 반일상
소를 올렸다. 이 상소문에서 그는 일본이 군대를 요지에 주둔시키
고 도성을 에워싼 적이 이때껏 없었다면서, 일본이 조약문에 '自主
獨立'이라고 명기한 것은 속임수로 이는 도요토미 히데요시(豊臣秀
吉)가 명나라에 들어가기 위해 길을 빌리자는 간교와 같은 것이라고
다음과 같이 일제의 침략정책을 논리적으로 비판하였다.

> 옛 법규를 지킨다면 명목은 비록 屬人(피지배인, 필자)이나 실상은 자주
> 일 것이요, 만약 저들 말을 따른다면 명목은 비록 자주이나 실상은 屬人이
> 될 것입니다. 헛된 명목을 좇아 화를 당함은 이미 살펴본 바 있습니다.
> 저들의 의도는 우리나라에 사람이 없다 하여 우롱하고 사타구니에 끼고
> 손바닥에 올려놓고서 희롱하려는 것입니다. 그래서 밖으로는 우리를 높이
> 는 것처럼 하고 안으로는 실상 우리를 낮추며, 밖으로는 우리를 강하게 해
> 주는 것처럼 하고 안으로는 우리를 약화시키며, 밖으로는 우리를 신장해주
> 는 것처럼 하고 안으로는 우리를 굽히게 하며, 밖으로는 우리를 도와주는
> 것처럼 하고 안으로는 실상 우리를 외롭게 만듭니다. 또 우리에게 변고가
> 있음을 엿보고, 구폐를 혁파한다는 것을 이용하여 漁父之利를 거두려 합니
> 다.[18]

한편 이남규는 영흥부사로 있던 1895년에 을미사변의 비보를 접
하고 일본에 대한 적대감정이 극에 달하였다.[19] 그는 관찰사에게
'討賊復讐'하자고 청하였으며,[20] 명성황후의 비보에 이어 내려온 폐
후조칙은 도저히 있을 수 없는 처사라고 항변하면서 "비록 죽더라

---

18) 이남규, 〈請絕倭疏〉, 《수당집》 권2, 소, 36~38쪽.
19) 이남규, 〈辭永興郡守上觀察使狀〉 3, 《수당집》 권2, 소, 55쪽.
20) 이남규, 〈辭永興郡守上觀察使狀〉 4, 《수당집》 권2, 55쪽.

도 칙령을 따를 수 없다"[21]라며 강하게 토적복수의 뜻을 표명하였
다.

그는 1895년 9월에 고종에게 상소를 올렸다. 처음에 내부에서 이
를 물리쳤으나 왕명으로 비로소 올라온 이 상소에서, 그는 '主辱臣
死'의 정신으로 반드시 복수해야 한다고 피력하였다. 이어서 "8월
22일에 내리신 칙명을 빨리 거두시고 왕후의 위호를 전대로 회복할
것"과 범인을 체포하여 극형에 처할 것, 그리고 일본군을 물리칠
것을 다음과 같이 주청하였다.

> 엎드려 비옵건대 폐하께서는 결단을 내리시고 속히 有司에 명하시어 亂
> 兵의 우두머리를 체포하시고 국청을 여시어 覈悉하시옵소서. 원흉과 도당
> 을 다함께 극형으로 다스리시어 왕법을 밝히시고 倫常을 바로잡으시옵소
> 서. 이어서 外務를 맡은 관서에 명하시어 일본이 맹약을 어기고 환란을 일
> 으킨 죄를 동맹국 여러 나라에 알리고 함께 칠 것을 약속케 하시옵소서.[22]

이어서 그는 고종에게 애통조서를 내릴 것을 주청하면서 그 안에
담을 내용을 다음과 같이 제시하였다.

> 천하에 망하지 않는 나라가 없고, 죽지 않는 사람이 없다. 그 망함을 두
> 려워하는 까닭으로 더욱 패망을 재촉하게 되고 비록 존재한다 하더라도 구
> 차스러운 것이다. 그 죽음을 두려워하는 까닭으로 더욱 죽음을 재촉하게
> 되고 살아 있다 하더라도 또한 구차스러운 것이다. 너희들은 원수놈을 그
> 릇 옆의 쥐로 여겨서 던지기를 꺼리지 말며, 너희들의 몸을 엎어진 둥우리
> 의 알로 여겨서 반드시 패하리라 지레짐작하지 말라. 마음을 같이 하고 힘
> 을 합쳐 짐의 적과 싸워서 국모의 원수를 갚고 종사의 치욕을 씻으라.

---

21) 이남규, 〈辭永興郡守上觀察使狀〉 5, 《수당집》 권2, 소, 56쪽.
22) 이남규, 〈請復王后位號討賊復讐疏〉, 《수당집》 권2, 소, 39~41쪽.

이남규는 이어 올린 상소에서 폐후조칙은 비록 죽음을 당하더라
도 받들 수 없다고 거듭 밝혔다. 또 폐후조칙을 거두고 칙명을 받든
모든 대신을 죄로 다스리라 주청하였다.[23] 그러나 이 상소는 관철
되지 않았으며, 그는 결국 자신의 뜻이 받아들여지지 않는다고 탄
식하면서 관직을 버리고 낙향하였다.

조정에서는 1896년 3월 4일 그에게 안동관찰사를 제수하였다.[24]
拓菴 金道和 등이 일으킨 안동의병에 안동부가 점령당했으며, 서울
로 달아나던 안동관찰사 金奭中은 그해 2월 23일 문경에서 李康秊
의병에게 체포되어 문경 농암장터에서 참형에 처해진 처지인데 그
를 후임 관찰사로 임명한 것이다. 여기에는 안동의병을 진압하고
주민을 위무하라는 개화정권의 주문이 숨어 있었다. 조정에서는 그
가 남인으로 영남지역의 사림들과 교유가 깊은 것을 이용하고자 한
것이다.[25]

이남규는 조정의 명을 거역하지 못하고 임지로 떠났다. 그러나
그는 안동관아에 들어가지도 못하고 상주와 안동 경계지점에서 서
상렬 부대에게 진입을 금지 당했다. 이때의 상황을 그는 다음과 같
이 말하고 있다.

> 남방이 잘 다스려지지 못하여 신에게 안동관찰사를 명하여 임금의 윤음
> 을 전파하고 사민을 위무케 하였으나, 신은 재주가 변변하지 못하고 식견
> 이 얕아 실로 군명을 펴서 백성을 鎭撫시키지 못하옵니다. 은혜로운 말씀
> 과 간절한 뜻으로 막중한 일을 맡기심에 마음이 편하지 못하여 눈물이 흐

23) 이남규,〈在永興以廢后勅命不奉事自劾疏〉乙未,《수당집》권2, 소, 41~42
    쪽.
24)《고종실록》권34, 건양원년 3월 4일조. "三品李南珪任安東觀察使 并叙勅任官
    四等"
25) 황현,《매천야록》권2, 건양원년 병신, 국사편찬위원회, 1955, 199~200쪽.

롭니다.

　명을 받들어 상주경계에 다다르니 徐相烈이란 자가 스스로 湖左召募討賊大將이라 칭하고 3천여 무리를 거느리고 예천군에 머무르면서 전 관찰사와 군수 3인을 살해하였다 합니다. 신이 전진하여 안동 경계에 이르니 상열 등이 신에게 이르기를, "신의 임명은 泳孝가 제도를 바꾼 것이다. 奭中이 죽임을 당했는데, 또 지금 임명을 하니 이는 임금으로부터 나온 것이 아니며, 칙유 또한 임금의 뜻이 아니다"라고 하면서 자기들과 동맹하자고 협박합니다. 앞에서는 수레를 막고 무리를 모으고, 뒤에서는 귀로를 차단하여 진퇴를 할 수가 없습니다.[26]

　제천의병의 소모장 徐相烈은 김도화가 거느리는 안동의병과 연합하여 3월 26일부터 3일 동안 상주 태봉에서 일본군과 싸웠다. 그러나 3월 29일 일본군에게 패하여 안동부 일대가 장악되고 말았으며, 일본군은 4월 2일 안동에 들어와 민가 1천여 호를 불태우는 만행을 저질렀다.[27]

　이남규는 자신의 관할지에서 일본군의 만행을 목도한 것이다. 그는 바로 상소를 올려 일본군의 만행을 규탄하였으며, 의병이 일어날 수밖에 없는 상황이라 보고하였다. 그는 상소문에서 일본군의 만행을 다음과 같이 보고하였다.

　순검 도피자와 日本兵이 갑자기 本府에 들어와 公廨를 부수고 가옥을 불지른 것이 수천이요, 民戶는 열 가운데 이제 1·2도 없고 吏卒은 山谷으

---

26) 《고종실록》 권34, 건양원년 4월 28일조. 이 상소문은 〈辭安東觀察使疏〉로 《수당집》(권2 소, 42~43쪽)에도 실려 있으나, 위 인용문 중에서 두 번째 단락인 "명을 받들어"부터 "진퇴를 할 수가 없습니다"까지는 문집에 누락되어 있어 원문 검토가 필요하다.

27) 안동의병에 대하여는 김상기의 〈1895~1896년 안동의병의 사상적 연원과 항일투쟁〉(《사학지》 31, 1998) 참조.

로 도망가고 士民은 구렁에 엎어지는 참상입니다.[28]

이어서 그는 의병이 일어난 배경을 "나라 사람들이 갑오년 6월의 변(甲午變亂: 필자)에 憤이 쌓여 亂의 싹이 텄으며, 지난해 8월의 변(乙未事變: 필자)에 원한을 품어 亂이 이미 성숙하였으며, 지난 11월의 변(斷髮令: 필자)에 분노가 쌓여 난리가 이미 만연하였다"[29]고 설명하고 있다. 그리고 이러한 사태는 흉역배가 법을 변경하여 국가의 옛 제도를 폐지한 때문이라면서 구제를 복구하며 충신의사의 마음을 위무하고 간신의 교활한 술수를 막아야 한다고 주청하였다. 이남규는 상소를 올리면서 사직하고 귀향하였다. 그로서는 부임하지 말았어야 했던 관찰사 자리였다.

조정에서는 그에게 1898년 중추원 의관을, 1899년에는 종2품 가선대부로 궁내부 특진관을 제수하였으며, 1900년에는 함경남북도 안렴사, 비서원승 등 여러 관직을 제수하였다. 그는 감히 명령을 거역하지는 못했지만, 직임을 맡아 자신의 뜻을 분명히 밝혔다. 그리고 뜻이 받아들여지지 않을 때는 과감히 사직하였다. 그는 중추원 의관이 되어 만민공동회 개최를 반대하고 거기에 참석한 관리들을 탄핵하였다.[30] 함경남북도 안렴사로 있을 때는 덕원부윤 尹致昊가 소요를 일으킨 죄와 영흥군수 李允在가 재물을 긁어모아 원성을 산 죄를 논핵하는 등 소임을 다하였다.[31] 이 상소를 올린 뒤 그는 비서

---

28) 이남규, 〈辭安東觀察使疏〉, 《수당집》 권2 소, 42~43쪽.
     《고종실록》 권34, 건양원년 4월 28일조.

29) 위의 글. 이남규는 여기에서 義兵을 '亂'이라고 표현하고 있음을 볼 수 있다. 이는 그가 일본에 비판적인 태도를 지닌 척사론자이나 아직은 임금의 명령을 받들어야 하는 官人의 신분으로 의병투쟁에 나서는 것은 주저하고 있었음을 드러낸 것이라고 하겠다.

30) 이남규, 〈論民會疏〉·〈論官民共同會疏〉, 《수당집》 권2, 소, 45~49쪽.《고종실록》 권38, 광무2년 12월 10일조.

31) 이남규, 〈咸鏡南北道安廉使復命後自効疏〉, 《수당집》 권2, 소, 50쪽.

원승에 임명되었으나 곧 사직하고 1900년 7월 예산 향제로 낙향하였으며 이후에는 일절 관직에 나가지 않았다.[32]

1905년 11월 19일 을사조약이 늑결되었다. 이때 그는 병중이었으나, 생애 마지막 상소를 올렸다. 여기에서 그는 일본을 우리 '대대로 원수'[世讐]라고 분명히 규정하였다. 이어서 "그 피맺힌 원한과 사무친 원수를 어찌 잠시라도 잊을 수 있겠습니까"라고 일본에 대한 적대감을 드러냈다. 그리고 그는 "박제순 무리에게 매국의 죄를 물으시고, 원수의 나라가 맹약을 어긴 죄를 다루시어 동맹 각국에 포고하고 군신상하가 일대 결전을 벌이게 하여 주십시오"[33]라고 일본과의 결전을 건의하기까지 하였다. 또한 이 상소에서 중요한 역사관을 제기하였다. 그는

> 이기고 지는 것은 따지지 마시고 오직 義에 돌아간다면, 국가가 비록 망할지라도 존재하는 것이 되고, 인민은 비록 죽을지라도 사는 것이 된다는 말이 천하 후세에 전해질 것입니다.[34]

라고 하여 '義'(필자 주: 正義, 義理)의 관점에 따라 국가를 인도하여 국왕으로서 책임을 다할 것을 주문하였다. 이에 대해 고종은 "개진한 내용이 참으로 옳음이 있다"라고 비답을 내렸으니 비록 이남규가 건의한 일본과의 결전을 즉시 실천하지는 못하였으나, 이후 헤이그 평화회의에 특사를 파견하여 일제의 불법적인 침탈과 만행을 규탄하도록 하는 등 항일적인 태도를 취할 수 있었다.

이와 같이 이남규는 '愛民論'을 바탕으로 목민관의 임무를 수행하였다. 그는 동학군의 봉기요인이기도 했던 관리들의 폐정을 들면서

---

32) 《한산이씨문열공파세보》 참조.
33) 이남규, 〈請討賊疏〉, 《수당집》 권2, 소, 52~53쪽.
   《고종실록》 권46, 광무9년 11월 29일조.
34) 위와 같음.

정부가 이들을 가볍게 처벌했다고 비판하는 등 동학군의 항거를 백성의 처지에서 이해하려 한 측면이 있다. 또한 그는 지방관으로 임지에 나가서는 민생을 향상시키고 어려움을 덜어주려고 애썼다.

이남규는 '義' 정신에 투철하였다. 그는 비록 나라가 망할지라도 민족이 떳떳한 길로 들어선다면 나라가 회복될 것이라는 역사관을 가지고 있었다. 이에 따라서 그는 오직 자신이 옳다고 판단하는 대로 처신하였으며, 일제의 타협 요구를 물리치고 순국한 기호지역 대표적인 유림이라고 할 수 있다.

2. 사상

이남규는 許傳의 문하에서 退溪의 학문을 전수받았다. 그가 기호지역 출신으로 영남학파인 허전의 문하에 들어가게 된 것은 그의 당색과 관련이 있을 것이다. 그의 집안은 기호남인이었다. 그의 12대조 이산해의 재종인 松窩 李墍는 이조판서로 정승 물망에까지 올랐던 인물이었으나, 栗谷 李珥와 松江 鄭澈을 배척하는 태도를 취하였다. 이때부터 그의 후손들은 동인이 되었으며, 동인이 남·북인으로 갈라질 때 이산해는 북인 가운데 이른바 大北의 영수가 되었다. 그의 집안이 언제부터 남인이 되었는지는 확인할 수 없다. 다만 인조반정(1623)으로 대북의 전성기가 끝나고, 효종(1649~1659) 이후 북인이 서인과 남인으로 흡수되어갈 때 남인으로 기울게 된 것이 아닌가 한다. 남인으로 기울게 된 계기 또한 확실하지는 않으나 청양의 평강채씨 집안과 혼인관계를 이루었기 때문인 것으로 보인다. 이남규의 6대조인 李戚이 蔡濟恭(1720~1799)의 조부 九峯 蔡成胤의 사위가 된다. 따라서 戚의 부친인 德運의 경우에는 이미 남인의 대열에 섰을 것으로 보이며, 戚의 조부인 雲根이 의령현감을 한

것으로 보아 아마도 雲根까지 올라갈 수도 있을 것이다. 宬의 후대
는 분명히 남인당색을 보여주고 있다. 그 장자인 秀逸은 남인대가
였던 채제공과 가까이 지내는 사이였으며, 이남규의 조모도 연안
이씨 禮延의 딸이요, 그의 모친 또한 청송심씨 重潤의 딸로 모두가
남인 출신이었다. 이남규 자신도 평강채씨 東奭의 딸과 혼인하였
다.[35]

그는 어려서 부친에게 가학으로 학문을 전수받았고 장성한 뒤 이
와 같은 당색의 영향으로 性齋 許傳의 문하에서 수학했으므로 그의
학문은 기호남인의 학통을 계승하였다. 이남규가 충정로 근처 미
동에서 살던 시기에 마침 허전이 서대문의 냉천동에 살면서 제자를
양성하고 있었다. 이것 역시 그가 허전의 문하생이 되어 한학을 수
학하게 된 이유가 될 수 있다.[36]

기호남인의 학통은 퇴계학파 가운데서 眉叟 許穆을 통해 전해졌
다. 퇴계의 학통은 영남에서는 주로 柳成龍(西厓)과 金誠一(鶴峯), 그
리고 鄭逑(寒岡)를 거쳐 이어졌고, 기호지역에는 주로 정구의 사상
이 허목을 거쳐서 전해진 것으로 보인다. 허목의 사상은 星湖 李瀷
으로 내려와 星湖學派를 형성케 하였으며 星湖의 학맥은 順庵 安鼎
福과 下廬 黃德吉을 거쳐 허전까지 내려왔으니 허전은 기호남인의
적통을 전수받았다 하겠다.[37] 이상을 정리하여 이남규의 학통을 살
펴보면 다음과 같다.

退溪 - 鄭逑 - 許穆 - 李瀷 - 安鼎福 - 黃德吉 - 許傳 - 이남규

35) 강주진, 〈수당의 정치적 경륜〉, 《나라사랑》 28, 1977, 40~42쪽.
36) 1941년에 발행한 《성재전집》의 〈冷泉及門錄〉에 이남규가 포함되어 있다(〈冷
　泉及門錄〉, 《性齋全集》 8, 麗澤堂, 1941, 아세아문화사영인, 624쪽).
37) 이우성, 〈《성재전집》 해제〉, 《성재전집》 1, 아세아문화사, 1977.

이남규가 〈東史綱目序〉와 〈大山李先生諡狀〉[38]을 짓고, 영남사림을 대표하여 性齋의 祭文[39]과 〈文忠公柳成龍致祭文〉[40] 그리고 채제공 조부 문집인 《九峯集》序[41] 등을 지은 것이 그의 학통과 관련이 있다.

이남규의 집안은 덕산에 내려온 여주이씨 가문과도 세교가 있었다. 이익의 조카 李秉休가 덕산으로 내려와 이익의 학문을 아들 李森煥 등에게 전수하였는데, 이삼환의 증손 李是鈗이 〈喪祭儀〉를 지어 가문의 법식을 지켜나갔다. 이남규는 이시홍의 손자 李鍾憲과 깊이 사귀었으며, 《星湖集》의 교정과 편집을 주도하였다.[42]

이와 같이 이남규는 퇴계학파에 연원을 갖는 남인계의 학자로 성리설에서 퇴계 이황의 학문을 신봉하였다.[43] 그는 이황의 '理發氣隨說'을 추종하였다. 이에 따라 그는 理와 氣에 대하여 氣는 理가 타고 있지 않으면 단지 하나의 광망한 물건일 뿐이며, 이 '理'자는 곧 '性善'을 뜻하는 말이라고 하였다. 그런데 이남규는 理와 氣, 心과 性을 사회 문제와 연결하여 이해하였다. 그는 氣를 理로 인식하고, 心을 性으로 인식하면 강상을 능멸하고 인욕을 멋대로 부려서 사람들을 짐승으로 만들 수 있다고 보았다. 그는 이황의 생활지침도 이어받고자 하였다. 그는 이황이 지은 〈酒戒〉를 직접 써서 종족과 벗, 아들에게 주며 이황의 가르침을 실천하기를 바랐다. 한편그는 성호 이익의 예론을 존숭하여 〈讀星湖禮說〉과 〈讀星湖疑禮問解辨疑〉 등의 글을 남기고 있으며, 집안의 예법도 이익의 것을 따

---

38)《수당집》권11, 諡狀.

39) 이남규, 〈祭許性齋傳文士林作〉, 《수당집》권8, 제문.

40)《수당집》권8, 제문.

41)《수당집》권5, 서.

42) 권오영, 〈이남규(1855~1907)의 학맥과 유학사상〉, 《조선시대사학보》44, 2008, 146~158쪽.

43) 이남규, 〈答姜載熙〉, 《수당집》권3, 詩, 88~90쪽.

르라고 지시하기도 하였다.

제2부 호서유림의 현실인식과 민족운동

제1장 호서유림의 東學 인식과 대응

1. 호서유림의 동학 인식

한말 호서지역에는 南塘學派, 華西學派, 淵齋學派, 蘭谷學派, 艮齋學派의 유학자들이 집중적으로 형성되어 있었다. 이 가운데 남당학파와 화서학파 유학자들은 홍성과 보령·서산 등 내포지역에 집중적으로 분포하여 의병투쟁을 주도하였으며, 국망을 당하자 민적을 거부하거나 세금납부 거부투쟁을 벌였다. 그리고 1919년에는 거족적인 3·1운동에 참여하는 등의 방법으로 총독부의 정책에 항쟁하였다. 이에 견주어 연재학파와 난곡학파는 대전지역에, 간재학파는 아산과 연기지역 등에 분포하여 국망에 처하자 자결 순국하는 태도를 취한 점이 특이하다.

여기에서는 이들 유교지식인들의 동학 인식과 대처에 대하여 검토하고자 한다. 물론 이들 학파에 속하지 않은 유교지식인도 분석대상으로 삼았다.

동학농민전쟁에 대한 연구는 동학과 농민전쟁과의 연관성 문제, 주체세력과 이들의 정치사회적 지향 등에 관한 문제, 농민전쟁의 지역사례와 인물에 관한 연구 등 다양한 연구가 진행되었다.[1] 호서

---

1) 동학과 농민전쟁에 대한 연구 성과는 박맹수의 〈동학과 동학농민전쟁 연구동향

지역에 대하여도 농민전쟁의 전개과정과 성격, 동학교단과 농민전
쟁의 관련 문제, 그리고 농민전쟁 이후 향촌사회의 동향과 갈등 양
상 등에 대한 연구가 진행되었다.[2] 농민전쟁기 유학자와 일반 서민
사이 또는 신분 사이에 동학과 농민전쟁에 대한 인식 차이는 상당
히 컸던 것으로 보인다. 호서지역과 경상지역 같이 양반이 많았던
지역에서 특히 유학자들이 동학에 대해 비판적이었을 것으로 짐작
된다. 그러나 동학에 대한 연구가 많이 진행되었음에도 이러한 문
제에 대한 연구는 아직 이루어지지 못한 상태이다. 따라서 이 글에
서는 호서지역을 중심으로 유학자들의 문집을 분석하여 그들의 동
학 인식과 농민전쟁에 대한 대응양상을 고찰해보고자 한다. 이는
진보와 보수로 대표되는 두 세력 사이의 시대인식과 이념 차이를
알게 해줄 것이다.

1) 이단배척론

동학은 1860년 수운 최제우(1824~1864)가 창도한 민족종교이면
서 사회변혁사상이다. 주자학 질서의 병폐를 비판하고 보국안민을
지향하였으며, 서구 문명의 침투에 대비하는 민족적 자각을 모색한

　과 과제〉(《박성수교수화갑기념논총》, 1991)와 우윤의 〈고종조 농민항쟁, 갑오농
　　민전쟁에 대한 연구성과와 과제〉(《한국사론》 25, 국사편찬위원회, 1995) 참조.
2) 신영우, 〈충청지역 동학농민전쟁의 성격〉, 《호서문화연구》 12, 충북대 중원문화
　　연구소, 1994.
　　채길순, 〈충청지역 동학농민전쟁의 전개과정〉, 《호서문화연구》 12, 1994.
　　박걸순, 〈동학농민전쟁 이후 음성지방 향촌사회의 동향과 갈등상〉, 《호서문화
　　연구》 12, 1994.
　　신영우, 〈충청도 동학교단과 농민전쟁〉, 《백제문화》 23, 공주대 백제문화연구
　　소, 1994.
　　배항섭, 〈충청지역 동학농민군의 동향과 동학교단 -《洪陽記事》와 《錦藩集略》
　　을 중심으로〉, 《백제문화》 23, 공주대 백제문화연구소, 1994.
　　이영호, 〈대전지역에서의 1894년 농민전쟁〉, 《대전문화》 3, 1994.

점에서 사상사적 의미가 있다. 그러나 유교지식인은 동학을 대체로 '邪道' 또는 '匪賊' 등 이단으로 보면서 비판적이었다.

김복한은 문충공 김상용의 종손으로 남당 한원진의 인물성이론을 철저히 계승한 위정척사파로 알려져 있다. 그는 동학을 '東匪', '東賊' 등으로 표현하면서 비판적인 태도를 보여주고 있다. 그는 1910년 국망 후 耆老金을 거절하며 순절한 李學純의 문집《晦泉集》서문에서 "능히 東匪가 치성할 때 이를 물리쳤고, 또 이미 설치한 신학교를 허물었으니 이 두 가지 일로써 족히 불후의 업적이다"[3]라 하여 이학순이 '동비'를 물리친 것을 신학문 보급을 막은 것과 함께 큰 공으로 치켜세우고 있다. 또 동학군을 물리치다가 예산 전투에서 전사한 홍주군의 中軍 金秉曖의 만사를 쓰면서 '충혼의 늠름함이 아직도 살아 있는 듯하다'[4]라 하여 그의 행동이 '忠'이라 기리고 있다. 또 16살에 자원 출진하여 동학군과의 전투에서 전사한 韓基慶을 어린 나이에 사람들을 놀라게 하고 가문을 빛냈다고 기리고 있다.[5] 또 〈申泰鳳傳後紋〉에서 또한 어린 나이의 신태봉이 예산전투에서 사망한 것을 기리면서 비록 한미한 집안에서 태어났으나 군신간의 의리가 중대함을 깨닫고 '東賊'이 창궐하는 국난에 처하여 죽음으로써 이를 실천하였다고 칭송하였다.[6]

이와 같이 김복한은 위정척사론에 따라 동학을 이단으로 본 것이다. 이에 따라 그는 1894년 동학농민군이 치성할 때 인근의 유생들과 유회군을 편성하고 홍주목사 李勝宇를 지원하게 하여 홍주성을 동학군으로부터 지키도록 하는 데에 힘썼다. 이승우는 이들의 힘으로 홍주성전투에서 승리하여 동학군을 격퇴했으며, 그 공으로 홍주

---

3) 김복한, 〈晦泉集序〉,《지산집》권5, 서 ; 〈挽李晦泉〉,《지산집》권1, 詩.

4) 김복한, 〈挽本州土中軍秉曖〉,《지산집》권1, 시.

5) 김복한, 〈挽韓基慶〉,《지산집》권1, 시.

6) 김복한, 〈申泰鳳傳後紋〉,《지산집》권5, 발.

부 관찰사로 승진할 수 있었다. 또한 김복한 등 유생들은 동학군에 대한 상호동맹자적인 관계로 1년 여 뒤 이승우를 찾아가 의병에 동참하라고 권유할 수 있었던 것이다.

홍주의병에 참여한 이설 또한 동학에 대하여 호의적이지는 않았다. 그 역시 김복한과 마찬가지로 문과 출신의 양반으로 홍문관 수찬·교리, 사간원 교리·사간, 우부승지 등 요직을 두루 거쳤다. 그는 기호학파의 학설을 추종하였으며, 한원진의 인물성이론에 영향받은 바 크다. 이에 따라서 그의 학문적 성격은 척이단적 화이론인 위정척사론으로 나타났다. 그의 위정척사론은 '소중화론'에 바탕을 둔 문화민족주의적인 특성을 띤다. 그의 '척사' 대상은 처음에는 서양의 학문과 종교였으나, 1876년 이후 '왜양일체론'에 따라 일본을 서양과 마찬가지로 배척의 대상으로 삼았다. 마침내 1894년에는 대일결전론으로까지 발전하였음을 볼 수 있다.

이설은 위정척사론의 관점에서 동학을 '적', '적도', '비도', 또는 '邪道' 등으로 부르며 배척의 대상임을 분명히 하였다. 그는 동학군과의 전투에서 전사한 홍주군 중군장 김병돈의 기적비명을 쓰면서 "갑오년 동학의 난리는 지나간 역사에도 있지 않은 변란"이라고 하면서 "일종의 狂妄하고 虛誕한 말이 백성의 마음을 홀려 몇 개월이 지나지 않아 물같이 불어나고 불같이 치열해져서 팔방의 赤子가 다 변하여 도적이 되었다"고 동학을 '狂妄하고 虛誕한 말'로 치부해 비판하였다. 이는 위정척사론을 지키고 문과에 급제하여 중앙 정부 관리를 역임한 그로서는 당연한 반응인 것으로 보인다. 그는 홍주목 이승우에게 보낸 편지에서

> 지금 이 형세로 1개 省의 보장이 아니라 一國의 보장이요 국가 존망이 관계되는 중차대한 일이다. 적은 많고 우리는 적으니 걱정하지 않을 수 없

다. 먹어도 맛을 알지 못하고 밤이 되어도 잠을 잊었다.[7]

라고 해 동학군의 홍주성 공격에 노심초사하는 모습을 잘 보여주고 있다. 또한 그는 이승우에게 동학군의 공격에 대비할 방책을 제시하기도 하였다. 그는 이어서 동학군에게는 두 가지 계획이 있다면서 그 첫째는 관아에 몰래 숨어들어가 불을 지른 뒤 관군이 불을 끄느라고 어지러운 사이에 공격하는 것이요, 둘째는 요충지를 점령하고 식량 보급로를 끊어 관군의 어지러움을 기다리는 것이라면서 이에 대비할 계책을 알려주었다.

유호근 또한 동학을 '東賊' 또는 '叛國之賊'이라 하여 토벌의 대상으로 삼고 있다.[8] 여기에서 그는 농민군의 봉기를 국가에 대한 '叛亂' 행위로 파악하고 있음을 알 수 있다.

1906년 홍주의병에 참여하고 그 일로 일본군에게 살해된 이남규의 동학에 대한 태도 역시 다른 유학자들과 마찬가지로 부정적이다. 이남규는 문과에 급제한 뒤 요직을 두루 거치면서 왕실의 측근에서 國事를 담당하는 막중한 책임을 지게 되었다. 그는 동학을 '土匪' 또는 '湖匪'라 부르면서 正學에 어긋나는 邪學으로 규정하였다. 그는 또한 상소를 올려 반동학의 태도를 분명히 하였다. 고종 28년 (1893) 2월 12일 동학교도 朴光浩 등이 교조 崔濟愚의 신원을 위해 광화문 앞에서 복합상소를 하는 사건이 일어났다. 그는 이때 상소를 올려 동학을 '이단'으로서 배척해야 함은 모르는 자가 없다면서

그 학설은 요괴한 것이며, 그 방법은 완력을 숭상하는 것이며, 그 마음은 변란을 생각하는 것이며, 그 내용은 귀신을 빌어서 사람을 현혹하는 것

---

7) 이설, 〈與洪牧李勝宇書〉 九, 《복암집》 권8, 서, 141~143쪽.

8) 유호근, 〈再從弟瀋根遺事〉, 《사가집》 권5, 유사.

입니다.[9]

라고 하여 동학을 '사학(邪學)'으로 규정하고 있으며 변란의 학설이라고 주장하였다. 홍주의병에 참여한 임한주도 동학은 최제우가 시작한 '妖道'라면서 주문이 무당의 것과 같고, 질병에 걸린 자가 의사의 치료를 받지 않고 부적을 마시니 마치 '張角의 무리'와 같다고 평하고 있다. 또한 그는 동학이 무기를 탈취하고 고을을 점령하여 인심이 소란해지고 물가가 뛰어 백성들이 도탄에 빠졌다고 하였다.

공주의 유생 李喆榮(1867~1919, 호; 醒菴)은 宋時烈과 동문이었던 草廬 李惟泰의 9대손으로 가학으로 기호학맥을 전수받았다. 그는 공주 상왕동에서 태어나 초년부터 任憲晦의 문인인 柳大源(호; 自慊窩)의 문하에서 수학하였다. 그는 1909년 호적에 입적하는 것을 거부하는 '致日本政府書'를 발표하고 홍산경찰서에 구금되었으며, 1914년에 또 다시 호적거부로 투옥되는 등 강인한 항일의 氣節을 보여주었다.[10] 그 또한 동학을 '東匪'로 표현하면서, 그들이 '匪法의 무리'이기 때문이라고 평하였다. 그는 동학이 '혹세무민'하는 것이 흡사 漢나라 말기의 張角 같다고 하였다.[11]

공주 유생 李丹石은 이철영 같이 상왕동에 살던 유학자였다. 그가 작성한 《時聞記》는 문석봉의 유성의병이 공주부를 공격한 상황을 기록했다고 알려진 자료이다. 이 자료는 고부민란 이후 동학의 활동을 자세히 기록하고 있다. 특히 공주, 이인, 금산 등지에서의 동학농민군의 활동상과 주민 수탈에 대한 내용이 자세하다. 그도 동학을 비판적으로 인식한다. 다음에 그의 동학에 대한 기록 일부를 소개한다.

---

9) 이남규, 〈斥東西邪學疏〉, 《수당집》 권2 소 32~33쪽

10) 李喆榮, 〈抗義記事〉, 《醒庵集》 권7, 잡저.

11) 李喆榮, 〈甲午東亂錄〉, 《성암집》 권4, 잡저.

> 모두 斥倭를 명분으로 하지만, 실상은 火賊으로 사납게 노략질을 자행
> 하고, 전곡을 늑탈하고, 사사로운 원한을 보복하고, 남의 무덤을 헐어 파헤
> 치고, 捧債라 일컬어 가산을 약탈하고, 병기를 빼앗고, 말이나 소를 강제로
> 취하는 등 그 소행이 모두 이와 같을 뿐이다. 그런데도 말할 수 있는 사람
> 이 하나도 없다. 천하 만고에 鄙賤한 盜賊이다. 백성에게 도탄인 즉 전쟁
> 보다 심하다.[12]

위에서 보듯이, 동학을 '火賊' 또는 '盜賊'이라면서 곡식이나 짐
승을 강제로 빼앗고, 심지어는 남의 무덤을 파헤치기까지 하는 만
고에 없는 '비천한 도적'이라고 극단적으로 비판하고 있음을 볼 수
있다.

한편 〈大橋金氏家甲午避難錄〉의 저자는 농민전쟁 기간에 집을
떠나 9개월 동안이나 피난 생활을 하였다. 그가 생사를 넘나드는
피난 생활을 해서 그런지 그의 기록을 보면 동학을 매우 비판적으
로 보고 있음을 알 수 있다. 그는

> 이들은 비단 悖類라고 할 수 있을 뿐만 아니라 마을의 火賊이고 나라의
> 逆賊이다. 대개 동학이라고 지칭하는데 그 學이 무슨 學이며, 또 東道라고
> 일컫는데 그 道가 무슨 道인가. … 學은 邪學의 學자이며, 道는 盜賊의 盜
> 자라고 하는 것이 분명하고 적절한 비유이다.[13]

라고 하여 동학은 '邪學'이고 동학교도는 '火賊'이며, 국가의 '逆
賊'이라고 혹평하고 있다. 이러한 동학에 대한 인식은 위에서 살펴
보았듯이 호서지역 유교 지식인의 일반적인 인식이었던 것으로 보

---

12) 李丹石, 《時聞記》(《동학농민전쟁사료대계》 2, 여강출판사, 1994, 177쪽).

13) 작자미상, 《大橋金氏家 甲午避亂錄》(《동학농민혁명 국역총서》 4, 2008,
325~326쪽).

인다.

　2) 정부책임론

　호서지역의 유학자들은 위에서 살펴본 것처럼 동학에 대하여 대개 비판적인 인식을 가지고 있었다. 또한 정부를 편들어 동학농민군 진압에 협조적이었다고 할 수 있다. 그러나 동학농민군이 항쟁을 일으키고 일본군과 관군에게 져서 많은 희생을 낸 전쟁을 목격한 뒤로는 동학의 입장을 이해하거나 정부를 비판하는 인식을 보여주기도 한 점에서 주목된다.

　동학을 비판적으로 보았던 이설의 경우에도 동학군의 봉기가 일어난 원인을 분석한다는 점에서 서민의 처지를 이해하려 애썼음을 볼 수 있다. 또한 동학을 진압하고 그 뒤에 동학군을 처리하는 방법에서도 관군의 방식과는 확연히 다른 태도를 보여주었다.

　1894년 초 동학군이 봉기했을 때 이설은 마침 사간원 사간으로 재직하고 있었다. 이때 그가 올린 상소인 〈論南擾陳所懷疏〉에서 이러한 동학에 대한 인식과 태도가 잘 나타난다. 그는 상소의 첫머리에서 현 시국이 '사람이 큰 종기에 걸려 곪아 터진 형상'과 같은 위급한 상황임을 환기시키고 있다. 그는 이와 같은 시국에 근원적인 치료법보다는 구급적이고 대증적인 치료법을 진언하겠다면서 직설적으로 상소하였다. 그는 여기에서도 동학은 '근거없는 邪說'이고 동학군은 '난민의 도당에 불과하다'는 주장을 분명히 하고 있다. 그러나 그는 이러한 사설이 널리 퍼지고 이를 따르는 세력이 창궐한 데는 분명히 이유가 있다면서 다음과 같이 자세히 진언하고 있다.

신이 오랫동안 향리에서 목격한 것이옵니다. 근일에 방백과 수령이 대개 자기 몸을 살찌우려는 욕심을 품고 나라에 보답하려는 마음 없이 백성이 혹 근면하게 農商을 하여 조석을 이을 만하면 강한 것으로 약한 것을 잡아 먹으려고 도적이란 이름으로 굴레를 씌우고 용서하지 못할 죄목을 첨가하여 옥에 가두고 형벌로 독촉하니 불쌍한 저 어리석은 백성들이 호소할 곳이 없습니다. 종신토록 근고하여 만든 재산을 사나운 호랑이 입에 넣고 겨우 목숨을 건져 돌아와서 처자를 이끌고 길에서 헤매고 있는데, 이때 동학의 무리들이 좇아와 유인해 말하기를 네가 우리당에 들어오면 侵漁를 면하고 이런 고통이 없을 것이다 하면 백성들이 이에 서로 인솔하고 돌아가서 정도를 버리고 邪窟로 나가 법을 어기고 기강을 범하는 것을 돌아다볼 여가가 없는 것입니다. 이것이 동학의 무리와 난민의 무리가 합해서 하나가 되어 응하고 모이어 날로 번져 나가고 달로 성대해져서 벌같이 屯을 치고 개미같이 섞여 정리할 수 없게 되어 금일 같은 변고에 이르게 된 것이니 이것이 과연 누구의 죄이옵니까.[14]

이설은 위 글에서 볼 수 있듯이, 서민들이 '邪窟'이라 할 수 있는 동학 무리에 들어가는 것은 호랑이 입과 같은 지방 수령들의 탐학과 형벌에 견디다 못한 때문이라고 상세히 진언하고 있다. 그는 특히 이러한 '민란'이 처음 일어나게 한 자는 전운사 趙弼永으로 '均田之命'을 빙자하고 '백지'에 세금을 징수하여 백성이 그 해독을 입은 지가 여러 해가 되었다면서 그의 탄핵을 주청하였다. 이어서 균전관 金昌錫을 비롯하여 난이 처음 일어난 고부의 趙秉甲 군수와 이를 살핀다면서 오히려 백성의 재물을 약탈한 안핵사 李容泰, 그리고 전라감사 金文鉉와 영광군수 閔泳壽 등을 탄핵하였다. 이러한 이설의 상소를 받은 고종은 비답을 내려 전운사 조필영을 체포하여 유배 보내라 명하고, 김창석과 민영수의 일은 조사하여 보고하게

14) 이설, 〈論南擾陳所懷疏〉, 《복암집》 권4, 소, 69~73쪽.

하였다.

또한 그는 이 상소문에서 정부가 취해야 할 다섯 가지의 대처방안을 제시하였는데, 그 내용은 다음과 같다.

> 1) 애통조를 내려 후회함을 보이고 輿情을 위무할 것
> 2) 진휼책을 조속히 베풀어 散亡者를 편안케 할 것
> 3) 궁실을 엄히 지켜 得民에 힘쓰고 奸細輩를 물리칠 것
> 4) 의견을 널리 구하여 群策을 모을 것
> 5) 원병의 도움에 기대지 말고 武備를 갖출 것[15]

여기에서 그는 임금에게 哀痛詔를 내려 백성을 위무할 것 외에도 간세배를 물리치고, 널리 의견을 들으며, 무비를 갖추자고 주청하였다. 그러나 그가 두 번째 항목에서 제시하고 있는 '진휼책을 조속히 베풀어 산망자를 편안케 할 것'은 어느 누구도 제시하지 못한 것으로 서민 편에서 지방을 안정시키고 나아가 국력을 집중시킬 수 있는 방책으로 평가받는다. 이설은 홍주목사 이승우에게 보낸 편지에서도

> 이 시기에 미쳐서 죄가 두목에게 있으니 죽이는 것은 한 몸에 그칠 뿐 비록 그 가속이라도 반드시 문책하지 아니할 것인데, 하물며 불쌍한 나의 赤子가 죄가 없이 협박을 입은 자이겠습니까. 각기 농사를 편안히 짓고 우리와 같이 태평하게 지내자는 뜻으로 그 마을에 영을 전하고 영리한 관군으로 하여금 집집마다 가서 타이르고 위로해 주고 죽은 자와 창에 맞은 자가 있거든 별도로 구해줄 것이며, 혹 쌀과 약을 주어 슬퍼하고 상심하는 뜻을 보이면 그 백성의 마음을 감동하게 하는 것은 이보다 먼저 할 것이

---

15) 위와 같음.

없으니 적의 괴수의 머리를 앉아서 얻을 것입니다.[16]

라고 하여 해산된 동학군을 문책하지 말고, 병든 자가 있으면 곡식과 약을 주어 고쳐주고 위로하라고 건의하고 있다. 실로 백성인 '赤子'를 가슴으로 품으라고 제안한 것이다. 실제로 농민군들은 일본군과 관군에게 진압된 뒤에 고향으로 돌아가 관군에 체포되거나 심지어는 살육을 당한 경우가 많았다.

이와 같이 이설의 신분은 양반이었으나 서민의 실상을 이해, 수용하고자 애쓴 것으로 보인다. 그가 이러한 태도를 가지고 있었기 때문에 동학농민전쟁이 일어났을 때, 비록 유생의 처지를 벗어날 수는 없었으나, 농민군이 봉기하지 않을 수 없게 한 실정의 책임을 조정의 고관에게 물었던 것이다.

이남규 또한 5월 10일[17] 올린 상소에서 동학이 봉기한 원인에 대해서는 이설의 입장과 궤를 같이 함을 볼 수 있다. 그는

> 지금 방백으로 직분을 감당하지 못하고 회피하는 자는 자신만 생각할 뿐 조정은 생각하지 않는 자임에도 법으로 이를 다스리지 않고 수령으로 백성을 침탈하여 變亂을 빚어낸 자에 대하여도 섬에 안치하는 데 그치고, 안핵사로 나가 일을 그르쳐서 騷擾를 일으킨 자에 대해서도 竄配에 그치고, 균전사로 나가서 民邑에 弊害를 끼쳐도 그 직책만 감하고 사람은 벌하지 않다가 뒤미처 벼슬을 다시 주고, 전운사가 규정에도 없는 것을 거두어들여서 무수한 비방과 원망을 들으며 禍亂을 빚어낸 장본인이라고 모든 사람들이 이구동성으로 떠들어도 끝내 문책이 없습니다.

---

16) 이설, 〈홍주목사에게〉, 《복암집》 권8, 서.

17) 이남규의 일기인 〈갑오일기〉, 1895년 5월 10일자. 이에 의하면, "숙배하고 사은한 뒤, 상소를 올려 김문현, 조병갑, 조필영, 이용태, 민영수와 유사가 직무를 다하지 못했다 논하고"라고 되어 있다(국역 《수당집》 권3, 보유, 민족문화추진회, 1999, 258쪽).

전하께서는 먼저 언로를 크게 넓히고 몸소 검약을 실천하여 모두 유사들을 권면하실 것이며, 이어 해당 관사와 여러 방백, 수령 및 전운사, 안핵사, 균전사 등에 대하여 각기 해당되는 죄목으로 죄를 주어서 나라의 법도를 세우고 뒤숭숭한 여론을 잠재우소서. 그리하여 안과 밖에 모두 이들의 횡포가 조정의 뜻에서 나온 것이 아니라는 것을 깨닫게 한 다음에야 비로소 저 반복 무상한 자들이 두려워서 꺾이고 모든 백성들이 기뻐서 복종할 것이며 모든 관리들이 겁이 나서 움츠릴 것입니다.[18]

라면서 동학군 봉기의 요인이 되었던 수령과 전운사 · 안핵사 · 균전사 등을 처리하면서 처벌하지 않고 불문에 붙이거나 직을 옮겨주는 정도에 그쳤다고 비판하면서 이러한 처리는 크게 잘못되었다고 지적하였다.

이철영 또한 동학을 '叛賊'이라고 혹평하면서도 조필영과 조병갑을 '二趙'라고 이름 붙이고 이들의 학정 때문에 전봉준, 김개남, 손화중 등이 난을 일으켰다고 다음과 같이 언급하고 있음을 볼 수 있다.

먼 곳에서 들리는 바에 따르면, 兩湖轉運使 趙弼永과 古阜郡守 趙秉甲이 公營을 빙자하여 사사로이 徵發하고 討索함이 날로 심하여 백성의 원망이 특히 심했다. 이에 고부인 田琫準(全琫準의 오기, 필자), 전주인 金介男 孫夏中(孫華仲의 오기, 필자)의 무리가 二趙의 虐政의 고통으로 말미암아 起擾하였다.[19]

한편 동학군은 일본군 또는 관군과 싸우다가 많은 이가 살해되었지만, 패전한 뒤에도 수많은 농민군이 체포 · 살해되었다. 일본군은

---

18) 이설, 〈論南擾陳所懷疏〉, 《복암집》 권4, 소, 69~73쪽.
19) 이철영, 〈甲午東亂錄〉, 《성암집》 권4, 잡저.

체포된 포로들 가운데 '巨魁'는 서울의 일본공사관으로 압송하고 나머지는 현장에서 살해하였다. 심지어는 생매장하는 만행도 저질렀다. 일본군과 정부군은 동학군을 곳곳에서 처형했는데, 보수양반세력은 민보군을 조직하여 이를 지원했던 것이 사실이다. 그러나 그 가운데 정부의 동학군 처벌에 비판적이었던 유생들도 있다.

공주의 유생 沈相喬(1837~1918, 자: 世卿, 호: 晴蓑, 본: 청송)는 정부의 동학군 처벌을 비판적으로 보았다. 그는 공주의 栗亭에서 태어나 대전 진잠, 충북 진천, 경상도 상주 등지로 이거하면서 살았던 유학자이다. 그는 經史에 밝아 과거공부를 했으나 뜻을 이루지는 못했다. 1862년 대전의 진잠에 있을 때 민란이 일어나 집이 불타자 몸만 빠져나와 충북 진천으로 옮겼다. 1869(33세)년 봄에 부친과 숙부가 李弼濟의 난에 연루되어 잡혀 옥사했다. 그 역시 옥에 갇혔다가 1871년(35세) 이필제가 체포되어 누명을 벗었으나 부친이 세상을 뜬 것이 원통해 세상일을 잊고 산수가 좋은 곳을 찾아 돌아다녔다. 을미사변 직후에 인근의 선비들이 의병을 일으켜 그를 지도자로 추대했으나 병 때문에 나아가지는 못했다. 1905년 을사조약이 늑결되자 상소문을 지어 대궐문에 가서 올리고자 했으나 뜻을 이루지 못했다. 그는 1910년 나라가 망하자 비분하여 거의 삶을 포기한 듯 생활했다. 이때 그에게 '優老金'을 주고자 하였으나 죽음을 맹세하고 물리쳤다. 이 때문에 공주경찰서에 잡혀가 온갖 고생을 하다가 풀려났다.[20]

그 역시 유학자로서 동학교도를 '東匪'로 표현하고 있기는 하다.[21] 그러나 그는 〈營內에서 동비의 무리들을 잡는 대로 죽인다는

---

20) 沈載克, 〈家狀〉, 《晴蓑遺稿》 권6, 부록.

21) 심상교는 '東匪'란 표현과 함께 '東學'이란 정식 명칭도 사용하고 있음을 볼 수 있다.
   심상교, 〈道遇李舜衡話懷時東學大熾方作亂故云〉·〈聞東學聚黨大亂將發向洪州見金室而還〉, 《청사유고》 권4, 시.

소문을 듣고 혹 함부로 함이 아닌가 하여〉라는 시에서 정부군의 동학 처벌에 대하여 다음과 같이 언급하고 있다.

바야흐로 그물을 벗어날 토끼 없으니	方羅無脫兎
이미 울에 들어온 돼지는 묶지를 마오	旣笠莫招豚
엄동설한도 다 죽이지는 않으니	大冬非盡殺
서리와 눈도 또한 은혜가 있는 법이네	霜雪亦爲恩[22]

　그는 이미 동학농민군의 항쟁이 실패로 끝났는데, 관군들이 흩어진 동학의 패잔병('이미 울에 들어 온 돼지')들을 잡아 죽이는 행태를 비판하며 그들에게 은혜를 베풀어주라고 요구하고 있다.
　관군에 체포된 동학군을 풀어주어 고향으로 돌아가게 한 유학자도 있어 주목된다. 서산의 金若濟(1856~1910, 호: 淸愚, 본관; 경주) 같은 이가 그런 예에 해당한다. 김약제는 서산 지곡면 출신으로 문과에 급제하여 교리 등을 역임한 관료출신 유학자이다. 그는 1910년 국망을 당하여 식음을 전폐하고 두문불출하다가 병사한 인물이다.[23] 그는 다른 유교지식인들과 마찬가지로 동학을 '異類' 또는 '東魁', '匪魁' 등으로 인식하고 있었으며, 동학군들이 서산 군수를 살해하고 양반가에 들어가 결박하고 구타하는 등 해를 가한다면서 비판적이었다.[24] 그러한 그가 동학군이 결박되어 가는 것을 보고 마침 안면이 있는 '農堡軍'을 설득하여 동학군들을 무사히 돌려보낸 일이 있다.[25] 일본군과 관군에 진압된 뒤 동학군들은 관군 또는 유회군들에게 처형되는 예가 허다했다. 김약제는 비록 동학군의 행

---

22) 심상교, 〈聞營邑逮捕東匪隨捕隨殺故慮其或濫焉〉,《청사유고》권1. 시.
23) 김약제에 관하여는 이은우의 〈청우 김약제 행록〉(《서산의 문화》8, 1996) 참조.
24) 김약제, 《일기》7월 25일, 10월 1일자.
25) 김약제, 《일기》11월 16일자. 손자 김윤환 증언(2009년 9월)

위가 잘못되었다고 생각했지만 그들을 죽이는 것에는 비판적이었던 듯하다.

2. 동학농민전쟁에 대한 대응

1) 儒會軍 편성 항쟁

일제는 6월 21일 서울의 조선왕궁을 점령하고, 이틀 뒤인 6월 23일에는 豊島 앞바다에서 청나라 군함 濟遠號와 廣乙號를 기습 포격해 선전포고도 없이 淸日戰爭을 일으켰다. 동학농민군은 이와 같은 일제의 만행을 보고 일본군을 축출하려고 再起하였다. 충청도의 이른바 北接도 항일전에 참여하였다. 충청도의 동학군이 예산을 거쳐 홍주성을 공격한 때가 1894년 10월 28일이었다. 이때 동학군은 朴寅浩·朴寅熙의 지휘 아래 약 3만 명에 이르렀으며, 이들에 대항한 홍주지방병은 유생들이 중심인 儒會軍과 赤松國封 소위가 이끄는 일본군의 지원을 받아 동학군을 물리쳤다. 동학군은 결국 해미와 서산방면으로 후퇴하였다. 홍주성 혈전이 있은 지 10일 뒤에 관군을 이끌고 입성한 李斗璜은

> 홍주를 떠나 병사를 이끌고 동문을 나서니 좌우 민가가 모두 불에 타버리고 보기에 참혹하여 사람들에 물어보니, 지난달 28일 東徒가 성을 포위하고 싸울때 그들이 불을 질러 이렇게 되었다고 하였다. 백여 보 쯤 나가니 적의 시체가 길가에 널려있고 덤불 숲속에 산더미처럼 쌓여 있었다.[26]

라고 홍주성전투의 처절함을 보고하였다.

---

26) 국사편찬위원회, 〈동학난기록〉 상, 《兩湖右先鋒日記》, 1894년 11월 10일조.

동학군이 재기하자 이설은 홍주목사 李勝宇에게 여러 차례 편지를 보내어 동학을 물리치려면 병사를 보충하고(選兵) 山城을 수축해야한다고 대비책을 건의하였다. 그가 보낸 서신 가운데 한 통을 소개하면 다음과 같다.

> 우리 조선이 임진년 난리에 처하여 창졸간에 전국이 다 함락되었으되 끝내 光復할 수 있었던 효험은 城堡의 견고함에 많이 의지한 바 있다. 선배의 논의에 나라 지키는 방도로는 山城의 이점만한 것이 없다. 금일의 계책은 첫째로 選兵이요 둘째로는 修堡뿐이다.[27]

여기에서 그는 유생이면서 무인을 뛰어넘는 군사대비책을 제시하였음을 알 수 있다. 아울러 그는 전술하였듯이 정부에서 대책을 세우지 못한다고 날카롭게 비판하였다.

이와 같이 이설을 비롯한 홍주지역 유생들은 정부 편에서 동학농민군의 진압에 참여하여 이를 물리쳤다. 이때 안창식, 안병찬 부자의 활약이 컸던 것으로 보인다. 김복한이 안창식의 묘지명을 쓰면서

> 갑오년 동비가 창궐함에 초토사 이승우가 이들을 공격하였다. 12월에 동비 수만 명이 와서 홍주성을 포위하여 위급함이 조석에 달렸는데 공이 향민을 초모하여 대의로 타일러 인솔하여 성에 다다르니 적은 이미 평정되었다. 이승우가 보답으로 관직을 논하였으나 공은 극력 이를 사양하였다.[28]

라고 안창식이 동학의 공격에 대비하여 지역 주민들을 동원하여 홍주성전투에 참여하였음을 알려준다.

---

27) 이설,〈與洪牧書〉제7·8,《복암집》권8, 서, 147~150쪽.
28) 김복한,〈간호안공창식묘지명〉,《지산집》권12, 묘지.

홍주의병에 대한 기록을 남긴 것으로 유명한 임한주는 그의 《雨暘漫錄》에서 동학군과의 홍주성전투에서 관군 외에 '民丁'이 다수 참여하였다고 다음과 같이 알려준다.

11월 1일. 비. 지난 28일 경찰의 보고에 적이 경내에 이르렀다 한다. 과연 수만 명이 산에 가득 차 4대문을 에워싸고 안팎이 모두 전장이 되었다. 성 밖의 민가가 불타 화염이 하늘에 치솟고 소총의 火光이 별이 다투는 형세이고 관군의 화살과 포에 적의 죽은 자가 역시 많다. 결사적으로 전진하여 모두 성 밑에 붙은 것이 마치 올가미에 앞발이 매여 있는 것과 같았다. 파발의 보고에 民丁이 사방으로 흩어져 도망하였다 한다. …

11월 2일 비. 읍내의 소식을 자세히 탐문한 즉 지난 29일 저녁에 각 읍의 관군과 각 면의 民丁이 와서 도운 자가 6, 7천 명이며 적도가 궤멸하고 시체가 산과 같아 결국 포위를 풀고 도주했다 한다.[29]

한편 금산지역에서는 고제학을 중심으로 한 유생들이 유회군을 편성하여 동학군과 치열한 전투를 치렀다.

高濟學(1838~915, 자; 敬習, 호: 儉庵, 본: 제주)은 금산의 명문 세족으로 錦谷 宋來熙와 淵齋 宋秉璿 문하에서 수학한 유생이다. 그는 특히 '是非邪正'의 분별에 밝았다 한다.[30] 그는 명리를 사양하고 금산군의 東白巖 아래에 살았는데, 1894년 동학농민군이 금산에 침입하자 유회군을 편성하고 항거하였다.

금산 지역에 들어온 동학군은 徐章玉이 인솔하는 부대로 1894년 3월 12일 금산 읍내에 있는 아전의 집을 공격하였다. 이때 고제학은 후에 義會長이 되었던 朴勝鎬에게 편지를 보내 동학농민군에 대항하기 위한 대책 마련을 협의하였다. 농민군은 4월 3일 무렵 다시 금

---

29) 임한주, 《우양만록》 권1, 갑오년, 11월 1 · 2일조.

30) 朴恒來, 〈墓碣銘〉, 《儉庵遺稿》부록,

산읍을 공격하였다. 이와 같은 상황에 대하여 고제학은 《검암유고》
에서

> 5월에 이르러 들에서는 밭을 갈지 못하고 農村의 인가는 연기가 끊어졌
> 다.[31]

라고 농민군의 폐해를 적고 있다. 이러한 상황에서 금산 읍민들은
동학농민군에 대항하고자 유림들을 중심으로 유회군을 편성하였
다. 고제학은 〈布告列郡文〉을 발표하여 동학군을 黃巾의 무리에 빗
대면서 여러 군의 인사들이 힘을 합쳐 '扶正斥邪'하자고 촉구하였
다. 이에 따라 '義所'가 설치되고 한 달 남짓 만에 6천여 명의 민병
대가 편성되었다고 한다.[32] 맹주에는 정숙조, 의회장에는 고제학과
박승호가 선임되었다. 그해 10월 22일부터 의회군은 김개남이 인솔
하는 동학농민군과 진산의 부수암 일대에서 대대적인 전투를 치렀
다. 10월 24일의 전투에서는 의회군 맹주 정숙조가 체포되어 죽임
을 당하는 등 참패하였다. 고제학은 잠시 무주에 피신했다가 의회
군을 재편성하여 농민군과 싸웠다. 당시 大邱營의 中軍이었던 朴恒
來는 고제학의 '墓碣銘'에서

> 甲午年에 東匪가 요망을 지으매 列郡이 패하여 무너져도 그를 대항할
> 자 없었다. 금산도 또한 고립되어 위험함이 조석에 있게 되었다. 一鄕 사
> 람들이 모여서 防守를 논의함에 공을 추대하여 義會長을 삼았다. 공이 분
> 개하여 그 일에 나가 주야로 부지런히 하고 뜻이 '斥邪'에 있어 구차하게
> 면하려 않았다. 아! 공이 防守하고 일을 일으킴이 많았건마는 마침내 世鄕

---

31) 高濟學, 《儉庵遺稿》, 서.

32) 양승률, 〈1894년 금산지역 의회군의 조직과 활동〉, 《충남사학》 10, 1998, 92
    쪽.

에 드러나지 않았다.[33]

라고 그의 행적을 기렸다. 고제학은 박승호와 함께 의회군을 재편
하여 농민군의 잔여세력에 대항하였다. 이때의 편제표를 보면 다음
과 같다.

會長 : 朴勝鎬, 高濟學

總督 : 朴勝淑, 朴烘緖

參謀 : 李錫九, 朴□來, 劉祥烈, 嚴禧永

軍器監察 : 金斗鎭, 丁義洙

財政會計 : 金大植, 池東洙

義士長 : 辛龜錫, 梁在鳳

炮士長 : 丁斗燮

武士 前哨長 : 嚴宷永, 좌초장 : 卞永圭, 중초장 : 崔鳳俊, 우초장 : 金濟
龍, 후초장 : 金希文

別哨□長 : 鄭溫黙

統察 : 任漢錫

別監□ : 金在熙, 金東煥

管餉 : 金濟璜

義童頭領 : 鄭志模, 韓觀德

各面訓長 : 金寅洙, 高疇錫, 朴勝夏, 朴琦緖, 郭秉圭, 辛埈浩, 金永仁, 李
文鏞, 全基正, 辛益柱, 高益相, 高濟福, 金蘭植, 梁在圭, 辛元錫, 吉基
淳, 郭秉斗, 李塒, 梁學朝

都訓長 : 徐門燁, 梁恪淳[34]

---

33) 朴恒來, 〈墓碣銘〉, 《검암유고》 부록.

34) 〈嘉善大夫工曹參判贈正二品都憲鄭公殉義碑〉陰記(양승률, 앞의 글, 102～103
쪽 참조).
〈錦山義兵殉義碑〉, 《동학농민전쟁사료총서》10, 273～280쪽.

위 편제를 보면 회장 박승호와 고제학을 비롯하여 모두 48명의
유생들이 편제되었음을 알 수 있다. 특이한 점은 각면의 훈장들이
도훈장을 포함하여 21명이나 참여하고 있다는 것이다. 후일 장성의
유학자 기우만은 회장 박승호와 의동두령 韓觀德의 부친 한흥규의
비문을 지어 그들의 행적을 기리고 있다.[35]

한편 지방의 보수지식인들은 동학농민군이 정부군과 일본군에
게 진압된 이후에 각 마을에 '儒所' 또는 '儒幕'을 설치하였다. 이들
은 마을의 동학농민군을 체포하여 관군에 인계하는 활동을 하였다.
특히 내포지역에 유소 설치가 활발했다. 농민군의 활동이 컸던 태
안에서는 韓璋履가 '儒會'를 개설하여 많은 동학군을 처벌한 것으로
전해진다. 서산과 해미에는 '都所'를 개설하였다.[36]

2) 피난

서산 대교리(현, 서산시 음암면 대교리)에는 영조의 비인 정순왕후
의 탄생지가 있기도 한데, 경주김씨를 마을의 이름을 따서 '한다리
김씨'라고도 부른다. 작자 미상의 《大橋金氏家 甲午避亂錄》에 따르
면, 한다리 김씨의 종손으로 보이는 저자가 동학군들이 자신의 집
에서 집회를 열 것이라는 정보를 전해 듣고 1894년 7월(음력) 피난
을 떠나는 과정이 잘 담겨 있다. 저자는 동학군한테 검문 받을 때
자신이 한다리 김씨인 것을 숨겼다고 밝히고 있기도 하다. 저자는
피난 이유와 과정을 다음과 같이 자세히 적고 있다.

---

35) 양승률, 앞 글 참조.

36) 작자미상, 《大橋金氏家 甲午避亂錄》(《동학농민혁명 국역총서》 4, 2008,
373~374쪽).

내가 아는 사람이 찾아와서 전하기를, 모레 전복록이 갈산의 포악한 무리 수백 명을 데리고 틀림없이 우리 집에서 집회를 열 것이라 하였다. … 혼자 도망하기는 어려웠다. 만약 온 식구가 모두 도망려면 세간을 실어 가는 것은 논하지 않더라도 우선 제사를 받드는 사람으로서 쉽게 결정하기가 어려웠다. 그러나 상황을 살펴보니 앉아서 막기가 어렵다면 온 식구가 화를 피하는 것이 나을 것 같았다. 또 松山 李都正 집안 대소가가 모두 식구들을 데리고 도피하였으며, 어제 저녁에 공림댁도 이미 온 가족이 도피하였다. …

오늘은 7월 23일이다. 이날 밤에 나도 神主를 후원에 묻고 솥 등 세간을 빈 집에 버려두고 문을 닫아걸고 어린이를 업고 처를 데리고 돌연히 문을 나섰으나 사실 갈 곳이 없었다. … 부득이 新基의 친척 안씨 집으로 향하였다. 한밤중에 허둥대는 행색이 어찌 대낮에 여유롭게 갈때와 같겠는가. 세 번이나 개울에 빠져서 옷, 신발, 갓, 망건이 모두 젖어 마치 버려진 물건과 같았다. 사람이 마치 도깨비의 모습처럼 되었으니 項羽가 陰陵에서 길을 잃었을 때도 과연 이처럼 분망했을까. 거의 한밤중이 다되어 천신만고 끝에 신기에 도착하여 친척 안씨의 집에 유숙하였다.[37]

즉, 저자는 동학에 입도한 아는 사람에게 전복록이라는 동학접주가 홍성 갈산면에서 수백 명을 데리고 가 서산에 있는 자신의 집에서 집회를 열려고 한다는 정보를 전해 들었다. 제사를 받드는 사람이라는 것과 동학군 수백 명이 집회를 열 만한 대가라는 것으로 보아 저자는 경주김씨의 종손으로 보인다. 하여튼 저자는 신주를 후원에 파묻고 한밤중에 친척집으로 피난을 갔다. 그 과정에서 물에 빠져 옷과 망건까지 젖었다는 것으로 보아 피난가는 당시의 황망했던 상황이 눈에 선하다.

37) 작자미상,《대교김씨가 갑오피란록》(《동학농민혁명 국역총서》4, 2008, 312~313쪽).

이철영은 공주시 상왕동의 중동골 출신으로 우금치와 멀지 않은 곳에 살았다. 그의 기록에 의하면, 동학군이 마을에 들어오자 입도하는 이가 한 接을 이루었다고 한다. 그는 전봉준 부대가 경군과 효포에서 전투하는 상황을

> 孝浦에서 水越嶺까지 10여리의 골짜기와 산야에 모두 東匪가 가득 차 흰옷이 마치 눈과 같았고 함성이 진동했다. 화약의 연무가 해를 가려 어두웠다. 京軍과 東匪가 하루 종일 접전하여 東匪가 대패하고 죽은 자가 구렁에 가득 찼고, 산 자는 사방으로 흩어졌다.[38]

라고 생생하게 전해준다. 그러면서 포성이 연속하여 일어나고 마을 전체가 놀라 주민들이 피난 갔다고 알려준다. 그 역시 책을 보면서 마음을 안정시키려 하였으나 결국에는 조상의 위패를 집 뒤에 파묻고 石撑山으로 피난을 갔다.

吳麟善(자: 伯賢, 호: 絅菴, 본: 해주, 1841~1905)은 충남 금산군 진산 출신으로, 錦谷 宋來熙와 全齋 任憲晦의 문인이다. 그는 永慕齋를 지어 孝悌를 벼리삼아 강학한 유학자로, '變服'과 '慟時'라는 시를 발표하여 일제의 을미변복령을 개탄한 반개화, 반침략적인 의식의 소유자이다.[39] 그는 1894년 동학농민군의 행위에 대해 "八域의 東匪가 黨을 지어 함께 일어나 그 무리가 아니면 위협하여 약탈하고 구타하여 死境에 이른 자가 많다"면서 난을 일으킨 도적떼로 여겼다. 그의 이러한 동학 인식은 1894년 10월 상순에 지은 〈東亂〉이란 시에도 다음과 같이 잘 나타난다.

오백삼년 갑오년 겨울

---

38) 이철영, 〈갑오동란록〉, 《성암집》 권4, 잡저.

39) 吳麟善, 《絅菴遺稿》 권1, 시, '慟時'.

우리 동토 팔역이 난리를 만났으니

가는 곳마다 안정된 곳이 남아있지 않구나

어디를 좇아야 이 한 몸을 받아줄 곳을 얻으리[40]

그는 동학농민군이 금산에 들어오자 깊은 산속으로 피난을 갔다. 그는 1894년 11월에 작성한 〈亂山自說〉이란 글에서 동학은 '일종의 怪流'로서 사특한 속임수('邪謠')의 교리로 세상을 속이고 사람을 미혹하여('欺世惑人') '大亂'을 일으켜 종사를 조석의 위험에 처하게 했다고 혹평하고 있다. 그리고 자신은 "鰈域(한국의 별칭; 필자)의 한 작은 사람으로 다른 지모가 없어 이 난리를 만나 깊은 산속으로 피난하였다"고 밝히고 있다. 그는 이어서 임금의 녹을 받아 망극한 은혜를 입었는데 보답할 길이 없어 원통하다고 적고 있다.[41]

宋炳濂(1863~1944, 호: 吟弄齋 또는 後蓮, 字: 景茂, 본: 은진)은 대전 출신으로 蘭谷 宋炳華의 문인이다. 그는 1910년 경술국치를 당한 후 두문병적(杜門屏跡)하고 음풍농월(吟風弄月)로 자위하며 세월을 보냈다. 그 역시 〈歎東學〉이란 글에서 "張角이 죽지 않고 살아나 우리 조선을 어지럽게 한다"라고 동학농민전쟁을 중국 후한 말기 황건적의 난에 비유하고 있다. 또한 동생이 '甲午亂'을 피해 피난 갔다가 살아 돌아온 것을 기뻐하면서 지은 〈當甲午亂舍弟雲瑞自嶠南而歡喜甚賦此〉[42]란 시가 있는 것으로 보아 그의 동생이 경상도 지방으로 피난갔음을 알 수 있다.

金永運(1867~1932, 호: 瑞雲, 자: 德五, 본: 광산)은 충남 논산시 양촌면 출신으로 그가 남긴 저술로는 《瑞雲遺稿》가 있다. 그의 〈自述年記〉 1894년 10월 10일자에 따르면,

---

40) 오인선, 위의 책, '東亂'

41) 오인선, 위의 책, 권3, 잡저, '亂山自說'

42) 宋炳濂, 《吟弄齋遺稿》 권1, 시, '歎東學', '當甲午亂舍弟雲瑞自嶠南而歡喜甚賦此'.

　　이해 봄에 동학난이 크게 일어나 호남에서 무리를 지어 기호까지 만연
하여 큰 난리가 되자 인심이 흉흉하니 아무런 직도 없는 선비가 세상일을
근심하고 있을 뿐이다.

　　시월 초십일은 큰 조카의 관례날이다. 문중 장로를 모시고 행례한 다음
명하여 이름을 益洙라 하고 자를 子三이라 했으니 대개 '益者三友'라는 뜻
에서 취해온 것이다.

　　이날 동학군 3천여 명이 公州 등지에서 連山읍에 와 모여 장차 논산으
로 간다고 聲言하자 일읍이 소동했다. 우리 집에 유숙한 자가 몇백 명인지
그 수를 알지 못하므로 渾家가 경동하여 사당의 사판을 모시고 高山 林花
里 둘째 형님 집으로 잠시 이거하여 큰 조카의 혼인식을 기다렸다. … 동
학란이 점점 성하므로 인심이 크게 변하여 혼행을 할 수 없었다.[43]

라 하여 논산의 자기 집에 몇 백 명의 동학군이 유숙하므로 집을 떠
나 산속으로 들어갔으며, 또한 일정에 잡혀있던 조카의 혼례를 치
르지 못하였음도 알 수 있다.

　3) 鄕約 보급

　李侙(1873~1936, 호: 華山)은 충청남도 청양의 정산 출신으로 12
살에 사서삼경을 독파한 한학자이다. 그는 최익현이 정산에 내려온
이듬해인 1901년 3월에 문하에 들어가 수학하기 시작하였다. 1903
년 9월에 최익현을 배종하고 청양의 '洙壇'에서 향음주례를 행했으
며, 1904년 3월에는 사우들과 함께 공주에서 향음주례를 실시하
고, 4월에는 청양의 수단에서 강회를 열었다. 그해 8월에는 최익현

---

43) 金永運, 《瑞雲遺稿》, 〈自述年記〉.

을 따라 정산향교에서 향음주례를 행하고 '향약절목'을 정했다. 그
는 1906년 홍주의병에 참전하고 쓰시마에서 유배생활을 하였으며,
1912년에는 獨立義軍府에 참여하여 옥고를 치렀다.[44]

이식은 1894년 6월에 동학이 크게 일어났다는 소식을 듣고 마을
에서 鄕約을 정하여 주민들이 동학에 물드는 것을 막고자 하였다.
그는 동학을 '鄙褻'(천하고 더럽다)하고 정해진 관념도 없다면서 매우
비하하고 있다. 농민군의 활동에 대해서도

> 崔時亨이 국가의 금법을 없이 여기고 그 스승의 죽임을 두려워하지 않
> 고 州郡의 마을을 잠행하여 우민을 미혹하여 그 무리를 널리 심었다. 지금
> 에 이르러 한 나라에 널리 퍼져 그 위력에 수령과 방백이 두려워하여 혹은
> 축출되고 혹은 살해되었다. 왕명을 거역하는 데까지 이르렀으며 병기를 탈
> 취하여 왕의 군사와 교전하였다. 홍계희가 패하니 조정이 어찌할 바를 몰
> 라 청나라에 군사를 요청하였다. …[45]

라고 하여 '王命을 拒逆하고 王師와 交戰한 무리'로 토벌의 대상으
로 파악하고 있다.

閔泰稷(1868~1935, 호:絅庵, 자: 舜佐, 본: 여흥)은 충남 서산시 오남
동 출신으로 存齋 유진하의 문인이다. 1894년 서산, 태안, 해미지
역에 동학군이 성하였는데, 동학군이 민태직을 찾아와 書記를 맡아
달라고 요청하였다. 물론 그는 부모를 모시고 가솔을 거느리고 있
어 집을 떠날 수 없다면서 거절하였다. 그리고 몇 년 뒤인 1900년
에는 '東亂'이 일어난 후에 풍속이 타락했다면서 향교에서 鄕約節目
을 만들어 尹瑗求를 도약장에 모시고 자신은 執禮 소임을 맡아 활

---

44) 편찬위원회, 《독립운동사자료집》 제2권, 317쪽.
   김상기, 〈1906년 홍주의병의 홍주성전투〉, 《한국근현대사연구》 37, 2006.
45) 《愼懼堂年記》, 갑오년 6월조.

동하였다.[46)]

　이상에서 살펴본 바와 같이, 호서유림들은 지역이나 학파의 차이를 떠나 동학에 대하여는 대체로 비판적이다. 東學을 '邪學', '狂妄하고 虛誕한 말', '근거 없는 邪說', '異端', '妖道' 등과 같이 표현하고 있으며, 동학교도에 대해서도 '東匪' 또는 '敵徒', '匪徒', '邪徒', 叛賊', '火賊' 또는 '盜賊' 등 극히 비천한 도적이라는 의미의 용어를 사용하면서 이를 철저히 배척하는 반동학적인 인식을 가지고 있음을 볼 수 있다. 그러나 이들 유학자 가운데는 농민군들을 봉기하게 한 정부의 책임론을 제기하기도 하였다. 서민들이 동학에 들어가는 것은 호랑이 같은 지방 수령들의 탐학과 형벌을 견디지 못한 때문이라 지적하였다. 이외에도 패산한 동학군을 처벌하는 지방관의 시책에 비판적인 태도를 취하거나, 심지어는 관리를 설득하여 체포된 동학군을 풀어주게 한 예도 있었다.

　호서지역의 유교지식인들은 동학군이 치성하자 생명과 재산을 지키려고 유회군을 편성하여 농민군과 항쟁하는 적극적인 모습을 보여주기도 하였다. 홍성을 비롯한 내포 지역과 금산 지역의 儒會軍과 儒所 등이 그 대표적인 예다. 금산지역의 고제학을 중심으로 유학자들이 조직한 의회군은 김개남 부대와 전투를 치러 전과를 올리기도 하였다. 한편으로는 동학군이 패산한 뒤에도 유회소를 만들어 동학의 잔여세력과 싸우거나 흩어진 동학군을 체포하여 관군에 넘기는 등의 활동을 하였다.

　유교지식인 가운데 한다리 김씨 종손이나 이철영 같이 농민군의 횡포를 목도하고 집을 떠나 산속이나 난리의 영향이 적은 친척집 등으로 피란을 가는 모습을 많이 볼 수 있다. 이 역시 유교지식인들이 취할 수밖에 없었던 한 방편이었던 것으로 보인다. 한편 이식과 민태직과 같은 동학이 확산되는 것을 보고 유학을 보급해 서민들이

---

46) 吳浣根, 〈연보〉, 《絅庵集》권6, 부록.

동학에 빠지지 않게 예방하고자 하였으며, 동학농민전쟁이 끝난 후에도 역시 향약을 보급하여 지방의 향풍을 진작시키고자 했음을 볼 수 있다.

이상에서 볼 수 있듯이, 호서유림들은 1894년 동학농민군의 반봉건투쟁에 생명과 재산의 위협을 느끼고 피난을 가거나 적극적으로 무장단체를 조직하여 싸웠음을 알 수 있다. 물론 패한 동학군의 학살을 반대하고 이들에게 은혜를 베풀어 생업에 종사하게 하자고 요구한 이들도 있었다. 그러나 유교지식인의 동학에 대한 비판적인 인식과 항쟁은 동학농민군의 항쟁을 제어하는데 크게 작용한 것으로 보인다. 동학농민전쟁이 실패로 돌아간 것은 일본군과 관군이 무력 진압을 했기 때문이지만, 지역사회 유교지식인의 반동학운동 역시 중요한 원인의 하나가 된 것으로 보인다.

제2장 의병투쟁

1. 홍주의병의 전개

한말 일제하 홍성지역은 타 지역에 비해 특히 항일민족운동이 활발했던 것으로 밝혀져 주목받았다. 특히 1895~1896년과 1906년 두 차례의 의병은 한말 의병사에서 대표적인 의병으로 평가받는다. 1895~1896년의 홍주의병은 정부의 개화정책과 일제의 침략행위에 반대하여 1895년 4월부터 모병단계를 거쳐 단발령공포 직후 봉기하였다. 주도자들이 체포되어 옥고를 치르는 등 탄압을 받았지만, 일제의 을사늑약에 항거하여 다시 봉기하였으며 1906년 일본 정규군과 치열한 홍주성전투를 치렀다. 이 홍주성전투는 중기의병 중에 최대의 전과를 올렸으며 단일 전투로는 최대의 희생자를 낸 것으로 기록되었다. 또한 전국적으로 의병전쟁을 격화시킨 도화선이 되었다.

홍주의병에 관한 연구는 후손들과 향토사가들의 관심 속에 꽤 많은 연구가 이루어졌다.[1] 이와 같은 기존의 연구 성과를 바탕으로

---

1) 홍주의병에 관한 기왕의 주요 연구는 다음과 같다.
　강병식, 〈한말 홍주성의병에 대하여〉, 《민족사상》 2, 1984.
　송용재 편, 《홍주의병실록》, 홍주의병유족회, 1986.
　유한철, 〈홍주성의진(1906)의 조직과 활동〉, 《한국독립운동사연구》 제4집,

2차에 걸친 홍주의병의 전개과정을 검토하기로 한다.

1) 1895~1896년 홍주의병

1895~1896년 홍주의병은 김복한을 총수로 하여 반개화 반침략론을 행동으로 홍주지역 유생들의 반일투쟁이다. 1895년 4월 광천(현, 홍성군 광천읍)에서 안창식의 모병운동으로 비롯된 제1차 홍주의병은 을미사변 후 홍주성을 점령하는데 까지 이르렀다.

홍주군 화성(현 청양군 화성면)에 살던 안창식은 개화파들의 개혁정치인 갑오경장을 반역행위로 인식하고 1895년 4월 광천에서 임정학 등과 함께 상인들을 동원하여 의병봉기를 시도하였다. 안창식을 비롯한 박창로·이봉학·이세영 등은 장곡(현, 청양군 대치면 장곡리)에서 모여 의병을 일으키자고 협의하고 6월 9일 청양 장터에서 거의하기로 하였다. 이들은 명성황후가 시해당한 뒤인 9월 하순에 이세영 집에서 재집결하였다. 이들은 군사를 모집하고 무기를 수집하는 등 구체적으로 행동하기 시작했다. 이들은 그해 11월 15일 단발령이 공포되자 향회를 실시하고 의병투쟁을 행동으로 옮기기 시작하였다.

안창식은 채광묵 등과 함께 1895년 11월 28일 화성에서 향회를 실시하였다. 이 향회에 홍주지역의 유생들이 참석하여 군사 활동을 결의하였다. 이에 따라 180여명의 민병이 모집되었으며, 다음 날 안병찬과 채광묵이 인솔하여 홍주성에 입성하였다. 12월 1일 저녁

1990.
김상기, 〈1895~1896년 홍주의병의 사상적 연원과 전개〉,《윤병석교수화갑기념 한국근대사논총》, 지식산업사, 1990.
김상기, 〈조선말 홍주의병의 봉기원인과 전개〉,《한민족독립운동사논총》, 1992.
김상기, 〈1906년 홍주의병의 홍주성전투〉,《한국근현대사연구》37, 2006.

에는 정산과 청양의 이봉학·이세영·김정하 등 수백 명이 성안에 들어왔다. 12월 2일 안병찬의 척숙 박창로가 사민 수백 명을, 청양의 선비 이창서가 청양군수 정인희의 명령을 받아 수백 명을 인솔하고 각각 홍주관아에 집결하였다. 여기에 민병 180여 명이 대기하고 있었다.[2]

홍주 일대의 민병세력에 김복한과 이설·홍건 등 전직 고관들이 합세하였으므로 그 기세가 더욱 치솟았다. 이들은 이미 관찰사 이승우를 만나 의리정신을 들어 여러 차례 거의하라고 권유한 바 있다. 김복한의 경우는 안병찬·이봉학·이상린 등과 비밀히 연락하여 이들에게 거의를 권유하여 왔다. 김복한은 12월 2일 수백 명의 민병이 관아에 집결하였을 때 "우선 거사하기에 앞서서 강호선과 함인학 두 역적의 목을 베어 높이 걸어서 관찰사의 뜻을 굳혀야 한다"고 지시하였다. 이 지시에 민병들이 경무청을 부수고 이들을 동문 밖으로 끌어내어 결박 구타하기에 이르렀다. 관찰사는 이들을 살려달라고 호소하고 결국 거의 참여하기로 하였다. 이어 '존화복수'의 기치를 세우고 거의방략을 협의하였다.[3]

다음날 홍주관아에 창의소를 설치하고 김복한을 의병장으로 추대하였다. 김복한은 홍주부 관할 22개 군과 홍주군내 27개 면에 통문을 띄웠으며, 각 고을 대표들은 집을 돌아다니며 노약자와 독자를 빼고 각 호에 한사람씩 응모하라고 청하였다. 김복한은 송병직·채광묵·박창로·정제기 등에게 의병 초모와 산성 수리를 지시하였다. 청양군수 정인희는 창의소를 별도로 청양읍내에 설치하고 홍주부에 연락을 취해 포군 5백 명과 화포 1천 정을 관찰사에게 요청하였다.

---

2) 安昌植, 〈民湖日記〉. 안병찬, 〈葵堂日記〉. 홍건, 《乙坎錄》, 1895년 12월 1~2일자.

3) 홍건, 《乙坎錄》, 1895년 12월 2일자.

그러나 창의소를 차린 지 하루 만인 12월 4일(양, 1896년 1월 18일) 관찰사 이승우가 배반하고 말았다. 그는 유생들의 권유와 위협에 마지못해 참여는 하였으나 실패할까 두려워하였다. 이때 전승지 송언희와 아전 이주승, 강호선과 함인학이 중지하라고 요청하자 관찰사는 의병의 뜻을 번복하고 김복한 등 23명을 구금시켰다.

12월 7일 서울에서 신우균이 군사 250명을 이끌고 내려와 이들에게 진술서를 받았다. 12월 30일 수감자 23명은 결박당한 채 서울로 압송되었다. 80~90여 명의 순검에 둘러싸여 압송되어 가던 이들은 1896년 1월 1일 신례원에 도착하였다. 이때 이승우는 아관파천과 김홍집의 처형 소식을 듣고 홍주관아로 돌아와 이들을 감옥에 구금시켰다. 집권세력이 붕괴하자 사태의 추이를 주시하고자 한 때문이었다. 그리고 김복한을 비롯하여 이설 · 홍건 · 안병찬 · 송병직 · 이상린(이상 홍주의병 6의사라 칭함) 이외의 17명은 모두 무죄 석방시켰다. 김복한 등 6명은 법부의 훈령에 따라 1월 17일 한성재판소로 이송되었다. 이들은 2월 25일 고등재판소 재판장 이범진에 의해 실형을 선고받았으나 임금의 특지로 모두 사면 석방되었다.

이와 같이 이승우의 배반으로 1895~1896년의 홍주의병은 실패로 끝나고 말았다. 그러나 홍주지역 유생들은 오랫동안 준비했던 의병투쟁의 기회를 그대로 포기하지 않았다. 의병의 재기를 시도한 것이다.[4] 우선 이근주는 서산 · 태안 방면으로 가 의병을 모집하던 중 의병장들의 석방 소식을 듣고 중지하였다. 그 후 청양으로 전수사 조의현을 찾아 거의하려고 계획하였으나 그마저 체포되고 뜻을 펴지 못하고 말았다. 그는 1910년 국치를 당하여는 왜놈의 백성이 될 수 없다고 자결하였다. 안창식은 관찰사의 소행과 더불어 장자 안병찬의 자결 기도 소식을 듣고 의병의 재기를 시도하였다. 12월 6일 주위에 연락하여 창리(현, 청양군 화성면 창말) 앞 주점에 집결

---

4) 임한주, 앞의 글, 26~28쪽.

토록 하였다. 청양군수 정인희는 12월 6일 정산읍에 진을 치고 일어났다. 12월 7일 공주를 향해 진격하다가 정산의 철마정 일대에서 공주부에서 파견한 구완희 부대와 전투를 벌였다. 이세영은 홀로 홍주를 빠져나가 재기를 준비하였다. 1896년 2월 아관파천 후 그는 남포에서 다시 의병을 일으켰다. 이때 같이 거의한 인사로는 황재현과 이관·김홍제 등이 있다. 이 거사 역시 성공하지 못해 패하고 말았지만 이세영 등 홍주지역 유생들의 끈질긴 저항의식을 보여준다(이상의 일자는 음력임).

2) 1906년 홍주의병

1895년 홍주의병을 일으킨 안병찬·채광묵·박창로·이세영 등은 을사조약 늑결 소식을 듣고 의병을 재기하였다. 이들은 정산에 살고 있는 전 참판 민종식을 찾아가 총수 책임을 맡아달라고 청하였다. 을미사변 후 관직을 버리고 정산의 천장리에서 은거 중이던 민종식은 이를 기꺼이 수락하였으며 박토 10여 두락을 판 5만 냥을 군자금으로 제공하기도 하였다. 민종식은 대장에 추대되어 근거지를 천장리로 삼고 항쟁에 돌입하였다. 주요 인물로는 안병찬·채광묵·박창로·이용규·홍순대·박윤식·정재호·이만직·성재평 등을 들 수 있다. 이들은 격문과 각국 공사에게 보내는 청원문 그리고 각지에 의병 참여를 호소하는 통문을 보냈다.

홍주의병은 1906년 3월 15일(음, 2월 21일) 광수장터(현 예산군 광시면)에서 봉기의 첫 깃발을 들었다. 이들은 대장단을 세우고 천제를 올린 다음 홍주성으로 진격하였다. 동문 밖 하우령(일명 하고개)에 진을 치고 홍주성을 공격하였으나 관군의 저항에 후퇴하였다. 다음날 의진은 광시 장터에 집결하여 공주를 공격하기로 하였다. 의

진의 선두가 묵방(일명 먹고개, 현재 청양군 비봉면 중묵리)에 이르렀을
때 공주의 관군과 경병, 일본군이 청양읍에서 휴식중이라는 척후병
의 보고가 들어왔다. 의진은 길을 화성으로 틀어 합천 일대에 진을
쳤다. 이날 관군과 일본군은 오후 6시 먹고개에 도착하여 탐문하고
10시경 합천 인근에 쳐들어와 잠복하였다. 다음날(3월 17일) 오전 5
시 의진은 이들의 공격을 받아 안병찬과 박창로를 비롯한 주요 인
사들이 체포되었다.[5]

　의병장 민종식은 간신히 탈출하여 곳곳을 잠행하다가 전주의 친
척인 민진석 집에서 은신하던 중 이용규 등과 의병을 재기하였다.
이들은 5월 9일(음, 4월 16일) 충청남도 홍산군 지치동(현, 부여군 내산
면 지티리)의 주막에서 의병을 일으켰다.[6] 이때의 부대는 그의 처남
인 이용규가 초모한 의병이 중심이 되었다. 민종식은 대장에 추대
되어 선봉장에 박영두, 중군장에 정재호, 후군장에 정해두를 임명
하였다. 이들은 홍산을 점령한 뒤 서천으로 행군하였다. 이튿날 비
를 무릅쓰고 문장동에서 묵은 뒤 5월 13일(음, 4월 20일) 서천읍에 도
착하였다. 서천 관아에 돌입한 의병 부대는 서천군수 이종석을 감
금하고 양총 70여 정을 획득하였다. 이때 의병의 수가 1천여 명에
달하였다. 다음날 비인을 함락하고 남포로 가는 도중에 일본인 한
명을 체포하였다. 남포에서 유준근을 초청하여 유병장으로 삼았으
며 유회군을 영입하였다. 의병은 요충지인 남포읍성에서 4일 동안
의 전투 끝에 승리하였다. 남포군수를 감금시키고 병사 31명을 의
진에 귀순시켰다. 남포 근처의 용동에서 일본인 석공 2명을 체포하
고 한 명을 총살하였다. 그 후 광천을 거쳐 결성으로 진군하여 하루
를 지내고 5월 19일(음, 4월 26일) 홍성 시내에 들어왔다.

　홍성의 삼신당리에서 일본군과 싸워 이긴 의병부대는 구식 화

5)《황성신문》1906년 3월 22일자 잡보,〈暴徒調捉〉.

6) 이진구,〈의사이용규전〉,《한국독립운동사자료집》2, 317쪽.

포 2문을 선두에 내세워 홍주성을 포위 공격하였다. 의병은 남문에서 일본 헌병과 총격전을 벌였으며, 오후에 서문으로 부대를 진격시키자 일본 헌병들이 동문을 통해 덕산방면으로 도주하였다. 드디어 의병은 20일 아침에 홍주성을 점령한 뒤 총기와 탄약, 그리고 우편국에 있는 금품을 확보하였다. 홍주성을 함락시키자 신보균·신현두·이식·안항식 그리고 김상덕·유호근 등 각지 인사들이 차례로 집결하였다. 의병진에서는 진용을 정비하고 소를 잡아 천제를 지냈다. 이때 새로 구성된 편제는 다음과 같다.[7]

---

7) 이 표는《의사 이용규전》(성덕기, 《독립운동사자료집》 2, 330쪽)의 편제표와《민종식심문조서》(〈匪魁閔宗植取調之槪要〉)에서 민종식이 구술한 내용을 합쳐서 정리한 표이다. 민종식이 말한 편제표는 문석환, 안병림, 남규진, 신현두, 정재호 등 주요 인물이 누락되어 있는 등 약간 소략한 부분이 있다. 그러나 김상덕이 군사장이었다 말하고 있으며, 이외에 다른 자료의 편제표에 나타나지 않았던 인물들인 朴斗杓·申錫休·金尹植·朴齊順·金成鎭·李鳳奎 등의 이름이 언급되었다. 金商悳(1852~1924)은 보령군 주포면 출신으로 문과에 급제하여 대사성과 인천감리사 등의 관직을 거쳐 1896년 홍주관찰사 이승우의 후임으로 관찰사에 임명되었으나 홍주의병 19명을 석방하고 관찰사를 사직하였다. 이로 인해 3년 징역형을 받고 고군산도에 유배되었던 인물이다. 그러나 아직까지 그가 홍주의병에서 맡은 역할이 분명하지 않았다. 이 자료를 통하여 그가 군사장 직책을 맡아 민종식 의진에 참여하였음을 알 수 있게 되었다. 박두표는 해미 출신으로 의관을 지낸 인물로 알려져 있다. 그 역시 체포되어 유배 10년형을 받았다. 판결문에 의하면 그는 민종식에게 소모장으로 임명받고 다시 운량관에 임명되어 해미의 양곡을 관리하였다고 밝히고 있다. 그러나 다른 편제표에는 그의 직책이 나와 있지 않았는데, 민종식이 이 사실을 기억하고 있었던 것이다.

〈표 9〉 홍주의병 편제 비교표

職責	이름	비고
大將	閔宗植	
軍師將	金商悳 *	
參謀長	金光佑 趙羲洙 蔡光黙	김광우:〈민종식심문조서〉에는 참모
中軍將	鄭在鎬 黃英秀 李世永	
遊擊將	蔡景燾(崔景燾 *) 金光鉉 尹相培 李萬植 *	
左軍將	尹弼求 尹炳日 宋淳黙	
右軍將	李秉秊 李範九 洪淳大	
召募將	池禹範 朴斗杓 * 崔相集 * 申錫休 * 金尹植 *	
召募官	李晩稙	
守門將	崔璇在	
守城將	趙炳舜	
先鋒將	李南珪 朴永斗	
後軍將	鄭海斗	
書記	文奭煥	
運糧官	成載斗 * 朴齊順 *	
餉官	朴允植	
左翼將	李相九 金成鎭 *	이상구:〈민종식심문조서〉에는 참모
右翼將	申鉉斗 李鳳奎 *	신현두:〈민종식심문조서〉에는 참모
參謀	安炳瓚 朴昌魯 安恒植 申輔均 李容珪 *	
儒兵將	柳濬根	〈민종식심문조서〉에는 참모
儒兵所餉官	閔廷植	
參謀士	李侙	〈민종식심문조서〉에는 참모
突擊將	南啓元(南奎鎭) 安炳琳 郭漢一	곽한일:〈민종식심문조서〉에는 참모

※ 이름 뒤에 * 표한 이는 〈민종식심문조서〉에 기록된 인물임.

민종식은 홍주성을 점령하고 나서 인근의 각 군수에게 훈령을 내려 양식과 군기를 징발하고 징병의 일을 실시하라고 지시하였다. 이때 해미 군수가 포군 10명과 약간의 군자를 보냈다. 민종식은 홍주성을 점령하고 나서 고종에게 올리는 상주문을 작성하여 이민학에게 주어 올리게 하였다. 상주문의 내용에는 을사5적과 이토 히로부미를 주륙할 것을 포함시켰으며, 거병한 이유를 들면서 거의한 뜻을 받아들여 주라고 요구하는 내용이 포함되었다.

홍주성에서 패주한 일본군은 공주 병력을 지원받아 홍주성을 둘러싸고 공격하였으나 의병 부대는 이를 격퇴했다. 21일은 수원헌병부대에서 증파된 헌병과 경찰의 공격을 물리쳤다. 22일에는 서울 경무고문부의 桐原 경시와 조선 경무관 및 그 부하 20명이 증파되었다. 이들은 24일 공주 경무진위대에서 파견한 57명의 조선병과 함께 의병을 공격하였다. 그러나 의병은 27일 土坊 경부를 비롯한 일본 경찰을 체포하였으며, 이때 체포된 일본인 3명과 일진회원 2명은 민종식의 명령에 따라 5월 29일 밤에 처형되었다.[8]

이와 같이 몇 차례의 일본 경찰과 헌병대의 공격에도 전세가 의병 쪽에 유리하게 전개되자 통감 伊藤博文는 주차군 사령관에게 군대 파견을 명령하였다. 주차군 사령관은 포병과 기병, 헌병 및 보병 2개 중대를 홍주에 파견하여 경찰과 헌병 그리고 진위대에게 협조하도록 명령하였다. 일본군 보병 제60연대 대대장 田中 소좌 지휘 아래의 보병 2개 중대는 기병 반개 소대와 전주수비대 1개 소대와 합세하여 30일 홍주성을 포위하였다. 의병 측에서도 방어 태세를 정비하였다. 29일에는 곽한일과 남규진의 부대 400여 명이 홍주성에 입성하였다. 그러나 일본군은 우세한 화력을 가진데다 전투 경험이 많았다. 이들은 다나카 소좌의 지시에 따라 30일 밤 11시에 동문에서 약 500미터 지점 숲속에 잠복하였으며, 31일 오전 2시 반 기마병 폭발반이 동문을 폭파시켰다. 이를 신호로 하여 일본 보병

---

8) 〈匪魁閔宗植取調之槪要〉 참조.

과 헌병대, 경찰대가 기관포를 쏘며 성문 안으로 진입하였다. 또한 2중대 1소대와 4중대 1소대는 각각 갈매지 남쪽 고지와 교동 서쪽 장애물 도로 입구에 잠복하여 의병부대의 퇴로를 차단하였다. 31일 오전 4시경 홍주성은 일본군에 완전히 장악되었다. 일본군은 기마병을 시켜 의병을 추격 사살하게 하였다. 이때 양민 역시 다수 희생되었다.

이 전투에서 일본군이 10여 명 사살된 반면 의병은 참모장 채광묵 부자와 운량관 성재평, 전태진·서기환·전경호를 비롯하여 300여 명이 전사한 것으로 보인다. 체포된 의병의 수는 145명에 이른다. 그 가운데 김상덕 등 78명은 서울로 압송되었다. 이들은 일본군 사령부의 심문을 받고 윤석봉 등 70명은 7월에 석방되었다. 그러나 유준근·안항식·이상구·신현두·이식·남규진·최상집·문석환 등 9명은 쓰시마로 유배되어 감금생활을 하였다. 이세영은 6월 체포되어 겨울에 종신 유배형을 선고받고 황주의 철도에 유배되었다. 홍주성전투에서 패퇴한 민종식 등은 성을 빠져나와 재기 계획을 세웠다. 그해 7월에 이용규는 청양의 추티에서 의병을 다시 모아 부여와 노성 등지를 행군하여 연산의 부흥리에서 일본군과 교전하였다. 이때 조병두는 중상을 입고 체포되어 대전역에서 사망하고 말았으며 채경도 오상준 등은 공주부에 갇혔다.

1906년 10월에는 예산 현곡(지금의 대술면 상항리)에 있는 이남규의 집에 이남규·이용규·곽한일·박윤식·김덕신·이석락 등이 모여 거의를 계획하였다. 이들은 11월 20일 예산을 공격하여 근거지로 삼기로 결정하고 민종식을 다시 대장에 추대하기로 뜻을 모았다. 그러나 일진회원의 밀고로 11월 17일 새벽에 일본 헌병 10여 명과 지방병 40여 명, 그리고 일진회원 수십 명의 포위 습격을 당하여 곽한일·박윤식·이석락 등이 체포되었다. 이남규·이충구 부자도 함께 체포되어 온갖 악형을 당하였다. 이때 체포된 곽한일을 비롯

하여 박윤식 · 김덕진 · 정재호 · 황영수 · 박두표 등은 종신 유배형
을 받고 지도(전라도 신안군)로 귀양 갔으며 홍순대 · 김재신은 고군
도로 귀양 갔다. 한편 안병찬 · 박창로 · 최선재 · 윤자홍 등 수십 명
은 공주감옥에 감금되었다. 민종식은 11월 20일 체포되어 1907년 7
월 3일 교수형을 선고받았으나 다음날 내각회의에서 종신유배형으
로 낮추어 진도에 종신 유배되었다(12월에 특사로 석방됨). 이로써 예
산에서의 재기는 좌절되고 말았다. 우군관 홍순대는 1906년 11월초
부여군 은산면에서 80여명을 규합하여 의병을 재기하였다. 이때 또
한 남포 성문에는 '의병대장 송'이라는 이름으로 군수 이철규를 처
단하겠다고 경고하는 방문이 나붙는 등 곳곳에서 의병 봉기가 끊이
지 않았다.[9]

　이와 같은 의병의 재기 움직임에 일제는 불안을 느끼고 이 지역
중요 인물들에 대한 감시와 학대를 강화하였다. 1907년 9월에는 일
본 기마대 1백여 명이 이남규 부자를 체포해 가던 중 귀순 강요를
거부하자 온양의 평촌(현 아산군 송악면 평촌리) 냇가에서 이들을 학살
하는 만행을 저질렀다. 11월에는 김복한이 거의를 밀의하였다 하
여 구속하여 악형을 가하였다. 김복한은 1910년 국망을 당하자 죄인
으로 자처하여 은거하였다. 그러나 3 · 1운동에 유림계의 인물이 민
족대표에서 빠진 것을 수치로 생각하고 파리장서운동을 펼쳤다. 영
남의 곽종석과 함께 작성한 이 장서에 김복한 말고도 안병찬 · 김덕
진 · 전양진 · 임한주 등 의병의 동지들이 서명하였으니 홍주의병은
3 · 1운동으로 계승되고 있음을 알 수 있다. 홍주의병은 다음과 같은
여러 점에서 특성과 의의를 찾을 수 있다.

　우선 홍주의병은 조선말 전국적인 항일의병투쟁을 이끈 대규모
무장투쟁이며 한민족의 주권을 회복하고자 한 독립전쟁이었다. 김

---

9) 김상기, 〈1906년 홍주의병의 홍주성전투〉, 《한국근현대사연구》 37, 2006,
　152~155쪽.

복한과 민종식 부대는 의병을 일으키고 통문과 격문을 발표함은 물론 각국 공사에게 독립청원서를 제출하였으니 이는 국제적으로 일본에게 전쟁을 선포하고 의병전쟁을 펼친 것이다.

둘째, 홍주의병은 의병의 조직상 특성으로 주로 거론되는 향토성과 학통성 혈연성이 특징적으로 드러나는 전형적인 예에 해당한다. 홍주의진은 상호 혈연적 유대 관계와 향교 조직과 같은 사회조직 체계 그리고 동일한 학통 관계 속에서 편제되었다. 따라서 의병 초모와 군수품 조달 그리고 심지어는 전투 행위 역시 이 지역을 중심으로 전개되었다.

셋째, 홍주의병은 다른 의진에 견주어 유생적 성격이 강하게 나타난다. 이는 병사 가운데 유회군이 다수 참여하고 있으며 편제에서도 다른 의진과는 달리 유병장 제도를 두어 남포의 유학자 유준근을 초빙한 것에서도 알 수 있다. 따라서 동학농민군의 참여는 구조적으로 차단되어 있다. 물론 이는 일정한 한계로 지적될 수도 있다.

넷째, 홍주의병의 투쟁은 경술국치 이후에도 독립전쟁으로 계승됨을 볼 수 있다. 이세영·김복한·안병찬·이용규·김덕진·전양진·임한주 등의 항일투쟁은 그 대표적인 사례인 것이다.

이와 같이 홍주의병은 강렬한 반침략 무장투쟁을 펼쳐 다른 지역의 의병 봉기에 끼친 영향이 크며 1910년대 독립전쟁과 나아가 3·1운동으로까지 인적 사상적으로 계승되고 있다는 점에서 그 역사적 의의가 크다.

2. 南塘學派의 의병투쟁

1) 金福漢의 홍주의병

김복한은 고종과 왕세자에게 經筵과 書筵을 베풀면서 왕도정치의 중요성을 강조하였으며, 1894년 3월부터는 右副承旨로 고종을 보필하면서 유교통치이념을 바탕으로 왕정을 굳건히 하고 나아가 국가를 반석 위에 올려놓고자 노력하였다. 그러나 개화파의 행동을 개화를 빙자한 망국적 행위로 인식하게 되었으며, 이에 더하여 일제에 조정이 장악되어 가는 상황에 그의 주장과 이념이 받아들여질 여지가 없어지게 되었음을 절감하였다. 그는 결국 甲午變亂 직전에 관직을 버리고 낙향하게 되었다.[10] 곧이어 일본군에 경복궁이 점령되는 갑오변란이 일어났으며 그가 이 사건을 국망의 시초로 여기게 된 것은 당연하였다. 두문불출하던 그는 이듬해 8월 을미사변의 비보와 11월의 단발령 공포를 접하자 '殺身成仁'의 정신으로 반개화 반침략의 의병투쟁을 펼치게 되었다.

그는 단발령 공포 직후 홍주지역 유생들과 수시로 접촉하였다. 중앙정계에서 요직을 역임했던 그의 의병 봉기는 지방 유생들을 크게 고무시키기에 충분하였다. 그는 먼저 이설에게 자신의 뜻을 밝히고 동참해달라고 요청하였으며, 홍주부 전영장 洪楗과 함께 관찰사 李勝宇의 의병 참여문제에 대하여 여러 차례 협의하였다. 그는 이승우를 찾아가 거병을 권하였으나 그는 역량과 인재의 부족을 이유로 거절하였다. 이에 그는

> 인재는 거사한 뒤에 반드시 쫓아오는 이가 있을 것이요, 다만 마땅히 의

---

10) 송상도, 〈김복한〉, 《기려수필》, 국사편찬위원회, 1974, 43~44쪽.
   조희제, 〈김복한〉, 《염재야록》, 1990, 금강서원 영인, 59~60쪽.

리를 논할 뿐이니 성패는 돌아볼 필요가 없는 것이다. 공은 漢나라 왕망때
에 安重候 劉崇의 일을 듣지 못했는가. 수백 명의 군사로써 宛縣을 공격하
고도 회복치 못하고 죽었는데, 綱目에는 이를 포상하였으니 공은 무엇을
두려워하고 겁을 내는가.[11]

라고 의리정신으로 국권을 수호하자고 권하였으나 이승우의 마음
을 움직이지는 못하였다.

그는 11월 27일 홍주향교 전교인 안병찬과 만나 擧義의 뜻을 같
이 하였다.[12] 그리고 李相麟·李鳳學 등과 연락을 취하였으며 청
양군수 鄭寅羲에게도 글을 보내어 의병에 참여해달라고 요청하였
다. 김복한의 擧義에서 안병찬을 중심으로 하는 재지유생들과의 연
합은 큰 힘을 발휘할 수 있었다. 이들은 노론과 소론이라는 당색의
차이를 극복하고 의병투쟁에 적극 합류한 것이다. 안병찬은 이미
1894년 여름부터 의병봉기를 준비하고 있었으며, 을미사변 직후부
터는 군사모집과 무기수집 등 구체적으로 행동하고 있었다. 실제로
안병찬은 김복한을 만난 다음 날 청양의 化城에서 鄕會를 실시하고
180여 명의 민병을 모집하였으며, 이들이 홍주의병의 중심이 되었
다.

김복한의 거병은 12월 1일에 이루어졌다. 이날 저녁에 그는 이봉
학과 연락해 이봉학·李世永·金正河 등이 이끄는 정산과 청양의
민병 수백 명이 나그네 또는 장사꾼으로 꾸미고 성안에 들어오도록
하였다.[13] 김복한은 이승우의 동참을 끌어내려면 군사를 많이 모은
뒤 唐 太宗의 '晉陽之計'를 쓸 필요가 있다고 보았다.[14] 그는 12월 2

11) 《지산집》 부록, 연보.
12) 안병찬, 《規堂日記》, 1895년 11월 27일자.
13) 안창식, 《艮湖日記》, 1895년 12월 1일자.
14) 《지산집》 부록, 연보 을미년 12월조.

일, 안병찬의 척숙 朴昌魯가 사민 수백 명을, 청양의 선비 李彰緒가 청양군수 정인희의 명령을 받아 수백 명을 인솔하고 각각 홍주부에 집결하기를 기다려 반대파인 홍주부 참서관 咸仁鶴과 경무사 姜浩善을 체포하여 이들의 목을 베라고 명령하였다.[15] 의병들이 경무청을 부수고 들어가 이들을 동문 밖으로 끌어내어 구타하기에 이르렀다. 관찰사는 이들을 살려달라고 호소하면서도 동참할 수 없다고 하였다. 이에 김복한은 唐 太宗이 죄없는 晉陽令을 죽여 천하를 다스린 고사를 들어 힐책하고 이승우는 결국 擧義에 참여하기로 승복하였다.[16]

거병한 지 3일째 되는 12월 3일, 드디어 홍주부 안에 창의소를 설치하고 의병 총수에 추대되었다. 김복한은 '尊華復讎'라 쓴 기를 세우고 홍주부 관할 22개 군과 홍주군내 27개 면에 通文을 띄워[17] 각 고을 대표들로 하여금 집을 돌면서 노약자와 독자를 빼고 각 戶에 한 사람씩 응모해달라고 청하게 하였다.[18] 집집마다 義에 죽을 것을 맹세하고 자진 응모하였으며,[19] 어떤 이는 "毁形을 당하고 사느니 차라리 義理에 죽는 것만 못하다"[20]면서 흥분하기까지 하였다. 관찰사 이승우 역시 崇禎 연호를 사용하여 '洪州牧使兼倡義大將'이란 이름으로 관내 각 군에 명령을 내려 당일로 군사를 이끌고 오게 하였다. 관찰사의 명령은 바로 하달되어 홍주부 관할의 관군

---

15) 임한주,〈홍양기사〉,《독립운동사자료집》2, 261~263쪽.안병찬, 위의 책.

16)《지산집》부록, 연보.

17) 김복한이 洪楗과 함께 연명하여 띄운 通文이 독립기념관에 소장되어 있다. 그
   내용은 다음과 같다.寒喧閣之 今方擧義急先之務 在於禮聘賢士 而物議皆歸於尊
   師門 故玆以專告 幸須書到卽時惠然 而瑞山李三水伯仲 不得不參於此擧 亦以此
   致意日時來臨 以圖大議之地 千萬專望專望 而餘外士友間 同志之地 俱以同聲相
   應 如何如何 各邑軍令與本所儒通 此節旺到矣 想當有聞 故不爲絮煩 不備謹候上
   乙未十二月 三日 生 洪楗 김복한 等 二拜

18) 임한주,〈홍양기사〉, 263쪽.《지산집》권15 부록, 연보 乙未年조.

19) 임한주, 위의 글, 263쪽.

20)《지산집》부록, 연보.

은 군수의 명령 아래 홍주로 집결하려고 출동준비를 하였다. 그러
나 관찰사가 변심하여 김복한 등을 구속했다는 소식을 듣고 각 군
의 관군은 회군하고 말았으며, 이 일로 청양과 대흥, 홍산, 정산 군
수들은 면직되거나 징계를 받은 것으로 알려져 있다.[21]

김복한이 작성한 홍주의병 통문(독립기념관 소장)

이와 같이 김복한이 관찰사를 의병에 끌어들인 것은 홍주의병의
위세를 떨치게 하였으며, 조정과 일제에게 큰 위협이 되었다. 공주
부 관찰사는 다음과 같이 정부에 여러 차례 急電을 보냈는데 당시
의 급박한 상황이 잘 나타나 있다.

　　　충청도 洪州에서도 적이 일어나 세력이 창궐한데, 前 洪州牧使 某가 그
　　거두가 되었다는 것은 이미 전보했다. 同賊은 홍주에서 일어나 멋대로 擧
　　義를 부르짖으며 흉도를 모집하고 비축한 양곡을 調發하여 公州를 향해
　　진행하고 인근의 府에서 향응하는 자가 많아 관찰사, 군수로부터 급전이
　　계속하여 도착한다. 急電 한둘을 게재한다.
　　　공주관찰사로부터 모처에 도착한 급전에 이르기를, 전 홍주목사가 어제
　　홍주를 선동해서 府가 향응하고 隣近 府의 민심도 소동하여 그 위세가 대

21)《동경조일신문》, 1896년 2월 4일, 朝鮮時事,〈洪州觀察使〉(1월 23일 경성발).

단히 위급하다. 道程을 빨리하여 親衛隊의 下送을 바란다. 淸州兵 쪽에 홍
주지방을 巡哨. 云云

　再報에 이르기를, 洪州의 일은 형세가 아주 급하다. 즉시 兵을 파견하여
剿討하기를 바란다. 本府의 무기는 아직 준비되지 않았다. 총 3백 정과 단
총 50정을 탄환과 함께 즉시 보내주기를 云云

　三報에 이르기를, 洪州 賊徒가 바로 길을 향함(公州를 향한다 함). 一軍
을 派送하여 홍주부를 진압하고, 다시 一軍으로 本府를 구호해주십시오.
형세가 심히 위급. 云云.[22]

　위 전보에서 언급하고 있는 바와 같이, 관찰사가 의병에 참여하
여 홍주부는 물론이고 인근의 부까지 민심이 움직여 향응하는 자
가 많아졌으며, 의병들이 홍주부에 비축되어 있는 양식을 군량으
로 하여 공주로 향한다고 하는 등의 소문에 공주부에서는 정부에
친위대의 파견과 함께 무기의 지원을 急電으로 요청하고 있음을
볼 수 있다.

　이러한 상황에 김복한은 홍건·안병찬·이상린과 함께 창의소에
서 대책을 세웠으며, 송병직·蔡光黙·李彰緖·이세영·이봉학·
李秉承·趙儀顯·박창로·鄭濟驥 등을 곳곳에 파견하여 의병을
모으게 하는 한편 관군의 공격에 대비하여 산성을 수리하게 하였
다.[23] 한편, 청양군수 정인희는 청양 읍내에 창의소를 별도로 설치
하였다. 그는 관찰사에게 포군 500명과 火砲 1천 정을 요청하는 등
독자적인 의병을 조직하고자 하였다.[24]

　그러나 창의소를 설치한 지 하루만인 12월 4일 관찰사 이승우가
배반하여 연대 계획은 실패로 끝나고 말았다. 이승우는 김복한의

---

22)《동경조일신문》, 1896년 2월 1일, 잡보, 〈洪州賊起〉(1월 20일 京城發).
23) 임한주, 위의 글, 263쪽. 洪楗,《乙坎日記》. 안병찬, 위의 책.
24) 임한주, 위의 글, 263쪽.

권유와 의병들의 위협에 마지못해 참여하였으나 실패 후 미칠 화를 두려워하였다. 이때 전승지 宋彦曾이 이승우에게 글을 보내 반대의 뜻을 전했으며, 서리 李周承·李鍾應·朴鳳欽 등이 "적의 세력이 강대하여 의병으로는 상대할 수 없다"며 번갈아 의병 모집을 중지하라고 건의함은 물론, 이방 崔學淵을 시켜 각 고을에 통문을 돌려 의병에 참여하지 말도록 방해 공작하였다. 강호선·함인학 역시 중지를 요청하였다.[25] 급기야 조정에서 급파한 친위대 1개 중대가 홍주에 도착한다는 소식을 듣고[26] 이승우는 김복한과 이설을 불러들여 "文錫鳳이 비록 패하였지만 그래도 몇 백명을 모아보기는 하였는데 나는 어찌하여 한 사람도 모아보지 못하고 이 지경에 이르렀느냐"고 하면서 동지였던 이들을 구류하라 명령했다. 이어 홍건·안병찬·이상린·송병직·林承周 등도 포함하여 모두 23명을 구금하였다.[27] 이 소식을 듣고 서산 군수 成夏永이 거느린 군사 수백 명은 해미에서, 남양 부사 南百熙의 수군 수백 명은 서해상에서, 대흥군수 李昌世의 군사 수백 명은 홍주군 경내에서, 전승지 金炳億의 군사 100여 명은 홍주 서문 밖에서 모두 회군하고 말았다. 오직 청양군수 정인희만이 공주를 공격하려고 진격 중 정산 철마정에서 전투를 벌였으나 패하고 말았다.[28]

홍주부는 서울에서 내려온 친위대의 지배 아래 들어갔다. 친위대는 申羽均이 이끄는 1개 중대로 250여 명에 달했다. 김복한은 12월

25) 임한주, 위의 글, 264~265쪽. 김복한, 〈洪陽記事〉,《지산집》권6, 잡저.홍건, 위의 책, 1895년 12월 4일자.

26) 《時事新報》, 1896년 2월 12일, 朝鮮通信, 〈洪州の暴徒〉.《동경조일신문》, 1896년 2월 14일, 朝鮮時事, 〈洪州鎭定〉.

27) 임한주, 위의 글, 280쪽.

28) 鄭寅羲의 그 후 행적은 잘 알려지지 않았으나, 홍주 궁경 출신의 小梅 李錫泰의 문집인《小梅稿》에 따르면 정인희는 전북 익산의 萬頃에 은거했던 것으로 보인다. 정인희는 1901년(신축년) 처음으로 홍주 결성 쪽에 성묘 차 자취를 드러냈다 한다. 그 후에 홍성의 김상덕·이석태 등과 교유를 했던 것으로 보인다 (《小梅稿》, 서산문화원, 1997, 권1, 1~5쪽 참조).

7일 신우균의 취조를 받고 홍주부에 수감되었으며, 12월 30일 칼을 쓰고 결박당한 채 서울로 압송되던 중 1896년 1월 1일 신례원에서 돌아와 홍주감옥에 재구금되었다. 이는 이승우가 아관파천 직후에 金弘集 등이 처형되었다는 소식을 듣고 이들을 압송할 필요가 없다고 판단한 때문이었을 것이다. 김복한은 이설·홍건·안병찬·송병직·이상린 등과 보석되었으며, 이외의 17명은 모두 석방되었다.

그러나 김복한은 이설·안병찬 등과 함께 1896년 1월 17일 서울로 재압송되어 구속되었다. 서울에서 재판을 하여 석방하라는 지시가 있었기 때문이라고 하나 재판이 늦어지는 바람에 1개월 이상을 경무청에 갇혀 있게 되었다. 이때 얻은 각기병으로 평생 보행이 어렵게 되었다. 다행히 남로선유사 申箕善의 건의로 2월 25일 재판이 진행되었다. 김복한은 고등재판소 재판장 李範晉의 심문에 다음과 같이 擧義의 이유를 분명히 밝혔다.

> 나는 대대로 녹을 받은 신하의 후손으로 임금의 두터운 은혜를 입어 평소 죽음으로써 나라에 보답하리라 마음속에 간직하고 있었다. 甲午年 6월 이후에는 시골에 蟄居하여 평생 自靖하고자 하였더니, 지난 해 8월의 大變에 이르러서는 원통하고 통분함을 이기지 못하여 조금도 살 마음이 없던 중, 다시 11월 15일의 사변이 일어났다. 이 역시 凶惡한 逆臣들의 소행이 아닐 수 없다. 임금의 욕됨이 이미 극에 달하였으니 臣民된 자의 박절한 정이 격동하여 과연 시세와 역량도 헤아리지 못하고 復讐하고 雪恥할 계획을 세우고 의병을 일으켰으나 일을 도모함이 치밀하지 못하여 이 지경에 이르렀으니, 만약 가볍게 일으켰다고 죄를 준다면 달게 받겠다.[29]

김복한은 관리를 脅制한 罪의 명목으로 減2等하여 유배 10년형

---

29) 《지산집》 권6, 잡저, 〈고등재판소 供辭〉. 이구영 편, 《호서의병사적》, 〈김복한의 供辭〉, 250쪽.

을 선고받았으나 그날 자정 이설 등과 함께 고종의 특지로 석방되었다.[30] 귀향한 그는 그해 4월 보령의 吉峴(현, 충남 보령군 청라면)으로 이사하여 후학 지도에 전념하였다. 5월에는 성균관장을 제수받았으나 부임하지 않았다. 다음해 또 중추원 의관에 제수되었으나 "문득 은혜와 원수를 둘 다 잃어버리고 충신과 역적을 한데 섞어 骨董品 세계를 만들었으니 어찌 차마 사리도 모르는 체 나아가 벼슬하여 지키는 바를 어기고 본심을 잃어버리겠습니까"[31]라며 역시 나가지 않았다. 1898년 이후에는 후학 지도에 힘쓰는 한편 향음례를 실시하고 향약을 베푸는 등 주자학으로 교화하고자 애썼다.

1906년 민종식이 홍주의병을 일으켰을 때는 그가 을사늑약 반대 상소를 올리고 옥고를 치른 뒤였다. 그는 민종식 의진이 홍주성을 점령했다는 소식을 듣고 5월 28일(음, 윤4월 6일) 홍주성 진입을 시도했다. 그러나 이 날은 의병대가 성문을 닫고 일본군과 교전을 벌이고 있던 상황이라 성안으로 들어갈 수 없었다. 그는 이설의 집에 들려 병문안을 하고 집으로 돌아갔다.[32]

---

30) 이때 같이 재판을 받은 홍건, 이상린, 송병직, 안병찬은 '從罪'로 징역 3년형을 선고받았으며, 이설은 笞 80의 형을 받았다. 이들은 모두 고종의 特旨로 석방되었는데 特旨의 내용은 다음과 같다. "김복한 이설 洪楗 宋秉稷 李相麟 안병찬 등이 때와 역량을 헤아리지 못하여 관리를 脅制하고, 民衆을 선동하여 府와 郡에 계속해서 소란을 피웠으니 어찌 죄가 없다고 말할 수 있겠는가. 그러나 그 뜻인 즉 復讐하는 것이요, 그 계획인 즉 逆賊을 치는 것이다. 하물며 사건이 본년 2월 11일, 18일 조칙이 나오기 전의 일이니, 이것은 근일에 의를 빙자하고 난을 만드는 자와 한 가지로 논단할 수 없다. 아울러 특별히 석방하여 나라가 너그럽게 용서하는 뜻을 보이노라(《고종실록》권34, 건양 원년 4월 9일자. 특지의 내용이 이구영 편 《湖西義兵事績》에도 실려 있다).

31) 《지산집》권2, 箋狀, 〈代保寧郡守朴齊璟報議長狀〉.

32) 윤석봉, 《홍경일기》, 1906년 4월 6일조.

2) 李偰의 홍주의병

1895년 8월 乙未事變이 일어나자 이 지역 유생들 사이에 항일의 병을 일으키겠다는 기운이 끓어올랐다. 이설은 우선 상소를 올려 을미사변을 '역적의 변란'으로 규정하고 성토하였다.[33] 이설은 단발령이 내리자 김복한 등과 목사에서 관찰사로 승진한 이승우를 찾아가 창의하자고 권하였다. 이설은 이승우를 찾아가 밤을 새워 울면서 창의할 것을 권하였으나 듣지 않자 술잔을 던지고 나와 김복한을 만난 자리에서

> 이승우가 죽음을 무서워하니 더불어 일을 할 수 없은 즉, 우리는 上疏하고 역적을 토벌할 따름이다.[34]

라 하며 상소의 방법을 생각했던 듯하다. 그러나 그는 11월 29일 또 다시 홍주부로 들어가 前營將 洪楗과 함께 이승우에게 거의를 종용하였으며 끝내 반대하자 결성의 집으로 돌아와 거의를 준비하였다.[35]

다음날인 12월 1일 드디어 내종제인 김복한을 중심으로 청양의 유생 安昌植 안병찬 부자와 蔡光默, 부여의 李相麟·李相天 형제와 홍주의 李根周, 홍산의 宋秉稷, 정산의 李鳳學·李彰緒·鄭濟驥·金正河, 대흥의 朴昌魯·李重龍 등이 군사를 이끌고 홍주부 관내에 집결하였다. 김복한 등은 참여관 咸仁鶴과 경무사 姜浩善을 체포, 구타하면서 이승우에게 거의하자고 협박하였다. 결국 이승우는 창의하기로 결정하고 尊華復讐의 기를 朝陽門 위에 세우고 관내에 창

33) 김복한, 〈홍양기사〉, 《지산집》 권6, 잡저.
34) 임한주, 〈홍양기사〉, 213쪽.
35) 홍건, 《을감일기》, 1895년 11월 29일조.

의소를 차렸다.[36) 창의대장에 김복한이 추대되었으며, 송병직·채
광묵·이세영 등이 의병소모를 위해 출진하는 등 임무를 가지고 파
견되었다. 이때 이설은 각국 공사관에 보내는 장계와 격문을 작성하
는 임무를 맡았다.[37) 당시 이설의 각오는 비장하였다. 일의 추세를
염려하는 안병찬이 "이 事機가 어떻게 돌아갑니까"하고 묻자 그는

> 이 일은 천지가 다하고 귀신에게 질정을 하여 만고에 뻗치고 백세를 기
> 다려도 큰 의리임이 틀림없다.[38)

라고 확고한 의지를 보이고 있는 것이다. 이설은 김복한 안병찬 이
상린과 창의소에 잔류하였다. 그러나 창의소를 차린 지 하루 만인
12월 4일 관찰사 이승우는 배반하고 말았다.

12월 4일 낮 이설은 김복한과 함께 장교 柳福吉의 집에서 의병의
일을 논의하던 중 순검 金永俊이 관찰사의 편지를 전하여 관찰부로
갔다가 곧바로 구속되고 말았다.[39) 동학농민군 진압 때는 동지였던
그들이 이제는 서로 적이 되고 만 비극적인 현실이었다. 이어 안병
찬·홍건·송병직 등 모두 23명이 구금되었다. 그중에서 안병찬은
특히 혈기 있는 유생이었다. 그는 구차하게 살아 욕을 당하느니 차
라리 머리를 온전히 하여 죽는 것이 낫다고 옥중에서 자결을 기도
하기까지 하였다. 이 소식을 듣고 이설은 안병찬을 위해 다음의 시
를 지었다.

---

36) 김상기, 〈1895~1896년 홍주의병의 사상적 연원과 전개〉, 《윤병석교수화갑기
　　념 한국근대사논총》, 지식산업사, 1990.
37) 임한주, 위의 글, 263쪽.
　　안병찬, 〈규당일기〉, 1895년 12월 3일조 참조.
38) 안병찬, 〈규당일기〉, 1895년 12월 3일자.
39) 김복한, 〈홍양기사〉, 《지산집》 권6, 잡저.

> 장부는 죽음을 두려워 않지만
> 스스로 죽기란 가장 어려워
> 이 일을 능히 할 이 몇이나 될까
> 열렬한 장부 하나 여기 있네[40]

이설은 구금된 뒤 죽게 되리라 예상하여 병중인 모친에게 편지 쓰기를 "大宗家에 양자로 들어갔으니 우리 어머니 아들이 아니요, 국가에 몸을 허락하였으니 우리 어머니 아들이 아닙니다. 지금 당한 경우는 趙溫의 죄를 면할지 모르겠습니다"[41]라 하여 後漢의 '趙溫雄飛'의 古事를 인용하며 자책하였다. 그는 이어 벽에 "5백 년 예의의 나라와 수십 대 양반의 집이 이 지경에 이르렀으니 원통하고 원통하다. 천운이니 어찌하랴"라고 쓰고, 또 다음과 같은 自挽詩를 지었다.

> 너 지금 어디로 돌아가려나
> 네 어미를 어찌 차마 잊을소냐
> 네 임금을 어찌 차마 여읠소냐
> 머리를 안 깎는 것이 큰 효도인가
> 몸을 잘 지킴은 참 충성인가
> 義란 글자 하나를 들어
> 孔孟의 영혼에게 질문하네[42]

이설 등은 12월 30일 서울로 압송되어 홍주를 떠났다. 1896년 1월 1일 신례원에 도착하였을 때 이승우는 아관파천과 김홍집의 처

---

40) 이설, 〈聞安友葵堂炳璨自刎驚歎有作〉, 《복암집》 권2 시, 47쪽.
41) 임한주, 위의 글.
42) 이설, 〈自挽〉, 《복암집》 권2, 시, 46쪽. 그는 또한 김복한에 대한 모의만사를 짓기도 하였다.

형소식을 듣고 이설 등을 다시 홍주로 불러들였다. 이설은 김복한
과 함께 감옥이 아니라 서문 밖에 있는 병사 金寅燮의 집에 머물렀
던 것으로 보인다.[43] 그는 1월 13일 홍주 일대 士民들의 배웅을 받
으며 다시 서울로 출발하였다. 1월 17일 서울에 도착하여 판잣집으
로 된 한성재판소의 옥사에 구금되었다. 이후 2월 13일 고등재판소
로 옮겨 취조를 받기까지 한 달 남짓 옥고를 치렀다.[44] 이 사이에
김복한의 근친인 金宗漢이 면회하여 주육과 떡을 보내는 등 면회자
와 음식을 넣어주는 이가 이어졌다. 이설은 면회 온 아들을 통하여
밖의 소식도 들을 수 있었다. 이천의진이 남한산성에서 기세를 올
리는 일, 나주의병에게 나주참서관 安宗洙가 처형당한 일, 그리고
천안군수 金炳塾이 제천의병에게 죽은 일 등을 알게 되었다.[45] 드
디어 2월 25일 오시에 고등재판소에서 재판장 李範晉이 공초를 하
게 했다. 이 자리에서 그는 다음과 같이 답변하였다.

    나는 국모의 원수를 갚으려 하였으나 힘이 모자라 도적을 치지 못하였
  다. 차마 君父가 당한 욕을 말한다면 의리상 살아 있을 수 없어서 춘추 필
  법에 따라 붓으로라도 주륙하려는 뜻을 품고 바야흐로 항의하는 장계를 올
  리고자 하였는데 그 명분이 의거의 당에서 나왔기에 마침내 체포되었다.
  죽음이 있을 따름이요 다른 할 말은 없소이다.[46]

  이에 재판장 이범진이 판결하기를

---

43) 안병찬, 위의 글, 1896년 1월 5일자.

44) 이설의 제자 李好善은 병약한 몸으로 옥고를 치르는 스승 이설을 위하여 조석
   으로 술과 음식을 공양하는데 지성을 다하였다 한다. 홍주영장을 역임한 홍건이
   그의 기록인 《乙坎日記》에서 〈李秀才傳〉이라 하는 글로 이 사실을 알려주고 있
   다.

45) 안병찬, 위의 글, 1896년 1월 17일자.

46) 이설, 〈高等裁判所供辭〉, 《복암집》 권4, 83~84쪽. 안병찬, 위의 글, 1896년 2
   월 15일자. 홍건, 위의 글, 1896년 2월 15일자.

이설은 右人 등과 同謨脅制한 情節은 無하나 衆會에 참석함이 無罪타 못할지니 獲犯編不應得爲而爲之事理重者罪에 照하야 笞 팔십에 科하노라.[47]

라고 이른바 "하지 않을 수도 있었는데 한 者의 무거운 죄"로 곤장 80대를 선고받아 다른 홍주 6의사들이 유배 10년, 징역 3년이었던 데 견주어서 비교적 가벼운 형을 받았다. 이는 직접적으로 군사를 동원하지는 않았던데 그 이유가 있는 듯하다. 2월 28일 서울을 떠나 3월 2일 집에 도착한 그는 3월 6일 〈告廟文〉을 지어 9대조인 延城府院君 時昉에게 제사를 올려 '洪州擧義之黨'으로 체포된 후 특지로 석방되어 3월 2일 집에 도착하기까지의 과정을 날짜별로 보고하였다. 또한 그는 4월 4일 〈告南塘韓先生墓文〉을 지어 韓元震의 묘에 고하고, 〈挽先王〉, 〈挽先祖〉, 〈挽先師〉 3편을 지었는데 여기에서 위정척사론의 뜻을 분명히 밝혔다.

3. 華西學派의 의병투쟁

1) 柳麟錫의 제천의병

유인석은 화서학파의 종장인 이항로와 김평묵, 유중교에게 척사론의 요체를 전수받은 유학자이며 그 사상을 실천한 의병장이다. 유인석은 1895년 11월 제천 자양영당에서 '처변삼사'를 제시하였다. 이에 따라 안승우 등 제자들이 의병을 일으켜 항전하였다.

제천의병은 安承禹, 李春永 등이 중심이 되어 활동한 이필희 의진(砥平義陣)이 모체가 되어, 柳麟錫을 대장으로 추대하여 편성된 것

47)《구한국관보》296호, 건양원년 4월 10일, 〈판결선고서〉.

이다. 화서학파의 문인들이 주축이 되어 조직되었으며, 요충지인 제천, 충주 일대에서 활동하였다. 제천의병은 비록 관군과 일본군의 연합공세에 밀려 중부지역의 근거지를 상실한 채 요동행을 결행하고 말았으나, 전기의병 가운데 최대의 규모로 최대의 전과를 올린 의진으로 평가받고 있다.

유인석에 대한 연구는 꽤 진척된 편이다.[48] 여기에서는 제천의병의 결성과정과 의진 결성 후 활동상 그리고 서행과정 등을 살펴보기로 한다.

(1) 鄕飮禮 실시와 의병 봉기

1894년 6월(음)의 갑오변란 후 부일개화파들에 의해 정권이 장악되고 '更張'이란 이름으로 일련의 개화정책이 펼쳐졌다. 다음 해인 1895년 봄에 갑오정권은 관복제도를 바꾼 변복령을 시행하였다. 이와 같은 일제 침략과 그에 영합한 개화파 관리들이 펼친 여러 개화정책을 망국행위로 단정한 보수유림들은 대응책을 세우지 않을 수 없게 되었다. 이에 華西-重菴-省齋로 이어지는 화서학파의 도맥을 승계한 의암 유인석은

　　나라의 환란이 이와 같은데 만일 모르는 체하고 아무 일도 하지 않으면

48) 이동우, 〈의병장 유인석의 의병운동고〉, 《성대사림》 2. 1977.
　　이종춘, 〈한말 초기의병운동에 관한 연구〉, 《청주교대논문집》 18,1982.
　　박민영, 〈의암 유인석의 위정척사운동〉, 《청계사학》 3, 1986.
　　유병용, 〈유인석 제천의병항쟁의 제한적 성격과 역사적 의의〉, 《강원의병항쟁사》, 1987.
　　김상기, 〈1895~1896년 제천의병의 사상적 연원과 전개〉, 《백산박성수교수화갑기념논총》, 1991.
　　구완회, 《한말의 제천의병》, 집문당, 1995.

인심이 꺾여 수습하지 못할 것이다.[49]

라며 제자들에게 향음례를 거행하라고 명하였다.[50] 그리하여 윤5월 2일 제천 장담의 장담서사에서 춘추를 강론하고 다음 날인 3일(양력 7월 18일) 향음례를 실시하였다. 참석자는 150~160명에 이르렀다.[51] 향음례의 분위기는 매우 진지하고 무거웠던 것으로 보인다. 대강례를 거행하는데 마침 관리가 새로 제정한 殿牌와 명령장을 갖고 오자 이를 찢고 불태웠다는 기록으로도[52] 이때의 분위기를 충분히 짐작할 수 있다. 또한 이 향음례에서 시국에 대처하려는 방안이 논의 되었다고 짐작하기는 어렵지 않을 것이다.

1895년 8월에 명성황후가 시해되었다. 조정에서는 국모를 서인으로 폐하고 상복을 입지 못하게 하였다. 그는 "어찌 상복을 입지 않아 원수들에게 국모의 강등을 증명한단 말이냐"면서 상복을 입었다. 10월 24일에는 모친 덕수이씨의 상을 당했다. 그해 11월에 단발령이 내렸다. 결국 그는 사우들에게 "의병을 일으켜 적당을 쓸어버릴 것(擧義掃淸), 떠나서 옛것을 지킬 것(去之守舊), 목숨을 바쳐 뜻을 이룰 것(致命守志)"이라는 處變三事를 제시하였다.[53]

이 세 가지 행동방안은 문인들의 행동 준거를 제공해 주었다. 유인석은 제2안을 취해 요동으로 들어가 守義하는 길을 택했다. 주용규, 오인영, 박주순, 박정수, 유병헌, 이조승, 정화용, 이정규, 홍선표 그리고 최열, 홍덕표 등이 그를 따르기로 하였다. 그리고 심두

49) 이정규, 《종의록》(독립운동사편찬위원회, 《독립운동사자료집》1, 1971, 16쪽).
50) 이정규, 《종의록》(독립운동사편찬위원회, 《독립운동사자료집》1, 1971, 16쪽).
51) 〈유인석 연보〉 을미년 윤5월 2일조.
   이정규의 《종의록》에 따르면, 향음례를 거행한 일자가 '5월 15일'이라고 되어 있으며, "이때 곳곳에서 모인 자가 5, 6백 명에 달했다"고 되어 있으나, 연보의 기록인 윤5월 3일을 취하고자 한다.
52) 이정규, 위의 책, 16~17쪽.
53) 이정규, 위의 책, 17쪽. 〈유인석 연보〉 을미년 11월 15일조.

환 등은 自靖을 택했다. 이때 안승우는 이필희, 이범직, 서상렬 등
과 함께 거의하겠다는 태도를 분명히 하였다.[54]

安承禹(1865~1896, 호 :下沙, 자 : 啓賢, 본 : 順興)는 고향인 지평으
로 가 구체적으로 의병 결성을 추진하였다. 안승우의 부친 안종응
은 이미 약간의 무기를 준비해 놓고 李春永(1869~1896)과 의봉 봉기
를 계획, 추진 중이었다. 안승우와 이춘영은 곧 거의를 결의하고 지
평의 포군장 김백선을 의병에 참여하게 하였다. 김백선은 400여 명
의 포수를 거느리고 의병에 합류하였다.[55]

안승우 등은 11월 28일(음) 원주 안창에서 창의의 깃발을 들었다.
의병대는 원주관아를 공격, 점령하였다. 이때 의병의 군세는 천여
명에 달하였다.[56] 원주군수 이병화는 충주로 도망갔으며 충주관찰
사는 정부에 원병을 요청하였다. 이에 정부에서는 1월 19일 내부협
판 유세남을 파견하는 동시에 친위대 1개 중대를 원주로 출병시켰
다.[57] 한편 일본의 가흥 병참 수비대에서도 1월 17일 당일로 5명의
정찰병을 파견하였다.[58] 의병의 원주관아 점령은 을미의병 초기 단
계에서 거둔 쾌거로 이후 춘천 안동 등 곳곳에서 의병을 일으키는
데 한몫하였다.

의병대는 1895년 12월 3일(양, 1896년 1월 17일) 제천에 입성하였
다. 군수 김익진은 의병의 기세에 눌려 성을 버리고 도망갔다. 이때
서상렬이 가세하였다. 그는 안승우와 이춘영의 거의 소식을 듣고
동문 이필희, 오인영, 배시강 등과 함께 동참한 것이다. 서상렬이
합세한 뒤 이필희를 대장으로 추대함에 따라 이필희 의진이 결성되

---

54) 이정규, 위의 책, 17~18쪽.

55) 이정규, 위의 책, 18~19쪽.

56)《東京朝日新聞》, 1896년 1월 29일,〈賊徒蜂起〉.

57)《동경조일신문》, 1896년 1월 21일 전보,〈暴徒鎭壓〉.

58)《時事新報》1896년 1월 19일 전보,〈朝鮮原州郡に暴徒蜂起〉.

었다.[59] 의병장 이필희는 '堤川郡義兵將'의 이름으로 격문인 '격고
팔도열읍'을 발표하였다.[60] 이필희는 격문에서 전국의 충의지사는
과감히 일어나 의병에 합세하여 삼천리강토를 회복하자고 호소하
였다.

유인석은 이들에게 편지를 보내어 '금일의 일은 천하 만고에 더
없는 대사'라면서 "成敗는 미리 볼 수 있는 것이 아닙니다. 오직 대
의를 천하와 후세에 펴면 成敗와 利鈍 사이에 모두 크게 성취할 것
입니다"라고 격려했다.[61]

이필희 의진은 12월 5일(양, 1896년 1월 19일) 단양으로 들어갔다.
단양이 험준하여 제천보다 방어하기 유리하다고 생각하고 친위대
의 공격에 대비하였다. 鄭華鎔은 보병 10여 명을 거느리고 강나루
를 지켰다.[62] 중군장 이춘영은 60명의 포군을 거느리고 험지에 매
복하고 기다렸다. 과연 친위대 1개 중대가 이춘영이 매복한 곳으로
들어오자 일제히 총격을 가하였다. 친위대는 사상자 10여 명을 버
리고 도주하였다. 의병대는 승세를 타고 북쪽으로 수십 리를 추격
하였다. 친위대는 짐수레를 모두 버리고 도주하였다. 의병 측도 한
명이 전사하고 여러 명이 부상을 입었다.[63]

이필희 의진은 단양 장회에서 친위대와의 제1차 전투를 승리로

---

59) 이정규, 위의 책, 171쪽.

60) 격문 제목은 '檄告八道列邑'으로 '光緒21年 乙未初3日 忠淸左道 堤川郡義兵將
李弼熙 謹檄'으로 되어 있다. 격문은 立庵 朱庸奎가 작성했다고 알려져 있다. 이
격문은 12월 3일 이필희의 이름으로 발표되었다.

61) 〈유인석 연보〉, 을미년 11월 28일조.

62) 첫 전투는 단양의 장회협에서 12월 8일(양, 1월 22일) 벌어졌다. 장회촌의 이
장이 적이 쳐들어온다고 전달해 주었다. 이필희는 장회협의 서북쪽인 長林으로
진을 옮기고, 이범직은 남쪽 7리 되는 楡橋를 지켰다. 박정수, 〈하사안공을미창
의사실〉, 《독립운동사자료집》 1, 358쪽.

63) 이정규, 〈六義士列傳〉. 張忠植, 〈乙年日記〉 을미년(1896) 12월 초8일.
김상기 편역, 〈재조선공사의 보고〉, 《일본외교사료관소장 한말의병자료》 1,
2001, 2~3쪽.

이끌었다.[64] 그러나 의병들이 갑자기 흩어지고 의진이 와해되었다.[65] 더욱이 단양전투에서 패배한 부하들이 대장 이필희를 제거하려는 사건이 발생하여 이필희는 도피하였다. 이 사건의 배후에는 민용호가 있었던 것으로 보인다.[66]

한편 제천에 머물러 단양의 장회협전투에 참전할 수 없었던 안승우는 승전보를 듣고 크게 고무되어 있었다. 그러나 12월 12일 도망갔던 제천군수 김익진이 관군을 이끌고 제천에 들어왔다. 안승우는 부득이 지곡으로 이진하였다가 그날 밤에 주천으로 옮겼다. 안승우는 이곳에서 민용호가 군사들을 빼앗아 강릉 쪽으로 갔다는 말을 듣고 그를 좇아 방림과 진부까지 갔으나 이미 대관령을 넘어 구산에 유진한 뒤였다.[67] 안승우는 유인석의 지시에 따라 12월 20일 영월에 들어갔다. 유인석은 의병이 단양에서 패했다는 소식을 듣고 요동행을 포기하고 가족을 피신시킨 뒤 제자들을 안승우와 서상렬 등에게 보내 영월로 모이게 했던 것이다.

(2) 제천의병의 편성과 충주성전투

유인석이 요동행을 포기하고 영월로 오자 제자들이 그를 총대장으로 추대하였다. 유인석은 상중이라 불가하다 하였으나 안승우 등이 국가의 대사가 더 중하다면서 대장 직을 맡아달라고 읍소함에 결국 수락하였다.[68] 이에 따라 의병들이 점차 집결하고 신지수도

---

64) 이정규, 〈육의사열전〉. 장충식, 〈을년일기〉 을미년(1896) 1월 22일.

65) 《동경조일신문》, 1986년 2월 14일, 《丹陽小戰》.

66) 이정규, 〈종의록〉, 위의 책, 20~21쪽.

67) 박정수, 위의 책, 361~365쪽.

68) 이 글에서 제천의병이란 제천, 충주, 단양 등 충주부, 청주, 천안 등 청주부, 춘천, 강릉, 원주 등 춘천부 그리고 예천, 풍기, 안동 등 안동부 등 중부지방에

군사를 초모하여 달려옴에 1895년 12월 24일(양, 1896년 2월 7일) 유
인석을 총대장으로 하는 제천의병이 결성되기에 이르렀다.[69] 유인
석은 상복을 평복으로 바꾸어 입고 12월 28일 제천으로 진군하여
아사봉에 대장소를 차리고 여러 장수들에게 다음과 같이 각각 책임
을 맡겼다.[70]

총대장: 柳麟錫

중군장: 李春永, 전군장: 安承禹, 후군장: 申芝秀, 선봉장: 金伯善

서 광범위하게 의병 초모 및 항일운동을 펼친 의병을 말한다. '제천의병'이란 호
칭은 1963년 신석호교수가 〈한말의 의병〉(《한국사상》 6)에서 썼으며, 1969년
독립운동사편찬위원회에서 펴낸 《독립운동사》 1권에서는 절 제목에서 〈제천의
병〉이 사용되었다. 논문 제목에 '제천의병'을 붙인 것은 1987년 유병용 교수의 〈
유인석 제천의병항쟁의 제한적 성격과 역사적 의의〉(《강원의병운동사》, 1987)
가 처음으로 보인다.
  제천의병들이 자신들의 부대 이름을 '제천의병', '제천군의병', 또는 '堤陣' 등으
로 제천이란 이름을 붙여 사용한 예가 많다. 물론 '호좌의병'이란 이름을 사용
하기도 하였다. 柳麟錫은 '제천의병(의진)'과 '호좌의병' 양자를 모두 사용했다.
1895년 12월 3일 제천에서 의진을 편성한 뒤 발표한 〈격고팔도열읍〉과 1896
년 1월 발표한 〈격고내외백관〉에서 '호좌의병대장'이란 호칭을 썼다. 〈격고팔
역〉에서는 '을미12월 일 충청도 제천의병장 유인석 근격'이라 하여 '제천의병장'
이라고 하였다. 1899년 6월 족숙인 항와 유중악에게 보낸 편지에서는 '堤陣'이
란 명칭을 여러 번 사용하고 있다. 李弼熙(1857~1900)는 제천에서 발표한 격문
인 〈격고팔도열읍〉에서 '제천군의병장 이필희'라고 하여 '제천군의병'이란 말을
썼으며, 요동으로 들어간 이후 팔왕동에서 당시의 의병에 대하여 기록하면서도
'제천의병'이란 말을 사용하였다(이필희, 〈팔왕동여록,〉《소의신편》 권7, 국사
편찬위원회, 1975, 214쪽). 영월 출신으로 이천의병에 참여한 뒤 제천의병에 참
여한 바 있는 金泰元(1863~1933)도 유인석을 '堤川大將'이라 칭하고 있음을 볼
수 있다(金泰元, 〈乙丙事略〉, 《集義堂遺稿》잡저). 유인석의병에 대한 지방 군수
의 보고에서도 "직산군수가 보고하기를 '소위 제천의병' 2백여 명이 돌입하여"라
고 하여 '제천의병'이라고 하였음을 볼 수 있다(《각사등록》, 公文編案 32).
  이와 같이 '호좌의병'과 '제천의병'이란 용어는 당시의 여러 자료에 보인다. 따
라서 어느 용어가 옳다거나 그르다고 평가하기보다는 어느 용어를 사용하느냐
는 연구자의 몫일 것이다. 유인석의 경우에도 상대에 따라서 또는 처지에 따라
서 양자를 사용했음을 알 수 있기 때문이다.
69) 〈유인석 연보〉 1895년 12월 24일조. 유인석이 의병장에 추대된 일자에 대하여
    12월 15일, 12월 20일 등으로 다르게 기록되어 있는데, 이 글에서는 연보의 기
    록을 따랐다.
70) 이정규, 〈종의록〉, 위의 책, 23쪽.

조련장: 安成海, 참모: 朴冑淳, 사객: 張忠植, 종사: 李肇承, 洪善杓, 李起
振, 鄭華鏞

이와 같은 편제를 갖춘 뒤 유인석은 전국에 격문을 띄워 대일항
전의 뜻을 밝히고 전국민의 궐기를 호소하였다. 그는 격문에서 소
중화의 조선이 왜의 침략과 이를 방조한 개화파 관리들의 '개문납
적'으로 금수의 지경에 떨어지게 되었다고 밝혔다. 그러고나서 일
제의 무력 침략의 전초가 된 갑오변란에서 조선은 망한 바나 다름
없으나 그를 이어 국모 시해와 단발의 화가 계속됨에 각도의 충의
지사는 과감히 일어나 거의에 참여하라고 호소하였다.[71] 유인석이
격문을 전국에 발표하자 원근의 유생들이 각기 민병을 거느리고 동
참해 왔다.

유인석은 총대장에 추대되어 의진을 편제한 뒤 그날 밤 전군종사
선달 辛二白(辛處士)과 맹영재의 부하로 의병에 참여한 李敏五, 그
리고 신원이 확실치 않은 최진사, 박주사를 참수하였다. 이들이 의
진 안에서 병사들의 사기를 저해하였기 때문이었다.[72] 이와 같이
군율을 강화하고 기강을 확립한 유인석은 12월 28일(양, 2월 11일)
의진을 영월에서 제천으로 옮겼다. 이즈음 의병의 총수는 약 천 4,
5백 명 정도였다 한다. 유인석은 기존 의병의 지휘 체계에 다음의
인원을 보강하였다.[73]

서기: 李秉會

종사: 趙奭增, 朱永燮, 李世熙, 洪思九

---

71) 유인석, 〈격고팔도열읍〉,《의암집》권45, 격.

72) 李正奎, 앞의 책, 24~25쪽.

73) 朴貞洙, 〈下沙安公乙未倡義事實〉,《獨立運動史資料集》1, 368쪽.

제천의병을 확대 개편한 유인석은 1월 3일(양, 1896년 2월 15일) 친일관리로 단발을 강요했던 단양군수 권숙과 청풍군수 徐相耆를 체포 처형하였다.

제천의병은 다음 날 1월 4일 충주성 공격을 개시하였다. 충주지역은 내륙교통의 중심지이며 군사적 요새이기 때문에 선점할 필요가 있었다. 의병진은 원서에서 하루 묵었다. 이때 전승지 禹冀鼎과 평창의 李元廈가 민군 3천여 명을, 전승지 李鎬承이 민군 5백여 명을 모집하여 원조하였다.[74] 이 시기 의병의 총수는 1만 명 이상이었던 것으로 알려지고 있다.[75]

1월 5일(양. 2월 17일) 남한강 상류에 있는 북창나루를 얼음 위로 건너 충주성을 공격하였다. 당시 충주성에는 경군 4백여 명과 지방진위대 5백여 명 그리고 일본 수비대 2백여 명이 있었다. 그러나 제천 출신의 포수 서장석과 엄팔용이 미리 성내에 잠입 관군과 내통하여 성문을 열어 놓았기 때문에 큰 피해 없이 충주성을 함락하였으며 관찰사 김규식을 체포 처단하기에 이르렀다.[76] 제천의병의 충주성 점령은 전기의병에서 최대의 전과로 평가되며 이후 곳곳에서 의병봉기를 고무시켰다. 충주성에 입성한 유인석 의병장은 〈격고내외백관〉이란 격문을 포고하여 벼슬아치들이 강상의 큰 변이 극단에 이르러도 무사안일의 자세인 것을 힐난한 뒤 충의 정신에 따라 지난날의 과오를 뉘우치고 의병에 동참하라고 촉구하였다.[77]

> … 아, 지금은 과연 어떤 시기인가. 비록 눈 어둡고 귀먹고 다리를 저는 사람이라도 이를 갈고 팔을 휘두르지 않는 자 없는데 유독 녹을 먹는 벼슬

---

74) 이정규, 위의 책, 28~31쪽.

75) 《동경조일신문》, 1896년 2월 26일, 〈朝鮮時事〉.

76) 이정규, 위의 책, 30쪽.

77) 유인석, 〈격고내외백관〉, 《의암집》 권45, 격.

아치만이 죽은 듯이 들은 척도 아니하며 전혀 용기가 없으니 이들이 어찌 모두 흉적과 서로 결탁해서만 그렇겠는가. 아마도 의리에 어둡지 않으면 반드시 禍福에 동요된 때문이리라. … 적의 도당이 두려워서 움츠리고 있다면 비록 제 몸과 처자를 유지하려고 두려워하고 형세를 살펴 향배를 결정하더라도 과연 다 제 몸을 유지하고 처자를 보전하겠는가. 설혹 유지하고 보전했다 할지라도 백세를 두고 엄한 꾸지람을 어찌하겠는가. 의리가 정당한 길이 뚜렷이 있으므로 삶이 죽음보다 욕된 것이 있고, 죽음이 삶보다 영화로움이 있는 것이며, 화복이란 스스로 일정한 분수가 있으므로 죽음을 고수하는 자가 반드시 다 죽는 것도 아니다. 삶을 꾀하는 자가 반드시 다 사는 것도 아니다.[78]

한편 충주성 함락 뒤 유인석은 소모장 이범직을 호서지역에 파견하여 천안군수 김병숙을 처단하고 선유사 신기선을 잡아 가두었다. 유인석은 곳곳의 의진에 연락하여 합세해달라고 청하였다. 이에 원근지방의 의병들이 충주성에 모여들어 제천의병은 중부지역의 의진을 규합한 연합의진의 성격을 띠게 되었다. 제천의병에 참여한 세력을 보면 李文欽(호, 장진)이 단양포수 수백 명을, 申泰洪이 호서의 군사 수백 명을 모집하여 왔다. 의당 朴世和는 문인 尹膺善(1854~1924), 호; 매당)을 보내어 돕도록 하였다. 그 외에도 尹正爕, 尹陽爕(호, 小白)형제, 沈漢洙(호, 晚松), 任鎬, 申永春, 申永休, 金炳㳫 등이 와서 도왔다.[79] 이때 진잠에 거주하던 의병장 文錫鳳에게도 합세를 요청하였다.[80] 이후 제천의병은 수안보와 가흥에 주둔하고 있던 일본군 격퇴를 주요 목표로 삼아 작전을 폈다.[81] 그러나 1

---

78) 柳麟錫, 〈檄告內外百官〉, 《毅菴集》 권1.

79) 이정규, 위의 책, 31~32쪽.

80) 이조승, 〈서행일기〉, 《호서의병사적》, 제천군문화원, 1994, 59쪽.

81) 《동경조일신문》, 1896년 2월 25일, 〈忠州の暴徒〉.
《시사신보》, 1896년 2월 25일, 〈忠州暴民の襲來〉.

월 15일 수안보의 일군 병참부대를 공격하던 중군장 이춘영이 전사하였다.[82]

이와 같은 관군과 일본군의 파상적인 공격에 직면하자 후군장 신지수는 무기와 전술이 뛰어난 적을 맞이하여 한 곳만 지키는 것은 좋은 계책이 아니며 유격전을 펼치자고 주장하였다. 또한 일본군과 관군을 분리시키는 방안을 제시하였다. 그는 이렇게 하려면 임금과 직접 접촉할 수 있는 당로자를 움직여 임금의 영단을 얻어내야 한다고 주장하였다. 이에 따라 종사 이조승의 형인 이주승이 서울로 파견되었다. 이주승으로 하여금 의병에 대해 어느 정도 호의적이라고 판단되었던 俞箕煥, 閔泳綺, 趙東熙, 李道宰 등과 접촉하게 하였다. 이는 의병이 비도가 아님을 임금께 상달하여 관군이 의병을 공격하지 못하도록 하는 데 목적이 있었다.[83] 제천의병은 1월 5일 충주성을 점령한 이후 李文欽이 단양포수 수백 명을 모집하여 오는 등 인근의 세력이 합세하여, 병력이 크게 늘어나 1천여 명 이상의 병력에 대포 4문을 가지고 있었다.[84]

일본군은 충주성을 집중적으로 공격하기 시작하였다. 부산수비대장 伊津野 소좌는 충주성 공격을 위하여 인근의 병력을 가흥과 안보에 집결시켰다. 1월 16일(양, 2월 28)일 헌병대를 가흥수비대에 집결시켰으며,[85] 이어 1월 17일(양, 2월 28일) 충주성을 공격하였다. 이 공방전에서 주용규가 전사하는 등 의병 측에서 큰 손실을 입었다.

---

82) 이정규, 위의 책, 33~34쪽.

83) 이조승, 〈西行日記略序〉, 《호서의병사적》, 제천군문화원, 1994, 55쪽.

84) 《明治二十七八年役 第5師團陣中日誌》권15, 1194, 1198쪽, 1896년 2월 18일, 20일자.
제천의병 수는 위의 자료에서 1천 명으로 보고되고 있다. 그러나 위의 자료 2월 18일자의 부산 伊津野千里 수비대장이 大本營에 보낸 보고서에서는 "忠州는 17일 오후 5천 명의 暴徒에게 점령되어"라고 제천의병을 5천여 명이라 보고하고 있다.

85) 《明治二十七八年役 第5師團陣中日誌》 권15, 1208쪽, 1896년 2월 28일자.

1월 19일에는 문경수비대의 萩原 중위 이하 25명과 長岡軍曹 이하 9명을 안보로 출동시켰다. 이어서 가흥수비대장 三宅에게 다음과 같이 명령했다.

貴官은 可興 부근에 있는 각 중대(수비대를 위해 약간을 남김)의 병력을 동원하여 전력을 다해 일거에 忠州의 賊을 擊攘하기 바람.[86]

명령을 받은 本多 소위와 酒井 소위는 1월 19일 아침 5시에 부대를 이끌고 충주성 공격을 위한 정찰대로 출동하였다. 이들이 충주성에서 서쪽으로 10리 떨어진 곳에 도착했을 때 의병이 방어 시설을 갖추고 대비하고 있어 1시간 반 정도 전투를 벌였다. 의병이 성내로 들어가 응전하자 2장 이상의 높은 벽으로 둘러싸인 견고한 성곽을 넘지 못하고 가흥으로 퇴각하지 않을 수 없었다.[87]

일본군은 같은 날 밤 12시에 가흥을 출발하여 다음 날인 1월 20일(양, 3월 4일) 아침 6시부터 충주성 공격을 개시하였다. 이날 전투의 실황에 대하여 다음과 같이 田中 대위가 자세히 보고하고 있다.[88]

忠州 田中 대위 보고(3월 6일 오전 8시 10분착)
오늘(3월 4일, 필자) 오전 6시 30분 제1중대의 제3소대 및 萩原 중위 인솔의 40명은 본관의 지휘에 속하여 서남문을, 제1중대의 1소대와 제2, 3중대의 24명은 三宅 대위가 이를 인솔하여 동북문을 향해 각 부대가 동시에 공격을 시작하였습니다. 본관은 9시 10분 제1소대와 제3소대의 일부를 거느리고 서문을 돌파했습니다. 적은 성벽을 의지하여 교묘히 사격을 하

---

86) 《明治二十七八年役 第5師團陣中日誌》 권15, 1211쪽, 1896년 3월 2일자.
87) 《明治二十七八年役 第5師團陣中日誌》 권15, 3월 4일조.
　《동경조일신문》, 1896년 3월 13일, 〈戰鬪二所〉.
88) 《明治二十七八年役 第5師團陣中日誌》 권15, 1212쪽, 1896년 3월 6일조.

여 廣田 군조와 병졸 4명이 부상을 입었습니다. 성벽에 도달할 여러 방법을 다하여 점령하려 하였지만, 견고하고 또 銃眼을 만들어 쉴새없이 사격을 하여 끝내 목적을 이룰 수 없었습니다. 10시 20분 우선 퇴각하고 오늘 밤은 각 부대가 忠州城을 포위하고 露營하였습니다. 현재로는 步兵 만으로는 일거에 격퇴할 수 없을 것으로 보입니다.

　　3월 4일 오후 10시 30분

　위 보고에 따르면, 일본군의 충주성 공격에는 후비보병 제10연대 제1대대의 제1중대를 중심으로 한 중대 병력이 동원된 것으로 보인다. 가흥수비대장 三宅 대위는 제1중대의 제3소대와 제2, 3중대에서 차출된 24명을 인솔하여 성의 동북문을, 田中 대위[89]는 제1중대 제3소대와 문경수비대에서 파견된 萩原 중위가 인솔하는 40명을 인솔하고 서남문을 공격하였다. 이들은 1월 20일 아침 6시 30분에 공격을 개시하였는데, 의병의 항전으로 하루 종일 격전하였으나 오히려 廣田 군조 등 부상자만 발생하였다. 결국 밤 10시가 되어 성을 포위하고 성 밖에서 露營하였다. 다음 날 충주성 공격이 또 진행되었고 결국 1월 21일(양, 3월 5일) 밤 11시에 일본군에 함락되고 말았다. 이틀 동안의 치열한 공방전 끝에 義兵은 城을 내주고 청풍과 단양 방면으로 패주하고 말았다. 田中 대위의 보고에 따르면, 의병이 사체 30여 구를 남기고 퇴각했다고 한다. 이와 달리 일본군은 2명의 중상자를 포함하여 모두 9명의 부상자만 냈다고 보고하고 있다.[90]

---

89) 田中 대위는 1894년 9월 중위로 이천수비대장을 맡고 있었는데, 이때는 대위로 진급하여 장호원수비대장을 맡고 있다가 충주성전투에 참전한 것이다.

90)《明治二十七八年役 第5師團陣中日誌》권15, 1212~1213쪽, 1896년 3월 6일, 7일.
　金祥起 편역,《韓末義兵資料》제2권, 76쪽, 公제50호〈忠州府 暴徒 潰走의 件 報告〉에 따르면, 부산영사 加藤이 외무차관에게 보고하기를 "暴徒의 사망자가 58명이고 우리 부상자는 하사 이하 9명입니다"라고 義兵의 사망자를 58명이라

일본군은 전리품으로 쌀 약 100석과 탄환 370상자('1상자에는 圓彈 3되가 들어감'), 화약 약 100貫, 대포 5문, 소총(火繩筒) 300여 정, 槍 700본, 刀 50자루, 牛馬 12두를 보고하고 있는 것으로 보아 의병은 오랜 기간 싸울 수 있는 식량과 탄약을 비축하고 있었던 것으로 보인다.[91] 그러나 일본군의 스나이더 소총이나 村田소총 연발총과 같은 월등한 화력에 견뎌내지 못한 것이다.[92]

제천으로 이진한 유인석은 이춘영의 후임으로 안승우를 중군장으로 삼아 전열을 정비하였으며, 정운경을 전군장으로 삼아 청풍의 북창나루를 지키게 하고 신지수로 하여금 강령의 좁은 목을 막게 하고 장익환은 단양 경계를 지키게 하였다. 이인영의 원주의병과 이강년의 문경의병이 제천의병에 합세한 것이 이 무렵이었다.[93] 이강년은 제천의병에 합류하여 유격장에 임명되어 수안보, 단양, 음성 등지에서 유격전을 펴 전과를 올렸다.[94] 한편 영남 소모장으로 출동한 서상렬은 안동, 예안, 풍기, 예천, 영천, 봉화, 순화 등지를 돌며 군사를 초모하였으며, 이곳 7읍의 맹주로 추대되었다. 그는 이어 군사를 이끌고 예천으로 들어가 의병초모를 방해한 예천군수 유인형을 처단하였다.[95]

고 보고하고 있어《陣中日誌》의 기록과 다름을 볼 수 있다.

91)《明治二十七八年役 第5師團陣中日誌》권15, 1215쪽, 1896년 3월 9일.
   《동경조일신문》, 1896년 3월 17일, 〈忠州續報〉에 따르면, 충주성 전투에서 전사한 의병의 수가 58명에 달하며, 의병이 충주성에 남기고 간 물품이 미곡 약 100석, 탄환 370상자, 대포 5문, 화승총 300여 정, 창 700자루, 칼 50자루, 우마 12마리였다고 보도하고 있다.

92)《明治二十七八年役 第5師團陣中日誌》권15, 1214~1215쪽, 1896년 3월 7일.
   이때 충주성전투에 참여한 보병대위 三宅武義(勳5等雙光旭日章, 年金100圓)를 비롯하여 중위 萩原弘同(勳6等瑞寶章, 金150원), 소위 酒井鶴太郎(勳6等單光旭日章, 金150원) 등에게는 1895년 12월 청일전쟁의 수훈으로 훈장과 연금이 수여된 것이 확인된다.

93) 이정규, 위의 책, 36쪽.

94) 이정규,〈雲崗李公行狀〉,《항재집》권15, 행장.

95)《시사신보》, 1896년 3월 24일,〈可興の暴徒大敗〉.

그러나 이때 평민 출신 의병장 김백선을 처형한 사건이 일어났다. 김백선은 제천의병의 선봉장으로 많은 공을 세운 바 있다. 그가 이끄는 부대가 2월 14일(양, 3월 27일) 가흥전투에서 일본군 수비대를 괴멸시키고 진지를 공격할 때 본부에 요청한 원군이 오지 않아 점령에 실패하고 회진하였다. 이때 원군을 보내지 않았다 탓하며 중군장 안승우에 대항하는 등 군기를 문란케 하였다는 것이 그를 처형한 죄목이었다.[96]

김백선 처형 다음 날 유인석은 평창군수 엄문환을 처형하였다. 엄문환은 아전 출신으로 동학농민군을 진압한 공로로 군수에 임명된 인물이다. 단발령이 공포되자 그는 솔선수범하여 단발한 다음 국민들에게 단발을 강요하여 유생들의 원성이 높았다. 그러한 그를 2월 11일(양, 3월 24일) 중군장 안승우의 명으로 중군아장 이원하가 체포하였던 것이다.[97] 2월 18일에는 이필희를 진동장으로 삼아 원주를 지키게 하였으며 2월 27일(양, 4월 9일)에는 아래와 같이 제천 주위 요로에 수성장을 임명하여 각기 그 지역을 장악하고 의병초모와 군수물자 공급을 담당하게 하였다.[98]

좌군장 禹冀鼎 :	박달령 수성장
우군장 安成海 :	족동 수성장
별장 元友珪 :	연호 수성장
참장 韓東直 :	단정 수성장
申芝秀, 李範稷 :	강령 수성장

제천의병은 제천 근처의 여러 지역을 지키면서 유격전을 펼쳤다.

---

96) 박정수, 위의 책, 408쪽. 이정규, 〈종의록〉,《독립운동사자료집》1, 43~45쪽.
97) 朴貞洙, 앞의 책, 409쪽.
98) 朴貞洙, 앞의 책, 417쪽.

3월 초에는 죽산 음성의 尹義德, 孫永國 부대가 합세하였으며 남한
산성에서 남하한 金河洛 부대와 원주 李麟榮 부대의 군사 민응서
등 30여 명이 합세하였다. 呂安國 등 7명의 청나라 사람이 의진에
참여하기도 하였다. 이어서 金思斗를 중군 참모에 임명하는 등 전
력을 강화하였다.

　그러나 제천의병은 점차 수세에 몰렸다. 그 이유로는 위에 든 김
백선 처형사건도 지적할 수 있겠으나 그보다는 관군과 일본군의 집
중적인 공격을 받았기 때문이다. 김하락의 이천의병과 심진원이 이
끄는 광주의병이 2월 하순경 남한산성에 입성하여 서울진공작전을
계획하는 등 위세를 떨친 바 있다. 이때 참령 장기렴이 이끄는 관군
은 남한산성전투에 전력을 기울일 수밖에 없었다. 그러나 3월 22일
남한산성이 함락된 뒤에는 장기렴이 이끄는 관군과 일본군이 그 여
세를 몰아 제천의병을 공격 목표로 삼고 제천으로 몰려든 것이다.
결국 4월 13일(양, 5월 25일) 제천의 남산전투에서 중군장 안승우와
그의 제자인 종사 洪思九가 전사하고 그 밖에도 많은 병력을 잃었
다.[99] 제천의병은 즉각적인 반격을 가해 다음 날 새벽 5시 30분 가
흥의 수비대를 기습 공격하여 전신주를 무너뜨리고 일본군 다수를
부상케 하는 등의 전과를 세웠다.[100] 그 뒤에도 단양, 풍기, 영춘,
음성, 괴산 등지에서 잔여 의병을 수습하여 음성전투를 승리로 이
끌었다. 그러나 우세한 화력과 전투력을 갖춘 관군과 일본군 연합
부대의 총공세에 제천의병은 4월 29일(양, 6월 10일) 군사를 수습하
여 서행을 결행하고 말았다.

---

99) 박정수, 위의 책, 456~466쪽.
100) 《동경조일신문》, 1896년 6월 19일, 〈可興匪徒〉.

(3) 西行과 항일근거지 구축

서행이란 제천의병이 관군과 일본군의 예봉을 피하여 강원도 평
안도 지역을 거쳐 요동에 이르기까지의 과정을 말한다. 제천전투
에서 대진이 패한 뒤 유인석은 제천 근처의 지곡에서 의진을 수습
하였다. 이때 모인 참모들은 전군장 정운경, 좌군장 이희두, 우군
중군 윤영훈, 별영장 이인영, 참진장 한동식 등이었다. 중군장 안
승우는 전사하였으며 우군장 이강년은 참석하지 못하였다.[101] 다음
날 단양으로 진을 옮겼다. 이곳에서 유인석은 자살을 결심하기까
지 하였다.[102] 이때 이강년의 기병 수십 명과 소토장 서상렬, 장의
장 이원하 부대를 만날 수 있었다. 4월 19일에는 풍기군수 權在己
의 권유로 부대를 풍기로 옮겼으나 그의 꼬임에 빠져 매복한 관군
의 공격을 받았다.[103] 관군에 쫓긴 의병은 조령을 넘어 단양으로 가
고자 하였으나 그곳에는 서울에서 내려온 장기렴부대가 진을 치고
있었다. 결국 제천의병은 그 예봉을 피하고자 소백산을 넘어 4월
20일(양. 6월 1일) 영춘에 도착하였으나 의진을 이탈하는 병사가 속
출하였다. 이어 4월 22일에는 군사를 돌려 단양읍에 주둔하였으며
4월 23일 다시 壽山(현 제천시 덕산면 수산, 월악산 서쪽 기슭)으로 진을
옮겼다.[104] 유인석의 서행은 이날 수산에서 시작되었다고 할 수 있
다. 유인석은 이처럼 군사들의 사기가 떨어지자 전각과 문묘에

　　소신 유인석은 나라의 원수를 갚고 성현의 도를 보존하려 의병을 일으
　켜 적을 치고 왜를 토벌코자 했으나 계획이 졸렬하고 힘이 다해 이른바 개

---

101) 박정수, 〈毅庵柳先生西行大略〉, 《독립운동사자료집》 1, 483~484쪽.
102) 이조승, 위의 글.
103) 박정수, 위의 책, 484~488쪽.
104) 박정수, 앞의 책, 488~495쪽.

화병의 대장 張基濂에게 조용히 잡혀 죽습니다.[105]

라고 祭를 올리고 스스로 장기렴에게 체포당하려 하였다. 그러나 부하들이 다음 안을 제시하며 만류하자 서행을 하기로 하였다.

  1) 서북쪽으로 가 군사를 모집하여 재기하는 일
  2) 중국으로 가 원세개의 지원을 받는 일
  3) 과거 제, 로의 땅(즉 요동지역)에서 중화의 명맥을 잇는 일[106]

유인석은 위 세 안 가운데서 과거 제, 노의 땅(요동지역)에서 중화의 명맥을 잇는 일을 제시하며 만류하자 서행을 결행하였다. 4월 25일(양, 6월 6일) 충주에 도착하였다. 충주에 도착하기 전 우군장 이강년과 한어장 이형구가 장기렴부대를 공격하여 유인석의 길을 열었으며, 후군장 신지수는 본대를 호위하였다. 4월 27일 음성을 공격하여 승리를 거두었다. 이번 전투의 승리는 공주지역 소모장이었던 정인설의 활약에 힘입은 바 컸다. 충주군수 정기봉은 의병들에게 음식을 제공하였다. 그러나 제천의병은 청주와 공주 관군의 공격과 우천관계로 화승총을 쏠 수 없게 되자 결국 6월 9일 충주로 후퇴하였다. 충주로 후퇴한 제천의병은 적을 피하며 강원도로 길을 틀었다. 그리하여 4월 29일(양, 6월 10일) 원주에 도착하였다.[107] 이때 경기도 여주 일대에서 심상희 의병장이 임금의 선유를 받고 의병을 해산하였다.[108] 이 소식을 들은 유인석은 격서를 보내 심상희를 책망하였으며 후군과 소모군의 본진에 합류하라고 명하고 제천

105) 박정수, 앞의 책, 495~496쪽.
106) 박정수, 위의 글.
107) 박정수, 위의 책, 496~501쪽.
108) 《고종실록》 권34, 건양 원년(1896) 2월 29일조.

을 거쳐 영월, 평창, 정선으로 이진하였다.[109]

정부는 장기렴부대에 명하여 뒤쫓게 하였으며 또 한편으로는 선유사 鄭彦朝를 보내 의병을 해산시키라고 권유하였다. 그러나 유인석은 오히려 정언조를 꾸짖어 보내고 5월 23일(양, 7월 3일) 정선에서 임금께 상소를 올렸다. 그는 이 상소에서 서행의 뜻과 의병해산령에 따르지 못함을 밝혔다.

> … 옛날 물든 것이 다시 새로 와서 옛 법도를 회복시키는 실상이 없고 남은 적의 경계가 한창 급한데 의병해산령이 내리니, 신의 어리석은 생각으로는 의심스러움이 없지 않습니다. 선유사가 사방으로 나와 군사로 핍박하여 匪徒라 지목하고 위협하니 원통합니다. 이 어찌 우리 전하의 마음이겠습니까. 신은 그윽이 한 일을 생각해 보건대, 처음에는 소신이 있어 일어나지 않을 수 없었고, 마침내는 목표가 있음에 갑자기 중지할 수 없은 즉, 오늘날 갑자기 중지하지 못하는 것은 옛날의 일어나지 않을 수 없던 것과 같습니다. 왜냐하면 十賊과 그의 무리들이 늘어서 있는 것도 전날과 같고, 왜놈의 병참이 연달아 있는 것도 전날과 같고, 복색을 고친 것도 전과 같고, 正朔을 고친 것과 관제를 바꾼 것도 전날과 같고 州郡을 개혁한 것도 전날과 같기 때문입니다.[110]

그는 갑오경장에서 추진된 모든 개화정책을 폐지하여 구제도를 회복시키지 못했고 국내에 병참부대를 주둔시켜 침략정책을 수행하는 일본군을 물리치지 못했다고 하여 의병을 해산할 수 없음을 분명히 하였다.

이와 같은 유인석의 태도는 유생의병장들이 고종의 해산조칙을

---

109) 박정수, 위의 책, 502~503쪽.

110) 박정수, 위의 책, 506~510쪽. 유인석, 〈西行時在旌善上疏〉, 《의암집》 권4, 疏.

받고 자진해산했으며, 그것이 '봉건유생'들의 골수에 박힌 충군애
국사상 때문이며 이로 말미암아 의병투쟁이 중단되었다는 주장에
재고를 요구하는 것이다.[111] 이는 같은 전기의병의 주요 부대인 이
천의병, 홍주의병, 강릉의병의 창의대장인 김하락, 김복한, 민용호
등이 전사 또는 체포되었으며 유인석과 마찬가지로 해산조칙을 받
았으나 거절하고 의병활동을 계속한 것으로 더욱 그러하다. 상소를
올린 뒤 유인석은 종사 이조승을 서울로 파견하여 상소문 전달 여
부와 정부의 정책 등을 탐지하고 군수품 조달을 신속히 하라고 명
령하였다. 이조승은 곧 서울로 올라가 閔泳珪 등 고관을 만나 유인
석의 지시를 수행하였다.[112] 이 사실은 지난 2월 이조승의 형인 이
주승을 서울로 파견했던 것과 함께 유인석의 임금에 대한 간곡한
호소와 기대를 알게 하고 의병세력이 정부의 정책 결정에 지대한
관심을 갖고 있었음을 알게 해준다.

중군장 원용석이 사퇴하자 중군아장 李元廈를 중군장에 임명하
고, 倚風停에서 군사훈련을 시키기도 하였다. 5월 31일(양, 7월 11일)
에는 강릉을 지나 大和에 도착하였다. 여기에서 유인석은 기호지역
과 관서지역의 사대부들에게 〈布告文〉과 〈通文〉을 발표하여 의병
을 지원해달라고 호소하였다.[113] 의진은 북상을 계속하여 6월 11일
(양, 7월 22일) 춘천에 도착하였으며, 양구전투를 승리로 이끌었다.
그러나 대진의 앞길을 뚫고 가던 서상렬이 狼川(현, 화천)지역에서
관군의 계략에 빠져 급습당하고 전사하는 큰 손실을 입었다. 이때
종사 金仙伊가 서상렬을 보호하다가 따라 죽었으며 이들의 시신은
3개월 뒤 蔡周輔가 겨우 수습하여 반장하였다.[114]

---

111) 이종현, 《근대조선역사》 일송정, 1988, 206쪽.

112) 이조승, 위의 글.

113) 이조승, 〈送畿湖通文〉, 《호서의병사적》.
　　박정수, 〈의암유선생서행대략〉, 위책, 병신년 6월 1일.

114) 박정수, 위의 책, 533~534쪽. 이정규, 〈敬庵徐公遺事〉, 《항재집》 권 16, 遺

6월 15일(양, 7월 25일)에는 회양을 지났으며, 6월 29일에는 龜堂에 도착하였다. 다음날 유인석은 서북지방에서 관리들의 감시가 심하여 의병을 초모할 수 없다는 보고를 접하고 결국 국경을 넘기로 결정했다. 이에 따라 유인석은 李弼熙, 俞致慶, 宋尙奎 등을 남경, 천진, 북경으로 먼저 보내 청나라 정부에 군사지원을 청하도록 하였다.[115] 7월 2일(양, 8월 10일)에는 함경도 안변을 지났으며, 7월 16일(양, 8월 24일) 국경지대인 楚山에 도착하였다. 이곳에서 의병을 추격하던 관군과 전투를 벌여 승리한 뒤 의진을 수습, 阿城에서 〈再檄百官文〉을 발표하여 세족, 공경대부와 사민들에게 자신이 당당한 소중화와 예의의 나라를 회복시키기 위하여 의병을 일으켰다고 밝혔다.[116]

한편 이에 앞서 李範稷은 申芝秀와 함께 선발대를 이끌고 강을 건너 요동으로 들어갔다. 그러나 그곳 수장 王茂林이 의병을 핍박하자 이범직은 참모관 權夔洙와 함께 본진의 전도가 되려고 초산으로 되돌아 왔으나, 국경지대를 정찰하던 趙承顯 부대에 체포되어 권기수와 함께 살해당하였다.[117] 바로 이날 유인석은 위의 격문을 발표하고 압록강을 건넜던 것이다. 240명으로 추정되는 제천의병은 요동으로 들어갔으나 파저강변(현재, 渾江) 沙尖子(현재, 吉林省 桓仁縣 沙尖子鎭)에서 懷仁縣宰 徐本愚의 제지를 받았다. 처음에는 비적으로 의심받았으나 마침내 의병임을 알고 머물게 하였다. 그러나 청나라는 일본과 이미 화약을 맺은 관계로 의병문제를 가볍게 처리할 수 없다고 하면서 귀국하라고 종용하였다. 결국 7월 21일(양, 8월 29) 의병들은 무장해제 되고 유인석과 원용정, 유홍석 등 21명

事.

115) 박정수, 위의 책, 539쪽.

116) 유인석, 〈재격백관문〉, 《의암집》 권45, 격.

117) 이정규, 〈육의사열전〉, 《독립운동사자료집》 1, 202~204쪽.

만이 심양으로 향하였으며 나머지 219명은 강제로 해산, 귀국하였
다.[118]

심양에 도착한 유인석 일행은 縣宰 賈元桂에게 군사지원을 요구
하였으나, 역시 청나라와 일본과의 관계를 설명하면서 신하의 신분
으로 외국과 전쟁을 일으킬 수 없다고 거절하였다. 이로써 유인석
은 청국의 원병 역시 기대하기 어렵다는 사실을 깨닫고 元世凱에게
가던 길을 돌려 결국 그해 9월 서행의 마지막 목적지인 通化縣 五
道溝에 들어갔다. 그는 이곳을 '復古制, 斥倭獨立'을 위한 근거지로
정하였으며 望國壇을 만들어 참배하며 재기의 시기를 기다렸다.[119]
그 뒤 유인석은 회인현으로 거처를 옮겼다가, 1897년 8월 徐相懋가
가지고 온 임금의 초유문을 받고 초산에 와 〈陳情待罪疏〉를 올렸
다. 그리고 그해 10월 죄를 묻지 않겠다는 비답을 받고 춘천 가정리
로 귀국하였다.[120]

제천의병은 중부지역을 점령, 통치한 연합의진이었다. 제천의병
은 유인석이 총수로 추대되면서 이강년의 문경의병, 심상희의 원주
의병, 이인영의 의병부대가 합세하여 의진을 편성하였다. 이후 인
근의 부대와 연합한 제천의병은 충청북도는 물론 인접한 경상도 북
부, 강원도 원주, 춘천, 경기도 이천, 양평, 여주, 충청남도 천안까
지 장악하였다. 개화파 관리로 알려진 충주관찰사 김규식 등이 처
단된 것은 제천의병의 성과이기도 하다.

그러나 제천의병 지휘부와 병사 사이의 갈등은 전투력을 약화시
켰다. 의병진의 구성으로 보아 농민들이 전투의 실질세력으로 활약
하였음에도 의병장들은 이들의 요구를 대변해주지 못하였다. 그 결
과 의병의 군사력은 약화되지 않을 수 없었다. 의병지휘부를 이룬

118) 元容正, 〈卜隱〉,《소의신편》권8, 244쪽.

119) 이정규, 〈毅庵先生行狀〉,《항재집》권 15, 행장.

120) 유인석, 〈因召命入疆至楚山陳情待罪疏〉,《의암집》6권 4, 소.

유생들에게 비록 위와 같은 신분적 제약이 있었다 하더라도 충군애국사상에 바탕을 두고 철저한 무장투쟁을 펼쳤다. 중군장 안승우를 비롯하여 다수의 유생의병들이 장렬하게 전사하였음은 이를 말해 준다. 또한 제천의병은 고종의 해산 칙유에도 요동으로 망명하면서까지 항일투쟁을 전개하였다. 제천의병은 개화파 집단과 일본제국주의 침략군에 대항하여 반개화 반침략 투쟁을 수행한 점에서 민족운동사상 차지하는 의의가 크다 할 수 있다.

2) 崔益鉉의 태인의병

(1) 의병 봉기

최익현은 1905년 11월 을사조약이 늑결되자 5적을 토벌하라고 요청하는 상소를 올려, 이어서 8도의 士民에게 1) 五賊을 토벌할 것, 2) 5적이 일본의 공신이 되고자 국왕을 포로로 삼고자 할 것이니 모든 士民이 禍患을 예방할 것, 3) 결세를 납부하지 말고, 일본 제품을 쓰지 말 것 등을 호소하였다.[121]

그는 1905년 12월에는 궐리사의 교수인 申楧(호; 明庵)의 초청을 받아 들여 궐리사에서 강회를 열었다. 그는 강회에서 강의를 마치고 孔子에게 축문을 올려 春秋의 법을 받들지 못했음을 한탄하였으며,[122] 일제의 침략에 대항할 방책을 제시하면서 이를 맹세하는 글을 발표하였다. 이어서 다음과 같은 7조의 誓告文을 발표하였다.

  1. 中華의 도를 밝혀 天性을 보존하고 人紀를 세울 것.

---

121) 崔益鉉, 〈布告八道士民〉,《勉菴集》雜著.
122) 崔益鉉, 〈魯城闕里祀告先聖文〉,《勉菴集》告祝.

2. 세계의 형세를 살피고 저들의 技藝를 배우고자 하는 이는 먼저 本領을 세울 것.

3. 우리의 의관과 문물을 보존하여 중화의 맥을 보존할 것.

4. 宋 陸秀夫가 衛王을 업고 죽은 의리로서 임금을 호위할 것.

5. 逆臣의 명령을 遵行하는 관리는 난적의 무리이니 토적할 것.

6. 지금부터 일체의 세금을 내지말고 輪車를 타지 말고, 物貨를 사지 말고, 통역도 해주지 말며, 저들의 사령도 되지 말며, 원통함을 머금어 원수를 갚고 의를 지킬 것.

7. 각기 통문을 발송하여 회의를 하고 疏首를 정하여 내년 정월 20일에 振威에 모여서 죽음을 무릅쓰고 대궐에 나아가 부르짖을 것.[123]

최익현은 위에서 볼 수 있듯이, 세금납부 거부투쟁을 벌일 것과, 경북 진위에서 집결하여 복합상소투쟁을 벌일 것을 주장하였다.

최익현은 이와 동시에 판서 이용원과 김학진, 관찰사 이도재, 참판 이성렬과 이남규, 면우 곽종석, 간재 전우 등에게 글을 보내어 함께 창의하자고 호소하였다. 그러나 아무도 이에 응하지 않았다. 그러다가 호남지역의 문인 고석진과 崔濟學을 만나게 되었다. 그는 최석진을 통하여 임병찬을 알게 되었으며, 최제학을 전라도 태인의 임병찬에게 보내 擧義의 뜻을 알렸다. 또 문인 李載允에게 편지를 보내 청나라에 들어가 구원을 청하게 하였다. 吳在烈은 사졸과 병기를 수습하여 운봉을 지키면서 명령을 기다리게 하였다. 이때 의암 유인석이 문인 이정규를 보내 편지로 處義의 방법을 묻자, 그는 남북이 서로 호응하여 왜적을 토벌하자는 뜻을 글로 써서 보냈다. 임병찬은 1906년 2월 9일(음) 최익현에게 보낸 편지에서 전주를 점령하여 의병을 규합한 뒤 지리산에 웅거하는 안을 제시하였다. 최익현은 注書 李浩鎔과도 창의 문제를 협의하였다. 이호용은

---

123) 崔益鉉, 〈魯城闕里祠講會時誓告條約〉, 《勉菴集》 雜著.

전북 운봉에서 활동하고 있는 방도 조직을 끌어들여야 한다고 주장
했다.[124)]

임병찬은 최익현의 위임을 받고 의진 결성에 착수했다. 그는 군
무를 총괄하고 의병 모집과 군량 비축 등을 준비하였다. 그리고 거
병 일자를 윤4월 6일로 잠정적으로 결정하였다. 최익현은 1906년 3
월 15일(음, 2월 21일) 가묘에 제를 올리고 가솔들과 작별하고 호남
으로 떠났다. 그는 최제학의 안내를 받으며 남당항에서 배편으로
태인의 임병찬 집인 鍾石山館으로 갔다.

태인의병은 6월 4일(음, 윤4월 13일) 태인의 무성서원에서 시작되
었다. 이날 무성서원에서 강회를 연다는 소식을 듣고 수백 명의 유
생들이 집결하였다. 최익현이 강회가 끝난 후 눈물을 흘리며 창의
하자고 호소하였다.

최익현의 눈물어린 호소에 80여 명의 유생들이 의병에 자원하였
다. 최익현은 격문을 지어 널리 배포하였다. 그는 격문에서 역당과
왜적을 죽여 위험한 國勢를 건지자고 호소하였다.

그는 또한 일본 정부에 보내는 '寄日本政府'를 발표하여 일제의
죄악 16가지를 열거하였다. 16가지 죄악의 내용은 다음과 같다.

1. 갑신년 죽첨진일랑의 난에 강제로 우리 황상을 옮기고 우리 재상을 죽
   인 죄
2. 갑오년 대조규개의 난에 우리 궁궐을 분탕질하고 우리의 재물을 탈취하
   고 우리의 전장 문물을 毁棄한 죄.
3. 을미년 삼포오루의 변에 우리 국모를 시해한 죄.
4. 임권조와 장곡천호도가 어장, 蔘圃, 광산, 항해 등의 이권을 협박하고
   겁탈한 죄.
5. 군사상 필요하다는 핑계로 토지를 강제로 점거하고 인민을 학대한 죄.

124) 최제학, 〈면암선생창의전말〉, 《독립운동사자료집》 2, 1970, 56~58쪽.

6. 전쟁이 끝났음에도 철도와 토지를 占奪하고 군법을 여전히 시행한 죄.

7. 역적 이지용을 꾀어 의정서를 강제로 만들어 국권을 頹廢하게 한 죄.

8. 상소한 관리와 선비를 구류하고 학살하고 풀어주지 않은 죄.

9. 동학의 무리를 꾀어 일진회라 하여 앞잡이로 만들고, 보안회와 유약소 같은 것은 저지하고 체포하고 구속한 죄.

10. 인부를 강제로 모집하여 소 부리듯 하고, 어리석은 백성을 꾀어 墨西哥에 몰래 판 죄.

11. 전신국과 우체국을 강제로 빼앗아 통신기관을 장악한 죄.

12. 각부에 고문관을 강제로 배치하여 우리를 멸망하고 전복하는 일을 전담하게 하였으며, 군경을 감축하고 부세를 착취한 죄.

13. 차관을 강제로 시키고, 재정 정리라 이름 붙여 신화의 가치를 올려 온 나라의 재정을 고갈시킨 죄.

14. 이등박문과 임권조, 장곡천호도가 군병을 이끌고 대궐로 들어가 포위하고 정부를 위협하여 강제로 조약을 만들어 외교권을 빼앗은 죄.

15. 외교의 감독만을 한다고 하더니 마침내는 일국의 政法을 오로지 관할하고 공갈을 일삼은 죄.

16. 이민 조항을 만들어 우리 백성의 종자를 없애려 한 죄.[125]

태인의병 지휘부는 정읍과 순창 일대를 돌면서 의병을 소모하였다. 고용진·양윤숙·채영찬·김송현 등이 각각 수십 명의 포수를 데리고 합류하였다. 그 결과 봉기한 지 1주일 만에 포수 2, 3백 명을 포함하여 9백여 명의 의병이 집결하였다. 의병장 최익현 밑에는 林炳瓚을 비롯하여 김기술·유종규·김재구·강종회·이동주·이용길·손종궁·정시해·임상순·송윤성·임병대·이도순·최종달·신인구·최제학 등이 있어 우익장, 선봉장, 후군장, 소모장, 좌우종사, 화포장, 수포장 그리고 서기 등을 맡았다. 이들은 군

---

125) 최익현, 〈기일본정부〉, 《면암집》 권2 잡저.

수품과 무기를 확보하려고 각 군을 돌면서 총기와 화약, 군자금 등을 징발하였다. 군사 활동과 훈련을 위하여 내장사와 순창의 구암사 같은 사찰을 이용하기도 하였다.[126) 태인의병은 기병한 다음 날인 6월 5일 행군하여 정읍에 들어가 내장사에서 유숙했으며, 6일에는 순창에 들어가 구암사에서 유숙했다. 8일에는 곡성에 도착하여 격문을 지어 각 지역에 전했다. 10일(음, 윤4월 19일)에 순창으로 돌아와 주둔하였다.

태인의병의 활동 소식에 정부와 일제는 진위대를 파견하여 진압하고자 하였다. 6월 11일 새벽에는 광주관찰사 이도재가 의병의 해산을 요구하는 고종의 해산 칙유를 전달하였다. 최익현은 이에

> 내가 상소를 올려 거의의 연유를 아뢰었는데, 상소가 만일 임금께 도달하면 반드시 비답을 내리실 것이다. 비답을 받들어 진퇴할 뿐이요 지방관이 지휘할 바가 아니다[127)

라고 회답하였다.

그날 정오쯤에 일본군이 동북쪽으로부터 공격하여 온다는 소식을 듣고 임병찬에게 2개의 旟兵을 설치하여 맞아 싸우게 하였다. 그러나 그들이 왜병이 아니라 진위대 병력임을 알게 되었다. 전주관찰사 한진창과 순창군수 이건용이 군사를 거느리고 와서 의병을 공격한 것이다. 최익현은

> 이들이 왜병이라면 마땅히 死戰으로 결판을 내야 하나, 이들이 진위대군이면 우리가 우리를 서로 공격하는 것이니 어찌 차마 그럴 수가 있겠느냐.[128)

---

126) 홍영기, 〈한말 태인의병의 활동과 영향〉, 《전남사학》 11, 1997, 413~414쪽.
127) 《면암집》 부록 권4, 〈연보〉, 1906년 윤4월 20일(병술)조.
128) 위와 같음.

라 하고 임병찬을 불러 싸우지 말도록 하였다. 이어서 관군에 글을
보내어

> 너희들이 왜군이라면 당연히 즉시 사전을 하여야 할 것이나 싸우지 않는 것
> 은 동포끼리 서로 죽이는 것을 차마 할 수 없어서이니 즉시 물러가라.[129]

라고 하였다. 그러나 전주진위대군이 포를 쏘아 탄환이 비오듯하여
기와가 부서지고 벽이 무너졌다. 최익현은 의병에 해산을 명하였
으나 문인 22명이 끝까지 떠나지 않자 그들의 성명을 기록하여 벽
에 붙이게 하고 각기 그 명패 앞에 앉게 하였다. 최익현은 문인들에
게 "지금 우리는 반드시 죽을 힘을 다하고야 말 것이다. 그러나 가
치없이 해서는 안된다"라고 말하였다. 8시경에 탄환 하나가 벽을
뚫고 들어와 정시해가 맞았다. 정시해는 "왜놈 한명도 잡지 못하고
죽게 되니 죽어도 눈을 못 감겠습니다. 마땅히 사나운 귀신이 되어
선생님을 도와 적을 섬멸하오리다"라 하고 절명하였다.[130]

다음 날 6월 11일(음, 윤4월 21일) 아침 진위대는 최익현을 포함한
13명을 체포하여 서울로 압송하였다. 당시 최익현을 끝까지 사수한
제자들을 '12의사'라고 하는데, 林炳瓚을 비롯하여 高石鎭 · 金基
述 · 崔濟學 · 文達煥 · 林顯周 · 梁在海 · 趙愚植 · 趙泳善 · 羅基德 ·
李容吉 · 柳海瑢 등이 그들이다. 함께 있던 유종규는 정시해의 장례
를 치르기 위해 체포를 면하였다.[131]

최익현과 임병찬은 교자를 타고 나머지 11명은 줄지어 묶여 걸어
갔다. 임실을 지나 15일(음, 윤4월 24일) 밤에 전주에 도착하였다. 16
일은 여산에 묶고, 17일 연산병참소에서 묵었다. 18일 오전 10시경

---

129) 위와 같음.
130) 최제학, 「면암선생창의전말」, 『독립운동사자료집』 2, 89쪽.
　　임병찬, 『의병항쟁일기』, 206~207쪽.
131) 최제학, 「면암선생창의전말」, 『독립운동사자료집』 2, 90쪽.

에 진잠을 지나 점심때 대전역에 도착하였다. 이때 문득 일본인이
가마에 딴 최익현의 사진을 찍고 갔다.[132] 지금 남아 있는 가마 속
의 최익현 사진은 이때 찍은 것으로 보인다.

압송 도중 대전역에서의 최익현

최익현 일행은 대전에서 기차를 타고 남대문 정거장에 도착하여
6월 18일(음, 윤4월 27일) 일본군 헌병사령부로 끌려가 구금되었다.
일제는 이들에게 혹독한 고문을 가했다. 최제학은 자신이 고문을
당한 일을 다음과 같이 적고 있다.

> 놈들은 노끈으로 두 손가락을 잡아매서 처마 끝에 달고 몽둥이로 양편
> 손을 두드리고 따귀를 때리고 다리를 차곤 하면서 바른대로 대라는 것이었
> 다. (중략) 놈들은 또 혹독한 형벌을 가하여 숨을 쉴 수 없었다.[133]

일제는 이들에게 정부 관료와의 연루설 및 고종의 밀지설과 관련
한 거짓을 말하게 하였다. 히라타 지로(平田次郎)가 최제학에게 말하

---

132) 최제학, 「면암선생창의전말」, 『독립운동사자료집』 2, 94쪽.
133) 최제학, 앞의 책, 99쪽.

기를

> 네 스승 최모에게는 비밀 칙지가 있다고 하니 반드시 정부 대관 중에 서
> 로 통하는 자가 있다. 너는 아느냐? (중략) 공의 스승이 6,7명의 대관과
> 암통한다는데 과연 그런가?[134]

라면서 "閔丙漢·閔景植·李鳳來·閔亨植·金昇旼의 이름이 적힌 쪽
지를 보여주었다. 최익현 일행은 계속하여 고문을 받으면서 옥고를
치렀다. 7월 19일(음5월 28일) 김기술과 임현주 · 나기덕 · 최제학 ·
유해용을 북쪽 13호 감방에 합쳐 가두고, 문달환 · 양재해 · 고석
진 · 조영선 · 조우식은 남쪽 5호방에, 임병찬과 이용길은 7호 감방
에 함께 가두었다. 이때 문달환은 고문으로 두 무릎이 마비되어 거
동을 못하였으며, 유해용은 매맞은 독으로 부스럼이 생겨 볼기 살
이 다 녹아 났다.[135]

   일제는 8월 14일(음, 6월 25일) 군율위반죄를 적용하여 최익현에게
대마도 감금 3년, 임병찬에게 대마도 감금 2년을 선고하였다. 고석
진과 최제학은 군사령부 감금 4개월, 나머지 金基述·文達煥·林顯
周·梁在海·趙愚植·趙泳善·羅基德·李容吉·柳海瑢은 태형 100대
를 선고하였다.[136]

   임병찬은 그의 《대마도일기》에서 의병들이 태형을 맞는 모습을
적고 있다.

> 27일. 아침 밥을 먹고 난 후에 헌병이 자물쇠를 열고 이용길을 불러내
> 어 데리고 갔다. 조금 있더니 囚禁場으로부터 매 때리는 소리가 마치 보리

---

134) 최제학, 앞의 책, 99쪽.

135) 최제학, 앞의 책, 101쪽.

136) 최제학, 앞의 책, 102쪽.

두드리는 소리와 같이 들려온다. 칼로 살을 에이는 듯해서 차마 들을 수가 없다. 그러나 매를 맞는 사람들은 한 사람도 소리를 내지 않으니 참으로 공경할 일이요 다행한 일이다.[137]

매를 때리는 소리가 보리 두드리는 소리같아 칼로 살을 에이는 듯하여 차마 들을 수가 없다는 것이다. 이 태형을 맞고 김기술과 양재해는 그 여독으로 병이 났다. 양재해의 경우에는 특히 심하여 죽고 사는 것을 판단할 수 없을 정도였다 한다.

(2) 對馬島 유배와 순국

최익현은 임병찬과 함께 8월 26일 서울을 떠나 8월 27일(음, 7월 8일) 쓰시마의 嚴原에 압송되어 蠶農敎司에 구금되었다. 최익현이 도착하였을 때 쓰시마에는 이미 홍주의병 9명이 유배와 있었다. 이들은 홍주의병 유병장 유준근을 비롯하여 홍주의병 9의사라고 불리는 이들이다. 이들 '홍주9의사'는 이미 8월 6일(음, 6월 17일) 쓰시마에 도착하여 구금되어 있었다. 이들이 구금된 지 20여 일이 지나 최익현이 임병찬과 이곳에 유배되어 함께 유배생활을 한 것이다.

최익현이 도착하자 쓰시마 경비대장이 검은 옷을 입을 것과 단발을 강요하였다. 이에 항거하여 최익현이 단식에 들어갔으며 나머지 10명도 이에 동참하여 단식투쟁을 감행하였다. 최익현은 죽음을 예상하고 '遺疏'를 써서 임병찬에게 주고 후일 임금께 올리라 지시하였다. 유소의 내용은 다음과 같다.

… 바라옵건대 폐하께서는 국사가 어찌할 수 없게 되었다고 하지 마시

---

137) 임병찬, 앞의 글, 130쪽.

고 乾綱의 덕을 분발하시옵고 성지를 확립하여 頹靡한 것을 털어내시고
因循에서 깨어나 참아서 안될 것은 참지 마시고 믿어서 안될 것은 믿지 마
시고, 虛威를 지나치게 겁내지 마시고, 아첨하는 말을 달게 듣지 마시고,
더욱 자주의 계획을 굳혀 영원히 의뢰하는 마음을 끊으시고, 더욱 와신상
담하는 뜻을 굳건히 다지시어 自修하는 방도를 다하시며, 英俊을 불러 들
이시고, 軍民을 撫育하시고, 세상의 형편을 살피시어 그 가운데서 할 일을
선택하시옵소서. 그렇게 하시면 이 나라 백성은 본시 尊君愛國의 마음이
있사옵고, 또 모두가 선왕의 5백 년 성덕과 지극하신 성은을 흡족히 입었
사오니 어찌 폐하를 위하여 죽을 힘을 다해 원수를 갚고, 심한 수치를 씻
지 않을 자가 있겠습니까. 그 기틀은 폐하의 한 마음에 달려 있사옵니다.
바라옵건대 폐하께서는 신이 죽음에 임하여 하는 말을 조금도 소홀히 듣지
않으시면, 신은 지하에서도 역시 손을 모아 기다리겠나이다. …[138]

결국 경비대장은 2일 만에 자신의 지시를 번복하여 단발과 변복
을 강요하지 않게 되었다. 최익현은 또한 자신들에게 주는 음식 값
이 한국에서 오는 것이라는 말을 듣고 비로소 식사를 재개하였다.
최익현이 유배 생활하던 10월 21일(음, 9월 4일) 그의 장자 崔永祚와
문인 吳鳳泳과 林應喆이 면회를 왔다.

11월 7일(음, 9월 21일)에는 우치노 하코부(內野運)란 일본인을 만
났다. 우치노가 의병들의 유배소에 찾아왔던 것이다. 그는 의병들
이 쓰시마에 유배와 있는 것을 알고 접촉을 하려 했다.[139] 그는 의병

---

138) 최익현, 〈유소〉,《면암집》부록 연보. 병신년 7월 8일(계묘)조.
139)《反故䌊裏見》참조. '반고내이견'이란 이면지에 쓴 기록이라는 뜻인데, 쓰시
    마 상인인 內野運의 일기 기록으로 최익현을 비롯한 의병들의 쓰시마 유배생활
    의 단면을 알려주는 자료이다. 그는 1866년 對馬島 伊奈鄕琴村(현: 長崎縣 上縣
    郡 上對馬 大字琴)에서 馬廻格給人 財部盛之助의 4남으로 태어났다. 초명은 財
    部運之助였으나, 18세에 嚴原藩의 徒士 內野씨의 養胥가 되면서 內野運으로 바
    뀌었다. 그는 독학으로 한학을 수학하였으며, 특히 詩歌에 숙달하였다 한다. 그
    는 촌회, 물산조합, 수산조합의 서기를 했다. 쓰시마의 고사에 깊은 관심을 가
    져 자타가 공인하는 향토사가였던 그는 40세 때인 1906년에 처자와 사별하고

들이 감금되어 있는 건물의 내부까지 들어왔다. 그는 최익현을 만나 필담을 나누고 싶었던 것 같다. 이때 임병찬이 그를 대신하여 필담으로 대화를 나누었다. 그는 필담을 마친 뒤에야 그가 임병찬인줄 알았으며, 최익현에 대하여는 "뒷좌석에서 시종 두 다리를 뻗고 앉아 양손을 소매에 넣고 좌우를 살피지 않고 태연하게 사람의오고 감을 돌아보지 않았다"고 기록하였다. 그리고 나머지 의병들에 대하여는 "내가 필담하는 것을 다른 한인들이 모여서 熟視하여우-우-하며 무엇인가 이야기하고 어떠한 것을 느낀 듯이 머리를끄덕거리는 이도 있었다"고 묘사하였다.

그가 필담을 나눈 곳은 의병들의 처음 수용소인 士族授産所 안의製絲傳習所라 불렸던 시설이었다. 우치노는 그의 《反故廼裏見》에서 수용소의 내부 구조를 다음과 같이 알려주고 있다.

《反故酒裏見》과 한인수용소 내부

<hr />

나서 생활고에도 불구하고 그동안 쓰시마 각지를 답사하여 구적을 조사하고 촌노를 방문하여 어업에 대한 내용 등을 구술받은 것을 편책하였다. 200쪽 정도를1책으로 묶고 책 호수는 '天, 地, 玄, 黃, 宇, 宙, 洪, 黃'의 순으로 엮었다. 이렇게 하여 그가 쓴 책은 1906년부터 1915년까지 총 26권에 달한다(長鄕嘉壽,〈崔益鉉の對馬流謫〉,《對馬風土記》20호, 1984, 24~57쪽). 이 자료는 쓰시마의 고고역사자료와 宗家의 자료 등을 수장, 전시하고 있는 縣立對馬歷史民俗資料館에 수장되어 있다. 이 자료는 쓰시마의 향토사가인 長鄕嘉壽가 자료관에 근무하던 중 그 후손에게 기증을 권하여 자료관에 보관되게 되었다 한다. 나가사토씨는 우치노씨가 자신의 모친과 친척 관계이고 또 그의 손자와는 친구 사이로어릴 적부터 우치노씨를 가까이에서 보았다고 한다(2002년 8월 쓰시마에서 증언 청취).

이어서 그는 "右는 製絲傳習所를 韓人收容所로 만든 약도로써, 입구에서 보면 병실과 같다. 들어가 구석에 다다르면 방 한 개가 있어 병졸 1명은 총을 들고 서 있다"고 설명하였다. 이와 같이 그는 1시간 남짓 필담을 나누고 돌아와 수용소의 내부구조를 그려 놓아 의병들의 유배생활의 단면을 알 수 있게 하였다. 수용소 내부를 보면, 입구 쪽부터 11개의 침상이 놓여 있다. 우치노는 이를 보고 마치 병실과 같다고 표현하였다. 침상을 우측으로 보면서 통로를 지나면 의병들이 일하는 널빤지 판이 양쪽에 있고, 가운데에는 탁자과 의자가 놓여 있다. 그 탁자를 사이에 두고 임병찬과 우치노가 필담을 나눈 것이다.[140]

우치노와 임병찬과의 필담 내용은 《反故廼裏見》의 제1권 제86에 "韓人卜對琴筆談'이라 하여 7쪽에 걸쳐 기록되어 있다. 우치노는 필담에서 일본의 조선에 대한 정책의 정당성과 조선이 개화의 길로 갈 것을 주장하였다. 이에 대하여 임병찬은 조선이 한 마리의 양과 같아 무리의 개들이 물어뜯는 형국인데, 간신들이 국정을 농단하여 義擧가 있었음을 설명하였다. 이어서 천하는 인의의 덕이 있는 자의 것이라면서 일본이 인의를 살피지 않고 단지 군사의 일만 중시하는 것을 애석하게 여겼다. 여기에 필담한 내용을 소개하기로 한다.[141]

〈우치노 하코부와 林炳瓚의 필담 내용〉

우치노 : 내 성은 內野요, 자는 運, 호는 對琴으로, 하는 일 없이 먹는 사람입니다. 일찍이 여러분의 '行事'를 듣고 동정을 금할 수 없었습니다. 삼가 여행객의 衷情을 위문하고자 합니다. 괜찮다면 상담하겠습니다. 양해 하십니까?

---

140) 김상기, 〈최익현의 정산 이주와 태인의병〉, 《충청문화연구》 7, 2011, 42~45쪽.

141) 《反故廼裏見》(86), "韓人卜對琴筆談".

-林炳瓚 : 높고 큰 성함을 축하합니다. 人性은 함께 하늘로부터 받고 人情은 성품에서 나오는 것입니다. 나라와 임금을 위함에 어찌 이러한 성품이 없겠습니까? 지금 위문을 하니 그 뜻에 감사합니다. 다만 인품이 용렬하고 어리석어 헛된 평판을 감당할 수 없습니다. 혹 양해하시겠습니까?

우치노 : 오늘날 동양의 형세가 변하여 귀국에 누를 끼치는 것이 또한 그칠 수 없습니다. 비록 그러하나 우리나라의 계획이 야심에 있는 것이 아니니 양해하면 좋겠습니다.

-林炳瓚 : 옛사람이 말하기를, 외침을 방어함은 그것이 모욕이라고 했습니다. 현재 동양의 형편이 脣齒의 형세입니다. 입술이 망한 즉 이가 어찌 홀로 시리지 않겠습니까? 北人의 모욕은 마땅히 어찌하리오. 그러나 이 역시 운명입니다. 어찌하리오.

우치노: 나라가 막 일어남은 예나 지금이나 같은 이치입니다. 우리나라 40년 전의 일이 귀국의 지금과 같습니다. 지사와 어진 이가 국가에 다함에 어찌 성패를 돌보겠습니까? 그러나 귀국의 장래의 운명은 실로 여러분의 의지에서 나올 것입니다. 삼가 장래의 世體를 보기를 바랍니다.

-林炳瓚 : 선현이 말하기를, 하늘의 운세가 순환함이 반복하지 않음이 없다고 했습니다. 어찌 금일의 약함이 내일의 강함이 됨을 알리요. 단지 인의와 征利는 같지 않으니 天運은 義와 利의 사이에 있습니다. 그대가 지금 과찬하니 우리는 감당할 수 없습니다.

우치노 : 서양 각국은 仁義가 없습니다. 우리나라는 40년 전에 박해를 받아 끝내 開國主義를 취하여 오늘에 이르렀습니다. 서양의 장점을 힘써 취하여 우리의 단점을 보강하여 점차 진보하는 운세를 향하고 있습니다. 귀국이 배울 바가 어찌 다른 곳에 있겠습니까?

-林炳瓚 : 단점을 버리고 장점을 취하는 것이 良策이 아님이 아니나 단지 호랑이를 그리려다 이루지 못하고 오히려 개를 그리는 것을 염려합니다. 우리나라는 장점을 취한 방책이 없습니다. 또 內政이 닦이지 않아 이웃나라의 수치가 됩니다. 이 때문에 오늘의 義擧가 있었습니다. 부끄럽고

한탄할 뿐입니다. 이 가르침을 받으니 더욱 감사합니다.

우치노 : 인도가 멸망한 바를 장차 우리나라가 반복할 것이라 하여 나라 전체가 일치하여 점차 오늘이 있었습니다. 귀국의 일은 오직 내정의 정리에 있습니다. 국운의 발전은 쉽고 쉬울 뿐입니다. 염려하지 않았으면 합니다.

–林炳瓚 : 선을 베풀고 사특함을 닫은 연후에 내정이 닦일 수 있습니다. 우리나라는 그러하지 못한 단서가 있습니다. 오직 하늘의 뜻이 어떠한지를 바랄 뿐입니다. 이 역시 부끄럽고 한탄하는 바입니다.

우치노 : 하늘의 뜻이 과연 어떠하리오. 하늘에 맡길 수 없습니다. 이를 함은 사람에 있습니다. 하늘은 이를 좇는 것입니다. 일이 만약 정해지면 모름지기 실력을 양성해야 합니다. 귀국은 富强의 根源이어서 각국이 다투어 장차 차지하려고 합니다. 이를 방어하고 거둠에 스스로 그 방법이 있습니다. 강구하는 바가 있습니까?

–林炳瓚 : 우리나라는 각국이 다투는 바입니다. 우리는 비록 어리석으나 어찌 알지 못할 이치가 있겠습니까? 우리나라는 비유하건대 한 떼의 양고기를 무리의 개들이 다투는 것과 같습니다. 한 마리의 개가 만약 먼저 물면 여러 개들이 반드시 싸워 그 양고기는 반드시 한 마리 개의 입 속의 물건이 되지 않을 겁니다. 가히 애석한 일입니다.

우치노 : 귀국과 우리나라는 같은 성질입니다. 소위 할 수 없는 것이 아니고 하지 않는 것이 다름이 없습니다. 여러분에게 묻건대 러시아를 믿습니까? 장차 우리나라와 친하겠습니까?

–林炳瓚 : 하지 않는 것이지 할 수 없는 것이 아니라는 가르침은 실로 귀국을 표준으로 한 말입니다. 귀국과 우리나라는 비단 순치의 형세에 있을 뿐 아니라 이미 금석의 약속이 있습니다. 지금 이를 따르지 않는 것은 곧 골육간의 싸움입니다. 러시아는 外洋의 나라입니다. 귀국과 더불어 어찌 같이 말하겠습니까?

우치노 : 러시아가 한번 패하고 점차 각성하여 지금 立憲政으로 개정하

였으나, 분란이 있어 그 공이 보이지 않습니다. 과연 이것은 그 국민이 교육이 없는 소치입니다. 국민은 모름지기 가르치고 언론의 자유를 허락함으로써 국민의 의사로 국가의 일을 계획합니다. 이것이 良法입니다. 천하는 한 사람의 천하가 아닙니다. 실로 천하의 천하입니다. 우리 임금은 이를 39년 전에 알고 萬球로 公論을 결정하는 조서를 내리고 국가의 방침을 정했습니다. 이로써 금일에 점차 그 공과가 있으니 이는 크게 배울 바입니다.

　－林炳瓚 : 오늘날 천하의 대세는 명료하기가 손바닥을 가리키는 것과 같은 것이 2가지가 있습니다. 그 하나는 우리나라의 백성이 5백 년 이래 인의로 교육하였습니다. 지금은 비록 기강이 무너졌으나 학문이 넓고 사리에 통하는 마음이 독존하여 임금과 국가를 위하는 마음이 없는 사람이 없습니다. 다만, 몇 명의 간신이 국권을 농단하여 인한 자와 군자가 좋은 계책을 내지 않습니다. 이 폐단을 고칠 것 같으면 동양이 일어남을 볼 수 있을 것이니 귀국에게 조그만 도움이 될 것입니다. 또 하나는 성패는 兵家의 일상적인 일입니다. 一敗하여 타국을 깔볼 수 없습니다. 오직 信義가 천하에 펼친 즉 패한 자는 다시는 도모할 가망이 없습니다. 이 두 가지 방책이 과연 어떠한지요. 귀국 황제는 총명하고 英傑하며 자태가 특이하다는 것을 나 역시 들었습니다. 다만 신하되는 사람이 단지 目下 시세의 편벽된 기술에 익숙하여 인의에 힘쓰지 않고 전적으로 군사의 일만 삼아 補導하지 못합니다. 내가 부끄러워 하는 바입니다. 인의를 행하고 군사를 겸한다면 소위 문무가 겸하여 쓰여질 수 있으니 안타깝지 않습니까. 천하는 오직 德이 있는 자에 있으니 덕이란 오직 仁義일 뿐입니다.

　우치노 : 군사를 일삼는 것이 아닙니다. 실로 이를 그칠 수 없습니다. 단지 이를 논하는데 오늘은 시간이 없습니다. 청컨대 다른 날을 기하여 귀하의 의견을 들을 수 있겠습니까?《萬國綱鑑》3책은 영국인이 저술한 바입니다. 다른 날 제공할테니 보십시오. 기타 우리 섬과 귀국이 수백 년 동안 왕복한 서류를 또 제공할테니 보시고 타관살이의 근심을 위로하셨으면 다행이겠습니다.

-林炳瓚 : 우레가 번개를 만나 이별함에 슬픔을 차마 말할 수 없습니다. 綱鑑과 書籍을 惠覽하면 좁은 소견을 넓히고 타관살이의 마음을 위로할 수 있겠습니다. 다른 날 오실 때 힘들더라도 가지고 오시기를 바랍니다.

최익현은 1906년 12월 4일(음, 10월 19일)에 병이 났다. 처음에는 감기였으나 점차 위중해졌다. 12월 20일(음, 11월 5일)에는 문인 曹在學과 崔濟學이 석방되어 면회를 와서 解語湯과 小續命湯을 지어 치료하고자 하였으나, 1907년 1월 1일(음, 1906년 11월 17일) 병고를 이기지 못하고 이역 만리 유배지에서 순국하고 말았다.

다음날 그의 유해를 입관하여 修善寺에 옮겨 모셨다. 임병찬은 그의 《대마도일기》에서 이때의 정황을 다음과 같이 적고 있다.

문을 열고 방으로 들어서니 방 북쪽에 불상 몇 개가 있고 비단 휘장을 드리웠는데, 창황한 중에 자세히 기록할 수 없고 향불 피는 연기만 아롱거렸다. 영구를 방 북쪽에 모시고 나무 모탕을 청했더니 주승이 나무 토막 2개를 가지고 왔기로 영구를 편안히 모시고 나니 날이 이미 어두웠다.[142]

1월 4일(음, 11월 20일) 嚴原항에서 배에 운구하고 다음날 초량 나루에 도착하였다. 초량의 상무사에 '면암선생상호상소'가 차려지고, 이날부터 발인할 때까지 원근의 사민들이 제수와 제문을 가지고 와 참배하였다. 7일에 발인하여, 구포강을 건너 김해-창원-칠원-창녕-현풍-성주-개령-김산-황간-영동-옥천-회덕-공주를 거쳐 15일이나 걸려 1월 20일(음, 12월 7일) 정산의 집에 도착하여 26일에 빈소를 차렸다.

1907년 5월 12일(음, 4월 1일)에 노성의 월오동면 지경리 무동산 아래 계좌에 장사지냈다. 최익현은 비록 관군과의 전투를 피하려고

---

142) 임병찬 앞의 책, 211쪽.

의병을 해산하고 자신은 쓰시마에서 순국하고 말았지만, 그의 거의는 전국적으로 의병 봉기를 고조시키는데 큰 영향을 주었다. 이에 대하여 일제가 편찬한 《전남폭도사》에서 다음과 같이 잘 알려준다.

> 崔의 잔당은 끊임없이 민심을 선동 도발하고 있었는데, 동년 11월 4일 본도의 유생으로 본디 최익현을 따르는 광양군의 백낙구, 장성군의 기우만, 창평군의 고광순 이항선 등이 관제개혁으로 실직한 전군리 등과 통모하여 구례군 중대사에 모여 총원 50여 명(총기 10여 정)으로 다음 날 5일에 거사하여 …[143]

최익현의 사후 그를 기리는 숭모사업이 곳곳에서 이루어졌다. 태인의 선비 金直述과 柳種奎 등이 면암이 거의한 고장이라 하여 태인 고현내면 대주평에 사당을 세우고 泰山祠라 하였다. 포천의 유생들 역시 영당을 가채리에 세웠다. 옥구의 선비 문규석 등은 1909년 봄 삼현단에 면암을 추배하였다. 그의 문집은 1908년 겨울에 완성되었다. 아들 최영조가 수집하고 정리하여 崔載昌과 郭漢紹·文濟普·郭進鍾 등이 정서하여 40권을 만들고 부록 4권과 속집 2권을 합하여 46권을 간행하였다.

이상에서 살펴본 바와 같이, 최익현은 조선 말기 화서학파의 대표적인 유학자였다. 화서학파 가운데서는 드물게 문과 출신으로 대원군을 탄핵하는 상소를 올린 강직한 선비이기도 하다. 그는 제주도와 흑산도에 유배되어 고초를 겪기도 하지만 제주도에서는 교학활동도 수행하여 제주도에 화서학파의 학풍을 진작시키기도 하였다. 1900년에는 충남의 정산으로 이주하여 청양·예산·부여 등지에 많은 문인을 배출하기도 하였다. 그 가운데 이식·곽한일·유준근·이교헌·송병직 등과 같이 홍주의병에 참여한 이도 있으며, 윤긍주·

---

143) 전남 경무국, 《전남폭도사》, 1913, 21~22쪽.

최은상·최영복처럼 태인의병에 참여한 이도 있다. 백관형·유준근 등은 1919년 파리장서운동에 참여하여 옥고를 겪기도 하였다.

최익현은 1905년 11월 을사조약이 늑결되자 5적을 토벌할 것을 요청하는 상소를 올리고, 1905년 12월에는 노성의 궐리사에서 강회를 열었다. 그는 강회에서 강의를 마치고 일제의 침략에 대항할 방책을 제시하면서 이를 맹세하는 글을 발표하였다. 1906년 6월에는 태인의 무성서원에서 격문을 발표하고 의병을 일으켰다. 정읍, 순창 일대에서 의병들이 집결하여 봉기한 지 일주일 만에 포수 2, 3백 명을 포함하여 9백여 명의 의병이 집결하였다. 이들은 각 군을 돌면서 총기와 화약, 군자금 등을 징발하였다. 군사활동과 훈련을 위하여 내장사와 순창의 구암사 같은 사찰을 이용하기도 하였다.

태인의병의 활동 소식에 광주관찰사 이도재는 의병의 해산을 요구하는 고종의 해산 칙유를 전달하였다. 전주관찰사 한진창은 순창군수 이건용과 함께 군사를 거느리고 와서 의병을 공격하였다. 의병장 최익현은 임병찬에게 맞아 싸우도록 하였으나, 상대가 관군임을 알고 동족끼리 싸울 수 없다면서 의병을 해산시키고 '12의사'와 함께 관군에 체포되었다. 일제는 최익현에게 쓰시마 유배 3년형을 선고하였다. 임병찬에게는 쓰시마 유배 2년형을 선고함에 따라 최익현과 임병찬은 쓰시마에 유배되었다. 최익현이 쓰시마에 도착하자 그곳에는 이미 홍주의병 9명이 유배 와 있었다. 최익현은 쓰시마 경비대장이 검은 옷을 입을 것과 단발을 강요하자 단식으로 항거하였다. 임병찬과 홍주의병도 이에 동참하여 단식투쟁을 감행하여 경비대장으로 하여금 명령을 번복하게 하였다. 그러나 최익현은 그해 말에 유배지에서 순국하고 말았다. 유해는 嚴原에서 배로 초량까지 운구되었으며, 다시 구포강을 건너 김해에서 공주를 거쳐 12월 7일 정산의 본댁에 도착하여 장사지냈다. 최익현은 비록 관군과의 전투를 피하려고 의병을 해산하고 자신은 쓰시마에서 순국하고 말았지만, 전국적으로 의병 봉기를 고조시키는데 큰 영향을 주었다.

3) 尹錫鳳의 홍주의병

홍주 일대의 사민들은 을사늑약에 항거하여 1906년 3월 예산 광시에서 의기를 들고 민종식을 의병장에 추대하였다. 윤석봉은 1906년 민종식의 홍주의병에 참가하였다. 청양의 합천전투에 패한 민종식의 홍주의병은 1906년 5월 9일 지티에서 의병을 재기하였다. 서천을 지나 남포읍성 전투에서 승리한 민종식은 보령을 지날 때 윤석봉을 만나 의병에 참여해달라고 요청하였다. 그러나 윤석봉은 노모를 봉양해야하고, 자신은 후한의 馬文淵과 같은 힘도 없으며 張良과 같은 계책도 없어 따라간들 도움이 안 된다면서 거절하였다. 그러나 5월 20일 홍주성을 점령한 민종식이 다시 사람을 보내어 참여를 권유하자 5월 26일 조카 尹容源(1860~1912)과 李敎憲을 데리고 집을 떠나 5월 28일(음, 윤4월 6일) 홍주성에 들어갔다.[144] 윤석봉은 참모직을 맡아 문서를 작성했다.[145] 윤석봉은 민종식을 대신하여 고종에게 상주문을 작성하였다. 작성 일을 '丙午潤4月'이라 하였는데, 윤4월 1일은 양력으로 5월 23일에 해당한다. 이로보아 상주문을 작성한 것은 홍

---

144) 황의천 편, 《병오홍주의병과 홍경일기》, 대천문화원, 2004, 34~37쪽.
　　李承旭, 〈三希堂尹先生行狀〉, 1925(황의천 오현규 편, 《집성당지》, 대천문화원, 2007, 122쪽).
　　이 가운데 尹容源은 '홍주의병압송자명부'의 '尹容元(47세, 남포 웅천면)'으로 보인다(김상기, 〈1906년 홍주의병의 홍주성 전투〉, 《한국근현대사연구》37, 2006, 147쪽). 尹容源(자: 善汝, 1860~1912)은 윤석봉의 양자인 尹秉源(1866~1929)의 형으로 철종 경신년 12월에 태어났으니 1906년에는 47세에 해당한다.

145) 충청남도 지휘관 이기홍이 군부대신 이근택에게 올린 보고서에 홍주성전투에서 체포된 78명의 명단이 있는데, "윤석봉, 65세, 남포 웅천면 거주, 참모"라고 기록되어 있는 것으로 보아 그가 '참모'직을 맡아 활동한 것을 알 수 있다(윤시영, 《홍양일기》, 《향토연구》11, 1992 참조).

주성을 점령한 직후로 보인다.[146] 여기에는 을사5적과 이토 히로부
미를 주륙할 것과 의병을 일으킨 이유를 들면서 擧義한 뜻을 받아들
일 것을 요구하는 내용이 포함되었다. 민종식은 이 〈倡義疏〉를 이민
학에게 주어 고종에게 올리게 하였으나 이민학이 서울에 도착하기
전에 홍주성이 일본군 수중에 떨어지고 말았다.[147]

5월 30일 밤부터 31일 새벽까지 치러진 홍주성전투는 치열하였
다. 5월 20일 홍주성을 점령한 이후 처음 며칠 동안 의병은 일본 경
찰대의 공격을 막아냈으며, 일본인 警部도 체포, 처형하였다. 그러
자 伊藤博文이 주차군사령관에게 군대 파견을 명령하였다. 이에 따
라 일본군 보병 제60연대의 대대장 田中 소좌의 지휘 아래 보병 2
개 중대와 기병 반 개 소대, 그리고 전주수비대 1개 소대가 합세하
여 5월 30일 홍주성을 포위, 공격하였다. 일본군은 31일 오전 2시
반에 공격을 개시하여 3시 무렵 기마병 폭파반이 동문을 폭파시켰
다. 이를 신호로 일본군이 기관총을 쏘면서 성문 안으로 진입하였
다. 의병은 치열한 시가전을 벌이면서 방어하였으나 일본군의 화력
에 밀려 수백 명의 희생자를 냈다.[148]

윤석봉은 홍주성전투의 현장에 있었다. 그는 홍주성이 함락되는
상황을 다음의 '洪州陷城時作'이란 시로 읊었다.[149]

홍양성 안의 두 명의 외로운 신하	洪陽城裏二孤臣
그대들이 아니라면 누가 이처럼 인을 이루었겠는가	非子誰能成此仁
나 역시 이때 함께 의를 행하고자 하였으니	吾亦斯時同義者

146) 윤석봉, 〈代湖西倡義大將疏〉, 《삼희당집》 상, 권4, 소, 274~284쪽.
147) 〈匪魁閔宗植取調之槪要〉, 일본국립공문서관 소장 《공문잡찬》 권39, 문서번
 호 2A-13纂 1008.
148) 김상기, 〈1906년 홍주의병의 홍주성 전투〉, 《한국근현대사연구》 37, 2006,
 140~146쪽.
149) 윤석봉, 〈洪州陷城時作〉, 《삼희당집》 상, 권3, 시, 182쪽.

단지 國家만이 있고 몸은 알지 못했노라 　　　　但只有國不知身

(두 명의 孤臣은 참판 閔宗植과 直閣 金商悳)

홍주성전투에 민종식과 김상덕이 함께 참여했던 상황을 알려주고 있다. 그리고 홍주성이 일본군에 함락되는 것을 보면서 자신의 몸보다는 國家의 안위가 염려되었다고 피력하고 있다. 일본군의 폭력적 공격으로 홍주성이 함락된 처참한 상황을 보면서 비로소 그의 국가의식이 나타남을 볼 수 있다.

그는 5월 31일 일본군에 체포되어 하루 종일 포박되어 있다가 홍주 감옥에 갇혔다. 이때의 심정을 그는 다음과 같이 기록하였다.

　　　하루 종일 결박되어 앉아 있으니 두 손이 끊어지는 것 같고 몸 전체가 쑤시고 아팠으며 하루의 낮과 하루의 밤을 물과 곡식이 들어가지 아니하였으니 마땅히 昏倒不省 할 것인데 정신이 상쾌한 것 같고, 흉중의 기운이 왕성하여 산같이 솟구치니 반드시 이것은 쌓인 분노가 있기 때문이리라.[150]

하루 종일 결박된 채 먹은 것도 없었으나 정신이 상쾌하고 기운이 솟구쳤다고 하니 그의 일본군에 대한 적개심이 얼마나 컸는지를 짐작하게 한다. 그날 저녁 일본군이 주먹밥을 주자 죽을지언정 이 밥은 먹지 않겠다며 단식하였다.

수감 이틀 뒤인 6월 2일 李起弘의 심문을 받았으며, 다음 날 일본군의 심문을 받았다. 6월 7일 그는 다른 의병 70여 명과 함께 포박된 채 서울로 압송되었다. 예산을 지나 8일에 온양에서 유숙하고, 다음 날(윤4월 18일, 양6월 9일) 다시 도보로 천안역으로 가서 기차를 타고 저녁 무렵 서울에 도착하여 선혜청에 있는 일본의 감옥

---

150) 황의천 편,《병오홍주의병과 홍경일기》, 대천문화원, 2004, 49쪽.

에 갇혔다. 다음 날부터 그는 이곳에서 여러 차례 심문을 받았다. 그는 "의병을 일으킨 것은 무슨 까닭인가"라는 질문에 "5적이 나라를 팔아먹은 까닭으로 의병을 일으킨 것이다"라고 말했다. 그리고 거리낌 없이 의병에 참여한 이후의 일을 말했다. "사실이 아니라면 너는 마땅히 사형을 당하여야 한다"라는 일본군에 대하여 "죽는 것은 진실로 내가 원하는 바이니 무엇이 어렵겠는가" 하였다. 또한 일본이 한국을 '보호'한다는 말에 그는

> 무슨 보호가 있었느냐. 백성들의 국모를 시해하고 백성들의 임금을 수감하는 것이 보호해서 그런 것이냐. 연전에 일본과 러시아가 전쟁할 때 우리나라 사람을 몰아 구덩이를 파고 말뚝을 꽂아 결박을 해서 먼저 총포의 탄환을 받아 죽게 하였으니 이것이 모두 보호한 것인가! … 우리 도성의 민가를 헐어 모두 너희들의 집을 만들었으며, 관아를 빼앗고 들어가 너희들의 처소를 만들었으며, 관제와 법령을 하나같이 너희 나라 법식과 같이 하였으며, 우리나라 사람을 대하는 것이 종을 꾸짖듯이, 돼지를 질타하듯이 하였으며, 우리의 의복을 훼손하여 모두 너희들의 법과 같이 하였으니 이런 것들이 과연 보호해서 그런 것인가. …[151]

라고 일본이 말하는 '보호'라는 것은 한국인을 종으로 만들고, 한국을 일본의 속국으로 만들려는 것이라면서 그 허구성을 낱낱이 설파했다. 그는 끝으로

> 3차 문답에 뜻이 다하고 말이 고갈되고 피차 거친 것이 생겨 별달리 한 가지 결론에 돌아갈 수 없으니 다시는 나를 부르지 말라.[152]

---

151) 위의 책, 74~76쪽.
152) 위의 책, 77쪽.

라고 다시는 자신을 부르지 말라고 하였으니 그의 당당함을 알게 해주기에 충분하다. 그가 옥중에서 지은 다음과 같은 시가 있다.[153]

나라에 장차 일이 있음에 하늘이 사람을 내려보내	國將有事天降人
한 조각 외로운 성으로 더러움을 제거하게 하였으나	一片孤城欲掃塵
志士가 모두 함께 액을 당함은 무슨 마음인가	何心志士皆同厄
將軍은 홀로 몸을 피했으니 가소롭구나	可笑將軍獨免身
죽기 전에 마땅히 옛 것을 지켜야 하니	不死之前宜守舊
만약 살아 다시 이를 새로 도모하여	若生以後更圖新
펴지 못한 大義를 어디에 호소하리	未申大義從何訴
밤이나 낮이나 聖主를 바라봅니다.	日夕瞻望聖主眞

그는 홍주성전투에서 체포된 의병들이 모두 옥중에서 고초를 겪고 있음과 의병장 민종식이 홀로 탈출함을 비웃고 있다. 그리고 다시 살아 대의를 펼치리라 피력하고 있다.

윤석봉의 체포 사실이 《大韓每日申報》 1906년 9월 7일자에 〈日人亦稱義士〉란 기사로 소개되어 있어 여기에 전재한다.

忠淸南道 藍浦郡 處士 윤석봉氏가 洪州義兵中에 赴嘠얏다가 日兵의 被執되야 洪州獄에 拘囚嘠얏다가 京城司令部에 押入嘠야 首尾四十五日에 解放嘠얏犂대 洪州에 再次招辭와 日軍司令部 拘留丸 後 三次招辭 嘠얏犂대 據實詳陳하야 無一毫隱諱嘠고 言辭直切嘠며 氣容이 正肅嘠야 小不挫折嘠고 其間晨夕에 每誦經傳中義理文字嘠고 更多吟詠中 數三首를 傳誦홈이 如左嘠니 … 日人이 或稱賢人 或稱學者 或稱人才라 嘠고 且或有書示者曰 公等은 忠臣義士니 可敬服이라嘠니 彼此人心 秉彝之同을 可見

153) 윤석봉, 〈京司令部所作〉, 《삼희당집》상, 권3, 시, 182～183쪽.
  《대한매일신보》1906년 9월 7일의 잡보 〈日人亦稱義士〉에는 옥중에서 윤석봉이 지은 시로 본문에서 인용한 것 이외에 2수가 더 소개되어 있다.

이라 嘯더라.[154]

윤석봉이 일본군 사령부에 45일 동안 구속되어 있었으며, 옥중에서도 경전 속의 義理를 다룬 내용을 암송하면서 조금도 굽히지 않고 의연한 태도를 취했으며, 그러한 그를 일인들이 賢人·學者·人才라 칭했다는 것이다.

鄭喬(1856~1925) 역시 그의《대한계년사》에서 그가 함께 체포된 유준근 등과 조석을 먹지 않으면서 "우리가 義로써 거병하여 강약이 같지 않아 불행히 체포 구금되었다. 차라리 죽을지언정 일본의 음식을 먹지 않겠다"라고 옥중 투쟁을 하였음도 알려준다.[155]

그는 7월 13일(음, 5월 22일) 석방되어 고향인 양주의 장흥에 있는 선대의 묘를 참배하였다. 그리고 2개월에 걸친 의병에 참여한 이후 석방되기까지의 일을 7월 27일(음, 6월 7일) 기록하여《洪獄京部兩處合記 丙午》라 하였다.[156]

그는 1907년 정초에 면암 최익현의 장례에 참석하고 만사〈挽崔勉庵〉을 바쳐 그의 '大節'과 '忠魂'을 기렸다.[157] 그리고 쓰시마에 유폐되어 있는 홍주의병들에게 서신을 보내어 "제현들이 곤궁함에 처하였으나 형통할 운세가 없겠습니까"라고 위로하였다. 그리고 신보균과 남규진의 모친을 柳군과 李군이 모시고 있음도 전했다.[158] 그는 1910년 국망을 당하여 문묘가 폐해진다는 것을 듣고 통곡하면서

---

154)《대한매일신보》, 1906년 9월 7일, 잡보,〈日人亦稱義士〉.

155) 정교,《大韓季年史》下(국사편찬위원회, 한국사료총서 제5집) 권8, 광무10年 병오, 217~218쪽. "參謀長儒生 尹錫鳳 李相斗 李載均 李喜龍 諸人, 參謀兼召募將李偓 參謀前摠巡申鉉斗 柳濬根 南敬天 諸人, 並爲押上, 於是囚錫鳳等七十餘人於日本憲兵隊, 而其大尉每日審問, 答以誓滅日本人及我政府逆黨而起義兵, 不食所給朝夕飯日, 我等以義擧兵, 强弱不同, 不幸就擒, 寧死不受日本之飮食".

156) 황의천 편,《병오홍주의병과 홍경일기》, 대천문화원, 2004, 90쪽.

157) 윤석봉,〈挽崔勉庵〉,《삼희당집》상, 권2, 시, 143~144쪽.

158) 윤석봉,〈與馬島八義士〉,《삼희당집》중, 권11, 서, 216~219쪽.

"문묘가 철향된 즉 선비가 생존할 뜻이 없다, 내가 마땅히 죽으리라"며 통곡하였으며, 얼마 안 되어 세상을 떠났다.

4. 李南珪의 홍주의병

홍주지역의 유생들은 충남 서부지역에서 1895~1896년과 1906년 두 차례에 걸쳐 반침략 의병투쟁을 펼쳤다.

제1차 홍주의병은 1895년 4월 安昌植 등에 의한 광천에서의 모병운동에서 비롯되었다. 을미사변과 단발령 공포 후 이들은 홍주성을 점령하여 창의소를 설치하고 김복한을 총수로 추대하였다. 그러나 창의소를 설치한 지 하루 만인 12월 4일 관찰사 이승우의 배반으로 김복한·이설·홍건·안병찬·이상린·송병직 등 주도자들이 체포되면서 실패로 끝나고 말았다. 홍주의병에서 기병한 뜻을 이루지 못한 유생들은 후학을 지도하면서 강회 또는 향음례 등을 실시하였다. 이는 향촌사회의 주자학적 질서를 회복시켜 자주독립의식을 보다 강화하는 데 그 의의가 있었다.[159]

1905년 을사조약의 늑결은 이들을 또 다시 격분시켰다. 우선 김복한과 이설은 상소의 방법으로 정부의 개화정책과 일제의 침략행위를 규탄하였다.[160] 또 다른 주도세력인 안병찬·채광묵·박창로·이세영 등은 을사5조약의 늑결 소식을 듣고 1차 때와 마찬가지로 적극적인 의병투쟁을 통한 국권회복운동을 전개하였다.

이들은 정산에 살고 있는 전참판 閔宗植을 총수로 추대하고, 정산군 천장리를 근거지로 하여 1906년 3월 15일(음, 2월 21일) 예산군의 광시장터에서 봉기의 첫 깃발을 들었다. 이들은 이튿날 홍주의 동문 밖 夏牛嶺에 진을 치고 홍주성 공격을 감행하였으나, 관군의 저항에 오히려 대장소마저 위태롭게 되어 광시장터로 회군하였다.

---

159) 김상기, 〈1895~1896년 홍주의병의 사상적 연원과 전개〉,《윤병석교수화갑기념 한국근대사논총》, 1990.

160) 이설과 김복한의 활동에 대하여는 필자의 〈복암 이설의 항일민족운동에 대한 고찰〉(《우강권태원교수정년기념논총》, 1994)과 〈김복한의 학통과 사상〉(《한국사연구》 88, 1995) 참조.

그러나 합천전투에서 패하고 안병찬을 비롯한 23명이 체포되어 공주감옥에 갇혔다.[161]

이남규는 이때부터 홍주의병에 참여하였다. 예산의 향제에서 은거하고 있던 이남규는 홍주의병의 핵심 인물인 안병찬의 구명운동을 전개하였다. 그는 충청감사 郭璨에게 공주감옥에 구금되어 있는 안병찬을 구명해달라는 간절한 서신을 보냈다. 그는 이 편지에서 안병찬이 을미의병에 참여한 뒤 감옥에서 자결을 기도하기까지 했던 의리 있는 선비임을 주지시켰으며, 그를 죽게 해서는 절대로 안되며 그것은 수치라는 뜻을 다음과 같이 분명하게 전달하였다.

> 죽이고 살리는 操縱이 저 오랑캐 놈들의 손에 있다면 형도 반드시 어찌할 수 없다 하겠습니다. … 만일 그렇지 않아 安斯文에 대한 판단이 형에게 있고 저놈들에게 있지 않다면 나도 반드시 말할 필요조차 없을 겁니다. 왜 그러냐 하면 형의 마음이 곧 나의 마음이기 때문에 거기에 대한 처리는 말하기를 기다리지 않고서도 할 수 있다는 것입니다. 그러나 염려되는 것은 형은 한갓 그의 강개하고 격렬한 것이 근일에 와서 혈기에 넘치는 용맹만 있는 줄 알고, 옛날에 의리를 중히 여기고 목숨을 경하게 여겨서 곰의 발바닥은 버리고 물고기를 취하는 뜻이 가슴속에 본래부터 정해져 있는 것을 모를까 하는 것입니다. 그래서 내가 여러가지로 말을 하면서도 근일의 일은 말하지 않고 옛일만 자세히 말하는 것이니 혹 믿고 보살펴주시겠습니까. 이 사람을 죽게 한다면 오늘날 우리 무리가 홀로 옛날 黃甫將軍이 黨人에 참여하지 못했다는 수치스런 말을 면치 못할 것입니다.[162]

이남규의 위와 같은 노력으로 안병찬은 민종식이 홍산의 지티에

---

161) 유한철, 〈홍주성의진(1906)의 조직과 활동〉, 《한국독립운동사연구》 4, 1990. 김상기, 〈조선말 홍주의병의 봉기원인과 전개〉, 《수촌박영석교수화갑기념 한민족독립운동사논총》, 1992.

162) 이남규, 〈與郭璨玉〉 병오, 《수당집》 권3, 서, 91쪽.

서 재기하기 4일 전인 5월 5일 석방되어 민종식 의진의 참모사로서
다시 종군할 수 있었다.

의병장 민종식은 처남인 李容珪와 함께 1906년 5월 9일 부여군
내산면 지티리에서 의병을 다시 일으켰다. 민종식은 부대를 정비
하고 홍산을 점령한 뒤 서천·비인·광천을 거쳐 결성으로 진군하
여 하루를 지내고 5월 19일(음,4월 26일) 홍주로 들어왔다. 홍주의
병 1천여 명은 구식 화포 2문을 선두에 내세워 홍주성을 포위 공격
하여 점령하였다. 홍주성을 함락시키자 신보균·신현두·이식·안
항식·김상덕·유호근 등 인근의 인사들이 차례로 합세하였다. 의
병진에서는 소를 잡아 천제를 지냈으며 진용을 재정비하였다. 이때
이남규는 선봉장 직임을 맡았다.[163]

그러나 5월 31일 새벽, 伊藤博文이 주차군 사령관 長谷川에게 명
령하여 파견된 일본군의 공격이 있었다. 의병은 결사 항전했지만
다수의 희생자를 내고 홍주성을 빼앗기고 말았다. 이 전투에서 사
망자가 300여 명,[164] 체포된 이가 145명이며 그중에 중죄인으로 취
급된 柳濬根 등 78명이 서울로 압송되었다.[165]

---

163) 성덕기 편, 〈의사이용규전〉,《독립운동사자료집》2, 1972, 317쪽.유한철, 위
   의 글, 19쪽. 이때 이남규가 홍주성에 입성하여 전투에 참여하고 선봉장의 책임
   을 다하였는지는 확실하지 않다. 단 민종식이 부서를 정할 때에 그를 선봉장으
   로 임명했던 것은 분명하며, 이것은 그가 민종식의 擧義에 뜻을 같이 하여 동참
   했던 사실을 말해주는 것이다. 그 결과 그는 홍주성전투에서 패한 뒤 민종식을
   자신의 집에 숨겨주고 예산에서 재기를 계획하기까지 했던 것이다.

164) 김상기, 〈조선말 홍주의병의 봉기원인과 전개〉,《박영석교수화갑기념 한민족
   독립운동사논총》, 1992, 82쪽.

165) 최근 충남향토연구회의 徐奉植씨가 발굴한 홍주성전투 직후에 임명된 홍주군
   수 尹始永이 작성한《洪陽日記》와 관련 문건을 보면 홍주성전투 후의 상황이 잘
   나타나 있다. 관련문건 가운데는 〈報告 第二號〉가 있는데 여기에는 압송자 78
   명의 명단과 그들의 의진에서의 직책, 나이와 거주지가 표기되어 있어 홍주의
   병 연구에 큰 도움이 될 것으로 보인다. 그동안에 서울 압송자를 '83명'(임한주,
   《洪陽紀事》), 또는 '80여명'(柳濬根,《馬島日記》)이라고 하여 차이가 있었는데,
   위 자료에 따라 78명의 명단이 확인된 것이다. 압송자 명단을 보면, 중군장 南
   敬天(南奎鎭), 참모 李偰·柳濬根·申鉉斗, 槍組 申輔均(均), 의병 文奭煥·崔
   成集(崔相集)·安恒抱(安恒植), 탄약제조 李相斗(李相龜) 등 쓰시마에 유배된 9

예산의 향제에 있던 이남규는 이때 홍주의병의 재기를 계획한 것으로 알려져 있다. 1906년 10월 이남규의 집에 이용규를 비롯하여 곽한일·박윤식·김덕진·이석락 등이 집결하였다. 이들은 예산관아를 공격하여 활동의 근거지로 삼기로 결정하고 공격일을 11월 20일로 정하기까지 하였다. 그리고 이들은 민종식을 다시 대장에 추대하기로 뜻을 모았다. 이들은 민종식을 은신시켜 놓고 이남규 집에서 예산 공격을 위한 계획을 수립하였다.

> 이보다 먼저 9월 그믐에 精牡 수백 명을 비밀리에 예산 근처 동리에 매복시키고 盟主 閔宗植과 함께 閒谷의 前參判 이남규의 집으로 달려갔다. 이들은 먼저 맹주를 딴 곳에 숨겨 놓고 며칠 동안 머무르면서 서로 상의하여 무리를 모아 예산을 습격하려 하였다.[166]

그러나 일진회원의 밀고로 1906년 11월 17일 새벽에 일본헌병 10여 명과 지방병 40여 명, 그리고 일진회원 수십 명의 포위 습격을 당하여 곽한일·박윤식 등이 체포되었다. 이남규·李忠求 부자도 함께 체포되어 공주감옥에서 온갖 악형을 당하였다. 이때 이충구는 일병의 구타에 혓바닥을 깨물면서도 민종식의 거취를 말하지 않았다.[167] 체포된 郭漢一·朴潤植 등은 종신 유배형을 받고 전라도 지도로 귀양갔다. 민종식은 11월 20일 체포되어 1907년 7월 3일 교수형을 선고 받았으나 다음날 내각회의에서 종신유배형에 처해져 진도로 귀양갔다. 이로써 이남규·이용규 등이 계획한 예산에서

　의사의 이름과 직책이 보인다.

166) 성덕기, 〈의사이용규전〉, 《독립운동사자료집》 2, 333쪽. 兪鳳在의 〈의사이용규전〉(《독립운동사자료집》 2, 318-319쪽)에서는 이 사실을 다음과 같이 알려주고 있다. 9월 보름(음력, 필자)께 예산 開谷에 있는 族兄 前參判 이남규의 집에 이르러, 동지 閔宗植·郭漢一·朴潤植·金德鎭·金雲洛·黃英秀·鄭會圭·朴昌魯·李晩植 등 수십인과 협의하고 꾀를 내어 다시 의병을 일으키려 하였다."

167) 성덕기, 위의 글, 333쪽.

의 재기는 좌절되고 말았다.[168]

일제는 이와 같은 의병의 재기 움직임에 불안을 느끼자 1907년 9월 26일(음. 8. 19) 일본기마대 1백여 명을 보내 예산의 이남규 집을 급습하였다. 공주감옥에서 석방된 지 10여 일도 안된 그를 다시 체포하러 온 것이다. 이남규는 사당에 들어가 조상에게 예를 올리고 가족에게도 영결을 고했다. 일본병이 그를 포박하려 하자 그는 "선비는 죽일 수는 있어도 욕보일 수는 없다"며 굴하지 않고 가마에 올라 집을 나섰다. 그를 서울로 압송해 가던 일본군은 단발과 귀순을 강요하였으며, 이를 강하게 거부하자 그를 온양의 외암리에서 학살하는 만행을 저질렀다.[169] 그의 장자인 忠求는 일본병이 휘두르는 칼을 몸으로 막다가 부친과 함께 숨졌다.[170] 이어 두 종이 맨손으로 덤벼들다가 그 가운데 金應吉은 현장에서 주인을 따라 숨졌다.[171]

---

168) 이용규(자: 聖式, 호: 春塘, 1859~?)는 이남규의 족제로 전북 옥구에서 태어났으나 부여에 살았다. 민종식의 처남이기도 한 그는 1906년 홍주의병을 주도하였으며, 전투 후 피신하였으나, 일본군에게 그의 처와 자식은 학살당하고 말았다(성덕기, 위글 참조).

169) 이남규가 피살된 지점이 현재의 아산시 송악면 외암리로 평촌냇가 근처이다. 충청남도(도지사: 안응모)에서는 1987년 4월 3일 피살된 지점에 '수당이남규선생순절비'를 세워 수당 이남규의 충절을 기렸다. 황현의 《매천야록》(436쪽)에 의하면 수당이 순국한 지점이 외암리의 李聖烈 집 근처였다고 한다.

170) 李忠求(호: 唯齋, 1874~1907)는 고종 11년 서울의 낙동에서 태어나 勿軒 李明翊 문하에서 한학을 수학하였다. 1906년 홍주 의병장 민종식을 숨겨주었다 하여 부친과 함께 공주 감옥에 수감되어 악형을 당하였으며, 1907년 9월 부친을 지키다 일본병에게 피살된 것이다. 정부에서는 그의 공을 기려 1977년 대통령표창, 1991년 애국장을 추서하였다(李家源 撰, 〈通德郞唯齋李公墓碣銘〉, 1984 참조). 한편 이남규의 손자 李昇馥(1895~1978, 호: 平洲)은 1915년 러시아로 망명하여 박은식·조완구 등과 함께 《청구신문》을 발행하였으며, 이 일로 체포되어 6개월의 옥고를 겪었다. 1921년에는 상해로 건너가 임시정부에 참여하였으며, 1923년에는 김상옥사건 연루 혐의로 투옥되기도 하였다. 그는 그 후 신간회의 창립을 주도하여 본부 선전부의 총무간사 등으로 활약하였다. 1980년 정부에서는 그의 공적을 기려 건국포장(1990년, 애국장)을 추서하였으니, 이남규 집안은 그의 뒤를 이어 3대가 항일독립투쟁에 헌신하였음을 알 수 있다.

171) 李昇馥, 〈家狀〉, 《수당집》 부록, 291~294쪽. 이남규의 후손들은 주인을 위해 순사한 김응길을 후장하였으며, 지금도 제사를 지내고 있다. 李庭珪가 김응길을 위해 쓴 제문이 있다(〈祭亡奴應吉文〉, 《수당집》 부록, 304쪽).

또 다른 종인 賈壽福은 김응길과 함께 이남규를 방어하다가 중상을 입었으나 다행히 목숨을 건졌다.[172] 그는 그날 있었던 참변을 다음과 같이 전해 주었다.

> 병정들이 고의로 느릿느릿하게 걸어서 날이 저문 뒤에야 평촌 앞길, 인적이 없는 곳에 이르렀습니다. 통역관이 주인 어른께, "공은 평소에 일본을 원수로 대해 왔으니 앞으로 義兵將이 되겠소이다. 만약 머리를 깎고 귀순한다면 살려주지만, 그렇지 않으면 죽게 될 뿐이외다"라고 지껄였습니다. 이에 공께서는 "義擧는 참으로 기다리고 있던 참인데 그럼 죽으면 죽었지 내 뜻을 굽힐 수는 없는 일이다"라면서 매도하기를 그치지 않으셨습니다. 여기에 대하여 왜적은 칼날을 함부로 휘둘렀습니다. 공의 아드님과 우리 두 소인네는 황급히 몸으로 막았지만, 팔은 비틀리고, 앞으로 몇 발자국 나가서 칼로 난도질을 당했사오며, 그러고는 이내 움직임이 없이 잠잠했습니다. 아드님께서 공을 대신하여 죽기를 애원하자 역시 모진 칼끝을 받으셨습니다.[173]

이남규의 피살 소식은 전국으로 퍼져 나갔다. 당시 신문 가운데 대표적인 항일민족지였던 《大韓每日申報》에서 이 사실을 두 차례에 걸쳐 게재하여 민족적 분개심을 고취하였다. 그 가운데서 1907년 10월 8일자 〈李氏被害續聞〉을 소개하면 다음과 같다.

> 前參判 이남규氏 父子가 日兵에게 被害한 事는 前記揭報어니와 更聞한

---

172) 賈壽福은 일본도에 12군데나 찔리는 중상을 입었으며, 상처가 심하여 몇 년 지나지 않아 사망했다고 한다. 그를 염습한 윤대성(당시 예산군 대술면 상항리 거주)은 12군데의 상처 가운데 1군데는 내장이 외부에 노출된 채 있었다고 증언하였다(증언내용, 후손 제공).

173) 이승복, 〈가장〉 참조. 〈家狀〉에서는 이어서 "이 말은 앞뒤를 종잡을 수 없다. 또 어떤 사람은 '그 흉악한 칼끝이 조부님을 범하려고 할 때 춘부장께서 몸으로 가로막고 떨어지지 않아 먼저 화를 당하셨던 것이오'라고도 전한다"라 하여 이남규보다 아들인 충구가 먼저 화를 당한 것으로 전한다.

則 氏가 日兵에게 捉去를 당한 同時에 筆談으로 事由를 質問하고 自己의
아모 事件이 無한 것을 這這 辨明한대 日人曰能文多智하니 必爲義兵이라
하고 直히 砲殺를 行하매 其子二人이 大哭扶持한대 并卽砲殺하얏다니 大
抵必爲二字之罪名을 勒加하고 砲殺을 行하는 것이 是何乖常之行動이며
況李氏는 文學行誼로 令譽가 素著하고 位居亞卿한 人이라 今乃可執之端
이 別無하거늘 虛實을 不問하고 三父子를 一時砲殺하얏으니 此等行動이
韓國人心으로 愈益憤激케 하난 事가 아닌가.[174]

이와 같은 신문 기사는 순식간에 이남규 부자의 순국 사실을 전
국에 알렸으며, 그 결과 전라도에서 은거하고 있던 黃玹이 《梅泉野
錄》에 그 사실을 다음과 같이 자세히 싣고 있다.

　　왜인이 전참판 이남규를 살해하다. 처음에 閔宗植이 이남규와 함께 거
의하고자 하였다. 남규는 단지 앉아서 힘써 주선하였으며 끝내 홍주성에는
들어오지 않았으나 종식이 패함에 미쳐 그를 숨겨주었다. 군민 가운데 일
진회원이 남규를 제거하지 않으면 內浦 지역이 편안한 날이 없을 거라고
다투어 말하였다. 왜인이 이를 믿고 남규를 포위하고 포박하려 하자 남규
가 분연히 말하기를 '나는 大夫이다. 죽을지언정 욕을 당할 수 없다. 내 처
소에서 어찌 포박당할 수 있느냐'며 드디어 가마에 올라 나갔다. 두 아들이
좇으려 하자 남규가 가로되 '너희 둘이 모두 나를 따라 죽으면 집안일은 어
찌할 것이냐'라고 꾸짖어 물리쳤다. 그 작은 아들이 가되 溫陽의 巍巖村에
이르자 왜가 서로 눈짓을 하더니 칼을 빼들고 왔다. 남규가 노하여 '너희들
이 서울로 간다고 말하였으니 올라간 즉 사리가 분명해질 것이다. 어찌하
여 순식간에 살해하려느냐'며 칼을 막자 五指가 모두 떨어졌다. 아들이 그
를 에워싸며 왜적을 크게 욕하였다. 결국 부자를 모두 죽이기를 베고 찌르

---

174) 《대한매일신보》 1907년 10월 8일, 〈李氏被害續聞〉. 《대한매일신보》 1907년
　　10월 2일자에도 〈何故被禍〉라 하여 이남규의 피살 소식을 전했다.

고 하여 온전한 피부가 없었다. 가마꾼 한명이 가마 기둥을 뽑아 왜놈을 박살내고자 하였으나 그 역시 죽고 말았다. 하루가 지나도 시체를 염습해가는 이가 없었다. 외암촌의 李聖烈 집 앞이어서 성렬이 왜가 가기를 기다려 비로소 염습하였다.[175]

念齋 趙熙濟 역시 그의 《念齋野錄》에서 이남규의 순국 사실을 자세히 기록하였다.[176]

5. 安炳瓚家의 홍주의병

한말 의병은 국권회복을 목적으로 20여 년 동안에 걸쳐 일본군과 전쟁을 수행한 민족의 精髓로 평가된다. 그 가운데 홍주의병은 봉기과정에서 지역 유생들의 역할이 컸던 의진이다. 이들 유생들은 의병을 모집하여 일본군과의 전투를 수행하여 큰 희생을 치렀다. 그 가운데서도 특히 홍주향교의 전교였던 安炳瓚을 비롯해 그의 부친 安昌植과 동생인 安炳琳, 그리고 족숙 安恒植 등은 같은 집안 출신으로, 이들의 홍주의병 활동이 주목된다.

안병찬은 1895, 1896년의 봉기에는 민병을 모집하여 홍주성을 점령하고 金福漢을 총수로 추대하는데 앞장섰다. 1906년 홍주의병 때에도 閔宗植을 대장에 추대하고 일본군과의 전투를 수행하는 과정에 여러 차례 옥고를 치렀다. 또한 안병찬의 부친 안창식은 1895년부터 의병을 준비하여 1896년 홍주의병에 참여하였다. 동생 安炳琳과 족숙 안항식은 1906년 홍주의병에 참여하여 홍주성전투를 치렀다. 안항식은 쓰시마에 유배되어 崔益鉉 등과 함께 옥고를 겪었

---

175) 황현, 《매천야록》, 국사편찬위원회, 435~436쪽.
176) 조희제, 《염재야록》, 금강서원 영인, 1990, 86~87쪽.

다. 이들의 행적은 이미 국가로부터 인정받아 모두 독립유공자로 추서되었으며, 지역에서도 靑坮祠란 사당을 건립하여 매년 추모제를 지내고 있다.

그동안 홍주의병과 김복한·이설·이남규·임한주 등에 대한 연구는 있었지만,[177] 안병찬에 대한 연구는 과제로 남아 있었다. 그런데 안창식·안병찬 부자의 홍주의병 기록인《乙丙錄》과 안병찬가의 고문서와 안병찬 조부의 문집인《杏下遺稿》가 공개되었다.《乙丙錄》은 을미년(1895년)과 병신년(1896년)의 홍주의병 기록으로, 安昌植의《艮湖日記》와 安炳瓚의《規堂日記》가 있다.《乙丙錄》은 송용재 편《홍주의병실록》에 실려 있다. '안병찬가 고문서'는 독립기념관에 소장되어 있다.

이 글은 이와 같은 자료를 이용하여 안병찬가의 민족운동을 구명하고자 한다. 먼저 안창식·안병찬 부자가 1894~1896년에 의병을 계획하는 단계부터 홍주성 점령 과정, 그리고 이승우의 변심으로 체포되어 옥고를 겪게 되는 과정을 밝히고자 한다. 또한 1906년 홍주의병의 활동 가운데 안병찬 안병림 형제의 역할을 구명하고, 아울러 그들의 족숙 안항식이 홍주성전투에서 체포된 뒤 쓰시마에서 겪은 유배 생활을 고찰한다. 그리고 안병찬의 1919년 파리장서운동 참여와 옥중 생활에 대해서도 살펴보고자 한다.

---

177) 김상기, 〈1895~1896년 홍주의병의 사상적 연원과 전개〉,《尹炳奭教授華甲紀念 한국근대사논총》, 지식산업사, 1990.
김상기, 〈복암 이설의 항일투쟁〉,《于江權兌遠先生定年紀念論叢》, 1994. 2
김상기, 〈수당 이남규의 학문과 홍주의병투쟁〉,《조선시대의 사회와 사상》, 조선사회연구회, 1998.
유한철, 〈홍주성의진의 조직과 활동〉,《한국독립운동사연구》4, 1990.
김상기, 〈김복한의 홍주의병과 파리장서운동〉,《대동문화연구》39, 2001. 12.
김상기, 〈1906년 홍주의병의 홍주성전투〉,《한국근현대사연구》37, 2006. 6.
김상기, 〈임한주의 사상과 독립운동〉,《한국독립운동사연구》47, 2014. 4.

1) 가계와 학문

안병찬 집안은 대대로 충효정신을 중히 여긴 유학자 집안이었다. 안병찬은 철종 5년(1854) 충청남도 홍주군 화성면 신정리(현, 청양군 화성면)에서 昌植의 장자로 출생하였다. 그의 자는 穉圭 호는 規堂(葵堂)이요, 본관은 순흥으로 당색은 소론이었다.

그의 선대가 홍주에 정착하게 된 것은 13대조 景仁 때부터로 알려져 있다. 景仁은 모친이 일찍 돌아가신 것을 한으로 여겨 홍주에 모신 묘 앞에 여막을 짓고 정성을 다하였다. 이때부터 후손들이 홍주에 살게 되었다 한다. 경인은 崇道·尊道·昌道·志道 등 4명의 아들을 두었는데, 넷째 志道가 안병찬의 12대조가 된다.[178] 志道(1536~1600, 자: 士心, 호: 就荒軒, 荒坡)는 조선조 명종 때 사헌부 감찰로 재직하다가 尹元衡을 탄핵한 바 있다. 무장현감과 고양군수 등을 역임하고 통정대부 첨지중추부사에 올랐으며, 형조판서에 추증되었다.[179] 志道의 차자인 世珉(1559~1613, 호: 靑坡)이 안병찬의 11대조인데, 선조 29년(1596) 이몽학의 난을 진압한 공으로 이조참의에 추증되었다. 세민의 아들 克暲(1597~1656, 자: 子賓, 호: 晩谷)도

---

178) 안창식의 가계표는 다음과 같다(《순흥안씨족보》권6 참판공파, 293쪽, 957~958쪽 (안선영씨 제공)).
시조 子美(神號衛上護軍)
14세 景仁┌崇道 ──────────────────恒植-炳稷-福老-鍾世
        ├尊道
        ├昌道
        └志道-世珉-克暲-弘基-爾宅-弼商-復瑞-國柱-廷仁-璟良→
        →溶-昌植┬炳瓚┬衡老-鍾勛(系)-璇永
               │   └奭老┬鍾勛(出)
               │   └鍾協
               ├炳琳
               ├炳璣
               └炳瑾

179) 安溶, 〈夫刑曹判書兼知義禁府事府君墓誌〉, 《杏下遺稿》곤, 墓誌.

인조 2년(1624) 이괄의 난이 일어나 인조가 파천할 때 의병을 일으
켜 근왕한 일로 이조참의에 추증되었다.[180] 안병찬의 5대조인 國柱
(1754~1815, 호: 挹杏亭)는 통훈대부 사헌부 감찰에 증직되었다가,
효행으로 정려를 받았으며 통정대부 승정원 좌승지를 받았다. 증조
부 璟良(호: 茶隱, 1785~1853) 역시 효행으로 정려를 받고 이조참의
를 추증 받았다.[181]

조부 溶(1812~1884, 자: 容三, 호: 杏下)은 성균관 생원으로 果齋 成
近黙(1784~1852)의 문인이다.[182] 그는 1867년 생원시에 급제하였으
나, 과거의 폐단을 보고 大科에 응시하지 않고 九華山 아래에 살면
서 자손과 원근의 학동들을 가르쳤는데 그 수가 수백 명에 이르렀
다 한다. 그는 1882년 임오군란이 일어나 대원군이 청나라의 保定
府에 압송된 일을 듣고 '仰天號泣'하며 말하되

> 君父는 곧 一國의 臣民들이 모두 부모로 모시는 바라. 국가가 기강이 점
> 차 문란하고 士大夫는 廉恥가 모두 없고 우리 오백년 小中華의 나라가 급
> 속하게 어찌할 수 없는 지경으로 떨어지니 이를 장차 어찌하리오.[183]

라고 하여 대원군을 '君父'라 칭하고 있으며, 부모와 같은 존재로
여겼음을 알 수 있다. 그는 대원군의 압송을 '小中華'의 조선이 위

---

180) 《순흥안씨통례공파보》(권1, 5쪽)에 따르면, 世珉은 자헌대부 형조판서 겸 지
　　의금부사에 추증되었다 한다.
　　안용, 〈八代祖考副護軍府君墓誌〉, 《행하유고》 곤, 묘지.

181) 《순흥안씨족보》 권6 참판공파, 293쪽.

182) 성근묵은 본관이 창령으로 牛溪 成渾의 후손이며, 尹拯(1629~1714)의 사숙
　　문인이다. 윤증은 송시열 문하에서 예론에 정통했던 유학자이나, 그의 아버지
　　尹宣擧의 墓碣銘 문제로 송시열을 비판하여 갈라지게 되었으며, 소론의 영수로
　　추대되어 송시열계의 노론과 대립하였던 인물이다. 안병찬의 조부 溶이 소론의
　　영수인 윤증의 사숙 문인 성근묵의 문인이 된 것 역시 그의 가문이 소론인 것과
　　관련되는 것으로 보인다.

183) 안창식, 〈忠淸道洪州居罪生安昌植 謹再拜泣血上書于大老大院位閣下〉(독립기
　　념관 소장 안병찬가고문서).

험한 지경에 들어가는 것으로 파악하고 있다. 아울러 이러한 결과
는 국가의 기강이 문란하고 사대부의 염치가 없어진 때문이라고 하
였다. 이로 보아 그는 송시열의 '소중화론'에 경도된 위정척사론자
임을 알 수 있다. 그의 스승인 성근묵은 그를 일러 "내 문하에서 수
학한 이가 많지만, 器宇가 순수하고 풍류의 도가 잘 훈련된 이는 君
과 같은 이를 보지 못했다. 君은 나의 老友이다"라고 평했다.[184] 그
는 사우들에게 칭송을 받았으며, 유고 2권을 남겼다.[185]

안창식의 《간호일기》

안창식(1838~1899, 자: 伯卿, 호: 艮湖)은 4세 때부터 조부 茶隱 공
에게서 한학을 수학하였다. 그는 성장하면서 기개와 절개가 있었
으며, 독서하다가 옛 사람이 절개를 세운 곳에 이르러 항상 찬탄하
면서 "대장부가 입신하여 임금을 섬기는데 마땅히 해야 할 말은 하
고 죽어야 할 때는 죽어야 한다. 이해와 화복을 비교하여 계산함은
불가하다"[186]라고 말했을 정도로 충군의식이 강했던 것으로 전해진

184) 안병찬, 〈家狀〉, 《행하유고》곤, 부록.
185) 《순흥안씨통례공파보》권1, 5쪽.
186) 김복한, 〈艮湖安公昌植墓誌銘〉, 《지산집》권12, 묘지.

다. 안창식 또한 尊中華論을 따른 척사론자임을 알 수 있다.

그는 1895년 '을미변복령'에 항거하여 6월 2일 거의하기로 하고 李世永 · 李鳳學 · 鄭濟驥 · 鄭盈德 등과 모임을 가졌는데, 이때 다음의 율시를 지어 뜻을 밝혔다.[187]

본래부터 한 고을이 크게 된 것은 인물이 나서 울렸기 때문이네

元來大地以人鳴

여기 모인 벗들도 또한 그러하니 이번 이 모임에 감사드리네

還謝諸朋有此行

우리나라 예부터 풍진도 많아 더러운 피비린내 겪었으며

箕甸風塵多穢臭

중국의 문화를 우리가 빛냈으나 맑고 밝은 날은 얼마 없었네

中華日月少淸明

차라리 세속의 흐름에 따라 친구의 굳은 우정 논할 것인가

寧隨流俗論金契

아직도 봄날의 성곽 안에는 나무 베는 소리가 들려 오네

尙有春城伐木聲

한 조각 깊이 있는 마음과 마음이 서로 비치어 전하는 곳에

一片靈臺相照處

자연의 정들을 자연히 끌어내네

自然惹起自然情

안창식은 이 시에서 자신들이 고을을 빛내야 할 인물이라는 소명의식과 책임감을 강하게 드러냈다. 그리고 우리 민족이 중화사상을 받아들였으되 오히려 이를 빛냈다고 하여 문화민족임을 자부하

---

187) 안창식, 《民湖日記》, 1895년 6월 초2일(송용재, 《홍주의병실록》, 홍주의병유족회, 1986, 162쪽).

고 있다. 그러나 국가의 형편은 밝지 않다고 비감한 심정을 토로하면서 "차라리 세속의 흐름을 따라 친구의 굳은 우정 논할 것인가"라 하여 자신들의 모임을 단순히 우정만을 도모하는 회합으로 해서는 안 된다고 역설적으로 표현하고 있다. 이러한 안창식에 대하여 김복한은

> 군신의 의리를 밝히고, 중화와 오랑캐의 방패를 구분해 후세에 대하여 할 말이 있으니 叔季의 風敎를 扶植한 것이 크다.[188]

라고 그가 군신간의 의리를 밝히고 華夷의 구분을 분명히 하였으며, 말세의 風敎를 붙들었다고 평가하였다.

한편 안창식이 57세 때인 1894년도의 호구단자에 따르면, 그의 가족으로 다음의 13명과 노비 18명이 확인된다.[189]

安昌植

처 파평 윤씨(60세, 통덕랑 尹寧鎭의 딸)

장남 炳瓚(41세)과 처 풍양조씨(40세), 손자 衡老(22세)와 처 전의이씨(26세), 둘째 손자 輿老(20세)와 처 파평윤씨(23세)

차남 炳琳(35세)과 처 나주임씨(36세)

---

188) 김복한,〈民湖安公昌植墓誌銘〉,《지산집》권12, 묘지.

189)〈안창식 호구단자〉(광서20년 갑오, 1894년분). 안창식의 주소는 '화성면 행정리 제1통 제2호'로 되어 있다(안병찬가고문서, 독립기념관 소장). 노비 18명의 명단은 다음과 같다. "率奴 壬尙(壬戌生, 婦新先 母班婢乙辰), 婢 聖丹(乙巳生, 父私奴有直知 母班婢卜德), 奴 龍蒙(己巳生, 父私奴卜金 母班婢聖丹), 奴 鳳業(丁卯生, 父母上同), 奴 獼業(辛未生, 父母上同), 婢 粉蕎(己未生, 父私奴米南 母班婢達今), 婢 今禮(甲子生, 父母上同), 婢 妙蟾(甲申生, 父私奴訟乭 母班婢粉蕎), 奴 宗民(庚寅生, 父母上同), 奴 奉山(辛卯生, 父私奴鳳業 母班婢今禮), 奴 乭作(甲辰生, 父私奴好得 母班婢卜禮), 婢 次德(丙午生, 父私奴應桑 母班婢妙蟾), 奴 申斤(庚戌生, 父母上同), 奴 貴男(戊辰生, 父私奴達宗 母班婢次德), 婢 鳳丹(己未生, 父私奴永哲 母班婢有占), 婢 德林(辛亥生, 父私奴良乭 母班婢丁今), 婢 良順(庚辰生, 父私奴分得 母班婢德林), 婢 順禮(戊辰生, 父私奴卜得 母班婢正蟾)".

삼남 炳琇(31세)와 처 파평윤씨(34세), 손자 鳳老(13세)

안병찬(1854~1929, 자: 穉圭, 호: 規堂)은 艮湖 안창식의 장자로 태
어났다. 그는 조부인 溶에게 한학을 수학하였는데 10여 세에 詩·
書·藝에 뛰어났다. 부친의 영향을 받아 절의정신에 철저하였으며
성품 또한 강직하였다. 그 또한 책을 읽다가 절의에 죽는 대목이 있
으면 이를 찬탄하면서 마땅히 이러해야 한다고 말했다.[190] 그는 39
세 되던 1892년 과거에 응시하였으나 과거의 부패상을 목도하고 뛰
쳐나왔다.[191] 안병찬은 자신의 학통에 대해 특별히 언급한 적은 없
지만 그의 조부가 成渾의 학통을 이은 성근묵의 문인인 것으로 보
아 그 영향을 받았으리라 짐작된다. 또한 조부에게 성혼과 윤증 등
소론계의 유학사상을 수학하였으며, 부친의 투철한 절의정신에 영
향을 크게 받은 것으로 보인다.

안병찬 역시 위정척사론을 견지한 재
야 유생이었다. 그가 蔡光黙(1850~1906,
자: 明叔, 호: 龜淵)에게 바친 제문을 보면
이러한 성격이 잘 나타난다. 그는 채광묵
이 殉義하여 뜻한 바 본심을 얻었는데,
자신은 완고하고 어리석어 함께 죽기로
약속한 형만 잃었다면서 차마 얼굴을 들
수 없다고 슬퍼하였다. 그는 이어서

규당 안병찬

---

190) 송상도, 《기려수필》安炳瓚(三) "安炳瓚字穉圭, 號規堂, 順興人, 文成公 裕后,
五世祖國柱, 曾祖璟良, 事親孝, 親病, 俱有雪荀氷鯉之感, 哲宗朝, 旌其閭, 炳瓚
生於甲寅 (哲宗五年), 居洪州化城, 性亢直, 不與世苟合, 每讀書, 至古人節死處,
必擊節歎賞曰, 大丈夫當如是矣, 甲午爲洪州校任, 時東匪起, 與觀察 李勝宇, 謀
討之. …"

191) 안선영 증언.

갑오년 여름에 섬나라 오랑캐가 우리 대궐에까지 침범하므로(갑오변란, 필자) 조정과 백성이 흉흉하여 어찌할 바를 몰랐으며, 나라는 전복되는 날을 맞았습니다. 을미년 가을에 흉적들이 원수인 오랑캐를 데리고 와서 차마 입에 담을 수 없는 변고를 일으켰습니다(을미사변, 필자). 그리고 그해 겨울에는 임금을 협박하여 머리를 깎도록 온 나라에 명령을 내렸습니다(단발령, 필자). 華夏의 일맥이 여기에서 끊겼으며, 先王의 遺法도 여기에서 다하게 되었습니다.[192]

라고 하여 갑오변란과 을미사변, 그리고 단발령에 분기하여 의병을 일으켰음을 분명히 하였다. 그리고 중화의 맥이 끊어지고 왕조의 遺法이 없어지게 됨을 통탄하였다. 그는 1894년부터는 홍주향교의 전교로 향약을 베풀고 강회를 열어 향리의 교화에 힘썼다. 같은 해 동학군이 홍주성을 공격하자 홍주목사 이승우를 도와 동학세력을 물리쳐 향리에서 주자학 질서를 지키고자 했다.[193] 이와 같은 관계로 이승우를 홍주의병에 가담시켰으나 끝내 의지가 약한 이승우는 개인의 영달과 안전만을 생각하고 변심하고 만 것이다.

안병찬은 1919년 파리장서운동에도 참여하여 옥고를 치렀는데, 체포된 뒤 공주감옥에서 작성된 그의 〈신상표〉에 따르면, 1919년 당시 그의 재산은 가옥 이외에 논 20두락과 밭 30두락, 그리고 산판 5천 평이 있어 경제적 형편은 나쁘지 않았던 것으로 보인다.[194]

安炳琳(1859~1929)은 안병찬의 동생이다. 어려서 조부에게 형 병

---

192) 안병찬, 〈蔡光默祭文〉(안병찬가고문서, 독립기념관 소장).

193) 安鍾勛, 〈規堂府君家狀 戊寅(1938) 12월〉, 《행하유고》 곤, 부록.

194) 안병찬의 〈재소자신분카드〉(대구교도소 서무과)에 의하면, 안병찬이 "가옥 1軒(약 100원), 논 20두락(약 1,600원), 밭 30두락(약 240원), 山坂 5천평(약 500원)을 가지고 있어 생계에는 차질이 없다"로 기록되어 있다. 또한 안병찬의 "性行은 온순하고 素行이 양호하다"라고 적혀 있다. 주량에 대하여는 "약 2잔을 마시지만 주벽은 없다", 그리고 종교는 없으며, "한문은 보통이며 서적을 해독하는 자"라고 적혀있다.

찬과 함께 한학을 수학하였다. 성품이 강직하고 활달하였으며, 불의와 타협하지 않은 것으로 알려져 있다. 그는 1895년 홍주의병에 참여하였으며, 1906년의 홍주의병 때에는 돌격장이라는 중책을 맡아 홍주성 전투에 참여하였다.

安恒植(1860~1922, 자: 平叔 호: 華儂, 초명: 衡植)은 안병찬의 13대조인 景仁의 장자 崇道의 11대손이다. 그는 부친 潁과 하동정씨의 장자로 철종 11년(1860) 청양의 화성면 기덕에서 태어났다. 1906년 4월 閔宗植의 홍주의병 參謀士로 홍주성 전투에 참전하였다가 일본군에 체포되어 쓰시마에 유배되었다. 그는 1907년 1월 遯軒 林炳瓚과 함께 풀려났다.

2) 홍주의병투쟁

(1) 1895~1896년 홍주의병

1895년 3월 개화정권은 흑색 두루마기를 입도록 한 '을미변복령'을 발표하였다. 유생들은 이에 대하여 조선 고유의 의복 제도를 '왜국화'하였다면서 반발하였다. 화성에 거주하던 안창식은 이러한 개화파들의 정치개혁이 중화를 무너뜨린 것으로 보았으며, 거의하여 성토하고자 하였다. 그해 4월 그는 보령군 광천으로 가서 林廷學 등과 함께 시장 상인들을 동원하여 의병 계획을 추진하고자 하였다.[195]

1895년 5월 22일 박창로가 외사촌형인 안창식을 찾아와 長谷에서 거의할 것임을 알려주고 동참하라고 권유하였다. 다음날 둘은

---

195) 안창식, 《간호일기》 1895년 5월 23일(송용재, 《홍주의병실록》, 161쪽) ; 임한주, 〈홍양기사〉(독립운동사편찬위원회, 《독립운동사자료집》 2, 1972), 259쪽.

장곡으로 가서 정산에 사는 李鳳學(호:雙翠, 본: 함평)을 만났으나 선달 李公烈이 잘못 전달하여 부여와 홍산의 인사들이 정혜사(현 청양군 장평면 칠갑산내)에 모이는 바람에 일이 성사되지 못하였다.[196] 이들은 거사일을 6월 3일로 다시 잡고 봉수산성에서 만나기로 하였다. 거의 전날인 6월 2일 이들은 박창로 집에서 회합하였다. 집결한 인사는 안창식을 비롯하여 李世永 등이었다.

안창식을 비롯한 참석자들은 서로의 뜻을 확인한 뒤 6월 9일 청양장터에서 거의하기로 하였다. 그러나 당일 집결한 이는 안창식과 박창로 뿐이었다.[197] 거의의 뜻을 널리 전파, 이해시키는 데에는 더 많은 시간과 노력이 필요했던 것이다. 그로부터 2개월 남짓 뒤인 8월 20일, 명성황후가 시해당한 을미사변이 일어났다. 이 비참한 소식을 접한 이세영 등은 9월 하순 이세영 집에 재집결하였다. 이들은 앞으로의 군사 활동에 대한 원칙을 재확인하였으며, 군사모집과 무기수집 등 구체적인 행동에 들어갔다. 안창식은 炭洞(현, 대치면 탄정리)의 卜石峰, 金田(대치면 광금리 쇠밭)의 朴公晦, 笠店(대흥면 대흥리 갓점)의 尹華中 등과 모여 의논하느라 직접 참여하지는 못하였으나, 10월 2일 下梅의 鄭濟驥를 방문하고 무기와 군사모집에 관한 일을 협의하는 등 실질적으로 활동하였다. 이들의 거의 계획과 추진은 11월 15일 단발령이 공포되자 더 구체화되어 갔다. 이들은 지금까지 비밀스럽게 추진해 오던 의병투쟁 계획을 실천하기 시작하였다. 안창식은 단발령이 내리자 아들 안병찬에게 "나는 늙어서 王師에 전력할 수 없으니 너는 진력하도록 하라. 나는 뒤를 따라서 대책을 세워 응하겠다"[198]라고 말하고 의병 봉기를 지시하였다.

---

196) 안창식, 앞의 책, 1895년 5월 23일(송용재,《홍주의병실록》, 162쪽).

197) 안창식, 앞의 책. 朴昌魯(1846~1918, 본: 울산)는 예산 출신으로, 안창식의 조부 璟良의 사위인 朴權의 손자로 안병찬과는 같은 항렬이다(《순흥안씨세보 통례공파보》, 225쪽).

198) 김복한,〈民湖安公昌植墓誌銘〉,《지산집》권12, 묘지.

안창식은 청양유생 채광묵과 장자 안병찬 등과 함께 1895년 11월 28일 化城에 사는 李麟榮 집에서 '향회'를 실시하였다.[199] 이 향회에는 100여 명에 이르는 홍주 일대 유생들이 참석하였으며, 이 자리에서 군사 활동을 하기로 뜻을 모았다. 이에 따라 180여 명의 의병이 결집했다. 다음날 안병찬과 채광묵이 이 부대를 인솔하여 홍주성에 제일 먼저 입성하였다. 안병찬은 먼저 관찰사에게 의리정신을 들어 거의에 참여할 것을 호소하였으며, 다음날 다시 관찰사에게 府民을 단발시키지 말라고 내부에 건의할 것을 요구하였다.[200]

의병들은 12월 3일 홍주부내에 창의소를 설치하고 김복한을 총수로 추대하였다.[201] 안병찬은 김복한과 함께 창의소에 있으면서 의병을 지휘하였다. 그러나 창의소를 설치한 지 하루만인 12월 4일 관찰사 이승우가 배반하고 안병찬 등을 구속하였다.[202]

안병찬은 투옥된 12월 4일 저녁 구차하게 살아 뭇 소인들에게 욕을 당하느니 차라리 머리를 온전히 하여 죽는 것이 낫다고 칼로 목을 찔러 자결하려 하였다. 임승주의 극진한 간호로 다음 날 새벽에 깨어난 안병찬은 문종이를 찢어서 목에서 난 피로 다음과 같은 血詩를 지어 이승우에게 보냈다.[203]

---

199) 안창식, 앞의 책, 1895년 11월 28일(송용재,《홍주의병실록》, 164쪽).

200) 안병찬, 〈규당일기〉, 1895년 11월 28일(송용재,《홍주의병실록》, 174쪽).

201) 임한주, 〈홍양기사〉, 263쪽. 〈지산연보〉,《지산집》권15.

202) 임한주, 앞의 글, 280쪽.

203) 안병찬, 앞의 책, 1895년 12월 5일(송용재,《홍주의병실록》, 177쪽).
    홍건, 앞의 책, 1895년 12월 26일자. 임한주, 위의 글, 268쪽.
    황현,《매천야록》권2, 고종32년을미. "逮洪州觀察使 李勝宇, 釋之, 囚金福漢·李偰·洪楗等于京獄, 勝宇爲福漢等所脅, 强從之, 旋恐事終不濟, 密謀, 拘義擧諸人囚之, 治自明疏, 聞于朝, 勒削一境, 紳衿無得脫者, 時京師遣兵襲洪州, 至則事已平, 而勝宇疏又聞, 溫批宥還, 命押諸囚上京,〈是役也, 勝宇變詐反覆, 聲望委地, 士大夫相唾罵曰, 世稱小北奸臣, 信矣, 儒生宋秉稷·李相麟·安炳瓚, 并以預謀被執, 炳瓚自刎, 出血寫袍曰, 志士不忘在溝壑, 勇士不忘喪其元, 寧爲斷頭鬼, 不作剃髮人, 刺淺得不殊".

지사는 구렁에 처할 마음가짐 잊지 않고	志士不忘在溝壑
용사는 목숨 버릴 각오 잊지 않네	勇士不忘喪其元
차라리 머리 잘린 귀신이 될지언정	寧作斷頭鬼
머리 깎은 사람 되지 않으리	不作剃髮人
의리에 죽으니 무엇을 한하랴	死義何恨
다만 노친이 계시는데	惟恨老親在堂
끝까지 봉양 못하니 그것이 한이로다.	未克終養

이 소식을 듣고 李偰은

장부는 죽음을 두려워 않지만	丈夫非愛死
스스로 죽기란 가장 어려워	自死崔難爲
이 일을 능히 할 이 몇이나 될까	幾人同此事
열렬한 男兒 하나 여기 있네	烈烈一男兒

라고 안병찬을 위한 輓詞를 짓기까지 하였다.[204]

안병찬은 옥중에서 임승주가 주는 미음을 먹었지만, 목에 난 상처구멍으로 새어나왔으며 그곳으로 잔기침도 나왔다. 12월 7일 서울에서 申羽均이 군사를 이끌고 내려 왔다. 다음 날 안병찬은 사환에 업혀서 끌려가 진술을 요구받았으나, 말을 전혀 할 수 없는 상태여서 붓으로 개략을 적었다. 안병찬의 상처는 임승주의 극진한 간호로 10여 일이 지나 아물었다.

안창식은 아들의 자결 기도 소식을 듣고 애태우다가 12월 20일 자신도 체포되어 홍주감옥에 수감되었다. 옥중에서 아들을 만나게 해달라고 요구했으나 거부당하자 안창식은 다음의 한시를 지어 답

---

204) 안병찬, 앞의 책, 1895년 12월 5일(송용재, 《홍주의병실록》, 177쪽).

답한 심정을 표현하였다.[205)]

천지가 어찌 이리 어둡고 차기만 한가	天地何晦寒
志士가 의리를 펴지 못하네	志士未申義
후면에는 공자의 위패가 있고	後有文宣宮
앞면에는 선생들의 위패가 있는데	前有先生殿
뒤를 보아도 부끄러운 일 없고	後瞻無所愧
앞을 보아도 저버린 일 없구나	前瞻無所負
부자가 함께 옥에 있으니	父子同就獄
도로 세인의 웃음거리가 되리라	還爲世人笑

안창식은 홍주관찰부에 압송되어 관찰사 이승우의 문초를 받았다. 안창식은 관찰사 이승우가 처음 창의한 뜻을 뒤집고 동지들을 배반했다고 힐책하였다.[206)]

---

205) 안창식, 앞의 책, 1896년 12월 20일(송용재,《홍주의병실록》, 168쪽).

206) 안창식, 앞의 책, 1896년 12월 21일(송용재,《홍주의병실록》, 168~169쪽).
문초의 내용을 소개하면 다음과 같다.
이승우: 너는 지금 육순의 나이로 어찌하여 이 지경에 도달했느냐? 너는 구금된 이유를 아느냐?
안창식: 모른다.
이승우: 위로부터 削髮令이 내려졌으나 내가 백성의 마음을 위로하고 편안히 해주기 위하여 삭발할 수 없다는 뜻을 內部에 보고하였다. 어리석은 백성들의 마음이 이것으로써 창의 계제로 삼아 나에게 倡義의 명령을 내리라고 강요하기에 처음에는 억지로 허락하였으나 끝에 가서는 판국을 번복하여 즉시 상경하여 해당부에 보고하고 인하여 돌아왔다. 관하 하관에게 들으니 네가 만나는 족족 창설하여 말하기를 관찰사가 다시 내려오면 창의가 반드시 일어날 것이라고 하였다니 이러한 말은 옥에 있는 자에게 무익할 뿐만 아니라 나를 측량할 수 없는 위치에 빠뜨리고자 하는 일이니 어찌 이러한 도리가 있겠느냐? 또 네가 '내 자식이 살아서 돌아오면 그만이겠지만 만약 석방되지 못한다면 한 고을이 평온하지 못할 것'이라고 하였다 하니 네가 과연 이러한 말을 하였느냐?
안창식: 이 말은 구변하기가 어렵지 않다. 그대 관찰사가 시초에 倡義의 발령을 하였을 때와 같이 한결같이 곧게 창의를 밀고 나갔다면 누가 감히 따르지 않겠느냐? 지금 번복한 뒤에는 열 번 명령을 내린다 하더라도 누가 즐겨 따르겠느냐? 내가 대강 그 이치를 알고 있으니 어찌 그러한 말을 했겠느냐. 또 내 자식이 용서받지 못한다면 한 고을이 평온하지 못할 것이라는 말은 처음부터 한 적

　　그러자 강호선은 육순의 나이인 안창식을 고문했다. 안창식은 매질을 당하여 다리가 부어올라 걸을 수가 없어 사환들이 메다가 수감할 정도였다. 함께 체포되어 있던 의병장 김복한은 안창식이 고초를 받고도 두려워하지 않고 꺾이지 않고 굽히지 않았다면서

　　　내가 가만히 그의 언사와 안색을 살펴보았지만 곤욕을 당하여 낙심하는 뜻이 조금도 나타나지 않았다. 공과 같은 이는 가히 烈烈한 丈夫라고 말할

이 없다. 이것은 반드시 그릇된 정보이다.
이승우: 開化는 나라를 다스리고 백성을 다스리는 데에 모두 편리한 것인데 시골의 교활하고 괴이한 선비들이 그 뜻을 알지 못하고 공연히 비방만 하고 야료만 일으키니 심히 개탄스럽다.
안창식: 이렇게 편리한 開化라면 어찌하여 임금을 생각하지 않고 나라를 생각하지 않는 지경에 도달했느냐?
이승우: (대답 없음)
그는 12월 26일 경무관 강호선의 문초를 받았는데, 그는 이 자리에서 '坤殿이 역적의 무리에게 시해당한 일(을미사변, 필자)'과 '임금의 상투가 강제로 잘리는 변(단발령, 필자)'에 창의하였다고 분명히 밝혔다. 안창식, 앞의 책, 1896년 12월 26일, 169~170쪽. 문초의 내용을 소개하면 다음과 같다.
강호선: 아비된 도리로 자식이 좋은 일을 하는데도 오히려 금지할 수 있겠는가? 황차 네 자식은 패역을 행하였는데도 너는 음으로 돕고 있으니 너 또한 역적이다. 어찌하여 이러한 도리가 있느냐?
안창식: 자식이 의리에 어두우면 아비는 마땅히 의로써 인도하여야 한다. 그런데 자식이 倡義를 들고 일어섰으니 무슨 말로 말리란 말이냐. 어미가 남에게 살해되었는데 자식이 복수할 생각을 갖지 않는다면 자식의 도리라고 말할 수 있겠는가. 아, 슬프다. 우리 坤殿은 30년 동안 군림한 어머니이다. 역적의 무리에게 시해를 당하였으니 복수하고자 하는 것이다. 복수하고자 하는 사람을 역적이라고 하니 모후를 시해한 자를 충절이라고 말하느냐. 아랫사람이 윗사람의 상투를 잡고 수염을 뽑는 일도 오히려 悖禮로 말하거늘 황차 임금이 강제로 상투를 잘리는 변을 당했는데도 역적을 토벌할 생각을 하지 않는다면 신하의 도리라고 말할 수 있겠느냐. 역적을 치려는 사람을 역적이라고 한다면 강제로 상투를 자른 자가 충절이 된단 말이냐? 충절과 역적의 구별은 일반의 여론이 있을 터인데 어찌하여 감히 더할 수 없는 至尊에 대하여 말만 하면 곧 역적 역적 하느냐?
강호선: 네 자식에게 보낸 편지를 보니 네가 말하기를 "빨리 군사를 내어 곧바로 서울로 향하면 큰 공을 이룰 것이다"라 하였으니 큰 공이란 무슨 공이냐?
안창식: 큰 공이라고 하는 것은 이러한 개화의 시기를 당하여 개화를 물리치고 머리를 깎지 않도록 한다면 어찌 큰 공이 아니겠느냐?
강호선: 또 서신 중에 듣는 대로 곧 아뢰어서 특히 실력을 다하라는 말이 있는데 이 아뢴다는 말은 누구한테 아뢴다는 말이냐?
안창식: 내 자식이 창의대장이 아닌 이상 아래에 있는 참모의 도리로써 듣는대로 대장에게 아뢰라는 말이니 무슨 잘못이라도 있단 말이냐.

　　수 있다.[207]

라고 하여 안창식을 '열렬한 장부'라고 칭송하였다.

　　12월 30일 경무청에서 수감자들을 경무소 밖에 칼을 채우고 손을 묶은 채 일렬로 앉혔다. 서울로 압송하기 위해서였다. 이때 안창식 안병찬 부자가 마주할 수 있었다. 안병찬은 핏자국이 있는 바지와 저고리를 입고 있었으며, 수건으로 목을 싸고 있었다. 채 아물지 못하여 뼈가 드러나고 살은 비틀리고 얼굴은 누렇게 떠 있었다. 안창식은 초췌한 아들을 보고 "부자가 다 극형을 받는다면 더 말할 것도 없거니와 만약에 선택 구분이 있다면 내가 죽고 네가 사는 것이 옳다"라고 하자, 안병찬이 말하기를

　　　　이 무슨 말씀입니까. 소자가 범한 일은 꼭 죽겠다는 뜻을 고수한 것이니 죽는 것이 당연하겠습니다. 또 윤리 면과 집안 형편의 처지에서 보더라도 만약에 父主께서 이 지경에 이르면 전 가족을 어떻게 꾸려 가겠습니까. 마음을 너그럽게 하시고 너무 걱정하지 마옵소서.[208]

라고 하였다. 이 광경을 본 이설은 "부자가 다투어 죽고자 하니 드문 일이다. 옛 사람 孔褒와 비교하여도 부끄러울 것이 없다"[209]라고 칭찬하였다.

　　홍주의병 23명은 관찰사와 경무관이 지휘하는 순검 50여 명에 의해 압송되었다. 12월 30일 홍주를 떠나 첫날은 大橋의 주점에서 잤다. 이들은 다음 날인 1월 1일 길을 떠나 신례원으로 갔는데 관찰사

---

207) 김복한, 〈民湖安公昌植墓誌銘〉, 《지산집》 권12, 墓誌.

208) 안창식, 앞의 책, 1896년 12월 30일(송용재, 《홍주의병실록》, 171쪽).

209) 안창식, 앞의 책, 1896년 12월 30일(송용재, 《홍주의병실록》, 172쪽).
　　孔褒는 후한 사람으로 형 融이 죄인을 숨겨준 일로 발각되어 처형을 받게 되자 형을 대신하여 죽은 인물이다.

이승우가 하인의 보고를 받더니 일행을 홍주로 되돌렸다. 관찰사는 서울에서 아관파천으로 김홍집 내각이 무너지고 친러 정권이 수립된 것을 보고받았던 것이다.

안창식은 1월 5일(음) 방면되어 귀가할 수 있었다. 그러나 안병찬을 비롯하여 김복한·이설·홍건·이상린·송병직은 방면되지 못했다. 1월 12일 이들을 압송하라는 법부의 훈령이 도착하였다. 이에 따라 1월 13일 홍주를 떠나 1월 14일에 신례원을 지나 曲橋에서 유숙하고, 1월 15일 아산의 충무공 묘를 지나 진위에서 유숙하였다. 16일에 수원을 거쳐 1월 17일 서울에 도착하여 한성재판소에 이송되었다.[210] 이 시기는 유인석 같은 이가 제천 등지에서 의병을 일으키는 등 각 지방에서 의병활동이 활발한 때였다. 재판이 지연되자 2월 8일 남로선유사 申箕善은 이 사건을 조속히 처리해달라고 정부에 건의하기에 이르렀다. 결국 서울에 온 지 한 달이 지난 2월 23일 고등재판소 재판장 이범진이 의병들을 불러 공초를 하였다. 안병찬은 재판정에서 을미사변을 분통해하며, 단발령의 소식을 듣고 화이의 구별이 없어진 것으로 보아 충의정신과 의리 정신에 따라 거의하였음을 밝혔다.[211]

---

210) 안병찬, 앞의 책, 1896년 1월 17일(송용재, 《홍주의병실록》, 180쪽).

211) 안병찬, 앞의 책, 1896년 2월 25일(송용재, 《홍주의병실록》, 185쪽). 진술한 供辭 내용은 다음과 같다.
"나는 시골에 살면서 책을 읽어 의리에 대해 조금은 알고 있습니다. 작년 8월에 있었던 국면 이후로 분통스러운 마음을 머금고 궁하게 살면서 스스로 부르짖어 울음을 계속해 왔습니다. 그런데 12월에 단발의 명령이 내렸으니 사람과 짐승의 구분도 없고 華夷의 구별도 없어졌습니다. 내가 비록 우매하지만 오히려 그러한 일들이 흉당의 협박과 강요에서 나왔다는 것은 알고 있습니다. 그래서 스스로 자기의 힘을 헤아리지 않고 金福漢 등과 더불어 의거를 일으키기로 합의하였으니, 이것은 옛날에도 일대 의리며 지금도 일대 의리입니다. 살아서도 의리이며 죽어서도 의리입니다. 그리하여 이들을 성토하고 보복하려 하였는데 성사도 하기 전에 실패로 돌아가서 홍주부에 체포되었으니 그날이 바로 흉역배가 일을 꾸민 날이었습니다. 스스로 목을 찔렀으나 죽지 않고 여기에 이르러 오늘날을 볼 수 있었으니 만 번 죽어도 여한이 없습니다. 달리 더 할 말이 없습니다."

이범진은 2월 25일(양, 4월 7일) 午時에 선고를 하였는데, 안병찬
은 홍건 · 이상린 · 송병직 등과 함께 징역 3년형을 선고받았다. 김
복한에게는 유배 10년형이 내려졌다.[212] 이날 밤 자정에 판사 金敎
獻은 안병찬 등 홍주6의사를 불러들여 임금의 특지에 따라 전원 사
면 석방한다는 뜻을 전했다.[213] 2월 26일 관찰사에서 면직된 이승
우가 면회를 왔다. 모두들 그를 냉랭하게 대했다. 안병찬은 그에게

> 영감이 나하고는 오늘에 있어서 옳고 그른 것이 반반이 되겠으나, 후일
> 의 여론은 영감이 반드시 反側無義한 사람이 되고 말 터이니 영감을 위하
> 여 애석한 일이오.[214]

라고 하였다.

안병찬은 2월 28일 옥에서 나와 사육신을 모신 露梁祠를 지나다
가 다음의 시 한수를 지었다.[215]

노량진 사당 아래 봄 물결이 밝으니	盧梁祠下春波明
夕照가 개인 빛을 보내며 막힌 언덕에 나도다	夕照呈晴隔厓生
사모하는 정신이 林木에 있으니	戀戀精神林木在
證人이 가리키는 곳인고로 가는 길을 멈췄다	證人地點故停行

2월 29일에는 시흥의 金思斗 집에서 유숙하였다. 2월 30일에 평
택에서, 3월 1일에는 신례원에서 유숙하고, 3월 2일(음) 예산의 박

---

212) 《사법품보》 질품서 제112호, 〈홍주재판소에서 압송된 김복한 등의 품의〉, 건
    양원년 4월 7일. 임한주, 〈홍양기사〉, 277~278쪽.
213) 《사법품보》 통첩, 〈김복한 등을 특별히 석방함〉, 건양 원년 4월 7일.
214) 안병찬, 앞의 책, 1896년 2월 26일(송용재, 《홍주의병실록》, 189쪽).
215) 위와 같음.

창로 집을 거쳐 귀가하였다.[216]

안병찬의 부친 안창식은 옥중에서 고초를 겪은 지 3년 뒤인 광무 3년(1899) 62세의 나이로 세상을 뜨고 말았다. 그의 갑작스런 죽음은 안병찬은 물론 홍주의병 참여자들을 낙담하게 하였다. 그 가운데 이설은 안병찬에게 글을 보내 안창식이 '志氣가 탁월하고 정확'하였으며, '몸은 비록 선비'로 있었지만 '마음은 人君에게 달려 있어 장차 하시는 것이 있을 것인데 마침내 여기에 이르렀습니다'라면서 임금을 위한 일을 이루지 못한 것을 아쉬워했다. 또한

> 우리 黨의 뜻있는 선비가 의뢰할 길이 끊겨졌습니다. 이것은 가히 아는 자와 더불어 말할 것이요, 가히 알지 못하는 자와는 더불어 말을 못할 것입니다.[217]

라고 자신들이 의지할 곳을 잃었다고 애통해하였다.

(2) 1906년 홍주의병

① 안병찬의 의병 투쟁

안병찬은 을사5조약 늑결 소식을 듣고 1896년 의병 때와 마찬가지로 적극적인 의병투쟁을 펼치겠다고 다짐하였다. 안병찬은

> 왜놈들에게 대권이 옮겨져 있으니 비록 천 장의 上疏와 백 장의 공문서를 올린들 무슨 유익한 일이 있겠는가. 한갓 소용없는 빈말만 할진대 차라

---

216) 안병찬, 앞의 책, 1896년 3월 2일(송용재, 《홍주의병실록》, 191쪽).
　　이상 1896년 의병활동까지의 날짜는 음력임.
217) 이설, 《복암집》 권6, 서, 〈안치규병찬에게 준 서찰〉.

리 군사를 일으켜 왜놈 하나라도 죽이고 죽는 것만 못하다.[218]

라고 1906년 초부터 의병봉기를 추진하였다. 그는 동지들과 함께 의병을 초모하는 동시에 정산에 거주하고 있는 전 참판 민종식을 찾아가 총수의 책임을 맡아달라고 부탁하였다. 이때 안병찬은 이설·김복한 등과 먼저 협의하였던 것으로 보인다. 이설은 의병의 뜻을 묻는 안병찬에게 "목의 피가 이미 빠지고 다시 뿌릴만한 피가 없어서 그러는가"라면서 적극적으로 권하였다. 또한 이설은 민종식에게도 편지를 보내 안병찬 등이 그대를 영수로 모시고자 하니 이를 수락하여 후회하는 일이 없도록 책임을 맡으라고 권하였다.[219]

민종식은 을미사변 후 관직을 버리고 정산의 천장리에서 은거 중이었다. 안병찬은 박창로와 함께 1906년 2월 28일 이세영 집에서 만났다. 이들 3인은 다음 날인 3월 1일(음, 2월 7일)[220] 정산의 천장리에 거주하는 민종식을 찾아가 뜻을 전했다. 안병찬 등이 3월 11일(음, 2월 17일) 다시 민종식을 찾아갔을 때는 이미 민종식의 처남 李容珪를 비롯하여 많은 인사들이 그의 집에 와 있었다. 안병찬은 이들과 합세하여 민종식을 대장에 추대하였다.[221] 민종식은 이를 받아들여 의병장에 올랐으며 박토 10여 두락을 팔아 5만 냥을 군자금으로 내놓았다.[222]

---

218) 임한주, 〈홍양기사〉, 《惺軒先生文集》義 上 33~34쪽.

219) 이설, 〈與閔允朝書〉, 《복암집》 권5 서.

220) 이하 1906년 의병 이후의 날짜는 양력으로 표기함.

221) 안병찬, 〈龜淵께 드리는 祭文〉(송용재 편, 《홍주의병실록》, 403쪽).
안병찬은 홍주성전투에서 산화한 蔡光黙에게 바친 제문에서 "2월 21일(양, 3월 15일) 홍성으로 진격할 때 士民 수백 명이 따라서 閔宗植을 맹주로 하였는데"라고 하여 3월 15일에 기병하였다고 알려준다.

222) 이진구, 〈의사이용규전〉(독립운동사편찬위원회 편, 《독립운동사자료집》 2, 320쪽).
〈李世永日記謄草〉, 병오년 2월 17일조(송용재 편, 《홍주의병실록》, 457쪽); 안

민종식은 대장에 추대되어 의진의 근거지를 정산의 천장리로 삼고 항전에 돌입하였다. 민종식은 의진을 편성하고 1906년 3월 15일(음, 2월 21일) 광수장터(현, 예산군 광시면)로 진군하였다. 이들은 이곳에서 편제를 정하고 대장단을 세워 천제를 올렸다. 이때 창의대장 민종식 밑에 종사관으로 洪淳大, 중군사마에 朴潤植, 참모관으로 박창로, 유회장에 柳濬根, 운량관으로 成載豊을 임명하였으며, 안병찬은 행군사마의 직을 맡았다.[223]

이들은 격문과 각국의 공사에게 보내는 청원문과 통문을 작성하였다. 그 가운데서 현재 안병찬의 친필 통문만이 전해진다. 안병찬은 인근 사민들에게 통문을 보내 의병 참여를 호소한 것이다. 주요 내용을 소개하면 다음과 같다.

> 天地가 開闢한 이래로 나라가 망하고 땅을 잃은 일이 한없이 많지만 일찍이 군사는 있으되 한 번도 피를 흘리지 않고 활 한 번 쏘아보지 않고서 담소하는 사이에 온 나라를 빼앗기는 오늘과 같은 일은 없었도다. 불쌍한 우리 국민들은 농사를 지으려 해도 경작할 땅이 없고 장사를 하려 해도 기술을 쓸 데가 없으니 장차 그놈의 奴隸가 되고 그놈들의 고기밥이 될 것이다. 아! 오늘날의 화를 누가 불렀는가. 진실로 그 이유를 캐보면 6, 7명의 적신들이 안에서 화를 만들어 나라를 들어다 남에게 준 것 아님이 없다. 동방의 피 끓는 남자로서, 누가 그놈들의 살을 씹어서 한을 씻고자 아니하겠는가 … 우리는 조석으로 분격하지만 한 손으로 하늘을 떠받들 힘이 없으므로 이에 큰 소리로 외쳐 팔방의 여러 뜻있는 君子들에게 고하노라. 원컨대 눈앞의 안일에만 끌리지 말고 바싹 다가온 큰 화를 맹성하여 하나 하나가 사기를 진작하고 同聲相應하여 단체를 만들어 忠臣의 갑옷을 입고

병찬, 〈龜淵께 드리는 祭文〉(송용재 편, 《홍주의병실록》, 403쪽).

223) 홍순대, 《海菴事錄》(송용재 편, 《홍주의병실록》, 306~307쪽). 이 글에서는 광수에서의 집결 일시를 1월 28일(양, 2월 21일)이라고 하였다.

仁義의 창을 잡아 먼저 賊臣의 머리를 베어 저자에 걸어 조금이라도 臣人의 분함을 씻으며 만국의 公使와 화합하여 일차 담판하되 우리의 자주적 국권을 잃지 말자. 장차 무너질 종묘사직을 붙들며 죽게 될 백성을 구하여 후세에 할 말이 있도록 한다면 천만 다행이리라.[224]

안병찬의 홍주의병 통문(안선영 소장)

안병찬은 일본의 노예가 되고 고기밥이 되지 않으려 거의하였음을 분명히 하였다. 그는 우리의 자주적 국권을 잃지 말고 종묘사직도 구하자고 하여 국권과 왕권을 동일시하는 태도를 보이고 있다. 그는 또한 체포된 뒤 일본군 사령부에서 받은 공초에서 '殺身成仁'과 '捨生取義'의 정신으로 거의하였음을 분명히 하였다.[225]

홍주의진은 이튿날 바로 홍주로 향하여 홍주의 동문 밖 夏牛嶺에 진을 치고 홍주성을 공격하였으나 관군의 반격으로 점령에 실패하였다.[226] 다음날 의진은 광시장터로 집결하여 군제를 바로잡고 병사들을 훈련시켜 공주를 공격하기로 하고 화성의 습川(현, 청양군 화

---

224) 안병찬, 〈통문〉(안선영씨 소장).

225) 〈안병찬 司令部供辭〉(안병찬가고문서, 독립기념관 소장).

226) 이진구, 〈의사이용규전〉, 《독립운동사자료집》 2, 316쪽.

성면 합천)에 진을 쳤다. 그러나 의병 봉기 소식을 듣고 공주부 주재 일본헌병대가 급파되어 홍주군 관군과 함께 오후 10시경 합천인근에 들어와 잠복하였다. 다음날인 3월 17일(음, 2월 23일) 오전 5시 이들의 공격을 받아 의진이 해산되고 말았는데, 이때 안병찬은 박창로 등 20여 명과 함께 체포되었다.[227] 안병찬은 곧바로 공주관찰부 감옥에 갇히게 되었다. 그는 이곳에서 일본인 고문관 다카하시(高橋淺水)의 공초를 받고 이어서 일본헌병대 사령부의 공초를 받았다. 관찰부는 내부에 공초 내용을 보고하였다.[228] 이에 따르면, 자신이 1895년 '洪陽義擧'에 참여하였으나 '凶奸'(관찰사 이승우를 말함, 필자)의 배반으로 분패하여 통분을 이기지 못하고 자살을 기도하였던 일을 말하였다. 그 후로 국운의 막힘이 날로 심하여 '倭虜'의 절제를 받아 전장법도와 관원의 부세까지 무너지고 고쳐지지 않음이 없으

---

227) 《황성신문》 1906년 3월 22일자 잡보, 〈暴徒詗捉〉.

228) 〈안병찬 觀察府取供〉(독립기념관 소장). 내부에 올린 공초 내용은 다음과 같다.
"炳瓚이 蔑學寡聞이나 所嘗交遊者名節之士오, 所嘗講劘者 義理之書라. 豈日無皮裏之春秋호잇가. 乙未毀削之變이 弑試을 繼하야 汎濫橫行이 慘於洪水猛獸之災라. 一二縉紳의 洪陽義擧을 參涉타가 不幸凶奸이 反覆하야 事到憤敗之竟이기 寧作斷頭鬼언정 不爲剃髮人이라하야 不勝痛憤의 自刎辦死이더니 偶然不殊하와 苟且延命이 于今十二年之久이다. 自其後로 國運이 否塞日甚하야 冠帶天下堂堂禮儀之國이 上九一爻가 剝盡無餘라. 倭虜의 節制를受하야 典章法度와 官員賦稅가 無一不板蕩而沿革이라. 華脈이 絶其影響하고 人類가 變於禽獸라. 金人之愚宋이 不測이요. 周禮之在魯가 安在碩果不食之理을 無復可證이니 雖夫?婦奴隸라도 皆知倭寇之爲可讐요 逆黨之爲可殊라. 孰不寒心切齒이오며 期欲臠肉嘗膽이리오. 但度時量力의 莫可奈何라. 盤據於朝權者皆亂賊이라. 固當在所聲討어이와 內而大小臣僚와 外而觀察郡守가 亦豈非悵鬼與黨與乎잇가. 鄉宰縉紳의 休官居鄉者가 亦不爲不多언만 彼皆逡巡超趄하고 退縮畏劫하야 間或念重峯霽峯之義擧이고 特其不仕者던 非其有潔身自守之節이라. 或觀勢進退하고 혹失志湮鬱者也라. 國公虛無人이 至此至極하니 賈生之痛哭流涕太息者가 豈非今日之謂乎잇가. 炳瓚이 以一介書生으로 俎豆局見이 專不識軍旅之事이오나 妄竊慕聖人之徒하와 募集士民의 誅討亂賊코자하와 誓心辦事이더니 機謀不密의 又此乙未之禍을 自速이오니 痛憤은 且置하고 羞愧가 曷極이리가. 外議에 譏責非笑가 四面沓?이오니 念之到此하면 誠可慨然이라. 雖然이나 寧從三學士於地下이언정 讐倭之奴隸년 決不可自爲오니 正是今日이 死得其所라 殺活操縱이 惟彼之是視이오나 一心準的은 斷然有在이오니 伏有閣下넌 具此緣由하와 報府速勘을 處辦헐事. 右觀察府取供報內部辭."

며 中華의 맥이 끊어지고 인류가 금수로 변했다고 하였다. 그는 이
어서

> 夫婦奴隷라도 모두 왜구가 원수됨과 역당을 주살해야 함을 알고 있으
> 며, 누군들 찬 마음으로 이를 갈지 않으며('寒心切齒'), 쓸개를 맛보고자 하
> 지 않겠는가. 단지 때와 힘을 헤아려 어찌 하지 못할 뿐이다.[229]

라며 조정의 권세 있는 자들은 모두 난적이며, 안으로 대소 신료와
밖으로 관찰사와 군수 역시 일제의 앞잡이며 그 당여라고 보았다.
또한 그는

> 卿宰縉紳이 관직을 쉬고 고향에 있는 이가 많아 간혹 重峯 趙憲과 霽峯
> 高敬命의 의거를 생각하나 그들 모두 물러나 두려워 겁을 먹고 있으며, 벼
> 슬하지 않은 이들은 몸을 깨끗이 하고 자신을 지킨다고 진퇴를 관망하고
> 뜻을 잃고 있다. 나라에 사람이 없음이 극에 달했다. 자신은 일개 서생이
> 나 망령되이 성인의 무리에 붙어 사민을 모집하여 난적을 토벌하고자 서약
> 하고 일을 주관하였으나 치밀하지 못하여 지난 을미년의 화를 불렀으니 통
> 분하고 수치스럽다. 지하의 삼학사를 좇아갈지언정 원수 왜의 노예는 결코
> 되지 않으리라. 지금 이곳이 죽을 곳이다. 죽이고 살림은 오직 저들에게 달
> 렸으나 관찰사는 본부에 보고하여 처리하기 바란다.[230]

라고 삼학사의 뒤를 좇아갈지언정 왜의 노예는 결코 되지 않겠다고
항일의 뜻을 분명히 하였다.
  공주 관찰부에 갇혀 있던 안병찬은 예산 출신으로 관찰사를 역임
한 이남규의 주선으로 석방될 수 있었다. 이남규가 당시 직산 군수

---

229) 〈안병찬 觀察府取供〉(안병찬가고문서, 독립기념관 소장).
230) 〈안병찬 觀察府取供〉(안병찬가고문서, 독립기념관 소장).

였던 郭璨에게 안병찬을 석방해달라고 간곡히 청했기 때문이었다.
곽찬은 직산 군수로 있으면서 공주군의 檢官직을 겸하고 있었던 것
으로 보인다. 곽찬은 1905년 10월 17일에는 직산 군수로 있으면서
공주군 검관으로 '盧永俊獄事'의 일을 잘못 처리한 일로 체포된 바
있었다. 물론 3일 만에 풀려나기는 했으나 이러한 일을 겪은 그로
서는 이남규의 청을 쉽게 들어주기는 어려운 상황이었던 것으로 추
측된다.[231] 그러나 그는 이남규의 다음의 편지를 받고 안병찬을 석
방시키려 애썼다.

> 安斯文 炳燦형이 참으로 어떤 사람입니까? 을미년의 변란에 동지들과
> 함께 의거를 일으켜 성토하고 복수하려다 불행히 성공하지 못하고 洪陽의
> 감옥에 갇히게 되었는데, 감옥에 이르러 차고 있던 칼을 뽑아 스스로 찔렀
> 으나 죽지 못하자, 창문의 종이를 찢어 왼손에 들고는 칼을 찌른 곳에 손
> 가락 하나를 넣어 피가 손가락을 타고 흘러옴에 재빨리 "지조 있는 선비
> 는 죽어서 시체가 구렁에 버려질 것을 각오한다"는 일곱 자를 써서 수졸에
> 게 던지고는 눈을 부릅뜨고 꾸짖기를 "속히 갖고 가 너의 獄師에게 알리
> 라" 하니 수졸이 숨을 헐떡이고 땀을 뻘뻘 흘리며 달려가 옥사에게 알렸는
> 데 그 옥사는 후들후들 떨면서 감히 받아 읽지 못하였고 관청 안의 사람들

---

231) 郭璨은 홍문관 교리와 사헌부 장령(일성록 1892년 8월 2일자) 등을 역임하였
다. 홍문관 시독였던 1904년 8월 12일 직산 군수에 임명되었다(《승정원일기》고
종 41년 갑진, 1904년 8월 12일자). 곽찬은 1905년 10월 17일에 직산군수 겸 공
주군의 '三檢官'으로 있으면서 '盧永俊獄事'의 일을 잘못 처리한 일로 체포된 바
있었다. 물론 3일 만에 풀려나기는 했다.(일성록 광무 9년 1905년 10월 20일.〈
放 朴正彬 金甲淳 趙用熙 郭璨 金用來〉, "法部奏以公州郡 盧永俊獄事朴正彬爲
初檢官該獄實因以病患懸錄金甲淳爲覆檢官以被踢後病患懸錄郭璨爲三檢官以被
踢打後病患懸錄金用來初查官以病患執定趙用熙爲再查官以被踢打後病患執定而
該獄案屢經審査以被踢致死斷案則被告等未免失錯之罪照刑法大全二百十五條請
并處笞放送允之."
곽찬은 그 후 1907년 9월 7일에 경기도 喬桐군수에 제수되고(일성록, 1907년 9
월 7일자) 1909년 2월 순종의 경기도 순행시 개성행재소에 참석한 자 중에 '교
동군수 곽찬'(일성록, 1909년 2월 3일자)이 나오는 것으로 보아 관직을 계속 유
지하고 있었던 것으로 보인다.

도 서로 돌아보며 놀라 눈이 휘둥그레지면서 사색이 되었다고 합니다. …
그런데 그때 죽지 못하고 결국 또 오늘의 치욕을 당하게 되어 하늘이 대체
무슨 까닭에 이런 분을 진작에 그 뜻을 이루게 하지 못하고 이 비린내 나
는 더러운 세상에 그 몸을 남겨 두어서 이처럼 말할 수 없는 고통을 계속
받게 하는지 모르겠습니다. 죽이고 살리는 권한이 오랑캐 놈의 손안에 있
으니 형께 어떤 힘이 될 수 있는 방도가 없겠습니다만, 설사 있다 하더라
도 원수에게 목숨을 구걸하는 것이 또한 깨끗한 죽음을 지연시키는 데 불
과하겠으니, 그 사랑하는 것이 도리어 괴롭히는 것이며 아끼는 것이 도리
어 누를 끼치는 것이라고 저는 사실 말을 하고 싶지 않습니다. 그러나 그
렇지 않고 그 처단의 권한이 형에게 있고 오랑캐에게 있지 않다면 저는 또
굳이 말을 할 필요가 없다 하겠습니다. 왜냐하면 형의 마음이 곧 저의 마
음이기에 그 대처함에 말을 기다릴 필요가 없기 때문입니다. 다만 염려되
는 바는, 형께서 단지 비분강개하여 요즈음처럼 맨몸으로 강을 건너고 맨
손으로 호랑이를 잡으려는 용기가 있는 줄만 알고 종전처럼 의리를 중히
여기고 목숨을 가벼이 여기는 것을 몰라 곰의 발바닥을 버리고 생선을 취
하려는 뜻을 평소 마음속에 두고 있지나 않을까 하는 것이어서, 자꾸 말을
하면서도 근간의 일을 말하지 않고 을미년의 일에 대해 자세히 말한 것이
니, 양찰해주셨으면 합니다. 만일 이런 분을 죽게 한다면 우리가 참으로 황
보 장군처럼 淸流의 黨人을 돕지 못한 부끄러움을 당하지 않겠습니까.[232]

---

232) 《수당집》 권2, 서 〈與郭粲玉〉병오(《국역수당집》 1, 민족문화추진회, 1997,
293쪽). 원문의 전문은 다음과 같다.
"安斯文炳瓚 兄以爲何如人耶 乙未之變 與同志謀擧義討復 不幸不濟 逮繫洪陽獄
至獄拔佩刀刎不殊 裂窓紙在左手 納一指刎處 血淋漓隨指出 颯颯書志士不忘在
溝壑七字 投以與守卒 瞋目叱急持此告若帥 卒持書喘汗走告帥 帥戰慄不敢受以讀
府中人相顧愕眙 無人色 斯文仆而絶旣甦 覺有物在頷下 問同繫者 知其爲倭藥 遂
以手揮去之日 死耳 此物寧可近吾身 今刎痕尙皺縮如瘡餘也 乃其時不得死 竟又
有今日之辱 不知上天何故使斯人不早遂其志 寄軀殼腥穢中 飽受此刀山劍樹之苦
也 殺活操縱 在虜掌握 則兄必無可以爲力 設有之 丐命讐虜 又遲了明白一死 則其
愛之也適以刻之 其惜之也適以累之 弟固不欲言 然而其勘斷在兄 不在虜 則弟
又不必言 何者 兄之心卽弟之心 而其所以處之也 無待乎言耳 但恐兄徒知慷慨憤
激 有近日憑河暴虎之勇 而不知其從前重義理輕軀命 舍熊取魚之志 素定于中 故
言之不已 而不言近日事 於乙未事致詳焉 倘有以亮察否 使斯人而死者 吾輩獨無

위 편지에서 이남규가 안병찬을 아끼는 심정이 잘 드러난다. 또한 이남규가 1906년의 조선을 "이 비린내 나는 더러운 세상"이라고 함에서 그의 시세에 대한 인식도 잘 나타난다. 그는 곽찬에게 의리를 들어 안병찬의 구명을 요청한 것이다. 안병찬은 이처럼 이남규의 노력으로 민종식이 홍산에서 재기하기 4일 전인 5월 5일(음, 4월 12일) 석방되었다.[233) 안병찬은 민종식 의진의 참모사로 홍주의병에 다시 종군하였다.[234)

홍주의병은 결성을 지나 5월 19일(음, 4월 26일) 홍주로 들어가 홍주성을 포위 공격하였다.[235) 일본 헌병들이 동문을 통해 덕산 방면으로 도주하였다. 드디어 의병들은 5월 20일 아침에 홍주성을 점령하였다. 민종식은 의진을 재편성하였는데, 안병찬은 안항식·박창로·신보균 등과 함께 참모직을 맡았다. 그의 동생인 안병림은 돌격장을 맡았다.[236) 안병찬을 석방시키려 노력했던 이남규도 돌격장을 맡아 의병항쟁에 참여하였음은 특기할 만한 일이다.[237)

1896년 홍주의병에 함께 참여했던 이설은 1906년 5월 병중이었지만, 홍주의병의 소식을 듣고 기뻐 시를 남기고 있다. 그러나 그로

皇甫將軍不得與黨人之恥乎."

233)《황성신문》1906년 6월 22일자, 잡보, '內復總府'
   "內部에서 統監府에 公函嘢기를 貴函은 閱悉인바 五月七日에 忠南觀察署理郭 燦의 報告를 據嘢온 則 安炳瓚 等은 度時量力에 初無同謀之實嘢니 其中惟輕에 合有紊酌이며 顧問補佐官의 異議有無와 憲兵隊 調査 結果의 憑証判明與否를 初 不報來이고 犯人 等의 取供書類를 查考尤 則 無知農民이 被瞞脅從嘢야 見囚閱 月嘢고 況値農務方股에 情甚矜悶 故로 依罔治寬典嘢야 有所指飭인바 該 事件 의 報不以實은 當發訓查探이라嘢얏더라."

234) 임한주,〈홍양기사〉, 293쪽.

235) 이진구,〈의사이용규전〉(《독립운동사자료집》2, 317~318쪽); 성덕기,〈의사 이용규전〉(《독립운동사자료집》2, 330쪽).

236) 김상기,〈1906년 홍주의병의 홍주성전투〉,《한국근현대사연구》37, 2006, 139쪽.

237) 김상기,〈수당 이남규의 학문과 홍주의병투쟁〉,《조선시대의 사회와 사상》, 1998.

부터 얼마 안 가 5월 22일(음, 4월 29일) 세상을 떠나고 말았다. 안병찬은 홍주성에서 일본군과 대치하고 있었지만, 다음의 만사를 지어 그의 죽음을 기렸다.

> 해로곡 三章에 내가 홀로 슬퍼하노라.
> 우러러 보니 宗社가 날로 외롭고 위태롭구나
> 어찌하여 이 세상에 公이 먼저 가시어
> 차마 임금과 백성이 의지할 곳을 잃게 하는가.[238]

홍주의병은 일본 경찰대의 공격을 대포를 쏘아 물리쳤다. 5월 22일에는 서울 경무고문부의 桐原경시와 조선인 경무관 張某 및 경부 1명, 일본인 순사 7명, 총순 1명, 순검 10명 등 총 21명이 증파되어 의병을 공격하였다.[239] 5월 24일에도 큰 전투가 벌어졌다. 의병은 이들 부대가 공주 경무진위대에서 파견한 57명의 관군과 함께 공격해 왔으나 역시 이를 물리쳤다.[240]

결국 주차군 사령관 하세가와 요시미치는 통감 이토 히로부미의 명령에 따라 5월 27일 대대장의 지휘 아래 보병 2개 중대를 홍주로 파견하여 경찰과 헌병 그리고 진위대에게 협조토록 훈령하였다.[241] 이에 보병 제60연대의 대대장 다나카 소좌 지휘 아래 보병 2개 중대(약 400명)와 기병 반개소대 그리고 전주수비대 1개 소대가 합세하여 5월 30일 홍주성을 포위, 공격하였다. 일본군은 다나카 소좌의 지시에 따라 31일 새벽 2시 반 공격을 개시하여 3시 무렵에 기마병

---

238) 이설, 《복암집》 권15, 만사.
239) 《통감부문서》 3, 〈(42) 민종식이 인솔한 의병 洪州城占領 및 援軍派遣 건〉, 45쪽.
240) 《황성신문》 1906년 5월 5일자 잡보, 〈派兵剿義〉.
241) 《통감부문서》 3, 〈(56) 홍주성 공격을 위한 駐箚軍投入決定 보고의 건〉, 48~49쪽.

폭발반이 동문을 폭파시켰다.[242] 이때 의병 쪽에서는 성루에서 대포를 쏘면서 대항하였으나 북문도 폭파되어 일본군이 쳐들어왔다. 의병은 치열한 시가전을 벌이면서 방어했으나 일본군의 화력에 밀려 수백 명의 사상자를 내고 패퇴하였다. 홍주성은 4시 무렵에 일본군에게 점령당하고 말았다.[243]

홍주성전투에서 패퇴한 민종식을 비롯한 지휘부는 성을 빠져나왔다. 이용규는 그해 10월경에 예산 현곡에 있는 이남규의 집으로 가서 민종식 등을 만나 재기를 추진하였다.[244]

이들은 11월 20일 예산을 공격하여 활동의 근거지로 삼기로 결정하고 민종식을 다시 대장에 추대하기로 뜻을 모았다. 그러나 일진회원의 밀고로 11월 17일 새벽에 일본 헌병 10여 명과 지방병 40여 명, 그리고 일진회원 수십 명의 포위 습격을 당하여 안병찬을 비롯한 박창로·곽한일·박윤식·이석락·최선재·윤자홍 등 수십 명이 공주감옥에 감금되었다. 이남규·이충구 부자도 함께 체포되어 온갖 악형을 당하였다.

안병찬은 공주감옥에서 풀려난 뒤 박창로와 함께 정산의 칠갑산 쪽으로 들어가 항쟁을 지속하였다. 그러나 1907년 12월 4일 일본 헌병대에 체포되었는데, 이때의 일본 보고서에 의하면 의병 약 3백 명이 있었다고 한다.[245]

---

242) 성덕기, 〈의사 이용규전〉(《독립운동사자료집》 2, 331쪽).

243) 《통감부문서》3, 〈(78) 홍주성점령에 따른 사상자 및 전황 보고 건〉, 54쪽.

244) 한국 내부경무국, 《고문경찰소지》, 1910, 118~120쪽.

245) 《폭도에 관한 편책》 권3, 명치40년 12월 7일 보고서(국가기록원 소장본). 《통감부문서》 4, 〈7. 來電合綴, (205) 洪州비적 체포보고, 12월 4일〉.

② 安恒植의 홍주성전투와 對馬島 유배

안항식은 민종식 의진이 홍주성을 점령한 5월 20일 申輔均·申鉉斗·李偰 등과 함께 홍주성에 들어와 합세하였다. 민종식이 그에게 참모직을 주었음은 이미 살펴본 바와 같다. 그러나 안항식은 5월 31일 새벽 홍주성전투에서 일본군에게 체포되고 말았다. 일본군은 의병을 체포하여 그 가운데 군사장이었던 김상덕 등 78명을 서울로 압송하였는데 '충청남도 지휘관' 李起泓이 군부대신 이근택에게 올린 보고서에 따르면 '49세로 홍주 화성면' 출신의 안항식이 체포자 명단에 들어있다.[246]

안항식은 유병장 柳濬根을 비롯하여 소모장 최상집, 좌익장 이상구, 돌격장 남규진, 참모 신보균과 이식, 서기 문석환 그리고 우익장 신현두 등(이상, 홍주 9의사라 불림)과 함께 쓰시마로 유배되어 嚴原에서 유폐 생활을 하였다. 통감 이토 히로부미는 체포된 홍주의병 중에서 4, 5명을 사형에 처하고자 하였으나, 가혹하다는 비판을 받을까 두려워 이들을 종신형에 처하고 쓰시마에 유배시키기로 한 것이다. 이들 9명 가운데 유준근과 이식·남규진·신현두는 7월 17일 종신형을 선고받았으며, 이상구는 15년형을 선고받았다. 안항식은 1년형을 선고받고 이들과 함께 8월 7일 서울에서 부산으로 이동하였다. 안항식 일행은 일본 헌병의 감시 아래 용산정거장에서 기차를 타고 그날 저녁때 초량에 도착하였다. 이들은 잠시 휴식을 취하고 곧 바로 쓰시마 행 배에 올랐다. 유배지 쓰시마에 도착하여 며칠 후인 6월 25일(음) 안항식이 지은 다음의 시가 전해진다.

한 가락 뱃노래에 海門에 당도하니	一棹長歌到海門
섬이 對馬를 이루어 만여 가의 마을이 있네	島成對馬萬家村
온 산의 솔과 대는 누굴 위해 푸르렀나	滿山松竹爲誰翠

---

246) 尹始永, 《洪陽日記》(《향토연구》 제11집, 충남향토연구회, 1992, 71~72쪽).

우리도 저와 같이 절의를 지켜보세 　　　　節義吾人暗託魂[247]

쓰시마의 嚴原항에 도착한 것이 8월 8일(음, 6월 19일) 새벽이었다. 안항식 일행은 임시수용소인 일본인 島雄莊介 소유의 蠶桑室에 유폐되었다.[248] 안항식 등 홍주의병 9의사가 끌려온 지 20일 뒤인 8월 28일에 최익현과 임병찬이 역시 쓰시마로 들어와 함께 유폐생활을 하게 되었다. 최익현이 도착하자 쓰시마 경비대장이 검은 옷과 단발을 강요하였다. 이에 항거하여 최익현이 단식에 들어갔으며 나머지 10명도 이에 동참하여 단식투쟁을 하였다. 결국 경비대장은 2일 만에 자신의 지시를 번복하였다. 단식투쟁이 있은 며칠 후인 9월 11일 최익현이 홍주9의사에게 칠언절구를 한 수씩 지어주었는데, 안항식에게 다음의 시를 주었다.[249]

자네 집안의 의리는 익히 들었지	君家名義聞曾慣
꺼져가는 천지에 홀연 눈이 떠졌네	幾息乾坤眼忽開
鰐水와 蛇山을 괴롭다 말하지 마소	鰐水蛇山休說苦
재목은 눈보라를 겪기 마련이니	木經風雪也成材

최익현이 안항식 집안의 안창식과 안병찬 등의 의병 활동에 대하여 익히 듣고 있었음을 알 수 있다. 안항식에게 악어가 있는 물('鰐水')과 뱀 산('蛇山')에서의 괴로움을 이겨내라고 당부한 최익현은 그 해 11월 17일(음) 병고를 이기지 못하고 이역 만리 유배지에서 순국하고 말았다. 최익현이 갑작스럽게 죽고 한국 황태자의 가례가 있자 일제는 의병들의 형기를 단축시켰다. 이에 따라 안항식은 임병

247) 유준근,《마도일기》(송용재,《홍주의병실록》, 342쪽).
248) 박민영,〈한말 의병의 대마도 유폐 전말에 관한 연구〉,《한국근현대사연구》 37, 2006, 173쪽.
249) 유준근,《마도일기》(송용재,《홍주의병실록》, 361쪽).

찬과 함께 감형되어 1907년 2월 26일자로 유배에서 풀려났다. 여러 동지들이 그가 유배에서 풀려난 것을 축하하며 이별의 시를 지었다. 안항식은 다음의 시로 화답하였다.

그대는 남고 나는 돌아가니 마음이 마땅치 않네　君住我歸意不中

어찌하여 같은 길을 가다가 각각 동서로 나뉘는가　如何一路各西東

龜巖(嚴原의 큰 바위 이름, 필자)에 서자 離亭에 선 듯하니

立龜巖似離亭立

흐느끼는 바다 파도가 한없이 지나가네　塢咽滄波逝不窮

또 滄湖 南奎振에게 화답하기를 다음과 같이 하였다.

그대는 嚴原에서 객지살이하고 나만 홍양으로 가니　君羈嚴原我洪陽

꾀죄죄한 모습에 두 줄기 눈물이 옷깃을 적시네　龍鍾雙淚濕衣裳

구십일 봄날 아직 반이 안 지나갔으니　九十春光今未半

꽃이 싸라기 눈 맞아 또한 고향에도 이를 것이라고 말하지 마라

莫期花霰還早鄉[250]

또 21살의 청년 思雲 申鉉斗에게도 화답시를 주어 마음을 쇠처럼 단단히 먹으라고 부탁하였다. 안항식은 1907년 3월 2일(음, 1월 18일) 嚴原에서 점심때 기선을 타고 쓰시마를 떠나, 그날 저녁때 초량에 도착하였다. 고국에 도착한 안항식은 쓰시마의 동지들에게 편지를 보내 고국에 도착한 소감을 "湘水의 물결을 다하며 汶水의 대나무를 다할지라도 모두 기록할 수 없다"고 하였다.[251] '湘之波 汶之竹'

---

250) 문석환, 《마도일기》, 독립기념관 한국독립운동사연구소, 2008, 11~12쪽.

251) 문석환, 위의 책, 12쪽. 고국에 도착한 안항식은 쓰시마의 동지들에게 도착 사실을 다음과 같이 알렸다. "뜻밖에 배편이 있어서 午時 初에 타고 왔습니다. 다행히 순풍을 타고 큰 바다를 편히 건너 酉時 末에 草梁에 도착하니 만리나 막

에서 湘은 舜 임금이 죽었을 때 그의 부인들이 통곡한 곳으로, 눈물이 대나무에 떨어져 얼룩점이 생겼다는 고사이니, 그의 마음을 잘 표현해주고 있다.

안항식은 임병찬과 함께 부산의 商務會議所를 방문하여 참봉 金永圭를 만나 반 시간쯤 환담을 한 뒤 임병찬과 헤어졌다.[252] 그는 일본인 집에서 자고 19일 부산에서 기차를 타고 고향으로 향했다.[253] 그는 귀국 후에 여러 차례 쓰시마의 동지들에게 안부와 함께 국내 정세를 전하는 편지를 보냈다. 1907년 12월 20일 문석환이 받은 편지에는 민종식과 진도에 유배 갔던 이들이 모두 풀려났다고 전하면서 쓰시마의 동지들이 아직도 석방되지 못해 통탄스럽다고 하였다. 그리고 11월에는 지산 김복한과 안병찬 등 여러 사람들이 공주부에 잡혀갔다가 풀려났다고 전하였다.[254]

안항식은 집에 무사히 돌아올 수 있었으나, 가정 형편은 조석을 잇지 못할 정도로 안 좋았던 것으로 보인다. 안병찬이 유준근에게 보낸 편지에 따르면, "華儂(안항식의 호, 필자)이 돌아와서 무사하지만 조석을 잇지 못해 안타깝습니다"[255]라고 그의 형편을 걱정하고 있음을 보아 이를 알 수 있다.

이상에서 살펴본 바와 같이, 안병찬家의 학맥은 안병찬의 조부 安溶이 成根默의 문인인 것으로 보아 소론계 학풍의 영향을 받았을 것이다. 선대가 이몽학의 난과 이괄의 난을 평정하는데 공을 세운

했습니다. 對馬島로 머리를 돌리니 아득한 이 회포는 湘水의 물결을 다하며 汝水의 대나무를 다할지라도('極湘之波 窮汝之竹') 모두 기록할 수 없습니다. 대저 여러분의 객지 건강은 편안합니까. (중략) 우리들은 어제 일본인 朝屋의 집에서 자고 지금 부산에 도착하여 낮차를 탈 계획입니다." '湘水'는 순 임금이 죽었을 때 그의 부인들이 통곡한 곳을 말한다. 눈물이 대나무에 떨어져 얼룩점이 생겼다 한다.

252) 林炳瓚, 〈還國日記〉, 《의병항쟁일기》, 한국인문과학원, 1986, 233쪽.
253) 문석환, 위의 책, 17쪽.
254) 문석환, 위의 책, 246~247쪽.
255) 문석환, 위의 책, 96쪽.

충절이 뛰어난 가문으로 알려져 있다.

안병찬가 가운데 안창식·안병찬·안병림 3부자와 안항식이 홍주의병에 참여하였다. 안창식은 1895년 4월부터 지역의 선비들과 의병봉기를 준비하고 장자인 안병찬에게 이들을 인솔, 홍주성으로 진입하도록 하였다. 안창식·안병찬 부자는 체포되어 안병찬은 수모를 당하느니 차라리 죽는다면서 옥중에서 칼로 목을 찔러 자결을 시도하였으며, 안창식은 육순의 나이에 곤장을 맞는 수모를 당해야 했다. 안병찬은 1906년 홍주의병을 주도하였다. 그는 민종식을 대장에 추대하고 通文을 작성하여 의병을 모집하였다. 합천전투에서 체포되었다가 이남규의 구명운동으로 석방된 안병찬은 다시 민종식의 의진에 참여하여 참모직을 맡아 홍주성전투에 참전하였다. 이때 그의 동생인 안병림도 참전하였다. 안병찬은 안병림과 홍주성을 탈출하여 이남규의 집에서 재기를 도모하다가 다시 체포되었으며, 풀려난 뒤에는 박창로 등과 칠갑산 일대에서 항전하다가 체포되어 옥고를 겪었다. 그의 족숙인 안항식도 홍주성전투에 참전하였다가 체포되어 1년 유배형을 선고받고 일본의 쓰시마에 유배되었다. 이와 같이 안병찬을 비롯해 안창식·안병림 그리고 안항식 등은 10여 년 동안에 걸쳐 의병 항전을 펼쳤으며, 안병찬은 1919년 호서지역의 파리장서운동에도 참가하여 옥고를 겪었으니 안병찬가는 항일 민족운동을 투쟁적으로 전개한 대표적인 집안이라고 할 수 있다.

제3장 을사늑약과 강제병합 반대투쟁

1. 상소투쟁

1) 金福漢

김복한은 1905년에 부인 이씨를 잃는 슬픔을 잊기도 전에 을사조약의 늑결 소식을 들었다. 그는 이설에게 글을 띄워 어찌 한탄만 할 수 있느냐면서 縉紳의 뜻을 모아 연명소를 올려 보자고 상의하였다.[1] 이에 이설은 그럴 여가가 없다면서 바로 서울로 올라가자며 오히려 재촉하였다.[2] 김복한은 병든 몸을 이끌고 이설과 함께 상경하여 상소를 올렸다.[3] 이들은 서울 壽進坊 松峴契 槐花井洞의 金召史 집에 기거하면서 상소문을 작성하여 12월 27일(음, 12월 2일) 상소를 올렸다.[4] 그는 상소에서

　　… 임금께서는 먼저 나라를 팔아 넘긴 역적 址鎔과 齊純 이하 모든 도적

---

1) 김복한, 〈上復菴李公〉, 《지산집》 건, 권3 서(경인문화사 영인, 118~119쪽).

2) 이설, 〈答外弟金元五書〉 附原書別紙, 《복암집》 권5, 서, 110~111쪽.

3) 이 시기 이설의 상소운동에 대하여는 필자의 〈복암 이설의 항일민족운동에 대한 고찰〉(《우강권태원교수정년기념논총》, 1994)을 참조할 것.

4) 김복한 審問調書(경무청 기밀서류, 1905년 12월 29일자)

놈들을 쾌히 처벌하시어 역적의 머리를 거리에 매단 뒤에 특별히 애통하신 교지를 내리시고 사방의 忠義之士를 불러 들여서 원수인 왜놈들을 물리치고 왕실의 興復을 도모하소서.[5]

라고 5적을 처벌할 것과 의병을 모집하여 일본세력을 축출하고 왕실을 회복할 것을 요청하였다. 그는 소장의 끝에 첨부하기를 1) 이른바 신조약 5조 반포와 2) 각국 주차공사 소환 건이 과연 재가되어 시행되었는지 알지 못하겠다면서, 일본과 맺은 조약 파기를 거듭 주장하였고, 이로써 국토가 일본에 떨어져 나라가 멸망하게 되었다면서 崔益鉉, 宋秉璿, 田愚, 郭鍾錫과 같은 名儒를 불러 나라를 지탱할 방책을 얻을 것을 건의하였다.

　김복한은 상소의 초안을 작성하여 상경했던 것으로 보인다. 그는 상소를 올린 직후 맏이 殷東에게 편지를 보냈는데, 이에 따르면

　　疏草에 약간 수정과 윤색을 가했다. 또 入城 후 들은 2조에 관계되는 것을 尾附했다. … 天心의 感悟로 入徹되었다. 批旨를 입기를 기약할 수 없을 것 같다. … 비지를 받지 못하면 돌아갈 계획이다. 늦으면 10일, 가까우면 7, 8일이면 될 것이다. 만약 의외의 일이 생기더라도 다만 며칠 구속될 뿐 다른 일은 없을 것이니 걱정하지 말고 독서와 집안일 돌보는 것을 위주로 하여 遠懷를 위로하라.[6]

라고 하여 상경 후 상소의 초안을 일부 수정하고 윤색한 것과, 《官報》를 통해 본 5조약의 내용과 각국 공사 소환 건에 대하여 의견을 첨부한 것을 알 수 있다. 그는 批旨를 기다리면서 체포될 것을 예견하고 장자에게 독서와 집안일을 맡아 하라고 지시하고 있다.

---

5) 《지산집》 권2, 疏, 〈請討賣國諸賊疏〉〈小帖子〉.
6) 《지산집》 권4, 서, 〈與殷東〉(을사).

그는 상소한 지 이틀만인 12월 4일(양, 12월 29일) 일본 헌병과 순사들에게 체포되어 경무청에 구금되고 말았다. 그를 체포한 일본 헌병 松永은 체포과정을 다음과 같이 보고하였다.

> 報告書
> 忠淸南道 結城居 前 承旨
> 京城 中署 壽進坊 松峴契 槐花井洞 16통 제10호 金召史方 止宿
> 김복한 46年
> (이설 부분 略, 필자)
> 右의 사람은 명령에 의거 체포한 뒤에 송치했습니다. 체포할 때에 참고하기 위해 압수한 상소 2통과 雜書 7매를 송부합니다.
> 明治 38년 12월 29일
> 警務소대 松永 補佐官補
> 警務廳 岩井 補佐官補

보고서는 이어서 다음과 같이 김복한에 대하여 보고하였다.

> … 金復漢(金福漢의 잘못, 필자)은 전판서 金宗漢의 至親으로 모두 이른바 양반 가운데 세력이 있는 집이다. 그래서 그들은 을미년에 의병을 충청남도 홍주 등지에서 일으켜 민심을 煽動한 歷史가 있다. 이번과 같이 홍주, 내포 등지에서 많은 무리와 談合하여 內外相應하고 있는 것처럼 말한다. …[7]

체포된 그는 다음 날 고문관 渡邊의 공초를 받았다. 김복한은 다음과 같이 오직 의리의 정신으로 상소를 올렸다고 밝혔다.[8]

---

7) 〈報告書〉, 北第113호(정부기록보존소 소장, 기밀서류철).
8) 《지산집》 권6, 잡저, 〈倭人渡邊問答〉.

　문: 왜 업혀 왔느냐?

　답: 廢疾에 걸린 때문이다.

　문: 병이 이와 같은데 어떤 연고로 상경하였느냐?

　답: 상소를 올려 성토하려고 왔다.

　문: 칙명이 있었음을 알지 못했느냐?

　답: 듣지 못했다. 어떤 칙명이 있느냐?

　문: 소장을 올리지 말라는 칙명이다.

　답: 만약 칙명이 있었다면 秘書監에서 내 疏를 받은 것은 무엇이냐?

　(渡邊이 말이 막혀 한참 뒤에)

　문: 時勢의 형편을 모르느냐?

　답: 내가 비록 시세의 형편을 알지 못하나 아는 것은 義理뿐이다.

　김복한은 이때 감옥에 같이 갇힌 민족지사들과 함께 詩를 읊으면서 우국심정을 토로했다. 이들은 張志淵과 尹孝定을 비롯하여 安秉瓚·崔東植·姜遠馨·崔在學·李學宰 등 모두가 5賊 처단을 주장하는 상소나 글을 발표하여 체포된 민족지사들이었다.[9]

　12월 그믐날 풀려나 홍주로 내려간 그는 비록 자신은 걷기조차 불편한 관계로 행동에 나서지 못할망정 안병찬 등에게 의병을 일으키라고 독려하였다.

　안병찬을 중심으로 한 홍주지역 인사들은 민종식을 대장으로 추대하고 1906년 3월 청양의 광수장터에서 의병의 기치를 올렸다. 이들은 5월 19일 홍주성을 점령하고 기세를 떨쳤으나 5월 31일 새벽

---

9) 이때 지은 시를 이설이 묶어 《福堂唱酬錄》(향지문화사, 1992)이라 했다. 《복당창수록》의 작자로는 이설, 崔東植, 李學宰, 尹孝定, 김복한, 姜遠馨, 張志淵, 崔在學, 金世東, 吳周爀, 安秉燦, 金仁洙, 申相敏, 田奭畯(나이순) 등 14명이 있다. 이에 대하여는 김상기, 〈《복암집》 해제〉(《복당창수록》) 참조.

일본군의 기습으로 많은 희생자를 내고 성마저 빼앗기고 말았다.[10] 의병장 閔宗植은 이남규의 도움으로 재기를 꾀하다가 체포되었다. 김복한은 민종식이 홍주성을 점령한 1906년 5월 28일 성안으로 들어가 합류하려 했으나 성문이 닫혀 있어 들어갈 수 없었다.[11] 그리고 그해 11월 민종식과 더불어 의병을 계획했다는 혐의로 일본군에 체포되었다. 공주감옥에 구금된 그는 다시 서울의 경무청으로 옮겨져 구금되었다. 이때 김복한은 警務補佐官 이와이 게이타로(岩井敬太郎)에게 공초를 요구받았는데, 그 내용이 《지산집》에 〈倭人賢太郎問答〉이란 제목으로 실려 있으나 새로 발견된 기밀서류에 그 전문이 실려 있어 여기에 소개하고자 한다.[12]

〈심문조서〉

문: 너의 주소, 씨명, 연령, 직업은 무엇인가?

−답: 충청남도 보령거주 前承旨 김복한 47세다.

문: 작년 11월중 상경한 일이 있지 않느냐?

−답: 시국에 대하여 상주할 목적으로 상경했었다.

문: 상주는 했는가?

−답: 上奏文은 奉呈했다.

문: 어떠한 수속을 거쳐 봉정했는가?

−답: 하인을 궁중에 보내 秘書監丞에 교부했다.

---

10) 김상기, 〈조선말 홍주의병의 봉기원인과 전개〉, 《수촌박영석교수화갑기념 한민족독립운동사논총》, 1992.

11) 윤석봉, 《홍경일기》, 1906년 4월 6일조.

12) 〈김복한 심문조서〉(정부기록보존소 소장, 《기밀서류철》).이 자료는 〈倭人賢太郎問答〉·〈再度問答〉(《지산집》 권6, 잡저)과 대체적인 내용은 같으나 문집에는 을미의병 부분에 대한 설명이 추가되어 있음을 볼 수 있다. 또한 지금까지 문집을 토대로 겐타로(賢太郎)에게 심문을 받은 것으로 알고 있었으나 겐타로는 통역관이고 경무보좌관 이와이의 심문을 받았음을 알 수 있다. 자료의 끝에는 김복한의 수결과 지장이 선명하게 찍혀 있는데 김복한의 수결의 존재를 처음으로 알게 해준다.

문: 궁중에서 批答이 있었는가?

-답: 비답을 얻지 못한 사이에 체포되었다.

문: 이설도 같이 상경했는가?

-답: 그렇다.

문: 이설은 지금 어디에 거주하는가?

-답: 금년 윤4월에 死去했다.

문: 상경 중 閔宗植을 만났었는가?

-답: 만났다.

문: 어떤 용무로 만났는가?

-답: 上奏文을 쓰는 것 때문에 만났다.

문: 만난 전말을 상세히 말해 봐라.

-답: 閔宗植은 내가 사는 촌에서 7, 8리 떨어진 곳에 살아서 일찍이 면식이 있었지만, 작년 음력 11월말 내가 상경해서 상주를 마치고 槐花井洞의 숙소에 머물고 있는데 어떻게 이를 알았는지 나를 찾아와서 시국에 대한 상주를 하려고 상경했다면서 上奏文 작성을 의뢰하고 이 일로 한두 차례 찾아왔다. 당시 5大臣을 탄핵하고 시국을 만회하지 않으면 안 된다고 강개한 말을 한 것으로 안다. 음력 12월 초하루 宗植이 의뢰한 상주문은 이설이 쓰기를 끝냈는데 당일 받으러 온 하인에게 건네려고 하는 때에 순사가 와서 나와 이설을 끌고 갔다. 宗植과 만난 일은 이미 말한 상주문 작성과 관계가 있다.

문: 이설이 쓴 종식의 상주문이 이것이냐?(압수한 상주문을 보여줌)

-답: 그렇다.

문: 의병을 일으킨 일에서는 閔宗植과 어떤 담합한 것은 없는가?

-답: 어떠한 담합도 한 것이 없다. 나는 보는 대로 보행이 부자유하여 의병을 일으킬 염려는 조금도 없다.

문: 네가 상경해 있는 것을 閔宗植이 어떻게 알았다고 생각하는가?

-답: 宗植의 거주지와 많이 떨어져 있지 않기 때문에 내가 상경한 일이

시골 사람들의 입으로 전해져 宗植의 귀에 들어갔을 것으로 생각한다.

　　右의 기록이 틀림없다는 뜻에 의거하여 서명함.
　　메이지 39년 12월 26일
　　경무청에서 김복한(수결, 지장)
　　警務補佐官　岩井敬太郞
　　通譯警察補助員　丹羽賢太郞

　　위에서 보듯이 岩井은 심문과정에서 주로 1905년 말 서울에서 상소를 올릴 때 민종식과 만난 일을 중심으로 심문하여 의병과 관련되었는지 캐고 있는 것을 볼 수 있다.
　　김복한은 그해 11월말 풀려났으나, 1907년 10월 13일 보령군의 순사보조원 2인과 순검 1인에게 또다시 체포되어 보령군의 官奴廳에 구금되었다. 죄명은 민심 선동죄였다. 더욱이 공주 감옥으로 이송되는 도중 槽峴에 이르러 보조원 2인이 의병의 소재지를 대라며 구타하고 총을 쏘며 위협하기까지 하였다. 다행히 순검 鄭元朝가 총대를 밀쳐서 탄환이 빗나가 위기를 모면할 수 있었다.[13] 10월 22일 풀려난 그는 12월에 홍주군 결성면 산수동으로 이거하여 自靖의 길로 들어섰다. 그러나 이때의 일로 말미암아 중풍에 걸려 밥을 먹고 책을 넘기는 일도 어렵게 되었다.

---

13) 〈지산집〉 권6, 잡저, 〈拘放顚末〉과 〈연보〉 참조.

2) 李偰

이설에게 을사조약의 늑결 소식이 들려온 것은 10일 뒤인 음력 11월 27일이었다. 이때 그는 식사마저 못할 정도의 중병을 앓고 있었다.[14] 그러나 그는 내종제인 김복한에게 편지를 띄워 "신하된 자 죽음만이 남을 뿐이다. 그러나 죽음도 의리가 아니다"라며 "筆誅舌戰이 무익함을 모르는 바 아니나, 우리가 갖고 있는 것이 筆과 舌밖에 없으니 어찌하리오. (중략) 重峯선생이 도끼를 잡고, 淸陰선생이 和議書를 찢을 때 어찌 일이 성사될 것을 알았으며, 어찌 이름을 세우고자 했겠는가"[15]라며 한마디로 초8일에 만나 연명 상소하러 상경하자고 권하였다. 이후 둘은 상경하여 壽進坊 松峴契 槐花井洞의 金김史 집에 기거하면서 상소문을 작성하여 12월 2일 상소를 올렸다.[16] 이 상소에서 그는 매국적을 顯戮할 것과, 애통의 조서를 내려 충의군을 모집하고 각도 관찰사에게 명령을 내려 군량을 준비케 하고 백만의 군사를 모을 것을 주청하였다. 그는 또한 비록 일이 이루어지지 못하면 사람이 죽고 나라도 망할 뿐이라며 끝까지 무력 항전해야 한다고 주장하였다.[17]

한편 이날 전 참판 閔宗植이 하인 金完圭를 대동하고 이설이 묵고 있는 집을 방문하였다. 민종식도 상소를 제출하고자 이설을 방문하여 상소문 작성을 의뢰하였던 것이다.[18] 그러나 이설은 민종식이 부탁한 상소문을 작성하여 12월 4일 그에게 건네주기 직전 김복

---

14) 이설, 〈與外弟金元五書〉, 《복암집》 권5, 서, 111.

15) 위와 같음.

16) 경무청 보고서, 북제113호(1905년 12월 29일)에 따르면, 이설과 김복한의 기거 장소가 '京城中居 壽鎭坊 松峴契 槐花井洞 16통 10호 金召史宅'임을 알 수 있다.

17) 이설, 〈請討賣國諸賊疏〉, 《복암집》 권4, 소.

18) 金完圭 심문조서(경무청 기밀서류, 1905년 12월 26일) 참조.

한과 함께 체포되어,[19] 경무청 감옥에 구금되고 말았다.[20] 경무청에 구금된 다음날인 12월 5일 이설은 고문관 渡邊의 공초를 받았다. 공초내용 전문을 소개하면 다음과 같다.

> 渡邊 : 왜 상경하였는가?
>
> 이설 : 내가 갑오년 이후 시골에 물러나 엎드려 숨어지내나 국가 大事에는 급히 아뢰지 않을 수 없었다. 이번 5조약의 변란은 종사 존망의 위기이니 신하된 도리로 감히 침상에서 편히 쉬고 있을 수 없어 서둘러 온 것이다.
>
> 渡邊 : 와서 무엇을 하였는가?
>
> 이설 : 상소를 올려 역적을 토벌하고자 함은 당연한 일이다.
>
> 渡邊 : 대신들을 어찌하여 역적이라 하는가.
>
> 이설 : (큰 소리로 가로되) 적을 끌어들여 나라를 팔아먹은 족속이 역적이 아니면 무엇인가.
>
> 渡邊 : (힘을 다해 소리질러) 5대신이 역적이 아니라, 공이 실로 역적이다.
>
> 이설 : 어찌하여 그러하냐?
>
> 渡邊 : 임금의 칙서에 지엄하게 다시는 상소를 올리지 말라 하였거늘 지금 이 상소를 올림이 역적이 아니고 무엇이냐.

---

19) 김복한 심문조서(경무청 기밀서류, 1905년 12월 26일) 참조. 민종식은 이로 말미암아 상소 올리는 일을 포기하고 낙향하여 있다가, 얼마 뒤 홍주의병장으로 추대되어 활동하였다.

20) 이때 이설과 함께 옥에 갇힌 민족지사들로는 황성신문의 주필이었던 장지연을 비롯하여, 홍주의병장 김복한, 대한자강회의 尹孝定, 그리고 을사조약 반대 상소를 올려 체포된 崔東植, 姜遠馨, 安秉瓚, 金世東, 崔在學, 李學宰, 吳周爀 등이 있었다. 이설은 이들과 함께 詩로써 구국의지를 토로하였다. 그리고 석방 후 이 시들을 편집하여 〈福堂唱酬錄〉이라 이름을 붙였으니 복당이란 감옥의 별칭이다. 이설의 증손이 소장하고 있는 이 〈복당창수록〉에는 총 68편의 시가 수록되어 있다. 그 가운데 이설 최동식 이학재 윤효정 강원형 장지연 최재학 김세동 오주혁 등 9명이 지은 聯詩가 8편 있다. 〈복당창수록〉의 말미에는 〈의연록〉이 첨부되어 있다. 이는 이설이 김복한과 함께 상경한 뒤 1905년 12월 22일부터 다음해 1월 30일까지 의연을 받은 사항에 대한 기록이다. 《복당창수록》에 대한 자세한 설명은 김상기의 〈복암속집 해제〉(《복당창수록》-복암속집-, 향지문화사, 1992) 참조.

이설 : (큰 소리 질러) 그러한 황칙은 들은 바가 없고 설사 들었다 하더
라도 의리에 따라 황칙을 받들지 않음이 충성임은 우리 왕조 사대부들의 5
백 년 동안 임금을 모시는 법도이다. 지금의 상소는 우리의 일일 뿐이다.
황제가 나라사람에게 죄를 주지 않고 또한 죄를 묻지 않는데 너희 倭와 무
슨 상관이 있어 되묻느냐.

渡邊(별안간 노하여) : 倭가 무엇이냐. 倭가 무엇이냐.

이설(웃으면서) : 倭가 아니면 무엇이냐.

渡邊(노한 얼굴이 잠시 풀어지면서) : 올라 왔을 때 여러 사우들이 권하
여 왔는가.

이설(눈을 크게 뜨고 하늘을 바라보며 크게 웃으면서) : 너는 이설을 안
다고 하였으나 이설이라는 사람을 모르고 있구나. 사우가 권한 즉 오고, 권
하지 않은 즉 오지 않다니, 조선 천하에 어찌 그러한 이설이 있단 말인가.
사람됨이 그와 같은즉 비록 백 명의 이설이라도 염려할 것이 없는데 체포
하여 구속함은 무슨 이유인가. 대개 신하는 임금을 위하는 것인데 내가 우
리 임금을 위함에 너희들이 도대체 왜 상관하느냐?

(渡邊이 손을 휘두르며 그치게 하였다. 또 우리나라 고문관을 시켜 나가
게 하였다. 나는 문을 나서 내려올 때 계속하여 獄人에게 사납게 소리 질
렀다).[21]

12월 30일에는 경무국장 朴承祖에게 공초를 요구받았다. 이설은
이 자리에서도 重峯과 淸陰의 고사를 들어 역신을 토벌해야 한다고
역설하였다. 朴承祖가 "비록 그러나 시국은 그러하지 않다. 管仲
과 제갈량이 다시 나와도 효력이 없을 것이다. 그대는 돌아가 후학
을 계발함만 못하다"고 훈계조로 말하자 그는

갑오년의 의리가 금일의 의리요, 금일의 의리가 갑오년의 의리이다. 擧

---

21) 이설, 〈答警務廳顧問官倭人渡邊招問〉, 《복암집》 권4, 供辭, 83~84쪽.

義討賊이 不可함을 알지 못하며, 陳疏討賊 또한 불가함을 알지 못한다.[22]

라고 하면서 전혀 굽히지 않았으며, 2월 1일(음력, 1월 8일) 석방되어 고향에 돌아왔다. 이처럼 이설이 병든 몸으로 결행한 상소운동은 군사를 일으켜 왜적을 토벌할 형편이 못되는 상황에서 취할 수 있었던 최상의 방편으로서 擧義討賊에 버금가는 구국의 결단이었다. 더욱이 그는 귀향한 뒤 안병찬 등과 협의를 하여 민종식을 영수로 한 제2차 홍주의병을 일으키게 하는데 한몫을 담당하였던 것으로 보인다. 그는 거의할 것을 묻는 안병찬의 편지에 다음과 같은 답신을 하여 거의를 독려하였다.

> 志叟은 본시 思菴의 기백을 가지고 退溪의 몸 감추는 법을 쓰고 있으니 그가 사무를 담당하지 않는 것은 이미 짐작한 바이나, 兄(안병찬: 필자 주)도 그렇고 그렇단 말인가. 목의 피가 이미 빠지고 다시 뿌릴 만한 피가 없어서 그러는가. … 천하에 혼자 싸우는 장군은 없으니 내가 비록 뜻이 있지만 누구와 더불어 일을 한단 말인가.[23]

또한 그는 민종식에게 편지를 보내어 안병찬 임승주 등이 민종식을 영수로 하여 거의하고자 하니 후회하는 일이 없도록 책임을 맡으라고 권하였다. 아울러 1895년 거사 때 미리 통고하지 못함은 피차간 후회하고 있다는 뜻도 전하였다.[24] 이와 같이 건강상 직접 거병할 수 없었던 그는 홍주의병의 재거를 기대하고, 동지들의 거의를 권하였던 것이다. 따라서 병든 몸을 치료하고 있는 1906년 3월 14일 光水에서 들려온 홍주의병의 봉기소식은 그를 흥분시키기에

22) 이설, 〈答警務局長朴承祖招問〉, 《복암집》 권4, 공사, 84~85쪽.

23) 이설, 〈與安稚珪書〉, 《복암집》 권6, 서, 120쪽.

24) 이설, 〈與閔允祖書〉, 《복암집》 권5, 서, 104쪽.

충분하였다. 그는 〈聞洪陽再擧義旗勵感有作〉이란 시를 지어 자신
의 심정을 나타냈다.

> 홍양 소식이 다시 기쁘고 기쁘구나
> 東에서 실패하고 西에서 늦었다 함을
> 옛적부터 들었노라.
> 누가 산 서쪽 복사꽃 오얏꽃 피는 댁에서
> 몇 사람의 畸人이 누워있는 장군을
> 대장으로 추대하였음을 알았으리.[25]

그리고 안병찬의 거의를 축하하며 다음의 시를 지어 칭송하였다.

> 의병을 거느리고 누가 오나 했더니
> 그 당년 목을 찔러 죽으려던 분이었네
> 가소로운 사람들 돌아서서 웃지 마소
> 앉아서 말 만해서 무슨 공이 있다던가[26]

그는 몸이 극히 쇠약해졌으며 구국을 위한 최후의 행동으로 遺疏
를 올리려 하였다. 마침내 완성된 〈遺疏〉의 내용은 앞에서 살펴본
바와 같이 차마 임금에게 올릴 수 없을 만치 비장하고 준엄하였다.
그는 먼저 "신이 용렬하여 왜적을 치지 못하였으나, 죽은 즉 사나
운 귀신이 되어 적을 죽이고 원수를 갚고자 함이 소원입니다"라 하
여 강한 저항 의지를 보여주었다. 그러나 그는 매우 과격한 언사를
동원하여 고종이 "亡國主"가 되었다고 지적하였다. 이어서 그는 衛
武公과 漢武帝를 예로 들면서 그들이 70, 90살이 되어 뉘우쳐 賢主

---

25) 이설, 〈聞洪陽再擧義旗勵感有作〉, 《복암집》 권3, 시, 67쪽.
26) 이설, 〈又一絕爲安葵堂作〉, 《복당창수록》, 184~185쪽.

가 되었으니 이를 거울로 삼아 나라를 興旺케 할 것을 기원하며 遺
疏를 끝맺었다.[27]

이설은 1895~1896년 동안 전개된 홍주의병에 참여하여 항일격
문과 공사관에 보내는 장계를 작성하는 등 의병을 북돋는 역할을
하였다. 관찰사의 배반으로 체포된 그는 옥고를 치렀으며, 홍주6의
사로 추앙받았다. 1904년에는 일제의 황무지 개척권 요구를 반대하
는 통문을 돌렸다. 1905년 을사조약이 강제 체결되자 병든 몸으로
상경하여 상소를 올려 매국적을 처단하고 일본과 항전하자고 주장
하였다. 그는 이로 말미암아 옥고를 치르고, 인근의 유생들에게 홍
주의병을 일으키라고 권하기까지 하였다. 이설은 이이, 송시열, 한
원진으로 이어지는 기호학파 성리설의 학통을 계승한 유학자였다.
동시에 민족의 위기에 자신의 몸을 돌보지 않고 항일구국투쟁에 투
신한 민족운동가였다.

3) 尹錫鳳

윤석봉은 1905년 을사늑약이 체결되자 보령지역의 유생들과 함
께 상소를 올려 5賊이 임금을 헌신짝처럼 버리고 나라를 팔기를 '더
러운 똥'과 같이 했다면서 그들에게 죄를 주고 조약을 윤허하지 말
것을 주청하였다.

> 옛부터 逆臣의 변란이 무엇으로 한계가 있다고 못하겠으나 금일의 제
> 순, 지용, 근택, 완용, 중현 이런 5賊은 있지가 않았습니다. 망국의 禍亂이
> 한두 번이 아니지만 오늘날과 같은 때가 없었습니다. 군사들이 칼날에 피
> 를 흘리지 않고서도 전국의 토지와 인민을 3조약이 담긴 종이 하나로 적에

---

27) 이설, 〈遺疏〉,《복암집》권4, 소, 80~81쪽.

게 준단 말입니까. 신 등은 이런 말을 하고자 해도 뼛속에 피가 먼저 일어
나고 심장이 함께 찢어지니 이는 天理와 같은 뜻이며 실로 사사로운 욕심
으로 분개하는 것이 아닙니다. 슬프고 아픕니다.[28]

윤석봉은 逆臣의 變亂으로 싸움도 못 해보고 왜적에게 나라를 통
째로 넘겨주었다고 분개하였다. 이어서 이들 5적은 한국을 멸망시
키고자 하는 매국노라면서 애통조를 내어 '만 백성으로 하여금 사
람마다 죽일 수 있도록 해야 한다'고 주청하였다. 또한 우리나라가
토지가 3천 리에 달하고 인구도 2천만 명인데 구구하게 왜적에게
애걸하느냐고 반문하면서 임금께서 각국 공사를 불러 다음의 10가
지 조목을 들어 자신의 실책을 말할 것을 주청하였다.

> 1) 옛 제도를 고친 것이 나의 죄요. 2) 소인을 등용함은 나의 혼매함이
> 요. 3) 國勢가 약해진 것은 나의 허물이요. 4) 백성이 곤궁하고 어려운 것
> 은 나의 책임이요. 5) 충량한 신하를 해함은 나의 허물이요. 6) 인재가 빠
> 져나감도 나의 어두움이요. 7) 재물을 절약하지 못함도 나의 남용 때문이
> 요. 8) 左道를 崇信함도 나의 미혹함이요. 9) 외국 사람의 업신여김을 받음
> 은 나의 수치요. 10) 절개를 거스름이 자주 생김도 나의 치욕이다.[29]

이어서 임금이 위와 같은 반성을 한다면

> 외국의 공사들도 서로 돌아보며 말을 고할 것이고, 대한의 모든 백성들
> 은 춤추며 말하기를 은나라의 高王, 주나라의 宣王, 한나라의 光武帝, 송
> 나라의 孝宗을 다시 본다고 할 것입니다. 이와 같다면 倭賊을 씹어 삼킬
> 마음이 반드시 생길 것이요, 그러면 저들이 깜짝 놀라 가만히 말하기를 자

---

28) 윤석봉, 〈疏 을사12월〉, 《삼희당집》 상, 권4, 소, 259~264쪽.
29) 위와 같음.

기들 계책이 어그러졌다 할 것이고, 몇 년이 안 되어 반드시 군사를 거두
고 돌아갈 것입니다.[30]

라고 대한의 백성들이 춤추면서 성군이 나왔다라고 하면서 '왜적을
씹어 삼킬 마음이 생길 것'이라고 하였다. 또한 왕의 당당한 외교와
진심어린 애민 정신에 바탕을 둔 애통조를 내리면 모든 백성이 일
어나 왜적을 물리칠 것이라면서 국정 책임자인 고종이 반성하고 자
주 독립적인 정책을 펼칠 것을 요구하였다.

　윤석봉은 얼마 안 가 재차 상소를 올렸다. 그는 상소를 올린 유
생들이 "왜병을 저지하는 바도 아니고 임금을 맑게 하는 것도 얻지
못하고 오히려 저들의 이른바 사령부라는 곳에 잡혀 와서 가두어지
게 되었으니 고금 천하에 이런 법이 있습니까"라면서 서울로 올라
와 다시 상소를 올리게 된 연유를 밝혔다. 이어서 그는

　　역적을 토벌하고 약조의 논리를 설파하시라는 상소를 진달했지만 다시
　　안할 수 없어 거듭 평상에 엎드려 빕니다. 성상의 밝으심으로 倭使로 하여
　　금 방환케 하고 선비들의 상소에 대하여 본국 法司에 죄를 얻은 사람들을
　　우리 임금의 명령으로 사면시키시면 만만 번 죽어도 한이 없겠습니다. 이
　　는 臣 등의 말뿐 아니라 실로 온 나라의 말이요, 또 신 등의 마음뿐 아니라
　　天地 祖宗의 마음입니다. 성상의 밝으심으로 어찌 깊이 살피지 않으시고
　　차마 저 욕을 받으십니까.[31]

라고 상소를 올려 갇힌 선비들을 방환해달라고 주청하였다. 그러나
이 상소들은 임금께 상주되지도 못하였다. 결국 집으로 돌아와 이
를 통한해하며 나랏일을 걱정하였다.

---

30) 위의 책, 259~264쪽.
31) 윤석봉, 〈再疏〉,《삼희당집》상, 권4, 소, 270쪽.

尹錫鳳은 重菴 金平黙과 省齋 柳重教에게 수학하여 존화양이론에 철저한 화서학파의 유학자이다. 그는 1890년 경기도 양주를 떠나 충청도 비인현 율리촌으로 이주하였다. 몇 년 뒤에는 보령의 화정이란 산속으로 들어갔으니, 그 적극적인 위정척사운동이나 의병투쟁보다는 自靖의 길을 걷고자 한 것이다. 동문 柳麟錫이 제천에서 의병을 봉기하였으며, 홍성에서 金福漢 등이 의병을 일으켰을 때 그는 참여하지 않았다. 그리고 보령에서 주자와 우암의 영정을 모신 集成堂을 건립하여 후학 교육과 지방 교화에 힘썼다.

그는 척사론의 입장에서 왜와 서양과의 교통을 반대하였으며, 청나라의 관계도 끊자고 주장하였다. 그는 중국 중심의 中華論에 철저하였다. 고종의 황제 즉위와 '조선'이란 국호를 대한제국으로 개칭한 것을 '참람한 행위'라고 비판하였다. 그는 국가보다는 '道' 중심의 세계관을 피력하였다. 1906년 의병에 참여하여 홍주성이 일본군의 무력에 짓밟힌 처참한 상황을 보기 전까지 국가의식은 미약했던 것으로 보인다.

그는 1905년 을사늑약 이후 적극적인 항일운동에 나서기 시작하였다. 1906년 1월 崔益鉉이 주최한 궐리사 강회에 참여하여 시국대처 방안을 협의하고 함께 을사늑약 반대 상소를 올리기로 하였다. 이후 2차에 걸친 상소를 올려 5적을 처벌하고 조약을 윤허하지 말 것을 청했다. 그러나 상소는 임금께 전달되지도 못하였다. 결국 집으로 돌아와 이를 통한해 하다가 민종식의 권유를 받아들여 1906년 5월 홍주의병이 웅거하고 있는 홍주성에 들어갔다. 의병에 참여한 그는 민종식을 대신하여 고종께 올리는 상주문을 작성하는 등 참모로 활동하였다. 그러나 1906년 5월 30일 일본군의 대대적인 공격으로 수백 명의 의병이 희생될 때 홍주성에서 체포되었다. 서울로 압송된 그는 일본군사령부에 갇혀 옥고를 치렀다. 옥중에서 그는 차라리 죽을지언정 일본의 음식을 먹지 않겠다고 단식으로 항거하였다.

화서학파의 유학자 윤석봉은 開化가 倭化임을 깨닫고 自靖의 노선을 가고자 서책을 껴안고 보령의 산속으로 들어가 주자학의 도를 지키려 힘썼다. 그러나 일제의 침략에 '擧義'를 택하여 지행합일을 실천하였으니, 한말 고뇌에 찬 유교지식인의 처세가 어떠한지 잘 보여주었다.

2. 자결순국투쟁

1) 宋秉璿

1905년 11월 17일 일제가 무력으로 위협하여 을사조약을 강제 체결하였다. 송병선이 며칠 뒤 이 소식을 들었다. 그의 연보에 따르면, 11월 24일(음, 10월 28일)자에 청천벽력 같은 소식을 들었다 한다. 그는 "나라의 변괴가 이에 이르렀는데 신하된 자가 어찌 살아 있을 수 있겠는가"[32]라며 식음을 전폐하였다. 그리고 11월 27일 흉적의 목을 베달라고 청하는 〈請討凶逆疏〉를 올렸다.

> 아아, 고금 천하에 죽지 않는 사람 없고, 망하지 않는 나라 없으니, 원수에게 머리를 숙여서 요행히 살아남기를 도모하는 것보다 군신 상하가 마음을 합하고 힘을 모아 사직을 위해 목숨을 바치는 것이 차라리 부끄럼이 없을 것입니다.[33]

---

32) 송병순, 〈연재선생연보〉, 《연재집》 권50, 연보, 1905년 10월 28일조.
33) 《연재집》 권4, 소, 〈청토흉적소〉.

그는 12월 16일 "나라는 망할지언정 의는 망해서는 안 되는 것인즉 신이 역적을 목 베자고 청하는 것은 한갓 신의 말일 뿐 아니라 온 나라 공공의 논의입니다"[34]라는 상소를 다시 올렸다.

고종은 송병선의 두 차례에 걸친 상소를 받고 비답을 내렸다. 고종은 비답에서 "눈앞에 위급한 형세가 엎어지려는 그릇이나 물이 새는 배에 비할 바가 아니니 경의 숙덕과 충애로 보아서 어찌 이토록 강경하지 않겠는가"라면서 한번 만나고 싶다는 뜻을 표하였다.[35]

송병선은 1906년 1월 7일(음, 12월 12일) 가묘에 배례하고 肩輿를 타고 서울로 갔다. 송병선의 문인들은 스승이 상경하여 상소를 올리는 길에 동참하였다. 이때 조카 廷憲과 문인 鄭秉采, 李涵, 白孝甲이 함께 상경하였다. 스승이 출발하기 며칠 전에 아들 철헌과 문인 曺鳳愚, 李道復, 李鉉同, 琴錫民, 李炳奎, 權命熙, 呂象鉉, 朴萬九 등은 집 뒤의 주봉에 올라가 밤중에 연이어 울음소리를 내니 천둥소리와 같았다 한다. 1월 13일 서울에 도착하여 동대문 밖 紫芝洞에 숙소를 정했다. 1월 18일 독대를 청하는 '請對疏'를 올렸다. 다음 날(1월 19일, 음12월 25일) 드디어 중화전으로 入對가 허락되었다. 송병선은 고종을 직접 알현하고 失政을 비판하였다. 고종이 치안과 관리 등용, 위정에 책임을 다하지 못했고, 종사를 염려하지 못했으며, 생령을 구휼하지 못하여 오백 년 종사와 삼천리 강토를 외국에 주었다고 하였다. 이어서 5적의 처단과 협약의 폐기를 청하였다. 고종은 이에 자신은 협박을 받아 자유가 없으며 사세가 여의치 않아 한심하다고 대답하였다. 그러자 송병선은

지엄한 왕명은 어디에 쓰려는 것입니까. 폐하는 역신과 조석으로 정사를

---

34) 《연재집》 권4, 소,〈재소〉.

35) 송병순,〈연재선생연보〉,《연재집》 권50, 연보, '기축 上再疏'.

도모하고 있으니 이것은 종사와 생령을 던져 버리고 후회하지 않는 것입니다. 종사와 생령이 역적만 못하다는 말씀이십니까.[36]

라고 아뢰고 모두 진언하지 못한다면서 자신의 의견을 기록한 상소문을 올렸다.[37] 오적을 목 베어 왕법을 바로 잡을 것, 동맹의 의리

36) 송병순, 〈연재선생연보〉, 《연재집》권50, 연보, '계해 入對中和殿'.

37) 본문에서 기술한 송병선과 고종의 독대 내용은 송병선의 연보를 참고한 것이다. 고종과의 독대 내용은 《고종실록》권47(고종44년, 병오 광무 10년, 1월 18일자)에 다음과 같이 기록하고 있다. 漱玉軒에 나아가 동궁이 侍座한 상태에서 경연관 宋秉璿을 引見하였다. 그가 請對하였기 때문이었다. 상이 이르기를, "경의 덕망에 대해서 돌보아주고 살뜰히 생각하는 마음이 실로 깊기 때문에 이처럼 어려운 때를 당하여 여러 가지 일들이 제대로 이루어지게 되기를 짐은 몹시 바라는 바이다." 하니, 송병선이 아뢰기를, "이것은 시골에 파묻혀 있는 신하가 감히 아뢸 문제가 아니지만 이러한 나라의 큰 변고를 당하여 부르신 뜻이 매우 간곡하여 의리상 제 집에 편안히 누워 있을 수 없었기에 비록 오랜 병환에 시달리고 있는 처지였으나 일어나 올라왔습니다." 하였다. 상이 이르기를, "천하의 모든 일에 대하여 군신(君臣) 상하가 어떻게 해서든지 기어이 함께 수습해나가려고 한다. 그리고 시국이 달라진 것은 儒賢도 알고 있을 것이다." 하니, 송병선이 아뢰기를, "우러러 성상의 옥안을 보고 동궁을 보는 것이 신의 소원입니다." 하였다. 상이 이르기를, "처음 보는 것이라면 앞으로 나와서 보고, 동궁의 얼굴도 보아라." 하니, 송병선이 앞으로 나와서 우러러 본 다음 물러나 엎드려 아뢰기를, "감히 역적을 토벌하는 의리를 진달해야 하겠으나 기가 막히고 정신이 혼몽하여 성상 앞에서 일일이 구두로 이야기를 올릴 수 없습니다. 삼가 짧은 차자를 마련하여 직접 올리니, 이 글을 보신 다음 속히 처분을 내리시기를 삼가 바랍니다." 하니, 상이 이르기를, "경의 말이 옳다. 秘書監丞은 받아 오라." 하였다. 송병선이 아뢰기를, "나라에는 법이 있는데도 역적 신하들이 제멋대로 조약을 체결하였으니, 그 죄는 이미 극도에 달하였습니다. 그리고 그들이 변명하는 상소에서 거리낌 없이 폐하를 협박하였습니다. 안중에 성상이 있다면 어찌 감히 이럴 수가 있었겠습니까? 우선 처단하는 것이 국법에 맞을 것 같은데 아직도 윤허하는 명을 내리지 않고 있으니, 나라의 법을 어디에 쓰겠습니까? 현재 나라의 안위(安危)는 어떻게 역적을 엄하게 토벌하느냐에 달려 있습니다." 하니, 상이 이르기를, "일이 중대한 문제와 관련되는 만큼 다른 문제를 결속지은 다음에 즉시 변통할 것이다. 그리고 경의 말에 대하여 누가 옳지 않다고 할 사람이 있겠는가? 짐도 생각하는 것이 있다. 차자를 자세히 본 다음에 또한 속으로 생각해 볼 것이니, 물러가서 사차(私次)에서 기다리는 것이 좋겠다." 하였다. 송병선이 아뢰기를, "마땅히 엎드려 처분을 기다리겠습니다." 하니, 상이 이르기를, "연석 중에 엎드려 있을 필요가 없다. 차자를 자세히 본 다음에 짐이 비답에서 자세히 언급하겠으니, 경도 그것을 읽어보면 이해할 수 있을 것이다. 그리고 나라를 걱정하고 백성을 사랑하는 경의 성실한 마음에 대해서는 알고 있다." 하였다. 송병선이 아뢰기를, "報聘을 들여보내는 일은 무엇 때문입니까? 저들이 우리를 노예나 첩으로 만들고 있는 판에 우리가 이번에 보빙하는 일을 신은 수치

에 따라 각국 공관과 정당하게 교섭할 것 등을 주장한 '十條封事'가 그것이다.[38]

> 1) 諸賊을 참수하고 왕법을 바로 세울 것.
>
> 2) 현능한 자를 등용하여 부서에 충원할 것.
>
> 3) 盟義에 의거하여 각국 공사관과 담판할 것.
>
> 4) 기강을 세워 명분을 바로 잡을 것.
>
> 5) 어사를 보내 민정을 순찰할 것.
>
> 6) 재정을 정리하여 국력을 펼 것.
>
> 7) 正學을 숭상하여 賢士를 양성할 것.
>
> 8) 邪說을 물리쳐 적당을 멸절할 것.
>
> 9) 법률을 밝혀 詞訟을 정돈할 것.
>
> 10) 軍士를 양성하여 유사시에 대비할 것.

송병선은 다음 날에도 독대를 청했다. 고종은 "짐이 몸이 불편하니 집으로 돌아가라"고 하였다. 그러나 송병선은 "그렇다면 임금 계신 뜰 아래에 엎디어 목숨을 걸고 청을 드리겠습니다"라고 수옥헌을 찾아 나섰다. 경무사 尹喆圭가 "임금님이 계신 수옥헌은 조금 멀어 노인 근력으로 걷기가 어려우니 교자를 타고 가시지요"라고 권하자 거절하였다. 윤철규는 다시 "이곳에서 나가면 불측한 화를

로 여깁니다." 하니, 상이 이르기를, "이 일은 각 나라들에서 이미 공통적인 규례로 하고 있기 때문에 보내는 것이다." 하였다. 송병선이 아뢰기를, "우리나라의 현임 大官들과 유생들이 상소를 올릴 때마다 저들이 반드시 위협하고 잡아 가두는데, 이것이 어찌 만국의 公法이겠습니까? 무례하기가 이보다 심한 것이 없는데 어찌하여 엄하게 금지하지 않습니까? 현재 시급한 문제로는 역적을 토벌하는 것보다 더 급한 것이 없습니다. 다른 일들을 돌아볼 겨를이 없습니다." 하니, 상이 이르기를, "아뢴 문제에 대해서는 응당 유념하겠다. 그리고 연석 중에는 엎드려 있을 필요가 없다. 掌禮院卿은 짐의 뜻을 잘 알고 있을 것이니, 함께 물러가도록 하라." 하였다.

38) 《연재집》 권4, 소, 〈中和殿奏箚〉.

당할 수 있다"면서 강제로 교자에 태워 남대문 밖 어느 집으로 끌고 갔다. 잠시 뒤 일본 순사가 칙령이라면서 송병선이 차고 있던 佩刀를 뺏고 옷을 뒤져 약물도 압수해 갔다. 다음 날 일본인 순사 佳野佳吉에 의해 오후 3시 30분 발 기차에 강제로 태워져 대전 석촌의 집에 돌아왔다. 이때 아들과 조카 그리고 문인으로 禹夏轍·全希大·鄭兩采·尹奉周·權命熙·李柄喆·鄭璣淵 등이 스승과 동행하였다.[39]

송병선은 1906년 1월 24일(음, 12월 30일) 자결하였다. 그는 자결 전날 임금께 올리는 '遺疏'를 작성하고 북향재배하였다. 그리고 지니고 있던 약물을 먹은 뒤 문인들을 불러 들어오게 하였다. 문인들이 "선생께서 處義를 반드시 이렇게 하셔야만 올바르게 됩니까. 산으로 들어가 도를 지키는 것이 좋지 않겠습니까"라고 자결을 만류하였다. 이에 송병선은

> 도가 있으면 나타나고 도가 없으면 숨는 것은 오히려 평상시의 일이다. 지금 인류가 스러지고 우리 도가 이미 망했다. 이는 만고에 없는 일이다. 한번 죽는 것밖에 다시 다른 도리가 없다. 내 뜻이 이미 결행하기로 정해져서 갖고 있던 약물을 이미 먹었으니 그대들은 다시는 얘기를 하지 말라.[40]

라고 도가 망한 상황에서 죽는 길 밖에 없다고 하였다.

정석채 등 문인들은 스승이 남긴 遺疏를 임금께 올렸다. 송병선은 죽음을 결심하고 올린 유소에서 5적의 처단과 조약의 폐지를 다

---

39) 송병순, 〈연재선생연보〉, 《연재집》 권 50, 연보, '갑자일, 정묘일'.
   《주한일본공사관기록》 제24권, 6, 고문경찰 사고 보고 (65) 송병선 송환의 건.
   《대한매일신보》 1906년 2월 4일, 잡보, 〈尹氏凶謠〉.

40) 송병순, 〈연재선생연보〉, 《연재집》 권 50, 연보, '정묘 先生入于石邨'.
   박경목, 〈연재 송병선의 위정척사운동〉, 《호서사학》 27, 1999.

시 주청하였다.

> 바라건대 자애로운 성상께서는 살피고 가엾게 여겨 종묘와 사직을 위해
> 목숨을 바치는 올바른 의리를 확정하여, 여러 逆賊들을 속히 처단함으로
> 써 나라의 법을 집행하고, 강제로 체결된 條約을 속히 폐지함으로써 국권
> 을 회복하소서. 인재를 선발하여 직책을 맡겨 우리 백성을 보전하고 종묘
> 와 사직을 영원히 받들어 끊어져가는 道脈을 부지한다면 신은 죽어서도 오
> 히려 살아 있는 것과 같을 것입니다. 정신이 혼몽하고 기가 막혀 말에 두
> 서가 없습니다. 죽을 죄를 무릅쓰고 삼가 아룁니다.[41]

고종은 송병선의 자결 소식을 듣고, "어두운 거리에 등불이 꺼졌
으니 어찌 애통한 마음을 이길 수 있겠는가"라면서 특별히 '2등의
禮葬'을 하사하고 '大匡議政'에 추증하였으며, 文忠이란 시호를 내
렸다.[42]

그가 죽은 뒤 시중을 들던 婢 恭任은 모친과 남편에게 "내가 저
승으로 따라가서 시중 드려야 한다"면서 자결하였다. 《대한매일신
보》에서는 이 사실을 다음과 같이 상세히 알려주고 있다.

> 沃川淵齋先生宋秉璿氏가 爲國家爲生民爲道統噂야 捐生殉義 은 其貞
> 忠大節이 固已天地遡 軒噂며 星斗를 薄이어니와 又有一件奇事噂니 該家
> 婢子恭任이 年今二十七인바 聞其上典殉國之訃하고 披髮奔哭하야 返柩後
> 에 其母與夫에게 從容告訣하야 曰惟吾上典이 今爲國爲民殉義하시니 其在
> 感慕之地에 欲報其恩인 事當人百其身이고 供奉上食이 已過十日하얏스

---

41) 《고종실록》47권, 고종 43년 2월 3일자.

42) 《고종실록》47권, 고종 43년 2월 2일, 2월 14일자.
　　《대한매일신보》1906년 2월 6일, 잡보, 〈儒賢隱卒〉.
　　《대한매일신보》1906년 2월 15일, 잡보, 〈山丈美諡〉.
　　《황성신문》1906년 2월 15일, 잡보, 〈賜諡文忠〉.

니 吾當捨此殘縷하야 歸시地下라하고 仍以刀自刎하얃지라 其夫ㅣ 大驚하
야 喩以挽止러니 至夜深無人하야 更刎而死하얏다니 義乎哉라 此婢며 卓
乎哉라 此婢也여 송淵齋의 平日道德節義가 入於人者ㅣ 已深키로 雖家庭
內廝役之女流라도 亦知節義之爲重과 親上死長之道理하야 割恩斷愛에 歸
시故主로 爲榮하니 如非觀感之有素면 豈能辦此리오 噫라 舉一國風雨晦冥
하야 義理都喪之日에 此等絕異之行이 出於裙釵下隷者流하니 滿廷髥婦가
能不愧死일지 此可與曩日逆家義비로 同傳讚美로되 彼則氷霜其操而未遇
其主하야 終未免半世棲遑하고 此則道德家中에 薰沐和氣하야 生死俱榮인
즉 其節義則一也나 所遇之不同은 迴如天壤하니 嗚呼라 有其인而未遇其主
가 良足悲矣로다.[43]

이와 같이 그는 관리의 길을 마다하고 학문에 전심하였음을 알
수 있다. 비록 그가 소중화론에 치우친 면이 있기는 하나, 철저한
존화양이론을 견지한 척사론자라 할 수 있다.

2) 宋秉珣

송병순(1839~1912)은 을사늑약의 소식을 듣고 〈討五賊文〉을 지어
5적을 처단할 것과 전국 유림의 궐기를 주장하였다.

우주가 열린 이래 君臣이 義理로 분별된 것은 하늘과 땅이 자리한 것과
같으니 넘을 수 없는 것이다. 하잘 것 없는 벌레일지라도 혹 어둡지 않거
늘 적어도 사람이라 이름하는 것이 어찌 이 의리를 저버리겠는가. 이 의리
가 없어진다면 천지도 천지가 될 수 없고 사람도 사람이 될 수 없으니 벌

레만 못하다.[44]

그는 〈討五賊文〉에서 전국 유림에게 민족정기의 앙양과 국권회복에 힘써달라고 호소하였다. 여기에서 그는 君臣 사이의 義理가 없어지고, 몇몇 신하들에 나라의 운명이 농간당하는 세태를 비판하면서 유림들이 모여 난국을 헤쳐나가자고 주장하고 있다. 그 내용을 살펴보면, 첫째, 의리가 망하여 없어지면 천지가 망할 것이며 사람됨을 지킬 수 없으므로 倫理綱常을 바로세울 것, 둘째, 외국을 끌어들여 나라를 危亡케 한 朴濟純·李址鎔·權重顯·李完用·李根澤을 亂臣賊子로 처벌하여 죽일 것, 셋째, 이를 위해 전국 각지의 유림들에게 통고하여 유림들이 힘을 합칠 것, 넷째, 각국 공사관에 성명을 내어 을사조약의 부당함을 알리고 조약을 파기할 것 등 국권회복을 강력히 호소하고 있다. 박제순 이하 5적을 공격하여 살육할 것과 전국 사림의 궐기를 촉구하였다.[45]

그는 서울에 올라가 을사늑약 직후의 서울 상황을 백씨인 송병선에게 글을 보내 알려주면서 나라와 중화의 도를 지키기 위한 상소를 올리라고 건의하였다.[46]

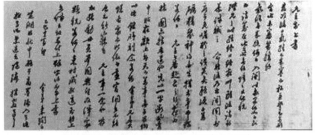

송병순이 송병선에게 보낸 편지(1905년)

---

44) 송병순, 〈討五賊文〉, 《심석재집》 권13, 잡저.

45) 송병순, 〈토오적문, 을사11월 15일〉, 《심석재집》 권13, 잡저.

46) 송병순이 송병선에게 보낸 편지, 1905년 10월 15일(충남대 충청문화연구소, 《문충사소장 간찰》, 2012, 327쪽).

이후 송병선은 고종을 알현하고 〈十條封事〉를 올려 5적의 처단을 요구하였다. 송병순은 백씨가 서둘러 서울로 올라가는 것을 전송하였다. 며칠 뒤 그는 백씨의 음독 자결 소식을 듣게 되었다. 송병순 역시 1910년 경술국치를 당하여는 나라를 위하는 충성과 겨레를 사랑하는 마음에는 순국하는 길 밖에 없다고 자결하기로 작정하였다. 그는 지팡이를 짚고 西巖 꼭대기에 올라 북쪽을 향해 통곡한 뒤 몸을 던지려 하였다. 이때 문인 金容鎬가 달려가 붙잡아 목숨을 건졌다.[47]

일제는 이른바 은사금이라는 것을 그에게 내려 보냈다. 일본 헌병이 와서 은사금을 받으라 청하자, 그는 '차라리 내 배를 가르고 넣을지언정 결단코 손으로 받지 않을 것이다'라고 하였다. 그러던 차에 이번에는 경학원 교수 권영우라는 이가 와서 경학원 강사직을 맡아달라고 청했다. 1912년에는 총독부에서 경학원 강사 직첩을 보낸다는 소식이 전해졌다. 그리고 며칠 뒤 경학원 대제학 박제순의 이름으로 된 편지가 우편으로 배달되었다. 우체부를 쫓아내자 며칠 뒤 면장이 또 들고 왔다. 이번에도 물리쳤다. 결국 그는 부인 안씨의 장례를 치르고 나서 3월 22일(음, 2월 4일) 活山精舍에서 아편을 먹고 자결, 순국하였다.[48] 그는 마지막으로 다음과 같은 '自誓銘'을 남겼다.

小中華 오래된 나라 大明 이어오는 백성	小華舊邦 大明遺民
아득한 이 우주 안에 한 몸 둘 곳 없네	茫茫宇內 莫容一身
서산 마루를 우러러 보나 동해 가를 바라보나	仰西山頂 望東海濱
스스로 내 스승 계시니 죽어서 따라야겠네	自有我師 死了可遵[49]

---

47) 송증헌, 〈심석재연보〉, 《심석재집》 권35, 연보.
48) 위의 글, 임자 2월 정유조.
49) 위와 같음.

3) 李根周

19세기 말, 20세기 초에 한국인은 일제의 무력 침략으로부터 국권을 수호하기 위한 투쟁을 여러 방면에서 전개하였다. 특히 유교 지식인은 충의정신을 바탕으로 의병을 일으켜 항전하였으며 그 과정에서 수만 명이 일본군에게 학살당하였다. 의병에 참여하지 못한 유학자들은 은거하거나 자결하여 일제에 항전하였다. 을사늑약과 경술국치에 항거하여 자결 순국한 이로는 閔泳煥, 宋秉璿, 黃玹 등 많은 이들이 있으나 내포지역에는 홍성 출신의 李根周가 유일하다.[50]

李根周(1860~1910)의 자는 文若, 호는 淸狂이다. 본관은 전의이니 고려 太師 棹가 시조가 된다. 조선시대의 선조 가운데는 한성부윤을 지낸 士寬이 있으며, 그의 아들 襄簡公 恕長은 대사헌을 지냈다. 그의 증손 文誠이 절도사를 지냈고, 그 아들 濟臣은 함경도 절도사를 지냈다. 그의 아들 가운데 命俊(1572~1630, 호: 潛窩)은 牛溪 成渾의 문인으로 충청도 관찰사와 병조판서를 역임하였는데, 이근주의 9대조가 된다. 이와 같이 명문사족이었던 이근주의 집안이 홍성지역으로 내려온 것은 그의 6대조 萬珏 때로 당쟁이 심함을 보고 홍주 구성동으로 내려와 세거하게 되었다.

이근주는 철종 11년(1860) 부친 玄福과 파평윤씨 사이에 셋째 아들로 홍성 홍북면에서 태어났다. 모친은 明齋 尹拯의 5세손인 尹徽鎭의 딸이다. 어려서 부친한테 수학하였으며, 공주 마곡사 위에 있는 부용암, 德山寺, 결성의 高山寺 등에 들어가 독학하였다. 특히 맹자의 '熊魚章'을 좋아했다. 熊魚章은 《맹자》의 〈告子〉上에 있는 장으로

---

50) 1910년 국망 후 자결 순국한 이들의 행적에 대하여는 김상기의 〈1910년대 지방 유생의 항일투쟁〉(《대한민국임시정부수립 80주년기념논문집》, 1999, 62~71쪽) 참조.

맹자 가라사대, 생선도 내가 먹고 싶어하는 바이며, 곰 발바닥도 내가 먹고 싶어하는 것이지만 이 두 가지를 모두 얻을 수 없다면 곰 발바닥을 취하겠다. 삶도 내가 원하는 바이며 의리도 내가 원하는 것이지만, 이 두 가지를 겸하여 얻을 수 없다면 삶을 버리고 의리를 취하겠다.[51]

라 하여 맹자가 '捨生取義' 정신을 강조한 장이다. 여기에서 그가 의리를 얼마나 숭상했는지 알 수 있다. 그는 말수가 적고 부지런했다. 그리고 강직하고 과단성이 있었다.

그는 1895년 명성황후가 시해되고 단발령으로 고종의 머리가 깎인 사태에 통분하여 홍주의병에 참여하였다. 장서를 소매에 넣고 들어가 관찰사 이승우를 만나 의병을 일으켜 적도를 토벌하라고 권하고 金福漢 등과 의병을 일으켰다. 그러나 그가 면천에 있는 백형의 집에 근친하러 간 사이에 김복한과 李偰, 安炳瓚 등 동지들이 관찰사의 배반으로 체포되었다. 이 소식을 들은 그는 "의리는 義擧에 있는 바, 이 대사는 하나는 국모의 원수를 갚고, 둘은 단발의 수치를 갚는 것입니다. 일이 여기에 이르렀으니, 의리상 홀로 도피할 수 없어 자수하려고 합니다"라고 하였다. 그러나 노모와 형이 "네가 義로써 더불어 나가 죽는 것은 마땅하나 다른 날 다시 도모함만 못하다"라고 다음 기회를 보라면서 붙잡아 자수하지 못했다. 다음 해 전 병사 趙儀顯 등이 청양 일대에서 의병을 모집한다는 소식을 듣고 달려갔으나, 일이 이루어지지 않음을 보고 돌아와서 울분을 이기지 못하였다. 이때부터 천식과 다리가 마비되는 병이 생겼다.

1910년 국치의 비보를 접하고 자결로 항거하고자 하였다. 그는 죽는 것은 두렵지 않았으나 세상 사람들의 평이 걱정이었다. 자신이 벼슬을 하지 않은 布衣로 자결을 한다면, 세인들이 "이 사람은 병마에 괴로워하다가 죽음을 취한 것이다"라고 하여 자신의 처의관

---

51) 《맹자》, 〈告子〉 上.

을 이해하지 못할까 염려한 것이다.[52] 이에 대하여 다음과 같이 자
신의 처의관을 분명히 밝혔다.

> 나의 마음에 정한 살아가지 못할 다섯 가지가 있으니, 하나는 聖人의 道
> 가 막히고 없어진 것이고, 둘은 國運이 어찌할 수 없는 것이고, 셋째는 悲
> 憤을 이기지 못하는 것이며, 넷째는 부끄러움이 간절한 것이고, 다섯 번째
> 는 귀와 눈이 모두 싫어하는 것 뿐입니다. 이 다섯 가지는 마음에 하나만
> 있어도 족히 구차하게 살 수 없는 것이거든, 하물며 겸한 것이겠습니까! 내
> 가 지난날에 말했기 때문에 깊이 대하면서 그대의 경계를 듣고자 한 것입
> 니다. 그대의 말은 곧 나의 뜻입니다. 生死苦樂이 어찌 감히 그대와 더불
> 어 다르겠습니까! 더구나 그대의 깊은 경계함이 있는 것이겠습니까!"[53]

성인의 도가 끊어지고, 국운이 다하였으니 살아갈 마음이 없다고
하였다. 그래서 너무나 분통하고 부끄럽고, 싫어서 죽을 수밖에 없
다는 것이었다. 이와같이 마음을 정리한 그는 자결하고자 하였으나
백형의 환갑이 있어 마차 그 전에 죽지 못하였다. 9월에 들어 백형
李根夏의 환갑잔치가 끝난 뒤 중형에게

> 삼천리 강토가 원수 오랑캐의 땅이 되고 5백 년 예의의 나라가 변하여
> 오랑캐 나라가 되었으며, 한 나라의 임금이 갑자기 이적의 신민이 되었습
> 니다. 절조가 있는 선비로서 어찌 편안히 배부르고 따뜻함을 얻겠습니까.
> 이는 개돼지와 같은 것이고, 또한 매국한 무리들과 한 하늘 아래에서 함께
> 삶을 훔치겠습니까.[54]

---

52) 이근주, 〈泰一子問答略抄〉, 1910.
53) 위와 같음.
54) 〈淸狂子家狀〉.

라고 자결의 뜻을 전했다. 중형이 일개 포의로서 죽는다면 누가 알
아주겠느냐고 하자, 그는

> 옛적 魯仲連은 곧 齊나라 동쪽에 살던 한 사람의 布衣인데, 秦이 예의를
> 버리고 염치의 나라를 버린다면 그의 백성이 되는 것이 부끄럽다며 '만약
> 중련을 秦나라의 백성으로 삼으려고 한다면 반드시 동해에 나가 죽을 뿐이
> 다.'라고 하였으니, 내가 비록 布衣이나 대대로 녹을 받은 집안과 詩禮를
> 아는 가문에 태어나서 추운 절에서 다년간 괴로움을 겪으면서 공부를 하여
> 약간의 春秋의 의리를 알았습니다. 그렇다면 그 뜻으로 앞으로 할 것이 있
> 습니다. 오늘날 나가서는 國母의 원수를 갚고 君父의 치욕을 雪恥하지 못
> 하였고, 물러나서는 집에서 修身하지 못하고 立身하여 뜻을 이룰 곳이 없
> 으니, 이는 바로 뜻이 있는 선비가 仁을 이루는 때입니다. 자고로 절개를
> 세우는 자는 그 죽어야 하는 의리를 잡으면 나가서 죽을 뿐입니다. 어찌
> 이름을 당시에 구하고 내세에 복을 구한 뒤에 죽겠습니까!"[55]

라고 제나라 노중련의 고사를 들면서 국모의 원수를 갚고 임금의
치욕을 갚지 못하니 죽음으로써 의리를 잡을 뿐이라면서 자결의 뜻
을 고했다. 며칠 후 성묘하러 간다고 말하고 酒果를 준비하여 부모
묘에 고한 뒤 자결, 순국하였다. 그는 죽기 전 나무에 '尊華攘夷 斥
邪扶正'이란 8자를 써 놓았다. 품속에는 가족과 사우들에게 쓴 유서
가 있었는데 왜경이 압수해갔다.[56] 유서에서 매장하지 말고 화장하
라고 당부하면서, 매장함은 비린내 나는 땅으로 나를 멸하는 것이
라고 하였다. 가족들이 이를 따르지 않고 선산에 장례를 모시자 '大
風'과 '雷雨'가 쏟아져 괴이하게 여겼다 한다.[57]

---

55) 〈淸狂子家狀〉.
56) 안병찬, 〈제문〉, 1910.
    송상도, 《기려수필》, 〈이근조〉.
57) 鄭寅杓, 〈淸狂子行狀〉.

홍주의병장 김복한은 이근주를 위한 輓辭를 지었는데, 여기에서 을미년 홍주의병 때 장서를 소매에 넣고 가 이승우에게 보인 사실과 모친 때문에 자수를 못한 일을 탄식했다고 알려주고 있다. 또한 사람들 중에 이근주가 의리를 지키는 마음을 알지 못하고 "병들어 있었을 뿐이기 때문에 자결하여 이름을 얻으려 하였다"라는 이가 있으나 "구순의 원로대신이었던 심순택이 죽으려 하였으나 죽지 못한 것은 무엇인가"라면서 근거가 없는 말이라고 일축하였다. 또한 이근주가 백형의 환갑을 지내고 자결함은, 임금께 충성함은 물론 형께도 공경함을 표한 것이라면서 청광자 이근주의 處義觀을 높이 평가하였다.[58]

이근주의 순국은 개인의 희생에 그치지 않고 후학들에게 민족적 각성을 촉구하고 항일투쟁을 북돋운 민족운동의 한 방략으로 후세에 길이 전해질 것이다.

4) 金志洙, 吳剛杓, 洪範植

을사조약과 경술국치에 항거하여 자결 순국한 이로는 송병선, 송병순 형제와 이근주 말고도, 금산군수 홍범식 등이 있다.

金志洙(1845~1911, 호: 心巖, 자: 心一, 본: 광산)는 논산의 두마면 두계리에서 金永允의 장남으로 태어났다. 11살 때 백부 金永鶴에게 입양되었다. 본관은 광산으로 김장생의 11대손이다. 그는 과거에 뜻을 두지 않고 송병순 등과 교유하면서 자신의 인격수양을 위한 '爲己之學'에 전념하였다. 24살 때인 1868년 10월 그는 대전의 杞菊亭으로 송병순을 찾아갔다. 그곳에서 그는 며칠간 송병순과 함께

李喆承, 〈淸狂子李公略傳〉, 1949.
58) 김복한, 〈輓辭〉.

강학하였다. 1872년에는 송병순을 연산의 靜會堂으로 모셔 會講하였다. 정회당은 김장생의 부친 金繼輝(1526~1582, 호: 黃崗)가 1557년(명종 12) 윤원형 일파에 의해 삭탈관직되자 낙향하여 연산의 벌곡면 양산리에 있던 고운사라는 절에 거주하면서 편액을 단 서재를 말한다. 사계 김장생이 이곳에서 강학했다. 김지수 대에 와서 인근의 사우들이 건물을 중건하고 계를 조직하여 매년 이곳에서 회강을 실시했는데 송병순을 초청하여 강학회를 열었던 것이다.[59]

1905년 중추원 의관에 제수되었으나 나아가지 않았다. 1910년 국망에 처하여 폐문하고 사람을 만나지 않는 생활을 하였다. 총독부에서 이른바 은사금이라는 것을 보내온 것이 1910년 12월 12일이었다. 그는 은사금을 거부하고 "왜적이 만약 계속 온다면 나는 마땅히 나의 고결함을 지키는 것을 자처할 것이다"라며 자결 순국하겠다고 알렸다. 그러나 총독부에서는 다음해 1월 13일, 4월 13일 계속해서 은사금 수령을 강요하였다. 4월 13일에는 은사금을 거부할 경우 체포하겠다는 협박까지 받았다. 김지수는 일제에게 체포되느니 차라리 자결하겠다고 결심하고 친구 金文洙에게 다음과 같이 "내가 죽거든 외국의 물품을 쓰지 말고 수의는 솔잎즙으로 물들인 것을 쓰며 장례는 간소하게 치를 것"을 부탁하는 편지를 보냈다.[60]

늙어 죽지 않을 자 몇이나 될까	老而不死機何人
이 세상 이 한 몸 살기 어려워라	此世難容一介人
청렴한 사람 죽으려는 뜻 빼앗지 못할 터	莫奪廉夫溝壑志

---

59) 송증헌, 〈심석재연보〉, 《심석재집》 권34, 연보, 무진 10월 갑자조, 임신 9월조. 정회당 건물은 없어지고 그 터는 현재 김집 묘역으로 조성되어 있다. 정회당이란 편액은 돈암서원 한쪽의 건물에 걸어 놓았다(이연숙, 〈정회당〉, 논산문화대전 참조).

60) 송상도, 《기려수필》, 김지수 조(국편, 한국사료총서, 199~201쪽).

단연코 나는 하늘의 뜻을 바꾸지 않으리라   斷然無改我天眞

4월 17일 일본 헌병이 다시 찾아와 그를 체포하려 하였다. 그는 잠시 기다려 달라 하고 방에 들어가 자결을 기도하였다. 그는 며느리가 자결을 만류하자

오랑캐의 욕을 받으니 차라리 바르게 죽음만 못하다. 지금 네가 나를 구하고자 하는 것은 나를 위한 것이 아니고 적을 위하는 것이 된다.

라고 꾸짖고 목을 매 자결하였다. 김지수는 제자들에게도 "志士는 죽을 것을 잊지 않는다는 뜻을 세운 연후에 의리가 중요해지고 어떤 상황도 그 뜻을 어지럽히거나 빼앗을 수 없다"고 가르쳤다. 그는 자신의 학문적 신념을 자결 순국으로 실천했던 것이다.[61]

吳剛杓(1843~1910, 호: 無貳齋, 자: 明汝, 본: 보성)는 공주 사곡면 월가리에서 오치국과 파평윤씨 사이에 장남으로 태어났다. 그는 鼓山 任憲晦와 艮齋 田愚의 문하에서 수학하였다. 그는 1905년 을사늑약이 체결되었다는 소식을 듣고 을사5적을 토벌해야 된다는 〈請斬調印諸賊疏〉를 지었다. 그는 상소문이 조정에 전달되지 않는 것을 알게 되자 공주향교 명륜당에 들어가 아편을 먹고 자결을 기도하였다. 다행히 韓鼎命의 도움으로 목숨을 건졌다. 그는 은거생활을 하던 중 1910년 국권침탈 소식을 들었다. 그는 자결을 결심하고 선친의 묘 앞에서 그 뜻을 다음과 같이 고했다.

아! 이제 나라가 망하고 임금이 없습니다. 우리의 강상이 무너졌습니다. 고금 천하에 어찌 이런 때가 있습니까. 이러한 때를 만나 살고자 하는 낙

---

61) 송상도, 《기려수필》, 김지수 조(국사편찬위원회, 한국사료총서, 199~201 쪽).

이 없습니다. 죽을 마음 뿐입니다. 장차 향교로 가서 자결을 하고자 합니
다. 永訣하고자 왔습니다. 부모님의 은혜는 하늘과 같습니다.[62]

　그는 〈경고동포문〉이라는 동포에게 보내는 유서도 남기고 1910
년 11월 17일(음, 10월 16일) 공주향교의 講學樓에 목매 자결하였다.
그는 유서에서 "나라가 망하고 임금이 없는데 어찌 홀로 살아서 조
선인이 되리오. 죽어서 조선의 귀신이 되리라" 하여 일본의 노예가
되기보다는 차라리 죽음을 택하겠다는 의지를 분명히 하였다.[63]

　洪範植(1871~1910, 호: 一阮, 자: 聖訪, 본: 풍산)은 충북 괴산군 괴
산읍 동부리에서 洪承穆과 해평윤씨 사이에서 장남으로 태어났다.
그의 집안은 노론 명문이다. 조부 祐吉은 문과에 장원급제하여 예
조판서와 이조판서를 지냈으며 孝文이란 시호도 받았다. 부친 역
시 문과에 급제하여 이조와 병조참의 등
을 지냈으나 조선총독부 중추원 참의를
지내는 등 총독부에 협력한 친일관료이
다. 홍범식은 18세이던 1888년 생원진사
시에 합격하고 내부주사에서부터 태인군
수 등을 지냈다. 그가 금산군수로 발령
된 것은 1909년 6월이었다. 1910년 8월
그는 망국의 소식을 듣고 자결을 결심하
였다. 그는 재판소 서기 金祉燮을 불러
유서를 싸서 봉한 상자를 전했다. 그리
고 객사 후원의 낮은 소나무 가지에 목

일완 홍범식

을 매 자결하였다. 그는 자결 직전 객사의 벽에 '國破君亡 不死何

---

62) 오강표, 《無貳齋集》 권1, 〈告訣先考墓文〉.

63) 송상도, 《기려수필》, 오강표 조(국사편찬위원회, 한국사료총서, 163~164쪽).
　　한철호, 〈무이재 오강표의 생애와 항일순국〉, 《사학연구》 75, 2004, 215~224쪽.

爲'라는 여덟 자의 유서를 남겼다. 김지섭에게 준 유서에는 관직을
떠나 다른 일을 찾아보라고 당부하였다. 아들인 홍명희에게는 "기
울어진 국운을 바로잡기에 내 힘이 무력하기 그지없다. 망국노의
수치와 설움을 감추려니 비분을 참을 수 없어 순국의 길을 택하지
않을 수 없다"고 하였다. 그리고 "죽을지언정 친일을 하지 말고 먼
훗날이라도 나를 욕되게 하지 말아라"라는 유서를 남겼다. 그의 유
지를 받들어 아들 洪命憙는 1919년 괴산장터의 만세운동을 주도하
였으며 신간회운동을 이끌었다. 홍명희의 이복동생인 홍성희도 만
세운동에 참여하여 옥고를 치렀다. 손자 洪起文도 신간회에 참여하
는 등 가족들은 그의 유훈에 따라 민족운동의 길을 걸었다. 金祉燮
(1884~1928)은 그의 유서에 따라 중국으로 망명하여 의열단 단원이
되었다. 그는 1924년 일본의 황궁으로 들어가 일본 왕을 폭살하려
는 이중교 의거를 결행하였다. 금산 출신의 宋哲(1896~1986)은 홍범
식의 순국 모습을 직접 보았다. 그는 홍 군수의 '축 늘어진 시신'을
보고 어린 가슴에 헤아릴 수 없을 만큼 일본에 대한 적개심이 일었
다고 한다. 그리고 "내가 살아 있는 동안 원한을 풀어주지 못하면
살아서 무엇하리!"라면서 이후 학업에 전념하고 미국으로 망명하여
독립운동에 나섰다고 회고하였다.[64]

   이들 말고도 宋時烈과 동문이었던 草蘆 李惟泰의 9대손인 공주
의 유생 李喆榮(1867~1919, 호: 醒菴)은 1909년 호적에 입적하는 것
을 거부하는 '致日本政府書'를 발표하고 홍산경찰서에 구금되었으
며, 1914년에 또 다시 호적거부로 투옥되는 등 강인한 항일의 氣節
을 보여주었다.[65]

   이와 같이 송병선과 송병순 그리고 이근주 · 김지수 · 이학순 · 오

---

64) 이상수, 《송철회고록》, 키스프린팅, 1985, 29~30쪽.
   김택영, 《韶濩堂文集》 권10, 홍범식전.
   박걸순, 《충북의 독립운동과 독립운동가》, 국학자료원, 2012, 167~178쪽.
65) 이철영, 〈抗義記事〉, 《성암집》 권7.

강표·홍범식 등의 순국은 개인의 희생에 그치지 않고 가족과 문인 그리고 후학들에게 민족적 각성을 촉구하고 항일투쟁을 북돋운 점에서 민족운동의 한 방략이었다 할 수 있겠다.

제4장 3 · 1운동과 파리장서운동

1. 호서유림의 3 · 1운동

대전 충남지역에서 3 · 1운동은, 학생층, 유학자, 천도교도 등 여러 계층이 주도하였다. 그 가운데서 대전 · 서산 · 홍성 · 공주 · 천안 · 청양 · 당진 등지에서의 만세시위에서 보듯이 지역 유림들의 역할과 참여가 두드러진다.

대전에서는 3월 3일에 인동시장에서 나무꾼들이 독립만세를 외치면서 시작되었다. 3월 12일에 남부교회 앞에서는 천도교 주도 아래 만세운동이 있었다. 인동시장에서는 3월 16일 재차 만세운동이 일어났다. 張雲心과 權學道 등이 태극기를 군중에게 나누어 주면서 시위를 주도하자, 군중들이 합세하여 인동과 원동 일대로 행진하였다. 일본 경찰과 헌병대, 보병대가 출동하여 가마니 공판장에 있는 잉크를 흰옷 입은 군중에게 뿌려서 잉크 자욱이 있는 사람들에게 무차별 사격을 가하며 탄압하였다. 3월 27일 인동시장에서 만세운동은 송애 김경여의 후손인 金正哲의 주도로 전개되었다. 산내동에 거주하던 김정철은 3월 15일경에 독립만세를 부르자고 계획하였다. 김정철은 김창규에게 독립선언서, 국민회보, 독립신문 약 300매를 주고 인동의 金顯泰 집에서 曹相連 · 尹明化 · 朴鐘浩 · 金完洙 등과 장날을 이용하여 태극기를 들고 독립만세를 부르자고 협의하였다. 이들은 3월 27일 하오 3시 무렵 인동시장으로 나갔다. 김창규가 "조선은 독립되어 전국 곳곳에서 모두 만세를 부르고 있는 이 때 유독 대전만이 빠지고 있음은 큰 치욕이 아니냐"고 연설을 하였고, 김완수 등은 태극기를 군중에게 나누어주고 독립선언서, 국민회보, 독립신문을 돌리면서 앞장서서 행진하였다. 하오 5시까지 계속된 독립만세 시위는 긴급 출동한 일본 헌병들에 강제 해산되었다. 4월 1일에도 '조선이 독립된다'는 신념을 갖고 있던 金直源과 朴宗秉 등이 주도하여 만세운동을 전개하였다. 김직원은 자신이 만든 태극기를 군중에게 나누어 주고 군중 400여 명과 함께 독립만세를 불렀다. 일본 헌병대는 즉시 탄압에 나섰고, 보병 80연대 제3대대의 1개 소대는 원동 소재 대전 소학교 근처에 매복하였다가 만세를 부르는 군중에게 무차별 사격을 가했다.

유성에서는 3월 16일에 李權秀와 李祥秀가 주도하여 오후 1시 무렵 시장에서 군중과 함께 독립만세를 불렀다. 이권수는 "조선이 독립되어 곳곳에서 만세를 부른다"는 소식을 듣고 이상수와 함께 3월 15일에 대형과 소형 태극기를 만들고, 조선이 독립하였다는 사실을 마을 사람들에게 알리려고 대형 태극기를 지족리 한복판에 게양하였다. 이튿날 유성장터에 나아가 독립만세를 외치자고 호소하는 일장 연설을 하였다. 연설 후 가지고 온 소형 태극기를 시장 사람들에게 나누어 주면서 대한독립만세를 선창하자, 군중 200여 명이 가담하여 독립만세를 부르면서 행진하였다. 유성주재소는 대전 헌병대의 헌병 8명을 지원 받아 시위 군중을 탄압하였다. 4월 1일에는 100여 명에 가까운 군중들이 낫과 가래를 들고 독립만세를 부르면서 주재소로 행진하였다. 당황한 주재소 순사는 대전 헌병대에 연락하여 10여 명을 지원 받아 시위 탄압에 나섰다.

유천동에서는 3월 28일에 군중 30여 명이 면사무소 앞에 모여 독립만세를 불렀고, 마침 구장회의에 참석한 면장과 구장들도 시위 군중에 합류하였다. 가수원동에서는 3월 29일에 기성면 동리 주민 400여 명이 부근 산 위에서 횃불을 놓고 독립만세를 불렀다. 갈마동에서는 4월 1일에 30여 명의 군중이 독립만세를 불렀다. 회덕에서는 4월 1일 오후 8시부터 주민들이 독립만세를 부르면서 역 앞으로 집결하던 가운데 12시 무렵 일본 헌병의 강력한 저지를 받았다. 산내에서도 4월 1일에 면민 400여 명이 독립만세를 부르다가 지원군의 협력을 받은 주재소 경찰에게 제지되었다. 대전 3 · 1운동은 일제에 항거한 동학농민전쟁과 문석봉 의병, 을사늑약과 경술국치 때 宋秉璿과 송병순의 자결과 같이 항일의식의 명맥을 이은 항일운동이었다.[1]

공주에서 3 · 1운동은 3월 14일 하오 4시 무렵 유구읍 출신 黃秉周의 주도로 유구시장에서 시작되었다. 황병주는 손병희가 서울에서 독립만세운동을 전개하다가 체포된 사실을 신문에서 보아 알고 만세운동을 전개하려고 결심하였다. 그는 시장에서 군중 30여 명을 모아 독립만세를 외치면서 모자를 벗어 흔들었다. 황병주가 일경에 연행되자, 李升鉉은 시장에 남아 있던 100여 명의 군중을 이끌고 주재소로 갔다. 그들은 주재소 창문과 유리창을 파괴하면서 황병주를 석방하라고 요구하였으나, 공주에서 파견된 경찰과 수비대에 체포되어 옥고를 치렀다. 4월 1일에는 영명학교 교사와 학생들이 중심이 되어 공주시장에서 독립만세운동이 일어났다. 노명우 · 류준석 · 강연 · 양재순 등은 오후 2시 무렵 시장에 도착하여 군중에게 독립만세를 외치면서 독립선언서를 배포하였다. 4월 4일에는 옥룡동 주민 1천여 명이 독립만세를 불렀다. 정안면에서는 4월 1일에 李綺漢의 주도로 석송리와 광정리에서 독립만세운동을 전개하였다. 계룡면에서는 4월 2일에 경천 시장에서 1천여 명이 태극기를

---

1) 김진호,〈대전지역의 3 · 1운동〉,《대전문화》18, 1999.

들고 대한독립만세를 불렀고, 같은 날 우성면에서는 밤에 도천리와
쌍신동 주민들이 횃불을 올리면서 독립만세를 외쳤고 동대리 주민
들도 독립만세를 불렀다. 탄천면에서도 4월 3일 밤에 면내 각 동리
약 1천 5백 명 주민들이 횃불을 올리면서 독립만세를 불렀다.

공주 3·1운동은 종교인, 유림, 교사, 학생 및 농민 등 다양한 계
층이 독립만세운동을 주도하여 다른 지역보다 많은 인원이 참여하
였다. 독립운동 방법으로 무력을 동원한 횃불시위라는 평화적인 방
법을 병행하여 만세운동을 전개하였으며, 도 단위의 엄격한 치안
통제와 진압 부대의 증파 속에서도 계속적으로 이루어진 것이 특징
이다.[2]

당진 대호지 3·1운동은 대호지 면민들이 중심이 되어 4월 4일
전개하였다. 남상락을 비롯한 남상집 등은 면장인 이인정 등과 함
께 장날인 4월 4일 시위를 하자고 정하고 거사 장소를 인근의 정미
면 천의리로 정하였다. 이들은 면장 명의의 '도로수선병목정리의
건'이라는 공문을 모든 구장들에게 나눠주고 주민들로 하여금 도구
를 지참하여 나오도록 하였다. 4월 4일 아침, 만세운동을 계획하였
던 유생들과 행동 대원, 도로 보수를 위해 참여한 주민들이 대호지
면사무소에 집결하였다. 이들은 대형 태극기를 앞세우고 천의시장
으로 행진하였다. 천의에 도착하여 남주원 등은 시장에 모인 주민
들에게 연설을 한 뒤, 시가행진에 들어갔다. 당시 천의 주재소에는
4명의 순사들이 있었으나 시위대에 밀려 결국 도망하였고 당진경찰
서에서 무장경관 2명이 파견되어왔다. 이들은 태극기를 탈취하고
권총을 발사하여 시위대 4명에게 중상을 입혔다. 날이 저물어 서
산과 당진경찰서 경관 8명, 수비대 보병 5명이 천의에 급파되었다.
이들은 천의를 거쳐 대호지면 조금리에 이르러 송봉운을 살해하는

2) 김진호, 〈공주지역의 3·1운동〉, 《공주의 역사와 문화》, 공주대 박물관,
   1995.

만행을 저질렀다. 일경의 검속은 1년이 넘게 지속적으로 이루어졌다. 수백 명의 주민이 체포되어 모진 고문을 당하였으며, 일경에 수배되거나 수형을 받아 이름이 밝혀진 이는 총 199명에 이른다. 옥중에서 이달준·박경옥·김도일이 순국하는 등 갖은 고초를 겪었다.[3]

서산지역에서 3·1운동은 3월 16일 서산읍에서 봉기한 것을 시작으로 3월 19일과 24일에는 해미에서, 3월 31일에는 팔봉면에서, 4월 5일에는 운산면 고산리에서, 4월 8일에는 성연면과 음암면, 운산면 용현리와 여미리, 4월 10일에는 운산면 수평리와 갈산리에서 전개되었다. 4월 8일 용현리 만세운동을 주도한 이는 許後得이다. 그는 李奉夏, 羅相允 등과 만세시위운동을 계획하고 鄭元伯 집에서 黃君成 등 주민들에게 독립을 위한 방법으로 만세시위운동을 펼치자고 호소하였다. 이에 따라 주민 50여 명이 집결하였으며, 普賢山에 올라 횃불을 놓고 대한독립만세를 불렀다. 이들의 활동에 대하여 판결문에서는 다음과 같이 기록하고 있다.

> 피고 등은 조선독립시위운동을 하고자 羅相允과 모의하여 4월 8일 거주지의 鄭元伯 집에서 마을의 黃君成 외 십수 명에게 右 취지로 선동하여 마을 주민 약 50여 명을 인솔하고 마을의 普賢山 위에 올라 횃불을 놓고 조선독립만세를 고창하여 안녕 질서를 방해하였다.[4]

주도자인 許後得(1895~1946, 본: 양천, 이명: 許喆)은 寒泉公 許潛의 11세손으로, 俞鎭河의 문인인 許云必의 장남이다. 그는 부친에게 한학을 배웠다. 마을에서 서당을 운영하다가 1919년 3·1운동이 일

---

3) 김남석, 〈대호지 3·1운동의 전개와 특성〉, 《한국독립운동사연구》 35, 2010.
4) 〈이봉하 허후득 판결문〉(대정8년 공제174호, 공주지방법원, 1919년 5월 19일).

어나자 마을의 청년들과 만세운동을 하자주민들을 인솔하여 마을의 뒷산인 보현산에 올라가 횃불시위를 하였다. 이 일로 체포된 허후득은 1919년 5월 19일 공주지방법원에서 이른바 보안법 위반으로 징역 6월을 선고받고 옥고를 치렀다. 李奉夏(1891~1969) 역시 용현리 출신으로 보현산에서의 만세운동을 주도한 일로 체포되어 허후득과 함께 1919년 5월 19일 공주지방법원에서 징역 6월형을 선고받고 옥고를 치렀다.

한편 운산면 거성리 출신의 金鳳濟(1860~1929)는 1919년 3월 파리강화회의에 한국독립을 호소하려고 金昌淑 등이 유림대표를 맡아 작성한 독립청원서에 유림의 한 사람으로 서명하여 옥고를 치렀다. 세칭 巴里長書事件이라고 불리는 이 거사는 金福漢 등 호서유림과 郭鍾錫 등 영남유림 137명이 참여한 명실상부한 유림의 항일운동이었다.[5]

청양지역에서도 1919년 4월 초에 독립만세운동을 전개하였다. 청양 3·1운동은 4월 5일 정산에서 시작되었다. 정산면 백곡리의 洪梵燮 등은 4월 5일 오후 3시에 정산 시장에서 독립만세를 선창하며 1백여 명의 장꾼들과 태극기를 흔들고 대한독립만세를 부르면서 시위를 하였다. 이 시위는 도중에 정산향교 직원인 權興圭가 헌병의 발포로 순국하고 김필현이 부상당하는 등 치열하였다. 같은 날 화성면에서 산정리 주민들의 시위가 있었다. 이 시위는 덕명의숙에서 임한주에게 한학을 수학한 이들이 주도하였다. 4월 7일 저녁 8시경에는 와촌리 외 2개 마을 주민 150여 명이 만세봉에서 횃불을 밝히고 만세를 불렀다. 청남면에서는 4월 7일 밤에 지곡리 주민들이 堂山에 올라 횃불을 올리고 독립만세를 불렀다. 이후에도 청남

5) 김상기, 〈서산지역 3·1운동의 전개와 성격〉, 《한국독립운동사연구》 36, 2010.

면과 장평면, 비봉면, 남양면 등에서도 만세시위가 있었다.[6]

1919년 3월에 3·1운동이 전국적으로 일어나자 홍성에서도 만세시위운동이 전개되었다. 구항면에서는 이설의 제자인 李吉性 (1874~1935)이 주도한 만세운동이 있었다.[7] 이길성은 자택에서 태극기를 제작하고 '大韓國 獨立萬歲'라고 쓴 종이 깃발을 만들어 주민들을 인솔하고 만세운동을 주도하였으며, 동리의 月山에 올라가 횃불을 올리며 독립만세를 외쳤다.[8] 그는 체포되어 공주지방법원에서 4월 28일 징역 6월형을 선고받고 상고했으나, 7월 3일 고등법원에서 기각당하여 형이 확정되었다. 고등법원의 판결문에 따르면, 그는 조선 민족으로서 正義와 人道에 기초한 의사를 발동한 것으로 1심과 2심에서 범죄가 있다고 판결한 것은 부당하여 이를 따를 수 없어 상고하였음을 밝혔다.

천안의 3·1운동은 아우내 장터 만세운동이 대표적이다. 아우내 장터 시위로 말미암아 주도자 유관순을 비롯하여 유중권·이소제 부부, 최정철·김구응 모자 등 19명이 순국하였다.[9]

충남지방의 3·1운동은 초기 단계에는 독립선언서나 유인물을 배포하고 독립의식을 북돋는 것에 그쳤다. 그러나 만세운동이 점차 확산되어 참여 군중의 수가 늘어나면서 평화적, 비폭력적 시위에서 벗어나 점차 무력적, 폭력적인 양상도 나타났다.

---

6) 김진호, 〈청양지역의 3·1운동〉, 《충남사학》 12, 2000.

7) 김좌진의 족제인 김종진(1901~1931)도 이때 구항면 3·1운동에 참여하였을 것으로 보인다. 김종진은 구항면 내현리 출신으로 어려서 서당에서 한학을 수학하였다. 그는 19세 때인 1919년 고향에서 3·1운동에 참여하고 경찰서에 몇 달동안 구류되었다가 미성년이라 하여 풀려난 뒤 상경하여 중동학교를 마쳤다. 1920년 만주로 들어가 김좌진과 만나 신민부에서 활동했으며 재만조선무정부주의자연맹 대표를 역임하기도 하였다(李乙奎, 《是也金宗鎭先生傳》, 한흥인쇄소, 1963).

8) 독립운동사편찬위원회 편, 《독립운동사》 3, 135쪽.

9) 이정은, 《유관순》, 역사공간, 2010.

2. 호서유림의 파리장서운동

1919년 거족적인 3·1운동이 일어났다. 3·1운동은 서북지역이나 경기 일대에서는 천도교와 기독교 계통의 지도자들이 주도한 면이 있다면, 호서지역과 영남지역과 같이 유생층이 두터운 지역에서는 유학자들이 주도한 특징이 나타난다.

유학자들은 독립선언서에 민족 대표로 서명하지 못했다. 영남과 호서지역의 유학자들은 이를 원통해 했으며, 프랑스 파리에서 개최되는 강화회의를 대한 독립의 기회로 이용하려는 계획을 세웠다. 경북지역에서는 김창숙 등 곽종석의 문인들이 중심이 되었으며, 호서지역에서는 홍주의병장 김복한을 중심으로 각기 독자적인 長書運動을 전개하였다. 이들 두 계열의 장서운동은 각기 서명 작업을 진행하는 도중 서울에서 실무책임자들이 만나 하나의 장서운동을 펼치기에 이르렀다.

그동안 영남지역의 장서운동에 대하여는 연구들이 진행되어 많은 부분이 밝혀지기에 이르렀다.[10] 이에 견주어 호서지역 장서운동에 대하여는 그간 김복한의 활동을 중심으로 설명하는데 그쳤다.[11]

이 글에서는 김복한 이외에 호서지역 파리장서운동에 참여한 인물에 대한 분석과 구체적인 실행과정, 그리고 '호서본'의 이념적 성

---

10) 허선도, 〈3·1운동과 유림계〉, 《3·1운동50주년기념논문집》, 동아일보사, 1969.
   남부희, 〈유교계의 파리장서운동과 3·1운동〉, 《한국의 철학》 12, 경북대 퇴계연구소, 1984.
   임경석, 〈유교지식인의 독립운동-1919년 파리장서의 작성 경위와 문안 변동-〉, 《대동문화연구》 37, 2000.
   서동일, 〈1919년 파리장서운동의 전개와 역사적 성격〉, 한국학대학원 박사학위청구논문, 2009.
11) 김상기, 〈김복한의 홍주의병과 파리장서운동〉, 《대동문화연구》 39, 2001.

향 등을 밝히고자 한다.

1) 호서지역 파리장서운동의 전개

1919년 거족적인 3·1운동의 선언서에 각 종교 대표들이 참여하였다. 그러나 유림의 이름은 민족 대표에서 빠져 있었다. 金昌淑을 비롯한 영남 지역 유생들은 33인에 유림 대표가 빠진 것을 부끄럽게 생각하고 郭鍾錫을 우두머리로 하여 장서운동을 전개하였다. 이들은 이미 孫秉熙 등이 선언문을 발표했으니 유림들은 파리 강회회의에 대표를 파견하여 열강으로 하여금 우리의 독립을 인정케 하자고 하였다.[12]

호서지역 파리장서운동은 홍주의병장 김복한의 주도로 진행되었다. 1910년 국망 후 죄인을 자처하면서 自靖의 생활을 하던 金福漢은 1919년 고종이 죽자 천자의 8일 成服의 예에 따라 상복을 입고 애도하였다. 3·1운동이 전국적으로 일어났다. 홍성에서도 구항면에서 이설의 제자 李吉性(1874~1935)이 주도한 횃불시위가 있었다.[13] 김복한은 건강상태가 좋지 않아 만세시위에는 직접 참여할 수 없었다. 그가 57세 때인 1916년, 제천의병에 참여했던 李胄承에게 보낸 편지에서

> … 福漢의 病狀은 가을철에 수십일 동안 위독한 지경을 겪었고, 지난 달에는 매우 안정되는 듯하더니, 그믐께부터는 오른손 무명지에 담종이 저절로 발생하여 붓고 아픈 것이 팔목과 팔에 미치고 거기에다 전에 앓던 여러

---

12) 金昌淑, 《心山遺稿》권5(국사편찬위원회 편) 雜記, 〈躄翁七十三年回想記〉.
  金東變 編, 《儒林團獨立運動實記》(宋仁根家 所藏本).
13) 독립운동사편찬위원회 편, 《독립운동사》 3, 135쪽.
  《독립운동사자료집》 5, 1973, 1194~1185쪽.

증세가 이로 말미암아 다시 기세를 부려서 왼손의 위아래가 또한 땡기고
아파서 밤낮으로 소리 지르며 죽기를 祈求하여도 얻지 못하니 스스로 애탐
을 어찌하리까. 잠을 못 이루고 곡기를 끊음이 이미 7, 8일이면 그 침중함
을 알 수 있으니 다시 번거롭게 무슨 말을 하리까. 지난번에 服中에 속옷
에 綿布를 쓰는지 여부를 물으셨는데, 禮書에 논한 바 없고 당신께서 입으
신 복이 參衰이기는 하나 親喪과는 다름이 있으니 속에 솜옷을 입고 겉에
袍를 입는다 하여도 크게 해될 것이 없을 것 같습니다. 살펴서 하심이 어
떠리까. 숨이 끊어졌다 이어졌다 하니, 이것만으로도 용서하고 보아주시기
바랍니다.

　　丙申年(1916) 11월 8일 김복한 올림[14]

라고 하여 숨이 끊어졌다 이어졌다 하는 상태라고 말하고 있을 정
도였으니 그의 건강상태를 짐작하기에 충분하다.

그러나 그는 고종의 '시해' 소식과 미국대통령 윌슨의 민족자결주
의가 발표되고 파리에서 1차 세계대전 승전국들이 강화회의를 개최
하고 있음을 전해 듣고, 과거 의병 동지들과 연명하여 강화회의에
글을 보내 독립을 요구하는 장서운동을 계획하였다.

김복한은 장서를 작성한 뒤 홍주의병 기록인 《洪陽紀事》의 저
자 林翰周를 비롯하여 의병의 동지들을 찾아가 서명을 받았다. 그
는 林翰周를 찾아가 광무황제가 죽음을 당하는 흉변을 만나 빈부귀
천을 가리지 않고 나무꾼이나 몸 파는 여자까지 민족의 독립을 요
구하는 시위에 참여하는데 우리가 그냥 있을 수 없다면서 파리강
화회의에 글을 보내 독립과 大韓 遺民의 원통함을 호소하자고 하였
다.[15]

임한주는 이에 "저와 같은 자는 이미 우매하고 천하여 그 사이에

---

14) 이구영 편,《호서의병사적》, 529쪽.

15) 林翰周,〈被拘顚末記〉(己未),《笆邊集續》卷3上, 記.

輕重을 가릴 바가 아닙니다. 오직 뜻대로 행하실 뿐입니다"라고 자신의 뜻을 밝히고[16] 이에 적극 호응하였다. 임한주는 자신의 일기인《우양만록》1919년 3월 2일(음)자에

> 儒林들이 한 명도 원통하고 분한 뜻을 표시하는 이가 없었다. 志山이 비록 앉은뱅이가 되어 두문불출하고 있지만 일찍이 임금을 侍從했던 신하였다. … 나와 더불어 같은 뜻으로 한번 피를 흘릴 생각이 있었다.[17]

라고 유림들이 원통하고 분해 지산 김복한과 함께 죽을 각오로 장서의 일을 추진했다고 적고 있다. 임한주는 체포된 뒤 심문과정에서 '조선의 독립을 희망하는 마음으로' 金福漢의 권유로 서명했다고 진술하였다.[18] 이를 보면 김복한은 3·1운동이 전개되던 3월(음력 2월) 중에 장서운동을 시작하고 임한주를 만났음을 알 수 있다.[19]

김복한은 이어서 청양의 安炳瓚과 金德鎭, 홍성의 崔中軾·田穰鎭·李吉性, 서산의 金商武·金鳳濟, 보령의 柳浩根과 申稷善 등에게 서명을 받았다.[20]

지금까지 서명자의 수에 대하여《俛宇集》,《心山遺稿》,《高等警察要史》등에 따라 모두 137명으로 알려져 있다. 이 가운데 호서본에 서명한 이는 17명으로 보인다. 金昌淑의〈躄翁回想記〉에 따르면 "지금 호서 사람 敬鎬 林錫厚가 기호 유림의 영수인 志山 金福漢

---

16) 위와 같음.

17) 林翰周,《雨暘慢錄》권2 하, 17쪽, 1919년 3월 2일조.

18)〈林翰周 判決文〉(대구지방법원, 1919년 7월 29일).

19) 임한주가 호서본에 서명한 것은 '2월중'이라고만 밝히고 있어 정확한 날짜는 알 수 없다. 임한주의 일기인《雨暘慢錄》에서도 2월조에는 아무런 내용이 없다. 단지 3월 2일자(음)에서 손병희가 석방된 사실을 기재하고 비로소 파리장서의 내용과 운동의 경위를 상세히 밝히고 있을 뿐이다.

20) 金魯東,〈年譜〉,《志山集》부록, 1919년 3월조.
서동일은 黃宅性이 黃佾性의 재종형으로 호서본에 서명했다고 말한다(서동일, 위글, 79쪽)

선생 이하 17명 연명으로 파리평화회의에 보낼 편지를 가지고 상
경했다"[21]라 하여 호서본의 서명자가 17명임을 알려주고 있기 때문
이다. 호서본에 서명한 17명은 허선도 교수의 검토와《고등경찰요
사》에 따르면, "金福漢, 柳浩根, 安炳瓚, 申稷善, 金商武, 金鳳濟,
林翰周, 金智貞, 柳濬根, 田穰鎭, 崔中軾, 李吉性, 白觀亨, 李來修,
金德鎭, 金炳軾, 金鶴鎭 등으로 보인다.[22]

김복한의 제자 黃佾性은 서명에 참가는 안했으나 비용 일체를
조달하였던 것으로 알려져 있다. 김복한은 서명을 받은 뒤 제자 黃
佾性·李永珪·田溶學 등을 서울로 보내 林敬鎬와 협의하여 만국
강화회의가 열리고 있는 프랑스의 파리로 장서를 보내도록 하였
다.[23]

그런데 임경호가 서울에서 장서를 받고 출국을 준비하던 중에 俞
鎭泰(1872~1942)의 소개로 李得秊의 집에서 김창숙을 만나게 되었

---

21) 金昌淑, 위의 글, 313쪽, "一日白隱與毅堂李得年同來, 謂翁曰義理者, 天下之
公, 可見不模而同, 今有湖西人林敬鎬錫厚者, 携畿湖儒林領袖金福漢先生以下
十七人連署之抵巴里講和會書入京, 方不日治發, 與子伴行, 豈非機事之偶者耶".

22) 許善道 교수는 파리장서에 서명한 충남지역 인사로 金福漢을 비롯하여 林翰
周·安炳瓚·金德鎭·崔中軾·田穰鎭·李吉性·全錫允·金商武·金鳳濟·白觀
亨·柳浩根·全炳植·申稷善·金智貞·李來修·金鶴鎭·柳濬根 등 18명을 지
명하였다(허선도, 〈3.1운동과 유림계〉,《3.1운동50주년기념논문집》, 동아일보
사, 1969, 296쪽). 이 중에 全錫允(1894~1966)은 경남 합천 출신으로 알려져
2005년 건국포장이 추서되었다. 全炳植의 인적 사항은 아직 확인이 안 되나, 보
령의 金炳軾으로 보인다.
   《고등경찰요사》(경북경찰부)에 따르면, 충남 출신으로 金福漢을 비롯하여 林翰
周, 安炳瓚, 金德鎭, 崔中軾, 田穰鎭, 李吉性, 金商武, 金鳳濟, 柳浩根, 申稷善,
柳濬根, 金智貞, 白觀亨, 李來修, 金鶴鎭(부여), 金炳軾(보령군 청라면 坡陽里),
李泰植(홍성군 구항면 신곡리) 등 18명의 명단이 들어 있다. 이 중에 李泰植은
의령출신으로 곽종석의 문인으로 알려져 2004년 애족장을 추서받았다. 金炳軾
(1848~1924, 자: 永土, 호: 書泉)은 보령군 청라면 소양리에 주소를 둔 인물로
보인다. 그는 서울의 안동김씨로 청음 김상헌의 후손이다. 1888년 문과 병과에
급제하여 관직을 지냈으며, 보령의 청라지역으로 낙향해 살았다. 金鶴鎭은 부여
지역에 낙향한 안동김씨로 호를 後夢이라 하는 인물로 보인다(황의천, 〈파리장
서운동과 보령 호서지역 유림〉,《보령문화》17, 2008, 135~137쪽).

23) 金魯東, 〈年譜〉,《志山集》부록, 1919년 3월조.
   독립운동사편찬위원회,《독립운동사》3, 1971, 137쪽.

다. 俞鎭泰(1872~1942, 호: 白隱)는 충북 괴산 출신으로 이회영, 임경호 등과 고종 망명계획을 추진했던 사람이다. 그는 김창숙이 상해로 떠날 때 그곳에 있는 이동녕 등에게 소개장을 써주었으며, 통역 朴敦緒를 소개하여 출국하게 하였다. 李得秊(1883~1950?, 호: 毅堂)은 일본 와세다대학 출신으로 대한흥학회 평의원을 역임하였으며, 1911년부터 1913년까지 보성전문의 강사를 지냈다. 이득년 또한 1918년에는 이회영, 임경호 등과 함께 高宗 망명을 추진하였다.[24] 유진태는 김창숙에게 임경호를 소개하면서 "이번 회합은 진정 우연한 일이 아니다. … 다만 우연이라 규정하기보다는 나라의 장래를 위하여 신명이 도왔다고 볼 수밖에 없는 일이다"라고 하였다.[25] 김창숙 또한 "어찌 극히 비밀스런 일의 우연이 아니냐(豈非機事之偶者耶)"[26]면서 기뻐하였다.

　이들은 호서, 영남 유림의 계획과 목적이 같음을 알게 되었으며, 이에 따라 두 지역 유림의 장서운동을 통합하기에 이르렀다. 다만 장서의 내용을 비교 검토할 시간적 여유가 없어 영남본의 뜻이 잘 갖추어지고 분명하다('極其該明')고 하여 영남본을 취했다.[27] 長書에 서명하는 순서에서 이들은 郭鍾錫을 첫째로 하고, 金福漢은 그 다음에 하기로 합의하였다.[28] 자리에 참석한 모든 이들은 "이제 전국 儒林이 東西南北 없이 모두 원만하게 단결하였으니, 실로 獨立運

---

24) 서동일, 위의 글, 67쪽.

25) 김창숙, 《벽옹일대기》, 태을출판사, 1965, 94쪽.
　독립운동사편찬위원회, 《독립운동사》 8 문화투쟁사, 1976, 926쪽.

26) 金昌淑, 위의 글, 313쪽.

27) 金昌淑, 위의 글, 314쪽.

28) 김복한은 서명 순서에 대하여 주위에서 물의가 있자, "모든 것은 우리의 성의에 있는 것이지 어찌 서명의 선후를 다투겠는가. 비록 가장 말석에 참여한다 해도 달게 받겠다"라 하여 항일독립이라는 지상 과제 아래 영남과 호서유림 사이에 學派와 黨色의 벽을 불식하고자 하였다(독립운동사편찬위원회, 《독립운동사》 3, 1971, 137쪽. 金魯東, 〈年譜〉, 《志山集》 부록, 1919년 3월조).

動史上에 서광이 있다"라고 축배를 들었다.[29)]

김창숙은 파리장서 영남본을 가지고 상해로 떠났다. 그는 상해에서 임시정부 요인들과 일부 문구를 수정한 뒤 영문으로 번역하여 파리에 파견된 金奎植에게 보냈으며, 국내의 각 향교에도 우송하였다.

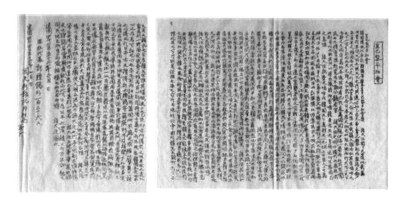

파리장서 (독립기념관 소장)

한편, 林翰周는 이때 전국의 '士民'과 '市廛', 그리고 '學校'에 보내는 '布告文'을 별도로 작성한 것으로 보인다.

> 사람을 모집하고 왕래하는 비용은 모두 志山이 출연했고, 전국 士民과 각 市廛, 각 學校에 포고하는 文字는 내가 병을 무릅쓰고 기초했다.[30)]

임한주가 작성한 '포고문'이 그의 문집에 실려 있어 내용을 알 수

---

29) 金昌淑, 위의 글, 314쪽, "卽將兩名單合錄之, 總得一百三十七人, 於是諸公擧觴而賀曰, 今此全國儒林之無東西南北, 圓滿團結, 實有光於獨立運動史上也".

30) 임한주, 《雨暘漫錄》(卷2 하, 17쪽) 1919년 3월 2일조(음). …而若其募人往來及前後行費 皆出於志山 其布告全國士民 及各市廛各學校三度文字 則汝方强病草定…".

있다. 이에 따르면,

> 태황제가 말조차 할 수 없는 화를 입었으니 너무나 원통하다. 저 完用과
> 德榮 相鶴 같은 역신들은 누대로 공경대부와 재상이 되어 대대로 부귀를
> 누린 것이 국은이 아닌 것이 없건만, 태황제께서 어찌 저들에게 덮어 씌어
> 져 이리 되었습니까. 이 적들을 멸하지 못하면 人道가 끊기고 전국의 인민
> 이 금수가 됨을 면하지 못할 것입니다. … 난신적자는 사람마다 모두 죽일
> 수 있다고 하였으니 어찌 관직이 있고 없고를 논하겠습니까.[31]

라면서 관직이 있고 없고를 불문하고 모든 인민이 궐기하여 역신들
을 토벌하자고 촉구하였다. 그러나 《雨暘漫錄》에 따르면, 자신들이
일제에게 밤낮으로 감시를 받는 상황에서 이를 배포하지는 못했다
고 하였다.[32] 영남지역에서도 김창숙이 상해로 떠난 뒤 宋浚弼이 3
월 26일 〈通告文〉을 작성하였다. 그리고 성주 鳳岡書堂의 興孝堂
대청마루 마루판을 떼어내 다듬고 宋寅輯이 글씨를 쓰고, 宋仲立이
새겨서 판을 만든 다음 3천여 매를 인쇄하여 송인집과 李壽澤이 각
지에 살포하였다.[33] 이처럼 국내 통고문도 양쪽에서 모두 준비했었
음을 알 수 있다.

2) 일제의 탄압과 참여자

파리장서운동이 일제에 알려진 것은 1919년 4월 초였다. 4월 2일

---

31) 林翰周, 〈布告全國士民文〉(己未), 《惺軒先生文集》 卷5, 상, 잡저. 이 글에 따르
면, "시기가 좀 늦었고 중론이 일치되지 못해 배포되지는 못하였다(以時機差晚
衆論不一 不果傳布)"라고 하였다.

32) 임한주, 《雨暘漫錄》(卷2 하, 17쪽) 1919년 3월 2일조(음).

33) 宋寅根, 《儒林運動實記》, 28쪽, (3월) 25일조.

성주읍 장터에서의 만세운동에서 송준필의 子姪들이 체포되었다.
일제는 이들을 조사하는 과정에서 장서운동의 진상을 알게 되었다.
이에 따라 송준필이 4월 5일 가장 먼저 체포되었다. 4월 9일에는
장석영 등이, 4월 18일에는 곽종석이 거창에서 체포되었다.[34]

호서지역 인사들도 6월 초부터 체포되기 시작하였다. 1919년 6
월 초 홍성경찰서 순사부장 마쓰카와(松川)는 이호주재소 순사 히라
타(比良田)와 함께 김복한을 압송하려고 찾아왔다. 히라타가 임한주
를 홍성경찰서로 압송한 것이 6월 6일인 것으로 보아 그 전후로 순
사부장이 히라타를 데리고 김복한을 찾아갔던 것 같다. 김복한은
순사부장이 파리에 장서 보낸 일에 대하여 묻자 사실대로 말했다.
압송하려 하자 병중이라 갈 수 없다고 하였다. 며칠 뒤 경찰서장 가
츠이(寬井)가 와서 파리장서의 일을 다시 묻자 사실대로 대답하였
다. 서장이 날인을 요구하였으나 이를 거부하였다. 서장 역시 병중
인 김복한을 차마 압송하지는 못했다.

일제는 임한주 등을 체포하여 대구지방법원에서 7월 29일 판결
하였는데, 김복한에 대하여는 궐석재판을 하였다. 그의 판결문에
따르면,

> 此 判決은 被告 福漢 鉉昌에 대하여 闕席 判決함에 따라 同 被告 等은
> 스스로 判決의 送達을 받고, 判決의 執行으로부터 言渡까지의 件을 아는
> 날로부터 3일 내에 故障을 말할 수 있다.[35]

---

34) 宋仁根, 〈獄中實記〉, 《儒林團獨立運動實記》.
　　이 책은 宋浚弼의 문인 金東燮이 편집한 것으로 송준필의 아들 宋晦根 등이 3월
　　2일(음) 만세운동을 전개하고 구속된 사실과 송준필이 장서사건으로 구속된 후
　　의 옥중기록인 〈獄中實記〉와 파리장서의 전문을 싣고 있다.
35) 金福漢判決文(정부기록보존소, 〈刑事判決原本〉) 참조.
　　이 재판에서 같이 재판을 받은 崔中軾·田穰鎭은 8개월형에 2년 집행유예, 安
　　炳瓚·金德鎭·金鳳濟·林翰周 등은 6개월 징역형에 집행유예 2년을 선고받았
　　다. 그러나 金福漢은 집행유예 없는 징역 1년형을 선고받았다. 다음이 그 내용
　　이다.

라고 하여 김복한에 대하여는 궐석 판결하였음을 알 수 있다. 이 재판에서 그는 같이 재판을 받은 이들 중에서 가장 중형인 집행유예 없는 징역 1년형을 선고받고 7월 31일 형이 확정되었다.

일제는 김복한에 대한 궐석 판결을 한 뒤 결국 홍성경찰서로 압송해갔다. 8월 6일(음, 윤7월 11일) 홍성경찰서 경부 具岡이 순사 여러 명을 데리고 와서 김복한을 압송하려 하였다. 김복한은 "내가 만약 문을 나서면 온갖 욕을 면치 못할 것이니 차라리 여기서 죽겠다"라 했다. 구강이 계속 가자고 재촉하자 김복한은

> 파리로 보낸 글은 내 소견으로 보아도 의심이 없는데 저들이 꼭 就役시키고자 하니 죽어야 할 때 구차하게 살 수가 없는데 하물며 毀形할 염려가 있는데 말할 필요가 있으랴. 단지 스스로 자결하여 선왕과 옛 선현, 선조께 성의를 다할 뿐이다.[36]

라고 말하고 따라 나서 홍주경찰서에 갇혔다. 그리고 이날부터 식음을 폐했다. 그로부터 5일 뒤인 8월 11일(음, 윤7월 16일) 김복한은 홍성경찰서에서 공주감옥으로 이감되었다. 이곳에서도 단식을 계속하였다. 그는 옥장이 머리털 하나도 상하지 않게 할 것이라고 하자 그때부터 쌀뜨물로 연명하였다. 이후 김복한은 12월 12일 풀려

"主文

被告 福漢을 징역1년, 피고 中軾 穰鎭을 각 징역 8월, 피고 基馨 洙仁 鴻來 鉉昌 相元 命爕 相瑋 翰周 炳瓚 德鎭을 각각 징역 6월에 처함. 단 福漢 鉉昌 이외의 피고에 대하여는 각 2년 동안 刑의 執行을 猶豫함.

피고 建永 昌禹 順永 相翊 昺爕은 각 무죄 …"

이때 재판을 받은 李基馨 · 李洙仁 · 宋鴻來 · 李鉉昌은 성주 출신이며, 金建永 · 金昌禹 · 金順永 · 權相翊 · 權相元 · 權命爕 · 權昺爕 · 權相瑋 등은 봉화군 乃城 출신으로 모두 파리장서에 서명한 이들이다.

36) 金魯東, 〈年譜〉, 《志山集》 부록, 1919년 5월조.

날 때까지 4개월 남짓 옥고를 치렀다.[37] 감옥에서 그는 敎誨士 후루
사와 아키라마코토(古澤慧誠)에게 다음과 같은 심문을 받았다.[38]

> 문: 파리에 왜 글을 보냈는가?
> ―답: 國權을 恢復하기 위해서이다.
> 문: 효과가 있을 줄 알았는가?
> ―답: 나는 오백 년 동안 대대로 녹을 받은 한국의 신하이다. 또한 선황
> 제에게 특별한 은혜를 입었으니 나라를 위해 한번 죽는 것은 본래 마음에
> 두었던 것이다. 이 기회에 어찌 한마디도 하지 않겠는가.
> 문: (후루사와가 의자에서 일어나 책상을 치면서) 이것이 인정과 천리의
> 당연한 바인가?
> ―답: 선황제께서 성덕이 인자하지만 어려운 때를 만나 조정에 간신이
> 가득하여 총명을 막아 가려서 결국에는 나라가 망했다. 내 일찍이 文譜를
> 통해 三司의 承政院의 직책을 지냈던 바 잘 보필하지 못한 책임을 어찌 면
> 하리오. 이로써 죄를 받는다면 마땅히 웃으면서 땅에 들어가겠지만 옛 임
> 금을 잊지 않는다고 이런 욕을 보인다면 이는 의외의 일이다.
> (후루사와가 대답하지를 못하다)

위에서 보듯이, 그는 "파리에 왜 글을 보냈는가?"라는 질문에
"國權을 恢復하기 위해서이다('欲復國權也')"라고 국권회복에 목적이
있었음을 분명히 밝혔다.[39]

그가 감옥에 있을 때 위로의 편지들이 왔는데, 성리설의 차이로
소원했던 田愚도 글을 보내 다음과 같이 김복한의 의리와 충심을

---

37) 《지산집》부록, 연보, 1919년조.
　　허선도, 〈3·1운동과 유림계〉, 《3·1운동50주년기념논문집》, 동아일보사,
　　1969, 298쪽.
38) 《지산집》권6, 잡저, 〈倭人古澤慧誠問答〉(기미).
39) 위와 같음.

기렸다.

> 멀리 생각하니 육순의 병든 늙은이가 외롭게 판자 집에 누워서 순가락
> 질도 못하고 몸을 덮지도 못하며 외로운 뜨거운 마음이 오직 본분으로 일
> 을 행하는구나. 내가 陸太常의 옥중시를 외워 생각을 돕고자 한다. 일신을
> 일찍이 나라에 허락했으니 아홉 번 죽더라도 그 은혜 어찌 잊으리까. 빈
> 뜰에서 밝은 달 바라보니 옛날의 도가 천지를 비추는구나.[40]

1919년 출옥 직후 가족, 제자들과 함께 한 김복한(김중일 제공)

홍성 서부면 板橋里에 거주하고 있던 林翰周(1872~1954)는 6월 6
일 홍성경찰서에 압송되었다.[41] 6월 6일(음, 5월 10일) 아침 일찍 일
본인 순사 히라타가 판교리 집에 조사할 일이 있다고 와서 그를 홍
성경찰서로 연행해갔다. 이미 그곳에는 최중식과 전양진이 연행되
어 와 있었다. 임한주 일행은 13일(음, 5월 17일) 청양의 靑武 헌병주

---

40) 金魯東, 〈年譜〉, 《志山集》부록, 1919년 3월조.
   《지산집》권3 書의 〈與田艮齋〉 己未에 따르면, 田愚가 두 번에 걸쳐 김복한의 안
   부를 묻는 서한을 보냈으며, 이에 김복한이 감사의 서한을 보냈음을 알 수 있다.
41) 임한주의 〈대구지방법원 판결문〉(1919년 7월 29일)에 따르면, 그의 주소를 '洪
   城郡 西部面 板橋里', 직업은 '農', 나이는 '48'로 적혀있다. 그가 언제부터 판교
   리에 거주했는지는 확인이 안된다.

재소로 이송되었다. 이날 청양 출신 樂溪 金德鎭과 規堂 安炳瓚이
구속되었다. 임한주는 이들과 함께 6월 14일 공주경찰서로 이송되
었으며, 15일 검사의 심문을 받았다. 검사가 김복한의 권유에 의해
서 했는지, 自意로 했는지를 묻자, 임한주는 김복한이 하기 싫은 것
을 강요하는 사람이 아니다라며 나 역시 사람의 강요에 의해 내 뜻
이 아닌 것을 하는 사람이 아니라고 자신의 뜻에 따라 서명했음을
분명히 밝혔다.[42] 이어서 검사가 오늘날 정치가 어떠하기에 인심이
이와 같은가? 라고 물었다. 이에 대하여 그는 우리 조선이 단군 이
래 4천 년의 역사를 가진 민족으로 인심이 원한과 분함이 있는 것
은 나라가 망한 때문이지 정치를 잘하고 못하는 문제가 아니라고
조선인의 민족자존의식을 역설하였다.[43]

임한주는 6월 24일(음, 5월 27일) 공주지방법원에서 대구지방법원
의 감옥으로 이감되었다. 7월 29일 제1심 판결에서 安炳瓚 · 金德
鎭 · 金鳳濟 등과 함께 소위 보안법 위반으로 6개월 징역형에 집행
유예 2년을 선고받았다. 7월 31일 상소를 포기함에 판결이 확정되었
다.[44] 林翰周는 8월 8일(음, 7월 13) '板橋書塾'으로 귀가하였다.[45]

安炳瓚(1854~1929, 자: 釋圭, 호: 規堂)은 위정척사론을 견지한 재
야 유생으로, 1895, 1896년 홍주의병과 1906년 홍주의병 봉기를 주
도한 대표적인 인물이다. 그는 장서운동에 참여한 일로 6월 13일
홍성경찰서에 체포되어 1919년 6월 16일 공주감옥에 갇혔다.[46]

---

42) 林翰周, 〈被拘顚末記〉(己未) 5월 19일조,《惺軒先生文集》卷2 하, 記.

43) 위와 같음

44) 임한주의 〈재소자 신분카드〉 참조. 이에 의하면 그의 주소는 '충남 홍성군 서
    부면 판교리'로, 직업은 '書堂 敎師'로 나와 있다.

45) 林翰周, 〈被拘顚末記〉(己未) 7월 13일조 "13日 還板橋書塾",《惺軒先生文集》
    卷2하, 記. 임한주,《우양만록》기미(1919년) 5월 10일, 7월 13일자,〈林翰周 判
    決文〉(정부기록보존소, 刑事判決原本). 김복한은 이들 중에서 가장 중형인 징역
    1년형을 선고받고 7월 31일 형이 확정되었다. 崔中軾 · 田穰鎭은 8개월형에 2년
    집행유예를 선고받았다.

46) 〈안병찬 재소자신분카드〉(대구교도소 서무과).

안병찬은 6월 24일 대구감옥으로 이송되었다.[47] 대구감옥에서 7
월 29일 판결을 받았는데, 보안법 위반으로 징역 6월에 집행유예 2
년형을 선고받았다. 그는 7월 31일 상소권을 포기하고 그날로 석방
되었다.[48] 안병찬은 풀려난 뒤 세상과 두절하면서도 향리에서 자제
교육에 힘쓰다가 1929년 6월 2일 세상을 떠났다. 《동아일보》 1929
년 6월 7일자에 그의 행적을 '고해풍상 76년'이라면서 사망 사실을
알렸다.[49] 6월 13일자에는 안병찬의 장례식이 거행되었다고 전했
다.[50] 이에 따르면, 홍주의병의 산파역을 맡아 추진했던 안병찬의
장례식은 조문객이 5백여 명에 이르렀으며, 만장이 수백여 장에 달
할 정도로 성대하게 거행되었으며, 儒敎扶植會가 중심이 되어 제례
행사를 치른 사회장 형식이었음을 알 수 있다. 안병찬이 죽은 지 며
칠 뒤인 1929년 6월 15일자로 유교부식회의 기관지 《人道》가 창간
되었는데, 안병찬이 죽기 전에 보낸 〈祝人道創刊〉이란 한시가 유작
으로 실려 있다.[51] 안병찬은 죽기 직전에 보낸 위 시에서 "吾道가
쇠하고 내가 병들고 늙었는데 후인들이 이를 회복시켰다"면서 기뻐

---

47) 《每日申報》 1919년 6월 30일자, "洪城郡의 林翰用, 崔中軾, 田穰鎭 및 靑陽郡
의 安炳瓚, 金德鎭 등 5명은 巴里강화회의에 독립청원서를 발송한 혐의로 구속
되다."

48) 〈안병찬 재소자신분카드〉(대구교도소 서무과). 이에 따르면, 당시 안병찬의 주
소는 "충남 청양군 화성면 신정리"로, 재산은 "가옥 1채(약 100원), 畓 20두락(약
1,800원), 畑 30두락(약 240원), 山坂 5천 평(약 500원)"으로 기록되어 있다.

49) 《동아일보》 1929년 6월 7일자, 〈전일의 의병 수령 안병찬씨 영면, 삼일운동 때
에도 철창생활 苦海風霜七十六年〉.
"지난 기미년 운동으로 오랫동안 대구형무소에서 복역을 하고 만기 출옥하고 자
택에서 치료를 하고 있던 청양군 화성면 신정리 안병찬 씨는 지난 2일 숙환으로
필경 서거하엿는데 씨는 지난 을미년에 홍주에서 의병을 일으키어 여러가지 일
을 성공치 못하게 되매 자문을 하엿으나 다행히 죽지는 아니하고 을사조약이 체
결되는 것을 보고 다시 홍주에서 의병을 일으키어 그 두목으로 활동을 하다가
관헌에게 잡히어 공주 감옥에서 고생을 하는 등 변천 만흔 세상을 팔하 30여 년
동안 남다른 파란을 겪은 사람이더라."

50) 《동아일보》 1929년 6월 13일자, 〈安炳瓚氏 葬儀, 디방 초유의 盛儀로 擧行〉.

51) 안병찬, 〈축인도창간〉, 《인도》 창간호, 1929년 6월 15일. "義文旣遠 理往必復
吾道幾衰 闡明可期 挽回狂瀾 我病而耄 百川東之 后人以貽."

하였음을 알 수 있다.

청양 출신의 金德鎭(1864~1947, 본: 안동)도 안병찬과 같은 날인 6월 13일 체포되었다. 청양군 정산에서 洛圃 金重鎰의 9세손으로 태어난 김덕진은 1906년 홍주의병에 군사로서 참여하였다. 1906년 5월 31일 홍주성전투에서 의병이 패퇴하자 김덕진은 체포되지 않은 의병들과 李南珪의 집에서 재기를 준비하였다. 그러나 이러한 일이 예산에서 활약하고 있던 일진회원에게 탐지되어 10월 2일 새벽 일본 헌병 10여 명과 순사와 병정 40여 명 그리고 일진회원 등 수십 명에게 이남규의 집이 포위되었다. 김덕진은 이때 이남규 부자와 함께 체포되었다. 공주 경무청으로 압송되었다가 다시 경성 평리원으로 이감되어 문초를 받았다. 1907년 7월 함께 체포된 李容珪, 郭漢一, 黃英秀, 朴潤植, 朴斗杓 등과 함께 종신형을 선고받고 智島로 유배되었다.[52] 1919년에는 김복한의 파리장서에 서명한 일로 체포되어 7월 29일 대구지방법원에서 징역 10월에 집행유예 2년을 선고받고 옥고를 치렀다.[53]

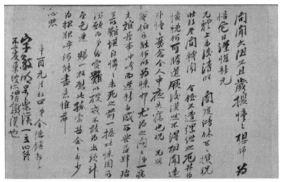

김덕진이 임한주에게 보낸 편지(1921년)

---

52) 〈김덕진판결문〉(1907년 7월 2일 평리원), 〈판결문〉(1919년 7월 29일 대구지방법원)

53) 〈김덕진 판결문〉(1919년 7월 29일 대구지방법원), 《고등경찰요사》(경북경찰부) 248쪽, 〈재소자신분카드〉.

田穰鎭(1872~1943, 자: 成瑞, 호: 秋城)은 홍성군 홍성면 衡山里 출신이다. 본관은 담양으로 부친 圭와 모친 남원양씨의 장남이다. 고조부 義顯은 부사, 증조 應周는 생원, 조부 慶錫은 통덕랑을 지냈다. 弓馬術이 출중한 그를 본 병사 李民熙가 그를 '百夫將' 감이라고 평한 바 있었다. 1894년 동학군이 홍주성을 공격하였을 때에는 홍주목사를 도와 이를 격퇴하기도 하였다. 그는 과거제도가 폐지된 뒤에 한규설이 주관하는 시험에 선발되어 연대장에 발탁되었으나 머리를 깎고 종사하기 싫다면서 포기하고 귀향하였다.[54] 그는 아들 전용욱을 김복한의 문하에 보내 義理의 학문을 수학하게 하였다. 1919년 김복한의 권유에 따라 파리장서에 서명하였다. 그는 이 일로 6월 13일 홍성경찰서에 체포되어 1919년 7월 29일 대구지방법원에서 징역 8월에 집행유예 2년을 선고받았다.[55]

李吉性(1874~1935)은 홍성군 구항면 篁谷里 출신으로 서당 훈장을 하였다. 그는 復菴 李偰의 문인으로, 스승이 을사오적소를 올려 옥고를 치를 때 시중을 들면서 곤욕을 당했으며, 풀려난 후 얼마 안가 순국한 스승의 원한을 가슴 깊이 품고 있었다. 그는 1919년 3월 김복한의 파리장서에 서명함은 물론 황곡리에서 黃文秀(1860~1929), 徐殷模(1884~1936) 등과 함께 만세운동을 전개하였다. 그는 4월 7일 자택에서 국기를 제작하고 '大韓國 獨立萬歲'라고 쓴 종이 깃발을 만들어 마을 사람들과 함께 月山에 올라가서 깃발을 세워놓고 봉화를 올리며 독립만세를 고창하였다.[56] 그는 이 일로 다음날 일경에 피체되었다. 그는 1919년 4월 28일 공주지방법원에서 이른바 보안법 위반으로 징역 6월형을 선고받았고, 5월 30일 경

<hr>

54) 金魯東, 〈秋城田公穰鎭墓表〉, 《杏海集》 권4, 묘표.

55) 〈전양진 판결문〉(1919년 7월 29일 대구지방법원), 〈재소자신분카드〉, 《고등경찰요사》(경북경찰부) 249쪽.

56) 독립운동사편찬위원회 편, 《독립운동사》 3, 135쪽.
《독립운동사자료집》 5, 1973, 1194~1185쪽.

성복심법원에서 공소 기각되었으며, 7월 3일 고등법원에서도 상고
기각되어 1년 남짓 옥고를 치렀다. 고등법원의 판결문에 따르면,
그는 조선 민족으로서 正義와 人道에 기초한 意思를 發動한 것으로
1심과 2심에서 범죄가 있다고 판결한 것은 부당하여 이를 따를 수
없어 상고하였음을 밝혔다. 또한 그는

> 스승인 李偰이 乙巳勒約時에 討逆을 抗疏하여 囹圄의 몸이 되어 이상
> 한 병이 갑자기 생겨 다행히 죽음은 면했으나, 출옥한 뒤 다시 일어날 수
> 없었으니, 어찌 徹天의 怨恨이 아니리오. 아픔을 참고 분함을 머금어 오늘
> 에 이르렀으니 실로 事力을 다할 뿐이요, 구차히 살기를 도모할 계획이 없
> 다.[57]

라고 하여 스승 이설의 죽음에 대한 원한이 봉기의 중요한 요인이
었음을 알려준다.[58]

崔仲軾(1877~1951)도 전양진과 함께 파리장서의 일로 체포되었
다. 그는 원래 충남의 태안 출신으로 홍성의 홍동면 求精里에 거주
하였다. 그는 1919년 3월 김복한이 작성한 파리장서에 서명하였으
며, 이 일로 체포되어 1919년 7월 29일 대구지방법원에서 징역 10
월에 집행유예 2년을 선고받았다.[59]

보령 출신으로 유호근을 비롯하여 유준근, 신직선, 김지정, 백관
형 등이 장서에 서명하였다. 柳浩根(1853~1925, 본: 전주, 자: 善直,
호: 四可)은 보령 내항동 녹문에서 태어났다. 9세에 부모를 여의고 1
년 뒤 조부마저 잃었다. 그는 특정한 스승이 없이 공부하였으나, 남

---

57) 〈이길성 판결문〉(1919년 7월 3일 고등법원).

58) 〈이길성 판결문〉(1919년 4월 28일 공주지방법원, 1919년 5월 30일 대구복심법
    원, 1919년 7월 3일 고등법원). 《고등경찰요사》(경북경찰부) 248쪽.

59) 〈최중식 판결문〉(1919년 7월 29일 대구지방법원). 〈형사사건부〉. 《고등경찰요
    사》(경북경찰부) 248쪽.

당 한원진의 주요 사상인 '湖學'을 존신하였다. 김복한, 윤석봉, 임한주 등과 강회를 열고 학문을 토론하였으며, 집성당 등지에서 향음례를 하면서 유학을 선양하였다. 그는 단발령과 명성황후 시해 등 국변을 맞이하여 1896년 2월 尹錫鳳 등과 柳麟錫에게 격려문을 보내어 의병을 지원하였다. 그리고 을사조약이 강제로 체결된 후 1906년 3월 閔宗植의 홍주의병에 가담하여 의병활동을 전개하였다.[60] 그는 1919년에는 김복한의 파리장서에 서명하였으며, 이 일로 일경에 체포되어 고초를 겪었다.[61]

申稷善(1854~1927)은 보령군 대천의 花山里 출신이다. 그의 자는 幽七, 호는 經齋이다.[62] 신직선은 '幼學'으로 고종 25년(1888) 8월에 會試를 보았다.[63] 또한 그는 1906년 2월 보령지역 유생들과 함께 을사조약을 강제 체결한 5賊이 있는 정부에 結錢을 낼 것이 아니라 儒會에 낸 다음에 이를 궁내부에 직접 납부하자는 통문을 발송하였다. 이때 그와 함께 이름을 올린 이로는 "曺龜元 申稷善 金齊年 李建根 沈宜惠 申興均 金鳳濟 李範九 金箕冕 柳浩根 元之學 李應圭 李石鍾 柳濬根" 등이 있다.[64] 1919년 3월 그는 파리강화회

60) 유호근, 〈自誌銘〉, 《四可集》 권5, 묘지명.
61) 《고등경찰요사》(경북경찰부), 248쪽.
62) 유호근, 〈經齋申友稷善六十一歲壽序〉, 《四可集》 권3, 서.
63) 《승정원일기》 고종 25년 8월 8일자.
64) 《대한매일신보》 1906년 2월 9일 잡보, 〈湖西儒通〉.
"保寧藍浦等地에 所謂 儒生等이 發通噂야 郡民等 結錢上納을 惡貨로 稱托도噂고 風水被害라고도噂야 百般稱托으로 徵稅를 懲滯噂犁妶 其理由犁 韓日新條約 締結㣌 五賊을 政府上에 直噂고 徵稅를 依히噂犁것이 不可噂니 稅錢를 儒會中으로 收捧噂야 宮內府로 卽랍噂犁거시 義務라噂야 發通文과 答通文이 左와 如喬 右通告事有田則有租有身則有庸卽有國人民之常經也不幸而世變固極謀國不臧新條約之見勒於虜也乙巳十一月日 聖志剛確終不準許而東韓疆上未免彼虜之屬籍凡我身口所作應副으惟正之供者已具我宗廟百官之奉矣廊廟之上老成殉義都鄙之間士民 腕一般腔血萬口同辭奉此十一之賦將向何地而各盡爲民之役乎鄙等抱此憤鬱向仰籲于城主期於覓得當公之路俾此 先王赤子庶免雕虜之役矣伏願僉君子以今月二十齊會于郡衙仰貢 發文 曺龜元 申稷善 金齊年 李建根 沈宜惠 申興均 金鳳濟 李範九 金箕冕 柳浩根 元之學 李應圭 李石鍾 柳濬根"

의에 한국 독립을 호소하려고 김복한이 작성한 파리장서에 서명하였다.[65]

柳濬根(1860~1920, 본관: 전주, 자: 舜卿, 호: 碧棲·友鹿)은 유호근의 종제로 그와 같은 충청남도 보령의 녹문 출신이다. 생원 馨仲의 아들이다. 1905년 을사늑약 직후 세금납부 거부투쟁을 벌였다. 1906년 홍주의병의 유병장으로 홍주성전투에 참전하였으며, 체포되어 쓰시마에 유폐되었다.[66] 풀려난 뒤 1912년에는 독립의군부의 충남대표로 활동하였다. 1919년 3월 고종의 국장에 참례하러 상경하였다. 그곳에서 3월 3일 김창숙을 만나 파리장서운동의 전라도 지역 연락 책임을 맡았다.[67] 이때 그는 서울 수창동의 여관에서 高石鎭, 宋柱憲 등과 만났다. 이들은 3월 5일 返虞祭를 지내고 돌아오는 순종에게 상주문을 올리기로 하고 이를 추진했다. 상주문은 고석진이 작성하였으며, 순종이 청량리를 지날 때 송주헌이 이를 전달하고자 하였다. 그러나 이를 전달하려는 송주헌이 일본 헌병에게 현장에서 체포되고 말았다. 이 일로 유준근은 3월 14일, 백관형은 3월 15일에 체포되어 종로경찰서에서 심문을 받았으며, 그해 11월 징역 6개월형을 선고받았다.[68] 유준근의 심문조서에 따르

答通

右文爲敬通 嗚呼國朝之大變忍言哉 在旣趙閔兩忠正之殉節 尙今忠節凜凜可謂動神明 而透金石義氣 所在旣不能以二公之心鼓發 而奮起報效萬分之一 則誠是士林之欠事也 至於正稅一欵 臣民秉彝之心 豈有彼此之殊也 且勉庵崔先生於八道士林 許有布告文 而自其郡收납于宮內府可也 伏想洞悉無餘也 然則鄙邑正稅 本郡守待明春輪납於宮內府 而一不犯入於彼人手矣 以此僉亮幸甚

乙巳十二月十五日

黃律源 曹廷淸 任寅鎬

右敬通于保寧校宮 僉座"

65)《고등경찰요사》(경북경찰부), 251쪽.

66) 김상기, 〈1906년 홍주의병의 홍주성전투〉,《한국근현대사연구》37, 2006, 149~150쪽.

67) 김창숙, 앞의 글, 310쪽.

68) 〈예심종결결정〉(1919년 8월 3일 경성지방법원,〈판결문〉(1919년 11월 6일 경성지방법원).

면, 이 거사에 자기 말고도 백관형, 김지정, 이내수가 참여했다고 한다.[69] 이와 같이 보령 출신인 金智貞과 白觀亨, 그리고 논산 출신의 李來修 등이 유준근과 함께 청량리에서의 거사를 함께 한 것으로 보아 이들은 유준근의 권유로 서명한 것으로 보인다.[70]

白觀亨(1861~1929, 본: 남포, 호: 玉齋)은 충청남도 보령군 남포면 양기리에서 白師亮의 아들로 태어났다. 희당 윤석봉에게서 수학하였다. 1905년 을사조약 체결에 항거하여 일어난 홍주의병에 柳濬根과 함께 참모로 참여하였다. 1919년 3·1운동 때는 파리강화회의에 보내는 독립청원서에 서명하였다.[71] 또한 유준근 등과 순종에게 상주문 전달을 계획한 일로 체포되었다. 1919년 11월 6일 경성지방법원에서 보안법 위반으로 징역 8월형을 선고받았다.[72]

金智貞(1889~1948, 본: 순천)은 보령의 熊川 사람으로 백관형의 문인이다. 그는 1919년 3월 파리장서에 유림의 한 사람으로 서명하였

---

69) 〈백관형 심문조서〉(《한민족독립운동사자료》14)
"國葬 때 통곡하러 왔다. 高禮鎭의 여관에 宋柱憲과 柳와 高石沈, 曺在學, 鄭在鎬 외 柳濬根이 오늘날은 공화정치의 시대가 되어 독립이 되므로 李王殿下에게 그 뜻을 상주하지 않겠느냐고 발언하여 일동 이에 찬성하고 高石沈이 그 문안을 작성하였는데 3월 5일 우리들 13인의 동지는 淸凉里로 가 그것을 宋柱憲의 손으로 바치도록 하였던바 (후략)".
〈유준근 심문조서〉(《한민족독립운동사자료》14)에 따르면, 이 계획에 대하여 다음과 같이 상세히 언급하고 있다. "제일 먼저 그 말을 한 것은 3월 1일 경이다. 동대문 근처에서 鄭在鎬에게 말하고 그 사람의 동의를 구했다. 다음으로 白觀亨·宋柱憲·金陽洙·朴愍容·高石鎭·曺在學 6명에게는 수창동 번지와 성명을 알 수 없는 모여관에서 동숙하고 있었던 관계로 3월 2일에 상의하여 동의를 얻었고, 高演萬·高舞鎭 두 사람을 같은 날 高石鎭이 여관으로 데리고 왔다. 高禮鎭을 高舞鎭이 金絹貞을 白觀亨이, 朴埈을 내가 같은 날 노상에서 만났으므로 여관으로 데리고 왔다. 李來修·李源七을 누가 데리고 왔는지 모르겠으나 참석했다. 나는 14명과 함께 3월 2일 위 여관에서 회합하여 상주하는 상의를 하고 모두의 승낙을 얻었던 것이다".

70) 서동일, 〈1919년 파리장서운동의 전개와 역사적 성격〉, 한국학대학원 박사학위청구논문, 2009, 51~55쪽.

71) 《고등경찰요사》(경북경찰부), 248쪽. 〈판결문〉(1920년 2월 27일 경성복심법원, 1920년 4월 8일 고등법원).

72) 〈백관형 판결문〉(1919년 11월 6일 경성지방법원).

다. 그는 이 일로 일경에 체포되어 고초를 겪었다.[73]

서산 출신의 김봉제와 김상무, 부여 출신의 이내수, 그리고 김병식과 김학진도 장서에 서명하였다. 金鳳濟(1860~1929, 본: 경주)는 충남 서산시 운산면 거성리 사람이다. 그는 1919년 3월 파리강화회의에 한국독립을 호소하려고 파리장서에 서명하였다. 김봉제는 일경에 체포되어 1919년 8월 2일 대구지방법원에서 보안법 위반으로 징역 6월에 집행유예 2년형을 선고받고 고초를 겪었다.[74]

金商武(1892~1923, 본: 경주)는 서산시 음암면 유계리 출신이다. 1919년 3월 김복한 등이 파리강화회의에 독립을 청원하려고 작성한 파리장서에 서명 날인하였다.[75]

李來修(1860~1933, 본: 전주)는 논산 출신으로 1910년 은사금을 거부하고 자결 순국한 李學純(1843~1910)의 장남이다. 이학순은 연재 송병선의 문인으로 척사계열의 유학자이다. 이내수는 부친이 순국하자 '나라의 원수를 갚는 일은 나의 임무'라며 독립운동을 시작하였다. 그는 민적거부투쟁을 전개하였다. 또 1913년 마을의 민적을 불태워 연산경찰서에 체포되었다. 서울 서대문형무소에 투옥되었으며, 이때 독립의군부로 활동하다 투옥된 곽한일을 만나 의기투합하였다. 1916년 7월 連山 漢陽里 자신의 집에서 홍주의병 출신인 李容珪 · 李晚植 · 尹炳日 등과 함께 擧義를 결심하고 동지를 규합하는 한편 자금을 모집하였다. 그러나 이러한 계획은 배신자의 밀고로 사전 발각되어 1917년 4월에 체포된 뒤 전남 箕子島로 1년 동안 유배되었다.[76] 1919년 3 · 1독립운동이 일어나자 이용규 등과 함께 國民大會를 추진하는 한편 유림대표가 파리강화회의에 조선 독

---

73) 《고등경찰요사》(경북경찰부), 250쪽.

74) 《고등경찰요사》(경북경찰부), 249쪽. 〈판결문〉(1919년 8월 2일 대구지방법원), 〈재소자신분카드〉.

75) 《고등경찰요사》(경북경찰부), 249쪽.

76) 〈의사이용규전〉, 《독립운동사자료집》2, 347~349쪽.

립을 요구한 巴里長書에 서명하였다. 이내수는 김복한이나 유호근, 임한주 등과의 관계 속에서 파리장서에 서명한 것으로 보인다. 이내수는 김복한을 찾아가 부친의 묘갈명을 부탁하였다. 김복한은 이학순의 묘갈명을 지어 자결 순국한 뜻을 기렸다. 김복한은 이학순의 문집인《회천집》서문을 지어 이학순의 '殺身成仁'과 '捨生取義' 정신을 기리기도 하였다.[77] 이내수는 1921년에는 논산을 거점으로 군자금을 모금하여 상해 임시정부에 보내는 활동을 하다가 체포되어 1923년 10월 경성복심법원에서 징역 2년형을 선고받고 옥고를 치렀다.[78]

金炳軾(1848~1924, 자: 永士, 호: 書泉)은 보령군 청라면 소양리에 주소를 둔 인물로 보인다. 그는 서울의 안동김씨로 청음 김상헌의 후손이다. 1888년 문과 병과에 급제하여 관직을 지냈으며, 보령 청라로 낙향해 살았다. 金鶴鎭은 부여 지역에 낙향한 안동김씨로 호를 後夢이라 하는 인물로 보인다.[79] 이상 파리장서 호서본에 서명한 이들을 정리하면 〈표 6〉과 같다.

한편 장서에 서명하지는 않았으나, 서울에서 김창숙을 만나 운동을 통합하는 등 큰 활약을 한 임경호가 있다. 林敬鎬(1888. 3. 3~1945. 2. 號 : 聲百)는 홍주의병 임승주의 장자로 김복한과 임한주의 문인이다.

---

77) 김복한, 〈晦泉李公學純墓碣銘〉,《志山集》권9, 묘갈명.
　　김복한, 〈晦泉集序〉,《志山集》권5, 서.
　　이성우, 〈李學純 李來修 父子의 민족운동〉,《한국사연구》166, 2014, 323~325쪽.
78) 〈대정12년 형공 제252호〉,《독립운동사자료집》9, 1119~1124쪽.
79) 황의천, 〈파리장서운동과 보령 호서지역 유림〉,《보령문화》17, 2008, 135~137쪽.

〈표 10〉 호서지역 파리장서 서명자 현황(영남본의 서명 순에 따름)

이름	생몰년	자/호	본관	출신지	주요활동	수형	비고
金福漢	1860~1924	元五/志山	안동	홍성	문과, 홍주의병	징역1년	독립장
柳浩根	1853~1925	善直/四可	전주	보령	홍주의병	징6월, 집유2년	애족장
安炳瓚	1854~1929	穉圭/規堂	순흥	청양	홍주의병	징6월, 집유2년	애국장
申稷善	1854~1927	幽七/經齋		보령	結錢납부거부 투쟁		건국포장
金商武	1892~1924		경주	서산			건국포장
金鳳濟	1860~1929	仲昭/	경주	서산	結錢납부거부 투쟁	징6월, 집유2년	건국포장
林翰周	1872~1954	公羽/惺軒	평택	청양	홍주의병		애국장
金智貞	1887~1948		순천	보령			건국포장
柳濬根	1860~1920	舜卿/友鹿	전주	보령	홍주의병	징6월	애국장
田穰鎭	1872~1943	成瑞/秋城	담양	홍성	동학진압	징8월, 집유2년	건국포장
崔仲軾	1877~1951	文伯/華農		태안, 홍성		징10월, 집유2년	건국포장
李吉性	1874~1935	周彬/蘇隱		홍성	3·1운동	징6월	애족장
白觀亨	1861~1928	敬國/玉齋	남포	보령	홍주의병	징8월	건국포장
李來修	1860~1933	源伯/陽隱	전주	논산	민적거부 독립의군부	징2년	애국장
金德鎭	1864~1947	敬明/樂溪	안동	청양	홍주의병	징10월, 집유2년	애국장
金炳軾	1848~1924	永士/書泉	안동	보령	문과		
金學(鶴)鎭		/後夢		부여			

3) 호서본 장서의 내용과 성격

파리장서운동은 영남지역과 호서지역에서 각기 행해졌다. 파리로 전달된 영남본은 현재 여러 본이 전해지고 있다.[80] 김창숙은 이 영남본 파리장서를 상해로 가지고 가서 임시정부 요인들과 협의하

---

80) 파리장서의 텍스트는 여러 본이 전해진다. 임경석이 조사한 바에 따르면, 9
   종이 확인된다. 이에 대한 자세한 사항은 임경석의 〈유교지식인의 독립운
   동-1919년 파리장서의 작성 경위와 문안 변동-〉《대동문화연구》37, 2000)
   참조.

여 자구 일부를 수정하였다. 이에 대해 수정은 김창숙이 주도한 것
이며, 이는 호서본과 비교하는 과정에서 명확해진 그의 개인적인
대외관이나 진보적인 의식과 관련이 있을 것이라는 주장도 제기된
바 있다.[81]

김창숙이 파리에 있는 김규식에게 발송하여 강화회의에 전달하
게 한 장서의 중요한 내용은 다음과 같다.

> 1) 한국은 삼천리 강토에 2천만 백성이 있으며, 4천여 년 유지, 보전된
> 동방의 문명 국가이다.
> 2) 일본은 거짓 맹약으로 한국을 강제 병탄하였다.
> 3) 일본의 한국 식민지화가 한국인이 원했던 바라는 일본의 거짓 선전은
> 만국의 신의에 어긋난다.
> 4) 폴란드 등이 독립된 바와 같이 한국도 독립해야 한다.
> 5) 한국인은 독립 국가를 다스릴 능력이 충분하다.
> 6) 만국의 공정한 판결이면 한국은 독립할 것이다.
> 7) 우리는 모두 죽더라도 일본의 종은 되지 않을 것이다.

앞의 파리장서에서는, 첫째, 자주독립사상이 잘 드러난다. 장서
에서는 '독립' 또는 '자주독립'이란 표현을 사용하면서 적극적으로
한국의 독립을 요구하였다. 둘째, 국가의식을 잘 나타냈다. 吾韓,
我韓, 韓國, 國土, 國威, 吾國 등 국가를 의미하는 표현을 많이 쓰
고 있음을 볼 수 있다. 셋째, 만국공법의 세계관을 피력한 것으로
보인다. 문장 속에서 萬國, 萬國輩公, 萬國公議 등이라 하여 서양

---

81) 남부희, 〈유교계의 파리장서운동과 3.1운동〉, 《한국의 철학》 12, 경북대 퇴계
연구소, 1984, 123쪽.
南富熙, 《儒林의 獨立運動史研究》, 범조사, 1994, 214~231쪽.
趙東杰, 〈巴里長書의 성격과 역사적 意義〉, 《韓國近現代史의 理解와 論理》, 지식
산업사, 1998, 92~94쪽.

제국을 인정하고 있으며, 이들에게 '大明' 또는 '大位' 같은 존칭을 쓰기까지 하였다. 특히 '우리 한국 역시 만국의 하나'(吾韓亦萬國之一)라 하여 중국 중심의 화이관을 극복한 면을 보여준다.

한편, 김복한이 작성한 호서본은 현재 전해지지 않는다. 다만 김복한의 행장에 요지만이 전해진다. 김복한의 문집인 《志山集》의 '연보'에 파리장서운동을 설명하면서

> 이에 김덕진, 안병찬, 김봉제, 임한주, 전양진, 최중식 제공과 함께 연명으로 글을 짓고 전후에 걸쳐 왜놈들이 신의를 버리고 약속을 어긴 죄를 낱낱이 말하고, 君上과 國母가 그들에게 죽음을 당한 변을 말하였으며, 또 나라 안 만백성이 비통해하는 뜻을 밝히고, 마지막으로는 우리 강토를 회복하고 李氏 宗社를 일으키려는 뜻을 세세히 들었다.[82]

라고 하여 그가 작성한 호서본의 장서에는

> 1) 일제가 신의를 버리고 약속을 어긴 죄
> 2) 고종과 명성황후를 시해한 일
> 3) 모든 백성이 이를 분통해하여 만세운동을 일으킨 일
> 4) 우리 강토를 회복하고 조선왕조를 회복하려는 뜻

등이 포함되어 있음을 알 수 있다.

이로 보아, 영남본(제출본을 말함, 필자)과 호서본은 많은 차이가 있음을 알 수 있다. 호서본에서는 일제가 조선의 독립을 보장한다는 약속을 어긴 죄를 분명히 지적하고 있다. 또한 호서본에서는 명성황후와 고종을 시해한 죄를 묻고 있는데 견주어 영남본에서는 이 부분에 대한 언급이 없다. 호서본에서는 '李氏宗社'의 회복을 명시

---

82) 金魯東, 〈年譜〉, 《志山集》부록, 1919년 3월조.

하였으나, 영남본에서는 국왕이 통치한다는 언급은 일절 없다. 그
대신에

> 우리 한국이 비록 작지만 둘레가 삼천 리요 사람이 이천만인데 사천 년
> 을 지나오면서 우리 한국의 일을 담당할 사람이 모자라지 않으니 어찌 이
> 웃 나라가 대신 다스리는 것을 바라겠습니까.[83]

라면서 "우리 한국의 일을 담당할 사람이 모자라지 않다('當吾韓事者
自不乏人')"라고 하여 한국을 다스릴 사람으로 한 사람의 '국왕'이 아
닌 다수의 사람을 상정하고 있음을 살필 수 있다. 더욱이 영남본의
원본에 해당하는 면우본에서 '吾君 吾民'이라 표현한 것을 상해에서
김창숙 등이 '吾國 吾民'으로 바꾼 것은 유림들의 복벽사상을 넘어
서 당시로서는 혁명적인 표현이었던 점에서 호서본과는 이념적인
차이를 보인다.[84]
  김복한 역시 영남본을 보고서 영남본의 문구 중에 서양을 '大明
大化', '大位' 또는 '大仁武'라고 칭송하고 있음에 이의를 제기하여
이를 고치지 못했다고 아쉬워하고 있다.[85]
  한편, 김복한은 파리에 장서를 보낸 일로 華西學派의 일부에게
비판을 받았다. 물론 화서학파의 전체 입장이라고는 볼 수 없으나
省齋 柳重敎의 문하인 申泰求(자: 允宗, 호: 覺齋, 丙戌生 1886)는 김복

---

83) 박은식, 《한국독립운동지혈사》하편, 〈儒敎徒呈巴黎和會書〉 91~94쪽(《백암박
    은식전서》 제2권, 231~234쪽).
    〈金福漢 年譜〉 1919년 3월조(《志山集》부록).
84) 남부희, 《유림의 독립운동사연구》, 범조사, 1994, 227쪽. 임경석, 앞의 글, 61
    쪽.
85) 金魯東, 〈年譜〉, 《志山集》부록, 1919년 3월조.
    金福漢의 영남본에 대한 평가에 대하여는 郭鍾錫의 문인인 金榥도 그의 문집에
    서 "金志山福漢於發書後 始得見原文 歎賞不已而以其中 大明大化 大仁武等語 下
    得太重非 所施今日夷狄之雄者爲病"이라 하여 김복한은 영남본에서 서양을 극찬
    하고 있음을 비판하였다고 전해준다(金榥, 〈記巴里懲書事〉, 《重齋集》).

한에게 글을 보내 이에 대하여 질정을 구했다. 신태구는 제천의병
에서 柳麟錫의 참모로 활약했던 朴胄淳의 문인이다. 김복한은 신태
구에게 답신을 보내어 주자 강목의 예를 들어 설명하였다. 즉, 그는
오랑캐인 거란과 돌궐이 周와 隋를 공격한 것은 '入寇'라고 써야 마
땅하나 千金公主와 北漢의 요청으로 침공한 것이라고 하여 주자가
이를 '伐'이라고 써 포상하였음을 들고 있다. 그리고 이와 마찬가
지로 일제를 구축하기 위해 서양을 끌어들이려는 장서운동이 비록
'正例'는 아니나 주자의 강목에 따른 '變例'로서 강목의 정신에 어
긋나지 않는다[86]며 일제를 토벌하여 원수를 갚는 것이 더 중요하고
급하기 때문에 부득이한 결정이었다고 이해를 촉구하였다.[87]

　이러한 서신 왕복이 있은 뒤 신태구의 스승 朴胄淳(1858~1929,
호; 惺菴)이 1922년 서신을 보내어 다시 이 문제를 거론하였다. 영월
출신으로 省齋 柳重敎의 문인인 朴胄淳은 김복한에게 보낸 서신에
서, 파리에 글을 보낸 것은 '綱目의 變例'이지만 실로 괴롭고 슬픈
일이라고 하면서 서양과 손잡는 일을 吳越同舟에 비유하였다. 그러
나 "이 일로 말미암아 후세의 글쓰는 이로 하여금 우열을 가리게 한
다면 이는 작은 일이 아니다"[88]라고 신중론을 제기하였다. 이에 대
하여 김복한은 답장을 보내 千金公主와 北漢이 朱子의 筆이 있어
誅戮을 면할 수 있었듯이 자신이 파리에 글을 보낸 것은 부득이한
뜻이었다[89]고 양해를 구하고 있다.

---

86) 金福漢, 〈答申允宗泰九〉, 《志山集》 권4, 書.

87) 《志山集》 부록의 〈年譜〉 1919년 '3월조'에서도, 이에 대하여 "내가 구차하게 연
　　명한 지 이미 10년이라. 이제 이 기회가 있어 원통한 것을 하소연하고 부끄러움
　　을 설욕할 길을 어찌 도모하지 않으리오. 오랑캐와 일을 같이 하는 혐의가 없지
　　않으나 朱子綱目을 보면 千金公主와 北漢이 隋나라와 周나라를 칠 때 突厥·契
　　丹과 함께 했으되 朱子께서 포상하시었으니, (오랑캐를) 받아들인 바가 없지 않
　　다"라고 적고 있다.

88) 朴胄淳, 〈與金承旨, 壬戌 5月〉, 《惺菴集》 권2, 書.

89) 金福漢, 〈答朴聖直 胄淳 壬戌〉, 《志山集》 권3, 書.

임한주 역시 明의 崇禎帝가 李自成 휘하의 반군에 북경이 점령당했을 때 吳三桂가 淸軍('滿夷之兵')의 원조를 받아 이자성 군을 물리친 일을 들면서 '이를 어찌 죄라 할 것인가'라고 김복한을 변호하였다. 그는 더 나아가

> 이러한 말은 그럴 듯하지만 크게 이치에 맞지 않는다. 국가의 일은 大小와 公私의 다름이 있다. '洋人'과 '讐倭'는 같지 않다. 차라리 다른 오랑캐한테 망할지언정 원수인 왜의 백성이 되는 것은 원하지 않는다는 것은 아동이나 부녀자들의 예사로운 말(茶飯語)이 아닌가.[90]

라면서 "차라리 西洋 오랑캐에게 망할지언정 怨讐인 倭의 百姓은 결단코 원치 않는다"는 뜻을 분명히 하였다.

이상에서 알 수 있듯이, 김복한은 파리장서 건으로 주위로부터 그의 척사론에 대한 문제 제기를 받았다.[91] 사실 그가 비록 주자강목을 들면서 자신의 척사론을 견지하고 서양을 거부하고자 하였으나, 서양의 힘을 빌려서라도 독립을 쟁취하려는 장서운동에서 이미 서양문명을 인식하고 있었음과 서양의 실력 우위를 인정한 셈이 된다. 그러나 이에 대하여 그는《주자강목》의 예를 들면서 자신의 행위가 결코 '夷狄'에 항복한 것이 아니라 국난을 구하는 方略이었다고 역설하였다. 또한 그는 영남본의 내용을 후에 보고서 '大位'나 '大明' 같은 표현이 지나치다고 지적하였다.

또한 그는 1921년 4월 25일(음)에 아들 魯東을 보내 南塘 韓元震의 묘에 글을 지어 고하기를

---

90) 임한주,《雨暘漫錄》권2 하, 17쪽, 1919년 3월 2일조.

91) 김복한은 박주순과 신태구 이외에 徐斗益한테도 같은 내용의 질의를 받았던 것으로 보인다. 그는 서두익에게 보낸 답신에서도 역시 朱子綱目을 들어 후세의 '君子'들에게 죄를 짓는데 이르지는 않을 것이라고 답변하였다.《志山集》권3, 書,〈答徐斗益 庚申〉).

··· 선생께서 人獸 儒釋 華夷의 분별이 없음을 크게 근심하고 길이 탄식
하셨음을 지금에 와서 경험하니 宗主國이 이미 망하고 온 천지에 洪流가
계속되고 있음이 위의 세 가지 분별이 없기 때문이니 애통 박절함을 차마
말할 수 없습니다.[92]

라고 하고 있다. 그가 '人獸', '儒釋', '華夷'의 구별이 없어짐과 종주
국이 망함을 애통해하고 있음을 볼 수 있다. 이로 보아 그가 서양의
힘을 빌리고자 하기는 하였으나 척사론의 기본 이념은 변함이 없었
다고 보아야 할 것이다. 주자강목의 '變例'를 들면서까지 오랑캐와
손을 잡고자 한 그의 심정에서 그의 절박한 구국의지를 엿볼 수 있
겠다.

4) 호서유림의 파리장서운동 의의

호서지역에서 일어난 파리장서운동은 홍주의병장 金福漢의 주도
로 이루어졌다. 김복한은 독립선언서의 민족대표에 유림들이 빠진
것을 알게 되었다. 그는 비록 서양과 손을 잡은 것이 괴롭고 슬프
지만, 파리강화회의에 문서를 보내 한국의 독립을 요구하기로 하였
다. 김복한은 장서를 작성한 뒤, 임한주와 안병찬, 유호근, 김덕진
등 과거 의병의 동지들과 인근의 뜻있는 유학자들의 서명을 받았
다. 그리고 이를 황일성, 이영규, 전용학 등 제자들 편에 서울로 보
낸 뒤 임경호를 통해 파리에 발송하고자 하였다.
林敬鎬는 고종 망명계획을 함께 추진하던 유진태로부터 金昌淑
등이 같은 일을 추진하고 있다고 듣게 되었으며, 김창숙을 만나 양

---

92) 金福漢, 《志山集》 권7, 告祝, 〈告南塘先生墓文〉.

쪽이 각기 추진하는 장서운동을 통합하기로 하였다. 장서의 내용은 영남본의 뜻이 명확하다고 하여 그것을 택하기로 하고 서명의 순서에서도 곽종석 다음에 김복한의 이름을 넣기로 하였다. 임경호는 파리에 장서를 전달하는 일도 김창숙에게 일임하였다. 이에 따라 김창숙은 상해로 가서 임시정부 요인들과 자구 일부를 수정하고 이를 영문으로 번역하여 파리의 강화회의 의장을 비롯한 중국의 각 기관과 국내에도 발송했다. 파리장서의 일로 호서지역 참여자들은 1919년 6월 초부터 체포되었다. 임한주를 비롯하여 안병찬, 김덕진, 전양진, 김봉제, 이길성, 최중식, 유호근 등은 공주지방법원을 거쳐 대구지방법원에서 실형을 선고받고 옥고를 치렀다. 대구지방법원에서 궐석 판결을 받은 김복한도 그해 8월에 체포되어 공주감옥에서 옥고를 치렀다.

파리장서의 호서본은 현재 전해지지 않는다. 그러나 일부 요지를 언급한 김복한의 행장에 따르면, 호서본은 명성황후와 고종황제를 시해한 죄를 묻고 있으며, 조선왕조를 회복하려는 뜻이 담겨져 있었음을 알 수 있다. 이와 달리 김창숙이 파리에 전송한 수정된 영남본은 자주독립사상과 국가의식이 잘 나타나며, 만국공법의 세계관을 피력하고 있는 점에서 중국 중심의 화이론을 극복한 면이 보인다.

김복한을 비롯한 호서지역 서명자들은 서양 제국에 협조를 요청한 일로 화서학파의 척사론자들에게 비판을 받기도 하였다. 그러나 이들은 장서운동이 주자의 강목에 따른 '變例'로서 강목의 정신에 어긋나지 않는다고 보았다. 호서지역 유림들의 파리장서 운동은 일제의 통치에서 한민족을 구하기 위해 서양을 이용하고자 한 방략이었던 것이다. 따라서 호서지역 파리장서운동은 척사론의 원리주의적인 이념체계를 극복하려 시도한 점에서도 의의를 찾을 수 있겠다.

 호서지역 유림들은 영남지역에서 추진한 장서운동에 연합하여 하나의 통합된 장서운동을 전개하였다. 學派와 黨色이 서로 다른 호서와 영남지역 유림의 장서운동 통합은 민족운동사에서 일대 쾌거라 하겠다. 이는 영남과 호서라는 지역적 차이는 말할 것도 없고 충청도의 노론 계열과 경상도의 남인 계열의 통합이라는 점에서도 의미가 크다.

제5장 호서유림의 민족교육

1. 桃湖義塾의 민족교육

1) 도호의숙 설립과 민족교육

桃湖義塾은 당진 대호지면 桃李里[1]에 설립된 의령남씨의 宗塾이다. 도이리 일대에는 의령남씨 忠壯公 南以興의 후손들이 세거하였다.[2] 이들 가운데 전 영장 南錫龜(1798~1862)[3]와 승지 南普永

---

1) 桃湖란 말은 복사꽃이 많은 도이리 앞을 맑은 물이 에워싸고 있기 때문에 붙여졌다 한다(南相赫, 〈桃湖山水記〉, 《克齋遺稿》, 도서출판 문진, 2003, 199쪽). 桃李란 지명은 南以興의 장자 宜豊君 南斗極이 작은 섬에 복숭아와 오얏나무를 심고 도리도라 명명한 데서 유래한다고 한다(南仲祐, 〈桃湖義塾(講堂)〉, 1987년 3월). 李敏寧의 《瑞山郡誌(1927년)》(한국인문과학원, 《한국근대읍지》 3, 179쪽)에 따르면, 도이리에는 충청관찰사 南世健 이래 약 4백년 동안 17대에 걸쳐 의령남씨가 거주하고 있으며, 1914년 현재 도이리에 약 150명 거주하고 있다면서 중심 인물로 南軫熙, 南相九, 南相規, 南相翊, 南相直, 南相洛 등을 들고 있다.

2) 남상혁, 〈先考事狀〉(《克齋遺稿》, 78~81쪽). 조선 말기 의령남씨 종중에서 많은 무과 급제자를 배출하였는데, 《의령남씨 대동보》에 따르면, 남석구의 손자 俊熙가 1871년 신미무과, 남보영의 아들 宅熙(1889년 기축무과)와 軫熙(1887년 정해무과), 南廷奭의 아들 建熙(1880년 경진무과), 南合元의 아들 廷九(1889년 기축무과), 南宅元의 아들 廷鳳(1899년 기축무과) 등이 급제한 것으로 알려진다. 그러나 1914년 南廷燮이 간행한 《朝鮮科宦譜》 '宜寧南氏 武科篇'에 따르면, 의령남씨로 무과에 급제한 인물로, 南怡(兵判 冤死)를 비롯하여 瑜(府使 殉), 以興(兵使 丁卯殉 瑜의 子), 斗極(僉正, 以興 子), 致勣(牧使), 彦純(承旨, 致勣 子), 柁(僉正), 斗柄(禦將, 斗極 弟), 爐(北評事, 斗柄 孫), 崙(水使 斗柄 從孫), 孝元(水使), 頤壽(別薦), 五星(統帥), 命善(兵使, 以興 后) 등 14명의 이름만이 보인다.

3) 남석구(字: 落瑞)는 1834년 무과에 급제한 뒤 장연현감과 보성군수 겸 해주진

(1826~1868)[4] 그리고 유학자 南啓沃(1828~1867) 등이 중심이 되어
1860년대 초에 문중 자제들의 교육을 위해 종숙을 설립한 것으로
전해진다.[5]

도호의숙은 南普永의 아들 靑坡 南圭熙(1852~1902)가 주도하여
광무5년(1901년) 대호지의 도이리 楓谷(신나무골)에 단독 건물을 건
립하면서 본격적인 학당으로 발전하였다. 의령남씨 종중에서는 수
십 두락의 전답을 제공하여 운영비에 충당하게 하였으며, 학당의
규약을 정하고, 원활한 운영을 위해 講契까지 설치하였다. 도호의
숙은 처음에는 설립자인 南圭熙가 강학하였다. 이때 수학한 이들로

관 병마동첨절제도위, 수군영장 등을 역임하였다. 그의 아들 致永과 손자 俊熙
역시 무과에 급제하였다.

4) 남보영(자: 德現)은 다섯째 아들인 軫熙(호: 松坡)가 무과에 급제하고 자신은
좌승지를 추증받은 것으로 되어 있다.

5) 南仲祐, 〈桃湖義塾(講堂)〉, 1987, 필사본. 남중우(호: 東里)는 1924년생으로
南普永의 아들 宅熙의 제2자인 相洛의 제2자로《宜寧南氏 忠壯公派譜》를 편찬
한 한학자이다.

의령남씨 가계표(《의령남씨 충장공파보》, 19쪽).

南敏(始)……瑜−以興 ┬ 斗極−泳−岱−益華−正春−燁−麟壽−錫龜−致永−俊熙− 相範
　　　　　　　　　　├ 斗柄
　　　　　　　　　　├ 斗機−沃−崙−益輝−正寅−燅−弥壽−錫禹−普永 ┬ 哲熙
　　　　　　　　　　│　　　　　　　　　　　　　　　　　　　　　├ 圭熙 ┬ 相云
　　　　　　　　　　│　　　　　　　　　　　　　　　　　　　　　│　　　├ 相直
　　　　　　　　　　│　　　　　　　　　　　　　　　　　　　　　│　　　└ 相穆
　　　　　　　　　　│　　　　　　　　　　　　　　　　　　　　　├ 泰熙 − 相斗
　　　　　　　　　　│　　　　　　　　　　　　　　　　　　　　　├ 宅熙 ┬ 相敦
　　　　　　　　　　│　　　　　　　　　　　　　　　　　　　　　│　　　├ 相洛
　　　　　　　　　　│　　　　　　　　　　　　　　　　　　　　　│　　　└ 相瓚
　　　　　　　　　　│　　　　　　　　　　　　　　　　　　　　　└ 軫熙 ┬ 相集
　　　　　　　　　　│　　　　　　　　　　　　　　　　　　　　　　　　├ 相赫
　　　　　　　　　　│　　　　　　　　　　　　　　　　　　　　　　　　├ 相天
　　　　　　　　　　│　　　　　　　　　　　　　　　　　　　　　　　　├ 相信
　　　　　　　　　　│　　　　　　　　　　　　　　　　　　　　　　　　└ 相烋
　　　　　　　　　　│　　　　涑−屹−益文−正喆−烓−道壽−錫建−廷根−星熙 ┬ 相學
　　　　　　　　　　│　　　　　　　　　　　　　　　　　　　　　　　　　└ 相殷
　　　　　　　　　　├ 斗樞−淵−계−益裕−正應−命善−啓榮−桂元
　　　　　　　　　　└ 斗杓

는 南廷直·南廷泰·南禹熙·南英烈·南相翊·南相範·南相敦·
南相鎬·南相允·南相學·南相集·南相洛 등 모두 12명이 확인된
다. 남규희가 1902년 세상을 떠나자 그해 4월에 魯齋 李成九(자:
禹昌, 본: 여주)가 초빙되어 강학하였다. 李成九가 지도한 이들로는
1903년에 입학한 南相周(마명동 거주)·南相龍(반곡 거주)·南承烈(정
곡 거주)·南相直(홍동 거주)·南相赫(양촌 거주)·南東祐(전동 거주)·
南基世(전동 거주)·南天祐(낙동 거주)·南廷甲(승호 거주) 등이 있다.
1904년 10월에는 이들 중에 남상익·남상범·남상돈·남상집 등이
해미의 향교에 입학하여 그곳에서 顧亭 林魯秉의 지도를 받았다.
1905년에 南相勳(관동 거주)이 도호의숙에 입학하였다.[6]

도호의숙은 1906년 2월 유진하를 훈장으로 모셔오면서 비약적인
발전을 이루었다. 학생 수도 늘어나 서당이 비좁게 되었다. 이에 따
라 그해 3월에는 의숙의 남쪽으로 바깥채를 낙성했다.[7] 이로써 수
십 명에게 강의할 수 있게 되었다. 도호의숙에서는 주로 경서와 사
기를 강학하였다. 초학자에게는 먼저 《소학》을 강학 자료로 삼게
하고, 15세 이하는 반드시 《격몽요결》을 배워 방향을 정하게 하였
다.

> 글방에서 배우는 것이 經과 史記에 벗어나지 아니하나, 순서를 잃을 폐
> 단이 있어서 선생(유진하: 필자주)께서 蘗溪 門下에서 경서를 돌려가면서
> 외우는 제도를 취하여 먼저 小學을 가지고서 함께 통하고 강습하는 자료로
> 삼게 하고, 15세 이하는 반드시 擊蒙要訣로 그 향방을 바르게 하였다.[8]

특히 유진하는 화서학파의 문하생들에게 경서를 외우게 하는 방

6) 남상혁, 〈桃湖義塾史誌〉, 《극재유고》, 241~244쪽.
7) 남상혁, 위의 글 245쪽. "三月義塾外舍成 始湫塾舍 隘不能容 宗黨諸公商議 遂築
　外舍于其南."
8) 남상혁, 위의 글, 244~246쪽.

식대로 철저히 강학하였다. 또한 일반 서당에서 시를 읊고 짓는 일
을 일삼았다면, 도호의숙에서는 經義와 史記를 밝히는 산문 문장
으로 제술하는 공부를 시켰다. 도호의숙에서 유진하의 강학을 받
은 이로는 南廷直·南廷泰·南相翊·南相範·南相洛·南相集·南
相敦 등이 대표적인 이들로 알려져 있다. 도호의숙에서는 유진하를
훈장으로 초빙한 뒤에《大學》과《小學》한 질을 구입하였으며, 학
생들에게 이항로의 문집인《華西集》한 질을 초하게 하고《宋子大
全》도 구입하였다.[9]

그러나 유진하는 얼마 안 가 1906년 8월에 역질로 세상을 떴다.
갑자기 선생이 죽자 의숙은 강학을 맡을 이가 없게 되어 그 후 1년
남짓 문을 닫게 되었으며, 학생들은 각자 집에서 학업을 익혔다. 그
간에 健菴 閔正植의 추천으로 유중교의 문인 喚醒齋 魚聚善을 청주
로 찾아가 스승으로 모시고자 했으나 뜻을 이루지 못했다. 1907년
11월에 비로소 대흥에 사는 鄭嗜好(자: 英哉, 본: 온양)를 초빙하여
학생들이 다시 학업을 할 수 있게 되었다. 그해 장촌에 사는 南相
璨이 입학하였으며, 다음 해인 1908년에 南相穆(홍동 거주)·南德祐
(홍동 거주)·南鶴祐(전동 거주)가 입학하였다. 그러나 1908년 가을에
는 당진지역에서 의병들의 활동이 격심해지고 申敬春 의병이 도이
리 지역에 나타나 군자금을 요구하였다. 이 때 의병들이 정기호를
핍박하였던 듯하며 그해 11월 가족들과 함께 집으로 돌아가고 말아
의숙은 몇 개월간 문을 닫고 말았다. 1909년 2월에는 沈遠聲(호: 勇
菴, 자: 而明, 본: 청송)을 강사로 초빙하였다. 그는 유진하와 蓮谷 盧
正燮의 문인이다. 1911년 봄에 양촌에 사는 南壯熙·南相天·南忠
祐·南伯祐가 입학하였으며, 1912년 봄에는 南相夏(정곡 거주)·南
善祐(온정동 거주)·南盛興(낙동 거주)·南昌興(낙동 거주) 등이 입학하

---

9) 남상혁, 〈先考家狀〉,《극재유고》, 85쪽.

여 수학하였다.[10]

1914년 봄에 유진하의 문인 李喆承이 강사로 초빙되어 강학하기 시작하였다.[11] 李喆承은 삼강오륜이 학문의 근본이요, 사서삼경이 학문의 도구요, '居敬 窮理 力行'이 학문의 법이라면서 철저히 주자학을 신봉한 유학자였다. 그는 또한 "사람에게 '邪'와 '正'이 있는 것은 하늘에 陰陽이 있어 이것들이 병립함을 용납할 수 없는 것과 같다. 正이 소멸하면 邪가 장성하고, 邪가 소멸하면 正이 장성하니 그 消長에 따라 人事의 是非와 得失이 판별되고 治亂興衰가 관계된다"[12]라고 하여 정학과 사학은 결코 병립할 수 없는 것이라 하여 존화양이론을 철저히 견지한 척사계열의 유학자임을 알 수 있다. 이철승 역시 경사 위주로 교육하면서 제술 공부를 시켰다. 그의 문인인 南相赫이 1914년부터 '夏課'(여름 공부)에서 지은 문장으로 논설과 서문을 비롯하여 발문, 잠, 명, 찬 등이 다수 있다. 〈制田里說〉, 〈興學校說〉, 〈心統性情說〉, 〈周公致辟管叔論〉, 〈舊學新學同異論〉, 〈袁總統世凱論〉 같은 것들이 그것들이다.[13]

도호의숙 학생들이 이철승한테 철저한 척사론을 수학하였음을 짐작하는 것은 어렵지 않을 것이다. 문인들이 그의 문집 《直菴集》을 발간했는데 그 서문에서 "(선생께서는) 경서에 돌아가 연구하시면서 陽의 기운이 한 가닥 脈이라도 培養하고 斯文에 한 오라기 줄이라도 붙들어 심으실 것으로 말년에 필생의 계교로 삼으셨다"[14]라고 이철승의 학문적 태도를 회고하고 있음은 이를 잘 말해준다. 또한

---

10) 남상혁, 〈桃湖義塾史誌〉, 《극재유고》, 249~250쪽.

11) 조종업, 《鶴山夏課選》1 序, 도서출판문진, 2006.

12) 이철승, 〈衛正斥邪論〉, 《직암집》 권5, 산록.

13) 남상혁, 〈夏課〉(《克齋遺稿》). 이철승의 문하에서 수학한 조종업 충남대 명예교수가 최근 《학산하과선》(문진, 2006)을 간행했는데 이 역시 1948~1950년 이철승에게 수학할 때 썼던 것을 모은 글이다.

14) 남상혁, 〈直菴先生文集序〉, 《극재유고》, 30쪽.

남상혁이 쓴 〈楓谷書숙三勝記〉에 따르면, 도호의숙에서는 1914년에 흙벽을 수리하고 성현들의 글씨를 모사해서 문설주 위에 붙였는데, 명나라 의종의 글씨인 '非禮不動'은 마루 가운데, 우암 송시열의 글씨 '闢入'은 동쪽 협실에, 주자의 글씨 '鳶飛'는 서쪽 협실에 붙였다 한다. 남상혁은 이에 대하여 '鳶飛'는 주공이 문왕의 덕을 형용한 '鳶飛魚躍'의 줄임말로 道의 本體이며, '闢入'은 이단을 물리치고 '斯道'에 들어간다는 '闢異端入斯文'에서 따온 말로 道의 用이고, '非禮不動'은 修身의 근본이요, 經學의 근본이 되는 뜻이라면서 자신들이 서당에서 놀고 배우면서 이를 보고 마음에 공경하지 않음이 없었다고 밝히고 있다.[15] 이처럼 이철승은 훈장으로 초빙되어 문설주에 명 의종, 주자, 송시열 등의 친필을 모사하여 붙이는 등 의숙의 학풍을 쇄신하고자 하였음을 알 수 있다.

2) 도호의숙 출신의 민족운동

도호의숙에서 민족교육을 받은 이들은 당진 대호지 3·1운동을 주도하는 데 앞장섰다. 당진의 대호지 3·1운동은 1919년 4월 4일 대호지 면장의 지시로 마을 주민들이 인근의 천의장터까지 행진하며 전개한 만세운동을 말한다. 이 운동은 시위과정에서 일경을 구타하고 천의주재소를 파괴하는 투쟁적 시위였다. 일경과 헌병대에게 2백여 명의 인사들이 체포되어 혹형을 받았다. 현장에서 사살되어 순국한 이도 나왔으며 옥중에서 고문으로 순국한 이도 3명이나 되었다. 39명이 징역형을, 88명이 태형을 선고받았으며, 그 밖에도 68명이 불기소되거나 면소를 받고 풀려났다.

대호지 3·1운동에 도호의숙 출신 인물들이 참여하였다. 이철승

---

15) 남상혁, 〈楓谷書숙三勝記〉, 《극재유고》, 200~203쪽.

의 문집인《直菴集》의 〈문인록〉에 있는 도이리 출신의 인물을 보면 대호지의 南相赫·南天祐·南相瓚·南相集·南德祐·南學祐·南相穆·南相天·南伯祐·南兢祐·南定祐·南信祐·林性益 등과 정미면 승산리 출신의 南光熙 등이 기재되어 있다.[16)

이와 같이 도호의숙에는 도이리와 인근의 의령남씨 자제는 거의 수학한 것으로 보인다. 이들 가운데 대호지 3·1운동에 참여한 주요 인물로는 남택희의 아들 相敦·相洛 형제와 이들의 사촌 相集·相赫 형제, 南星熙와 그의 아들 相殷, 그리고 南柱元·南啓昌·南相直·南相殷·南相瓚·南成祐·南仁祐·南英烈·南泰祐·韓雲錫·李大夏·李春應·田成鎭 등을 들 수 있다.[17)

〈표11〉 도호의숙 출신의 대호지 3·1운동 주요참여자

순번	성명	주소	생몰년	수형내용	수상내용	비고
1	南啓昌	사성리	1903~1957	태형60	1995 대통령표창	
2	南相敦	도이리 423	1888~1921	징역8월(1년)	1990 애국장	남상락의 형
3	南相洛	〃	1892~1931	〃	1990 애국장	
4	南相殷	도이리 57	1893~1974	〃	1990 애국장	남성희의 아들
5	南相直	도이리 285	1895~1941	징역1년	1990 애국장	
6	南相集	도이리 390	1891~1971	징역8월(1년)	1990 애국장	남상집의 형
7	南相殷	도이리	1894~1974	징역8월	1990 애족장	
8	南相赫	도이리	1895~1969	미체포		

16) 이철승, 〈문인록〉,《직암집》, 부록, 경인문화사 영인, 1993, 624~628쪽.

17) 南柱元을 비롯하여 南相敦·南相洛·南相集·南相赫·南星熙·南相殷·南啓昌·南相直·南成祐·南仁祐·南英烈·南泰祐·李大夏·李春應·田成鎭의〈독립유공자평생이력서〉(국가보훈처 소장) 참조.

9	南相瓚	도이리	1899~1963	미체포		
10	南成祐	도이리 31	1897~1952	징역8월	1990 애족장	
11	南星熙	도이리 213	1868~1941	태형90	1995 대통령 표창	
12	南英烈	도이리 178	1892~1971	태형90	1995 대통령 표창	
13	南仁祐	도이리 315	1886~1967	태형90	1995 대통령 표창	
14	南柱元	사성리 260	1893~1946	징역1년	1995 애족장	
15	南泰祐	사성리 209	1880~1937	징역1년(4년)	1990 애국장	
16	韓雲錫	도이리	1884~1950	징역1년	1990 애족장	
17	李大夏	장정리 107	1890~1951	징역 8월	1990 애족장	이인정의 조카
18	李春應	두산리 576	1890~1954	징역1년	1990 애족장	
19	田成鎭	도이리 294	1885~1932	〃	1990 애족장	

이들 가운데 3·1운동에 주도적인 활동을 한 인물들의 행적을 소개하기로 한다. 남주원·남계창·남상직·남상락 등 4명이 3월 1일 광무황제 인산에 참여하려고 서울에 올라가서 파고다공원 만세시위에 가담했다가 내려와 3·1운동을 주도하였는데[18] 이들이 바로 도호의숙 동문들이었다.

南柱元(1893~1946)은 대호지면 사성리에서 출생하여 1899년 2월부터 1905년 1월까지 6년 동안 도호의숙에서 한학을 수학하고 상경하여 서울에서 중동학교와 호동 사립 해동신숙을 마쳤다. 그는 1916년에는 도호의숙의 분교격인 반곡서당을 설립하기도 했다. 그는 1919년 3월 인산에 참여하기 위해 상경하였다가 탑골공원의 만세운동에

---

18) 대호지면 3·1 운동선열추모비건립추진위원회, 《대호지 기미독립운동 약사》, 1972, 8쪽.

참여하였으며 귀향한 뒤에 만세운동을 주도하였다. 4월 4일 대호지 면사무소 앞에서 면장의 연설에 이어 서울에서 가져온 독립선언서를 낭독하였으며, 술을 대접하여 용기를 북돋아주면서 1천여 명의 대호지 면민과 함께 만세운동을 전개하였다. 남주원은 천의시장에 도착하여 이대하·한운석·남상락 등과 함께 시장에 모인 군중들에게 연설을 하였다. 이에 따라 주민들은 대한독립만세를 연호하면서 시위하였으며, 일제 순사의 발포에 천의주재소를 습격하여 건물을 파괴하는 한편 일본인 순사와 순사보 등을 구타하였다. 그는 이 일로 체포되어 1919년 10월 25일 공주지방법원에서 이른바 보안법 위반으로 징역 1년을 받아 옥고를 치렀다.[19]

南相直(1895~1941, 호: 壯觀)은 도호의숙 설립자 남규희의 아들로, 《宇宙原論》과 《禮樂通經》 같은 저서를 지은 유학자이다.[20] 南相洛(호: 海崗)은 남상직과 사촌 사이로 남보영의 넷째 아들 宅熙의 아들이다. 그는 탑골공원의 만세운동에 참여한 후 태극기와 독립선언서를 일제 남포에 숨겨 와서 대호지의 만세운동에 이용할 수 있게 하였다.[21] 이들은 4월 4일 天宜 장터에서 수백 명을 규합하여 독립만세를 고창하며 경찰주재소를 습격하여 파괴한 일로 체포되어 징역 1년형을 선고받고 옥고를 치렀다.[22] 南啓昌 역시 이 일로 체포되어 태형 60도를 받는 고초를 겪었다. 한편 남상락의 형 南相敦(호: 東崗)과 사촌인 南相集(호: 市隱)도 참여하여 옥고를 치렀다. 남상집의 동생 南相赫(1895~1969, 호 : 克齋) 역시 만세시위에 참여한 것으로 전해진다. 이들 모두 도호의숙 설립을 주도했던 남보영

---

19) 〈남주원 신분장지문원지〉(경찰청): 〈형사사건부〉: 문일민, 《한국독립운동사》, 173쪽: 독립운동사편찬위원회 편, 《독립운동사》 제3권, 155쪽.

20) 《의령남씨 충장공파보》, 173쪽.

21) 《의령남씨 충장공파보》, 24쪽. 그의 아들인 南先祐가 남포와 태극기 등을 보관하고 있다가 이를 독립기념관에 기증하였다.

22) 〈이인정 등 34명 판결문〉(경성복심법원, 1919년 12월 24일): 〈刑事控訴公判始末簿〉: 독립운동사편찬위원회 편, 《독립운동사》 제3권, 155쪽.

의 손자들이다.

南星熙(1868~1941, 호: 義忠)는 13살 때이던 1880년부터 1891년까지 11년간 도호의숙에서 수학한 뒤 1892년부터 1898년까지는 도호의숙에서 유년부와 성인부를 강학하였다 한다. 남성희 역시 3월 1일 광무황제의 인산에 참여하였다가 3·1운동을 목도하고 내려와 대호지 3·1운동에 참여하였다. 그는 4월 6일 홍성수비대에 체포되어 4월 24일 보안법 위반으로 서산경찰서에서 태형 90도를 받고 허리와 오른쪽 다리를 크게 다친 상태에서 출감하였다. 그의 훈육을 받은 큰아들 相學은 김좌진과 함께 만주에서 독립운동을 하다가 행방불명되었다. 둘째 아들 相殷은 부친과 함께 천의시장의 만세시위에 참여하고 천의주재소를 파괴하는 등 격렬한 시위를 주도한 일로 체포되어 1년형을 선고받고 옥고를 치렀다.[23]

도이리 출신 田成鎭과 두산리의 李春應, 장정리의 李大夏 등은 대호지 면사무소와 천의장터에 모인 시위 군중에게 태극기를 배포하고 독립만세를 외치며 경찰주재소를 습격하여 기물을 파괴하는 등 격렬하게 시위하였다. 이들은 같은 해 10월 24일 경성복심법원에서 징역 8월 또는 1년형을 선고받고 옥고를 치렀다.[24]

한편 도호의숙 훈장이었던 韓雲錫이 대호지 3·1운동에 깊숙이 관여한 것으로 알려져 있다. 韓雲錫은 홍성군 출신으로,[25] 1919년 당시 대호지면 조금리에 거주하고 있었으며 도호의숙과 반곡서당

---

23) 〈범죄인명부(남성희)〉. 남성희의 평생이력서와 공적조서 참조.

24) 〈이인정 등 34명 판결문〉(경성복심법원, 1919년 12월 24일): 〈형사공소공판시말부〉: 〈刑事事註·형사공소사건부(경성복심법원)〉: 〈형사사건부(공주지방법원, 1919년)〉. 독립운동사편찬위원회, 《독립운동사》 제3권, 153·154쪽.

25) 한운석의 〈독립유공자평생이력서〉. 한운석은 옥고를 치른 후 당진군 정미면 수당리로 이주하였다. 수당리는 함평정씨 집성촌으로, 존재 유진하의 제자 鄭在學이 거주하고 있었는데 그가 기축년(1949) 3월에 죽자 한운석은 그를 위해 아래와 같은 만사를 지은 것이 확인된다(정재학, 《方齋文集》 권3, 輓詞, 51쪽). "嗟君博學早無方 書帶旋凋一夜霜 柿葉題詩無復覩 鵑鴣鳴咽不平鳴 斯文喪矣家鄕遠 極樂安之道路長 居此壽堂非壽域 神仙共伴上瑤京"

의 훈장으로 강학하고 있었다. 그는 서울의 만세운동에 참여한 인
사들을 중심으로 조직된 추진위원회에서 활동했으며, 4월 3일 밤
면사무소에서 민족의식을 고취하는 글을 짓고 〈애국가〉라고 이름
붙였다. 그 내용은 다음과 같다.

> 간교한 일본은 殘暴함을 주장해 드디어 내 나라를 抑奪했다
> 우리들은 이러한 통탄할 지경에 이르니
> 살아서는 설 곳이 없고 죽어서는 묻힐 땅이 없다
> 이 원수를 갚지 않을 수 없다.
> 각인은 노력하고 동심협력하여 불구대천의 원수를 갚아
> 무궁전세의 내 국가를 독립하자[26]

그는 같은 해 10월 24일 공주지방법원에서 이른바 보안법 위반
및 소요죄 등으로 유죄판결을 받고 12월 24일 경성복심법원에서 징
역 1년형을 선고받아 옥고를 치렀다.[27]

한편 도호의숙에서 수학한 뒤에는 모교에서 후학을 양성하거나
서당을 차려 후학을 훈육하기도 하였다. 이들 가운데 남성희와 송
일현은 도호의숙에서 훈육을 맡았다. 이규순은 1914년 마중리에 중
리서당을 차렸으며, 손병운은 두산리에 서당을 차리고 훈학을 한
것으로 전해진다. 송춘성 또한 1914년부터 송전리 창말서당에서 후
학을 교육하였다 한다.[28]

---

26) 〈이인정 등 34명 판결문〉(경성복심법원, 1919년 12월 24일).

27) 〈이인정 등 34명 판결문〉(경성복심법원, 1919년 12월 24일) : 〈형사사건부(공
주지방법원, 1919년). 독립운동사편찬위원회, 《독립운동사》 제3권, 154~155쪽.

28) 〈독립유공자평생이력서〉 참조. 후손들이 제출한 〈독립유공자평생이력서〉에 따
르면, 송전리의 창말학당(벌말학당이라고도 함)에서 수학한 이로 이영학, 박성
운, 김동근, 심능필, 윤남, 최학수, 이달준, 이대성, 원순봉, 박순봉, 송광운, 최
연식 등이 확인된다. 이 중에 송춘성과 박성운(1916년부터)은 훈장을 하였다고
적혀 있다.

도호의숙은 대호지 3·1운동 이후에는 도호학당으로 개칭되었으며, 남상락·남상혁·남상직·남천우 등이 교육을 담당하였다. 그 뒤에는 강습소로 개편되었다가 1930년대 초에 폐쇄되었다.[29]

이철승의 문인 남상혁은 홍주의병장 志山 김복한의 가르침을 받기도 했다. 김복한은 1895~1896년 홍주의병을 일으켜 옥고를 치르고, 1919년 파리장서운동을 주도하여 옥고를 치른 민족지사이다.[30] 남상혁의 아들 南庚祐가 부친의 일기를 토대로 아래와 같은 〈신고서〉를 작성하였다.

> 三一運動시에 부친께서는 留學으로 홍성의 거유 志山 김복한 선생 문하에 수학하시던 중이었답니다. 홍성은 서산군 대호지면보다 먼저 거사준비를 지산선생 주도하에 진행하면서 문하생 南相赫에게 너는 고향에 가서 어른들과 己未義擧를 일으키라는 연락을 하고 그곳에서 일을 하라고 지시하시어 그 밤으로 대호지에 오셨다고 하시며 할아버지(軫字熙字)께 여쭙고 사성리 南兵使댁에 가서 연락을 하셨답니다. 그 당시에는 망국의 한을 품고 어른들께서 사성리 발궐의 남병사댁에 모이셔서 걱정들 하시었다고 합니다. 그래서 사성리에 가서 南啓昌, 南柱元, 南相集 어른들께 志山선생님의 뜻을 말씀드렸으며 그 즉시 거사를 준비했답니다.[31]

이에 따르면, 남상혁이 김복한의 지시에 따라 대호지에 와서 南啓昌·南柱元·南相集 등에게 알려 3·1운동을 추진하게 하였음을 알 수 있다.[32]

---

29) 南仲祐, 〈도호의숙〉(필사본), 1987.

30) 김상기, 〈김복한의 홍주의병과 파리장서운동〉, 《대동문화연구》 39, 1999. 참조.

31) 南庚祐, 〈신고서〉, 《극재유고》, 277~278쪽.

32) 김복한은 남주원의 청으로 그의 조부 南命善(1846~1916)의 신도비를 썼다(김복한, 〈右尹南公命善神道碑銘〉, 《지산집》, 권8).

도호의숙 출신으로 국망 후에 만주로 망명한 南正(1880~1950)이 있다. 그는 1906년 홍주의병에 참여한 것으로 알려져 있다. 국망 후 망명하여 1923년 10월 중국의 懷仁縣 五加子에서 片康烈 등과 함께 義成團을 조직하여 吉林·長春 등지에서 단원을 모집해 훈련하고 일본 기관의 파괴와 밀정을 단죄하는 활동을 하였다. 특히 장춘의 일본영사관을 습격하여 다수의 인원을 사상시켰으며, 심양에 있는 만철병원을 습격하는 등의 전과를 거두었다. 1923년에는 正義府의 고문을 지냈으며, 길림성의 中韓辨農會에서 辨務處長을 지냈다. 1926년 5월 길림성 중동선 연도의 이도하자에 있는 劉海崗의 집에서 李應瑞 등과 함께 조선혁명군대본영을 조직해 군자금을 모집하였다. 왕수현 烏吉密河 등지에서 독립사상을 북돋는 경고문과 군자금 수령증을 인쇄하여 단원에게 배포하는 등의 활동을 전개하였다. 1926년 10월 1일 조선총독부 신청사 낙성식이 있음을 탐지하고 폭탄을 투척하려고 전좌한, 김봉준, 이응서 등과 함께 국내에 무기를 반입하여 활동하려다 체포되어 1927년 8월 31일 경성지방법원에서 소위 치안유지법 위반으로 징역 1년 6월형을 선고받고 서대문 형무소에서 옥고를 치렀다.[33]

이상에서 살펴보았듯이, 대호지 지역은 유학적 전통이 강한 특성을 띤다. 이에 따라 지역 유지들은 도이리의 도호의숙과 사성리의 반곡정사 같은 서당을 설립하여 한학 교육에 힘썼다. 그 가운데 대표적인 서당이 桃湖義塾이다. 도호의숙에서는 유진하와 그의 문인 이철승 같은 화서학파 유학자들이 철저한 존화양이론에 바탕을 두고 훈육을 시켰다. 이에 따라 도호의숙에서 교육을 받은 남주원을 비롯한 도이리 지역의 의령남씨 인물들과 이대하·이춘응 등 수십 명이 대호지 3·1운동에 참여하여 옥고를 치르기까지 하였다. 특히

---

33) 판결문,《독립운동사》7, 독립운동사편찬위원회, 1972. 동아일보(1927. 6. 21. 6. 27)

3월 1일 광무황제 인산에 참여하려고 서울에 올라가 탑골공원의 만세시위에 가담한 뒤 내려와 만세운동을 주도한 남주원·남계창·남상직·남상락 등이 바로 도호의숙 출신이었다는 점에서 대호지 3·1운동에서 도호의숙의 역할이 컸던 것으로 확인된다.

2. 德明義塾의 민족교육

1920년 평택임씨 충정공파 종중에서 청양군 화성면 蘭汀과 花倉 마을 중간에 재실 山泉齋를 짓고, 그 안에 덕명의숙을 개설하였다. 재실에서 임한주의 11대조 松坡公 林植(1539~1589)과 아들 林得義 (1558~1612), 그리고 손자 桐巖 林巘에 이르는 3대의 제사를 받들었다. 林得義는 李夢鶴의 난을 진압하는 데 공을 세워 淸難功臣에 추대되고 平城君에 봉해진 인물이다.

임한주가 지은 '德明義塾上樑文'에 따르면, "온 종족이 회의할 장소를 이미 여러 대의 묘소가 있는 곳에 정했다. 젊은 사람들이 여기에서 배우니 어찌 몇 개의 시렁과 서실이 없을 수 있겠는가"라면서 재실 안에 의숙을 설립하였음을 알려주고 있다. 위 상량문에 따르면, 덕명의숙에는 평택임씨 종중의 아이들만 아니라 같은 마을의 다른 집안 아이들도 받았으며, 7~9살의 아이들로 모두 30여 명에 달했다고 한다.

> 옛 재실을 본떠 강의하는 공간을 열고 새 규범을 만들어 학도들을 모집했다. 파 피리 불고 죽마 타는 아이들을 모두 책을 읽는 곳에 몰아넣었으니 7, 8, 9세의 아이들이 많고 성씨가 다른 한 마을의 자녀들도 또한 함께 공부하도록 하니 무려 30여 명에 이르렀다.[34]

---

34) 임한주, 《성헌집》 권5, 잡저, 〈德明義塾上樑文 경신〉.

학생들이 많아지자 종중에서는 墓田의 곡식을 모으고 선산의 재
목을 모아 몇 간의 시렁을 더 만들었다. 건물 북쪽으로 창을 내고
동쪽으로는 난간을 만들어 여름에는 시원하고 겨울에는 따뜻하게
했다. 바닥의 아래에는 왕골자리를 깔고 그 위에 대자리를 덮었으
며, 왼쪽에는 그림을 오른쪽에는 책을 놓았다.[35]

임한주는 덕명의숙에서 강의를 책임졌다. 그는 홍성 서부면 판교
리에 거주하는 친구 成汝古 집에 설립한 板橋書塾에 훈장으로 초빙
되어 있다가 덕명의숙이 설치되면서 고향인 이곳으로 와서 문중 자
제와 인근의 자제들에게 강의하게 된 것이다.

임한주는 周興嗣의 千字文 대신에 《簡肄新編》을 편찬하여 한문
을 가르쳤다. 《간이신편》은 1932년 그가 어린이를 위해 천자문 대
신 편찬한 것으로

> 소아들이 배움을 시작할 때 周興嗣의 千字文을 이용한다. 그러나 말이
> 난해하여 이를 편찬하여 이름은 簡肄新編이라 하니 簡은 간략하다는 뜻이
> 요 肄는 익힌다는 뜻이다. 壬申 菊月朔 아침 惺軒老夫는 쓰노라.[36]

라고 편찬 이유를 밝혔다. 그러나 이 책은 '太極之理 一分萬殊'로
시작하고, 또 초목과 짐승의 이름 등 오히려 어려운 한자들이 많이
수록되어 있다. 또 천자문보다 많아 모두 1,712자에 달한다. 그는
사서삼경과 민족사를 가르쳤다. 자신이 겪은 홍주의병의 역사와 의
병장에 대한 교육을 통하여 학생들의 민족의식을 깨우쳤다. 그가
홍주의병의 사적을 기록한 《洪陽紀事》를 편찬한 것이 1915년이니,
의병의 사실들을 학생들에게 알려주었을 것으로 유추된다.

---

35) 위와 같음.
36) 임한주의 《簡肄新編》 참조(林興周 소장본 참조).

임한주의 훈도를 받은 이 중에서 독립운동을 전개한 인물로 그의 조카 林敬鎬와 林兢鎬가 있다. 이들의 행적을 살펴보기로 한다.

林敬鎬(1888. 3. 3~1945. 2. 號 : 聲百)는 홍주의병 임승주의 장자이다. 임한주의 조카로 임한주와 김복한의 문인이다. 그는 어려서부터 부친과 스승들에게 항일에 대한 교육을 많이 받은 것으로 보인다. 그가 15세의 나이에 논어를 배우면서 스승 임한주에게 논어에 어질 仁자가 많이 나오는데 매번 그 뜻이 같지 않다면서 그 뜻의 차이를 묻고 있다.[37]

그가 21살이던 1908년 8월에 쓰시마에 유폐되어 있던 '홍주9의사'에게 서한을 올렸는데 이를 소개하면 다음과 같다.

> 洪州 水多(洞名)에 사는 林敬鎬가 삼가 한 구절 거친 말로 쓰시마 嚴原에 갇혀 계시는 집사들께 말씀드리니 이 글을 봐 주실 수 있겠습니까. '일월과 빛을 다툰다', '춘추의 의리를 붙든다'는 것은 의례하는 말이고 '곤궁에 처해도 형통하고 험난에 있어도 편안하다'는 것은 情으로 하는 말이며, '욕이 아니라 영화이며 이것으로 죽으며 살더라도 유감이 없다'는 것은 충심으로 고하는 말입니다. 그러나 이는 사람마다 서로 전하고 서로 규율하는 말이라 한다면 어찌 오늘 敬鎬의 군더더기 말이 필요하겠습니까. 반드시 '두서없이 혼란한 생각은 나의 본령에 누를 끼친다'고 하며 안중에 아무것도 없는 듯하고 마음에 아무 일도 없는 듯해서 흐르는 세월에 자며 먹으며 지내면 어찌 고뇌를 편안히 하는 방법이 되지 않겠습니까. 말씀을 장황하게 드리고 싶지 않으며 삼가 하늘을 믿어 啇하시기를 기원합니다.
>
> 무신년 8월 21일[38]

---

37) 임한주, 《성헌집》 권5, 잡저, 〈家塾講說 임인〉.

38) 문석환, 《마도일기》 1908년 8월 29일조(독립기념관, 355쪽). 이에 따르면, 임경호의 글은 홍주 화성면 화창리에 사는 申學均이 思雲 申輔均에게 보낸 편지 속에 들어 있었다 한다.

그는 홍주의병장들을 '日月과 빛을 다투고 춘추의 의리를 붙들고 있는' 인물들로 보았다. 또한 의병들의 유폐생활이 '辱이 아니라 榮華이며, 이것으로 죽으며 살더라도 유감이 없을 것'이라면서 이들의 의기를 충심으로 존경해 마지않았다. 21살 젊은 나이로 멀리 쓰시마에 유폐되어 있는 고향 의병장들의 고초를 가슴 아프게 여기면서 감히 그들의 의기를 본받고자 하는 결의를 나타내는 글이라 하겠다.

임경호는 1910년 국망을 당하자 만주로 망명하여 이회영 등과 함께 활동한 것으로 알려져 있다. 그는 1919년 김복한이 임한주 등과 함께 파리강화회의에 일제의 불법적인 침략을 고발하고 독립의 열망을 담은 독립청원서를 작성하자 발송 책임을 맡았다. 영남지방의 유림들도 郭鍾錫과 金昌淑을 중심으로 독립청원서를 준비하고 있었는데, 임경호는 俞鎭泰의 소개로 김창숙과 만나 양쪽의 목적이 같음을 확인하고 통합을 위해 노력하였다. 그리하여 호서·영남지방 유림 137인이 서명한 독립청원서가 확정되었다. 임경호는 장서에 서명을 하지 않아 일경의 체포를 면하였다. 그러던 가운데 1920년 8월 23(음)일 청양경찰서에 체포되었다가 9월 8일(음) 귀가하였다.[39]

임경호는 임시정부 국내특파원으로 국내에 들어와 군자금 모금운동을 전개한 것으로 보인다. 1920년 12월 그는 崔錫天과 함께 군자금모금을 하는 전주 출신 金鎭億과 부여 출신 李完植, 보령 출신 金忠圭 등을 洪天植의 집인 고양군 숭인면 청량리 뒷산에서 만났다. 홍천식은 이들에게 임경호와 최석천을 '상해임시정부와 연락이 있는 자'라고 소개하였다. 이 일로 체포된 김진억은 징역 5년, 이완식은 징역 4년형을 선고받았다.[40]

---

39) 임한주, 《우양만록》권3 상, 9쪽, 1920년 8월 23일, 9월 8일조.
40) 독립운동사편찬위원회, 《독립운동사자료집》10, 1976, 1100~1103쪽, '대정10

1923년 2월 그는 국산품 애용을 통한 민족자본 양성과 민족자립을 목적으로 결성된 조선물산장려회의 20명의 이사 가운데 일원으로 선전부에 소속되어 활동하였다. 그는 1923년 7월 李鍾麟·宋鎭禹 등 6명의 동지와 함께 동회의 기관지 발행위원으로 선임되어 동년 11월 기관지《産業界》를 발간하는 등의 활동을 폈다.[41] 임경호는 1932년부터 東亞興産社의 국내책으로 활동하였다. 1938년 10월에 光州경찰서에 체포되었다가 풀려났다.[42] 해방 직전인 1944년 2월에 치안유지법위반으로 체포되어 대구지방법원에서 징역형을 선고받았다. 그는 옥중에서 고초를 겪다가 1945년 2월 16일(음, 1월 4일) 순국하였다.[43] 그의 사후 1주기에 임한주는 그를 위해 제문을 바쳤는데,

> 오호, 敬鎬는 의사와 용사의 기질이 있으되 의사와 용사의 이름이 없으며, 영웅과 호걸의 뜻이 있으되 영웅과 호걸의 업적이 없으니, 時機의 어그러짐이며, 人事의 어그러짐이로다.[44]

라고 임경호가 의사와 영웅의 기질을 타고났으나 시기를 잘못 타고났다고 아쉬워했다.

林兢鎬(1901~1964, 자: 戒伯, 호: 江村)는 청양군 화성면 基德里에서

년 刑公 제762호'.

41) 독립운동사편찬위원회, 《독립운동사》 10, 1978, 687쪽,

42) 임한주, 《우양만록》 권5 상, 32쪽, 1938년 10월 20일조. 이에 따르면, "조카 경호가 광주경찰서에 체포되어 구금되었다 한다. 그 이유는 모르겠다"고 하여 체포 사실을 알려주고 있다.

43) 임경호의 〈재소자기록카드〉에 따르면, 임경호는 1888년 3월 3일생으로 직업이 저술업이며, 1944년 2월 9일 대구지방법원에서 징역형을 선고받은 것으로 나온다. 임경호 제적등본에 따르면 대구형무소장으로부터 사망 통지가 있었음이 기록되어 있다.

44) 임한주, 〈告從子敬鎬文 丙戌〉, 《파변집》 別乾 권2.

태어났다.[45] 어려서 임한주의 서당에서 한문을 공부했으며, 1920년 상경하여 배재학교에서 신학문을 수학하였다. 1920년 도일하여 廣島고보에 유학하였다. 그는 1923년 9월 관동대지진 때 일제의 조선인에 대한 만행을 목격하고 학업을 중퇴하고 상해로 망명하였다. 그는 1925년 1월 상해에서 韓血團에 가입하였다. 한혈단은 상해에서 친일 밀정을 조사하여 처단하고 국내의 친일적 부호나 고관을 암살하는 것을 목표로 조직된 단체이다. 한혈단은 金九를 비롯하여 尹琦燮·趙琬九·鄭泰熙·金宇鎭 등이 조직하였는데, 주요 단원으로는 임긍호와 金武東·金魯源·車榮鎬(一名 陳一秀)·朴正哲·金毅漢·任仁淳·金南植·張儀柱·李花天·崔景輝 등이 있었다.[46]

또한 그는 대한민국임시정부의 재정난을 타개하려 종제 林豊鎬에게 군자금을 요청하여 900원을 우편환으로 받았다. 우편환 영수증을 보면, 임풍호의 주소는 '조선 충남 청양군 화성면 기덕리'이다. 그는 임풍호에게 두 차례에 걸쳐 군자금을 수령하였다. 1924년 5월 26일에 100원을 받았다. 이때 그의 주소는 '上海 法界 霞路(霞飛路의 오식으로 보임, 현재의 淮海中路임: 필자) 222번의 白雲軒內'였다. 1925년 2월 20일에는 800원을 받았는데, 주소는 '上海 法界 辣斐德路(현재의 復興中路: 필자) 停雲里 53호'였다.[47] 그는 임시정부의 특파원으로 국내에 들어와 활동하다가 1930년 체포되어 부여경찰서와 청양경찰서에서 고초를 겪었다. 해방 후 반민족행위특별조사위원회에 참여하여 민족정기를 바로잡고자 하였으나 친일세력의 방해

---

45) 전용욱, 〈江村林公兢鎬墓表〉(1983년 2월) 참조.

46) 불령단관계잡건-선인의 부-재상해지방(5) '高警 제460호'·'在上海 畿湖派 不逞鮮人이 組織한 韓血團에 관한 件'. 한국민족운동사료(중국편)》(국회도서관) 545·546쪽.

47) 〈外國郵便爲替金受領證書〉 대정 13년 5월 26일자 1매, 대정 14년 2월 20일자 2매(임동걸 소장). 停雲里는 의열단 단원들이 집단적으로 거주하던 지역이다. 따라서 임풍호가 보낸 자금은 대한민국임시정부 또는 의열단의 독립운동 자금으로 사용된 것으로 보인다.

책동으로 뜻을 이루지 못하였다.

이 밖에도 1919년 4월 화성면 산정리에서 만세운동이 전개되었는데, 이 운동에 수정리 출신들이 다수 참여하였다. 이 가운데 체포되어 태형을 맞은 이로 林相悳을 비롯하여 林漢榮·林俊鎬·金用玉·崔正敦·안두종·김만식·尹相眞·河來善 등이 있는데, 이들 역시 임한주의 훈도를 받은 이들이다. 그 가운데 林相悳(1879~1919. 10. 8)은 이날 시위에 참가했다가 체포되어 1919년 4월 22일 청양 헌병분견소에서 소위 보안법 위반으로 태형 90도를 받았다. 그 후 악형의 여독으로 1919년 10월 8일 사망하였다.[48]

이와 같이 임한주의 철저한 훈육으로 그의 제자 가운데는 林敬鎬와 林兢鎬 같은 독립운동가들이 배출되었다. 임경호는 파리장서를 중국에 전달하는 임무를 맡았으며, 임시정부의 국내 특파원으로 군자금 모금운동을 전개하였다. 그는 동아흥산사의 국내책으로 활동하다가 체포되어 해방 직전인 1945년 2월 대구감옥에서 옥사하였다. 임긍호는 임시정부에 참여하여 韓血團 단원으로 활동하였으며, 국내에 파견되어 군자금 모금운동을 전개하다가 옥고를 치렀다. 이들 외에도 林相悳 등 그의 가르침을 받은 청양군 화성면 일대의 청년들이 화성지역에서 만세운동에 참여하는 등 민족독립운동에 앞장섰다.

---

48) 〈범죄인명부 ―林兢鎬―〉(청양군 화성면사무소). 독립운동사편찬위원회, 《독립운동사》제3권, 142-143쪽.

3. 儒敎扶植會 활동

1) 조직

홍성의 김복한을 비롯한 유림들은 3 · 1운동에 참여하여 민족의 독립을 쟁취하고자 하였으나 뜻을 이루는 데는 실패하였다. 이에 따라 유림들은 장기적인 새로운 방책을 강구하게 되었으며, 그것은 유교진흥운동으로 구체화되었다.

홍성지역에서의 유교진흥운동은 김복한의 발의와 지도로 시작되었다. 김복한은 주위의 사우들에게 유교의 진작을 통하여 '內修의 長策'을 마련하자 권하였다. 1920년 5월 人道公議所가 설립된 것은 그러한 뜻이 받아들여진 성과의 하나라고 할 것이다. 인도공의소는 김복한과 함께 파리장서에 서명한 田穰鎭 · 白觀亨 · 崔中軾을 비롯하여 柳濬根 · 李吉性 · 黃佾性 · 吳錫禹 · 李來修 등이 중심이 되어 설립되었다. 人道公議所의 목적은 規則 제2조에서 밝히고 있듯이 "人道上 倫理를 闡明하야 世界를 作新"함에 있었다. 공의소 본부는 규칙 제3조에 따르면, 서울에 두기로 하였으나 홍성이 중심지였던 것으로 보인다. 이들은 李相麟을 의장에 추대하였다.[49] 이상린은 총의장으로 영남 유생 張錫英을 추대하였으나, 장석영은 이를 고사한 것으로 보인다.[50]

이상린(1857~1946, 자: 仁瑞, 호: 晩悟, 본: 단양)은 1896년 김복한과 함께 홍주의병을 일으켜 옥고를 치른 이른바 홍주6의사 가운데 한 명이다. 그는 홍주의병 동지인 이세영이 1908년 청양 관현리에 설립한 誠明學校의 교사가 되었다가, 국망 후인 1913년 만주로 망명

---

49) 〈人道公議所規則〉, 인도공의소 제1회 총회(경신 7월25일) 설명서(金英漢 선생 제공) 참조.

50) 李相麟, 〈答張晦堂總議長再辭單十月一日〉, 《晩悟遺稿》, 삼흥인쇄사, 2001, 217쪽.

하여 천진 등지에서 지내고 1919년 귀국하여 인도공의소 의장에 추
대된 것이다.[51]

이상린은 그가 작성한 '人道公議所序'에서 '人道'와 '公議'의 개념
을 정의하고 있다. 이에 따르면, '人道'란 "하늘의 떳떳함을 법으로
하여 사람이 마땅히 행할 바를 하는 것"이라고 정의하고, '公議'란
"하늘의 大公을 법 받아 말과 의논을 발하여 人道를 붙잡는 것"이
라고 하면서 '無偏黨', '無內外', '中正', '平和'의 원칙을 지켜야 한다
고 다음과 같이 주장하였다.

> 반드시 偏黨이 없어서 기질의 묵은 습성을 깨치며, 안과 밖이 없어서 族
> 類의 구별을 없애고, 지극히 中하고 지극히 正하여 뭇 陰氣에 굴복되는 바
> 가 없으며, 지극히 平和로워 천하에 순해서 함께 간 뒤에 하늘의 질서가
> 두터워지고 떳떳해지며 오행이 없어지지 않고 구법이 깨지지 않으면 본소
> 의 의무가 이에 지극할 것이다. 간절히 원하노니 여러 군자들은 함께 힘쓸
> 것이다.[52]

그러나 김복한이 "앉은뱅이인 것을 잊고 일어서고자 했다"[53]라고
할 정도로 좋아했던 인도공의소는 창립 후의 활동은 미미했던 것으
로 보인다.

홍성 유림들은 김복한이 죽은 지 3년 뒤인 1927년 儒敎扶植會를
설립하였다. 유교부식회를 발기한 것은 김복한의 장자 金殷東과 문
인 吳錫禹·李禹植·金魯東·成元慶·田溶彧 등 6인이었다. 이들
은 1927년 4월 15일 홍성군 서부면 이호리의 김은동 집에 모여 유
교부식회의 설립을 발기하였으며, 1927년 5월 5일 김은동 집에서

---

51) 李性雨, 〈抗日義士晚悟李公相麟行狀〉, 《만오유고》, 삼흥인쇄사, 2001,
   573~577쪽.
52) 李相麟, 〈人道公議所序〉, 《만오유고》, 308쪽.
53) 《지산집》 권3, 서, 〈與李仁瑞〉.

역사적인 창립총회를 개최하였다. 김은동의 사회로 진행된 창립총
회에서 먼저 규약을 통과시키고 회장에는 이상린을 모셨다. 이하
다음과 같은 임원을 선출하였다.[54]

회장 : 李相麟

총무 : 金殷東, 吳錫禹

재무 : 李禹植, 成元慶

간사 : 金魯東, 崔鳴鏞, 金敬泰, 田容學, 李光馥, 李光夏, 韓瑾永

서기 : 田溶彧

고문 : 金政圭, 田穰鎭

김복한의 장자 金殷東(1888~1945. 6, 자: 聖八, 호; 柳田)과 오석우
가 총무를 맡았다. 특히 김은동은 人道社의 총무로 《人道》의 간행
업무를 총괄하는 등 주도적으로 활동하였다고 알려져 있다. 서기에
는 전용욱이, 그의 부친 田穰鎭(1872~1932, 자: 成瑞, 호: 秋城)은 고
문 직을 수락하였다. 전양진은 1872년 결성에서 출생한 이로 1894
년 동학농민군의 홍주성 공격시 관군을 도와 큰 공을 세웠으며,
1919년 파리장서에 서명하여 옥고를 치른 민족지사이다.[55]

유교부식회는 1927년 9월 10일 홍성의 오관리에 본부회관을 설치
하고 창립식을 거행하였다. 임한주는 이날 창립식에 참석하여 축사
를 통하여 유교부식회의 설립을 축하하면서 이날을 잊지 말자고 하
였다. 그의 축사가 《파변집》에 보이는데, 여기에서 그는 유교를 '우
주가 지탱하는 棟樑이며 柱石'이라고 하였다.[56] 9월 17일에는 다음
과 같이 총무를 제외한 조직을 개편하고 간사를 새로 임명하였다.

---

54) 편집부, 〈本會歷書〉, 《유교부식회보》 제1호, 1930년 11월, 21쪽.

55) 홍양사출판위원회, 《홍양사》, 동화당인쇄사, 1969, 83쪽.

56) 임한주, 〈유교부식회창립일 기념축사〉, 《파변집》 권13, 잡저.

서무부 간사 : 金益漢, 金宇鉉

재무부 간사 : 黃佾性

문화부 간사 : 김노동

심찰부 간사 : 김경태, 전용욱

선전부 간사 : 최명용, 전용학

서무부 간사인 金益漢은 보령군 청라면 향천리 출신으로 황성신
문사에서 필봉을 휘둘렀던 인물이다. 그는 홍성군 은하면 장척리
로 이거하여 김은동 등과 유교부식회의 일에 나서 항일의식을 고취
하는 데 힘썼다.[57] 심찰부 간사 金璟泰는 1898년 결성군 서부면 상
황리 출신으로 본관은 김해이고, 자는 晦伯, 호는 蒼遠이다. 나중
에 金澤으로 개명하였다. 재종조 金喜培와 拙菴 吳錫禹에게서 수학
하였으며, 김복한에게 직접 배우지는 못하였지만 그렇게 한 선생과
다름없이 추앙하였다. 유교부식회의 일에 전념하면서 김은동과는
형제처럼 지냈다.[58]

유교부식회는 유교를 진흥시켜 '大公' 또는 '大同'의 세계를 건설
하고자 함에 설립 목적이 있었다. 유교부식회의 취지서를 전재하면
다음과 같다.

〈本會趣旨書〉

古昔盛時에 儒敎大行하야 尙道德하고 明彝倫하야 以至耕者陶者와 賈者
工者하야 不待人의 扶之植之하고 而自知孝順禮義之德하야 囿於儒化中矣
러니 至近日하야 世級이 愈降하고 人心이 益薄하야 視道德彝倫을 與辮髮
하야 子焉而弑其父하며 妻焉而背其夫하며 弟焉而戮兄하야 往往醜惡이 驚
怪人耳目矣라 苟無哀痛迫切於此하야 不思所以扶植儒敎하야 惇明彝倫이

57) 《홍양사》, 82~83쪽.

58) 金栒, 〈先考蒼遠府君行錄〉, 《蒼遠遺稿》, 학민문화사, 2003, 1~51쪽.

면 人之類將自滅矣라 蓋人이 棄其倫이면 則雖有潛艇飛航之技라도 實鱗羽
之能이요 棄其倫이면 則雖有粟山貨泉之富라도 實瓜牙之爭이요 棄其倫이
면 則雖有百子千孫之麗라도 實卵字之群也니라 今欲扶植惇明인댄 必也懇
告血喩하야 誠在言前이면 人孰無秉彝之心者리요 豈不惕然興感하고 豁然
覺悟하야 偕之大道하야 共存共榮者也리요 嗚呼라 今世何世며 今人何人고
泣人類之滅絶하고 忘氣力之微輕하라 至誠所到에는 金石可透요 情神一到
하면 何事不成이리요 惟我同志는 極力贊同하라 同志여 同志여[59]

이에 따르면, 모두 함께 大道로 나가 共存共榮할 것을 목표로 하
였음을 알 수 있다. 또한 "모든 사람이 '人類'가 멸절된 것을 애통하
고 우리 힘의 미약함을 생각하지 말고 지성으로 힘을 합쳐 나가면
이루지 못할 것이 없다"면서 적극 찬동해달라고 호소하였다.

또한 유교부식회에서는 다음과 같은 4대 강령을 발표하였다.

1. 爲天地立心
2. 爲生民立道
3. 爲往聖繼絶學
4. 爲萬世開太平

유교부식회 총무로 이 강령을 작성한 것으로 보이는 오석우는 그의
〈유교부식회의 강령〉이란 글에서 4대 강령을 다음과 같이 설명하였다.

1. 至公無私한 천지의 마음으로
2. 萬善具足한 생민의 대도를 행한다.
3. 천고의 往聖을 위하여 끊어진 학문을 계속하고
4. 萬世의 후인을 위하여 영원의 太平을 도모할 것이다.

59)《유교부식회보》제1호, 본회취지서, 1930년 11월, 15~16쪽.

또한 오석우는 이어서

> 이 부식회의 초기운동을 위하여 또 장래의 유교천명을 위하여 일치의
> 노력을 도모하자. 전환기로부터 전환기에 계속 용진하면 반드시 大同의 세
> 계가 우리를 기다릴 것이다.[60]

라고 하여 당시를 전환기로 규정하고 용진하여 '大同'의 세계를 만
들 것을 목표로 하였음을 알 수 있다. 이에 따라 유교부식회는 홍성
지역 인사들에게 "유교사상을 부흥하고 시대에 적합한 충의심을 앙
양하여 새로운 윤리관을 확립"[61]하는 것을 목표로 하였다고 인식되
었다.

2) 활동

유교부식회는 1927년 9월 10일에 홍성읍 오관리에 본부회관을
설치하면서 활동을 시작하였다. 유교부식회의 첫 활동은 9월 16일
홍주향교의 명륜당에서 실시한 강연회였다. 이 강연회에는 400여
명이 참석하는 대성황을 이루었다. 1928년 1월 21일부터 2월 2일까
지는 홍성 지역에서 순회 강연회를 개최하기도 하였다. 이때 연사
는 김은동을 비롯하여 오석우 · 황일성 · 최명용 · 전용욱이었다.[62]

---

60) 오석우, 〈유교부식회의 강령〉, 《인도》 3 · 4합집, 1929년 9월, 123쪽.

61) 《홍양사》, 1969, 9쪽. 손재학, 《홍성군사회운동소사》(필사본).

62) 윤봉길(1908~1932)이 유교부식회의 회원으로서 김복한의 수제자인 田溶彧의
    가르침을 받았던 것으로 알려진다. 전용욱은 유교부식회의 강학부를 맡아 많은
    제자를 양성하였는데, 이때 윤봉길이 유교부식회에 가입하여 그의 가르침을 받
    았다는 것이다. 윤봉길은 스승 梅谷 成周錄의 뜻에 따라 유교부식회에 입회하였
    는데, 이곳에서 한학을 수학함은 물론, 민족의식을 깨우치고 상해임시정부의 존

유교부식회는 활동 영역을 넓히고자 인근지역에 지회를 설치하였다. 1928년 2월 1일(윤) 공주 반포면 영곡리(현, 연기군 금남면 영곡리)에 鷄北支部가 설치되었다. 지부장에는 金興東이 선임되었다. 3월 16일에는 태안군에 태안지부가 설치되고 尹世輔가 지부장에 선임되었다. 4월 25일에는 홍주군 화성면(현, 청양군 소속) 화암리에 聖東지부가 설치되고 임한주(호; 惺軒, 1871~1954)가 지부장을 맡았다. 임한주는 지부장을 맡아 회장인 이상린 등과 유교부식회 운영에 참여하였다. 그는 1929년 10월 15일(음, 8월 22일)에 홍성의 유교부식회관에 가서 회장 이상린 등과 밤새 시사를 논하고 다음 날 귀가하였다. 1930년 11월 20일(음, 9월 28일)에 다른 수강생들과 함께 강좌를 청취하기도 하였다.[63] 유교부식회에서는 그해 10월 29일에는 유교연구회를 설치하여 유교에 대한 학술적인 연구를 진행하기도 하였다. 1929년 4월부터는 태안지부에서 명륜사숙을 향교 안에 설치하여 한학을 교육하기도 하였다.

유교부식회는 기관지인 《人道》를 창간하기로 하고 이를 담당할 人道社를 1929년 1월 26일에 설립하였다. 사무실은 홍성 오관리에 두었으며, 김은동이 편집부장, 황일성이 영업부장, 정태복이 서무부장을 맡았다. 《人道》는 1929년 5월 창간호가 나왔으나 간기는 6월 15일자로 되었다. 논설위원으로 김복한의 둘째아들 金魯東(1899~1958, 자; 聖九, 호; 杏海) 외에 김익한과 전용욱이 활동하였다. 월간지로 많을 때는 매월 5천 부씩 발행하였으며 전국 각지의 지회를 중심으로 배포되었다.

《인도》가 창간되자 홍성일대의 유림들은 글을 보내 축하하였다. 안병찬은 〈祝人道創刊〉이란 한시를 보내 "吾道가 쇠하고 내가 병

재를 알게 되었다(田溶彧, 〈尹義士奉吉忠義祠有感〉, 충의사 소장).

63) 임한주, 《우양만록》 권3 하, 9쪽, 1929년 8월 22일: 《우양만록》 권4 상, 1930년 9월 28일 참조.

들고 늙었는데 후인들이 이를 회복시켰다"면서 격려하였다.[64] 임한
주 역시 〈謹告林下宿德〉이란 글을 보내 道義를 품고 있는 군자들이
'義諦'를 알고 있다면서 축하하였다.[65] 김복한의 문인으로 청주에
거주하던 신해철 역시 글을 보내 《인도》의 창간은 구름이 쪼개지
고 淸明함을 보이듯 하고, 어두운 길거리에 촛불을 잡은 듯 사람의
개명함을 비춰준다"[66]라고 축하하였다. 이들 외에도 창간호에는 김
익한, 이성래, 김순현 등의 축시가 게재되었으며, 홍성과 보령·청
양·서산·예산·서천 등지에서 120여 명의 인사와 두 곳의 상점
에서 창간을 축하함을 볼 수 있다.

《유교부식회보》제1호 표지 　　　《유교부식회보》제1호 발간사

　《인도》는 1929년 6월 15일 창간된 이래 처음에는 매월 간행하는

---

64) 안병찬,〈축인도창간〉,《인도》창간호, 1929년 6월 15일. 원문은 다음과 같다.
　　義文旣遠 理往必復 吾道幾衰 闡明可期
　　挽回狂瀾 我病而耄 百川東之 后人以貽.
65) 임한주,〈謹告林下宿德〉, 위의 책, 7~8쪽.
66) 申海澈,〈祝人道〉,《인도》제5호, 1929년 9월, 137쪽.

것으로 하였으나 뜻대로 이루지는 못하였다. 제2호가 7월에 나오고 9월에 가서야 제3, 4호를 합집으로 간행하였다. 제5호부터 제7호까지는 매월 1회씩 간행될 수 있었다. 그러나 제8호는 1930년 10월에 가서야 간행되었다. 유교부식회에서는 1930년 11월에《유교부식회보》제1호를 발행하였다. 그러나《유교부식회보》는 그 뒤에 간행되지 못한 듯하다.《인도》는 1930년 12월에 속간되었는데, 제2권 제1호가 1930년 12월에, 제2권 제2호가 1931년 3월에 간행되었다.《인도》는 이후 폐간된 듯하다. 필자가 수집한 것을 토대로《인도》의 발간 상황을 보면 다음 표와 같다.[67]

〈표 12〉 유교부식회 기관지 발행 현황표(필자 소장본)

제호	호수	간행일	간행소	편집겸 발행인	인쇄인	정가	비 고
人道	제1호	1929.6.15	홍성군 서부면 이호리 382	김은동	황일성	30전	
〃	제2호	1929.8.?	〃	〃	〃	30전	
〃	제3, 4호	1929.9.25	〃	〃	〃	50전	
〃	제5호	1929.11.6	홍성군 홍주면 오관리 382	〃 〃 40전			
〃	제6호	1929.12.6	〃	〃	〃	40전	
〃	제7호	1930.1.30	〃	〃	〃	20전	

---

67)《인도》는 희귀본으로 소장자를 찾기가 쉽지 않았다. 필자는 그동안 유교부식회의 활동에 참여한 김은동·오석우·김택 등의 후손을 찾아 소장 여부를 확인해왔다. 다행히 김택의 장자인 김순 선생으로부터《인도》제1·2호, 제2권 1·2호와《유교부식회보》제1호 등 5책을 구해 볼 수 있었으며, 김영한 선생으로부터《인도》제3·4합집호, 김은동의 손자인 김중천씨로부터 제7호를, 고려대 고서실에 소장되어 있는 제5·6·8호는 송양섭 교수를 통해 입수할 수 있었다. 이 자리를 빌려 감사의 말씀을 드린다.

〃	제8호	1930.10.20	홍성군 홍성면 오관리 716			손재학	40전
儒敎扶 植會報	제1호	1930.11.7	홍성군 홍성면 오관리 382	오석우	황일성	10전	
人道	제2권 제 1호	1930.12?	홍성군 서부면 이호리 382	김은동	박인환	40전	속간호 임
〃	제2권 제 2호	1931.3 · 15	〃	〃	〃	40전	〃

《人道》는 창간호부터 일본 경찰의 검열로 원고의 일부가 삭제당
하는 등 탄압을 받았다. 제3, 4합집호의 독자투고란에 술회란 글은
전문이 삭제되었다. 제5호의 경우에도 礦兵工廠罷業과 短語辭林은
전문 삭제되었고, 황일성의 '문명의 야만'은 10행, 김은동의 '학부형
소망의 착오에 대하여'는 11행이 삭제되었다.[68]

한편 유교부식회에서는 강연회를 개최하였는데, 일본 경찰은 이를
금지시키는 등 탄압하였다. 1930년 9월 14일(음)에 개최하기로 한 추
기강연회가 금지되었음을 알려주는 다음의 광고가 이를 말해준다.

謹告

본회에서 秋期講演會를 음9월 14일에 개최코자 하엿삽드시 경찰당국으
로부터 돌연히 금지하와 부득이 연기하엿사오니 회원 급 有志諸氏는 高諒
하시압소서

宣傳部 白[69]

---

68) 《인도》제5호, 1929년 11월 6일, 21쪽, 30쪽, 88쪽, 129쪽.
69) 《유교부식회보》제1호, 1930년 11월, 38쪽.

《인도》는 일본 경찰의 탄압과 재정문제로 1931년 3월호를 끝으로 정간된 것으로 보인다. 유교부식회에 참여하였던 홍성지역 유림들은 신간회 홍성지회와 無空會 등의 사회단체를 조직하여 활동하기도 하였다. 신간회 홍성지회는 1927년 2월 김명동 등 34인의 발의로 창립되었다. 홍성지회에는 김은동, 김명동 형제를 비롯하여 홍성읍의 尹大榮과 李成來, 장곡면의 尹益重과 鄭泰復, 은하면의 金翼漢 등이 참여하였다.[70]

한편 유교부식회가 해산된 뒤에 김노동은 공주로 이사하여 削髮色衣를 거부한 채 은거하며 후학 양성에 힘썼다. 간행을 책임졌던 김은동은 상해로 망명하여 임시정부활동에 일시 참여한 것으로 전해진다.[71] 김복한의 삼남 明東(자: 聖萬)은 한학을 수학한 뒤 주로 정치활동에 주력한 것으로 보인다. 신간회 창립의 발기인이기도 한 그는 해방 후 공주에서 제헌국회 의원으로 선출되어 반민특위 위원으로 활동하였다. 그러나 이승만 정권의 탄압으로 반민특위가 해체되고 오히려 옥고를 치러야 했다. 김택은 공주로 이거하여 김은동의 협력을 받아 회춘당약방이란 한약방을 차렸다. 여기에서는 김택 이외에 김은동 · 김노동 · 김명동 3형제와 草廬 李惟泰의 후손으로 醒菴 李喆榮의 문인인 肯堂 李圭憲(1896~1976) · 農圃 李圭卨(1901~1966) 형제, 艮齋 문인인 연기의 錦巖 成九鏞, 松石 李秉延(1894~1976, 본: 연안, 저서: 朝鮮寰輿勝覽), 蒼儂 沈載克, 艮谷 洪性默, 영남 출신의 晦山 李根春, 心齋 趙國元 · 趙泰元 형제 등 지역과 당색, 학파를 떠나 학문을 나누면서 교유하였다.[72]

이들은 해방 직후에도 유교진흥과 민족의 자주를 위해 투쟁하였

70)《홍양사》, 제5장 사회단체편, 7쪽.

71) 손재학, 위의 책, 14~15쪽. 《안동김씨대동보》(김은동 부분).

72) 李性雨, 〈蒼遠 金澤과 一鳶 申鉉商〉, 《공주문화소식》 2002년 6 · 7월호, 공주문화원, 2002. 6, 11쪽.

다.[73] 그 가운데 공주로 이거한 김노동은 그의 아우 김명동과 함께 大同社를 만들어 유교부식회의 활동을 이어가려고 하였음이 확인된다. 그는 艮齋 田愚의 고제인 後滄 金澤述에게 보낸 편지에서

　　우리가 비록 재능이 부족하여 국가 대계에 손을 대지 못하지만 이러한 비상시기에 성현들의 도덕을 대중에게 수시로 설득해서 조금이라도 국가 건립과 민족 계몽에 도움이 될까 해서 이러한 일을 시작한 것이니 다른 정당과 같이 보지 말고 적극 도와주기 바랍니다.[74]

라고 대동사의 설립 취지와 함께 추진할 것을 부탁하였다. 김노동은 그 밖에 유교부식회의 동지로 홍성군 장곡면에 거주하던 정태복에게도 편지를 보내 대동사에 참여해달라고 청하는 등 지속적으로 유학의 부식에 힘썼음을 알 수 있다.[75]

---

73) 홍성지역 유림들의 해방 후 활동에 대하여는 장규식의 〈해방후 국가건설운동과 지역사회의 동향-충청남도 홍성군 사례-〉(《학림》16, 1994) 참조.

74) 李性雨, 〈柳田 金殷東과 杏海 金魯東 형제〉, 《공주문화소식》 2002년 4·5월호, 공주문화원, 2002. 4, 13쪽.

75) 김노동이 정태복에게 보낸 편지 참조(정태복 후손 보관)
　　겉봉에 '洪城郡 長谷面 竹田里 鄭鰲山泰復 回鑑'이라 쓰여 있으며, '公州邑 金鶴洞 金魯東'이 보낸 것으로 되어 있다.

결 론

19세기 후반 호서유림들은 집단적인 형태로 서양의 문물을 철저히 배척하는 반개화·반외세적인 태도를 취하였다. 호서유림의 대표적인 학파로는 南塘學派, 華西學派, 淵齋學派 등이 있다.

남당학파는 한원진의 호론적 학풍을 계승하여 내포지역에서 華夷의 구별을 엄격하게 하는 斥異端論의 학풍을 형성하였다. 이러한 학풍은 홍주문화권 지역에 계승되어 19세기 후반 이 지역 유림계의 주요한 학풍으로 자리 잡게 되었다. 김복한을 비롯한 이 지역 유림들은 한원진의 사숙문인이라고 자처하면서 자신들을 '塘門'이라 칭할 정도로 한원진의 학풍에 경도되어 있었다. 이들 위정척사론의 기본 이념은 尊華攘夷論이라 할 수 있다. 이에 따라서 開化亡國論, 斥倭論, 反東學論을 주장하였으며, 주자학적 의리관에 바탕을 둔 節義論에 철저하였다. 이들의 현실 인식은 보수적인 측면이 있지만, 정부의 실정은 물론이고 고종이나 명성황후마저도 비판하였다. 또한 이들은 철저히 척사적인 태도를 견지하고 국권수호를 위한 의병투쟁을 전개하였다.

대표적인 남당학파의 유림으로는 김복한과 이설을 비롯하여 임한주, 김상덕, 김상정 등을 들 수 있다. 김복한은 척화파의 거두였던 金尙容·金尙憲 형제의 의리론과 척화론을 가학으로 전수받았다. 또한 한원진으로부터 내려오는 湖論을 이돈필을 통하여 이어받았으며, 화서학파의 존화양이론을 수용하는 등 독특한 학풍을 형성하였다. 김복한의 위정척사론은 의리론과 이단론이 내포된 배타성이 강한 특징을 보여준다. 불교의 윤회설을 비판하고 동학을 이단으로 배척하는 반동학의 태도를 분명히 하였다. 신학문과 심지어는 애국계몽운동도 중화의 도를 알지 못한다고 배척하는 등 전형적인 위정척사론을 보여주었다. 이러한 사상체계는 민족의 위기에 그로 하여금 홍주지역에서 항일의병을 일으켜 민족운동의 선도적 역할을 수행하게 하였다. 또한 金明東·田溶彧 등 여러 제자들에게 학문을 전수하여 그들로 하여금 항일운동을 전개시켜 나갈 수 있게 하였다.

이설의 사상 역시 위정척사론에 기반을 두고 있다. 그는 1866년 小中華를 지키고 邪學을 물리쳐야 한다고 주장하였다. 병자수호조약 체결에 대해 이를 '항복조약'이라고 통박하면서 '斥倭論'을 주장하였다. 1894년 甲午變亂에 즈음하여 그의 척왜론은 일본과의 결전을 감행하자는 '대일결전론'으로 확대되었다. 그의 위정척사론은 의병투쟁의 이론적 기반을 제공할 수 있었다.

임한주는 이설과 김복한을 찾아가 성리설과 예론을 수학하였다. 이에 따라 그의 학문은 한원진의 호론적 학풍을 잇게 되었다. 그는 호론의 입장에서 洛論을 배격하였으며, 화서 이항로의 성리설을 낙론계에 기울었다고 비판하기까지 하였다. 그는 또한 新學과 東學, 그리고 불교를 비판하는 등 위정척사론에 철저한 사상적 특징을 보인다. 이설과 김복한은 그의 학문을 높게 평가하였다. 특히 이설은 1903년 홍주향교의 전교를 대신하여 그에게 奇正鎭을 배척하는 통문을 작성하게 하였다. 金商憲과 金商玎 역시 斥異端的 성격을 강하게 띠는 남당학파 유학자로, 金漢祿과 金日柱 등을 통해 내려온 호론적 학풍을 家學으로 계승하였다. 이에 따라서 이들은 尊華攘夷

論과 討賊復讐論, 그리고 斥倭論을 주장하였으며, 적극적인 항일투쟁을 전개하였다.

한편 李恒老의 문인들이 호서지역에 이주하여 이항로의 사상을 이식한 것이 확인된다. 1889년 盧正燮이 목천으로, 1890년 尹錫鳳이 비인으로, 1895년 柳麟錫이 제천으로, 1899년 俞鎭河가 서산으로, 1900년 崔益鉉이 정산으로 이주하였다. 이들은 유중교가 1889년 제천의 장담으로 이주한 것과 같이 1890년대 개화파가 득세하는 서울 인근을 떠나 호서지역의 산간벽지로 이주하여 그곳에 화서학파의 학맥을 심었다.

최익현은 스승 이항로의 성리설인 心主理說을 계승하였다. 화서학파 내에서 이항로의 심주리설을 두고 중암 김평묵과 성재 유중교 사이에 심설 논쟁이 일어났을 때도 김평묵의 처지에서 유중교의 '心說調補論'을 비판하였다. 최익현은 理氣論보다는 名分論에 더 큰 관심을 가지고 있었다. 그의 사상적 특성은 존화양이론에 기반한 위정척사론이 핵심이라 할 수 있다. 그는 1906년 태인에서 의병을 일으키기 전까지 정산에 거주한 6년 남짓 동안 많은 제자를 양성하였다. 이들 가운데는 곽한일과 이식·백관형·이교헌·곽한소 등 정산에서 제자가 된 이도 있으며, 유준근과 같이 對馬島 유배 중에 가르침을 받은 이도 있다. 이식과 곽한일·이교헌·송병직 등은 홍주의병에, 윤긍주·최은상·최영복은 태인의병에 참여하였다. 백관형·유준근 등은 1919년 파리장서운동에 참여하여 옥고를 겪었다.

柳麟錫은 이항로의 문인으로 1866년 이후 위정척사운동을 전개하였다. 그는 1894년 갑오변란을 조선의 위기로 파악하고 행동에 나서자고 주장하였다. 1895년 을미사변과 단발령 공포 이후 처변삼사를 제시한 그는 제천의병장에 추대되어 의병항전을 전개하였다. 유인석의 사상은 철저한 존화양이론이다. 1876년 병자수호조약에

즈음하여 왜양일체론을 주장하였으며, 을미사변과 단발령 이후에
는 '왜적토벌론'을 내세웠다. 그는 반개화론의 입장에서 개화망국론
을 주장하였다. 그의 척사론이 말년에 서양의 무력을 인정하는 태
도를 보인다고 하여 이를 채서론으로 이해하기도 한다. 그러나 이
는 독립을 위해 서양 무기를 취해야 한다는 부득이한 처사이다. 그
의 화이론에 대한 인식의 변화는 없었던 것으로 보인다.

　尹錫鳳은 양주 출신으로 김평묵과 유중교의 문하에 나아가 수학
하였다. 윤석봉은 1890년 그의 집안이 서천군 비인면 율리로 이거
한 지 몇 년 뒤에 충남 남포군 신안면 한천리의 화정으로 이주하였
다. 이곳에서 1898년 주자와 우암 송시열의 영정을 모신 集成堂을
건립하여 춘추로 제향을 올리면서 향풍을 진작시키고 후학을 양성
하였다. 그는 척사론을 주장하는데 적극적이었다. 그러나 道 중심
의 유교지상주의적인 사고와 明에 대한 사대주의에 함몰된 인식의
한계를 보여준다. 그는 고종의 황제 즉위에도 비판적이었다. 그는
고종이 1897년 황제를 칭하고 국호를 조선에서 대한제국으로 개칭
한 것을 참람한 짓이라고 비판하였다.

　俞鎭河는 고양 출신으로 1881년 진천으로 이주하였다. 1897년
아산의 금병산에 은거하다가 1899년 서산시 운산면 거성리 추계 마
을로 이사하여 후진을 양성하였다. 그는 김상덕 등 인근의 유생들
과 교유하면서 척사론을 펼쳤다. 1901년에는 瑞寧鄕約을 중수하는
등 향풍 진작에 힘썼으며, 1905년에는 최익현을 대신하여 격문을
짓기도 하였다. 유진하는 人物性同異 문제로 야기된 湖洛論爭에 대
한 의견도 제시하였다. 그는 호락 양론이 분분함을 개탄하면서, 양
설을 모두 비판하는 태도를 보였다. 유진하의 훈도를 받은 그의 문
인들 또한 존화양이론에 따른 철저한 척사론을 펼쳤다. 특히 서산
출신 이철승의 척사론이 두드러진다. 이철승은 艮齋 田愚의 학설과
언행을 강하게 비판하였다. 전우가 의병에 참여하는 것을 기피하고

오히려 이항로를 비판한 때문이었다. 유진하는 말년인 1906년에 당진 대호지면에 의령 남씨들이 설립한 桃湖義塾에 초빙되어 척사론을 강의하였다. 이철승은 유진하가 죽은 뒤 도호의숙에 초빙되어 경학과 함께 척사론을 교육하였다. 유진하의 문인 중에 서산의 허후득, 당진의 남주원·남계창·남상직·남상락·남성희 등이 3·1운동에 참여하였다.

한편 淵齋 宋秉璿은 동생 宋秉珣과 함께 문인 양성에 치중하여 淵齋學派를 형성하여 위정척사사상을 심화시켜 갔다. 연재학파에는 충청도는 물론 전라도와 경상도의 유학자들이 많이 포함되어 있다. 이는 송병선이 충청도 지역은 말할 것도 없고, 전라와 경상지역 등 곳곳에서 강학을 한 결과로 보인다. 송병선은 불교와 천주교 등의 허실을 지적하고 이를 이단으로 배척하였으며, 여러 차례의 상소를 통하여 내수외양책을 피력하였다. 그는 華夷와 人獸의 구분이 道에 있다고 보았으며, 도가 없어지면 나라가 망한다는 신념을 가지고 있었다. 이에 따라 나라를 구하려면 華夷와 人獸의 구별이 필요하다고 역설하였다. 송병선의 성리설은 이기이원론적 입장을 취하고 있다. 그러나 선학들이 주리, 주기로 분열하여 있는 것을 큰 병폐라고 하면서 이기심성에 대한 사변적인 논쟁에 비판적이었다. 宋秉珣 역시 관리의 길을 멀리하고 학문에 전심하였다. 특히 선조 송시열의 학문을 존신하였다. 이에 따라 소중화론에 철저한 면을 보여준다. 그는 일본과의 강화조약이 침략의 시작이 되어 씻기 어려운 치욕이 발생하였다면서 척왜론을 주장하였다.

호서지역의 대표적인 기호남인 계열의 유림으로 예산 출신 李南珪가 있다. 이남규는 許傳의 문하에서 이황과 이익의 학맥을 이었다. 그는 문과에 급제한 뒤 성균관 교수로 申采浩를 비롯한 많은 제자를 양성한 학자이며, 관직이 종이품 가선대부에 오른 관료이기도 하였다. 그는 이기설에서 이황의 '理發氣隨說'을 추종하였으며, 이황의 생활 지침도 이어받고자 하였다. 그는 성호 이익의 예론을 존숭하여 집안의 가례도 이익의 것을 따르라고 지시하였다. 그는 이념적으로는 기호지역의 화서학파나 남당학파가 보여주듯이 尊華攘夷論에 철저한 척사론자였다. 이에 따라서 그는 동학과 서학, 그리고 개화정책을 배척하였으며, 일제의 침략이 노골화되면서 '斥倭' 내지는 對日決戰論을 내용으로 하는 위정척사운동을 전개하였다.

호서유림들은 이이와 송시열의 학통을 잇고 있어서 서로 우호적인 관계에 있었다. 더욱이 남당학파와 화서학파는 내포지역에 분포했기 때문에 학파나 당색을 떠나 공동으로 민족운동을 전개하였다. 이들의 민족운동은 의병투쟁의 형태로 나타난 특징이 있다. 반면 대전, 공주 일대에 분포되어 있는 연재학파 유림들은 을사늑약과 국망에 처하여 자결 순국하는 自靖의 태도를 취한 특징이 있다. 그런데 최익현과는 학문적인 입장의 차이로 말미암아 불편한 관계에 있었다. 남당학파와 연재학파의 유림들은 기호학파의 정통임을 자임하였으며, 따라서 율곡에 대한 비판을 묵과하지 않았다. 장성의 유학자 奇正鎭이 〈納凉私議〉와 〈猥筆〉을 지어 율곡의 '主氣之學'을 이단이라 하였다. 이때 최익현이 기정진을 율곡보다 더 현명하다며 기정진의 설을 옹호한 것이다. 이에 대하여 이설·김복한 등은 송병선과 연락을 취하여 통문을 돌리면서 최익현을 성토했다. 이는 정산에 거주하던 최익현이 홍주의병장에 추대되지 못한 이유로 작용했을 것으로 보인다.

호서유림들은 지역이나 학파의 차이를 떠나 東學은 철저히 배척하는 반동학적인 태도를 가졌음을 알 수 있다. 호서유림들은 1894년 동학군이 치성함에 생명과 재산을 지키고자 유회군을 편성하여 농민군과 항쟁하는 적극적인 모습을 보여주었다. 홍성을 비롯한 내포지역과 금산지역의 儒會軍과 儒所 등이 그 대표적인 예다. 금산지역의 고제학을 중심으로 한 유학자들이 조직한 유회군은 김개남 부대와 전투를 치러 전과를 올리기도 하였다. 한편으로는 동학군이 패산한 이후에도 유회소를 편제하여 동학의 잔여세력과 싸우거나 흩어진 동학군을 체포하여 관군에 넘기는 등의 활동을 하였다. 이와 같이 호서유림들은 동학에 대하여 매우 비판적이었다. 그러나 이들 유학자 가운데는 농민군들을 봉기하게 한 정부의 책임론을 제기한 사람도 있었다. 서민들이 동학에 들어가는 것은 호랑이와 같은 지방 수령들의 탐학과 형벌을 견디지 못하였기 때문이라고 지적하였다. 또 패잔한 동학군의 학살을 반대하고 이들에게 은혜를 베풀어 생업에 종사하게 할 것을 요구한 이들도 있었다. 그러나 유교지식인의 동학에 대한 비판적인 인식과 항쟁은 동학농민군의 항쟁을 제어하는 데 크게 작용한 것으로 보인다.

호서유림의 대표적인 민족운동으로 의병투쟁을 들 수 있다. 내포지역 일대에서는 2차에 걸쳐 홍주의병이 봉기하였다. 1895~1896년 일어난 홍주의병은 홍주성을 점령하고 항전하였으나 관찰사의 배신으로 김복한 등 주도자들이 체포되어 옥고를 치렀다. 이들은 을사늑약에 항거하여 1906년 의병을 재기하였다. 김복한과 이설은 을사늑약 반대 상소를 올리고 체포되어 의병에 참여할 수 없었다. 이설은 병상에서 홍주의병 봉기를 격려하며 옥고의 후유증으로 순국하였다. 안병찬 등 전기의병 주도자들은 민종식을 의병장으로 추대하여 항전하였으나 일본군과의 홍주성전투에서 큰 희생을 치렀다.

林翰周는 林承周와 함께 1895년 홍주의병에 참여하였다. 그는 홍주의병에 참여한 뒤 그 사실을 〈洪陽紀事〉로 남겼다. 김상덕은 1896년 이승우의 후임으로 홍주부 관찰사에 임명되었으나, 구속된 의병들을 석방시켰다. 그는 이 일로 전라도 지도에 유배되었다. 1906년 민종식이 홍주의병을 일으키자 이번에는 군사장으로 참전하였으며, 홍주성전투에서 패퇴한 뒤 체포되어 고군산도에 유배되었다. 1906년 홍주의병에는 화서학파의 유림들도 참전하였다. 윤석봉과 이식, 곽한일 등이 그들이다. 윤석봉은 1905년 을사늑약이 강제로 체결되자 보령 지역의 유생들과 함께 상소를 올려 을사5적이 임금을 헌신짝처럼 버리고 나라 팔기를 더러운 똥과 같이 했다면서 5적에게 죄를 주고 조약을 윤허하지 말 것을 주청하였다. 1906년 홍주의병에 참전한 그는 민종식의 옆에서 글을 작성하는 참모를 했다.

화서학파의 柳麟錫은 제천의병의 총수로 충청북도는 물론 인근의 강원도 경기도 경상도 지역에까지 세력을 확대, 의병대를 규합하여 군세가 1만을 헤아릴 정도로 대규모 연합부대를 결성하였다. 제천의병은 충청북도 관찰부 소재지인 충주성을 함락시키고 관찰사를 처단하는 등 전기의병에서 최대의 전과를 거두었다. 제천의병의 지휘부를 이룬 유생들에게 비록 신분적 한계가 있지만, 이들은 충군애국사상을 바탕으로 철저한 무장투쟁을 전개하였다. 중군장 안승우를 비롯하여 다수의 유생의병들이 장렬하게 전사한 것이 이를 말해준다. 또한 제천의병은 고종의 해산 칙유에도 요동으로 망명하면서까지 항일투쟁을 전개하였다.

崔益鉉은 을사조약이 강제 체결되자 5적을 토벌할 것을 요청하는 상소를 올리고, 1905년 12월에는 노성의 궐리사에서 강회를 열었다. 1906년 6월에는 태인의 무성서원에서 격문을 발표하고 의병을 일으켰다. 태인의병의 활동 소식에 전라관찰사 한진창은 순창군수 이건용과 함께 군사를 거느리고 와서 공격하였다. 최익현은 상대가 관군임을 알고 동족끼리 싸울 수 없다면서 의병을 해산시키고 '12의사'와 함께 체포되었다. 최익현은 유배 3년형을 선고받고 임병찬과 함께 쓰시마에 유배되었다. 최익현은 쓰시마에서 경비대장의 단발 강요에 단식으로 항거하였다. 최익현은 그해 말에 유배지에서 순국하고 말았으나 그의 의병 봉기는 전국적으로 의병 봉기를 고조시키는 데 큰 영향을 주었다.

기호남인 계열의 李南珪도 을사늑약으로 국권이 상실되어가는 민족의 위기에 처하여 홍주의병에 참여하였다. 그는 체포되어 서울로 압송되어 가는 도중에 일본 헌병대에 학살되었다. 일제의 강압과 회유를 뿌리치고 순국의 길을 택한 민족지사라 할 수 있다. 홍주의병에서 안창식 안병찬 부자를 비롯한 안병찬가의 활동은 특기할 만하다. 안병찬은 당색으로는 소론이었지만, 노론 계열인 김복한과 민종식을 의병장에 추대하고 자신은 참모로서 의병 소모와 군사 활동에서 실질적인 활동을 펼쳤다.

을사늑약과 일제의 강제 병합에 항거하여 호서유림들은 상소 투쟁, 자결 순국 투쟁, 그리고 은둔의 길을 택하였다. 특히 宋秉璿을 종장으로 하는 연재학파 유림들에서 그러한 특징이 잘 나타난다. 송병선은 여러 차례에 걸친 정부의 관직 제수에도 이를 거절하고 재야 유학자로서의 정도를 걸었다. 급기야 1905년 일제의 강압에 을사늑약을 당하자 고종 황제를 알현하고 5적 처단과 조약 폐기를 주청하였으나 뜻대로 되지 못함을 보고 자결 순국하였다. 宋秉珣 역시 을사늑약에 항거하는 상소를 올려 5적 처단과 전국 유림의 궐기, 그리고 조약 파기를 주장하였다. 그는 1910년 경술국치를 당하여는 자결을 기도하였으나 제자의 제지로 뜻을 이루지 못하다가, 1912년 '은사금'을 거부하며 자결 순국하였다.

송병선 송병순 형제의 순국은 문인들에게 영향을 주어 일제에 항거하여 투쟁한 민족지사가 적지 않다. 그 가운데 대표적인 인물로 스승과 같이 자결 순국의 길을 택한 朴炳夏와 李學純이 있다. 盧應奎는 의병투쟁을 전개하였으며, 鄭璣淵과 李柄運은 을사조약 폐기 운동에 참여하고 향리에 은둔하였다. 안규용은 호남의병장 安圭洪의 의병 일지 〈殉義事實〉과 부장들의 활동사실을 기록한 《澹山實記》를 편찬하여 안규홍의병의 활동상을 전하였으며, 문인들에게 항일사상을 고취한 일로 체포되어 옥고를 치르기도 하였다. 張基洪은 임병찬과 함께 최익현 의병에 참여하였으며, 趙鏞昇은 광복회 운동에 참여하였다. 念齋 趙熙濟는 민족지사의 행적을 수집, 정리하여 《念齋野錄》을 작성하고 자결 순국하였다. 曺在學와 金容鎬·宋柱憲·李來修 등은 1919년 파리장서운동에 참여하고 고초를 겪었다. 이외에도 趙鍾悳 등 많은 문인들은 일제강점 이후 은둔하여 항거하였다. 이들 밖에도 송병순과 교유하던 논산 출신의 金志洙는 1911년 자결 순국하였으며, 홍성의 유학자 이근주와 금산 군수 홍범식도 1910년 국망에 일본의 노예가 되지 않겠다며 자결하였다.

서산 출신의 金商玎은 1910년 국망 후 自靖의 태도를 견지하였다. 1918년 고종이 시해되었다는 소식을 듣고 일제에 항거하는 血書鬪爭을 벌였다. 그는 격문을 발표하여 일본의 고종 시해를 규탄하였으며 혈서를 총독에게 보내거나 깃대에 걸고 시위하는 등의 투쟁으로 민족의 봉기를 촉구하였다. 또한 납세거부투쟁을 제시하면서 이에 동참해달라고 호소하였다. 그는 일제가 단행한 담배전매제도에 반대하여 농민의 생계를 보호하려는 투쟁도 전개하였다. 중일전쟁 후에는 격문을 발표하여 일제의 총동원령과 창씨개명 정책을 반대하였다. 그는 일제의 온갖 회유와 탄압에도 절의정신과 의연한 민족적 자존심을 몸소 보여주었다.

한편 金福漢을 비롯한 호서지역의 유림들은 1919년 거족적인 3·1운동에 민족 대표로 서명하지 못함을 원통해했으며, 파리에서 개최되는 강화회의를 대한 독립의 기회로 이용하려는 계획을 세웠다. 김복한은 장서를 작성한 뒤, 임한주와 안병찬·유호근·김덕진 등 과거 의병의 동지들과 인근의 뜻있는 유학자들의 서명을 받았다. 그리고 제자들을 서울로 보내 임경호를 통해 장서를 파리에 발송하도록 하였다. 임경호는 영남 출신의 김창숙을 만나 양측이 추진하는 장서운동을 통합하기에 이르렀다. 파리장서의 일로 호서지역 참여자들은 1919년 6월 초부터 체포되었다. 임한주를 비롯하여 안병찬·김덕진 등은 공주지방법원을 거쳐 대구지방법원에서 실형을 선고받고 옥고를 치렀다. 대구지방법원에서 궐석 판결을 받은 김복한도 그해 8월에 체포되어 공주감옥에서 옥고를 치렀다. 학파와 당색이 서로 다른 호서와 영남지역 유림의 파리장서운동 추진은 민족운동사에서 일대 쾌거라 하겠다. 이는 영남과 호서라는 지역적 차이는 물론 충청도의 노론 계열과 경상도의 남인 계열의 통합이라는 점에서도 의미가 크다. 김복한을 비롯한 호서지역 서명자들은 서양 여러 나라에 협조를 요청한 일로 화서학파의 척사론자들에게 비판을 받기도 하였다. 그러나 호서지역 유림들의 파리장서 운동은 일제의 통치로부터 한민족을 구하기 위해 서양을 이용하고자 한 방략이었다.

호서유림들은 일제강점기 유교진흥을 통한 국권회복운동을 전개하였다. 화서학파의 유진하와 이철승은 당진의 의령남씨 종숙인 도호의숙에 초빙되어 존화양이론을 강학하였다. 이에 따라 도호의숙에서 교육을 받은 남주원을 비롯한 도이리 지역의 남계창·남상직·남상락·남성희 등 수십 명이 대호지 3·1운동에 참여하여 옥고를 치르기까지 하였다. 임한주는 평택임씨의 종숙인 덕명의숙에서 한학을 가르쳤다. 그는 자신이 겪은 홍주의병의 역사와 의병장에 대한 교육을 통하여 제자들에게 민족의식을 깨우쳤다. 그의 훈육을 받은 林相悳 등은 1919년 화성 산정리에서 3·1운동을 주도하였으며, 林敬鎬는 임시정부 국내특파원으로, 林兢鎬는 한혈단원으로 활동하였다.

한편 내포 일대의 유림들은 김복한의 유훈에 따라 1927년 儒敎扶植會를 조직하였다. 홍주6의사 가운데 한 명인 이상린을 회장으로 추대하고 김복한의 장남 김은동이 총무를 맡아 운영하였다. 홍성 오관리에 본부 회관을 두고 공주와 태안·청양에 지부를 설치하였다. 유교연구회를 설치하여 유학에 대한 학술적인 연구를 진행하였다. 홍주향교에 명륜사숙을 세워 한학을 교육하기도 하였다. 1929년 6월 월간 기관지인 《人道》를 창간하였다. 《人道》는 창간호부터 일본 경찰의 검열로 원고 일부가 삭제당하는 등 탄압을 받았다. 강연회도 수시로 개최하였는데, 일본 경찰은 이를 금지시켰다. 결국 유교부식회는 일제에 의해 강제로 해산되었다. 유교부식회에 참여하였던 호서유림들은 新幹會 홍성지회와 無空會 등의 사회단체를 조직하여 활동하기도 하였다. 이들은 해방 직후에도 大同社 같은 단체를 만들어 유교진흥과 민족의 자주를 위해 투쟁하였다.

이상에서 살펴보았듯이, 호서유림은 南塘學派, 華西學派, 淵齋學派 등 학파를 중심으로 하여 집단적인 형태로 홍주의병을 비롯한 민족운동을 투쟁적으로 전개하였다. 이들 학파들은 동일한 스승에 연원을 둔 學統에 따라 사상을 공유하는 특성이 있다. 동시에 이러한 사상적 특성은 상당히 오랜 기간 지속되는 장기 지속성을 보인다. 특히 남당학파의 유림들은 한원진의 인물성이론을 철저히 계승하였으며, 이를 배타적인 위정척사론으로 발전시켜 적극적으로 항일투쟁을 전개하였다.

호서유림 가운데 남당학파와 화서학파는 을사늑약과 일제의 강제병합에 의병투쟁과 상소의 방법으로 항거하였다. 일제강점기 이들은 민족교육을 실시하였으며, 유교진흥을 통한 민족운동도 전개하였다. 이들의 영향을 받은 문인들 또한 한말 일제강점기 독립운동을 전개하는 데에 적극적이었다. 이들은 홍주의병과 태인의병에 참여하였으며, 국망에 자결 순국의 길을 택하기도 하였다. 1919년 3·1운동에 참여하였으며, 파리장서운동에 참여하여 옥고를 겪었다. 또한 만주지역에서 무력항전을 하거나 임시정부에 참여하는 등 국내외에서 독립운동을 전개하였다. 연재학파의 송병선과 송병순 형제는 자결 순국으로 항일 의식을 표출하였다. 문인들 역시 자결 순국 또는 은둔 방식의 항일을 택한 특징이 나타난다.

호서유림들은 민족운동을 전개하면서, 지역과 당색을 초월한 특징이 있다. 홍주의병에 노론과 남인, 소론이 합력하였으며, 파리장서운동에는 영남 유림들과 연대하였다. 또한 호서유림은 서양 세력에 지원을 요청한 일로 비판받을 것을 감수하고 장서운동에 참여하였다. 따라서 호서유림은 척사론의 한계를 극복하고자 시도한 점에서도 의의가 있다.

호서유림이 살신성인의 정신으로 항일투쟁을 전개하게 되는 것은 斥倭論과 尊華攘夷論이 깊게 자리하고 있었기 때문이었다. 이들은 병자수호조약을 '항복조약'이라고 통박하면서 척왜론을 주장하였다. 1894년 갑오변란에 즈음하여 이러한 척왜론은 대일결전론으로 확대되어 항일투쟁을 전개하게 되었다. 이들은 존화양이론을 바탕으로 변복령과 단발령에 대한 반대투쟁을 전개하였다. 이 반대투쟁은 중화 질서를 수호하고자 함에 목적이 있었으나, 동시에 민족보전을 목적으로 한 점에서 이들의 존화양이론은 문화민족주의의 성격을 띤 것으로 보인다. 이에 따라 1905년 을사늑약 이후에는 민족 존망의 위기에 道와 國權을 동일시하기에 이르렀다. 그리고 국권을 수호하여 도를 수호하자는 태도를 보여주면서 적극적인 항일투쟁을 전개하였다.

그러나 여전히 국가보다 道를 우선시하거나 朝鮮보다는 明을 숭상하는 태도가 보이는 등 중화론적 인식의 한계를 탈피하지 못한 면이 나타난다. 또한 호서유림들은 불교나 천주교, 그리고 동학에 대하여는 매우 비판적이었다. 이들은 1894년 동학농민전쟁기에 유회군을 편성하여 동학군을 진압하는 등 반동학운동에 적극적으로 참여하였다. 이들의 활동은 호서지역에서 동학농민군의 항쟁을 제어하는데 크게 작용한 것으로 보인다.

이와 같이 호서유림은 그들의 이념 체계인 위정척사론을 바탕으로 천주교나 동학을 배척하는 등 보수적인 면이 드러난다. 또한 국가보다 道를 우선시하거나 중화론에 빠져 있는 등 이념적 한계가 나타나기도 한다. 하지만, 이들은 국권회복을 위한 의병투쟁을 비롯한 항일민족운동을 적극적으로 전개하였으며, 많은 희생을 치렀다. 또한 이들의 정신적 영향을 받은 문인과 후학들이 일제강점기 3·1운동을 비롯한 독립운동을 전개하여 민족의 자주 독립과 주체성 확립에 기여한 점은 높게 평가된다.

참고문헌

1. 자료

高濟學,《儉庵遺稿》.

郭漢紹,《敬菴全集》.

權震應,《山水軒遺稿》.

沈潮,《靜坐窩集》.

金魯東,《杏海集》, 友文堂印刷社.

金福漢,《志山集》,《主邊錄》(필사본).

김복한 판결문(정부기록보존소 소장,〈刑事判決原本〉).

《김상덕간찰집》, 독립기념관 한국독립운동사연구소, 2013.

金商玎,《寒月氷屑》, 回想社, 1984.

金枸,《蒼遠遺稿》, 학민문화사, 2003.

金永運,《瑞雲遺稿》.

金容鎬,《一菴文集》.

金駿榮,《炳菴集》.

金集,《愼獨齋集》.

金昌淑,《心山遺稿》, 탐구당, 1973.

金泰元,《集義堂遺稿》.

金河洛,《征討日錄》.

金漢祿, 《寒澗集》.

南相赫, 《克齋遺稿》.

盧正燮, 《蓮谷集》.

桃湖義塾 編, 〈桃湖義塾史誌〉(1914).

文奭煥, 《馬島日記》.

朴胄淳, 《惺菴集》.

朴殷植, 《韓國痛史》.

白樂寬, 《秋江集》.

成九鏞, 《毅齋集》.

宋根洙, 《立齋集》.

宋達洙, 《守宗齋集》.

宋炳瓘, 《克齋集》.

宋秉璿, 《淵齋集》.

宋秉珣, 《心石齋集》.

宋炳濂, 《吟弄齋遺稿》

宋炳華 , 《蘭谷集》.

宋相燾, 《騎驢隨筆》.

宋柱憲, 《三乎齋集》.

宋曾憲, 《兢齋文集》.

宋穉圭, 《剛齋集》.

宋煥箕, 《性潭集》.

申海澈, 《友石稿》.

沈誠之, 《赤猿日記》.

沈載克, 《晴蓑遺稿》.

沈潮, 《靜坐窩集》.

安圭容, 《晦峯遺稿》.

安炳瓚, 《規堂日記》.

安溶,《杏下遺稿》.

安昌植,《艮湖日記》.

吳剛杓,《無貳齋集》.

吳麟善,《絅菴遺稿》.

柳麟錫,《毅菴集》

柳濬根,《馬島日記》.

柳重敎,《省齋集》.

俞鎭河,《存齋集》.

柳浩根,《四可集》.

尹履炳,《省齋遺稿》

尹錫鳳,《三希堂集》.

尹始永,《洪陽日記》.

尹榮善,《朝鮮儒賢淵源圖》, 東文堂, 1941.

李兢淵,《乙未義兵日記》.

李南珪,《修堂集》.

李敏寧,《瑞山郡誌》, 1927.

李柄運,《兢齋集》.

李相麟,《晚悟遺稿》, 삼흥인쇄사, 2001.

李錫泰,《小梅稿》, 서산문화원, 1997.

李偰,《復庵集》.

___,《福堂唱酬錄》, 향지문화사, 1992.

李伐,《愼懼堂年記》.

李禮煥,《蘭菊齋集》.

李正奎,《恒齋集》.

李昌熙,《兢齋文集》.

李喆承,《直菴集》.

李喆榮,《醒庵集》.

572

李恒老,《華西集》.

林炳瓚,《의병항쟁일기》.

林植,《松坡遺稿》, 충북대 우암연구소, 2010.

林翰周,《惺軒先生文集》,《雨暘漫錄》,《笆邊集》,《笆邊集 別集》,《笆邊集 續
    集》.

張基洪,《學南齋遺稿》.

鄭龜錫,《石塘集》.

정교,《대한계년사》.

鄭相健,《琢窩先生文集》.

鄭毅鉉,《晦峯遺稿》.

鄭在學,《方齋集》.

鄭赫臣,《性堂集》.

曺在學,《迂堂遺稿》.

趙鍾悳,《滄庵集》.

趙鍾業,《鶴山夏課選》, 문진, 2006.

趙熙濟,《念齋野錄》.

崔秉心 撰,《觀善紀蹟》, 1943.

崔益鉉,《勉庵集》.

韓啓震,《林埏遺稿》(한동묵 소장).

韓元震,《南塘先生文集》, 양곡사 유회, 1992.

韓後遂,《明湖遺稿》.

許傳,《性齋全集》.

洪鍵,《乙坎錄》.

洪淳大,《海菴事錄》.

황의천 편,《集成堂誌》, 대천문화원, 2007.

《人道》.

《儒敎扶植會報》.

《고종실록》.

《일성록》.

《구한국관보》.

《승정원일기》.

《국조방목》.

《사법품보》.

〈안병찬 재소자신분카드〉(대구교도소 서무과).

〈임한주 판결문〉(대구지방법원, 1919년 7월 29일).

《大韓每日申報》.

《皇城新聞》.

《海潮新聞》.

《每日申報》.

《東亞日報》.

《東京朝日新聞》.

《時事新報》.

《경주김씨학주공파세보》, 회상사, 2000.

《順興安氏族譜》.

《連山徐氏世譜》.

《延安李氏判小府監公派大譜》(延安李氏判小府監公派 大宗會, 回想社, 1983

《宜寧南氏 忠壯公派譜》.

《평택임씨충정공계대동세보》.

《청주한씨청절공파족보》, 회상사, 1985.

《韓山李氏文烈公派世系圖》

《뮈텔주교일기》(한국교회사연구소 역주, 1998).

《고등경찰요사》(경북경찰부).

《조선폭도토벌지》(조선주차군사령부, 1913).

《주한일본공사관기록》.

《폭도사편집자료》(경무국).

《폭도에 관한 편책》(경무국).

《보병제14연대 진중일지》Ⅰ~Ⅲ, 토지주택박물관, 2010.

《明治二十七八年役 第5師團陣中日誌》.

우치노, 《反故迺裏見》(縣立對馬歷史民俗資料館 소장).

金東燮 編, 《儒林團獨立運動實記》(宋仁根家 所藏本).

손재학, 《홍성군사회운동소사》(필사본).

김상기 편역, 《일본 외교사료관소장 한말의병자료》1·2, 독립기념관 한국
      독립운동사연구소, 2001.

단재신채호전집편찬위원회, 《단재 신채호 전집》, 독립기념관 한국독립운동
      사연구소, 2007.

독립운동사편찬위원회, 《독립운동사자료집》5, 1973, 《독립운동사자료집》
      10, 1976.

작자미상, 《大橋金氏家 甲午避亂錄》(《동학농민혁명 국역총서》4, 2008).

이성우 편, 《면암 최익현가 근대문서》, 충남대학교 충청문화연구소, 2010.

성봉현 편, 《문충사 고문서》, 충남대학교 충청문화연구소, 2011.

이병찬 편, 《문충사 소장간찰》, 충남대학교 충청문화연구소, 2011.

 2. 저서

강재언 저 하우봉 역, 《선비의 나라 한국유학 2천년》, 한길사, 2003.

고영진, 《호남사림의 학맥과 사상》, 혜안, 2007.

구완회, 《한말의 제천의병》, 집문당, 1997.

권오영, 《조선후기 유림의 사상과 활동》, 돌베개, 2003

금장태 고광직, 《유학근백년》, 박영사, 1984.

_____, 《속 유학근백년》, 여강출판사, 1989.

김길환, 《조선조 유학사상연구》, 일지사, 1981.

김상기, 《한말의병연구》, 일조각, 1997.

_____, 《한말전기의병》, 독립기념관 한국독립운동사연구소, 2009.

_____, 《자유의 불꽃을 목숨으로 피운 윤봉길》, 역사공간, 2013.

김창숙, 《벽옹일대기》, 태을출판사, 1965.

남부희, 《유림의 독립운동사 연구》, 범조사, 1994.

노대환, 《동도서기론 형성 과정 연구》, 일지사, 2005.

대호지면 3·1 운동선열추모비건립추진위원회, 《대호지 기미독립운동 약사》, 1972.

독립운동사편찬위원회, 《독립운동사》1, 1970.

박걸순, 《충북의 독립운동과 독립운동가》, 국학자료원, 2012.

박민영, 《대한제국기 의병연구》, 한울, 1998.

박성순, 《조선후기 화서 이항로의 위정척사사상》, 경인문화사, 2003.

배종호, 《한국유학의 과제와 전개》2, 범학, 1980.

신용하, 《신채호의 사회사상연구》, 한길사, 1984.

오영섭, 《화서학파의 사상과 민족운동》, 국학자료원, 1999.

유봉학, 《조선후기 학계와 지식인》, 신구문화사, 1998.

유한철, 《유인석의 사상과 의병활동》, 한국독립운동사연구소, 1991.

윤병석, 《한말의병장 열전》, 한국독립운동사연구소, 1991.

_____, 《증보 3.1운동사》, 국학자료원, 2004.

윤정중 편, 《파평윤씨 노종 오방파의 유서와 전통》, 선문인쇄사, 1999

이만열, 《단재 신채호의 역사학 연구》, 문학과 지성사, 1990.

이병효, 《조선전기 기호사림파 연구》, 일조각, 1984

이상수, 《송철회고록》, 키스프린팅, 1985.

이성무, 《조선왕조사》, 동방미디어, 1998.

이을규, 《是也金宗鎭先生傳》, 한흥인쇄소, 1963.

이정은, 《유관순》, 역사공간, 2010.

장삼현 편, 《蘗溪淵源錄》, 양평문화원, 1999.

조동걸, 《한국민족주의의 성립과 독립운동사연구》, 지식산업사, 1989.

조성산, 《조선후기 낙론계 학풍의 형성과 전개》, 지식산업사, 2007.

최완기, 《한국성리학의 맥》, 느티나무, 1993

한국사상사학회 편, 《조선유학의 학파들》, 예문서원, 1996.

현상윤, 《조선유학사》, 민중서관, 1948.

홍순권, 《한말 호남지역 의병운동사연구》, 서울대출판부, 1994.

홍양사편찬위원회, 〈홍양사〉, 동화당인쇄사, 1969.

홍영기, 《대한제국기 호남의병 연구》, 일조각, 2004.

송용재, 《홍주의병실록》, 홍주의병유족회, 1986.

홍주향토문화연구회, 《천일대의 사적연구》, 1992.

황의동, 《기호유학연구》, 서광사, 2009.

황의천 편, 《丙午洪州義兵과 洪京日記》, 대천문화원, 2004.

3. 논문

강병식, 〈한말 홍주성의병에 대하여〉, 《민족사상》 2, 1984.

강세구, 〈호서지방 성호학통의 전개〉, 《경기사학》 5, 2001.

_____, 〈이삼환의 洋學辨 저술과 호서지방 성호 학통〉, 《실학사상연구》 19·20합집, 2001.

고영진, 〈기정진학파의 학통과 사상적 특성〉, 《대동문화연구》 39, 2001.

고창석, 〈제주도 유배에서의 면암 최익현의 교학활동 연구〉, 《탐라연구》 9, 1989.

권대웅, 〈경상도 유교지식인의 동학농민군 인식과 대응〉, 《한국근현대사연구》 51, 2009.

_____, 〈한말 한주학파의 계몽운동〉, 《대동문화연구》 38, 2001.

권오영, 〈신기선의 동도서기론 연구〉, 《청계사학》 1, 1984.

_____, 〈1870년대 이항로학파의 척사론〉, 《백산박성수교수화갑기념논총》, 1991.

_____, 〈임헌회와 그 학맥의 사상과 행동〉, 《한국학보》 96, 1999.

_____, 〈정재학파의 형성과 위정척사운동〉, 《한국근현대사연구》 10, 1999.

_____, 〈이남규(1855~1907)의 학맥과 유학사상〉, 《조선시대사학보》 44, 2008.

_____, 〈18세기 호론의 학풍과 사상의 전승〉, 《조선시대사학보》 63, 2012.

금장태, 〈한말 일제하 한국 성리학파의 사상계보와 문헌에 관한 연구〉, 《철학사상의 제문제》, 한국정신문화연구원, 1985.

_____, 〈면암 최익현의 성리설과 수양론〉, 《대동문화연구》 34, 1999.

김근호, 〈김평묵과 유중교의 심설논쟁에 대한 소고〉, 《한국사상사학》 27, 2006.

김기봉, 〈한국 근대 역사개념의 성립-'국사'의 탄생과 신채호의 민족사학 -〉, 《한국사학사학보》 12, 2005.

김남석, 〈대호지 3·1운동의 전개와 특성〉, 《한국독립운동사연구》 35, 2010.

김도형, 〈의암 유인석의 정치사상연구〉, 《한국사연구》 25, 1979.

_____, 〈한주학파의 형성과 현실인식〉, 《대동문화연구》 39, 2001.

김문준, 〈우암학 연구의 과제와 전망〉, 《유학연구》 24, 충남대 유학연구소, 2011.

_____, 〈윤증 유학의 성리학적 연원〉, 《명재 윤증의 학문 연원과 가학》, 예문서원, 2006

김봉곤, 〈영남지역 노사학파의 형성과 활동〉, 《청계사학》 15, 2001.

_____, 〈노사학설에 대한 연재학파의 비판〉, 《한국사상사학》 33, 2009.

_____, 〈산수헌 권진응의 학통의식과 학문 활동〉, 《남당학의 지향과 학파의 계승양상》, 청운대 남당학연구소 충남대 한자문화연구소, 2014.

김상기, 〈1895~1896년 홍주의병의 사상적 연원과 전개〉, 《윤병석교수화갑기념 한국근대사논총》, 지식산업사, 1990.

_____, 〈1895~1896년 堤川義兵의 思想的 淵源과 전개〉, 《백산박성수교수

화갑기념논총》, 1991.

_____, 〈복암 이설의 항일민족운동에 대한 고찰〉, 《우강권태원교수정년기념논총》, 1994.

_____, 〈김복한의 학통과 사상〉, 《한국사연구》 88, 1995.

_____, 〈대전지역 항일독립운동의 사상적 배경과 전개〉, 《대전문화》 6, 1997.

_____, 〈수당 이남규의 학문과 홍주의병투쟁〉, 《조선시대의 사회와 사상》, 조선사회연구회, 1998.

_____, 〈1895~1896년 안동의병의 사상적 연원과 항일투쟁〉, 《사학지》 31, 1998.

_____, 〈남당학파의 형성과 위정척사운동〉, 《한국근현대사연구》 10, 1999.

_____, 〈호서지역 화서학파의 형성과 민족운동〉, 《대동문화연구》 35, 1999.

_____, 〈김상정의 학문과 항일투쟁〉, 《충북사학》 11·12합집, 2000.

_____, 〈김복한의 홍주의병과 파리장서운동〉, 《대동문화연구》 39, 2001.

_____, 〈한말 일제하 홍성유림의 형성과 민족운동〉, 《한국근현대사연구》 31, 2004.

_____, 〈한말 일제하 내포지역 기호학맥의 형성〉, 《한국사상사학보》 22, 2004.

_____, 〈1906년 홍주의병의 홍주성전투〉, 《한국근현대사연구》 37, 2006.

_____, 〈도호의숙과 대호지 3·1운동〉, 《사학연구》 90, 2008.

_____, 〈서산지역 3·1운동의 전개와 성격〉, 《한국독립운동사연구》 36, 2010.

_____, 〈최익현의 정산 이주와 태인의병〉, 《충청문화연구》 7, 2011.

_____, 〈임한주의 사상과 독립운동〉, 《한국독립운동사연구》 47, 2014.

_____, 〈유교지식인의 동학인식과 대응〉, 《역사연구》 27, 2014.

_____, 〈안병찬가의 민족운동〉, 《한국독립운동사연구》 50, 2015.

_____, 〈호서지역 파리장서운동 참여자와 '호서본'의 성격〉, 《한국근현대사연구》 73, 2015.

_____, 〈청광 이근주의 삶과 자료〉, 《대한의사 청광자 실기》, 청운대 남당학연구소, 2015.

김용구, 〈최익현의 척사위정론과 의병운동 소고〉, 《경희사학》 제6·7·8합집, 1980.

김준석, 〈허목의 예악론과 군주론〉, 《동방학지》 54·55·56합집, 1987.

김진호, 〈공주지역의 3·1운동〉, 《공주의 역사와 문화》, 공주대 박물관, 1995.

_____, 〈대전지역의 3·1운동〉, 《대전문화》 18, 1999.

_____, 〈청양지역의 3·1운동〉, 《충남사학》 12, 2000.

_____, 〈홍성지역의 3·1운동〉, 《한국독립운동사연구》 23, 2004.

김희곤, 〈西山 金興洛(1827~1899)의 의병항쟁〉, 《한국근현대사연구》 15, 2000.

남부희, 〈유교계의 파리장서운동과 3·1운동〉, 《한국의 철학》 12, 경북대 퇴계연구소, 1984.

노관범, 〈19세기후반 호서산림의 위상과 정학운동〉, 《한국사론》 38, 1997.

노대환, 〈19세기 중엽 유신환학파의 학풍과 현실개혁론〉, 《한국학보》 72, 1993.

이이화, 〈한말 유생층의 현실인식과 의병투쟁: 최익현의 사상과 정치활동을 중심으로〉, 《국사관논총》 15, 1990.

박경목, 〈연재 송병선의 위정척사운동〉, 《호서사학》 27, 1999.

_____, 〈연재 송병선의 학맥과 민족운동〉, 《대동문화연구》 39, 2001.

박걸순, 〈동학농민전쟁 이후 음성지방 향촌사회의 동향과 갈등상〉, 《호서문화연구》 12, 1994.

박맹수, 〈동학과 동학농민전쟁 연구동향과 과제〉, 《박성수교수화갑기념논총》, 1991.

박민영, 〈의암 유인석의 위정척사운동〉, 《청계사학》 3, 1986.

_____, 〈화서학파의 형성과 위정척사운동〉, 《한국근현대사연구》 10, 1999.

_____, 〈한말 의병의 대마도 유폐 전말에 관한 연구〉, 《한국근현대사연구》 37, 2006.

박성수, 〈구한말 의병전쟁과 유교적 애국사상〉, 《대동문화연구》 6집, 1969.

박성순, 〈면암 최익현의 심주리설 연구 – 우암 송시열의 心說에 대한 그의 태도를 중심으로-〉, 《한국사학보》 27, 2007.

박학래, 〈리 일원론에 기초한 개혁론자 노사학파〉, 《조선유학의 학파들》, 한국사상사학회, 예문서원, 1996.

_____, 〈간재학파의 학통과 사상적 특징〉, 《유교사상연구》 28, 2007.

배항섭, 〈충청지역 동학농민군의 동향과 동학교단; 《洪陽記事》와 《錦藩集略》을 중심으로〉, 《백제문화》 23, 공주대 백제문화연구소, 1994.

서동일, 〈1919년 파리장서운동의 전개와 역사적 성격〉, 한국학대학원 박사학위청구논문, 2009.

성봉현, 〈연재 송병선가 고문서 해제〉, 《문충사 고문서》, 충남대학교 충청문화연구소, 2011.

신석호, 〈한말의병의 개황〉, 《사총》 1, 1955.

신영우, 〈충청지역 동학농민전쟁의 성격〉, 《호서문화연구》 12, 충북대 중원문화연구소, 1994.

_____, 〈충청도 동학교단과 농민전쟁〉, 《백제문화》 23, 공주대 백제문화연구소, 1994.

양승률, 〈1894년 금산지역 義會軍의 조직과 활동〉, 《충남사학》 10, 1998

오석원, 〈19세기 한국 도학파의 의리사상에 관한 연구-화서 이항로 및 화서학파를 중심으로-〉, 성균관대 동양철학과 박사학위논문, 1992.

_____, 〈면암 최익현의 의리사상〉, 《동양철학연구》 31, 2002.

오영섭, 〈의암 유인석의 대서양인식〉, 《이기백선생고희기념 한국사학논총 (하)》, 일조각, 1994.

_____, 〈갑오경장-독립협회기 면암 최익현의 상소운동〉, 《한국민족운동사연구》 18, 1998.

오익환, 〈반민특위의 활동과 와해〉, 《해방전후사의 인식》, 한길사, 1979.

우경섭, 〈우암 송시열 연구의 현황과 과제〉, 《한국사상과 문화》 44, 한국사상문화학회, 2008.

우윤, 〈고종조 농민항쟁, 갑오농민전쟁에 대한 연구성과와 과제〉, 《한국사론》 25, 국사편찬위원회, 1995.

俞炳勇, 〈유인석 제천의병항쟁의 제한적 성격과 역사적 의의〉, 《강원의병항쟁사》, 1987.

유봉학, 〈18세기 남인 분열과 기호 남인 학통의 성립〉, 《한신대논문집》 1, 1983.

유한철, 〈홍주성의진(1906)의 조직과 활동〉, 《한국독립운동사연구》 4, 1990.

_____, 〈우주문답을 통해 본 유인석의 국권회복운동론〉, 《오세창교수화갑기념 한국근현대사논총》, 1995.

_____, 〈유인석 의병연구〉, 국민대학교 박사학위논문, 1997.

윤병석, 〈한국의병항쟁사〉, 《한국현대문화사대계》 5, 1963.

_____, 〈일본인의 황무지개척권 요구에 대하여〉, 《역사학보》 22, 1964.

_____, 〈면암 최익현의 위정척사론과 호남의병〉, 《수촌박영석교수화갑기념논총》, 1992.

윤사순, 〈인물성론의 동이논변에 대한 연구〉, 《철학》 18, 한국철학회, 1982.

_____, 〈기호유학의 형성과 발전〉, 《유학연구》 2, 충남대 유학연구소, 1994.

_____, 〈명재 윤증의 성리학적 실학〉, 《도산학보》 4, 도산학회, 1995.

윤인희, 〈집성당 유감〉, 《보령문화》 21, 보령문화연구회, 2012.

이동우, 〈의병장 유인석의 의병운동고〉, 《성대사림》 2, 1977.

이봉규, 〈우암 사상과 17세기 한국사상사연구의 과제〉, 《중원문화연구》 10,

충북대 중원문화연구소, 2006.

李性雨, 〈柳田 金殷東과 杏海 金魯東 형제〉, 《공주문화소식》 2002년 4·5월호, 공주문화원, 2002

_____, 〈蒼遠 金澤과 一鳶 申鉉商〉, 《공주문화소식》 2002년 6·7월호, 공주문화원, 2002.

李成雨, 〈李學純 李來修 부자의 민족운동〉, 《한국사연구》 166, 2014.

이연숙, 〈우암학파 연구〉, 충남대 대학원 박사학위청구논문, 2003.

이영호, 〈대전지역에서의 1894년 농민전쟁〉, 《대전문화》 3, 1994.

이우성, 《《성재전집》 해제〉, 《성재전집》, 아세아문화사, 1977.

이은우, 〈下根齋 金建周 연보〉, 《서산의 문화》 8, 1996.

이해준, 〈17세기 중엽 파평윤씨 노종파의 宗約과 宗學〉, 《충북사학》 11·12 합집, 2000.

이형성, 〈한주학파 성리학의 지역적 전개와 사상적 특성〉, 《국학연구》 15, 2009.

임경석, 〈유교지식인의 독립운동-1919년 파리장서의 작성 경위와 문안 변동-〉, 《대동문화연구》 37, 2000.

임동철, 〈송파 임식의 생애와 시 세계〉, 《개신어문연구》 33, 2011.

_____, 〈임회와 관해유고〉, 《역주 관해유고》, 지식과 교양, 2012.

임춘수, 〈申圭植·申采浩 등의 山東門中 개화사례〉, 《윤병석교수화갑기념 한국근대사논총》, 한국근대사논총간행위원회, 1990.

장규식, 〈해방후 국가건설운동과 지역사회의 동향-충청남도 홍성군 사례-〉, 《학림》 16, 1994.

정옥자, 〈미수 허목 연구〉, 《한국사론》 5, 1979.

조동걸, 〈안동유림의 도만 경위와 독립운동상의 성향〉, 《대구사학》 15·16 합집, 1978.

지두환, 〈조선후기 양명학의 수용과 전개〉, 《국사관논총》 22, 1991.

채길순, 〈충청지역 동학농민전쟁의 전개과정〉, 《호서문화연구》 12, 1994.

한철호, 〈무이재 오강표의 생애와 항일순국〉, 《사학연구》 75, 2004.

허선도, 〈3·1운동과 유교계〉, 《3·1운동50주년기념논집》, 1969, 동아일보
　　사.

홍순창, 〈면암 최익현선생의 생애와 사상〉, 《하정서정덕교수화갑기념논총》,
　　1970.

＿＿＿, 〈면암 최익현의 위정척사론에 대하여〉, 《대구사학》 제1집, 1969.

홍영기, 〈한말 태인의병의 활동과 영향〉, 《전남사학》 11, 1997.

＿＿＿, 〈노사학파의 형성과 위정척사운동〉, 《한국근현대사연구》 10, 1999.

홍원식, 〈율곡학과 퇴계학〉, 《율곡학과 한국유학》, 예문서원, 2007.

황의동, 〈주기설의 확립과 실천적 경세론〉, 《조선유학의 학파들》, 예문서
　　원, 1996.

＿＿＿, 〈윤증 유학사상의 가학적 연원〉, 《명재 윤증의 학문 연원과 가학》,
　　예문서원, 2006.

황의천, 〈파리장서운동과 보령 호서지역 유림〉, 《보령문화》 17, 2008. 姜在
　　彦, 〈崔益鉉の思想と生涯－〈斥和〉から〈義兵〉へ〉, 岩波講座, 《日本歷
　　史》, 1976.

旗田巍, 〈義兵將崔益鉉の生涯〉, 《專修史學》 11, 專修大學, 1979.

糟谷憲一, 〈甲午改革後の民族運動と崔益鉉〉, 《旗田巍先生古稀記念論叢》,
　　龍溪書舍 1979.

長鄕嘉壽, 〈崔益鉉の對馬流謫〉, 《對馬風土記》 20호, 1984.

Abstract

Thought and the National Movement of Hoseo(湖西) Confucian scholars

Kim Sang−ki

In the late 19th century, Hoseo(湖西) Confucian scholars took a stand against enlightenment and foreign powers; the Namdang(南塘), the Hwaseo(華西), the Yeonjae(淵齋) School were the representative School of Hoseo(湖西) Confucian scholars.

The Namdang−School succeeded in forming the Defending Orthodoxy and Rejecting Heterodoxy Theory in the Napo(內浦) area from Han Won−jin(韓元震)'s academic tradition of Horon(湖論). The Confucian scholars of this region, including Kim Bok−han(金福漢), insisted on the theory of opposing enlightenment(開化), the theory of excluding Japan(斥倭論), and the theory of opposing Donghak(東學) based on Neo−Confucianism, and were firmed to maintain a loyal spirit. Even though they were conservative in practice, they criticised the maladministration of government as well as Emperor Gojong(高宗) and Empress Myeongseong(明成). Moreover, they maintained their negative attitude towards the western culture and preceded national movements for national sovereignty.

The Hwaseo−School of the Hoseo region began to form after Choi Ik−hyeon(崔益鉉), Yu Jin−ha(俞鎭河), Yun Seok−bong(尹錫鳳), and

No Jung—seob(盧正燮) migrated to that region. They established the Hwaseo—School in the Hoseo region by raising their disciples, and spreading Defending Orthodoxy and Rejecting Heterodoxy Theory. They powerfully criticized the theory and words of Jeon Wu(田愚) for criticizing Lee Hang—ro(李恒老) and his attitude of evading participation in the Righteous Army.

The Yeonjae—School, which consists of Song Byeong—seon(宋秉璿) and Song Byeong—sun(宋秉珣) brothers' disciples, was widely spread to Jeolla and Kyungsang province as well as Chungchung(忠清) province; the Yeonjae—School Confucian scholars tended to take their lives when the Korean Empire was forced into annexation by the Japanese Empire.

The Hoseo(湖西) Confucian scholars stood against the Garments Order(變服令) and the Topknot Cutting Order(斷髮令), not only to protect the native culture of Joseon but also to preserve their ethnicity. They regarded a preservation of the Tao(道) as a priority concern, but ethnic crisis led them to take care of national sovereignty as a priority matter as well; they began to protect the national sovereignty as a priority concern just to protect their Tao. Nonetheless, some scholars had showed Tao—central Confucianism, and limited perception to toadyism and the Ming(明) Dynasty. Hoseo Confucian scholars were very critical about Buddhism, Catholicism, and Donghak. In 1894, the Confucian scholars organized a Confucian army and actively participated in the anti—Donghak movement to suppress the Donghak army. Their movements seemed to considerably weaken the struggle of the Donghak army in the Hoseo region.

The Hoseo Confucian scholars actively deployed the anti—Japanese movement as well; the representative national movement was the 'Hong-ju(洪州) Righteous Army movement'. Although the Hong-ju Righteous Army sacrificed hundreds of lives at the Hong-ju fortress battle in 1906, they continuously led the anti-Japanese movement. Choi Ik-hyeon was arrested after uprising the Taein(泰仁) Righteous Army, and died for the country on Tsushima(對馬島) island. Hoseo Confucian scholars resisted against the Eulsa Treaty(1905) and Japan's forced annexation with Joseon by appealing to the King and committing suicide for their country, and some were going into seclusion to show their anti-japan ideology.

Also, they deployed the national movements through Confucian promotion. Moreover, they established schools including Dohoeuisuk(桃湖義塾) in Dangjin(唐津) and Deokmyeongeuisuk(德明義塾) in Chungyang(靑陽) to operate national education. In 1927, Yugyobusikhoe(儒敎扶植會) organized the Confucian Research Association to promote academic research of Confucianism, and constructed the Myeongrun(明倫) private school in Hongju Hyanggyo(鄕校) to teach the Chinese classics. The members of those schools organized social groups such as the Singanhoe(New Trunk Society, 新幹會) Hongseong(洪城) branch and Mugonghoe(無空會) for continuing the Confucian movement. Even though Yugyobusikhoe was dismissed forcibly by Japanese Empire, they kept the movement after liberation from Japan by organizing groups such as Taedongsa(大同社) for a promotion of Confucianism and the autonomy of the nation.

Other scholars who were affected by Hoseo Confucian scholars were also active in the independence movement; they participated in the Hong-ju Righteous army and the Taein Righteous Army, and some of them took their lives for the country when the Joseon Dynasty fell. They participated in the 3 · 1 national movement in 1919, and endured hardship in prison after participating the Petition Movement to Paris. Moreover, they fought for Joseon in the Man−ju region and participated in the Korean Provisional Government to spread their will of liberty to not only domestic area but also foreign region.

The Hoseo Confucian scholars had some features that they deployed national movement free from regions and factions. In the Hong−ju Righteous army Noron(老論), Namin(南人), and Soron(少論) cooperated. In the Petition Movement to Paris, they banded together with Young−Nam(嶺南) Confucian scholars who had a different factional style. In addition, they withstood criticism for requesting support from western forces when they participated in the Petition Movement to Paris. In other words, the Hoseo Confucian scholars were meaningful in that they tried to overcome the limitations of rejecting heterodox theory.

The Hoseo Confucian scholars showed conservative features such as excluding Catholics or Donghak based on their Defending Orthodoxy and Rejecting Heterodoxy Theory. It is true that their ideology showed limits that appeared in some areas such as the Tao taking priority rather than the country, or respecting Ming more than Joseon.

However, they actively deployed the anti−Japanese movement which caused them to endure lots of sacrifices, and the fact that many scholars affected by them contributed to independence and establishing a national identity by taking part in various movements including participating in the 3.1 movement should be highly regarded.

Key words:

Hoseo(湖西) Confusion scholars, National Movement, Emperor Gojong(高宗), Empress Myeongseong(明成), Eulsa(1905) Treaty, Forced annexation by the Japanese Empire, Namdang(南塘)-School, Hwaseo(華西)-School, Yeonjae(淵齋)-School, Horon(湖論), Defending Orthodoxy and Rejecting Heterodoxy Theory, Topknot Cutting Order(斷髮令), Change in the Style of Korean Garments Order(變服令), Sinocentrism(中華論), Han Won-jin(韓元震), Lee Hang-ro(李恒老), Choi Ik-hyeon(崔益鉉), Yu Jin-ha(俞鎭河), Yun Seok-bong(尹錫鳳), Song Byeong-seon(宋秉璿), Song Byeong-sun(宋秉珣), Jeon Wu(田愚), Hongju(洪州) Righteous Army, Taein(泰仁) Righteous Army, Singanhoe(New Trunk Society, 新幹會), Yugyobusikhoe(儒敎扶植會), March First Movement, Petition Movement to Paris, Donghak(東學) Revolution, Suicide for the Country, Dohoeuisuk(桃湖義塾), Deokmyeongeuisuk(德明義塾), Korean Provisional Government.

찾아보기

590

596

598